本书为国家社科基金项目（16BKS072）结项成果

吕庆广 著

# 20世纪美国激进思想传统

A STUDY ON

THE TRADITION OF
AMERICAN
RADICAL THOUGHT
IN THE 20TH CENTURY

社会科学文献出版社
SOCIAL SCIENCES ACADEMIC PRESS (CHINA)

# 前　言

作为国家社科基金项目成果，这本书的研究和写作起始于前一个国家社科成果《战后美国左翼政治文化：历史、理论与实践》一书，可以说，《20世纪美国激进思想传统》的研究灵感、思路和框架都是在完成战后美国左翼研究过程中形成的。细心的读者会发现，这两本书部分章节内容有相同或相似处，不难理解，因为这两本书是两个相互关联课题的产物。《战后》一书可视为本书研究之始基，本书则是《战后》一书的延展性研究，虽然二者不仅视野和时间跨度不同，研究重点也各各有别，但笔者认为，把两本书看作美国左翼主题研究的姊妹篇亦无不可。

自美国立国以来近两个半世纪的历史进程中，18和19世纪似乎由于其具有现代美国制度和思想等多维创制源头而为过多的研究者所注目，然而，20世纪美国的政治社会与思想的互动关系及其后果的丰富多彩事实上不亚于前一个百年。作为当代典型的发达资本主义国家，美国在20世纪的历史进程中发生了人口统计学意义上的两个转变：世纪初从农业社会向工业和城市社会的转变；世纪后期从工业向后工业时代的转向，这种转向引发了经济、政治、文化等领域一系列相应的变化。面对20世纪美国的沧桑历程，在探寻有说服力的思想或文化价值动力方面，欧美主流学术话语几乎无一例外地聚焦于美国深厚的建基于个人主义之上的自由主义大传统，有意或无意地忽视或贬低与自由主义并行不悖的激进主义思想传统不可或缺的深远影响和作用。事实上，如果要用一个词来形容或者描绘20世纪的美国，很有可能"变革"这个词会得到较高的认同。美国在20世纪发生的巨变，不仅意味着其社会自身的日新月异，也意味着资本主义本身的新发展和新变化，而在其背后的推动力中，以社会主义为核心的激进思想的澎湃之力一直是举足轻重的力量。换言之，美国激进思想传统从来不是这一历史进程的路人，而是无时不在的参与者。正如美国学者约翰·尼古拉斯所指出的，美国虽然不是社会主义国家，社会主义却是美国传统的一部分，它塑造和推动美国社会的发展，没有社会主义就没有今日之美国。① 可以说，左翼激进思想已然成为理解20世纪美国社会变迁和资本主义新变化的钥匙。

本书力图通过对20世纪美国激进思想传统多样性主题的全景式宏观研究，厘清其文化根源与发展脉络，探索其思想主线与政治进路，管窥其与美国社会历史变迁之间的联系及其趋向，进而较好地认识美国特性所在。因此，本书所承载的课题研究目标是：通过系统研究，揭示美国20世纪激进思想传统的核心主题和理论使命，探析农业社会向工业社会和工业社会向后工业社会的两次社会大转型与激进思想嬗变之间的关系，并就激进思想政治影响式微原因做出系统诊断。通过对20世纪不同历史阶段的左翼激进主义的系统考察，探究不同主题在每一个阶段的主要内容和特点，从理论的高度审视其本质，进而在总结历史经验的基础上，对美国激进思想传统的趋向做出研判。

本书着力在三个方面有所创新和突破。其一，学术思想方面，课题紧紧围绕20世纪美国两次社会转型和美国国际地位重大变化的背景来全面系统研究以社会主义为主流的美国激进思想传统在一个世纪中的流变，并对激进传统包括无政府主义和基督教和平与平等主义等在内的社会批判思想中的合理价值进行重估，迄今为止在国内学术界可以说是初步探索。其二，学术观点方面，强调以保障和扩大个体和群体自由与平等权利为宗旨，以和平改革为主要路径，以文化或意识革命为导向，以致力于制度上建构一个公平正义的美国社会为根本目标，这是20世纪美国左翼群体矢志不渝的追求。虽然美国左翼在探寻美国特色的社会变革之路过程中，历经坎坷，时至今日，仍未找到扭转颓势之路，但20世纪美国激进思想的历程表明，通过把激进理想与解决社会现实问题结合起来，充分而有效地利用并完善现行制度平台，推动关乎社会进步的政治文化价值进入主流社会价值体系，

---

① 〔美〕约翰·尼古拉斯：《美国社会主义传统》，陈慧平译，社会科学文献出版社，2013，前言与致谢。

无疑是合乎美国国情的可行选择，美国左翼激进派的问题不在于此，而在于争夺话语权上的进退失据。此外，文本和社会实验共同构成美国激进思想的载体是本书提出的一个重要论点，本书的这些基本观点显然不失新意。其三，研究方法方面，本研究成果立足于跨学科视角，在占有丰富资料的基础上，通过有选择的专题研究，对20世纪美国激进思想传统进行了全景式的描绘，把多样化的激进理论熔为一炉，进而勾勒出美国激进思想在一个世纪中的发展脉络，这样的尝试在国内外都不多见。当国内学术界的聚焦点依然停留在20世纪60年代及其以后之际，本书把研究视野扩大到19世纪末20世纪初，在一定程度上填补了某些空白。还有，由于文本研究被置于本书写作的中心，课题研究的深度和广度达到了相对的平衡，这或许是这一成果的主要特色所在。

就学术价值和现实意义而言，本书全面系统揭示20世纪美国激进思想传统的独特性、多样性和复杂性，客观上应该有利于促进对社会主义思想和发展道路的多元性特征的理论探讨。由于激进思想已经成为当代西方资本主义制度或体制中不可或缺的存在，对于较好地认识当今发达资本主义国家思想文化发展的特点与趋势，理解左右翼意识形态政治博弈的文化之源及其对美国社会变迁的政治文化影响，进一步探寻当代资本主义内在的新变化，客观地认识两种社会制度之间的相互影响与借鉴，本研究成果可以起到独特视窗的作用。

当然，由于研究对象的时间跨度达一个世纪，限于篇幅，本书一些章节的主题内容和代表人物的思想未能展开详论。虽然个别章节对左翼政党的理论和政治纲领有所涉猎，但由于侧重于思想文化和文本研究，所涉及之处的讨论深度和广度不足。20世纪有影响的美国左翼理论家和学者众多，使笔者在文本取舍上很难面面俱到，难免有遗珠之憾。虽然对文学艺术与影视领域的激进思想进行了讨论，但20世纪上半叶主要放在诗歌方面，戏剧、小说和其他表现形式较少着墨，它们都是20世纪美国激进思想传统不言而喻的重要载体。至于音乐、绘画、雕塑、摄影等艺术领域，同样是美国文化左派的重要战场，所有这些方面的缺失只能留给后续研究课题了。

20世纪英国历史哲学大家柯林伍德有云："历史的过程不是单纯事件的过程而是行动的过程，它有一个由思想的过程所构成的内在方面；而历史学家所寻求的正是这些思想过程。一切历史都是思想史。"① 尽管对此有不尽一致的解读，但至少在面对历史问题上，这个命题提醒我们思想之于历史行为的重要性。因为无论是就历史进程而言，还是阐释历史本身，其核心都是会思想的人，具有目的导向的人是历史建构的主体，面向未来的超越性则构成主体的内在本质，而这正是文明演进的深层动力所在。在人类共同体在危机重重中寻觅通往新文明机遇的时代，从20世纪美国激进思想传统中发掘有价值的思想遗产，彰显思想之魅力是次，理解思想的表现形式、作用于社会变迁的方式并以资启迪和镜鉴当下为要。就此而言，这部著作只不过是学海大潮中一朵小小的浪花，不敢奢望能引发惊涛拍岸之回声，能如春鸟鸣涧唤醒莽莽林海几树新绿足矣。

本书作者
2022年1月

---

① 〔英〕柯林武德：《历史的观念》，何兆武、张文杰、陈新译，北京大学出版社，2010，第244页。

# 目 录

**导 论** ........................................................... 1
    一　相关概念含义界定 ........................................... 1
    二　学术史与研究现状 ........................................... 4
    三　基本思路与研究框架 ........................................ 12

**第一章　美国激进思想传统的文化根源及其形成** ................. 16
    一　基督教"异端"的激进政治文化蕴含 ......................... 16
        （一）清教与激进政治的兴起 ................................ 16
        （二）美国早期的宗教激进主义 .............................. 19
    二　海盗信条与英国平民文化传承 ............................... 23
        （一）海盗文化中的激进信条 ................................ 23
        （二）英国平民文化的传承 .................................. 27
    三　近代欧洲启蒙主义哲学的移植 ............................... 30
        （一）欧洲启蒙思想及其特征 ................................ 30
        （二）启蒙思想在北美的扩散 ................................ 33
    四　社会主义的西渐与美国激进思想传统的形成 .................. 36
        （一）19世纪社会主义思想在美国的传扬 ..................... 36
        （二）美国激进思想传统的形成及其基本特征 ................. 41

第二章　否定与超越：激进制度变革与未来社会想象 …………… 44
　一　世纪初期社会民主主义者的激进制度批判思想 …………… 44
　　（一）社会转型中的问题与激进批判力量的涌现 …………… 44
　　（二）美国社会民主主义者的资本主义批判 ………………… 45
　　（三）无政府主义者的绝对否定立场 ………………………… 51
　二　大萧条岁月和二战前的制度替代构想 ……………………… 53
　　（一）制度批判与新社会设想 ………………………………… 54
　　（二）纽约知识分子群体与伊斯曼—胡克之辩 ……………… 56
　　（三）美共内部关于美国发展道路之争 ……………………… 60
　三　冷战时代"新左派"的乌托邦蓝图 ………………………… 64
　　（一）《休伦港宣言》的制度批判与变革憧憬 ……………… 64
　　（二）从"让机器停止运转"论到"大拒绝"战略 ………… 68
　　（三）反主流文化及其异托邦空间 …………………………… 73
　四　后冷战时代文化左派的"另一个世界"梦想 ……………… 81
　　（一）冷战终结与左翼的挫折 ………………………………… 81
　　（二）"另一个世界"的可能性 ……………………………… 81
　　（三）文化左派与后现代文化抵抗空间的重构 ……………… 89
　五　小结：追求至善之邦的思想传统 …………………………… 96

第三章　批判与改良：激进改革思想与两种理论进路 …………… 99
　一　世纪之交的激进民粹主义改革思潮 ………………………… 99
　　（一）奥马哈政纲 ……………………………………………… 100
　　（二）从亨利·乔治到凡勃伦的激进改革设想 ……………… 103
　二　进步主义和"新政"时期的激进改革思想 ………………… 108
　　（一）社会党的改革主张 ……………………………………… 108
　　（二）基督教激进改革思想 …………………………………… 111
　　（三）约翰·杜威的"公共社会主义" ……………………… 121
　三　战后"新左派"的社区改革主张 …………………………… 127
　　（一）阿林斯基的社区激进主义 ……………………………… 127
　　（二）"新左派"的社区行动计划与大学改革构想 ………… 128
　　（三）70年代激进废除监狱理论 ……………………………… 131

四　后冷战时代左派的激进改革主张与想象………………… 134
　　　　（一）以民主精神促进移民政策改革 ………………… 134
　　　　（二）以民主理想推进高等教育改革 ………………… 136
　　　　（三）以民主方式维护经济社会正义 ………………… 138
　　五　小结：以和平渐进为导向的思想传统 ………………… 140

第四章　族群关系正义：种族和民族关系的激进重构 ………… 142
　　一　20世纪上半叶的激进族群理论 ………………………… 142
　　　　（一）激进泛非主义 …………………………………… 142
　　　　（二）"伊斯兰民族"神学理论 ……………………… 147
　　　　（三）伦道夫的黑人工人阶级解放神学 ……………… 150
　　二　冷战时代美国的激进族群理论 ………………………… 155
　　　　（一）马尔科姆·艾克斯的黑人民族主义 …………… 155
　　　　（二）黑人权力理论与新非洲共和国构想 …………… 159
　　　　（三）印第安原住民反内部殖民主义理论 …………… 164
　　　　（四）奇卡诺认同与阿兹特兰想象 …………………… 169
　　三　后冷战时代美国激进族群理论 ………………………… 171
　　　　（一）多元文化主义与非洲中心论 …………………… 171
　　　　（二）元种族主义理论 ………………………………… 173
　　　　（三）文化相对主义与承认政治 ……………………… 177
　　四　小结：分离与融合持续博弈的思想传统 ……………… 181

第五章　性政治：两性关系的激进新构 ………………………… 183
　　一　第二次世界大战结束前的美国女权思想 ……………… 183
　　　　（一）20世纪之前的美国女权主义 …………………… 183
　　　　（二）戈德曼的无政府主义女权观 …………………… 187
　　　　（三）玛格丽特·桑格的控制生育思想 ……………… 189
　　二　20世纪60~70年代美国激进女权主义 ………………… 193
　　　　（一）激进女权主义的起源 …………………………… 193
　　　　（二）激进女权主义的理论立场 ……………………… 195
　　　　（三）"第四世界宣言"与文化女权主义的出现 …… 201

三　80年代以来的美国激进女权主义 …………………… 202
　　　　（一）麦金农反自由主义的女权主义 …………………… 202
　　　　（二）奥金的无性别乌托邦 ……………………………… 207
　　　　（三）胡克斯与拒绝表征论 ……………………………… 210
　　四　反异性恋霸权与酷儿理论 ………………………………… 218
　　　　（一）同性恋解放思想 …………………………………… 218
　　　　（二）酷儿理论 …………………………………………… 225
　　五　小结：挑战父权制社会正当性的思想传统 ……………… 227

第六章　反人类中心主义：人与自然关系的激进再构 …………… 231
　　一　20世纪前美国的环境思想 ………………………………… 231
　　　　（一）爱默生与梭罗的浪漫主义生态哲学 ……………… 231
　　　　（二）缪尔的神学生态学 ………………………………… 235
　　二　20世纪前期的美国激进生态思想 ………………………… 238
　　　　（一）进步主义生态学 …………………………………… 238
　　　　（二）利奥波德的土地伦理学 …………………………… 240
　　三　战后美国的激进环境主义 ………………………………… 243
　　　　（一）激进平等主义与深层生态学 ……………………… 243
　　　　（二）穆雷·布克金及其社会生态哲学 ………………… 255
　　　　（三）罗尔斯顿的自然价值论 …………………………… 260
　　　　（四）奥菲尔斯与权威主义幽灵 ………………………… 262
　　四　美国生态马克思主义的生态观 …………………………… 264
　　　　（一）生态危机与资本主义批判 ………………………… 264
　　　　（二）柏克特的马克思主义生态经济学 ………………… 268
　　五　小结：颠覆人与自然二元论哲学的思想传统 …………… 273

第七章　拒绝战争：国际和平与平等关系的激进建构 …………… 277
　　一　20世纪前的美国激进和平主义 …………………………… 277
　　　　（一）梭罗的非暴力抵抗思想 …………………………… 277
　　　　（二）反帝民主派的反扩张思想 ………………………… 279
　　二　进步主义时代的和平反战思潮 …………………………… 282

（一）社会党人的反战和平思想 ………………………… 282
　　　（二）伦道夫·伯恩的反战思想 …………………………… 284
　　　（三）无政府主义者的反战思想 …………………………… 288
　三　大萧条至二战期间的激进和平主义 ……………………… 290
　　　（一）良知反对者的反战立场 ……………………………… 290
　　　（二）德林杰与拉斯廷的反战思想 ………………………… 292
　　　（三）米勒的反战理由 ……………………………………… 295
　四　冷战年代美国的反战反核思想 …………………………… 296
　　　（一）和平缔造者的另类理想 ……………………………… 296
　　　（二）反核运动中的家庭主义 ……………………………… 300
　　　（三）新左派的反帝国主义观 ……………………………… 303
　　　（四）20世纪80年代文化左派的国际正义观 …………… 307
　五　后冷战时代的反霸权思潮 ………………………………… 311
　　　（一）乔姆斯基对美国外交政策的批判 …………………… 311
　　　（二）恩道尔对美国霸权主义的批判 ……………………… 318
　　　（三）布伦纳的国际关系民主建构论 ……………………… 321
　六　小结：构建永久和平世界的思想传统 …………………… 323

**第八章　反全球化：对资本主义一统天下的拒斥** ……………… 325
　一　新自由主义的全球扩张与人类不平等的加剧 …………… 325
　　　（一）新自由主义的兴起 …………………………………… 325
　　　（二）资本主义全球化与人类黯淡前景 …………………… 330
　二　资本主义全球化批判的几个相关理论 …………………… 332
　　　（一）从帝国主义理论到世界体系论 ……………………… 332
　　　（二）哈特和奈格里的帝国理论 …………………………… 334
　　　（三）全球正义理论 ………………………………………… 338
　三　对金融危机后资本主义命运的理论分析 ………………… 340
　　　（一）体系性终结危机论 …………………………………… 340
　　　（二）调节制度危机论 ……………………………………… 341
　　　（三）垄断资本晚期危机论 ………………………………… 342
　四　美国左翼的反全球化方略 ………………………………… 345

（一）基于互联网的全球联盟战略 ········································ 345
　　　（二）美国共产党的反全球化主张与方略 ······························ 350
　五　小结：视资本主义为全球万恶之源的思想传统 ···················· 352

**第九章　从意象到镜像：文学与影视的激进文化批评** ·················· 355
　一　20世纪前期的左翼文学与文化批评 ······································ 355
　　　（一）作为社会抗议与批判的左翼诗歌 ································ 355
　　　（二）哈莱姆激进主义 ······················································· 368
　二　从"垮掉的一代"到"后新左派"文学批评 ······························ 372
　　　（一）"垮掉的一代" ······················································ 372
　　　（二）荒诞文学 ······························································· 375
　　　（三）战后左翼文学批评 ··················································· 377
　三　好莱坞影视中的激进主义传统 ············································ 379
　　　（一）好莱坞激进传统的形成与发展 ································ 379
　　　（二）冷战时代好莱坞的反体制影视 ································ 391
　　　（三）后冷战时代好莱坞的反资本主义 ···························· 397
　四　小结：最具思想穿透力的文学和影视社会批判传统 ············ 403

**余论　激进思想传统与20世纪美国社会演进** ······························ 405
　一　20世纪美国激进思想传统的性质与特点 ····························· 405
　二　激进思想传统与20世纪美国社会变革 ································ 411
　三　激进思想传统的嬗变、问题与发展趋向 ····························· 415
　　　（一）20世纪美国激进思想传统的嬗变 ······························ 415
　　　（二）政治社会影响边缘化及其原因分析 ···························· 416
　　　（三）危机与希望并存的未来 ············································ 421

**参考文献** ························································································ 423

**后　记** ···························································································· 452

# 导　论

## 一　相关概念含义界定

激进主义（radicalism），在西方语境中为激进思想的近义语，该词源于拉丁文 radix（与英语 root 相近），含有"根""根数""词根""根本""彻底"等义。早期现代思想家引申了这些植物学、词源学和数学上的用法，将直探基础、第一原理或本质之物的那些分析视为"radical"。在西方政治学、历史文化学、社会学等学科谱系中，激进主义是个现身频率很高的词语，它往往是左翼思想或政治文化的代名词，例如权威的《美国学术百科全书》对这个词做如下解释："现代激进主义起源于对统治集团特权的挑战，无论这种特权是以神授政府、出身高贵为依据，还是以保护财富为理由。"[①] 美国历史学家伦斯也认为激进主义是特权的解毒剂。[②] 那么，激进主义在政治哲学中的准确含义是什么？布达佩斯学派著名哲学家阿格妮丝·赫勒认为，激进主义意味着"一种对社会的总体批判——对于一个以依附和统领关系以及'自然分工'为依据的社会的总体批判"，与此相应的，激进行动者便是"已经厌恶资产阶级的生活方式并决定支持另一种生活方式的那些人"。当然，激进主义有左右两种类型。左翼激进主义尽管带有某种贵族气息，但它视所有人为同等合理的存在者，主张通过集体合理的讨论决定价值，努力使主体意识到自己作为主体的本性。因此，左翼激进主义与

---

① *Academic American Encyclopedia*. Vol. 16, Princeton, New Jersey: Arete Publishing Company Inc., 1981, p. 43.
② Sidney Lens, *Radicalism in America*. New York: Alfred A. Knopf, Inc., 1969, p. 1.

民主具有天然的亲和力。右翼激进主义则相反，它是精英主义的和非民主的，群众在这里是客体不是主体；它拒不承认其他群体价值的真实性，虽然它也批判以领导和统领为基础的社会，却无法推举出任何可行的替代物。因此，右翼激进主义其实并不激进。[①] 那么，左翼激进主义追求什么样的政治社会目标呢？赫勒用"激进需要"概念加以说明：激进需要就是"所有在一个以依附与统领关系为基础的社会中出现的，但在这样的社会中不能被满足的需要"[②]。这种"激进需要"是多元化的，如通过理性讨论决定社会发展的内容、方向和价值；自由选择共同体；人与人之间关系的平等和社会统治的消除；减少社会必要劳动与社会自由活动之间"压力—空虚"的矛盾；消除战争与军备；减少生态灾难；消除高雅文化与大众文化的差异等。这些"激进需要"的满足必须以消除不合理的社会关系为前提。[③]

简单说来，激进思想或激进主义就是对现实抱有激烈的或者彻底否定的批判态度，并对作为替代物的理想社会或乌托邦持巨大热情的观念和主张。所谓思想传统，是指具有历史承续性并对社会行为产生内在影响力的思维方式。美国激进理论家在不同历史时期具有各不相同的社会关注点，但这种彻底否定和超越的立场却是不变的，是美国激进思想的灵魂。可以说，这种对现状的不满与超越和对至善之境的追求沉淀为一种持久的思想方法，进而建构成一种独特的激进思想传统。

不过，正如美国社会学家卡尔霍恩所指出的，不宜把激进思想理解为一种稳定的意识形态立场，"在某一点上激进的观念，在另一点上可能不过是自由主义的乃至是保守主义的。对秩序的势力构成激进挑战的活动家们也可能被对立的信仰和价值观鼓动起来"[④]。美国立国以来的政治和舆论场域常常被价值性或者策略性的激进主义所充斥就足以说明这一点。当激烈的社会变迁可能出现对传统生活方式连根拔除式的威胁时，最保守的人也可能走向激进，这告诉我们一个事实：激进思想是有边际的，激进与保守

---

[①] 〔匈〕阿格妮丝·赫勒：《激进哲学》，赵司空等译，黑龙江大学出版社，2011，第119~121页。

[②] 同上，第123页。

[③] 孔明安等：《当代国外马克思主义新思潮研究——从西方马克思主义到后马克思主义》，中央编译出版社，2012，第457页。

[④] 〔美〕克雷格·卡尔霍恩：《激进主义探源：传统、公共领域与19世纪初的社会运动》，甘会斌等译，北京大学出版社，2016，第6页。

之间不是决然对立的，其间不存在不可逾越的鸿沟。在20世纪，一些自由主义者在一定条件下认同左翼激进话语，而一些早期激进思想者晚年转向保守主义，这方面的例子不胜枚举。这或许也是激进主义和左翼在美国每每被泛化和指代混乱的原因之一。

值得一提的是，从文本学的角度看，社会主义和乌托邦是与美国激进主义关系最密切的两个高频词语。就社会主义而言，美国不同时期的左翼组织和理论家常常以该词语为其理想图景冠名。然而，就像这一词语的定义有五百多种一样，美国左翼的社会主义可谓形形色色，既有马克思的科学社会主义，又有伯恩斯坦和考茨基等人的社会民主主义或民主社会主义，还有无政府主义的社会主义、民粹主义的社会主义、费边社会主义，更不乏信徒众多的基督教社会主义，其中绝大部分都是以渐进的改良而非激烈的革命为圭臬。在约翰·尼古拉斯等美国学者眼中，这种曾经被称为"下水道社会主义"或者"市政社会主义"并受到列宁批评的社会主义正是美国社会主义的特色所在。有鉴于此，基于社会主义是开放性的思想体系和多样性道路特征的认知，我们无妨把美国的社会主义作为一种独特理论模式来理解。

至于乌托邦概念，自托马斯·莫尔首创以来，一直与美好和理想的社会图景相连接。不过，由于19世纪这一概念被用于指代圣西门、傅立叶和欧文等人的空想社会主义，这一词语越来越具有了负面含义，乌托邦逐渐与无法实现的空想相等同。事实上，在西方左翼语境中，乌托邦的要津在于否定性与超越性，即乌托邦是对"托邦"（现存秩序）的拒绝。德国社会学家卡尔·曼海姆指出："我们称之为乌托邦的，只能是那样一些超越现实的取向；当它们转化为行动时，倾向于局部或全部地打破当时占优势的事物的秩序。"① 在另一位德国哲学家布洛赫看来，乌托邦只是"尚未存在"，它是人类与生俱来的内在生存动力。马尔库塞等理论家则公开声称自己的理论工作是建构乌托邦，即能够变成现实的理想社会规划。为此，我们主要从社会理想主义精神的角度来处理乌托邦概念。

需要说明的是，作为本研究课题的核心概念，我们在选择激进思想文

---

① 〔德〕卡尔·曼海姆：《意识形态与乌托邦》，黎鸣、李书崇译，商务印书馆，2000，第196页。

本时，对资本主义制度与文化的批判是基本准绳，因为这种批判存在两种政治进路：一是走向社会主义或其他具有乌托邦色彩的替代性方案；二是对现行制度进行革故鼎新的改造以使之去恶向善。后者对社会主义的态度可能因人而异，支持者不少，疑虑和反对者也不鲜见。不少马克思之后的马克思主义理论家之所以也被纳入研究范围，是因为他们虽然充分认同马克思主义在制度批判与必然替代上的理论立场，但在实现超越的路径和主体等问题上则持有截然不同的主张，与之最亲和的思想谱系不是社会民主主义就是民主社会主义，而这正是20世纪美国激进思想传统的基本政治色素。理查德·罗蒂指出，一些自称为马克思主义者的理论家如詹姆逊和伊格尔顿等人，对马克思主义的认同其实主要是出于情感而非理论。[1] 这一看法不失深刻性。

至于以美国共产党为代表的左翼政党，虽然长期坚守马克思主义的科学社会主义立场，但就其理论与实践历程看，教条主义和经验主义已成为其思想囹圄，进入21世纪后，日益向民主社会主义靠拢，其自然也是美国激进思想传统不可或缺的组成部分。

## 二 学术史与研究现状

国外主要是美国学术界对20世纪美国激进思想的研究起步于战后的50年代初，经过数十年的发展，特别是60年代后，激进主义研究已经蔚成学术热潮。从时间跨度和总体趋势上看，美国学术界的研究大致可以分为三个阶段并具有三个特点。20世纪60年代以前是第一阶段，其特点主要是对20世纪上半叶左翼力量在美国的挫折进行思考与分析。美国左派学者基普林斯的《美国社会主义运动（1897~1912）》和丹尼尔·贝尔的《美国马克思派社会主义》是当时较有影响的著作，前者以充足的史料为据，对20世纪初社会主义思潮在美国的传播进行了论述，并着重分析其影响式微的原因在于内部机会主义作祟；[2] 后者作为曾经的马克思主义者，同样侧重于

---

[1] 〔美〕理查德·罗蒂：《筑就我们的国家：20世纪美国左派思想》，黄宗英译，生活·读书·新知三联书店，2006，第35页。
[2] 王心付、胡前安：《美国左派运动史学研究四十年》，《当代世界社会主义问题》1996年第2期，第47页。

研究社会主义在美国社会境况窘迫的根源，断定其症结在于，社会主义无法根本性解决美国社会的道德和政治困境，"它为一种它存在于这个世界，却又不属于这个世界的不愉快的问题所困扰"①。结论无疑都比较悲观。

20 世纪 70~80 年代是第二阶段，这个阶段的特点是对 60 年代新左翼社会运动历史资料的收集、整理和编纂，并对新左派乃至美国历史上的激进思想展开全面讨论。这个时期的研究者大多是反叛的 60 年代的亲历者，他们从反思和总结经验的角度对 60 年代精神的源起、特征、落潮原因和长远影响等进行了细致而深刻的分析，这些分析成为后续研究的基础。在 60 年代激进思想研究方面，成果十分丰富，托德·吉特林的《60 年代：希望的岁月，愤怒的日子》（1987）、莫里斯·伊塞尔曼的《如果我有一把锤子……老左派的死亡与新左派的诞生》（1987）、西里尔·莱维特的《特权的孩子们：60 年代的学生造反》（1989）、凯思·梅尔维尔的《反主流文化中的公社：起源、理论、生活方式》（1972）、维尼·布雷宁斯的《大拒绝：新左派的社区与组织：1962~1968》（1982）、戴维·魏斯特拜的《模糊的理想：60 年代美国学生运动》（1976）等代表性著作，从不同角度对 60 年代青年反叛者的制度批判、运动策略和社会理想进行了全面而生动的描述，在研究方法上呈现多学科综合的特征。在对 20 世纪激进思想的系统研究方面，悉尼·伦斯的《美国激进主义》（1969）、罗伦·巴瑞茨的《美国左派：20 世纪激进政治思想》（1974）、约翰·迪金斯的《美国左派的兴衰》（1992）、勒罗伊·阿什比和布鲁斯·斯塔夫的《不满的社会：对 20 世纪美国抗议的解释》（1972）、理查德·弗莱克斯的《缔造历史：美国左派与美国精神》（1988）等著作，对 20 世纪美国左翼的政治社会抱负予以高度肯定，虽然不讳言左翼理论存在种种问题，②但普遍认同这样的结论：左翼激进思想与更美好的未来相关联，左翼激进意识形态意味着新的种种可能性。③

20 世纪 90 年代至今是第三阶段，这一阶段的主要特点是，对 20 世纪

---

① Daniel Bell, *Marxian Socialism in the United States*. New Jersey: Princeton University Press, 1967, p. 5.
② John Patrick Diggins, *The Rise and Fall of the American Left*. New York: W. W. Norton, 1992.
③ Richard Flacks, *Making History: The American Left and the American Mind*. New York: Columbia University Press, 1988, p. 288.

美国激进思想的研究呈现宏观分析上的多学科综合与微观性研究齐头并进的局面。

从宏观研究领域看，标志性成果不少。理查德·罗蒂的《筑就我们的国家：20世纪美国左派思想》（2006）、拉尔夫·扬的《异议：一部美国思想史》（2015）、詹姆斯·魏因斯坦的《弯路长行：美国左派的历史与未来》（2003）、约翰·尼古拉斯的《美国社会主义传统》（2011）、丹尼尔·弗林的《美国左派保守史》（2008）、理查德·艾利斯的《左派的阴暗面：美国的非自由平等主义》（1998）、詹姆斯·穆尼的《美国的异议者》（2005）、约翰·罗斯的《被资本主义谋杀：美国左派150年生死回忆录》（2004）、道格·罗斯瑙的《进步的理想：美国的左翼-自由传统》（2008）等，立足于文本分析，从不同视角对激进思想的世纪历程进行了不乏洞见的讨论，尤其是在探讨激进思想与美国社会进步之间的关系方面，多数研究者承认，激进思想尽管存在种种问题，却是塑造20世纪美国不可或缺的重要力量。

在微观研究领域，有两个特点：一是对相关激进思想主题的研究已经形成麇集效应和持续性热点；二是研究触角逐渐深入代表性理论家和学者的文本之中。

在制度变革与改革思想研究领域，堪称扛鼎之作的成果不在少数，其中如保罗·艾威里奇的《无政府主义之声：美国无政府主义口述史》（2006）、理查德·佩尔斯的《激进的理想与美国之梦——大萧条岁月中的文化和社会思想》（1996）、西奥多·德雷珀的《美国共产主义的根源》（2003）、詹姆斯·巴雷特的《威廉·福斯特：美国激进主义的悲剧》（1999）、彼得·布朗斯坦和迈克尔·威廉·多弗尔的《想象的民族：60~70年代的美国反主流文化》（2003）、拉塞尔·雅各比的《乌托邦之死：冷漠时代的政治与文化》（2007）、马克·梅杰的《我们该何去何从？美国民主与激进想象的重生》（2010）、霍华德·布瑞克和克里斯多夫·菲尔普斯的《美国激进派：第二次世界大战以来的美国左派》（2015）等，无论是对一个时代思想的截面解析，还是对具体思想者的文本解读，多有独到精妙之处。

在族群正义主题领域，戴维·刘易斯的《杜波依斯传》（2009）、安德鲁·柯斯滕和克拉伦斯·朗的《重构伦道夫：劳工、黑人自由与A.菲利普·伦道夫遗产》（2015）、詹姆斯·科恩的《马丁和马尔科姆与美国：梦想还是梦魇》（1991）、麦克尔·索尔达腾科的《奇卡诺研究：学科起源》

(2012)、米歇尔·亚历山大的《新吉米克罗制：色盲时代的大规模监禁》(2010)、卡特·威尔逊的《元种族主义：解释种族不平等的持续存在》(2015) 等，把对美国族裔困境与权利问题的拷问推向了一个新阶段。

在性与性别权利领域，代表性的成果有加里和安·皮尔索的《妇女、知识和现实：女性主义哲学探索》(1997)、苏·戴维斯的《伊丽莎白·斯坦顿的政治思想：妇女权利与美国政治传统》(2010)、库伦·墨菲的《依夏娃之言》(1999)、艾伦·切斯勒的《勇敢的女人：玛格丽特·桑格与美国控制生育运动》(1992)、爱丽丝·艾克尔斯的《敢做坏人：1967～1975年的美国女性主义》(1991) 和葛尔·罗宾的《酷儿理论》(2003) 等，比较精准地勾勒出不同时期关于性政治正义进路的承续性思考。

在生态思想领域，贝尔德·科贝德的《保卫土地伦理：环境哲学论文集》(1989)、唐纳德·沃斯特的《自然的经济体系——生态思想史》(1999)、R. K. 麦格雷戈的《一种更宽广的宇宙观：亨利·梭罗的自然研究》(1997)、丹尼斯·威廉姆斯的《上帝的荒野：约翰·缪尔的自然观》(2002)、史蒂文·贝斯特和安东尼·诺塞拉的《点燃一场革命：保卫地球之声》(2006) 等著作，堪称经典。

激进和平主义方面则有玛丽安·莫林的《现代美国的激进和平主义：平等主义与抗议》(2006)、穆雷·博尔纳和小托马斯·伍兹的《敢于对战争说不的我们：1812年至今的美国反战作品》(2008)、尼克·威瑟姆的《文化左派与里根时代：美国的抗议与中美洲的革命》(2015)、詹姆斯·麦吉维雷的《乔姆斯基：语言、心灵与政治》(1999)、埃里森·埃德格利的《诺姆·乔姆斯基的社会政治思想》(2000) 等得到学术界普遍肯定的著作。

在反全球化思潮以及激进文艺和影视研究领域，汤姆·莫特斯的《运动中的运动：另一个世界真的可能吗？》(2004)、加里·尼尔逊的《革命记忆：恢复美国左翼诗歌》(2001)、克里斯·洛贝的《好莱坞左派：电影、现代主义与美国激进电影文化的出现》(2010)、本·迪克逊的《好莱坞新激进主义：战争、全球化与从里根到小布什时期的电影》(2016) 等，其学术影响有口皆碑。

国内学术界对20世纪美国左翼激进思想传统进行客观而严肃的研究，真正的起点是改革开放之初。四十年来，国内学术界在不断翻译介绍国外研究成果的基础上，分别从历史学、政治学、社会学、哲学和文学等学科的视角对各种左翼社会运动、左翼政治理论和左翼文学等进行了程度不等的探讨，出版了一批有分量的著作，发表了一系列相关研究论文，形成了如下研究热点和趋向。

一是20世纪美国激进思想史研究。在激进思想史分期上，郭更新和丁淑杰把20世纪美国社会主义历程分为1900~1929年、1930~1959年和1960~2000年三次潮起潮落；① 还有研究者从民主社会主义发展的角度将其分为社会主义在美国1.0（草根与边缘化，1900~1931）、2.0（罗斯福新政，1933~1936）、3.0（新左翼，1960年代）和4.0（伯尼和AOC，2016年至今）四个阶段，民主社会主义贯穿始终。② 在早期美国社会主义成败问题上，邓超认为，这与外部世界尤其是欧洲社会主义的关系对其发展有着直接影响；③ 在关于20世纪美国社会主义充满失败和挫折的原因分析上，丁淑杰认为是由内因和外因等多种复杂因素所导致；④ 一些研究者则围绕关于美国社会主义例外论的桑巴特命题展开讨论，在充分肯定从桑巴特到李普塞特关于该问题的分析有助于为深入思考20世纪美国社会主义挫折不断的原因提供启迪的同时，大多不同意美国没有社会主义的结论，认为准确的表述是美国为什么没有欧洲式的社会主义，这其实也是桑巴特的本意。⑤

二是激进运动及其相关理论研究。其一，公民权利运动思想研究。首先，族群权利运动思想研究成果较多，如王恩铭对美国黑人领袖政治思想的系统研究以及何念等对美国激进女权主义的研究较具代表性。⑥ 其次是青年运动思想研究。这方面较值得一提的是张永红关于60年代美国青年反战思潮的研究，其研究从政府如何应对这一视角切入，较具政策价值。⑦ 其

---

① 郭更新、丁淑杰：《二十世纪美国社会主义的潮起潮落》，《当代世界与社会主义》2000年第3期。
② 童小溪、战洋：《"民主社会主义"在美国：例外还是趋同？》，《中国图书评论》2019年第6期；伯尼即桑德斯；AOC是"绿色新政"（Green New Deal）纲领提出者亚历山德莉亚·奥卡西奥-科尔特斯（Alexandria Ocasio-Cortez）的缩写。
③ 邓超：《美国早期社会主义史新探》，《当代世界与社会主义》2018年第3期。
④ 丁淑杰：《美国社会主义运动曲折发展的原因分析》，《华中师范大学学报》（人文社会科学版）2003年第1期。
⑤ 奚广庆：《关于美国有没有社会主义的几点讨论》，《当代世界社会主义问题》2013年第3期；邓超：《"美国例外论"初探：问题和方法》，《科学社会主义》2010年第1期。
⑥ 王恩铭：《美国黑人领袖及其政治思想研究》，上海外语教育出版社，2006；何念：《20世纪60年代美国激进女权主义研究》，知识产权出版社，2010。
⑦ 张永红：《20世纪60年代美国反战思潮研究》，光明日报出版社，2009。

二，生态与和平运动思想研究。在这个领域，发表的论文不少，但专著还不多见。但在文学领域，有学者对美国经典作家作品中的生态思想进行了全面梳理，其中不乏相关激进思想的论述。① 其三，左翼制度批判思想研究。这方面以对马尔库塞思想的研究最为突出，程巍、谢玉亮、陈俊、徐博等学者在各自著作中，分别从体系、乌托邦、社会批判、美学、现代性、技术哲学等不同理论层面对马尔库塞思想进行了深入剖析。另有徐良等学者从史学角度系统研究了新左派的激进思想。②

三是美国左翼党派和组织政治策略研究。李慎明主编的《世界社会主义跟踪研究报告》系列中，对当代美国共产党等左翼政党的现状与政策策略进行了较宏观的描述；丁淑杰则在相关专著中，根据历史进程对美共的社会主义理论和实践做了系统考察；王平发表的系列文章，对美国左翼的重建方略进行了述评。③ 通过对美国社会党早期历史的考察，高建明提出了一个比较新颖的观点：美国社会主义运动急剧衰落的原因在于受十月革命影响，美国社会党放弃了此前将社会主义运动美国化的努力。④ 作为左翼旗帜的美国共产党无疑是研究的聚焦点。学界近年来普遍关注进入21世纪以来美共纲领的变化，这种变化反映了美国共产党在为什么要实现社会主义、实现什么样的社会主义以及如何实现社会主义等问题上的理论新探索。虽然有研究者对于这种探索持否定立场，认为美共已经被美国资本主义规制驯服，"今天的美国共产党已经被规训成维护现行体制的工具"⑤，但大多数研究者持肯定态度，认为美共的新探索不仅符合美国国情和时代特征，具

---

① 胡海清：《美国生态文学思想研究》，中国文史出版社，2010；朱新福：《美国经典作家的生态视域和自然思想》，上海外语教育出版社，2015。
② 程巍：《否定性思维：马尔库塞思想研究》，北京大学出版社，2001；谢玉亮：《马尔库塞乌托邦思想的现代性阐释》，中国社会科学出版社，2014；陈俊：《技术与自由：马尔库塞技术哲学思想研究》，中国社会科学出版社，2013；徐博：《马尔库塞否定性思想研究》，社会科学文献出版社，2011；徐良：《美国"新左派"史学研究》，中国社会科学出版社，2014。
③ 丁淑杰：《美国共产党社会主义理论与实践》，中国社会科学出版社，2010；王平：《美国左派当前的重建行动及其启示》，《当代世界与社会主义》2010年第1期。
④ 高建明：《美国社会党及社会主义运动研究》，中国社会科学出版社，2018。
⑤ 徐鹏、王建华：《西方自由民主的暴力倾向——共产主义政党在美国的境遇》，《河南大学学报》（社会科学版）2016年第4期。

有与时俱进性，而且为世界各国共产党探索社会主义发展道路提供了有益启迪。①

四是左翼理论家及其思想研究。对左翼理论家的思想进行以文本解读为基础的研究日益成为学界一大趋势。较有代表性的著作是对上述马尔库塞研究成果以及对詹姆逊、凯尔纳、乔姆斯基、福斯特、奥康纳、沃勒斯坦、桑塔格和杜威等人的研究，成为国内学术界填补空白之作。② 在论文方面，成果十分丰硕，仅以研究马尔库塞的论文为例，博士和硕士论文就有数百篇，期刊文章更是汗牛充栋，对上述其他理论家的研究情形大抵相同。其中有些成果不仅以目标人物的某个文本为研究对象，更是对某个概念或思想片段展开了深入讨论，还有研究者以其中的某个理论为分析工具来讨论其他文本，张玉洁以法兰克福学派"审美救赎"思想和马尔库塞"新感性"理论对小说《华氏451》的解读就是一例。③

五是民主社会主义思潮研究。近年来，随着民主社会主义思潮在美国抬头，学术界出现了一波围绕这一思潮的起因、性质、意义及其代表人物桑德斯的研究成果。刘永涛认为，民主社会主义的东山再起除社会主义思想长期在美国存在所培植的深厚土壤外，在当代还具有复杂的社会、政治和经济原因；④ 轩传树和谭扬芳则强调，桑德斯的民主社会主义是回应美国普通民众关切、新自由主义经济政策失败、美国社会主义思想与实践的历史传承以及世界社会主义发展形势外在影响的产物，在性质上，实为欧洲

---

① 丁淑杰：《美国共产党积极探索美国特色社会主义》，《求实》2010年第10期；李海玉：《21世纪以来美国共产党对社会主义的新探索》，《社会主义研究》2020年第1期。
② 李世涛：《重构全球的文化抵抗空间：詹姆逊文化理论与批评研究》，社会科学文献出版社，2008；颜岩：《批判的社会理论及其当代重建——凯尔纳晚期马克思主义思想研究》，人民出版社，2007；尤泽顺：《乔姆斯基：语言、政治与美国对外政策研究》，世界知识出版社，2005；康瑞华：《批判 构建 启示——福斯特生态马克思主义思想研究》，中国社会科学出版社，2011；胡莹：《福斯特生态学马克思主义思想研究》，黑龙江大学出版社，2013；王雨辰：《生态批判与绿色乌托邦》，人民出版社，2009；吴苑华：《世界体系的马克思主义研究》，重庆出版社，2011；吴苑华：《世界体系论视野下的两极分化》，社会科学文献出版社，2017；王予霞：《苏珊·桑塔格与当代美国左翼文学研究》，中国社会科学出版社，2009；王予霞：《20世纪美国左翼文学思潮研究》，中国社会科学出版社，2014；孙有中：《美国精神的象征：杜威社会思想研究》，上海人民出版社，2002。
③ 张玉洁：《论〈华氏451〉中的感性觉醒与审美乌托邦建构》，华中师范大学2020年硕士学位论文。
④ 刘永涛：《民主社会主义思潮缘何在美国"东山再起"》，《人民论坛·学术前沿》2019年第8期。

"社会民主主义"和罗斯福新政的混合物。① 刘玉安同样认为，桑德斯的民主社会主义是罗斯福新政改革传统的继承和发展，目的在于拯救资本主义；② 刘俊祥认为，桑德斯主义作为美国特色的民主社会主义，实质上是"平民革命"的理想主义和左翼的社会改良主义，它不会是资本主义的终结者，而会与美国同在，并周期性地兴衰荣枯。③ 为数不少的研究者相信，作为解决美国资本主义难题、化解资本主义危机的一种出路，民主社会主义有其存在的理由，它对当下美国左翼力量的发展方向和话语建构具有引领作用。

六是左翼文学与激进影视研究。文学与影视是激进思想最具表达张力的舞台，自然也是学术界青睐的领域，但从总体上看，对美国左翼文学的研究比较细碎，除了上面提及的王予霞的《20世纪美国左翼文学思潮研究》一书属于宏观性研究外，绝大多数成果都为对某个左翼作家或其某部作品的评述，其中黑人作家和女权主义作家又是研究的聚焦点。当然，王予霞对黑人左翼文学消长启示的探讨、张莉关于美国左翼女性作家共同体意识的研究、张德文等对哈莱姆文艺复兴时期越界小说的探究等，都是系统性研究方面的力作；④ 还有学者专文对20世纪美国左翼文学的复杂性进行梳理，⑤ 就全面了解20世纪美国左翼文学的多样性而言助益良多。在美国左翼电影研究方面，学术界成果较少，代表性成果主要有王予霞关于20世纪上半叶好莱坞左翼电影盛衰历史启示的探究以及李婧和李华对左翼电影评论刊物《影痴》的评价文章。⑥

可以看出，国外学术界不仅著述丰硕，观点丰富多彩，而且以跨学科

---

① 轩传树、谭扬芳：《对主张"民主社会主义"的美国总统候选人桑德斯的介绍和看法》，载李慎明主编《世界社会主义跟踪研究报告（2016~2017）——且听低谷新潮声（之十三）》，社会科学文献出版社，2017，第291~301页。
② 刘玉安：《消灭资本主义还是挽救资本主义？——论美国近代民族社会主义的兴起》，《人民论坛·学术前沿》2019年第8期。
③ 刘俊祥：《桑德斯主义的底色及本质探究》，《人民论坛》2020年第S1期。
④ 王予霞：《美国黑人左翼文学消长的历史启示》，《国外文学》2014年第3期；张莉：《美国左翼女性文学的共同体书写》，《当代外国文学》2018年第4期；张德文：《哈莱姆文艺复兴时期越界小说研究》，吉林大学出版社，2014。
⑤ 陈慧：《正视美国左翼文学的复杂性》，《读书》2016年第8期。
⑥ 王予霞：《20世纪上半叶美国好莱坞左翼电影盛衰之历史启示》，《文艺理论与批评》2016年第2期；李婧、李华：《美国左翼电影文化阵地——〈影痴〉评介》，《电影评介》2016年第12期。

为特征的研究手段与方法多种多样，研究深度和广度兼具。一些成果的见解和研究路径给我们提供了有益的启迪。然而，这些成果存在的不足也是明显的：一是对激进思想传统的历史脉络论述和分析不充分，对不同时期之间思想的联系和过渡缺乏较有力的论证，只是把一个个激进政治文化事件作为孤立的历史现象来看待；二是视野过于集中在20世纪中期，对上半叶和后半期的研究较弱，在一定程度上反映出对激进事件背后思想传统影响重要性认知的不足；三是没有厘清左翼激进主义与自由主义之间的分野，普遍存在泛左翼化现象，例如包括罗蒂在内的一些左翼理论家把罗斯福新政解读为激进政治就是典型；四是一些结论过于武断，如左翼激进事业失败论即是例子；五是，对激进思想传统在20世纪美国社会历史进程中不可或缺的动力作用没有充分的认知，这也是最受诟病的地方，不仅大批保守主义学者否定激进思想传统对于美国社会进步的促进作用，甚至为数不少的左翼学者也对此持怀疑态度。

国内学界的研究同样具有宏观性和微观性兼具的特点，无论是研究对象的广度还是文本解读的深度与三十年前相比早已是霄壤之别。无论是对左翼社会运动的理论分析，还是对代表性人物思想的讨论，为数不少的著作和论文不仅文献丰实，而且论点每每不乏新意。然而，不可否认的是，国内研究中同样存在种种不足：一是视野大多局限于50~60年代和当下，对20世纪上半叶美国左翼激进思想的研究不够充分，许多极具影响力的学者及其思想未受到应有的关注，留下了研究空白；二是大多数著述重于左翼社会运动的策略分析和进程描述，轻于思想和理论的深入探讨，导致研究深度和理论高度受限；三是缺少对20世纪美国激进思想传统的系统性研究，尤其是对激进思想在美国社会发展变迁中的作用和影响的深入分析之作仍付之阙如，使得该领域的研究成果给人以孤立和碎片化印象。

## 三 基本思路与研究框架

20世纪美国激进思想传统不仅在理论背景和内容上具有突出的多元性特征，在主体和表达方式上更是极其复杂多样。从主体来看，既有学术界的学院派学者，又有文学艺术、影视和媒体的创作者和评论者，还有职业政治领袖与社会活动家，更不乏以行动阐释思想的社会实践参与者。主体身份的复杂性带来了表达方式的多样性，学术著作、诗歌小说、影视作品、媒体评论、党派政纲、政治和文化团体宣传册、社会运动与实验计划等，不一而足。这种复杂多样性对研究文本或对象的选择构成了挑战。基于制度批判与超越是激进思想的主旨或主题的认知，本书围绕激进社会批判、制度变革与改革这一主线展开，并围绕这一思路选择20世纪各个历史时期有代表性的思想者和相关文本展开研究，通过专题研究对应的思想立面，多角度剖析美国激进左翼自由、平等、正义、民主等政治理念的内涵及其特性，并结合历史与当下实际，对其社会理想的实践路径进行客观评述。基于这一思路，全书由导论、一到九章和具有结论性质的余论构成，基本框架循着文化背景（第一章），总体制度批判与超越（第二章），超越路径（第三章），种族、性别和阶级等社会关系正义（第四章和第五章），人与自然关系正义（第六章），国际关系正义（第七章）以及集合了所有这些主题的反全球化（第八章）和作为独特领域的文艺影视激进主义（第九章）展开。

第一章的旨趣是探讨美国激进思想传统的理论与文化根源及其形成问题。在美国学术界，虽然有部分学者尝试寻找左翼激进主义与美国文化传统的内在关系，但占主导地位的理论认为：美国的激进主义是外来品，与美国社会文化和生活方式格格不入。本书通过对欧洲基督教异端传承、海盗激进信条与英国平民文化、启蒙理性主义和社会主义思想及其与北美连接的分别论述，着力论证美国激进思想传统作为美国主流文化的组成部分，虽源于欧洲，但在美国环境中美国化了。因此，它是美国文化传统的必然产物和美国理想主义的重要表现形式，这是理解美国激进主义特性的基本前提。

美国左翼群体虽然多种多样，但大多秉持激进社会制度变革的理想，对现行资本主义制度持否定和批判态度。第二章着重研究20世纪初以来美国各个历史阶段的激进变革主张和理想图景，客观分析其得失。依循时间轨迹，20世纪初至30年代的社会主义蓝图、60年代的新左派反主流文化异托邦、后冷战时代文化左派的"另一个世界"梦想构成几个研究截面。

第三章以追踪作为制度超越路径的激进经济社会改革思潮与社会演进的互动为宗旨。美国20世纪的历程可以说就是一部由持续不断的经济社会改革浪潮构成的历史，通过对进步主义时代、新政时代和战后时期几次改革浪潮背后激进社会改革思想的梳理，揭示左翼激进改革主张的基本特点和影响美国改革进程的机制，深入分析左翼与自由派改革联盟形成的背景原因及其历史地位，充分发掘在美国走向现代福利国家道路过程中左翼思想的重要引导作用。通过研究，明确指出20世纪美国改革设想中存在的两种政治理论进路：一是左翼以和平渐进方式走向社会主义的设想；二是偏左自由派以持续性改革使资本主义革故鼎新的愿景。

20世纪美国族群关系重构和性政治的种种激进理论与主张分别构成第四、五两章的研究对象。作为移民国家，美国种族关系一直是各个时期思想者绕不开的问题。从20世纪初到目前，先后出现过泛非主义、返回非洲、黑人权力、国内非殖民化、奇卡诺文化、多元文化主义与承认政治等种种激进种族问题解决方案，这些设想激励了一代代人。作为20世纪美国激进思想传统中的核心议题之一，两性平等关系长期位居激进社会正义的政治议程前列。本书在扼要论述作为背景的选举权女权主义思想基础上，对具有里程碑意义的桑格生育权控制思想进行了论述，进而对60年代及其之后的激进女权主义做了浓墨重彩的讨论，最后把伸张同性恋性权利的酷儿理论纳入分析视野。这两章专题立足于文本解读，探寻思想来源、流变与社会影响，进而评估其理论正负遗产。

激进生态思想是美国左翼在20世纪中后期最具社会制度批判力度的领域，也是激进左翼构建未来社会图景的重要支柱。在第六章中，美国激进人与自然关系重构思想在20世纪的演进成为研究对象。20世纪之前的爱默生和梭罗的浪漫主义生态哲学和缪尔的神学生态学因其具有的深远影响而成为分析起点；接着是20世纪上半叶的进步主义生态观和利奥波德的土地伦理学；再后则是重点分析的目标，即20世纪中后期的激进生态思想和生态马克思主义。因此，本专题研究重点有二：一是激进生态伦理学和深层生态乌托邦思想；二是生态马克思主义理论。通过这一专题研究，厘清美国激进生态理论的思想源泉，对其在当代左翼重建中的理论中轴地位与现实意义做出客观评价。通过研究，着力论证反人类中心主义是绝大多数激进派重构人与自然关系的出发点这一命题。

第七章的研究视野转向了20世纪美国激进和平主义与国际正义思想领域。自20世纪初至今，激进和平主义一直是美国激进思想传统中一道独特的风景。本专题以19世纪梭罗非暴力抵抗和公民的不服从思想为切入点，分别对 20 世纪初美国反殖民主义与反帝国主义思想和 20 世纪前期的各种激进和平主义、中后期的反帝反殖反核反霸主张进行系统研究，全面分析激进和平主义的深厚宗教文化根源，以及在各个时期的独特诉求及其国内外影响，发掘美国左翼国际正义论的历史与现实价值。本章着重研究的文本主要有伦道夫·伯恩的反战思想以及乔姆斯基和恩道尔的国际正义观。

反全球化是美国乃至全球左派在 20 世纪末打出的一面政治文化大旗，它把反资本主义、反种族主义、反男权主义、反人类中心主义和反国际霸权主义等集合在一起，已然成为承载或链接左派种种理论诉求的集合性政治符号。在第八章中，通过对全球化时代反全球化的相关理论分析和运动策略的探讨，揭示美国左翼知识分子关于全球化的基本主张与立场：全球化就是全球资本主义化，就是资本全球化，反全球化就是反对资本主义的一统天下以及由此带来的全球不平等的深化。通过对新自由主义扩张的分析，揭示了左翼对人类前景的担忧，加深对他们毫不妥协地拒绝资本主义全球扩张立场的理解，最后扼要评述反全球化理论与策略的是与非。

作为第九章研究对象的 20 世纪美国激进文学与影视批评同样是包容各种激进主题的独特空间。正如阿多诺在论及美学的宗旨时所指出的，美学的本质在于以非同一性的艺术反抗同一性的社会，20 世纪美国激进派把诗歌、小说、戏剧、报纸杂志和影视艺术等作为展示社会批判思想的舞台，从 20 世纪上半叶以揭露制度罪恶和呼吁公正、和平、革命为特征的文艺作品，到哈莱姆激进主义的勃兴，再到 20 世纪中后期垮掉派文学、黑色幽默小说和荒诞派戏剧的繁荣，"后新左派"文化批评的异军突起，对工业社会和现代性非人生存状态的鞭挞构成不变的主题。而以视听技术为介质的好莱坞激进主义始终如一地以传递反体制意识为宗旨。

余论部分对 20 世纪美国激进思想传统的性质、地位和基本特征进行了概括和总结，进而就其对 20 世纪美国社会演进的影响及其存在的问题、所面对的挑战和未来的发展趋向展开了讨论。

# 第一章　美国激进思想传统的文化根源及其形成

## 一　基督教"异端"的激进政治文化蕴含

### （一）清教与激进政治的兴起

自公元 4 世纪基督教成为欧洲精神领域以及政治和社会生活的主流与正统以来，与罗马教会正宗教义格格不入的异端教派思想的时兴从未中断过。如果不是这些异端思想经年累月地不断影响、渗透、孕育，14~16 世纪发生宗教改革运动几乎是难以想象的。① 在整个宗教改革时期，无论是约翰·威克里夫、约翰·胡斯、马丁·路德、约翰·加尔文，托马斯·闵采尔之类的思想者，还是再洗礼派一类的改革教派，无不同其前辈们一样，力图从根本上重构基督教解释体系，进而重建社会生活。从所达至的现实成功和对后来西方世界发展的深远影响来看，加尔文及其思想无出其右者，

---

① 异端派别几乎是与基督教同时出现的，如公元 1 世纪的犹太派、1~5 世纪的诺斯替派、马西昂派、孟他努派、阿里乌派、阿波利拿里派、聂斯托利派等。中世纪异端派别同样不少，如一意论派、保罗派、鲍格米勒派、阿尔比派、韦尔多派、鞭笞派、罗拉德派、胡斯派、旧礼仪派、杜霍波尔派等。这些异端教派虽然在对《圣经》文本的理解和解释上各有不一，但几乎无一例外地都否认天主教会的权威，拒绝天主教会的正统教义和种种繁文缛节。以 11~12 世纪盛行于法国南部和意大利北部的阿尔比派为例，该派自认为掌握了基督教本质，主张善恶二元论，认为善神造灵魂，恶神造肉身，而肉身束缚灵魂；否认基督是上帝，只视其为最高的受造者，其肉身不具实体；认为圣灵亦为受造者，是众灵（包括天使和人的灵魂）之首；反对教阶制度和圣事，自认为是真正的教会。

清教徒和清教伦理在大西洋两岸的扩张为此提供了最有力的证明。

1534 年英王亨利八世与罗马天主教会决裂后，英国由天主教国度变成了新教国家。然而，作为新教的英国国教实际上是天主教和新教的混合物，它很快成为王权统治的工具，国教会内部之腐朽不亚于罗马天主教会，这是 16 世纪后期清教徒在国教会内部出现的根本原因。清教徒以清除国教中残存的天主教因素为使命，故其主张被称为"清教"（Puritanism）。他们要求只以《圣经新约》为信仰之准则，反对信徒遵奉教会或所谓传统制度为权威。他们着力强调的是，教会必须圣洁无瑕。事实上，清教是一个囊括诸多不同利益和诉求在内的广泛且具有不确定性的名称。但正如美国左翼学者迈克尔·沃尔泽所指出的，清教徒的主体包括伊丽莎白一世时期的厉行戒律者（Disciplinarian）、斯图亚特时期的长老会教徒和公理会教友（Congregationalist），他们是英国真正的加尔文主义者。[①] 他们有一个最大的共识，就是提出和英国国教不同的新的教义、仪式和组织原则，并以此重新组织英国宗教与社会生活。

清教教义基本上是加尔文主义的重申。1536 年，加尔文的《基督教要义》问世，成为加尔文主义的主要文本。（1）它否定天主教会在信徒与上帝之间中介作用的不可取缔性，认为每个人都能依靠自身的信仰直接与上帝沟通。（2）人的命运由上帝预先排定，世俗生活的成败是这种先定命运的征兆。因此，人们必须服从上帝的安排，以劳动为神圣的天职，节俭勤奋，努力工作，争取世俗的成功。（3）清教教义告诉人们，天堂或终极乐土不在来世，就在脚下的大地上。（4）清教还明确向信徒传达这样的信念，万能的上帝预先在信徒中选出一批德行高尚的人来承担建立人间天国的神圣使命。（5）清教承袭了《圣经新约》中拒绝暴力的信条。其中的预定论构成加尔文主义和清教的核心。在欧洲宗教和社会生活演进史上，这一教义的革命性是无可争议的。这些教义包含有这样一些革命性价值判断：每个有信仰的人能够自信自立，不迷信和仰赖权威；上帝面前人人平等；劳动天职观，节俭进取，乐观向上；现实主义与理想主义并行不悖；乌托邦

---

[①] 〔美〕迈克尔·沃尔泽：《清教徒革命：关于激进政治起源的一项研究》，王东兴、张蓉译，商务印书馆，2016，第Ⅶ~Ⅷ页。

精神与使命意识；和平主义。①

正如沃尔泽所指出的，加尔文主义不是普通的宗教教义，而是一种政治神学和一套意识形态体系。② 在马克斯·韦伯看来，现代资本主义精神就是由以加尔文教义为基础的新教伦理所孕育出来的，或者说，正是加尔文教义唤醒了个体内在的强大创造力，为资本主义的产生发展提供了源源不断的动力支撑。③ 显然，韦伯是从这一套政治神学中领悟到了现代性社会经济活动内在的文化根源，但他忽视了新教伦理的另一个精神传承——现代激进传统的重要宗教文化起源。正是这一传承给英语世界的主要国家政治结构与社会关系带来了深刻的持续性变革。从某种意义上说，17世纪中叶的英国革命就是清教的产物。有学者将这场革命称为"清教徒革命"，有其贴切之处。

面对王室的宗教专制与经济压迫，一部分清教徒在绝望中开始把眼光投向北美。在1640年前后和斯图亚特王朝复辟时期，清教徒络绎不绝地避往北美。大量的研究结果表明，让清教徒扬帆西去的是两种力量：一是欧洲宗教专制和经济压迫所形成的外推之力；二是到新世界创建美好家园的乌托邦激情的巨大牵引力。这种背井离乡毅然前往陌生世界的举动本身就是激进的。这些横跨大西洋之旅中最具政治历史和文化影响的是1620年的"五月花号"事件。1620年11月21日，载有102名新教徒移民的"五月花号"（Mayflower）三桅商船历经两个多月惊涛骇浪的洗礼，安全抵达马萨诸塞科德角（今普罗温斯敦港），船上的41名男性教徒在登陆前签署了一份教会盟约式的民主协定，协定主张在社会契约的基础上建立自治的民主政府，以促进集体福祉。其实，不仅是《五月花号公约》构成了美国民主政治的基石，仅仅是清教徒移民决然抛却欧洲旧家园、冒险横渡大西洋这一举动本身就已经具有了社会批判意义。"对于许多早期美国人来说，仅仅是到新世界去安家落户这个行动本身就是对欧洲统治者和宗教的反抗。"④ 这

---

① 吕庆广：《战后美国左翼政治文化：历史、理论与实践》，社会科学文献出版社，2015，第52~53页。
② 〔美〕迈克尔·沃尔泽：《清教徒革命：关于激进政治起源的一项研究》，王东兴、张蓉译，商务印书馆，2016，第22页。
③ 〔德〕马克斯·韦伯：《新教伦理与资本主义精神》，彭强、黄晓京译，陕西师范大学出版社，2002。
④ 〔英〕M. J. C. 维尔：《美国政治》，王合译，商务印书馆，1981，第7页。

种反抗压迫与不公、追求正义、渴望美好生活的精神深深扎根于美利坚民族心田，成为美国自由民主价值观和制度的心理基础以及社会进步的内在力量源泉。美国学者悉尼·伦斯认为，这种发端于早期清教徒移民的激进反叛精神构成了"历史的原动力……它把'受伤害的人'激励起来搬开了'富有和出身好的人'设置在前进道路上的障碍"。如果没有这一激进传统的存在，美国将无从诞生，"革命后的美国也可能已经流产"。①

### （二）美国早期的宗教激进主义

在北美殖民地时代，宗教生活中"令人绝望的狂热"成为美国激进主义的早期标记。"狂热"（Enthusiasm）在古希腊时代特指来自诸神的真灵实感，因而带有肯定甚至崇拜的含义。但从16世纪到19世纪，"狂热"成了贬义词，常常被大西洋两边的人们用来责骂宗教异议人士，这些异议人士越过了宗教正统的红线并声称与上帝有着亲密、温暖和情感性的关系。例如，清教徒的精神导师安妮·哈钦森②就这样教导信徒：圣灵无所不在，它提供好工作，无须等待得救。与清教牧师们大谈特谈"工作契约"（covenant of works）相反，她高度赞同"恩典契约"（covenant of grace），认为一个人能成为上帝的选民，关键不在于良好的工作，而在于"心灵的直觉"。1636~1638年，哈钦森的主张在马萨诸塞引发了一场危机：她的"狂热"对从宗教到政治、从社会结构到性道德的既有制度产生了冲击。按照牧师托马斯·谢泼德的说法："教会的分裂开始给整个社会共同体带来麻烦。"信徒不再信从牧师，预言在人们之间流行；政治深受影响：富有同情心的政治家被推上了总督宝座；公众不再尊敬学识，不再倾心于学究式的布道。③ 安妮·哈钦森的狂热和在波士顿引发的冲突为美

---

① Sidney Lens, *Radicalism in America*. New York: Alfred A. Knopf, Inc., 1969, pp. 1-2.
② 安妮·哈钦森（Anne Hutchinson, 1591-1643），出生于英格兰林肯郡的清教徒精神导师，一位14个孩子的母亲，17世纪30年代唯信仰论争论的重要参与者。最终，她因为激进宗教主张与波士顿湾区清教教士团体严重对立而被判有罪，遭到驱逐并被教会除名。后与罗杰斯等人一起创建宗教信仰自由的罗德岛殖民地。1643年在新尼德兰（今纽约）的布朗克斯死于白人与印第安人间的凯夫特战争。参见 Eve LaPlante, *American Jezebel, the Uncommon Life of Anne Hutchinson, the Woman Who Defied the Puritans*. San Francisco: Harper Collins, 2004, p. 237.
③ Michael McGiffert ed., *God's Plot: The Paradoxes of Puritan Piety; Being the Autobiography and Journal of Thomas Shepard*. Amherst, Mass.: University of Massachusetts Press, 1972, p. 65.

国独立革命甚至更后来的美国社会确立了一种激进表达范式，狂热分子在历史事件的进程中起到了双重作用，一是缔造思想观念，二是促成行动或运动。与此同时，他们常常激起传统人士的暴力回应，因为从他们的狂热中，传统人士会发现大量破坏社会的激进性和颠覆性计划。也正是因为这一点，著名的约翰·温思罗普在称赞哈钦森为"一个机智勇敢的女人"的同时，又将她视为"毁灭性无政府主义的代理人"。① 美国历史学家迈克尔·温希普认为，作为一个充满争议的历史人物，安妮·哈钦森在被极度赞誉和神化的同时，也在被污名化和妖魔化，"对哈钦森的公开审判和指控使她成为殖民地美国历史上最为著名或臭名昭著的英国妇女"，但是，一个不容怀疑的事实是，她已经成为美国宗教自由、自由思想和基督教女权主义的符号。②

贵格派（或教友会）也是狂热分子。他们宣称，一旦拥有灵性之理路，内向之光会使他们从对《圣经》、教会律令、有教养的人和"为金钱而受雇的牧师"甚至地方治安官的依赖中解脱出来，这不仅让信徒获得公正，而且还令他们更加完美。贵格派信仰即刻的召唤，内心依赖基督，这不仅冲击了牧师的权威和教会秩序，还严重动摇了传统神学和教会典雅仪式的正当性。③ 为此，弗吉尼亚和马萨诸塞等新英格兰殖民地以严厉的法律作为回答，对贵格派的死刑判决时有发生，宗教与政治迫害司空见惯。

然而，迫害和压制阻挡不了思想的传播。为时不久，历史就已经表明，"狂热"已经充斥社会的每个角落，其破坏性影响在人群中间随处可见：分离主义者的预言对教会生活中的普通人具有被放大了的重要性，极受鼓舞的他们勇敢地去追求灵感和远比《圣经》教给他们要深刻得多的"更深远的真理"。贵格派的信条和实践深深渗透了普通人的日常生活中，常常扰乱牧师与信众的关系、夫妻关系、父母与子女关系，甚至主仆关系。为了践行教义和抗议迫害，贵格派信徒经常有出格的和激烈的举动。例如，1677年，贵格派教徒玛格丽特·布雷斯特前往巴巴多斯旅行，她在那里抛家别

---

① Michael Paul Winship, *The Times and Trials of Anne Hutchinson: Puritans Divided*. Lawrence, Kansas: University Press of Kansas, 2005, p. 4.
② Ibid., p. 1.
③ Hugh Babour, *The Quakers in Puritan England*. New Haven, Conn.: Yale University Press, 1964, p. 28.

友，身穿满是灰尘的布衣，并用炭灰把脸抹黑，以此抗议波士顿当局对贵格派的冷酷无情。无独有偶，几年后，罗德岛的佩仙丝·格林抛夫弃子，前往南方宣讲奴隶制的邪恶。不久，她又径直前往伦敦，就同样的议题向国王乔治三世提出抗议。他们之所以这样做，是相信这是在服从上帝对自己的召唤。①

17世纪的宗教"狂热"与18世纪40年代的"大觉醒"一样，具有突出的反智主义倾向。② 在以马萨诸塞为代表的新英格兰地区，一般而言，清教徒和国教徒都比较重视宗教与知识教育之间的紧密关系，哈佛等高校的创办在一定程度上说明了这一点。而"狂热分子"认为人造的智识机构对人与上帝的沟通毫无助益。哈钦森的追随者断定，在福音布道方面，没有一所大学能够好于哈钦森。乔治·福克斯创办的刊物有一期公开写道：上帝告诉福克斯，要想理解并讲授灵性的真理，完全没有必要去上牛津或剑桥。威廉·佩恩尽管就学于牛津，却几乎没有什么藏书。他告诫其子女："多读书是对心灵的压迫，只能耗尽自然之烛光，这是世界上有如此之多麻木不仁学者的原因。"③ 而卫理公会和福音运动创始人和发起人之一的乔治·怀特菲尔德，曾经把所谓的"坏书"从船上扔到海里。他这样写道："我爱研究并喜欢沉思，而我走上布道台依靠的绝不是我的研究与沉思，而是上帝的福佑之灵。"④

对传统婚姻家庭伦理的冲击则集中体现在再洗礼派的主张与实践中。

---

① David S. Lovejoy, "'Desperate Enthusiasm': Early Signs of American Radicalism", in Margaret Jacob and James Jacob, eds., *The Origins of Anglo-American Radicalism*. London, Boston and Sydney: George Allen & Unwin, 1984, p. 232.
② "大觉醒"时期最极端的反智主义事件是1743年詹姆斯·达文波特在康涅狄格殖民地的新伦敦发动的焚书行动。
③ 作为地产商和宾夕法尼亚殖民地的开创者以及费城的规划人，威廉·佩恩（1644~1718）也是坚定的贵格派信徒，是美国早期民主和宗教自由的重要倡导者，他为宾夕法尼亚确立了民主的政府架构，为后来美国联邦宪法的制定提供了启迪。他因为激进的信仰几度被关进伦敦塔。1669年，他在监狱中撰写了《没有十字架，没有王冠》一书，后成为英语世界基督教的经典。
④ David S. Lovejoy, "'Desperate Enthusiasm': Early Signs of American Radicalism", in Margaret Jacob and James Jacob, eds., *The Origins of Anglo-American Radicalism*, p. 233; 虽然是坚定的反智主义者，但怀特菲尔德的布道却充满民主精神与自由色彩，他坚决支持共和思想的发展，认为共和意识形态"追求的是地方掌控民政事务和自由以免于君主和议会的侵犯"。Jerome Mahaffey, *Preaching Politics: The Religious Rhetoric of George Whitefield and the Founding of a New Nation*. Waco, Texas: Baylor University Press, 2007, p. 107.

明斯特的再洗礼派支持离婚和一夫多妻制，主要证据是夜里偷偷出现的"爱之家"或"上帝之子"。他们被称为"家庭教徒"（Familists）。其中有些信徒，如长岛的一些再洗礼派成员，公开蔑视婚姻，把性爱置于首要地位，无怪乎一些反对者把他们视为"最野蛮的狂热分子"，称他们的爱是"冒牌货"。

这种出自宗教的狂热成为殖民地日常生活中的一股激进溪流，一种颠覆性要素，在北美社会潜滋暗长。尽管它是非传统宗教的产物，却是那些浪漫的人们追求沸腾的、经验的和情感品位的最后希望。在美国革命时期，我们从托马斯·潘恩的《常识》中能够感受到这种狂热。这也正是绝大多数托利党人在政治上竭力反对这种狂热的原因。新泽西的托利党人托马斯·钱德勒怒气冲冲地写道：这些浮躁的狂热分子是所有混乱的根源。①

毫无疑问，宗教狂热中由来已久的、内在的、否定实存的趋势转化成了革命政治，这就是无论顽固的保皇派还是温和的辉格党人都把革命激进派视为政治狂热分子的原因。在政治正统派眼中，政治上激进的思想和行为与政治惯例甚至民间行为无关，而是同宗教狂热分子一样，是颠覆性和阴谋性的，是对政府和社会以及固有秩序的威胁。其实，激进宗教本身就包含有政治维度，当怀特菲尔德的追随者鼓动黑奴起来反抗主人，最终成功引发1741年的黑奴暴动时，宗教也在悄然间变成了政治。

正是出于以上原因，为数众多的研究者断定，18世纪40年代的"大觉醒"运动与美国革命具有密不可分的联系。美国著名历史学家理查德·霍夫斯塔特指出，"大觉醒"是18世纪北美殖民地内部的第一次"心理和精神危机"，② 其规模和影响史无前例。"大觉醒"运动始于教会内部少数派的造反，他们力图通过推翻正统派大多数的统治和推倒保护和强化正统派权威的制度性结构，推进自己的宗教意识形态。为此，他们寻求并与民众结盟。在"大觉醒"运动中，他们大胆攻击现行教会和政府以及传统社会秩序与特权。例如，福音派牧师不厌其烦地劝诫追随者，在面对新宗教信条进行痛苦抉择和同"腐败的"牧师决裂时，不要犹豫退缩。为了让其对立

---

① David S. Lovejoy, "'Desperate Enthusiasm': Early Signs of American Radicalism", in Margaret Jacob and James Jacob, eds., *The Origins of Anglo-American Radicalism*, p. 236.

② Richard Hofstadter, *America at 1750: A Social Portrait*. New York: Knopf, 1971, p. 216.

的立场具有正当性,宗教复兴主义者创造出种种维护少数人权利的论调,同时逐渐赋予政府不合法和专制的特性。这在理论和实践上都发起了抵抗,其结果是导致传统制度的被割裂和教会的分裂。作为大英帝国殖民统治基础的殖民地社会教会统一体崩解了,个人意识得到了前所未有的增强,虽然福音派的激情渐渐消退平息下来,但再也没有可能让北美殖民地回到旧文化景观中去了。

## 二 海盗信条与英国平民文化传承

### (一) 海盗文化中的激进信条

海盗是人类文明史中源远流长的独特存在。就欧洲历史来看,早在古希腊时代,地中海和黑海就有成群结队的海盗船队出没。一度称雄东地中海的克里特文明事实上就是海盗的杰作。进入中世纪,地中海和北大西洋成了北欧海盗的猎场。与地理大发现和新航路的开辟结伴而来的是:欧洲海盗活动向全球蔓延。

海盗无疑是一群无法无天之徒,且几乎都是目不识丁之辈。然而,他们依然具有他们生存时代的烙印,依然有其特殊的价值与理念。英国作家丹尼尔·笛福于1724年出版过一本名为《海盗史》的著作,在他笔下的海盗差不多全是嗜血成性的匪类,他们一生中对知识了无兴趣。然而,他们却热情洋溢地信奉如下带有乌托邦色彩的激进信条:一切宗教都只是人类的政策(human policy);《圣经》完全是自相矛盾的;新约中所描述的奇迹有违理性;上帝赐予人们理性,是用来创造当下和未来的幸福的,任何与此相背离的一定是错的;人人生而平等,他所拥有的权利同他所呼吸的空气一样多;君主制是为保护不平等而存在的;统治者只有在他们不为过度富裕或过度贫困所烦扰,并阻止有钱有势者压迫弱者时,其统治才具合法性;"神圣的正义之眼永远不会赞同"奴隶贸易;"把人有如野兽般出售"的基督徒证明"其宗教是怪异莫名的"。[①]

这些观点所包含的核心概念为自由、平等、理性、人权、反对宗教的

---

① Christopher Hill, "Radical Pirates?", in Margaret Jacob and James Jacob eds., *The Origins of Anglo-American Radicalism*, p.18.

神圣权威和君主专制统治，其中蕴含着对理想社会的追求。其思想根源显然有三：一是17~18世纪西欧社会新思潮——启蒙思想的直接投射；二是宗教改革以来加尔文主义等新教广泛传播的结果；三是17世纪英国掘地派、平等派特别是温斯坦莱和弥尔顿激进思想的折射。例如，据《海盗史》记载，著名的海盗船长詹姆斯·米逊思想变得激进，是因为他的一次罗马之行：他在罗马遇到了一位名为卡拉奇奥里的多米尼加牧师，这位具有叛逆思想的牧师向海盗船长灌输了以上被称为"自然神论"的思想。卡拉奇奥里让米逊一伙人接受了这样的观念：他们不是什么海盗，而是决心坚守"上帝和自然所给予他们的自由的人"，因此，他们无须屈服于公共利益之外的事物；他们"可以合法地向整个世界开战，因为这个世界会剥夺他根据自然法则所拥有的自由权利"。[①]

17世纪的海盗们不仅思想上服膺于激进主义，他们还将其付之于行动。海盗船长米逊是法国普罗旺斯人，他手下的海盗一半是白人，一半是黑人；白人中，除法国人外，还有30名英国人，其他为西、葡、意、荷等国人。他们大多具有加尔文教背景。在随船而行的卡拉奇奥里牧师帮助下，他们最终在马达加斯加岛创建了一个理想国：利伯特里亚（Libertalia，或Libertatia）。这个乌托邦基地共存在了二十五年，后被马达加斯加土著居民彻底摧毁。在海盗船上和乌托邦基地中，他们严格遵循一种直接民主制原则：所有事情都由全体投票决定，各级官员皆通过投票选出；每10人中可选出1名代表参加宪法大会起草保障整体利益的健全的法律，代表大会至少一年开一次；政府掌握在由三年一次选举产生的"保护者"手中；战利品和牛畜等实行平均分配；他们通过海盗攻击解救被奴隶贩子捕获的黑奴，并鼓动他们加入海盗队伍。[②]

其实，在马达加斯加建立据点的海盗不止米逊一伙人。罗伯茨船长、贝拉米船长、怀特船长、女海盗船长玛丽·里德等海盗团伙都在马达加斯加建立了他们的"世外桃源"。他们的信仰和规则同利伯特里亚大同

---

① Christopher Hill, "Radical Pirates?", in Margaret Jacob and James Jacob eds., *The Origins of Anglo-American Radicalism*, p. 18.

② 例如，他们曾在非洲西海岸袭击并虏获了一艘荷兰贩奴船，使船上所有的黑奴重新获得自由。米逊认为，没有任何人有权拥有他人的自由。Philip Gosse, *The Pirates' Who's Who*. New York: Burt Franklin, 1988, pp. 211-219.

## 第一章　美国激进思想传统的文化根源及其形成

小异。

《海盗史》是出于作家笛福笔下，因此有人怀疑书中的海盗形象可能只是作者天马行空的想象。① 有关笛福的权威研究证明，这种质疑是多余的。18世纪20年代初笛福在为《苹果蜂》工作期间，访谈了大批前海盗，《海盗史》就是以丰富的访谈资料为基础写成的。正如克里斯多夫·希尔所言："我们无须对笛福的所有故事深信不疑，但我们知道他笔下的绝大多数海盗在现实生活中存在过。"②

当代专门研究海盗问题的历史学家马库斯·雷代克以确凿无疑的笔调写道："这些住在利伯特里亚的海盗是'人民权利与自由的警醒的监护人'，他们是他们的时代'反对有钱有势者的壁垒'，通过代表'被压迫者'发动对'压迫者'的战争，他们将看到'正义得到了平等分配'。"

> 海盗们是反资本主义的，反对伴随着工资劳动和资本主义历史性上升必然产生的剥夺。他们强调"人人生而自由，你所拥有的支持自身的权利同你所呼吸的空气一样多"。他们憎恶"恶棍"和"无情的债主"通过"盈利"变得"腰缠万贯"，而其他人却变得"哀哀可怜"。他们大谈"自然权利"……他们视海盗行为为自卫战争。（他们重新定义）财富与权力的基本关系。他们不需要金钱，"在那里所有东西都是共有的，任何特定个人的财产都是没有围栏的"。③

另一位研究者戴维·柯丁利同样高度肯定海盗们的激进主张与实践，认为海盗们反对其生存时代的各种极权社会结构，如君主制、奴隶制和资本主义；他们践行直接民主，由全体人民掌握制定法律与规则的权力；应用代议制，让选举出来的代表成为"干部"而非统治者；他们甚至为自己

---

① 因为海盗船长米逊以及"利伯特里亚"的故事在《海盗史》中是由约翰逊船长讲述的，但"利伯特里亚"在马达斯加的具体位置一直无法确认，也没有其他材料佐证。因此，有人怀疑约翰逊船长不过是笛福杜撰的一个假名，一个子虚乌有的人物。

② Christopher Hill, "Radical Pirates?", in Margaret Jacob and James Jacob eds., *The Origins of Anglo-American Radicalism*, p. 20.

③ Marcus Rediker, *Villains of All Nations: Atlantic Pirates in the Golden Age*. Beacon, Massachusetts: Beacon Press, 2004.

的新家园创造了一种新语言并以社会主义方式安排经济活动。① 在1952年出版的《英国的乌托邦》一书中，莫顿明确指出，"利伯特里亚"的激进观念绝非个案，而是海盗时代最具普遍性的现象。在18世纪美国独立革命之后，就有一群逃离英国的海盗，船在大西洋上失事后，他们在一个荒岛上建立了一个乌托邦国家：斯宾塞尼亚共和国，该国名来自英国理想主义的政治改革家托马斯·斯宾塞。这个海盗国家"后顾中世纪公社前瞻国家之消亡"，亦即这是一个无政府主义的田园乌托邦。②

事实上，17~18世纪的海盗们的追求同新教各个教派的理想之间并不存在泾渭分明的界限。在西印度群岛，海盗们也在像马达加斯加的同道一样行事。与此同时，英国的新教徒则在图谋夺取加勒比诸岛以建立理想天堂。17世纪30年代，广受欢迎的激进小册子作者托马斯·司各特最早提出这种主张。1645年，从新英格兰回到英国的清教徒休·彼得公开鼓动英国政府从西班牙手中夺取西印度群岛；1649年10月，平等派领袖约翰·李尔本主动提出带领信徒移居加勒比地区，希望得到官方资助。1660年前后，出现了一大波英国宗教激进派移居西印度群岛的现象。巴巴多斯和百慕大以及牙买加成为主要移居地，移民主体虽然呈现多元化特点，不仅有新教众多教派，还有犹太人和非洲黑人，但贵格派教徒在其中占有相当的比重。贵格派是举世公认的最激进的教派之一，它的反奴隶制、和平、宗教宽容等教义盛行于加勒比海区域，其直接后果是，到17世纪80年代，西印度群岛英属岛屿的自由度比绝大多数新教国家都要高许多。其间接后果是，加勒比的西班牙属地骚动与反叛频仍。

综上所述，海盗生活中粗浅的平等带给他们精神上的惬意胜过奴隶制社会存在的紧张和经济风险，也胜过商船的严酷法则。古老的理想在他们之间代代相传：建立一个自由和平均的社会。对于出身中下层社会的海盗们，这一乌托邦梦想为他们提供了逃离现实压迫的路径，这一逃离性反抗

---

① David Cordingly, *Pirates: Terror on the High Seas from the Caribbean to the South China Sea*. 9th ed., New York: World Publications, 1996；所谓新语言，实为马达加斯加语、法语、英语、荷兰语、意大利语、葡萄牙语和其他多种非洲语言的混合语言，参见 Philip Gosse, *The Pirates' Who's Who*. New York: Burt Franklin, 1988, pp. 211-219。

② 伦敦文具商托马斯·斯宾塞在分别于1795年和1801年出版的《对斯宾塞尼亚的描述》和《斯宾塞尼亚的构成》著作中，把斯宾塞尼亚描绘为位于乌托邦和大洋国之间的仙境国度。A. L. Morton, *The English Utopia*. London: Lawrence & Wishart, 1952.

思维被清教徒带到了北美，沉淀为一种强大的文化基因。也正是在这一点上，清教徒和海盗可谓不谋而合。如果我们把清教徒到达的北美洲看作一个超级大的海岛，那么，对清教徒移民与马达加斯加岛和加勒比岛屿的海盗之间精神境界的相似性就更加易于理解了。

以上关于海盗文化精神的叙述，并非要论证海盗行为的正当性，更无意于在近代海盗文化与美国激进思想传统之间建立起某种必然的和密切的联系。笔者的目的在于，通过以上论述，从一个特殊视角揭示宗教和政治激进主义在欧洲草根社会渗透的广度和深度，从而帮助我们理解乌托邦意识在早期清教徒移民中深入骨髓的普世性影响。如果说托马斯·莫尔和弗朗西斯·培根的"岛"只是一种不在世的意象，海盗的岛则是一种福柯式的异托邦，一种在世乌托邦。海盗激进信条表明，前现代欧洲向现代性转向的进程中，一种脱离母体投向异乡的文化脉动在中下层社会形成了强有力的共振。就此而言，海盗信条与早期清教徒移民的社会理想实无殊异。

## （二）英国平民文化的传承

所谓英国平民文化（English Plebeian Culture），指的是16~17世纪植根于英国城乡劳动阶级的习俗、传统与仪式。这种传统和习俗最早可远溯到日耳曼人部落时期的伦理模式和行为规范，它包容了不列颠普通农民和工匠艺人日常生活的全部或大部，包容了他们的喜怒哀乐、爱恨情仇，如在大庭广众中以骑木马等独特方式惩罚违反传统规范和社区道德律令的人，其节日般热闹喧哗场面构成了一种独有的文化场域。在17~18世纪英国社会从传统向近代的转型时期，下层劳动阶级的痛苦、不满和渴望在这种传统习俗和仪式中得到了宣泄和表达。随着以清教徒为主的劳动阶级大规模移民北美，这种英伦下层社会文化与北美特殊环境相结合，在北美的新英格兰地区得到了创新和再生。[①] 普通劳动者通过这种习俗和仪式暂时克服了卑怯和屈从心理，有节制地发泄了他们的愤怒和敌意。

在殖民地时代的北美，激进的平民文化最集中地反映在工匠文化中。其表现形式主要为种种公共惩罚仪式："真实的忏悔和死亡警告"——把惩

---

① Peter Bucke, *Popular Culture in Early Modern Europe*. New York: Harpers, 1978, p. 124.

罚对象置于双轮马车里，马车则架在绞刑架上，牧师来到前面，对群众发表讲话，并兜售宣传所谓刻画了原罪教训语词的民谣小册子；群众押着惩罚对象游街示众；在惩罚对象脖子上套上绳索以羞辱之；对严重违反社区行为规范者施以鞭刑；将触犯道德律令者或犯罪者所犯罪行的首字母标识于其身上。然而，最为流行的惩罚仪式是骑木马（或者骑竹竿、木棒等）和涂油粘羽（tar-and-feathering）。前者强迫惩罚对象骑在马背上游行，后者在被惩罚对象全身涂满黑色的焦油，再粘上白色羽毛，成为广场和街头众目睽睽的焦点。①

这种平民文化仪式不仅在殖民地时代和独立战争中的北美各地随处可见，而且在美国建国后更是成为平民大众日常生活不可或缺的组成部分。无论是东北部新英格兰地区的波士顿，还是东南部地带哈德逊河谷的纽约、新泽西等地，平民的惩罚仪式活动几乎与传统节日一样变得常态化。1675年的波士顿，9名船厂木匠把一个名叫约翰·朗沃西的木匠押送到城中的码头，其罪名是不守行规的"非法经营者"，码头上很快就人头攒动，出现了节日般的热闹气氛。1768年的萨勒姆，一位名为罗斯的海关看守人将港口内一艘船违反海关法规的情况报告给了上级。这一行为给他造成了严重后果：他被带到公众面前，全身从头到脚被涂满了温热的焦油，粘满羽毛，然后被置于一辆马车的前座上，驶向大街。他的前胸后背贴着两张纸，上面写着大大的"告密者"字样。几分钟后，马车周围数百人云集，又是欢呼，又是喊口号，一片喧哗。1763年，贝德福特的一对男女被指控诈骗，受到骑木棍一小时的惩罚，两人胸前都用大写字母写着"CHEAT"（骗子），围观者纷纷向被惩罚对象投掷石块等物。在独立战争期间，在对违法乱纪者、敌人、变节者或效忠英王的死硬分子的处置上，以上仪式更是被发挥得淋漓尽致：鞭笞、焚烧模拟人像、骑木马游街和焦油涂身粘满羽毛示众。②

大西洋两岸的研究者不约而同地发现，在17世纪中叶英国革命期间，

---

① 据相关历史考证，骑木马本是18世纪英法战争中英军处罚违纪官兵的一种手段，后演变为民间惩治通奸和殴妻者的通用形式；涂油粘羽最早记载是12世纪后期。1189年，英王理查一世在"十字军东征"的路上发布敕令：任何人一旦在船上犯事，将全身涂油粘羽，并将其在接近陆地的地方扔下船。但也有学者认为它纯粹是北美新英格兰人的创新。例如英国著名历史学家霍布斯鲍姆就断定这是美国人的"传统发明"。转见 Margaret Jacob and James Jacob eds., *The Origins of Anglo-American Radicalism*, p. 188.

② Margaret Jacob and James Jacob eds., *The Origins of Anglo-American Radicalism*, pp. 186–189.

## 第一章　美国激进思想传统的文化根源及其形成

克伦威尔不仅被英国清教徒尊奉为革命领袖，更被北美的清教徒平民大众一边倒地视为英雄。在克伦威尔去世和斯图亚特王朝复辟后的一个多世纪里，克伦威尔融入了新英格兰高地和低地的平民文化之中，成为故事和民谣中不朽的传奇。在新英格兰，人们提到克伦威尔时，几乎都称"奥利弗"，即只呼其名，不带其姓，其亲切感不言而喻。1774年，北美一些城市流传着一套匿名作者编写的六卷本的小册子《美利坚时代年鉴》，其中第四卷中出现了克伦威尔。克伦威尔以"新英格兰马萨诸塞湾共和国护国主"的名义号召"勇士们"起来反对专制统治，解除波士顿民众的痛苦。作者以克伦威尔来号召，显然是准确地从平民大众日常生活中找到了表面仪式背后脉动的符号。

虽然一些学者如英国左翼历史学家E.P.汤普森断定这种平民文化既不是革命文化，也不是顺从文化，"它孕育骚乱而不是反叛；直接行动而不是民主的组织"，但在以美国学者阿尔弗雷德·扬为代表的众多学者看来，这种平民文化的激进性质应该予以充分肯定，因为这种平民文化在美国让人们走得更远：从暴乱走向了革命，从直接行动走向了民主组织。[①]

如果说平民文化为北美独立革命培育了深厚的社会土壤，那么平民文化也成为推动新生的共和国向现代民主政治迈进的强大力量。1787年费城制宪会议制定并通过了联邦宪法草案，交13个州议会讨论投票批准。从1788年2月到7月，美国所有主要城市都发生了自发的大规模的社区游行，庆祝美利坚新联邦宪法的出台。据媒体报道，自发参加游行的人数为：波士顿有4000人；纽约有5000人；费城5000～6000人；巴尔的摩3000人；查尔斯顿2800人。在游行队伍中，工匠们按照行业走在一起，随身带着劳动工具，打着所属行会的旗帜，在旗帜空白处写着支持宪法的口号。[②]众所周知，18世纪80年代，美国大西洋沿岸城市人口最多的纽约也只有四五万人，如此规模的自发游行明确宣示支持新宪法的立场，对各州议会在宪法草案投票表决上构成了巨大的民意压力。

无论是惩罚仪式还是欢庆游行，作为劳动阶级的工匠们总是工具不离手，这在19世纪逐渐成为再正常不过的事，如在纽约庆祝1812年英美战争

---

① Margaret Jacob and James Jacob eds., *The Origins of Anglo-American Radicalism*, p.206.
② Ibid., p.186.

胜利大游行、欢迎拉法叶特访美大游行、19世纪20年代庆祝伊利运河开通大游行、庆祝1830年法国革命大游行时均是如此。以西恩·韦伦茨（Sean Wilentz）为代表的一些艺术家在其艺术创作中生动地再现了这些历史情境：行进中的劳动者总是手握锤子，双臂高举——这已经成为19世纪的象征。"一切艺术皆离不开锤子和手"的格言自豪地肯定了生产者意识，在1882年纽约首个劳动节大游行中被表述为"劳动创造财富"[①]。

综上所述，我们不难发现，殖民地时代和美国建国时期平民文化所呈现出的戏剧性仪式，不仅仅是宗教的和道德的，也是政治性的。其中所隐含的价值取向和偏好至少有如下几个方面。其一，对至善和良序社会的追寻。无论是平民中的惩罚仪式还是喜庆仪式，无不呈现强烈的道德判断偏好，所有仪式都浸透着维系和建构良性道德社会的动机和追求。其二，个人即政治。社会个体自觉自愿的参与是平民文化存续的基本条件，这在某种程度上是殖民地时代遍布各地的社区自治的产物，因为社区自治的前提就是社区成员在决策等公共事务上积极主动地参与。这种个人参与无疑是政治性的。其三，和平主义。种种惩罚仪式虽然具有突出的羞辱、恐吓、警示性质，但总体上是温和或和平主义的，其主旨在于教化与挽救，同时通过惩戒仪式弘扬道德理想主义。其四，直接民主精神。以街头和市中心为平台，吸引尽可能多的民众直接参与仪式，一方面为仪式赢得正当性，另一方面则强化对权力机构决策过程的纠偏和引导力。阿尔弗雷德·扬相信，在美国革命后的19~20世纪，16~17世纪由英国传承而来的平民文化依然存在，尽管和美国社会环境结合后发生了明显的变异，与欧洲相比，仪式性特征越来越弱，而政治蕴含则日益浓厚，它所承载的道德理想主义已经内化为美国社会中一个深厚的传统。

## 三 近代欧洲启蒙主义哲学的移植

### （一）欧洲启蒙思想及其特征

所谓启蒙思想，是近代欧洲新兴资产阶级的政治哲学与意识形态。出

---

① M. B. Schnapper, *American Labour: A Pictorial Social History*. Washington D. C. : Public Affairs Press, 1972, p. 172.

于否定宗教权威的神圣性和君主专制统治的合法性的需要,17~18世纪的启蒙思想家们强调:人生而拥有生命、自由、平等天赋权利。这一思想建基于资产阶级理性主义与社会契约论之上。

理性主义起源于古希腊文化,是西方文明的基石。从文艺复兴到启蒙运动,欧洲人重新"发现"了理性的力量。在启蒙思想家眼中,理性是人所独具的能力,是万物的尺度,理性使人成为宇宙之中心,成为人认识世界和改造世界的锐利武器。理性是人实现自我发展和人类真正自由的根本保证。理性主义主要矛头对准的是欧洲宗教神权统治,力图通过理性主义启蒙教育将人从神权的禁锢下解放出来。

启蒙哲学的激进性首先表现为通过理性主义以人本主义取代了统治欧洲思想长达一千余年的神本主义。恩格斯指出,启蒙思想家们"不承认任何外界的权威,不管这种权威是什么样的。宗教、自然观、社会、国家制度,一切都受到了最无情的批判;一切都必须在理性的法庭面前为自己的存在作辩护或者放弃存在的权利。思维着的知性成了衡量一切的唯一尺度"①。理性权威的确立即意味着神性权威的衰落。

其次,这种激进性在政治哲学层面表现为社会契约论登堂入室成为理论正统解释。社会契约论最早由古希腊的智者派提出,在17~18世纪汇成一股宏大的政治哲学思潮。代表人物有英国的霍布斯、洛克,法国的卢梭,德意志的斯宾诺莎等人。社会契约论在否定传统君权神授论进而彻底颠覆封建专制政治的合法性上具有无可替代的地位。

霍布斯在《利维坦》一书中以社会契约论解释国家和政府的起源。认为在进入文明社会之前,人类处于一种人人相互争战的混乱而危险的自然状态。为确保每个人的生命与财产安全,人们通过订立社会契约,对等地让渡部分个人的自然权利,权利让渡构成了一个统一人格,这就是国家。②亦即政府和国家是每个社会成员理性协商与合作的产物。这个过程与人的情感和理性能力密切相关,情感产生捍卫生命的自然权利,理性则产生人向往和平的自然法则。虽然霍布斯反复强调在君主制、民主制和贵族制三种国家形式中,君主制具有明显的优越性,但他认为,无论何种国家形式,

---

① 《马克思恩格斯选集》第3卷,人民出版社,2012,第775页。
② 〔英〕霍布斯:《利维坦》,黎思复、黎廷弼译,商务印书馆,2020,第132页。

最终的统治者都应是人民。

洛克不同意霍布斯的自然状态下人与人处于无休止战争状态的观点，他认为人的自然状态是一种完美无缺的人人平等的状态，因为自然状态下人们受到自然法支配，这一法则是：人人生而平等和独立，任何人不得侵害他人生命、健康、自由或财产；每个人"不受制于其他任何人的意志或权威"。① 当然，洛克也承认，自然状态下"大部分人并不严格遵守公道和正义"。结果是人对人的侵犯普遍存在，自然状态与战争状态不可避免地交织在一起。因此，为了保护每个人的"生命、特权和地产"，人们通过社会契约组成公民社会。② 公民社会保留了自然状态的优点而避免了它的缺点，因为公民社会以如下原则为圭臬：（1）保护人民财产；（2）维护人的自由；（3）法律面前人人平等；（4）多数人同意原则。

卢梭的社会契约论比较独特。他猜测在文明社会之前存在一个自然状态，一个人类个体自由而平等地生存于其中的时空。与霍布斯和洛克竭力论证统治者权力源于自然状态不同，卢梭认为自然状态中没有任何产生现代权力的痕迹或理由：在自然状态中的人类，自然能够满足他需要的一切，不存在引发战争的因素；他们普遍具有作为美德的怜悯心；同类之间没有联系，相互没有义务，对他人无所需求。然而，由于人的"各种潜在能力"和诸多外部因素的偶然汇合，自然状态走到了终点。生存条件的变化和生存技能与知识的进步，使人类个体逐渐产生了自尊和相互间的合作，某种形式的私有制随之出现。经济活动悄然带来富有与贫困的对立，进而是相互间的战争。富有者为保护其利益，诱骗大众订立保护全体的社会契约，"社会和法律就是这样或者应当是这样起源的""它们永远消灭了天赋的自由，使自由再也不能恢复"③。显然，经济不平等是社会压迫的根源。卢梭认为，契约是合法社会与合法权利的基础，它应该符合理性和人们的意愿，而且，真正的社会契约既不是个人之间的，也不是统治者与被统治者之间的，而是人民同由他们自己组成的"政治体"订立的。由契约产生的共同体即为国家。国家主权属于全体人民，人民主权具有不可转让、不可分割

---

① 〔英〕洛克：《政府论》下篇，叶启芳、瞿菊农译，商务印书馆，1964，第34页。
② 同上，第77页。
③ 〔法〕卢梭：《论人类不平等的起源和基础》，李常山译，商务印书馆，1997，第128页。

和神圣不可侵犯的绝对性。①

由社会契约论内在逻辑引申出来的天赋人权论与人民主权说是启蒙思想家在探索人类政治文明发展与进步方面最大的贡献，这二者自然是最具时代穿透力和颠覆性的思想。一旦它们从欧洲传入大西洋彼岸，北美大地的政治命运注定会被改变。

### （二）启蒙思想在北美的扩散

北美殖民地对于欧洲启蒙思想的传入和扩散具有两个十分有利的条件。其一，多民族多文化背景的多样性社会生活景观为自由理念与价值的传播提供了条件。从17世纪初开始，源源不断前往北美的欧洲移民就呈现出国别、民族、宗教信仰和历史文化多元性的特征，除英国人外，欧洲大陆的荷兰、法国和德国移民亦不在少数，形形色色的基督教教派和各不相同的生活方式混杂共处，客观上创造了一种平等生存的场景。其二，殖民地生活现实中存在的种种不自由为启蒙思想的移植准备了土壤。"在所有殖民地，你有没有肯定的权利要根据你的等级和你自己的财产数额来定。"② 殖民地从一开始就是欧洲等级社会的移植，旧世界的政治、经济和宗教压迫尾随移民进入了新大陆，不自由的痛苦依旧折磨着人们的身心。对自由的向往构成北美殖民地社会群体普遍的心理。

移民中的知识精英和有产者，是将社会契约学说传入殖民地的主体。马萨诸塞的牧师约翰·怀斯是在殖民地最早提倡自然权利论的人。1705年，怀斯领导波士顾牧师提出包括反对暴政和压迫在内"十六点建议"；1717年，他发表以自然权利论为依据的"新英格兰教会管理制度辩"，主张以促进人的幸福为宗旨建立民主的教会组织；强调不分等级和地位，人人皆有尊严，亦即人与人之间存在天然的平等。

无独有偶，1764年，波士顿律师奥蒂士以"天赋权利"理论为武器，反对搜查状和征税。他明确指出："殖民地的人民是人，因此，他们有权要求和欧洲人一样享有自然赋予的一切权利。在行使这些天赋权利的时候，

---

① 〔法〕卢梭：《社会契约论》，何兆武译，商务印书馆，1980，第37页。
② Leo Huberman, *We, the People: the Drama of America*, New York: Monthly Review Press, 1970, p. 36.

殖民地人民除了为着全体利益以外，是不受其他条件的约束的。"①

然而，在把欧洲启蒙思想传入北美并以此成功缔造了美国方面，最值得大书特书的是本杰明·富兰克林、托马斯·杰斐逊、托马斯·潘恩、约翰·亚当斯、詹姆斯·麦迪逊等政治思想家以及宗教和文化教育界的乔纳森·爱德华兹、托马斯·克拉普、塞缪尔·约翰逊、威廉·史密斯、本杰明·拉什等人。以本杰明·富兰克林为例，1729 年，富兰克林成为《宾夕法尼亚公报》的出版商。在这份刊物上，富兰克林辟有自己的专栏，宣传和推动种种地方改革。同时，刊物上还不断刊发翻译和介绍欧洲新思想的文章。他认为出版物义不容辞地具有促进社会向善的责任。作为科学家，他用自己的科学实验和相关发现推动理性主义和科学精神在北美的成长。

事实上，欧洲启蒙思想在北美的传播过程同样就是美国启蒙运动的进程。美国学术界虽然对这一进程的起点看法不一，但大多数认同这样的观点：1714 年 10 月 15 日是北美开始全面走向启蒙时代的真正起点。② 这一天，殖民地代理达默（Jeremiah Dummer）把他所收集到的有关启蒙思想的书籍全部捐给了康涅狄格的耶鲁小学院图书馆，出面接受捐献的是研究生塞缪尔·约翰逊。他认真研读了这些书籍，发现书里的内容完全与他所掌握的清教知识对立，"这一切像潮水般冲入他的心底"③。两年后，约翰逊以这些书籍为基础在耶鲁开设了一门名为"新学问"的课程。

从政治哲学上看，欧洲启蒙思想带给北美的主要是自由主义与共和主义两大思潮，它最终催生了一场革命并缔造了世界近现代史上第一个共和国。不少学者发现，《独立宣言》中"生命、自由和追求幸福"等词语显然来自洛克《政府论》中的"没有人可以损害他人的生命、健康、自由或财

---

① Nelson B. Lasson, *The History and Development of the Fourth Amendment to the United States Constitution*. Baltimore: The John Hopkins Press, 1937, p.57.
② 还有三种观点。一是 1688 年北美进入启蒙时代论，代表人物是亨利·梅，参见 James M. Byrne, *Religion Kant*. Westminster John Knox Press, 1996, p.50；二是 1750 年起点论，代表人物是罗伯特·弗格森，见 Robert A. Ferguson, *The American Enlightenment, 1750-1820*. Cambridge, Mass.: Harvard University Press, 1994；三是 1765 年起点论，代表人物是阿德丽安·科赫。参见 C. Vann Woodward, *The Comparative Approach to American History*. Oxford: Oxford University Press, 1997。
③ "American Enlightenment", from the free encyclopedia, Wikipedia, https://en.wikipedia.org/wiki/American_Enlightenment.

产"。但实际上其源头不止一个。其他研究者发现，威廉·布莱克斯通爵士的《英国法律评论》和威廉·渥拉斯顿的《自然宗教描绘》对杰斐逊的影响似乎更为直接。

然而，20世纪60年代以来，历史学家在欧洲启蒙思想对美国的影响问题上一直争论不休。60年代以前的共识是，美国开国者们主要受到以洛克为代表的自由主义影响，但60年代后这种观点日益受到质疑。美国学者波考克认为，在18世纪早期，共和主义在北美殖民地的影响并不弱于自由主义；伯纳德·贝林和戈登·伍德认为，美国的开国者们更多地受到共和主义而非自由主义的影响；康奈尔大学的艾萨克·克拉姆尼克则强调，由于美国具有突出的个人主义特性，洛克思想自然更具影响力。[①]

其实，这个持续性的学术争论正好说明了欧洲启蒙思想中的理性话语对美国历史进程的深远影响，因为自由主义和共和主义在政治哲学上并非对立之物，而是启蒙政治哲学的不同棱面，甚至在很大程度上是同一种思想的不同表达方式。共和主义的内涵一般认为有如下几点：以自由和不可让渡的个人权利为核心价值；使人民主权成为整体，拒绝君主制、贵族制和通过继承得到的政治权力；期待公民独立承担公民义务；抨击腐败。或如一些欧美学者所说的，共和主义不仅是一种独特的政府形式，更是一种生活方式。[②] 显然，自由主义是共和主义的核心，从《独立宣言》到《美利坚合众国宪法》和《权利法案》，再到葛底斯堡演说，都是以自由和平等思想立论的。

启蒙思想对北美殖民地的影响是多方面的。首先，它的理性主义、平等主义为"大觉醒"运动提供了思想武器。如前所述，"大觉醒"运动肇始于少数教派对正统教会权威的抗议和反叛，它以平等和信仰自由作为武器，最终促进了殖民地的宗教宽容。正如英国学者波尔所指出的，宗教宽容的原则是启蒙运动政治实践的重要表现。[③] 其实，美国的建国者们如本杰明·富兰克林、托马斯·杰斐逊、詹姆斯·麦迪逊、乔治·华盛顿等人，

---

① "American Enlightenment", from the free encyclopedia, Wikipedia, https://en.wikipedia.org/wiki/American_Enlightenment.
② Richard Buel, *Securing the Revolution: Ideology in American Politics, 1789-1815*, Ithaca: Cornell University Press, 1972; Robert A. Divine, T. H. Breen et al., *The American Story* (5th ed.), London: Person, 2012, p. 147.
③ 〔英〕J. R. 波尔：《美国平等的历程》，张聚国译，商务印书馆，2010，第82页。

他们本身就是北美启蒙运动的参与者,他们最后是在为少数教派的宗教自由而战。在他们看来,美国应该成为各种不同信仰的人们和平与互惠互利生活的国度。1792年,麦迪逊把这种主张概括为一句话:良知是最神圣的财富。① 1818年10月5日,康涅狄格州通过新的州宪法,彻底推翻了已有180年历史的"委托书"(Standing Order)和1662年签署的《康涅狄格宪章》,这个日子被看作美国宗教自由最终获胜的标志。

其次,它为美国革命准备了共和主义的政治哲学。理性与自由有力地推动殖民地科学和文化教育的发展,众多教会性质的学术和教育机构逐渐演变成传播民主与科学精神的阵地。文学、艺术、音乐等重新成为北美教会学院中的重要学科,许多学院的传统神学课程被道德哲学取而代之;在理性主义指引下,纽约建立了国王学院(今日之哥伦比亚大学),宾夕法尼亚创建了宾夕法尼亚学院(今宾夕法尼亚大学);耶鲁学院和威廉玛丽学院则进行了重大改革,甚至清教教会的诸多著名大学也进行了课程改革,代表性的有新泽西学院(今普林斯顿大学)和哈佛大学。它们都把自然哲学(科学)、现代天文学和数学列入核心课程。

最后,它构成美国自由主义和激进理想主义的共同源泉。启蒙思想所内含的进步主义和乐观-理想主义以及强烈的批判现实主义,是美国自由主义和激进主义传统中最具本质特征的价值取向,这是19世纪乃至20世纪大部分历史时期激进左派和自由派之间能够在社会改革等议程上形成共识进而走向合作的思想基础。美国学者詹姆斯·麦格雷戈·伯恩斯认为,美国的启蒙精神表现为其在国家和人民生活中赋予启蒙思想以实用和有用的形式。② 这一看法发人深省。

## 四 社会主义的西渐与美国激进思想传统的形成

### (一) 19世纪社会主义思想在美国的传扬

一般认为,"社会主义"一词由空想社会主义思想家圣西门首创,其对

---

① Bryan-Paul Frost and Jeffrey Sikkenga, *History of American Political Thought*. Lanham, Md.: Lexington Books, 2003, p. 152.
② James MacGregor Burns, *Fire and Light: How the Enlightenment Transformed Our World*. London: Macmillan, 2013, p. 132.

# 第一章　美国激进思想传统的文化根源及其形成

立面是"个人主义"。① 但从词源上看，社会主义有诸多源头。著名学者文森特认为，社会主义一词源于拉丁文 Sociare，意思是联合或共享。它同罗马和中世纪法律中的技术性词语 Societas 相关联，后者的含义是伙伴或友谊，更多是自由人之间一种诺成合同的法律意识。② 19 世纪上半叶，虽然圣西门和罗伯特·欧文心目中的社会主义存在明显差异，但他们都理所当然地把社会主义视为自由资本主义制度的最佳替代方案。尽管随着 1848 年《共产党宣言》的发表，社会主义从空想变成了科学，但事实上直到 19 世纪 60 年代，社会主义的现代定义才基本成型，它与共产主义、互助主义、合作论、联想论等紧密相关，有时就是同义词。③ 不可否认的是，社会主义由于把自由和平等尊崇为核心价值而在思想谱系上与启蒙哲学具有明显的亲缘性。

在美国学者约翰·尼古拉斯看来，社会主义信念实为美国赖以立国之根基，"正是社会主义观念在过去的两个世纪中塑造和巩固了美国"。作者自然不会认为美国是社会主义国家，他的意思是，社会主义运动与信念是美国历史进程中的一条红线，"这条红线参与织就了国家的美丽图画"。④ 虽然尼古拉斯在其著作中所列举甚至不惜浓墨重彩加以描绘的社会主义者充满争议，他对社会主义是美国社会历史发展过程中自始至终存在的一条主线的判断是没有问题的。

尽管尼古拉斯反复强调，美国的社会主义为美国所特有，但毋庸置疑，其源头在欧洲，这个源头就是欧洲源远流长的社会理想主义传统。20 世纪西方著名马克思主义哲学家布洛赫以乌托邦精神命名这一传统，认为乌托

---

① 圣西门等空想社会主义者认为，个人主义的自由主义信念是，个人应当保持自己行为的独立性，这在事实上导致了个人社会关怀和责任心的丧失。在工业革命期间，这表现为触目惊心的贫困、无处不在的社会压迫和前所未有的财富分配的严重不公等，而且这些社会问题不能得到应有的关注，个人主义使社会堕落到了利己主义横行的地步，它把社会置于竞争之上从而对社会生活的和谐造成了巨大伤害。参见 Marvin Perry, Myrna Chase, Margaret Jacob, James R. Jacob, *Western Civilization: Ideas, Politics, and Society-from 1600*, Volume 2. 9th Edition. Boston, Massachusetts: Houghton Mifflin Harcourt Publishing Company, 2009, p. 540。
② Andrew Vincent, *Modern Political Ideologies*. New York: Wiley-Blackwell Publishing, 2010, p. 83.
③ 圣西门认为，社会主义就是将计划经济、科学管理和现代科学技术的进步用于社会组织；相反，欧文则主张在生产过程组织和所有制上开展合作。
④ 〔美〕约翰·尼古拉斯：《美国社会主义传统》，陈慧平译，社会科学文献出版社，2013，"前言与致谢"第 7 页。

邦精神与乌托邦设计并非外在地强加于社会生活之物，而是历史和社会生活固有的内在的维度，是一种对现存世界和制度持有强烈批判和超越精神的理想向度，它作为一种"文化剩余"，无所不在，作为一种带有神秘色彩的原始意象或原型意象（archetype images）在历史中持续不断地反复出现。① 从人之存在的本体论结构上看，"希望"构成乌托邦的具体形态，因此，乌托邦是一种指向未来的"尚未存在"（noch nicht）。在他看来，人类社会之所以能够作为文明的连续性进程延续至今，很大程度上要归因于人生结构中的超越精神。

的确，无论是古希腊时代柏拉图的《理想国》，还是托马斯·莫尔的《乌托邦》，抑或是弗兰西斯·培根的《新大西岛》，甚或是世界其他地区各个历史阶段出现的种种未来社会构想，无一不是以否定和超越现实为取向的。② 以托马斯·莫尔为例，尽管他把其著作中所设想的"最完善的国家制度"称为"乌有之乡"③，但他并不认为该设想是空中楼阁，相反，他把其视为能够在未来成为现实的理想社会。

如前所述，伴随文艺复兴和宗教改革运动而来的是欧洲无处不在的宗教和社会理性主义的激情与冲动。这种激情通过海盗和移民在远离欧洲的异乡陌土定居地实验得以薪火相传。北美殖民地早期的许多移民社区生活都不同程度地带有宗教理想主义色彩。不过，从文本上看，托马斯·潘恩被不少欧美学者视为美国最早的社会主义思想家是有理由的。他们认为，潘恩式激进主义的核心理念是为争取劳动人民的政治权利而斗争。"通过强调完全的平等主义、对过去传统的拒绝、对一个不同未来的确信、对自然权利和理性力量的信仰、对现有制度的质疑、对政府应该代表人民等观念的坚持，它为激

---

① Ernst Bloch, *A Philosophy of the Future*. New York: Herder and Herder, 1970, p. 93.
② 西方有不少学者认为，社会主义思想的因素在柏拉图和亚里士多德的著述中已现端倪。参见 A. E. Taylor, *Plato: The Man and His Work*. Dover, 2001, pp. 276 - 277; W. D. Ross, *Aristotle*. 6th ed., New York: Routledge, 1995, p. 257. 公元前6世纪的波斯帝国时代，索罗亚斯德教青年牧师马兹达克创立了公共财产并提倡公共善，他被视为原型社会主义者；在伊斯兰世界，社会主义思想同样源远流长。先知穆罕默德的朋友阿布·达尔·吉法里（Abu Dharr al-Ghifari）被视为伊斯兰社会主义的主要先驱。John L. Esposito, *Oxford Encyclopedia of the Modern Islamic World*. New York: Oxford University Press, 1995, p. 19.
③ Utopia 来源于希腊文，由"ou"（没有）和"topos"（地方）组合而成。

进的要求提供了动力。"① 的确，潘恩虽然以《常识》和《美国的危机》系列著述为美国的独立做出重大贡献而位于美国开国元勋之列，② 但他追求的不只是独立，他追求的是真正信仰自由、政治平等、经济公正的理想国。因而，在他眼中，美利坚合众国这个新生的"文明社会是不公正的，它令人厌恶"。在《人的权利》《理性时代》《土地的公正》等著作中，他毫不妥协地揭露和批判现实生活中普遍存在的剥削、压迫与严重的不平等，呼吁为实现真正自由平等的理想社会而继续斗争。因此，美国无数信奉社会主义理想的人都不约而同地视潘恩为先驱。

整个 19 世纪是社会主义思想在美国传入、播种、扎根和成长壮大的最重要的历史时期。

社会主义在美国传播的第一波是空想社会主义的一系列理想社会实验运动。致力于理想社会实验的理想家们相信，通过社会实验建立的社会主义社会模式能够充分展现其信仰的美德。在 19 世纪上半叶，较有影响的未来社会实验主要有：布鲁克农庄、新和谐公社、震教徒社区、阿玛纳殖民地、奥奈达社区、伊迦利亚运动、主教山公社、俄勒冈奥罗拉社区、密苏里圣地（Bethel）社区等。

1825 年，威尔士工业家罗伯特·欧文在印第安纳州西南部建立新和谐公社，四年后因主要成员间观念不合而解体。1841 年，一群傅立叶信徒建立了布鲁克农庄，成员中包括著名作家纳撒尼尔·霍桑和拉尔夫·爱默生。1847 年农庄主体建筑毁于火灾后，被迫解散。另外一些傅立叶追随者于 1844 年在新泽西蒙默思县建立了美国的法郎吉，一个法伦斯泰尔。这个实验社区在 1856 年也因为火灾而结束。在 19 世纪 40 年代影响最大的实际上是法国空想家埃田·卡贝推动的伊迦利亚运动，他主张通过工人的合作彻底代替资本主义生产体系。伊迦利亚运动主要集中在得克萨斯和伊利诺伊两州，运动最后由于内部纷争而以失败告终。

1848 年欧洲革命失败后，大批怀抱社会主义理想的移民来到美国，掀

---

① 比如，历史学家 E.P. 汤普森、埃里克·霍布斯鲍姆、霍华德·金等人，一直把潘恩作为鉴定真假左派的试金石。〔美〕约翰·尼古拉斯：《美国社会主义传统》，陈慧平译，社会科学文献出版社，2013，第 40 页。
② 约翰·亚当斯曾经说过："没有《常识》作者的笔，华盛顿之剑将徒劳无功。"参见"Thomas Paine"，https://en.wikipedia.org/wiki/Thomas_Paine。

起了社会主义在美国传播的第二波浪潮。这些移民大多来自德国，其中就有马克思的战友约瑟夫·魏德迈。魏德迈于1851年在纽约创办美国第一份马克思主义刊物《革命》（Die Revolution，只发行了两期），翌年，组建"无产者联盟"（Proletarierbund），后发展为美国第一个马克思主义组织——美国工人联盟。然而，该组织由于得不到美国本地说英语劳工的支持，存在时间不长。1866年，威廉·西尔维斯组建全国劳工联盟（NLU），不久之后，弗里德里希·佐尔格把全国劳工联盟第五地方支部带进了第一国际，该支部很快发展成为第一国际美国支部。第一国际理事会迁往纽约后，佐尔格被推选为第一国际总书记。①

19世纪70~80年代，大批德国工人在新一波欧洲移民浪潮中进入美国，其中不少人是斐迪南·拉萨尔的追随者。1874年，拉萨尔派组建了北美社会民主党；1876年，他们与马克思主义者共同建立美国工人党。1877年，拉萨尔派掌控了美国工人党，很快将其更名为北美社会主义劳工党（SLP）。② 虽然拉萨尔派反工会运动的思想有相当的市场，但美国工会运动仍然快速发展起来。1886年，阿道夫·斯特拉瑟和塞缪尔·冈帕斯建立美国劳联（AFL）。③

社会主义劳工党的领袖丹尼尔·德莱昂虽然坚定地支持工会运动，但反对工人运动中的集体谈判策略。党内以莫里斯·希尔奎特为首的反对派最终于1901年脱党而去，他们与尤金·德布斯领导的社会民主党合并组成美国社会党。美国社会党内部存在改革派和革命派之间的激烈争论，内耗严重，但在1912年的美国政治舞台上，它所取得的成就仍然令人难忘。在总统大选中，其候选人德布斯获得了100多万张选民票，占总票数的5.9%，是十二年前的10倍；党员则从1万人增加到12万人。④ 1910年，其党员维克多·伯格成为美国历史上首位来自社会主义党派的议员；到1912年初，美国各级官员中有1039人是社会主义者，其中包括56个市长，305位市参

---

① 1876年，第一国际因为内部矛盾与冲突激化而解散。Stephen Coleman, *Daniel De Leon*. Manchester, UK: Manchester University Press, 1990, pp. 15-17.
② 社会主义劳工党在经历了早期思想混杂和目标多样的岁月后，19世纪90年代至20世纪初发展成为美国最具影响力的马克思主义政党。
③ Theodore Draper, *The Roots of American Communism*. New York: Viking Press, 1957, pp. 11-12.
④ Maurice Isserman, "A Brief History of the American Left", http://www.dsausa.org/about/history.html.

议员或议员，22位警官以及一些州议员。在其鼎盛时期，该党共有5种英文日报，8种外文日报；262种英文周刊，36种外文周刊；10种英文月刊和2种外文月刊。①

1919年，约翰·里德和本杰明·吉特罗以及其他一些社会主义者组建"共产主义劳工党"，而查尔斯·鲁滕堡领导的社会党对外部门则形成了"共产党"，双方合并组建"美国共产党"（CPUSA）。在此后20世纪前期的大部分岁月里，美国共产党与社会党一同成为美国最具影响力的社会主义政党。

### （二）美国激进思想传统的形成及其基本特征

包括乌托邦社会主义、无政府主义、科学社会主义以及各种改良主义在内的激进思潮之所以在19世纪的美国社会不断引起共鸣，同美国的工业化和城市化进程密不可分。众所周知，美国的工业化和城市化起始于19世纪初，直到19世纪末20世纪初。1925年，美国城市和工业人口首次超过农村和农业人口，在统计学意义上正式实现农业社会向城市社会的转型。但在这一个多世纪里，工业化和城市化之路不仅使广大小农和小手工业者成为牺牲品，更是以千百万雇佣劳动者受剥削和身心健康的丧失为前提，以芸芸众生的异化和物化生存为代价，以对自然资源的掠夺和自然环境的破坏为恶果，以种族压迫和性别歧视为副产品，以及赋予全球性军事、经济、政治和文化扩张合法性并以之为动力。所有这些无可辩驳地说明，工业资本主义时代充斥的是种种非正义，带给人类的是新的不自由。社会主义对这个新型的不自由社会的批判与否定，对真正自由社会的希冀与构想，正好与美国清教政治理想主义和由荒野培育出的美国个人主义相合拍。19世纪东北部工业区工人阶级的苦难、西进运动中印第安人的血泪和小农的悲伤、南方种植园中黑人的哀怨、社会生活中女性无处不在的被贬损、自然环境的恶化以及先后针对墨西哥和西班牙进行的扩张战争，这些社会事实顺理成章地为美国激进理论家提供了靶向。可以肯定地说，到19世纪末，在由农业社会向工业和城市社会的激烈转型过程中，以批判和否定资本主义体系的合法性为原点，以和平改良为路径，以社会主义为蓝图，以平等为坐标，以阶级、性别、种族、和平和自然权利等多元关照为基本主题的美国激

---

① Theodore Draper, *The Roots of American Communism*. New York: Viking Press, 1957, pp.41-42.

进思想传统已然形成。其标志是各种具有社会主义倾向或性质的政治组织如雨后春笋般地涌现，以及形形色色替代性乌托邦构想的问世。

在这一传统初步形成过程中，其所独具的美国特性愈渐彰显：其一，始终从人本主义立场出发，维护个体和群体的自由与平等权利，具有目标和路径的多样性；其二，对替代性社会模式保持不竭的乌托邦冲动和社会实验激情；其三，在社会变革路径和方式上执着于和平渐进的改革而非革命；其四，与宗教理想主义之间存在剪不断理还乱的关系；其五，突出的个人主义和无政府主义特性。

由于无政府主义一直是美国激进思想长河中最为活跃也最具政治冲击力的元素，这里对此略做讨论。公认的19世纪美国个人主义的无政府主义代表人物有约西亚·沃伦[①]、亨利·梭罗、拉扎勒丝、伏尔泰琳·德·克蕾、赖桑德·斯波纳、本杰明·塔克、露西·帕森斯、亚历山大·博克曼等，他们为20世纪美国无政府主义的发展定了调。美国历史学家尤妮丝·舒斯特认为，美国个人主义的无政府主义强调个人的孤立性，即对自己的工具、精神、肉体和劳动产品的拥有权。对于拥护这种哲学的艺术家而言，这是"美学"的无政府主义；对于改革者来说，这是伦理无政府主义；而在独立的工匠看来，这是经济无政府主义。如果说美学和伦理的无政府主义是哲学的话，经济无政府主义直接指向了实践。美学和伦理的无政府主义在19世纪上半叶从超验主义、人道主义和浪漫主义中找到了表达方式，经济无政府主义在同一个时期则由西部开拓表现出来，不过，其最突出的表现是在内战以后。[②]

为什么19世纪末形成的美国激进思想传统会有如此突出的个人主义的无政府主义特性？答案可从美国独特的社会背景和欧洲思想的影响两个方面的分析中得出。前者为内因，后者为外因。从美国社会历史进程看，尽管19世纪初工业化已经大幕开启，但事实上直到20世纪初，美国一直是个体经营者占人口多数的社会。在19世纪上半叶，80%以上的男性劳动者为自我雇佣

---

[①] 沃伦被视为美国第一个无政府主义者。他曾经参与新和谐公社实验，新和谐公社实验失败后，从社会主义转向无政府主义，1833年，创办美国首家无政府主义期刊——《和平革命者》周刊。

[②] Eunice Minette Schuster, *Native American Anarchism: A Study of Left-Wing American Individualism*, Archived February 14, 2016, at the Wayback Machine.

者。另外，自殖民地时代以来，北美蛮荒处境培育出的自强自立和拒绝外部权威的个人主义精神早已化作美国社会的核心价值观，内化为美利坚民族群体心理的深层特质，这不可避免地要在各种政治社会理论中留下烙印。从欧洲思想影响看，除了空想社会主义者中如欧文和傅立叶带有一定程度的无政府主义倾向外，加拿大历史学家麦克罗伊认为，对美国无政府主义发展产生了不可低估影响的19世纪欧洲思想家主要有以下几位：皮埃尔-约瑟夫·蒲鲁东、马克斯·施蒂纳、赫伯特·斯宾塞和威廉·戈德温。[1]

总之，正如美国学者德莱昂所言，无政府主义是美国激进主义的主要传统，清教主义、资本主义和原子论的联合在美国激进派中引发了普遍的无政府主义冲动。[2] 可以说，正是美国清教理想主义和资本主义的市场自由法则以及个人主义价值共同塑造了无政府主义传统。因此，无政府主义不仅在19世纪美国历史进程中扮演了十分重要的角色，而且贯穿20世纪直至今日，其仍一直如幽灵般在北美大地游荡。

简而言之，美国激进思想传统根源于欧洲宗教异端传统与社会底层文化，根源于近代启蒙哲学，根源于欧洲悠久的社会主义思想传统，就像美国主流文化传统根源于欧洲一样。只不过来自欧洲的种子在移植到北美大地后，在独特环境的作用下发生了变异，被打上了明显有别于原产地的美国印记。从这个角度看，作为美国社会理想主义重要表现形式的激进思想传统，本身就是主流文化不可分割的组成部分，说它是美国文化的产物亦能成立。在20世纪美国社会进步的震荡声中，激进思想传统以其多元关照和弯路长行展示了其独特的精神伟力和文化魅力。

---

[1] Wendy McElroy, "The Culture of Individualist Anarchist in Late-Nineteenth Century America", *Journal of Libertarian Studies* 5 (3), 1981, pp. 291-304；皮埃尔-约瑟夫·蒲鲁东（1809~1865），法国政治家，互助论哲学奠基人，有美国左翼学者视其为"无政府主义之父"，其代表作有《什么是财产？或权利与政府原理探究》《贫困的哲学》等；马克斯·施蒂纳，本名约翰·卡斯帕·施密特（1806~1856），德国哲学家，虚无主义、存在主义、精神分析理论、后现代主义以及个人无政府主义的先驱，代表作为《自我及其自身》（或《个人及其财产》）；赫伯特·斯宾塞（1820~1903），英国维多利亚时代著名哲学家、生物学家、社会学家、人类学家和政治理论家，1909年，普列汉诺夫在《无政府主义与社会主义》一书中认为斯宾塞是"保守的无政府主义者"；威廉·戈德温（1756~1836），英国记者、政治哲学家和小说家，现代无政府主义的倡导者（英国诗人雪莱的岳父），代表作有《政治正义探索》《卡里布·威廉姆斯历险记》。

[2] David DeLeon, *The American as Anarchist: Reflections on Indigenous Radicalism*, Baltimore and London: John Hopkins University Press, 1978, pp. 5-7.

# 第二章　否定与超越：激进制度变革与未来社会想象

## 一　世纪初期社会民主主义者的激进制度批判思想

### （一）社会转型中的问题与激进批判力量的涌现

"世纪已经消亡，世纪万岁！昨天尚属19世纪，今天已迈入20世纪。"① 这是《纽约时报》在20世纪第一个元旦发出的世纪宣言，这个宣言传递出一种面对不确定的未来少有的自信和充满希望的执念。19世纪末20世纪初，美国加速向工业化和城市化社会迈进，国民财富惊人地增长，中产阶级茁壮成长，经济实力跃居全球第一，美国发展为世界瞩目的新兴强国。然而，与此光鲜一面形成强烈反差的是，数百万美国人处于凄惨的贫困境地。占总人口10%的富人拥有72%的国民财富；最顶层1%的人拥有国民财富的1/3。"当富有的工业家和投资人过着雍容华贵的生活时，为他们工作的人们却艰难度日。"② 无论是新来乍到的移民，还是入籍已久的公民，为获取难以忍受的低工资而承受难以忍受的长时间工作的折磨，那些非熟练工人拥挤在肮脏不堪的城市贫民窟里，他们没有机会改善其处境。财富信条创造了鼓励"快速致富"思想的社会，这实际上是鼓励商人只考虑利

---

① P. Maler et al., *Inventing American: A History of the United States*. New York: W. W. Norton & Company, 2003, p.688.
② Ralph Young, *Dissent: the History of an American Idea*. New York and London: New York University Press, 2015, p.294.

润而无须考虑其他人所受的剥削。劳资对立与冲突成为世纪之交美国社会中的一大顽症；在金融、交通、能源、钢铁等经济部门，恶性竞争下形成的托拉斯垄断的发展使机会平等变成了遥不可及的神话，权钱交易、政治分赃等的盛行使得腐败问题愈演愈烈，利润动机引导下的市场乱象和对自然资源的野蛮掠夺，等等，所有这些，加上社会达尔文主义被奉为圭臬，整个美国似乎正在沦为丛林社会，社会不同阶级或社会集团之间的矛盾与对抗日趋成为常态，其中最司空见惯的无疑就是占人口大多数的工人阶级同资产阶级之间的对立问题。

面对社会失范严重的境况，以改进资本主义制度为目标的自由主义改革派和厌恶资本主义并力图超越它的社会主义激进派等进步主义者从不同角度思考，进而提出了纠正和克服这些问题的路径与方法。他们为减轻工业化受害者的痛苦而不懈努力；他们为实现妇女和非洲裔美国人的社会公正而战斗；他们组成院外集团向联邦政府施压，以立法手段规范企业市场行为，反击大公司和托拉斯的垄断行径；他们攻击渎职和政治腐败，推动州立法机构和市议会开展一系列政治改革。20世纪最初的两个十年，左翼自由派和社会主义激进派共同推动的进步主义改革运动，虽然并没有把美国变成一个平等的社会，但有力地改变了美国社会现状，重新塑造了美国社会。从激进派的影响看，虽然以社会主义取代资本主义的目标没有实现，但社会主义的思想及其影响无疑在知识界被大大地扩展了，这在新政时代和第二次世界大战期间结出了硕果。

## （二）美国社会民主主义者的资本主义批判

### 1. 贝拉米的国家主义乌托邦

爱德华·贝拉米（1850~1898），美国作家，社会理想主义者。出生于马萨诸塞州西南部的奇科皮瀑布小镇一个牧师家庭，母亲是虔诚的加尔文教徒。贝拉米自幼生活在邻里大多是贫困移民的环境中，整日耳闻目睹的不是剑拔弩张的劳资纷争就是令人厌恶的腐败丑闻，以及令人绝望的生存条件。贝拉米留学德国学习法律，回国后，在纽约做了记者。1888年出版政治小说《回顾》，向读者展示了一百多年后，即2000年已经进入社会主义的美国的理想图景。

《回顾》一书的主人公朱里安·韦斯特是波士顿上流社会一个患有严重

失眠症的年轻人。一次经过催眠后，韦斯特在地下室里从1887年一直睡到了2000年。长梦醒来，韦斯特发现波士顿已是天翻地覆：全人类进入了永久和平状态，既没有贪污腐败，也没有犯罪和监狱，人人平等，勤奋工作，物质极其丰富，整个社会文明有序。唯一没有变的是，家庭仍然是社会的基本单位。故事主角不仅见证了新世界的美好，而且收获了新世界的爱情。

小说把工业资本主义的美国形象地比作一辆巨大的车子，乘车者是高高在上的富有阶级，拉车人则是广大劳动阶级；富有阶级游手好闲，穷奢极欲，劳动阶级背负经济剥削重压，饥寒交迫，景象凄惨，尤其是垄断资本的产生和发展"造成贫富之间更大的悬殊"。在贝拉米眼中，资本集中比"社会此前所经历的任何暴政更可怕"，因为大公司为芸芸众生"准备了一种人类有史以来最恶劣的奴役的枷锁。这种奴役并不受制于人，而是被束缚在没有灵魂、没有精神活动，然而却贪得无厌的机器上面"。[①] 他认为，工业资本主义的剥削制度是极不公平和极不人道的，资本私人占有制则是十分荒唐的制度，整个资本主义生产领域就是一个"辽阔的战场"，作坊和车间是"无数个堡垒"，它们之间进行着"真正的战争"，它带来的是火拼、兼并、垄断、倒闭、失业、饥饿，在资本追逐利润的驱动下，危机就像"旱灾和飓风那样，是没有办法加以防止和控制的"。一句话，现代社会的一切灾难根源于私人资本占有制度。

作者通过对2000年波士顿乌托邦的描绘，指出了摆脱工业资本主义的必由之路：工业国有化或国家主义化。"只要饥荒遍地的国家能把忽视了的职责担当起来，为了公共利益把这条与人民生命攸关的水管（指人类劳动力——引者）管理起来，大地上就会像一个花园那样百花盛开，谁也不再会缺少任何美好的东西了。"[②] 生产资料公有，私有制被废除；国家或政府成为唯一的公司管理者；由国家统一安排每个人从事能发挥其特长的工作；生活资料平均分配；废除货币；新社会为全体人民建立公共食堂和公共洗衣店；男女平等；城市是科学规划和精心设计的花园般的人类生存地；军队和监狱被取消；政府官员和公务员主要从事生产的指挥与监督工作，都是廉洁奉公的"人民的总管和仆人"；全球由自由联邦同盟逐渐发展成一个

---

① 〔美〕爱德华·贝拉米：《回顾》，林天斗、张自谋译，商务印书馆，2017，第43~44页。
② 同上，第239页。

单一国家。总之，在经济、政治和社会生活诸多领域，真正实现了人人平等的目标，全人类进入理想的大同社会。

这一切是如何实现的呢？贝拉米反对共产主义者提出的阶级斗争道路，主张依靠"人类健全理智获得胜利"，即这一伟大变革无须通过革命或暴力，不用牺牲任何一个人，仅通过辩论的方式，一俟社会公众舆论成熟，就可以和平过渡到社会主义。他特别指出，社会主义不应该只代表社会被剥削被压迫者的利益，它代表的应该是社会所有阶级的共同利益。由此不难看出，贝拉米的社会主义尽管有德国社会主义者倍倍尔思想影响的诸多痕迹，但它受基督教社会主义思潮的影响明显要多得多。

在贝拉米思想的影响下，自 19 世纪末开始，在美国各地出现了数百个致力于实现工业国有化运动的国家主义俱乐部，成为推动进步主义时代改革的不可或缺的政治力量。

**2. 辛克莱的社会主义新宗教**

厄普顿·辛克莱（1878～1968），美国著名作家，费边社会主义者。1906 年发表小说《屠场》，成为专事揭露丑闻的政治小说中的经典作品。该作品讲述了芝加哥移民工人遭受剥削的故事，向读者展示了资本主义的残酷无情。小说的叙事主线围绕一个立陶宛移民家庭在美国的艰辛遭遇展开。主人公约吉斯与妻子奥娜及家族相关成员在 20 世纪初来到美国，进入芝加哥的肉类加工厂谋生。他们为追求美国梦而来，却沦为现代大工业社会的牺牲品。约吉斯辛苦工作仍难以养家糊口，现代机器大工业生产的非人性不仅严重损害了约吉斯的健康，而且他的妻子也被凌辱死于难产，恶劣的环境还让家中年迈的老人和年幼的孩子死于非命，女性沦落风尘。小说从多维视角夸张而真实地勾勒出 20 世纪初美国底层社会的境况。

作者在这部作品中主要从以下几个层面对资本主义的非人性大加挞伐，并明确指出救赎之路。首先，通过对利润动机驱使下令人作呕的肉制品加工过程的描述揭露资本对人生命与健康的蔑视：待宰牲畜的惨叫声与弥漫的毒气混杂；感染了霍乱的猪、带有结核病毒的牛、用化学品染色的肉、用香料去味的牛杂以及用硼砂和骨胶处理过的霉香肠，经过包装被送到消费者餐桌上。

其次，痛陈现代性生产对环境的严重破坏以及由此对人生存构成的威胁。屠场区建筑物破败，污水横流，垃圾成堆，苍蝇乱飞，臭气熏天；高压的工作环境吞噬了劳动者的健康和快乐的天性，使他们日渐成为行尸走肉，人操作机器屠宰动物，机器则吞噬人之身心，扼杀其人性。

再次，通过主人公一家人的悲惨命运批判消费社会非理性和异化消费现象背后深刻的资本逻辑。小说一开始就向读者展现了一幅堪称"丰盛"的婚礼画面，这是一场绝对体面的消费盛宴：

> 这次婚礼的费用想起来都使人毛骨悚然。数目准会超过二百元，也许是三百元，而三百元却超出了室内大多数人一年的收入。这儿有一些体格强壮的人在地板上还有四分之一英寸积水的寒冷地窖里从清晨一直工作到深夜，——这些人一年有六七个月从星期日下午起到下个星期日早晨始终见不到阳光——但他们一年所挣的钱都还不到三百元。这儿有一些小孩子还只十来岁，眼睛都望不到工作台的台面——他们的父母谎报了年龄才替他们找到了工作——而他们一年都挣不到三百元的半数，甚至连三分之一也挣不到。然而，在你一生中的某一天，在一次婚礼中，却把偌大一笔钱一下子花光！①

其实，仅仅从这个婚礼开销看，谈不上奢侈，但从这个新移民家庭所处的社会阶层来看，就过于奢靡了：它远远超过了这个家庭的承受能力！显然，这并非真正的异化消费，即超出基本需要的消费，而只是正常消费中的特殊消费而已，但由于与这个立陶宛移民家庭的收入形成了巨大的差距，正常消费彰显出非理性和异化特征。婚礼如此，让移民为之奋斗的房宅亦然。铺天盖地的房宅广告让移民们相信，拥有房子是成功的象征，是美国身份和获得平等社会地位之必需。为此，一家人不得不拼命干。然而他们发现，在住宅上投入越多，需要弥补的窟窿越大。正如鲍德里亚所指出的："消费的真相在于它并非一种享受功能，而是一种生产功能。"② 无论是婚礼还是住宅消费，都折射出主体自主性异化和强迫性异化的深重。

最后，无情批判现代性文化对民族传统或地域文化的碾压。作为东欧移民，主人公一家竭力坚守自己建基于农业时代古朴淳厚的民族文化传统，

---

① 〔美〕辛克莱：《屠场》，萧乾等译，人民文学出版社，1979，第17页。
② 〔法〕让·鲍德里亚：《消费社会》，刘成富、全志刚译，南京大学出版社，2008。

奋力抵御现代消费文明的挤压，整个家庭最后崩解的悲剧结局宣告了这一抗争的徒劳无益。

在辛克莱的笔下，资本主义就是一种奖恶罚善的制度。虽然西方不少评论家认为，这部作品因为浓厚的意识形态色彩而使其艺术性大打折扣，但这正是作者作为一个批判现实主义思想者不可回避而必须亮明的立场：约吉斯最终从社会主义中发现了"救赎的信息"，发现了"救助"，发现了"人类的新宗教——或者可以说是旧宗教的实现"。①

哲学家理查德·罗蒂曾经这样评论道：《屠场》和德莱塞的《美国悲剧》以及斯坦贝克的《愤怒的葡萄》等具有社会主义倾向的小说的共同点在于，向读者传递一种"民族希望和理想"——把美国变成一个均富和机会均等的人民管理的无阶级社会。这是20世纪60年代之前激进思想的基调。②

**3. 尤金·德布斯的大合作计划**

尤金·德布斯（1855~1926），出生于美国印第安纳州泰瑞豪特一个法国移民家庭，是美国工人运动领袖、著名的社会主义者，是"世界产业工人联盟"（IWW或Wobbies）的创建者之一，先后五次参与美国总统竞选。他早年以民主党人的身份开始其政治生涯，1894年11月因发动和领导以芝加哥为中心的普尔曼铁路工人大罢工而被捕入狱。在狱中，他广泛阅读了各种社会主义著作，思想上很快成为坚定的国际社会主义者。③

在转向社会主义之前，德布斯是一个民粹主义者，他天真地相信，政府是资本家和工人之间的中立力量，会在二者的利益间保持平衡。④ 为此，他还在普尔曼铁路工人大罢工之前就对平民党表现出浓厚兴趣，认为劳工组织不应该远离政治，应该与独立的平民党联合。德布斯一度考虑作为平民党总统候选人参与竞选，后转而积极支持布莱恩。布莱恩的失败让他意

---

① Daniel J. Flynn, *A Conservative History of the American Left*. New York: Crown Forum, 2008, p. 135.

② 〔美〕理查德·罗蒂：《筑就我们的国家：20世纪美国左派思想》，黄宗英译，生活·读书·新知三联书店，2006，第5页。

③ Eugene V. Debs, "How I Became a Socialist", *The Comrade*, April 1902, https://en.wikipedia.org/wiki/Eugene_V._Debs

④ James Weinstein, *The Long Detour: the History and Future of the American Left*. Cambridge, MA.: Westview Press, 2003, p. 34.

识到了民粹主义是无出路的，一年后他选择了社会主义。

德布斯认为，攫取金钱是资本主义的特征，这种攫取行为控制了主要政党，而"金钱并不能为文明建构合适的基础"。因此，是让社会获得新生的时候了，社会主义取代资本主义已是不可避免的最终结果："如果我对历史的阅读正确的话，马克思的预言将会实现，美国将敲响资本主义世界垮台的丧钟。"① 那么，社会主义对于德布斯到底意味着什么？德布斯的社会主义思想实际上是多种激进社会批判思想的混合物。贝拉米和考茨基等人的著作为他提供了思想养料，特别是考茨基的著述对他影响尤甚："我感谢他和所有帮助我摆脱黑暗进入光明的人。"② 特别要指出的是，虽然德布斯从未加入过任何教会，但他深受基督教乌托邦实验和福音运动的影响。他在演讲和写作中大量引用《圣经》和基督教典故，例如，1893 年他在一个劳工刊物上写道，劳工解放"有基督支持"，劳工"同基督联盟反对炫耀与显赫"。后来在新社会党的一次会议上，德布斯对社会主义进行了自问自答：社会主义就是行动的基督教，它承认人类的平等。③

不过，在如何反对资本主义制度上，他赞同社会党右翼领袖维克多·伯杰（Victor Berger）的主张，认为对资本主义进行斗争的最有效武器是选票，尤其是全国性选举政治。这可能是德布斯一生中多次参加总统竞选的思想根源。由此出发，他致力于实施一种"大合作计划"：让其麾下的西部美国铁路工会（ARU）通过选举工具实现对州政府的掌控，然后召唤成千上万劳动者参与进来享受"生活、自由并追求幸福"。以此边疆基地为基础，新乌托邦将在各个方向快速越过分界线占领别的州，最终是"旧的野蛮制度"被摧毁，共和国事实上变成"自由和快乐的人民的土地"。④ 正是在这个计划的引导下，德布斯率领美国铁路工会的左翼加入了威斯康星州的"合作共同体兄弟会"等团体，进而发展成 1897 年的美国社会民主党（SDA）。⑤ 1901 年，经过分化组合形成的美国社会党（Socialist Party）成为美国全国

---

① Symour Martin Lipset and Gary Marks, *It didn't Happen Here: Why Socialism Failed in the United States*. New York: Norton, 2000, p. 18.
② Eugene V. Debs, "How I Became a Socialist", *The Comrade*, April 1902, https://en.wikipedia.org/wiki/Eugene_V._Debs.
③ James Weinstein, *The Long Detour: the History and Future of the American Left*, p. 42.
④ Ibid.
⑤ 由于内部乌托邦实验派和选举政治派之间严重冲突，一年后，该党瓦解。

性社会主义政党。德布斯的和平变革思想使他成为党的核心，而伯杰和希尔奎特等人则成为其坚定的支持者。

然而，在美国两党制度内在的强大政治吸附和稀释机制面前，德布斯和社会党通过选票实现制度超越的梦想同之前的平民党一样成为水月镜花。

### （三）无政府主义者的绝对否定立场

无政府主义是20世纪初期激进思潮中最具影响力的激流。他们中的绝大多数人相信人类社会能够发展到无阶级社会的"善的王国"的最高阶段，在最后目标实现的过程中，国家权力将彻底消亡。艾玛·戈德曼被公认为是艾伯特·帕森斯[①]之后无政府主义的领军人物，其主张被视为无政府主义政治哲学的最好阐释。

艾玛·戈德曼（1869~1940），东欧移民，作家，20世纪初美国最著名的无政府主义者。出生于俄国科沃洛（今立陶宛考纳斯）一个犹太家庭，1885年移民美国。1906年创办无政府主义刊物《大地母亲》（Mother Earth）。1917年因宣传反战被捕入狱，后被驱逐出境。人生的最后二十多年在俄国、英国、法国和加拿大流浪，1940年卒于多伦多。她在20世纪上半叶美国和欧洲无政府主义政治哲学发展上占有举足轻重的地位。

在1910年问世的《无政府主义及其他论文》以及1931年出版的自传《活出自我》中，戈德曼通过对无政府主义思想、少数对抗多数、爱国主义与自由、婚姻与爱情等问题的分析表明了自己对现行制度不妥协的否定立场。1886年芝加哥秣市事件后，她逐渐成为无政府主义的代言人，可以说，无政府主义是其政治哲学或者说世界观的核心。在《无政府主义及其他论文》中，她这样写道：

> 无政府主义真正代表着人类精神从宗教支配下解放出来；人类身体从财产支配下解放出来；从政府的束缚与压制下解放出来。无政府

---

① 艾伯特·帕森斯（Albert Parsons），芝加哥无政府主义者，1886年芝加哥秣市事件后被判处极刑。他在狱中等待行刑期间写的自传中指出，拥有"人造法则"的国家只是资本家的工具，它"剥夺并奴役被统治者"。这种人造法则与作为自由的自然法则相对立，赋予资本以合法性，与国家成败与共。因此，"劳动的自由不仅使国家不必要，而且不可能"。参见James Weinstein, *The Long Detour: the History and Future of the American Left*, p.21。

主义代表了基于以生产真正社会财富为目标的个人自由分组的社会秩序；该秩序将保证每个人根据其个人欲求、兴趣和偏好自由地亲近大地，充分地享受生活必需品。①

她在自传中指出，无政府主义是一种基于不为人为法律所抑制的自由之上的新社会秩序哲学；一种认为一切依靠暴力的政府类型都是错的、有害无益的、毫无必要的理论。她引用爱默生的观点，断定"一切政府基本上都是暴政"，无论是神权政府还是大多数人统治的代议制政府都一样，其目标都是将个人置于绝对服从地位。与此同时，她强调，人类的发展史就是个人本能与社会本能两大要素之间相互激烈冲突的进程，双方都致力于占据主导地位，都对对方的价值和重要性视而不见。个人本能是个人努力、成长、抱负和实现自我的最潜在因素，社会本能则是实现互助和社会福祉的潜在因素。②

在戈德曼眼里，资本主义经济制度完全违背人的自由天性。在资本主义制度下，财产所确认的唯一需要就是对更多财富的贪婪无度，因为"财富意味着权力；征服、压榨、剥削的权力；奴役、侮辱、贬损的权力"。资本主义使工人非人化，"把生产者变成只是机器的微不足道的一个部分"。③

在她看来，唯有无政府主义和自由协作是摆脱政府控制和资本主义束缚的可行选择。那么，实现真正自由的社会变革路径和手段是什么？戈德曼对通过投票的和平过渡主张嗤之以鼻。由于她视国家为控制和支配的工具，她认为投票轻则无用，重则十分危险。投票提供了一种参与的幻觉，却掩盖了真实的结构与决策。她支持用罢工、抗议和直接行动等形式来抵抗资本主义社会的不公，因为在她看来，即便是致力于提高工资和缩短工时这样微弱的进步也是社会革命的组成部分。她特别强调要以直接行动反对资本主义社会"侵犯性和好管闲事的道德法则权威"。④ 在她前半生里，她一度十分推崇暴力。她坚信，暴力是一种合法的斗争工具，出于行动宣

---

① Emma Goldman, *Anarchism and Other Essays*. New York：Mother Earth Publishing Association, 1910, p.62；转引自"Emma Goldman", https：//en.wikipedia.org/wiki/Emma_Goldman。
② James W. Mooney ed., *American Dissenters*. Volume 2, Brandywine Press, 2005, pp.48-51.
③ Emma Goldman, *Anarchism and Other Essays*, p.54.
④ Paul Avrich, *Anarchist Voices：An Oral History of Anarchism in America*. Oakland, California：AK Press, 2006, p.91.

传的需要，可以运用暴力来鼓励群众起来造反。在《政治暴力的心理学》中，她这样写道："我们社会与经济生活中积聚的力量，在暴力行动中达到顶点，就像大气中的恐怖显现为风暴和闪电。"① 在她看来，革命就是一种暴力的过程："再也没有比这种信念错得离谱的了：目的和目标是一回事，方法和策略是另一回事……所采用的手段通过个人习惯和社会惯例变成了最终目标的部分和全部。"尽管她后来对苏联由希望变成失望，但她依然不否定革命暴力："我对破坏和恐怖是革命的组成部分的论断没有争议。我知道，过去每一次政治和社会的伟大变革皆需要暴力……我从未否认暴力是不可避免的，现在也不否认。"② 虽然主张暴力，但她坚决反对战争，因为，她认为战争尤其是世界大战是资本利益集团发动并为其利益谋利的，大众只能成为其利益争夺的炮灰。

戈德曼的无政府主义具有强烈的个人特征。她强调，无政府主义思想者必须为信仰而生，必须通过一言一行传递其信念，她这样写道："我不在乎一个人关于明天的理论正确与否，我在乎的是其当下的精神是否正确。"③ 她认为，代表人类自由的社会变革运动只能由自由人来承担。

此外，她持有坚定的无神论立场，理由和反对国家一样，认为宗教和有神论统治人的心灵，让人的精神失去自由。至于她的无政府女权主义思想，我们将在另外的章节中进行讨论。

在20世纪的大部分岁月里，保守主义者视戈德曼为"美国最危险的女人"④，而无政府主义者则视其为代言人，一些左翼学者甚至把她看作美国社会主义运动史上的榜样人物。她主张暴力和直接行动的思想对二战后美国激进思想具有直接的启示意义。

## 二　大萧条岁月和二战前的制度替代构想

如果说20世纪20年代激进知识分子主要站在道德立场批判资本主义制

---

① James Weinstein, *The Long Detour: the History and Future of the American Left*, p. 79.
② Emma Goldman, *My Disillusionment in Russia*. New York: Thomas Y. Crowell Company, 1970, pp. 260-264.
③ Alice Wexler, *Emma Goldman: An Intimate Life*. New York: Pantheon Books, 1984, p. 92.
④ Paul Avrich, *Anarchist Voices: An Oral History of Anarchism in America*. Oakland, California: AK Press, 2006, p. 45.

度的不道德，30年代则侧重于批判它的不合理。30年代，美共党员约瑟夫·弗里曼写道，他相信"人类正在经历一场重大变革。资本主义的死亡就规模和意义而言可与私有财产的起源、基督教的开端、资产阶级的支配相提并论"①。当弗里曼写下这些字句的时候，这种观点已经流行一些时日了，亦即，持与弗里曼类似思想的人并不限于左派或极左派。激进左派和激进自由派都期盼社会变革能够很快发生，建立一个更加公平正义的新社会，无论其是代表资本主义的一个新阶段，还是超越资本主义的一个新时代，众多自由派和激进派殚精竭虑力图给出这一变革的完满答案。

### （一）制度批判与新社会设想

1929~1933年的大萧条，再次为左翼激进理想的抬头提供了良机。自1930年开始，在《民族》和《新共和》等全国性偏左刊物中，观点激进的文章越来越多。这些文章在对资本主义制度的合法性提出质疑的同时，竭力宣扬社会变革的必要性。其中不少文章公开主张，为了所有人的利益，需要进行社会主义改造，实施计划经济和政府控制，并不惜以侵犯既得利益和私有财产权为代价。左翼作家迈克尔·戈尔德等人开门见山地要求美国知识分子不要再犹豫不决，必须在资本主义与社会主义两个世界间明确表态，阐明自己的立场。大批左翼作家和知识分子相信建立替代性的新社会制度的时机已然到来。《新共和》杂志文学编辑埃德蒙·威尔逊公开呼吁曾经把"赌注压在资本主义制度上"同时又希望减轻它对人类心灵所造成的创伤的自由主义者皈依一种新的经济和哲学制度——"生产资料的政府所有制"。② 1932年，哥伦比亚大学法学教授阿道夫·伯利和经济学者加德纳·米恩斯在合著的《现代有限公司和私人财产》一书中明确表示，私有财产和资本主义已经过时，取而代之的新社会应该建立在居于资本主义和社会主义之间的混合经济模式之上，实行"中立专家政治"，以强有力的政府进行行之有效的管理。同年，斯图尔特·蔡斯和乔治·索尔分别在《新政》和《计划社会》两部著作中对建立美式社会主义社会的路径进行了全

---

① Doug Rossinow, *Visions of Progress: the Left-liberal Tradition in America*. Philadelphia: University of Pennsylvania Press, 2008, p.5.
② 〔美〕Richard H. Pells：《激进的理想与美国之梦——大萧条岁月中的文化和社会思想》，卢允中等译，上海外语教育出版社，1996，第69~70页。

面探讨。① 他们一致建议采取一种连贯的政治策略和经济纲领，把当下的改革与社会革命联系起来，以民主而激进的方式使集体主义理想成为美国人日常生活的现实。作为《新共和》杂志主编，乔治·索尔于1934年又推出了《即将到来的美国革命》一书，认为美国确实在经历一场社会革命，只不过这场革命将是长期的、十足美国式的，即一个理想的社会主义美国的实现有赖于社会、政治、经济、文化和意识形态多条战线共同的持久奋斗。

然而，这个阶段最具魅力的新社会设想可能要数激进刊物《常识》编辑阿尔弗雷德·宾厄姆为2000年到来时的美国所描绘的理想图景：全国秩序井然，城乡布局均衡有致，城市和社区整洁而对称，公园与道路规划合理，空气清新，交通畅达，生产完全自动化，劳动与休闲结合得恰到好处，公民个个精神饱满，身体健康，人人平等，影响人类生活的广告、商业取向、竞争、贪婪统统被取缔，社区生活朴素而直接。这一美景是通过成立一个新政党得以实现的。由于整个社会绝大多数人都忠于该党，它和平地从民主、共和两党手中夺取了政权，逐渐废除了私人利润制度，从而产生了一个工业化的民主共和国，一个真正民有、民治、民享的国家。

1935年，曾经是美国共产党奠基人之一的刘易斯·科里推出《中产阶级的危机》一书。在书中，科里试图使马克思主义适应于美国社会的特点并证明中产阶级和工人阶级结盟有可能最终导致社会主义。他认为，在资本主义制度下，传统自由主义理想、平等以及民主都不再有实现的可能，正在无产阶级化的白领阶层必须在法西斯主义和社会主义之间做出抉择。他相信，通过一场社会革命和意识形态革命，美国能够成为平等分享社会财产的社会主义民主社会，在新的分配制度下，职业将成为一种"生产性的社会劳力"的形式，体力劳动与脑力劳动之间的差异行将消失，工厂将分散经营，人们对工作有多一些的个人责任感。所有这些将使资本主义社会中的每个人得到难以想象的个性解放。②

简单说来，到1935年，以约翰·杜威、林肯·斯蒂芬斯、乔治·索尔、斯图尔特·蔡斯、约翰·张伯伦、埃德蒙·威尔逊、阿尔弗雷德·宾厄姆、刘易斯·科里、V·卡尔弗顿等为代表的左翼和偏左自由派知识分子不约而

---

① 在蔡斯和索尔看来，资本主义制度的问题主要在于其浪费与无效率，而非剥削和压迫。
② 〔美〕Richard H. Pells：《激进的理想与美国之梦——大萧条岁月中的文化和社会思想》，卢允中等译，上海外语教育出版社，1996，第108~110页。

同地抛弃了传统的改革策略与目标，深信"私有利润制度必须让位于某种形式的民主社会主义"：

> 他们特别要求进行财富和权力的彻底再分配，实行一种计划经济制度，使物价和收入得到合理的平衡，从而为人民提供像样的生活，要求在工农业能满足全民需要的时候，消灭饥饿与贫困，他们最后要求建立一整套新的优先考虑的制度，它们考虑的是社会的需要而不是个人生活的改善。就现存制度而言，这些建议大多数是革命性的……①

## （二）纽约知识分子群体与伊斯曼—胡克之辩

自20世纪20年代开始，纽约地区逐渐形成一个以犹太人为主体的知识分子群体，其中的左翼对第二次世界大战前后美国社会运动的进程和文化发展具有举足轻重的作用。代表人物有悉尼·胡克、莱昂内尔·特里林、德怀特·麦克唐纳、哈罗德·罗森堡、玛丽·麦卡锡、欧文·豪、阿尔弗雷德·卡津、丹尼尔·贝尔、内森·格莱泽、欧文·克里斯托尔、诺曼·梅勒、李普塞特、苏珊·桑塔格、诺曼·波德霍雷茨和迈克尔·沃泽尔等。

在1936年莫斯科大审判事件发生以前，纽约犹太知识分子圈中大多数人是苏联社会和制度的景仰者，1936年以后，他们中的许多人采取反斯大林主义立场，自称是独立激进派，而亲苏的左派人士则称他们是托派分子。② 尽管他们中的确有不少人认同托洛茨基理论并加盟"第四国际"，但整体上无论如何也不能将他们同托派画等号，即使把最激进的30年代考虑进去，他们充其量也不过是一个左翼自由主义群体。但是，这是个十分复杂的群体，不仅在职业和身份上各不相同，作家、诗人、艺术家、学者、教授、记者、编辑等无所不有，由于大多在大学授业解惑，不少人甚至具有多重身份，而且在政治观点与思想流派上也是五花八门，在激进程度上

---

① 〔美〕Richard H. Pells：《激进的理想与美国之梦——大萧条岁月中的文化和社会思想》，卢允中等译，上海外语教育出版社，1996，第112页。
② Neil Jumonville, *Critical Crossings: The New York Intellectuals in Postwar America*. Berkeley：University of California Press, 1991, p.8.

## 第二章 否定与超越：激进制度变革与未来社会想象

更是各不相同。

30年代后期和40年代初，由于在如何实现文化自由和怎样看待战争等问题上的分歧，以麦克唐纳为代表的理想主义者和以胡克为首的实用主义者之间的鸿沟日益明显。前者认为文化自由必须以建立社会主义为前提，后者则完全不同意这一看法；前者认为第二次世界大战（珍珠港事件前）是帝国主义战争，美国和德国都是资本主义国家，社会主义知识分子不应该关注它们，而应该支持在同盟国和轴心国之间建立"第三阵营"，并希望在战争的灰烬中崛起民主社会主义；后者则认为美国应该参战支持同盟国反对在欧洲日益增长的法西斯独裁统治。双方以《党派评论》为舞台展开了激烈交锋，这种对立并未随着战争的进程得到化解，反而更加明朗化。朱蒙内尔将他们分别称为美国社会文化的异议派和肯定派。[①]

不过，纽约犹太知识分子群体中最具影响力的争辩发生在30年代。这场学术论辩源于怎样理解马克思主义及其在美国的实践问题，论辩双方分别为左翼理论家马克斯·伊斯曼和悉尼·胡克。[②] 他们争论的焦点主要围绕马克思主义是否科学展开。

首先，作为20年代格林尼治村文化左派的主要代表人物，伊斯曼曾试图让左派明白，弗洛伊德理论所描述的情感与潜意识内心世界是马克思本人未能涉足的领域。他不失先见性地鼓动左派，要在右派可能发现神话和象征的心理世界并将非理性用于其自身目的之前，学习弗洛伊德的洞察力。与此相反，年轻的左翼哲学家胡克认为，把马克思与弗洛伊德嫁接在一起

---

① Neil Jumonville, *Critical Crossings: The New York Intellectuals in Postwar America*. Berkeley: University of California Press, 1991, pp. 49-101.
② 马克斯·伊斯曼（1883~1969），20世纪前期美国左翼学者，作家，哈莱姆文艺复兴运动的领军人物，《大众》杂志编辑，激进政治与艺术杂志《解放者》创办人，《读者文摘》杂志编辑。30年代开始，对苏联斯大林模式的社会主义持激烈批评立场，赞同托洛茨基理论。战后正式告别了社会主义思想。悉尼·胡克（1902~1989），美国实用主义哲学家，左翼理论家，主要研究领域有历史哲学、教育哲学、政治理论和伦理学等。曾在柏林师从柯尔施。1933年与共产国际决裂，支持托洛茨基主义。虽然在战后投入保守主义阵营，胡克从未诋毁过马克思主义，其后半生一直致力于"从马克思主义者中拯救马克思"。他认为马克思以财产为社会关系的基本分类、历史和生态唯物主义以及人道主义思想都是无可挑剔的，尤其是马克思的人道主义反映了他"对过度专业化和过度劳动分工的不信任""对人的异化的关注"，以及通过非强制性工作人能够创造性地实现异化的克服的乐观态度。见 Sidney Hook, "What's Left of Karl Marx?", *Saturday Review of Literature*, June 6, 1959, pp. 12-14，另伊斯曼和胡克师出同门，皆为约翰·杜威学生。

毫无意义，也不可能，就像将水和油相混合一样注定无望。因为马克思主义是为经验方法验证了的科学，而弗洛伊德主义则是关于心理过程的一种无法观察的假设，它不能被检测和被复制。

事实上，胡克还在哥伦比亚大学攻读博士时期就经常为论证马克思辩证法和历史哲学的科学性而与人唇枪舌剑。后来，在古根海姆奖学金的资助下，胡克先后在柏林和莫斯科研究马克思主义，于1933年出版《对卡尔·马克思的理解：一种革命性解释》。30年代初，胡克成为共产主义的拥趸和美国最原味的马克思主义思想家。他在从柏林写给其导师杜威的信中指出，马克思主义并非一种抽象和教条的"体系"，而是一种居于历史经验的"批判"。马克思主义建基于不求助于超自然、超验或者绝对权威的自然主义原则之上，马克思主义的决定论也不会独立地为出于人类目标和努力的革命提供担保。马克思主义辩证法也不意味着资本主义注定被其内在矛盾的重量压垮，而是意味着真理从与现实的试验性碰撞中产生，现实则为之提供经验性证明。因此，关于历史事件的预测要么必定被实际所确认，要么就得修正理论。他把马克思的"实践"（praxis）观念比作詹姆斯和杜威的信仰：真理并不寓于某种思想中有待发现，相反，它产生于意志与行动的世界。马克思主义和实用主义皆具有达尔文进化理论的基础；二者皆鼓励哲学家研究经验世界；都把精神视为解决问题的工具——由其产生的后果证实或者证伪其思想。①

伊斯曼对马克思主义是科学理论的观点持不以为然的态度。他在《马克思与列宁》一书中，全面揭示马克思的思想受到黑格尔派哲学的影响，以此论证辩证法与其说是科学不如说是迷信。胡克的马克思主义研究成果问世后，伊斯曼公开发表了一篇文章——《卡尔·马克思将会如何看待他自己拥有一名约翰·杜威的学生？》，文中对胡克的观点进行批驳。作为一位通过诗歌来思考现实的作家，伊斯曼无法忍受任何令人困惑的主体与客体、精神与物质、内在的思想控制和外在的行为控制的哲学。他在《辩证唯物主义的最后立场》的小册子中对马克思主义关于人的活动映射出历史运动的观点提出质疑，他认为，抛弃了物灵崇拜而试图读懂由人的欲望和目的展开的现实世界是不可能的，他特别强调，仅仅依靠科学家也不能达

---

① John Patrick Diggins, *The Rise and Fall of the American Left*, pp.158-159.

到对真实的认知,因为他们不同于诗人,他们根据其实际目的重构和改变真实。有趣的是,伊斯曼赞同马克思关于费尔巴哈的第十一命题:只有哲学家和诗人有潜力为读者提供关于本真世界的"经验性质"。在伊斯曼看来,马克思主义与知识和真理没有多少关系,与之相关的是需要、欲求和权力意志。①

在同伊斯曼争论的过程中,胡克也开始对马克思主义自身的一些前提进行反思。他在《马克思主义者季刊》上发表了主题为"辩证法与自然"的文章,着重分析恩格斯的自然辩证法思想。他认为恩格斯关于自然过程的描述完全来自黑格尔派的假设,关于矛盾法则、对立统一规律、质量转换规律、否定之否定规律,并不是严格意义上的科学方法,而更多是一种"神话"。②

这场论战是20世纪上半叶复杂的思想、政治和文化背景与环境的折射。在马克思去世后尤其是自第二国际以来,对马克思主义理论日渐呈现多样性的解读。在俄国十月革命以前,占据主导地位的是伯恩斯坦和考茨基等人的观点,他们把马克思主义视为经验科学而非哲学,经济决定论是其核心,历史之法则按照预定的经济发展阶段展开,因此,向社会主义的过渡不得不有待于经济的发展。这种和平过渡论受到列宁主义的猛烈冲击,卢卡奇、葛兰西和伊斯曼等作家开始转向列宁所展现的通往自由、意志和意识之路。胡克则既不同于前者,也不同于后者,他认为马克思主义既是关于自由之哲学,又是决定论。

与此同时,20世纪上半叶激进派大体上可以分为两个群体,一个是较为严肃的正统左派,一个是较为浪漫的文艺左派。③ 二者之间存在明显区别:前者大多具有东欧和犹太背景以及在美国东北部成长经历,后者的重要人物则大多出自中西部小城镇和东北部乡村;前者更多注重国内外现实与制度理想之间的距离,后者几乎都是人道主义与和平主义者,他们对30年代欧洲社会民主主义的颓势和法西斯专制主义的崛起对人类社会的威胁反应迟钝,盲目地乐观自信,以为自己正站在正义、美、真理的新时代黎

---

① John Patrick Diggins, *Up from Commonism: Conservative Odysseys in American Intellectual History*. New York: Harper & Row, 1975, pp. 39-59.
② John Patrick Diggins, *The Rise and Fall of the American Left*, p. 162.
③ 迪金斯称其为抒情诗左派 (the Lyrical Left)。

明的路口；前者以马克思主义等思想为信仰之源，后者以美国本土梭罗蔑视一切的个人主义和惠特曼的宇宙集体主义为意识形态之宗；前者认为激进主义既是意识问题，更是严肃的斗争，后者则相信文化自由是激进主义的精要；前者的《新大众》教条主义色彩浓厚，后者的《大众》多富于冒险与创新精神。胡克代表着前者，伊斯曼则是后者的代表。

伊斯曼—胡克之辩激发了30年代后期美国马克思主义者思想上的一场"理论危机"。这一"理论危机"同美国左翼组织内部关于美国独特国情的激烈争论相呼应，对美国激进政治文化的未来走向产生了深远影响。

### （三）美共内部关于美国发展道路之争

1919年秋，以鲁登堡为首的社会党左翼脱离社会党，在纽约成立美国共产党。美共成立后发布的宣言明确表示，其宗旨是废除资本主义制度，建立无产阶级专政，并致力于革命的议会政策和产业工人运动。1921年5月通过的《美国共产党章程和纲领》宣称："必须以暴力革命来摧毁资本主义国家和建立无产阶级专政，……武装起义是推翻资本主义的唯一途径。"[①]但自建党之日起，美共内部就美国的革命和发展道路问题一直纷争不休，这种争论往往同外部共产国际和苏联的政治控制和影响密不可分。

**1. 洛夫斯顿的"美国例外"论**

杰伊·洛夫斯顿是美共第二任总书记，他在大萧条前后提出的美国社会主义"例外论"引发了美共内部激烈的理论和路线交锋。1928年7月28日，在共产国际第六次代表大会第十四次会议上，洛夫斯顿指出，首先，就美国经济形势而言，尽管美帝国主义内部存在着许多根本性矛盾，但不可否认其仍处于上升阶段，这从美国的生产率仍在不断提高，国际上的资本输出仍在不断增加，国民收入也在逐年增长可见一斑。当然，美国资本主义的上升改变不了国际资本主义没落的命运，他明确表示："尽管美国资本主义外表繁荣，却存在着从根本上破坏其生命力的势力……国际资本主义正处于自己最后一个阶段——帝国主义走向衰亡的阶段。"[②] 其次，虽然美国国内群众激进化的程度在强化，但并未达到全国性的规模。事实上，

---

① 丁淑杰：《美国共产党的社会主义理论与实践》，中国社会科学出版社，2010，第2页。
② 《国际共产主义运动史文献》编辑委员会编译《共产国际第六次代表大会文件》（Ⅰ），中国人民大学出版社，1991，第713页。

## 第二章　否定与超越：激进制度变革与未来社会想象

工人阶级的大多数仍然追随反动的工会骗子和资产阶级的政策。毫无疑问，美国还不具备走向全面革命的条件，因为，只有在激进化进程发展到全国范围，并具备一定深度时，才会爆发群众性的政治运动。最后，洛夫斯顿不同意共产国际对美共犯了右倾错误的指责。他指出，虽然1924~1925年，美共受到右倾思想的影响，但1925年后，美共已经开始"布尔什维克化"，在产业基层支部的基础上改组了党，并努力开展群众工作。相反，犯了右倾错误的是以福斯特为首的反对派。

洛夫斯顿的"美国例外论"实际上有其客观的时代背景和思想根源。第一次世界大战结束后，经历了短暂萧条的美国经济很快迎来了20年代的"柯立芝繁荣"，美国消费主义时代的大幕也由此拉开。面对经济繁荣和共产主义运动受挫的客观现实，以洛夫斯顿为代表的共产党人开始认真思考美国经济与社会发展的特殊性问题。1924年前洛夫斯顿在思想上也是很激进的，他坚信："我们现在正处于雇佣阶级和工人阶级新一轮大战的前夕。当前的所谓繁荣将会转瞬即逝。"[1] 他对美国资产阶级社会深恶痛绝，认为美国资本主义的危机即将到来，因而不遗余力地动员工人阶级联合起来对抗资产阶级，以实现共产主义社会。然而，他逐渐以冷静的眼光观察美国。1925年6月，他在一篇文章中指出了美国的优势：与其他资本主义国家相比，美国拥有广大的殖民地和丰富的矿物资源，美国是当时资本主义世界的"储藏室、制造者和银行家"，是"年轻的、强健的、成长中的帝国主义国家"。[2] 这对美国工人运动造成了不利影响：工人阶级被分化，革命意识弱化。其实，洛夫斯顿的思想直接受到共产国际关于美国形势分析的影响。1925年，共产国际认为"美国的经济比以往任何时候都要强大"。1926年春，共产国际首席经济学家瓦加尔在共产国际第六次全会上断定，美国资本主义正处于上升阶段。到年底，这个判断通过布哈林成为共产国际的主流观点。在共产国际第七次全会上，布哈林指出，美、日、英等资本主义仍然处在上升阶段，这对洛夫斯顿是一大鼓舞。[3] 洛夫斯顿在1927年用了

---

[1] Jay Lovestone, *The Government—Strikebreaker*. New York: The Workers Party, 1923, p.354. 转引自俞凤《重评洛夫斯顿的"美国例外论"》，《当代世界社会主义问题》2016年第4期。

[2] Jay Lovestone, "The New America: The American Empire", *The Workers Monthly*, Jul. 1925, p.394.

[3] Theodore Drapper, *American Communism and Soviet Russia*. Vintage Books, 1986, pp.270-271.

更多时间和精力论述美国资本主义仍处于上升时期。

洛夫斯顿的批评者之一、后来的美共总书记威廉·福斯特批评洛夫斯顿是"小资产阶级知识分子""职业宗派主义者和阴谋家",认为洛夫斯顿犯了右倾错误,他的美国例外论所强调的资产阶级朝气蓬勃和工人阶级虚弱只是重复范布伦等资产阶级理论家和"新资本主义"现代工业工程师们的老调而已,他看不到在纺织业和矿业工人阶级中激进主义的发展;洛夫斯顿及其追随者对南方党组织中"白人优越论"的危险熟视无睹,这是与共产国际民族自决路线格格不入的;洛夫斯顿及其追随者对维护无产阶级身份的重要性没有正确的认识,使党成为熟练工人和小资产阶级混杂的组织。① 1929年,共产国际代表大会以"美国例外论"为由将洛夫斯顿开除出党,指责洛氏的观点是:"资本主义有经济危机,但美国资本主义没有;群众正在向左转,但不在美国;必须加紧反对修正主义斗争,但不是在美国;必须对右倾危险进行斗争,但也不在美国。"

显然,无论是作为反对派的福斯特,还是斯大林主导的共产国际,对洛夫斯顿的指控是存在问题的。他们都有意无意地忽视洛氏"美国例外论"的前提:社会主义取代资本主义的必然性和社会主义革命到来的不可避免性,其例外性是暂时性的而非永恒的。可以说,洛夫斯顿的"美国例外论"并非真正的"例外论",它事实上是对美国国情的准确把握,然而,由于这一论断与斯大林主导的共产国际极"左"路线相悖,这就注定了洛夫斯顿的政治命运。

有研究者认为,洛夫斯顿的"美国例外论"在本质上是美国共产主义运动中"美国化"和"布尔什维克化"的产物,② 这一评价是中肯的。洛夫斯顿的"美国例外论"是美共内部长期存在的马克思主义本土化和国际化之间对抗性关系的折射。自建党开始,美共就陷于内部国际化(苏俄化)的多数派和本土化(美国化)的少数派之间的矛盾对立之中。建党之初,代表本土派的美共总书记鲁登堡就认为向工人宣传以暴力推翻资产阶级统治不符合美国国情,他指责多数派"从来不曾想过将共产主义的原则与美国的工人阶级运动结合在一起,以使这些原则在现实中能够得到实现"。他

---

① James R. Barrett, *William Z. Foster and the Tragedy of American Radicalism*. Urbana and Chicago: University of Illinois Press, 1999, pp. 155, 157-158.
② 俞凤:《重评洛夫斯顿的"美国例外论"》,《当代世界社会主义问题》2016年第4期。

相信，在当时，比起让美国人"共产主义化"，让"共产主义美国化"会更容易些。① 洛夫斯顿和沃尔夫等人在美国化和国际化之间自觉地选择了前者，其致力于美国化的路径主要有二：一是把美国的社会主义同美国独立战争以来的本土革命传统联系在一起；二是强调美国现实国情的特殊性和革命条件的不成熟性。这种对美国特殊性的强调在30年代白劳德少数派和福斯特多数派的斗争中依然是焦点，在战后同样不时呈现。

**2. 福斯特的苏维埃美国构想**

进入20世纪30年代，面对复杂而严峻的国际国内形势，美共遵循共产国际路线，逐渐采取与民主和平力量联合的温和与灵活的人民阵线组织形式与战略，其政治影响力有所增强。然而，以福斯特为代表的国际派虽然也对美国的特殊国情有过关注和思考，但基本上没有意识到马克思主义与美国国情相结合的重要性和必要性，依然把俄国经验和苏联道路视为必由之路，把暴力革命视为金科玉律。

1932年春，福斯特的《向苏维埃美国迈进》一书出版。福斯特认为此书是"共产党政策的公开宣言"，他在书中断言大萧条预示了资本主义的最终灭亡，"资本主义已注定不可阻挡地走向无产阶级革命"。为此，他猛烈批判经济社会改革者，认为"社会民主的政策基本上就是法西斯政策"。共产党人应该"对社会法西斯领袖尤其是'左派'的领袖做无情的斗争"。他相信，在大萧条的压迫下，工人等被压迫者会反抗那些寄生虫，黑人大众则是"革命的最好的战士"，至于农民、商人和知识分子则将"被迫进行思考"。他号召要让群众在日常的经济斗争中把"每个商店都变成共产主义的堡垒"。②

在这本书中，福斯特描绘了一个超现实主义的"苏维埃美国"图景：这是一个高度中央集权的国家，主席团和委员会委员执掌国家权力；最高权力机构通过一个世界苏维埃联盟同其他苏维埃政府相联系；特别法庭会审判反革命，执行者是赤卫队；新政府不仅会取缔所有其他政党，还会取缔共济会、美国退伍军人协会、扶轮社以及基督教青年会等组织；国家将终结所有形式的社会不平等，取消一切施加于跨种族婚姻的限制；政府还

---

① Theodore Draper, *The Roots of American Communism*. Transaction Publishers, 2003, pp. 216, 218.
② James R. Barrett, *William Z. Foster and the Tragedy of American Radicalism*, pp. 178-179.

将控制媒体,而文化将会繁荣兴旺;新社会组织将鼓励人类的生物进化;共产党领导下的工会将成为劳工组织的核心。福斯特告诫读者,这个计划不是一种猜测,而是苏联业已开辟的路线,这条路线也会在美国开辟出来。

很明显,福斯特关于美国社会的构想几乎就是斯大林模式的翻版。在他看来,斯大林政治经济模式不仅是理想社会的坐标,更是理论分析的试金石。斯大林的五年计划带给苏联经济伟大的繁荣,其文化计划则产生了更加伟大的教育与文学。无产阶级专政带来的是对压迫者、剥削者和资本家自由的全面限制,同时却使穷人的民主得以扩大。他谴责有关苏联内部实施普遍暴力与镇压的传言为谎言,他甚至为斯大林的肃反运动辩护,认为它恰恰是对苏联制度民主特性的确证。[①]

从20世纪30年代到50年代,福斯特的激进阶级斗争思想一直是美共开展工会运动甚至参与政治选举活动的主导思想和纲领,它存在两个严重问题:一是对苏联模式缺少深入的研究与思考,没有发现这种模式的弊端;二是对美苏之间巨大的国情差异视而不见。这两个方面导致其苏维埃美国蓝图在美国大众面前不仅没有吸引力和号召力,还非常容易让美国人对美共的美国身份产生怀疑。美国共产主义运动的影响力在美国日益式微,以福斯特为代表的激进派对马克思主义美国化重要性的认识不足是导致这一现象的一个无法否认的因素。

## 三 冷战时代"新左派"的乌托邦蓝图

### (一)《休伦港宣言》的制度批判与变革憧憬

1962年6月,来自全美各地的"学术争取民主社会组织"(SDS)分部的59位代表云集底特律以北40英里的休伦港,出席在此举行的全国代表大会。大会通过了著名的《休伦港宣言》。《休伦港宣言》以尖锐的笔触对美国现行制度和社会进行了全面分析和不失深刻的批判,并就社会理想和行动战略展开了全面系统的讨论。这一划时代的文献不仅是新左派的政治宣言书,也不仅是战后美国激进社会运动的一个制高点,更是美国社会文化

---

① James R. Barrett, *William Z. Foster and the Tragedy of American Radicalism*, pp.179-180.

史上的一座丰碑,它表达出了年轻一代的心声。也正是这个宣言,把 SDS 推向新左派政治舞台的中心。宣言对美国社会的病态进行了条分缕析,以此作为必须进行社会变革的理由。

其一,美国广大南方和北方大城市黑人在种族歧视下的苦难处境揭露了"人人生而平等"国度的虚伪性;其二,原子弹对全人类生存和文明发展的毁灭性威胁让现今一代人可能成为生存实验的最后一代人;其三,人们正在饱受无意义的工作与失业之苦;其四,社会经济处于严重不公状态,"当 2/3 的人类正在挨饿时,我们的社会上层却在丰厚的利润中作乐";其五,地球自然资源在不受限制的开采中濒于枯竭;其六,美国"民有、民治、民享"的政治制度实际上只是少数权势统治阶层权术和冷漠的体现;其七,无政府状态的世界混乱无序,没有大国愿意出来承担责任,领导前行;其八,技术力量对社会结构的破坏有增无减;其九,随着对人的控制不断增强,人日益陷入不自由状态,日益被贬损到物的地步;其十,社会政治惰性不断发展构成了对改革或者变革的阻力。要改变这一切,创建一个真正民主的、公正的和个人得到充分自由的理想社会,就必须进行变革。①

变革的起点和核心是价值观的建构,它包括有关人类的概念、人际关系和社会制度三个领域。在人的概念方面,相信人具有未完全实现的理性、自由与爱的宝贵能力,具有自修、自导、自知和创造力的潜能,具有并非出于自私自利的独立性。在人际关系方面,友爱和诚实是其要津,它是消除当今造成人与人之间巨大距离的孤独、疏离和孤立的良药。在社会制度方面,要以植根于爱、反思性、理性和创造性的权力和唯一性取代植根于财产、特权和境遇的权力,要在个人参与决策的基础上建立参与民主的政治制度。经济生活中同样以民主为依归。作为大学中的"新左派",将义不容辞地担负起变革社会的重任,以大学为基地,通过校外的和平运动、民权运动、劳工斗争和理论创新,一个真正民主的社会的实现将不会再让人感到是虚无缥缈的事。

很明显,宣言文本中在社会变革的主体问题上全然拒绝了传统左派的

---

① "Port Huron Statement", http://www2.iath.virginia.edu/sixties/HTML_docs/Resources/Primary/Manifestos/SDS_Port_Huron.html.

工人阶级主体论，全面接受了马尔库塞、米尔斯等人的工人阶级被资产阶级同化和知识分子成为社会变革承担者的思想。1961年夏，左翼学者乔治·诺瓦克以"威廉·沃德"的笔名在《国际社会主义评论》上发表《谁将改变世界？新左派和米尔斯的观点》一文，就社会变革主体问题进行了理论分析。诺瓦克指出，越来越多的左翼知识分子对苏联式"正统马克思主义"提出批评，"他们怀疑或者否认工业工人是社会变革的主要动力"，并质疑由科学社会主义指导的一个革命先锋来引导人民致力于消除资本主义恶魔和实现一个更美好的社会是否必要。他们认为，其一，自由主义和马克思主义是19世纪的意识形态，已经过时，无力对20世纪中叶的主要力量和趋势加以解释，因此，需要更新思想方法以分析当下的社会现实；其二，先进国家的知识分子和学生，或者落后的殖民地地区的农民，能够取代弱势或者不履行义务的工人成为革命的主力；其三，与当下状况相适应的是一些无形的、多阶级甚至是超阶级的新政治形式，而不是与工会相联系的民主社会主义组织或者以民主集中制为模式的列宁主义政党；其四，为了同现代超级大国中高度集中的权力精英做斗争，必须发展新的行动形式，以取代依赖工人阶级斗争的旧方法。① 米尔斯的观点则主要体现在其1960年秋发表在《新左派评论》上的《致新左派的信》中，他对一些新左派作家仍然"如此强烈地坚持把先进资本主义社会的'工人阶级'作为历史的中介，甚至是最重要的中介"予以强烈批评，认为"这种劳动形而上学是维多利亚时代马克思主义的遗产，现在看来是非常不现实的"。在他看来，现在要研究的是世界各地的新一代知识分子，他们是历史变革真正鲜活的主体。尽管米尔斯在变革主体问题上对马克思主义颇有微词，并在战争与和平、革命与反动等关乎现行制度的批判方面表现暧昧，但正如诺瓦克所指出的，他给新左派的建议仍然较多地体现出亲马克思主义的立场。②

《休伦港宣言》作为一份激进政治文献，其最大特点在于，在全面批判美国社会的基础上，提出了具有乌托邦特性的"参与民主制"构想。何为

---

① William F. Warde, "Who will Change the World? The New Left and the Views of C. Wright Mills", *International Socialist Review*, New York, Volume 22, No. 3, Summer 1961, pp. 67 - 79, https://www.marxists.org/archive/novack/works/1961/x01.htm.

② C. Wright Mills, "Letter to the New Left", *New Left Review*, No. 5, September-October 1960, https://www.marxists.org/subject/humanism/mills-c-wright/letter-new-left.htm.

"参与民主制"？根据《休伦港宣言》的表述，它包含两个方面的目标和内容：一是"个人参与那些决定其生活方向和质量的社会决策"；二是"社会被组织起来鼓励人们的独立性并为他们的共同参与提供手段"。① 这两个目标实际上基于如下设想：参与式民主是理想的政治社会形态，是对一切传统社会制度政治范围的超越，是对公民概念内涵的扩大；每个人对身处其中的公共机构行为负有责任；每个人都能够并应当成为社会中的一个创制和权力中心。换言之，"参与民主制"下的社会决策采取全体一致原则，既充分尊重每个社会成员的权利和意志，又避免现行政治制度"大多数"原则带来的弊端，即少数人甚至近半数人权益和意愿被否定。与此同时，政治生活将植根于这样一些原则：政治被视为集体创造的公认的社会关系模式的艺术，其功能在于帮助人们进入共同体以摆脱孤独；政治将成为人们表达不满和实现抱负的手段；政治亦将成为个人在生活中发现意义的重要途径。

经济领域中奉行的基本原则是：工作不是为了金钱和生存，而是为了更有价值的东西；工作是教育性而非愚昧性的，是创造性而非机械性的，是自主的而非受操纵的；工作鼓励独立性，尊重他人，培育尊严意识和社会责任感；工作对习惯、感觉和个人伦理具有决定性影响；经济活动以个人决定为依归，即个人必定参与一切经济决策；生产资料和工具向民主参与开放并服从民主社会规则。具体而言，经济生活方面有五大价值取向：其一，分散化，垄断型的大公司企业完全让位于小型生产单位；其二，效率在生产过程中不再具有决定意义，人的价值被置于首要地位；其三，物物交换成为公社之间劳动交换的基本形式；其四，在生产目标和规模上以自给自足为准则，拒绝物质主义和消费主义，反对奢华，提倡俭朴；其五，提供充分的闲暇时间是生产和生活的中心。

文化教育等主要社会制度方面与政治经济原则相同，人的福祉和尊严是衡量其成功与否的基本尺度。

显而易见，"参与民主制"社会的权力结构是一种零碎化和分散化模式，是对现代工业社会大政府、大企业的否定。不仅如此，这个新社会全

---

① Loren Baritz, *The American Left: Radical Political Thought in the Twentieth Century*. New York: Basic Books, 1971, p.394.

然拒绝现代技术文明的成果，倾向于早已逝去的前工业社会的田园牧歌。这个既自决又共决的理想社会为青年激进派的异托邦提供了路线图。

五十年后的2012年，宣言的起草者汤姆·海登在做客滚石网站时指出，60年代中后期，SDS等新左派学生组织日渐视《休伦港宣言》为改革主义文件，批评声音越来越多。① 但不可否认的是，它提出的"参与民主制"和自下而上的草根民主构想为20世纪60年代以及之后的美国锻造了一种极具生命力的社会变革精神。在2011年9月的"占领华尔街"运动中，"参与民主制"成为抗议者的第一原则，充分说明了其持久的思想影响力。正如历史学家迈克尔·卡津所做出的评论：这是"美国左派历史上最有抱负、最特别、最富于雄辩的宣言"。②

### （二）从"让机器停止运转"论到"大拒绝"战略

在1964年秋季学期，加州大学伯克利校园爆发了声势浩大的自由言论运动，在运动中脱颖而出的学生领袖马里奥·萨维奥在12月2日学生占领斯普卢尔大楼前的演讲中提出了轰动一时的"让机器停止运转"论：

> 有那么一个时候，机器的运转如此令人憎恶，使你心脏犯病，你无法认可它甚至默许它，你不得不用身体压住齿轮、压住轮子、压住传送带、压住所有设备，你不得不让它停下来。你不得不对操作它的人、对拥有他的人指出，除非你是自由的，否则机器应完全停止运转。③

机器在这里不仅仅指向加州大学官僚体制和现代机器大工业体系，而且直接指向整个资本主义社会的制度与文化。在以马里奥·萨维奥为代表的学生造反派看来，包括伯克利校园在内的欧美大学是现代工业资本主义大机器的组成部分，教职工是雇员，学生则是生产资料和产品，正如伯克

---

① Julian Brookers, "Tom Hayden on Port Huron at 50", https://www.rollingstone.com/politics/politics-news/tom-hayden-on-port-huron-at-50-204200/.
② Ibid.
③ Robert Cohen ed., *The Essential Mario Savio: Speeches and Writings That Changed America*. Oakland, California: University of California Press, 2014, p.188.

## 第二章 否定与超越：激进制度变革与未来社会想象

利学生拉瑞·史本斯所指出的，"'多元大学'是权力结构和垄断资本主义的前厅"，它把年轻学生当作产品或商品源源不断地"制造"出来。① 当学生在学校的身份变为 IBM 机器控制的记录卡时，学校在学生眼中则变成了美国庞大官僚社会的缩影，变成了机器社会不可分割的一部分。校园中学生的匿名化正好成为机器社会让人异化的一个实例。因此，以自由对抗机器构成造反者对自身与学校和社会之间关系的主要想象，这种想象是"对生活质量、现代美国价值观本质以及社会制度本身的挑战"，② 这种挑战所具有的彻底否定精神通过让机器完全停止转动的表达方式生动地表现出来。

马里奥·萨维奥明确指出，学生是人，不是物，绝不接受机器社会施加于学生身上的程序，绝不成为某种商品，绝不能成为被高校、政府、工业购买的有组织的劳工或者其需要的任何人！③ 他们声称："与其成为标准化、可置换、无关联的东西，毋宁死！"④ 这是对非人化的大工业和机器世界发自肺腑的控诉，旗帜鲜明地宣布要与这个冷冰冰的官僚科层制社会一刀两断。

不可否认的是，"让机器停止运转"的思想在全面体现马尔库塞"大拒绝"战略的同时，又昭示了 60 年代后期新左派理论家对革命的独到理解："革命的基本动机并非建设一个天堂，而是破坏一个地狱。"不少研究者以 SDS 前主席奥格尔斯比的这句话为根据，断定新左派并不知道他们所追求的未来是什么，甚至认为新左派全然没有充满阳光的明天之意识形态蓝图。⑤ 事实上，这是一种误读。"让机器停止运转"论不仅通过这种自由与机器之间毫不妥协的对抗意识否定了现代性社会及其生存方式的合法性，而且为构建替代性社会提供了思路：非工业、非机器生产、人的去物化、人向着大自然的回归等。简而言之，"让机器停止运转"论预示了反主流文化的"大拒绝"思想将蔚为大潮的必然性。

---

① Wini Breines, *The Great Refusal: Community and Organization in the New Left: 1962–1968*. New York: Praeger Publishers, 1982, p. 24.
② P. Jacobs and S. Landau, *The New Radicals: A Report with Documents*. New York: Random House, 1966, p. 62.
③ Robert Cohen ed., *The Essential Mario Savio: Speeches and Writings that Changed America*, p. 188.
④ Mitechell Cohen and Dennis Hale eds., *The New Student Left: An Anthology*. Boston: Beacon Press, 1967, p. 257.
⑤ Loren Baritz, *The American Left: Radical Political Thought in the Twentieth Century*, p. 388.

那么，如何让机器停转呢？"新左派"之父、社会批判理论家赫伯特·马尔库塞通过其创造的"大拒绝"概念指明了出路。作为法兰克福学派第二代领军人物，马尔库塞在战后相继出版《爱欲与文明》《单面人》《革命伦理学》《自由与历史使命》《反革命与造反》等著作，从人道主义立场出发，对发达工业社会大加挞伐，对年轻造反者产生了巨大的理论影响，"新左派甚至从他最悲观的著作中汲取营养"[1]。

马尔库塞对发达工业社会的批判建立在将马克思主义与弗洛伊德精神分析相结合的基础之上。马尔库塞认为，"爱欲"（eros）为人道主义的核心，而现代工业社会的症结就在于压抑了人性或"爱欲"，导致人的异化。在他看来，如果一个社会的基本制度与关系（它的结构）所具有的特点，使它不能以现有的物质和精神手段让人的存在（人性）充分地发挥出来，那么，这个社会就是有病的，战后"丰裕社会"的美国就是这样的"病态社会"。在这个社会里，人的思想和行为已经被雄厚的物质力量和发达的技术手段以及无处不在的市场关系所左右，在强大的现行体制面前，人逐渐失去了反抗能力，不知不觉中被现行制度同化，从具有肯定和否定双重能力的健全的人变为失去否定或批判能力的平庸的"单面人"（one dimensional man）。而一直被正统马克思主义当作现行制度对立面的工人阶级同样被现行制度整合，不再是社会历史变革的主体。以知识分子为主体的"新工人阶级"将承担起社会变革的重任，其超越现行社会的可行选择是实施"大拒绝"战略。

要准确理解"大拒绝"战略的含义，有必要首先了解马尔库塞关于社会控制的思想，因为他对"病态社会"的批判是从社会控制的理论视角入手的。所谓社会控制，是指用一定的方式和手段来规范和约束人的行为，把人的社会生活限制在某种社会秩序的范围之内。作为一位新弗洛伊德主义者，马尔库塞认为，发达资本主义社会的社会控制因为同对人的本能压抑相联系而形成新的控制形式。在弗洛伊德精神分析学中，人的心理结构被分为本我（id）、自我（ego）、超我（super ego）三个层面，本我与无意识层面链接，对人的精神活动起着决定作用；自我对应理性层面；超我则

---

[1] Martin Jay, *Marxism and Totality: the Adventures of a Concept from Lucacs to Habermas*. Berkeley: California University Press, 1984, p.221.

对应道德观、是非观和良心等的限制性层面，是社会文明规范的内化。本我与超我分别对应的是快乐原则和现实原则，二者始终处于冲突对立状态。人类文明起源的机制就在于作为现实原则的风俗、习惯、宗教戒律、道德规范等对人的本能冲动的抑制。换言之，文明起源于性压抑。在弗洛伊德看来，一切文明社会都是压抑人的社会，人类的文明史就是"快乐原则"与"现实原则"冲突的历史。在继承弗洛伊德学说的基础上，马尔库塞提出"额外压抑"等概念对弗洛伊德理论进行修补。"额外压抑"是与"基本压抑"相对应的概念。后者指为消除匮乏，组织生产以满足人的生存需要而对人的本能施加的压抑，与此相应的社会控制是必要的、合理的；前者顾名思义指的是，超出"基本压抑"之外的、统治者为维护其特殊利益而施加的压抑，与之相应的社会控制则是不必要的、不合理的。

一般认为，从受控领域看，社会控制可分为政治、经济、思想和舆论四种形式；从实现机制和控制力量的来源看，社会控制有内在控制和外在控制两种形式，前者指个人的自我控制，后者指社会力量对个人行为的规范和约束。然而，马尔库塞指出，发达工业社会出现了新的控制形式：技术控制或工艺控制。随着发达工业社会科技的发展，产生了两种互为关联的后果：一是生产突飞猛进和生活水平大幅度提高，出现了像美国这样的"富裕社会"；二是日益发展的机械化、标准化使全社会越来越紧密地结成一个机械—技术统一体，从而大大加强了社会对个人的控制。这种通过技术理性统治实现的社会控制造就了一个"一体化"或"单面"的社会。具体表现有四。其一，国家与社会的一体化。晚期资本主义社会的科技进步与国家干预同步增长，导致政治行为膨胀化，政府行为渗入各个社会领域，传统的上层建筑与经济基础的划分已然失效，社会国家化与国家社会化成为社会发展的大趋势。其二，个人与社会的一体化。个人完全被"虚假需求"所支配，社会通过技术进步提供满足个人需求的消费品进而达到控制个人欲求的目的。社会需求同个人愿望就这样达成一致，使人们发自内心地认同这个社会。其三，个人与他人的一体化。技术侵蚀了私人空间，个人都变成消费社会中的一个个节点，并具体化为劳动过程中的一个个符号，人们日趋同质化。其四，个人思想与行为的一体化。在发达工业社会中，技术理性已变成政治理性，它以自身的巨大潜力膨胀为兼并一切的意识形态，从灵魂到肉体将人彻底变成丧失否定与批判能力的单面人。

由于这种技术控制已经深入人的心灵和本能之中，在获得片面和低层次的物质满足自由的同时，人们丧失了更高层次的政治与思想的自由，结果是，对身处其中的"先进的工业化文明世界"里的"舒适、温和、合乎情理且民主的不自由"①麻木不仁，这充分说明现代工业社会里人的异化和物化的深重。可以说，现代资本主义社会的基本矛盾是物质文明的充分发展与人类精神的扭曲之间的矛盾，是迅速扩大的生产力和丰富的物质财富同二者的浪费以及破坏性使用的矛盾。一句话，发达资本主义社会及其技术控制成为人的解放和全面自由发展的敌人。

打破这种技术控制的出路何在？马尔库塞认为，由于工人阶级已经融合于现行政治经济体制之中，丧失了革命性，加上晚期资本主义社会的技术控制达到了前所未有的程度，议会道路和暴力革命的路径都已过时，必须采用非暴力反抗的方式进行总体革命——性的、道德的、理智的和政治的全面反抗。革命的目的在于建立一种人类有史以来最崭新的生活方式。但是，当代社会的控制已潜化到人的心灵深处，革命也就被扼杀于心灵中。因此，革命的起点不是政治经济制度，而是人的本能，即革命主要是"意识革命"和"本能革命"。"反抗的任务首先是解放我们自己的社会集团之外的人们的意识。"②总之，革命将从改变人本身、人的生活方式和文化着手，其战略为"大拒绝"（Great Refusal）。所谓"大拒绝"，就是抛弃现代社会的一切行为准则，拒绝接受该社会的工作和生活模式，在一切方面同现存社会唱反调。"只有混乱的、无政府主义的反对派，政治的和道德的、理性的和本能的反对派，拒绝参加罪恶的把戏，厌恶任何繁荣，才能毁灭这个制度。"③由于它不可能一蹴而就，而只能是持久的行动，因此，马尔库塞把这一战略誉为"穿越机构或体制的长征"。这是根本不同于十月革命的新革命模式，因为它是一种以爱欲、艺术和自然解放为目标的乌托邦设计，而非以政治经济制度变革为使命。"大拒绝"构成20世纪60年代"新左派"反主流文化思想的号角。

---

① 〔美〕赫伯特·马尔库塞：《单面人》，左晓斯译，湖南人民出版社，1988，第1页。
② H. Marcuse, *Five Lectures: Psychoanalysis, Politics, and Utopia*. London: Allen Lane, 1970, p. 93.
③ 徐崇温：《"西方马克思主义"》，天津人民出版社，1982，第359页。

## （三）反主流文化及其异托邦空间

### 1. 反主流文化的兴起与基本理论

60 年代中后期，SDS 等激进组织开始向准革命团体演变，这种变化最集中地体现在新理论主张的提出和传播上。例如，《激进美国》等左翼刊物大张旗鼓地宣传马尔库塞等人的"新工人阶级理论"[①]，知识分子一改传统左派理论中不是革命对象就是处于新旧力量夹缝中摇摆的尴尬形象，第一次被视为社会变革的主力军，这无形中为青年知识分子的革命幻想和冲动打开了闸门。然而，正像革命主体与以往大不相同，其革命也将迥然有异于从前，因为如上所述，马尔库塞断定，当代发达工业社会的高度技术化控制早已深入人的无意识之中，传统的政治经济反抗已经无法撼动它。因此，可能的变革路径必须以意识革命为起点，抛弃现代社会的所有规范与准则，拒绝当下的工作与生活方式，在方方面面同现代社会背道而驰，实施"大拒绝"战略。简言之，变革的目标主要不是政治和经济，而是文化价值体系，是对占主导地位的文化采取蔑视、否定、对抗和颠覆的立场。[②]

除了马尔库塞"大拒绝"的意识革命理论，战后盛行一时的后匮乏意识在培育反主流文化观念方面功不可没。1964 年，美国约翰逊总统表示："过去我们为消除匮乏而斗争，未来我们也将不得不学会明智地使用丰裕。"作为反主流文化理论建构者的阿兰·瓦茨在 60 年代则预言"一个巨大的闲暇社会"已经来临，纳税和挣工资人的工作将被机器代替。[③] 以霍夫曼为代表的易皮士们更是毫不怀疑，在"让机器去做吧"的口号下，即将来临的社会将以积极促进"完全不工作"为己任。[④] 反主流文化主义者认为，后匮乏社会或闲暇社会可以轻易地无须摧毁就能超越资本主义，时间在他们一

---

[①] 这一理论最早于 60 年代初由法国社会学家 S. 马勒等人提出，认为随着资本主义的发展，工人阶级这一概念在不断扩大，今天的工人阶级不仅包括农业、林牧业、工厂、矿山、建筑业等行业的劳动者，即传统工人阶级，还包括工程师、经理、研究人员、医生、老师等知识分子群体，后者已经取代传统工人阶级成为新工人阶级的核心和主体，是未来社会变革的希望所在。

[②] 1969 年，左翼学者罗斯扎克以 Counter Culture 一词来指代这种文化反叛立场。据考证，这个词最早由社会学家 T. 帕森斯所使用。

[③] Peter Braunstein and Michael William Dovle eds., *Imagine Nation: The American Counterculture of the 1960s and 1970s*, New York，London：Routledge，2002，pp. 11-12.

[④] Abbie Hoffman, *Revolution for the Hell of It*. New York：Dial Press，1968，p. 167.

边,闲暇社会能够侵蚀并消解掉资本主义的大多数结构。从大多数反主流文化实验公社的生存模式看,几乎都把充裕的闲暇时间安排作为替代现行制度的重要路径之一。由此可见,后匮乏社会思想在反主流文化中所具有的主导性影响。

1965~1970年,先后有多达50万名的美国青年激进分子和嬉皮士云集到美国东西海岸和中西部山野,以满腔热忱投入乌托邦公社实验中。[①] 反主流文化的弄潮儿们相信躲开现代社会的压迫和获得真正自由的方式就是通过群居、摇滚乐、奇装异服、吸毒、长发、赤足、裸身、滥交、粗言秽语以及沉迷东方哲学与宗教教义,甚至拒绝工作等与主流社会格格不入的生活方式来形塑反对主流文化价值,即安于贫困,崇尚异国情调,东方神秘主义与遁世,田园诗般的纯朴风尚,自由之爱,花力(鲜花象征美、明静、野性、原始、开放、自然,在60年代中后期,嬉皮士常常把花插在发间、别在耳后,或在街头巷尾向行人献花致意,花力,即和平与爱的权力之意),追求自我的内心生活(冥思),以个人主义为原则做你自己的事。[②] 在他们看来,这是一场绝大多数人还不能理解的革命:爱、花力、群居公社将把早已失去的人与人之间的真情实意找回来;乖戾的言行是对现代社会道德观念的蔑视和个人自我意识的回归;尖厉刺耳的音乐能震醒麻木不仁的心;大麻和迷幻药能使人忘却现实这个肮脏之地;禅宗的沉思冥想是使精神得以"升华"的避难所;自我可在毒品、音乐、性放纵的麻醉和对宗教的了悟中实现彻底退出,进入臻于完善、自由和幸福的乐土。

罗斯札克认为,反主流文化是具有创造性的青年文化与保守的成人社会之间的对抗性反映。它的出现具有历史必然性,马尔库塞、诺曼·布朗、古德曼、阿兰·瓦茨等思想家的文化反叛思想以及幻觉剂实验研究者蒂莫西·里瑞的榜样行为起到了催生导航的作用。[③] 这些思想家从不同领域、不同视角对启蒙运动以来形成的对科技与理性大加推崇的传统观念进行了全面批判,进而否定了以科学技术主导的现代社会存在的合理性。文化激进

---

① Steven Conn, "Back to the Garden: Communes, the Environment, and Antiurban Pastoralism at the End of the Sixties", *Journal of Urban History*, 36 (6), 2010, p. 834.
② Lyman Tower Sargent, *New Left Thought: An Introduction*. Homewood, Illinois: The Dorsey Press, 1972, pp. 119-120.
③ Theodore Roszak, *The Making of a Counter Culture: Reflections on the Technocratic Society and Its Youthful Opposition*. New York: Doubleday & Company, 1969.

派和嬉皮士认为,只有消除现代社会的"客观意识",才有可能消除技术对社会的控制,而消除"客观意识"的起点就在每个人的心灵之中,即一旦个人灵魂深处来自技术社会的种种外在价值被清除掉,一个真正的人间天堂就会如期降临。

**2. 异托邦社会实验中的反主流文化意识**

反主流文化的理想家们在实践层面上,通过以下社会实验路径无声地传达反叛一代对通往新文化之路的基本认知模式。

(1) 以摇滚乐为20世纪60年代反叛文化的灵魂。如果说50年代是语言和形式的时代,那么60年代便是浪漫、自由和表现的时代。摇滚乐是这个时代的集团宗教——音乐、语言、舞蹈、性、毒品的枢纽。20世纪80年代初,美国摇滚乐评论家西蒙·弗里思指出,摇滚乐是在政治上和美学上创造完全的生活意识的唯一中介。① 从某种程度上看,正是摇滚乐为60年代由于越战而怒火中烧的年轻一代提供了自我表达和宣泄的途径。

鲍勃·迪伦无疑是摇滚乐发展史上最重要的人物。1976年,一位作家在《电视指南》上称迪伦是"对他那一代人产生了最大文化影响的唯一人物"②。迪伦通过音乐参与了一代人的反叛。他所演唱的抒情歌曲虽然具有强烈的个人色彩,而且大多晦涩难懂,但这些歌曲合在一起"构成了一幅腐败和混乱的美国的绝好拼图",从中传递出一代人的反叛意识。③ 可以说,是鲍勃·迪伦把摇滚乐变成了文化革命的媒介。

法国学者贾克·阿达利指出:"音乐是宗教和政治权力的一种表征,它意味着秩序,但同时也预示了颠覆。"④ 因为音乐是对噪音的调谐与包容,而噪音乃是暴力、杀戮和死亡的拟像,是精神高涨的来源。摇滚乐所表现出的强烈噪音特征,既象征着暴力的疏解和吸收,又意味着对和谐音乐所隐含的政治经济秩序的反叛与颠覆。"噪音的存在有其道理,有其意义。它

---

① Lawrence Grossberg, *We Gotta Get out of This Place: Popular Conservatism and Postmodern Culture*, New York: Routledge, 1992, p.131.
② Klaus Mehnert, *Twilight of the Young: the Radical Movements of the 1960s and Their Legacy*, New York: Holt, Rinehart & Winston, 1976, p.252.
③ Allen J. Matusow, *The Unraveling of America: A History of Liberalism in the 1960s*, N.Y.: Harper & Row, 1984, p.295.
④ 〔法〕贾克·阿达利:《噪音:音乐的政治经济学》,宋素凤等译,上海人民出版社,2000,第3页。

使得在另一种层次的体制上创造新秩序，在另一个网络上创造新符码成为可能。"①

摇滚乐为青年一代提供了乌托邦意识的宣泄方式和表达载体。1969年8月15~17日，45万多人在伍德斯多克的雨水和泥泞中狂欢，在喧嚣的音乐中，以一身泥巴宣示其所谓的"伍德斯多克民族"身份，宣示其对主流文化的拒绝。

（2）毒品被视为文化反叛者逃离现实和通往乌托邦精神彼岸的桥梁。1954年，英国作家阿尔都斯·赫克斯利所著《感觉之门》一书问世。② 作者在书中以诗化的语言描述他在吸食古代美洲印第安人毒品时所感受到的愉悦，吸引了无以数计的读者。1960年，哈佛大学的蒂莫西·里瑞和理查德·阿尔贝特两位教授开始在犯人和学生志愿者身上进行毒品的精神解放试验。无独有偶，在西海岸的旧金山斯坦福大学，年轻的先锋作家肯·克西则在自己身上试验，并由此成为最早明白毒品意义的人之一。③ 克西发现，迷幻剂（LSD）为被压制的感觉解开了禁锁，使吸食者迷失了自己的身份从而达到自我与世界的同一，或者说自我被"溶解"掉了。④ 美国著名作家汤姆·伍尔芙和反主流文化研究学者彼得·惠特默认为，里瑞和克西分别是东西海岸反主流文化的代表，⑤ 这一论断已为世人所公认。里瑞和克西为整整一代反叛青年吹响了搭乘毒品之舟向想象的自由王国进发的号角。

20世纪60~70年代，千千万万嬉皮士通过吸食LSD沉迷于"幻觉、协调、遁世"的"精神之旅"。吸食者只要花上两个美元就可在现实与精神世界来回"旅行"一次。⑥ 每"旅行"一次，嬉皮士似乎就从痛苦的现实中

---

① 〔法〕贾克·阿达利：《噪音：音乐的政治经济学》，宋素凤等译，上海人民出版社，2000，第34~35、43页。

② 书名来自威廉·布莱克的诗句："假如清洁了感觉之门/万物的本来面目/就会在人前展现/绵绵不断。"该书名成为60年代Doors摇滚乐队之名的来源。参见David Farber, *The Age of Great Dreams: America in the 1960s*. New York: Simon and Schuster, 1994, p.180。

③ 另外六人是：威廉·伯罗斯、艾伦·金斯堡、蒂莫西·里瑞、诺曼·梅勒、汤姆·罗宾斯、亨特·斯托克顿·汤普森。参见Peter O. Whitmer, *Aquarius Revisited: Seven Who Created the Sixties Counterculture that Changed America*. New York: MaCmillan Publishing Company, 1987.

④ Peter Joseph ed., *Good Times: An Oral History of America in the Nineteenth Sixties*. N.Y.: William Morrow & Company, 1974, p.382.

⑤ Peter O. Whitmer, *Aquarius Revisited: Seven Who Created the Sixties Counterculture that Changed America*, p.9.

⑥ Martin A. Lee and Bruce Shlain, *Acid Dreams: the CIA, LSD and the Sixties Rebellion*, p.146.

逃亡了一次，反叛了一次。如果没有了毒品，理想的世界也就不存在了。地下报纸《另一个东村》曾经这样问道："没有幻觉剂的世界能活吗？"①

除迷幻剂外，大麻和主产地在墨西哥的致幻仙人掌是60年代文化反叛者普遍使用的毒品。MC-5乐队经理、白豹党信息部部长约翰·辛克莱曾著有《大麻革命》一文，专门谈大麻对于吸食者本人和社会的影响。在他看来，大麻的最大特点是增加人的自我意识："它使人感到更自然，就像一种行走在大地上的动物，而不是……机器上的一个小齿轮。"②

从社会效果看，反主流文化的毒品革命使西方严重反享乐倾向的支配性文化受到了强烈冲击。大麻作为一种享乐动力，它通过让人兴奋的功能把吸食者置于与中产阶级主流文化对抗的地位。吸食、买卖、私藏大麻等为主流社会和文化所不容，视之为违法犯罪。当吸食者因此受到警察迫害和法庭惩罚时，一种"逃犯意识"便相应产生了，这种意识导致对现行政治和社会体制的深度质疑：把如此美妙快乐的行为视为犯罪的国家的本质及其合法性便出现了危机。

（3）以性自由为反主流文化的交往仪式。在美国清教文化传统中，性爱一直是在公开场合忌讳谈论的话题。自20世纪20年代弗洛伊德理论的传入和消费社会的逐渐形成后，这一禁忌方被打破。在60年代的文化反叛者心里，性放纵不只是对主流社会伦理道德规范的嘲弄和蔑视，更是创建一个真正的非压抑性文明的必要手段。当嬉皮士们喊出"要做爱，不要作战"的口号时，这个口号就变成了一种意识形态，每个人都竭力付诸实践，"因为我存在，所以我要性交"成为实践中被遵从的生活准则。③你若能与任何熟人或陌生人自由做爱，就能获得真正的解放。人们相信性革命像摇滚乐、毒品一样，同样在灵魂深处改造着世界。在性革命中，一夫一妻制被视为技术文明控制自我的重要工具而被决然抛弃，传统婚姻家庭观念彻底动摇。一句话，性自由是摆脱现代生活对人性的践踏、恢复人的精神世界尊严和凝聚群体的纽带，群婚制小社会是"改造人类"的必由之路。

诺尔曼·布朗的《生与死的对抗》和《爱的身体》等著作在性革命方

---

① Martin A. Lee and Bruce Shlain, *Acid Dreams: the CIA, LSD and the Sixties Rebellion*, p.155.
② "Marijuana", http://www.luminist.org/Archives/marijuana.htm.
③ 〔美〕詹姆斯·克利夫德：《从嬉皮到雅皮：昔日性革命亲历者自述》，李二仁等译，陕西师范大学出版社，1999，第4页。

面的作用不逊于马尔库塞的《爱欲与文明》。和马尔库塞一样，布朗的理论也建立在弗洛伊德精神分析学基础之上，不过，他与马尔库塞之间有明显区别。马尔库塞理论具有强烈的政治社会批判导向，而布朗则把视角深深聚焦在文化层面。在他看来，文化领域的斗争是核心，其他领域的较量是外围的和次要的。他指出，要准确理解人性及其内在冲突以及人类文明史本身，离不开压抑这一关键概念，文明的形成和发展就是快乐原则（爱欲）在压抑下升华所致。现代人的快乐本能不断受到压制的结果是人类神经症状的普遍化。"人优越于其他动物之处在于他能够患神经症，而他这种能够患神经症的能力，只不过是他能够创造和发展文化的另一种说法而已。"① 换句话说，受压抑的爱欲是人类据以创造历史的动力，而人类永不停息地追求所带来的进步事实上又反过来成为压制人的力量。为此，人类唯有去享受生活而非去创造历史，才有可能摆脱压抑状态。一个真正健康的社会不会压制人的种种本能，只会对它们进行综合。"伟大世界需要的是多一点情爱，少一些奋争；多一些诗歌，少一些推销术；多一些哲学，少一些政治才行。"② 非压抑的社会和文化状态构成了一种理想图景。虽然他对现代社会里作为个人的生活和作为社会成员的生活之间冲突的根本解决并不很乐观，但他还是相信"多态反常"（polymorphous perversity）的自然欲望的广泛放纵是唯一的希望。这种"多态反常"包括退回到非压抑性的无忧无虑的孩提时代和沉迷于未被文明污染的肉体快感，"肉体的复活"是最后的出路。"所有反对和对立原型就是性。"③

（4）禅宗冥思与瑜伽是对抗主流文化压迫的利器。文化变迁的规律告诉我们，当一个成熟的文化体系内出现异己力量时，在挑战者用作武器的诸多资源中，神秘的异质文明往往是最具诱惑力的宝藏。如果考察一下西方文明史，我们会发现，对东方文化的兴趣其实是欧美文化大师们一个悠久的传统。从莱布尼茨、伏尔泰、歌德到庞德和汤因比，众多文化大师构成这一条文化链上的一个个结点。60年代的美国主流文化反对派显然继承

---

① 〔美〕诺尔曼·布朗：《生与死的对抗》，冯川、伍厚恺译，贵州人民出版社，1994，第9~10页。
② David Steigerwald, *The Sixties and the End of Modern America*. New York: St. Martin's Press, 1995, p. 172.
③ Ibid., p. 173.

## 第二章 否定与超越：激进制度变革与未来社会想象

和发扬了这一文化传统，以禅宗为代表的东方宗教和以《易经》为标志的东方哲学成为反文化青年寻找心灵之家和灵感的精神洞天。

在指引学生反叛者走向东方之旅的人中，阿兰·瓦茨在理论上的贡献在同时代人中无出其右者。戴维·斯特伊格瓦尔德认为，美国人对禅宗的兴趣始于瓦茨。[1] 50年代初，当诗人加里·斯奈德和艾伦·金斯堡在西海岸开始学习禅宗教义时，阿兰·瓦茨正在旧金山亚洲研究学校任教，此时的他已是7本有关禅宗和神秘宗教著作的作者，还是佛学研究刊物《中庸之道》以及"东方智慧"系列丛书的编辑之一。他通过电视讲座、著作、私人授课，使禅宗在美国的影响不断扩大。大多数美国年轻人不是直接从他那里就是间接从受到他影响的作家和艺术家那里了解或认识东方宗教的。[2] 瓦茨认为，禅宗扫除了阻碍人们过"真正的"生活的虚假差别，在基督教把日常生活与拯救、灵魂与环境严格区分之时，禅宗关注的却是无我无他的和谐。基督教文化中人与自然处于对抗和不自由状态，而禅宗、易经、瑜伽等东方文化所折射出的是人与外部世界相通相融的心灵自由。东方宗教哲学所饱含的非压抑性精神世界的魅力是无法抗拒的。

众多青年之所以痴迷于禅思佛法，其主要原因是，禅宗佛教的基本教义似乎提供了对现实的解释并为人们指点了迷津：现实即苦海，四大皆空，而皈依佛门，冥思向禅是与佛心灵沟通，彻底摆脱俗世，臻于涅槃境界的必由之路。它对现实生活的强烈排斥，以及它的独特宗教教义彰显其对现代社会具有不容置疑的否定态度，这是一种有章可循的"大拒绝"。当被问到禅为何物时，年轻的皈依者大多如此作答：禅是一种启蒙体验，一种正确的生活方式，一种反正统主义的伦理实践，它的一日不劳动一日无饭吃的原则体现的是一种互相帮助的劳动伦理——劳动是一种自由的表现形式，而不是强制或压制下的无奈。总之，禅宗蕴含着反主流文化的核心精神。[3]

（5）群居公社被视为反主流文化的主流社会模式。据统计，到1970

---

[1] David Steigerwald, *The Sixties and the End of Modern America*. New York: St. Martin's Press, 1995, p.176.

[2] Theodore Roszak, *The Making of a Counter Culture: Reflections on the Technocratic Society and Its Youthful Opposition*, p.132.

[3] Theodore Roszak, *The Making of a Counter Culture: Reflections on the Technocratic Society and Its Youthful Opposition*, p.171.

年，嬉皮士在美国建立的群居村超过 200 个，成员在 4 万人以上。这些群居村主要分布在西海岸的加州和东海岸的纽约。仅加州就有 100 多个。[①] 这些公社的参照系有三：一是美国历史和现实中的公社实验传统；二是以色列的基布兹模式；三是美国印第安人部落文化。它们的共同特征是，无政府主义、原始共产主义以及合作性的乌托邦社会。青年亚文化的建构者们相信，现代技术社会的权力结构既反人性，又反自然，必须以个体自由组合的共同体取而代之，而与自然融为一体的乡村公社就是这样的共同体。在田园诗般的公社共同体中，人人自由平等，个性、自尊和自我具有充分发展的空间。这是一种十分奇特的激进实验：群居村内普遍实行财产、子女和性爱公有，注重教育与环境保护。毒品、音乐、舞蹈、禅思是公社生活的基本内容。当然，各实验公社的主张和强调的重点各不相同，按照美国学者克劳斯·梅耐特的说法，找不出两个完全一样的公社。既有实行群婚制的，也有仍坚持传统婚姻的；有倾向于同性恋的，也有维持异性恋传统或同性恋异性恋并存的；有的吸毒，有的反对吸毒；有的公社仍迷恋城市的便捷，更多的则对乡村田园风光心驰神往；有的沉醉于东方宗教和哲学，有的则服膺于欧美反技术文明传统。在绝大多数参与者心目中，公社就是避难所。

各具特色的实验公社无疑具有相同的目标，即探索新的可能性，创建一个远比现存社会完美的另类的乌托邦空间。公社实验事实上就是在创造一个整体的文化模式，一个另类空间。米歇尔·福柯在论文《另类空间》中以"异托邦"（Heterotopias）概念来为这一另类空间命名。他认为，异托邦"是类似于反场所的某种东西，一种有效地实现了的乌托邦，在这里……文化中所能找到的所有其他真实的场所，都在同时表现着、竞争着、转化着"[②]。反主流文化的另类空间就是一个异托邦，一个幻想型或补偿型对抗并反映社会现实的真实空间。

---

[①] 另有研究认为，1970 年美国的实验公社数为 2000~3000 个。参见 Klaus Mehnert, *Twilight of the Young: the Radical Movements of the 1960s and Their Legacy*, p.224。

[②] 转引自〔美〕萨利·贝恩斯《1963 年的格林尼治村：先锋派表演和欢乐的身体》，华明等译，广西师范大学出版社，2001，第 1 页。

## 四 后冷战时代文化左派的"另一个世界"梦想

### (一) 冷战终结与左翼的挫折

1989~1991年,东欧剧变和苏联解体在成为冷战终结标志的同时,也成为国际社会主义运动的一大转折点,无可争议地宣告全球社会主义事业进入了一个新低谷,这对欧美左翼力量不啻是一晴空霹雳。面对社会主义的这一严重挫折,欧美左派陷入痛苦、困惑、迷惘、怀疑、情绪低落和深刻自省与反思状态,左派的这种悲观心态从乌托邦式微、乌托邦终结、乌托邦死亡或乌托邦缺失等论调在世纪末的泛滥成潮中可见一斑。1999年,美国政治学者拉塞尔·雅各比明确指出,相信未来要从根本上优于现在的乌托邦信念或精神已经完全死掉,"不存在其他选择。这就是我们这个时代,一个政治衰竭和退步的时代的智慧"①。

其实,左派的悲观与其说来自冷战终结的冲击,不如说更主要来自左翼自身发展的颓势。就美国而言,左派力量的式微起始于20世纪70年代激进社会运动的落幕和新保守主义的崛起。2010年,美国学者阿拉斯泰·邦内特坦率承认,与四十年前相比,左派的地位和影响力已经在不知不觉中趋于弱化。② 这种颓势主要表现在三个方面:一是左翼激进组织人员不断流失,对其未来发展构成了严峻挑战;二是理论上陷入困惑与迷茫,内部纷争不已;三是政治经济议程方面一直无法取得实质性突破。这些都严重影响了左翼在政治上的作为。

也正是在这样的困境之中,左翼理论家进行艰难的探索,力图通过理论重构为左翼找到重整旗鼓的机会。

### (二)"另一个世界"的可能性

为数不少的后冷战时代的左翼理论家断定,左翼事业之所以陷于困

---

① 〔美〕拉塞尔·雅各比:《乌托邦之死:冷漠时代的政治与文化》,姚建彬译,新星出版社,2007,第2页。
② Alastair Bonnett, *Left in the Past: Radicalism and the Politics of Nostalgia*. New York: Continuum, 2010, p. 1.

境，其根本原因在于传统激进理论不能对资本主义社会的巨大变化做出正确的回应，以往大工业时代的阶级革命策略在后工业或晚期资本主义时代已经过时，符合时代特征的理论策略应该是：以多元目标为基础的"社会解放"战略取代阶级冲突方略。代表性的理论有后马克思主义的激进民主、经济马克思主义的市场社会主义、文化马克思主义的后现代抵抗空间等论说。

**1. 文化左派的新政治图腾：拉米斯的激进民主理论**

道格拉斯·拉米斯（C. Douglas Lummis, 1936- ），生于旧金山，加州大学伯克利分校毕业，政治学博士，长期执教于日本津田熟大学政治系。曾是20世纪60年代反战运动的参与者。拉米斯对20世纪后期第三世界国家的民主运动进行了长期考察，试图重新发现民主与左翼之间的亲和关系，寻找一种独立于马克思主义的激进政治视角，探索一条新的反资本主义之路。在1996年出版的《激进民主》一书中，拉米斯重构了民主观念，把民主视为下层和左翼反资本主义的利器。他相信，探索出一条取代资本主义政治制度的激进民主之路是左翼重新获得目标和号召力的必由之路。

首先，重新界定民主概念。拉米斯指出，民主可能是当今世界政治语汇中"最被滥用的一个词。它被用来证明革命、反革命、恐怖、妥协和折中之理"。绝大多数使用民主一词的人都力图保持现状。① 对民主的滥用使得民主的含义和面目变得模棱两可。换言之，民主曾经是一个属于人民的、批判性和革命性的语词，被统治者盗用以为其统治提供合法性。因此，无论是出于历史的责任还是现实的需要，为民主正名或重新加以界定民主的含义实属必要。

那么，民主是什么？拉米斯认为，民主从词源上看，就是"人民"（demos）加上"权力"（kratia），即由人民进行统治。拉米斯特别指出，不能把民主和信奉民主的政治机构画等号：正如林肯关于民主与政府关系所做的比喻，民主是自由的金苹果，而政府机构只是起保护作用的银架子。② 人民拥有权力，权力使人民自由，这就是民主的真正含义，也是激进民主的核心。由此出发，现今绝大多数政权的合法性都将被激进民主所颠覆。

---

① 〔美〕道格拉斯·拉米斯：《激进民主》，刘元琪译，中国人民大学出版社，2008，第6页。
② 同上，第14页。

## 第二章 否定与超越：激进制度变革与未来社会想象

其次，着重从经济发展和机器控制两个角度揭示资本主义的反民主本质。长期以来，民主与经济发展互为因果和相互促进的观点似乎已经成为毋庸置疑的真理，人们不假思索地认为，经济发展必然带来民主，民主则是经济发展的政治保障。一方面，经济发展带来财富，财富产生闲暇，闲暇为人们提供学习与参政的自由，自由使民主成为可能；另一方面，民主为健康而迅速的经济发展保驾护航。但在拉米斯看来，经济发展促进或创造民主的观点事实上是错误的。因为，最近几个世纪的历史与现实情况表明，资本主义主导下的经济发展是一种特殊发展，并非普遍性的发展，是以大多数人维持生计的方式被灭绝为代价的欧洲特殊实践的发展。① 在当今发达资本主义国家，经济学决定政治社会的秩序，"通过经济过程，文化被废除或重建，环境被破坏或彻底毁掉，工作被秩序化，财富被转移，阶级被形成，并且人民被支配"②。

具体而言，资本主义经济发展的反民主表现有三种情形：其一，经济发展在劳动的种类、条件和数量要求上不让人民有选择余地；其二，社会财富和权力的不平等因经济发展而更加深化；其三，经济发展建立和强化了对人民生活中的主要方面——工作的不民主的支配和统治。简言之，经济发展不是扩大民主，而是恰恰相反。在资本主义政治经济秩序下，经济发展只是生活领域的扩大，在这一领域中民主已被排除在外。

从全球来看，世界经济的结构不平等使发展平等成为不可能，即南方国家通过发展追上北方发达国家的可能性微乎其微，因为现行世界体系是一个二元同心系统，它通过不对等的中心—边缘能源交换维持运转，其机制是一种马太效应，即源源不断地把穷国财富转移到富国，因为这个体系是富国建立的。

与资本主义经济发展站在民主对立面一样，现代工业社会的机器化发展也是反民主的。现代工业社会机器的本质是什么？拉米斯的答案是，人的关系物化的表现。表面上看，机器只是某种被设计出来代替人进行高效工作的工具和设备，似乎与政治无关，但这是表象，在这表象后面掩盖着人的意图和社会制度。正如马克思所指出的，机器"这一发明（铁人）证

---

① 〔美〕道格拉斯·拉米斯：《激进民主》，刘元琪译，中国人民大学出版社，2008，第36页。
② 同上，第37页。

实了我们已经阐述的理论：资本招募科学为自己服务，从而总是迫使劳动的反叛之手就范"①。简言之，机器充当了有产阶级进行政治经济统治的工具，这是其反民主的本质所在，此其一。其二，机器劳动危害劳动者的身心自由。拉米斯认为，资本主义体制导致科学技术与剥削的意图被混同，作为生产物件的机器就是科学和最大限度榨取剩余价值的意愿之混合与物化。更为重要的是，机器大生产不仅损害劳动者的健康，而且还使人异化。机械化生产的程序日益复杂化，劳动者这一主体的人被自己所创造的机器奴役，成为机器生产流程中的一个节点，成为机器的组成部分。这种异化潜在而深刻，很难意识到自身非人处境的人们，往往毫不自知地以机器世界的眼光来看待人与世界。

再次，初步勾画激进民主方案。尽管拉米斯公开表示不打算就民主提出一个系统性制度方案，但在他的批判性分析和论述中，有关激进民主的诸多想象或设想明显带有制度性安排的色彩。其一，关于何种政治秩序最佳和如何达致的问题。拉米斯指出："全部历史表明，世界上的工作社区——农村、渔村、市镇、工艺城市，在没有国家暴力的帮助下，往往自身保持有序，其秩序极大地基于工作的秩序。"② 应以工作秩序为基础建立新社会政治秩序，因为工作秩序是一种自然秩序，是经由人类技能所调适并缓和的一种对自然的服从形式，在其中不存在屈辱感和受奴役感。其二，民主的公民社会的建构问题。拉米斯认为，民主社会的建构过程需要沿着以下路径展开：民主状态的培育→反对民主的帝国→促进跨国界民主的发展→在社会各个机体中实现民主。"如果民主意味着人民统治，人民一定要在社会的各个部分中都统治。"③ 其三，以公共信任为基础建立民主的非强迫性政治秩序。在拉米斯眼里，一个诚信无欺的公共信任世界是激进民主的社会基础，这是与当下现实截然不同的世界。

最后，特别指出激进民主的实现端有赖于行动。因为民主的春天不会自动到来，没有争取它的强大的集体努力，它将根本不会降临。行动由信仰民主开始。

作为后马克思主义者，拉米斯的激进民主理论与拉克劳和默菲两人不

---

① 《马克思恩格斯文集》第8卷，人民出版社，2009，第359页。
② 〔美〕道格拉斯·拉米斯：《激进民主》，刘元琪译，中国人民大学出版社，2008，第81页。
③ 同上，第125页。

## 第二章 否定与超越：激进制度变革与未来社会想象

谋而合。拉克劳与默菲认为，以阶级斗争为基础的传统马克思主义的社会主义道路已经行不通，需要另辟蹊径。而激进民主就是社会主义运动的新形式，是社会主义革命的新途径。传统马克思主义阶级革命模式是一种反多元主义的"雅各宾主义的幻象"，激进民主就是要抛弃这种幻象[①]，以民主斗争代替阶级斗争，以人民大众代替工人阶级作为社会变革的主体；激进民主的目标是争取民主权利而非夺取政权。"民主的实现不是打碎资本主义民主，而是资本主义民主的完成，是从资本主义关系的非民主的框架中解放出来。"[②] 因为政治竞争、代议制政府的政治权力是中性的，并非资本主义的本质特征，这些因素为和平实现社会主义提供了可能性。

显然，拉米斯从适应美国后工业社会的真实境况出发，力图用激进民主理论来修正和完善马克思主义，其理论立场激进，且问题多多。

其一，他抨击各种现存的民主形式不是真民主，只是虚幻和欺骗，可他的人民民主也无新意。他开出的金方：人人参与决策的直接民主，在现当代结构层次高度复杂社会绝无可能实现，这一点早已为20世纪60年代新左派"参与民主制"激进社会实验的失败所证实。

其二，他寄重托于底层社会，明显是因循新左派"自下而上"的政治观。表面上看，这种政治策略似乎以社会变革力量隐藏于基层大众中为理论依据，但其实它更多是美国源远流长的民粹主义传统的折射。就近而言，自60年代以降，美国政治文化左翼在众多社会抗议主题领域无不表现出厚重的民粹主义偏好，拉米斯也不例外。

其三，激进民主理论将大规模的制度安排看作民主的对立面，导致民主目标的实现失去依托。弗朗西斯·福山曾经这样叩问拉米斯：左派既然对国家权力和其他大规模制度力量避而远之，那激进民主目标如何实现？[③] 这一提问虽然是从否定立场提出来的，但不失尖锐。激进民主理论再三强调其致力于实现的并非大规模制度性安排，而只是一种民主状态，但若没有系统制度作为保障，这种状态怎么能存在？

其四，虽然拉米斯强调激进民主的实现有赖于行动，但具体如何行动，

---

① Ernesto Laclau and Chantal Mouffe, *Hegemony and Socialist Strategy: Toward a Radical Democratic Politics*. London: Verso, 2001, p.158.
② 〔加〕艾伦·伍德:《新社会主义》，尚庆飞译，江苏人民出版社，2008，第133页。
③ Francis Fukuyama, "Review on Radical Democracy", *Foreign Affairs*, September/October 1996.

他并没有进行深入思考,这可能是当代欧美左派理论家的通病。

**2. 市场社会主义:社会主义超越资本主义的必由之路**

在这方面的代表人物有约翰·罗默和大卫·施韦卡特等人。

约翰·罗默(John E. Roemer, 1945—    ),耶鲁大学经济学与政治学教授,美国"分析的马克思主义经济学"流派主要代表人物。1994年问世的《社会主义的未来》一书是罗默应用经济模式构造未来社会主义蓝图的扛鼎之作。面对欧美媒体上铺天盖地的"共产主义已经被埋葬""社会主义已经彻底失败""马克思主义已经破产"等论调,罗默在书中庄严宣告:"社会主义没有死亡,它所需要的只是加以现代化。"他明确表示,自己这部著作的宗旨是"为敢于信仰这种理想的人""描绘一种可靠的社会主义蓝图"。①

所谓市场社会主义(Market Socialism),是指"生产资料公有或合作所有并在市场经济中操控利润的种种经济体制。企业系统产生的利润被直接用于酬劳员工并成为公共财政的来源。从理论上看,市场社会主义与传统社会主义经济的基本区别在于生产资料和资本品市场的存在"②。罗默认为,与资本主义相比较,社会主义的最大优势和突出特征是它的平等主义。苏联和东欧社会主义国家的垮台不是平等主义原则之过,而是苏联摒弃市场机制并推行僵硬的中央计划模式所致,"苏联制度的失败不应归因于共产主义的平等目标,而应归因于取消市场因而失去与之相伴的激励与竞争"③。因此,市场社会主义为社会主义现代化的必由之路。市场社会主义体制在克服传统社会主义计划模式僵硬弊端的同时,更能够有效避免资本主义的两大症结:财富分配上的巨大不公平和追逐最大化利润造成的种种公害。这也是资本主义必将为社会主义所取代的理由所在。

关于市场社会主义的可能模式,罗默主张保留利润最大化的企业及其管理方式。从促进利润分配平等化的角度考虑,禁止个人在"公共"部门投资,企业资金通过公共银行贷款解决,企业的经营管理由银行负责监督。

---

① 〔美〕约翰·罗默:《社会主义的未来》,余文烈等译,重庆出版社,2010,第120页。
② "Market Socialism", Wikipedia, http://en.wikipedia.org/wiki/Market_socialism.
③ 〔美〕约翰·罗默:《社会主义的未来》,余文烈等译,重庆出版社,2010,第121页。

## 第二章　否定与超越：激进制度变革与未来社会想象

企业利润分配给个人股东。[①] 为使收入分配进一步平等化，福利国家的政策更应该继续保留，亦即国家干预应该继续存在。与此同时，坚持民主对社会主义的未来意义重大，因为民主是实现政治平等的前提。政治上，市场社会主义能够真正消除资本主义的一些顽疾。例如，对外战争和种族与性别歧视。现代国际战争大多源于一小撮财富大亨的利润动机，而"资本主义可能蕴涵着产生种族主义和性别歧视机制"。罗默相信，市场社会主义模式中财产关系的变化将会消除维护歧视的特殊阶级利益，并有助于改善人类最大的不公正，并通过不断扩大对南方国家的援助促进其发展，缩小南北差距。

和罗默一样，大卫·施韦卡特把市场社会主义作为替代资本主义的最佳路径和方案，在理论分析与现实研究相结合的基础上，他着力论证社会主义制度与市场结合的可能性与优越性。施韦卡特与众不同之处在于，他把"经济民主"置于市场社会主义的核心地位。虽然其他左翼学者也重视经济民主，如罗默主张通过企业股权社会化来实现经济民主目标，戴维·米勒则建议由工人拥有企业所有权来保障经济民主，但唯独施韦卡特把目光聚焦于投资领域。在施韦卡特看来，要治愈资本主义经济模式不平等与不民主的弊病，除了要在社会主义制度与市场相结合的基础上实行企业经营的工人管理外，关键是要对投资领域加以民主的社会控制。施韦卡特认为，资本主义民主之所以难以实现和具有不彻底性，其主因在于，作为特权阶级存在条件的投资的私人控制。为此，将特权阶级手中的投资控制权转归于全社会，是实现真正经济民主的前提。投资的社会控制直接表现为国家投资，投资资金由资本资产税构成。"资本资产税是没有利息的。可简单地理解为在使用具有社会属性的财产时，企业工人所缴纳的租金。"[②] 施韦卡特相信，实施投资的社会控制有四大优点：一是国家的发展有希望变得更和谐；二是在经济民主制度下社区有希望更稳定；三是会有越来越

---

[①] 按照罗默的设想，由政府给所有成年公民分配固定数量的息票或凭单，公民们直接用它去购买企业股票，或者先购买合股投资公司的股票，再由合股投资公司去购买企业股票。公民以拥有的股份分享企业的利润。禁止公民以货币手段购买股票或息票。由于每位公民的原始息票数额都是相同的，就意味着富人不可能购买所有企业的控股股票，而穷人则将成为大多数企业控股集团的成员。

[②] 〔美〕大卫·施韦卡特：《超越资本主义》，宋萌荣译，社会科学文献出版社，2006，第77页。

多的人积极主动地参与地方政治，社区亦会有追求积极前景的更大空间，人们有望获得更丰富多彩的社区生活；四是由于国家投资资本的产生是公开的，依法被托管返还给构成这一国家的地区和社区，因此，社区、地区或国家在整体上无须担忧会发生抢夺资本的斗争。

简言之，"经济民主"的市场社会主义具有比资本主义更有效率、更具真正民主性的优点。施韦卡特断定："不像资本主义那样片面追求增长，在经济发展的过程中注重生态环境因素的影响。经济民主的理论是比资本主义更加民主更加平等更加人性的经济理论。"①

市场社会主义理论具有如下特点。第一，其社会政治目标是改良或替代资本主义。市场社会主义理论是罗默等美国左翼学者力图在资本主义制度框架下对资本主义经济基础加以改造，并以此培植和发展社会主义因素的产物，是在当代西方发达资本主义国家现有发展成果基础上替代或改良资本主义的设想，是指向未来社会主义的中短期规划。第二，以市场为经济运行的主导机制。与以计划为主导的传统市场社会主义不同，市场社会主义建立在发达资本主义国家现有成果基础上，市场在配置资源中的高效率上已经是不争的事实。第三，形式多样的所有制结构。在市场社会主义模式中，存在全社会所有、合作企业集体所有和私有资产使用权社会化控制三种所有制类型，这种所有制结构能充分保障社会主义平等目标的实现。第四，平等与效率兼顾的价值取向。市场社会主义方案的主旨在于把市场与社会主义结合起来，在发挥市场效率的同时，又追求平等等社会主义基本价值。第五，以政治经济民主为核心。市场社会主义理论家之所以要改良或替代资本主义，是因为对当代资本主义的异化和非民主境况的极度不满与失望，相信市场社会主义能够为实现真正的民主打下牢固的基础。第六，浓厚的乌托邦色彩。②

市场社会主义模式勾画的平等主义蓝图虽然十分美妙诱人，但是，其实现路径何在？资本主义向市场社会主义转变的推动力是什么？有何政治制度保障？市场社会主义理论的鼓吹者在这些问题上不是避而不谈，就是

---

① 〔美〕大卫·施韦卡特：《经济民主——一种真正的和可以实现的社会主义》，见中央编译局社会主义研究所编《当代国外社会主义：理论与模式》，中央编译出版社，1998，第399页。

② 余文烈、刘向阳：《当代市场社会主义的六大特征》，《国外社会科学》2000年第5期。

流于不切实际的幻想，难怪经济学家斯蒂格利茨要断定市场社会主义不过是一种神话。

然而，市场社会主义虽然存在种种缺陷，但它在社会主义事业陷入低谷时期被系统提出，对于重新点燃人们心中的理想社会信念，增强社会主义必胜的信心具有振聋发聩的作用，它关于市场社会主义中效率与平等的制度化设想无可置疑地具有启迪意义。

### （三）文化左派与后现代文化抵抗空间的重构

自20世纪60~70年代反主流文化思潮把社会批判的投枪指向制度背后的文化根基以来，颠覆晚期资本主义的文化逻辑业已成为文化左翼一以贯之的思想着眼点。尽管后现代主义的思想起源最早可追溯到19世纪的浪漫主义和韦伯、尼采等人，甚至更早可追溯到启蒙时期的思想家卢梭，但作为一种社会文化思潮，它的兴起几乎与60年代激进运动同步出现。笔者曾就此提出过一个论断："60年代激进运动在文化领域的最大遗产可能是直接间接地促成了后现代主义的崛起。"[①] 主要依据就在于，除了不认同坚守现代性的自由、解放和自决政治立场这一点，后现代主义在拒绝作为现代性黑暗后果的异化、过度控制的技术文化、普遍的社会暴力以及生态破坏等基本诉求上与反主流文化高度相似，这绝非巧合，实为二者间思想承续和递进的反映。

作为现代性矛盾与冲突的产物，后现代主义对建基于理性主义和进步信念之上的现代主义持全面批评和根本否定的立场，理论上以不确定性、片段性与零散性、反权威与反中心观、消解主体性和拒绝崇高、行动性与参与性、反讽与戏谑以及模仿与拼贴的游戏态度等为基本导向，其精神核心和主旨是解构与摧毁，通过对启蒙理性话语必然性的否定，实现对现代性统治合法性的根除。

有论者每每批评后现代主义有解构，无建构，有破坏，无建设，其实不然。就像反主流文化不仅颠覆现有体制结构，也同时对替代性的结构进行探讨一样，后现代主义也有突出的建构性趋向。首先，后现代主义具有突出的创造性取向。王治河认为："倡导创造性是后现代主义的一个极为重

---

[①] 吕庆广：《60年代美国学生运动》，江苏人民出版社，2005，第382页。

要的特征。"① 绝大多数后现代理论家最推崇的不是摧毁,而是创造。例如,美国后现代思想家大卫·格里芬就明确指出,人类是创造性的存在物,每个人都体现了创造性的能量,人类作为整体最大限度地体现了这种创造性能量。② 其次,倡导多元主义。多元主义是"本体论的平等"信仰的产物,这种信仰告诉人们:"任何存在的东西都是真实的,一个人(不管是伟大的还是平凡的),一种思想(不论是伟大的还是平凡的),都是真实的。没有东西比别的东西更真实。一个实在并不比另一个实在少点或多点实在性。"③ 简单地说,本体论的平等原则要求"接收和接受一切差异",摒弃任何歧视,接受有区别的事物。再次,对世界的关爱。针对现代世界人与人、人与自然关系中的冷漠与迟钝,福轲等后现代思想家充分肯定现实关怀的价值。格里芬把这种关怀具体化为后现代主义的三大建设性特征。一是强调关系的内在性。与现代主义把个人与他人、他物的关系视为外在的、偶然的和派生的相反,后现代主义强调内在关系,认为个人与他人、他物的关系是内在的、本质的、构成性的。二是主张有机论。与信奉精神—自然二元论的现代人不同,后现代人没有自己是栖身于充满敌意与冷漠的自然之中的异乡人感受,相反,他们视其他物种为具有其自身经验、价值和目的的存在,并能感受到他们同这些物种之间的亲情关系。三是具有一种新的时间观。以个人主义为支柱的现代主义最初是以面向未来的名义或拥抱未来的方式使人们摆脱过去,但结果却是"最终削弱了人们对未来的关注,使他们毫不夸张地说是自我拆台式地专注于目前"④。与现代主义不同,后现代主义倡导对未来和过去加以同等关怀,而非退回过去和抛弃未来。最后,后现代主义的否定性本身含有肯定性的意蕴。后现代主义似乎具有否定、虚无和怀疑主义三大趋向,但不能对其"解构""否定""摧毁"做简单化理解。后现代主义反对任何假定的大前提、绝对的基础、唯一的中心、单一的视角,旨在向迄今为止主宰人类的一切权威和认知体系挑战,其目的性非常明确,即解放人的思想,实现和扩大人的自由。从某种意义上看,

---

① 王治河:《后现代主义与建设性》(代序),载〔美〕大卫·雷·格里芬《后现代精神》,王成兵译,中央编译出版社,2011,第3页。
② 〔美〕大卫·雷·格里芬:《后现代精神》,王成兵译,中央编译出版社,2011,第213页。
③ 同上,第6页。
④ 同上,第39页。

## 第二章 否定与超越：激进制度变革与未来社会想象

后现代主义的解构在方法论上相当具有辩证法的特质。

美国文化左翼在后现代主义问题上表现出颠覆与建构并重的倾向。以弗雷德里克·詹姆逊和道格拉斯·凯尔纳等为代表的晚期马克思主义理论家把后现代社会等同于晚期资本主义社会，① 认为后现代主义不过是晚期资本主义或全球化资本主义的文化逻辑，是资本主义发展的附属物。戴维·哈维更是将后现代主义视为某种历史—地理状况，是灵活积累的后福特制在经济上的反映。凯尔纳和贝斯特等则无论是在事实层面还是在价值层面均不承认后现代主义的合法性。在他们看来，当代资本主义虽然与马克思时代相比有了较大变化，差异明显，但其根本性质并没有改变。生产—资本逻辑依然是统治这个社会的主导力量。就像哈维所指出的："资本主义生产方式的基本规律继续在历史的—地理的发展中作为一种不变的塑造力量在起着作用。"② 因此，社会、文化和政治理论不能脱离"对资本主义不同层级之间的系统关系的分析以及对资本主义制度的分析"③。而马克思主义依然是这种分析的理论基础。不过，在社会变革路径上，晚期马克思主义基本上不再承认马克思"暴力革命"的可能性，而是主张"重新发明革命"（reinventing revolution），把革命问题定位在文化层面，相信通过对资本主义社会的组织形式保持一种文化批判的张力和开放的视角，就能够推动社会进步和人类解放。

然而，在有关后现代主义和激进政治前途等一系列问题上，后马克思主义理论家并没有达成共识。例如，凯尔纳就不同意当今社会已是后现代社会的基本判断，认为后现代性不过刚刚露出苗头，现在依然是现代性一统天下的时代。他通过对福轲、德勒兹、加塔利、博德里拉、利奥塔以及拉克劳与墨菲等后现代理论家思想的系统梳理，断定后现代理论存在缺乏系统的社会理论，忽视国家、资本和政治经济学，以及夸大历史的断裂性三大缺陷，这些缺陷使得后现代理论无法有效揭示当今时代的特征，无力为社会变革指出可行之路。凯尔纳特别就博德里拉关于激进政治未来的悲

---

① 晚期资本主义（Late Capitalism）概念最早由维尔纳·桑巴特提出。维尔纳·桑巴特曾将资本主义划分为早期资本主义、高度资本主义和晚期资本主义三个阶段，晚期资本主义暗指资本主义失去活力的最后阶段。
② 〔美〕戴维·哈维：《后现代状况》，阎嘉译，商务印书馆，2003，第121页。
③ 〔美〕道格拉斯·凯尔纳、斯蒂文·贝斯特：《后现代理论：批判性的质疑》，张志斌译，中央编译出版社，2001，第336页。

观论调严加批判。博德里拉通过类象（simulacrum）、内爆（implosion）、超真实（hyperreality）这三个概念，[①]为人们描绘了一幅神奇的后现代社会图景：主体、政治、经济、真理、意义、阶级、解放、进步等一切都将在后现代的大众社会这个无差别的"黑洞"中消失，这个黑洞"将所有的意义、信息、通信吞并，使它们变得毫无意义"[②]。一切传统的革命策略均已过时，激进政治已经失去未来。凯尔纳认为，这种悲观主义是虚无主义的，因为以马克思主义为代表的宏大叙事并未过时，激进政治依然在寻找通往未来的最佳路径。

自1982年发表《后现代主义与消费社会》一文以来，詹姆逊一直是后现代主义理论辩论中的重量级斗士。1984年，他在《新左派评论》上发表了极具广泛影响力的《后现代主义，或晚期资本主义的文化逻辑》一文（1991年出版同名著作），文中提出后现代的到来是晚期资本主义文化逻辑新的表现形式的论题构成了詹姆逊"所有著作的基石"。[③] 在这篇文章中，詹姆逊立足于马克思主义的理论高度和西方世界纷繁变化的社会现实，吸纳和借鉴了当代社会研究的诸多理论成果，对当代资本主义社会或后现代社会提出了独特的理论阐释。他断定当代社会乃特定历史变化的结果：正在从国家或垄断资本主义的民族体系向跨国资本主义连锁体系转变。在这个晚期资本主义时期，资本主义本身由于消费、信息、形象、传媒和高科技等因素的叠加强化而表现出与以往明显不同的特点，其背后的推手是跨国资本的无限度扩张和强有力的渗透。这种变化必然引起社会思想文化意识领域的变化，这种变化不仅表现为人的情感与心理的变化，也表现在人对自然、世界、历史、自我等看法的改变，所有这些变化反映到文化艺术

---

① 博德里拉认为，如果说现代性是一个由工业资产阶级控制的生产时代的话，后现代则是个由模型、符码和控制论所支配的信息与符号的类象时代。在类象社会，拥有生命的符号、模型和符号等组成了新的社会秩序，而模型与真实间的差别也被销蚀掉了。他借用麦克卢汉的"内爆"概念来说明类象与真实之间界限消融的状况，这是一种导致各种界限崩溃的社会熵增加的过程。"超真实"一词就是指真实与非真实之间的区分变得模糊不清的状况。见〔美〕道格拉斯·凯尔纳、斯蒂文·贝斯特《后现代理论：批判性的质疑》，张志斌译，中央编译出版社，2001，第153～158页。

② Douglas Kellner, *Jean Baudrillard: From Marxism to Postmodernism and Beyond*. New York: Polity Press, 1989, p.85.

③ 英国著名马克思主义理论家佩里·安德生（Perry Anderson）对这一著作的评语。见〔美〕弗雷德里克·詹姆逊《文化转向》，胡亚敏等译，中国社会科学出版社，2000，第1页。

## 第二章 否定与超越：激进制度变革与未来社会想象

上，便带来了艺术观念、手法、形式和实践等各个层面的巨大变化，这些各不相同的具体门类的变化折射出整体文化变迁的趋向。

既然把后现代主义理解为晚期资本主义的文化逻辑或文化表现形式，那么，如何理解资本主义的发展进程及其动力？基于曼德尔（Ernest Mandel）历史分期理论，① 詹姆逊把资本主义划分为市场资本主义、垄断资本主义和跨国资本主义三个阶段，与之相对应的主导文化分别为现实主义、现代主义和后现代主义。不过，与曼德尔侧重机器生产进步的视角不同，詹姆逊以资本主义生产方式和社会结构变化为依据来理解资本主义的发展。可以说，詹姆逊以资本的运作代替了曼德尔的技术发展主符码，牢牢扎根于生产方式变迁这一马克思主义的基本理论立场，力图就晚期资本主义的文化模式、特征等做出较具说服力的解释。

不过，詹姆逊并没有完全按照马克思生产方式理论来解释后现代社会文化问题，而是借用了阿尔都塞的"结构因果律"来分析经济基础与上层建筑以及政治、经济、文化等层面之间的关系。经典马克思主义理论认为，在社会结构中起决定性作用的因素是生产方式，但在阿尔都塞眼中，生产力与生产关系的作用是有限的，它们只在生产方式（结构）的某个特定方面或层次起作用，它们同其他层次间相互区别，又相互联系和相互作用，共同构成了总体性结构，成为整体社会系统发挥功能的不可或缺要素。"每一个层次现在已不再是单独的层次了，而是一个亚系统。每一亚系统（subsystem）都必须在某种程度上用其自身的词语来形容，自己按照其自身的原动力来发展，但其又是与所谓复合性多元决定结构性总体相联系的；于是我们可以说每层次都具有半自律性（semiautonomy），也就是说每一个层次都拥有我们必须尊重的某种自律性。""每一层次都有自己的辩证的规律。"② 在詹姆逊看来，这些相互作用的层次间需要文化这一半自律性的力

---

① 曼德尔在《晚期资本主义》一书中，从机器促进生产进步的角度对资本主义的整体进程进行了历史分期：一是18世纪末至1847年，以手工业或工业制造的蒸汽机的使用为标志；二是1847年至19世纪90年代初期，以机器制造的蒸汽机的普及为标志；三是19世纪90年代后期至第二次世界大战时期，以电和内燃机的普遍应用为标志；四是第二次世界大战结束以来的时期，以电子仪器和原子能为标志。显然，曼德尔是把科技视为社会进步的主导力量，并以此来对资本主义进行整体性解析。由此，他把资本主义按时间顺序分为市场资本主义、垄断资本主义或帝国主义、多国或后期资本主义三个阶段。

② 〔美〕杰姆逊：《后现代主义与文化理论》，唐小兵译，北京大学出版社，1997，第83页。

量来充当中介，虽然经济已深深渗透后现代文化中，使文化严重商品化，商品也成为文化的组成部分，亦即文化与商品间的界限已完全被打破，但文化在后现代社会中的主导性或霸权性却是明显不过的趋向。因此，只有透过"文化主导"概念①来掌握后现代主义，才能更全面地了解晚期资本主义这个历史时期的总体文化特质。②

詹姆逊通过与现代主义文化的比较分析，将后现代主义文化特征概括为：深度削平、历史感断裂、主体消失与情感丧失。所谓深度削平，从文学艺术领域看，主要表现在内部和外部、本质与现象、表层与深层心理分析、异化与非异化、真实与非真实、确定性与非确定性、能指与所指等的区别不再被接受；历史感断裂，主要表现为对当下经验和意义的强调与重视，否定或漠视历史与现实之间不可切割的关系；主体消失主要表现为主体的零散化和自我的彻底缺失，表现为自我、感情、个性和风格的消失，非完整性造就了非中心化的主体；情感丧失成为后现代的典型体验，物的世界的冷漠通过人再现出来，人不仅失去了主体性，甚至失去了情感，人在表现世界时特有的感情维度已踪迹难寻。

詹姆逊指出，后现代主义文化与晚期资本主义文化扩张间存在十分密切的关系。晚期资本主义时期，全球化从经济领域迅速向政治文化诸领域蔓延，促进了世界各国间和区域间关系的密切化，为了维持西方固有的全球霸权地位，文化殖民主义成为西方发达国家制定对发展中国家政策的理论基础，在表面光鲜的西方文化霸权后面掩盖的是发展中国家和地区的"流血、痛苦、死亡和恐怖"。从后现代文化与现行体制的关系看，前者无可争议地为后者提供有力支持：通过技术手段把社会现实转化为形象，这种形象文化不仅印证了晚期资本主义的文化逻辑，而且还强化了这种逻辑。它制造的形象文化让人沉醉于幻想过去的形象之中，把人的注意力引向对形象、文本和陈规旧矩的改造上，无意中把改造文本或形象等同于改变社

---

① 詹姆逊关于"文化主导"的概念显然直接来自罗曼·雅各布森（Roman Jakobson）和雷蒙·威廉斯（Raymond Williams）。雅各布森最早提出"文化主导"概念，这一概念最初用于指那些在艺术品或艺术形式中起核心作用的因素，后逐渐应用于文艺史或文化史的分期。威廉斯则从文化变迁的角度使用和发展了这一概念。参见李世涛《重构全球的文化抵抗空间：詹姆逊文化理论与批评研究》，社会科学文献出版社，2008，第17页。
② 〔美〕詹明信：《晚期资本主义的文化逻辑》，陈清桥等译，生活·读书·新知三联书店，1997，第427页。

## 第二章 否定与超越：激进制度变革与未来社会想象

会现实，从而忘却现实的斗争。

在詹姆逊看来，对后现代主义文化的赞誉实际上是过度夸大高科技的作用，是对技术能够让世界从困境中脱身的盲信，而从道德立场对后现代主义进行非难也毫无意义，因为，旧意识形态的道德说教在晚期资本主义社会的现实面前，早已是荒腔走板。因此，应该以马克思对待资本主义的辩证方法来对后现代主义进行评判。一方面，晚期资本主义毫无疑问是灾难，它具有突出的"谬误瞬间"，这种"谬误瞬间"使得包括批评距离在内的距离差异在后现代空间渐趋于消逝，作为主流意识形态对立面的文化对抗力量不仅丧失了对抗功能，而且反过来变成支撑现行体制有效运转的重要力量。另一方面，后现代主义文化具有现实的合理性，也有值得肯定的一面。詹姆逊认为，从"谬误瞬间"中能够辨识出"真实瞬间"，即后现代主义文化真实地表现了晚期资本主义社会及其主体的真实境况，这不仅有助于人们深化对资本主义历史进程的认知，而且后现代主义对现代主义的反叛和纠正也具有重要意义。与现代主义相比，后现代主义的概念是否定性的，由于它对通俗性和形式民主的注重以及对流行文化的借鉴等，其最终描述是积极的。

尽管如此，左翼仍然必须与之进行斗争，因为后现代主义文化既是对现代主义的颠覆，又是承续，而且它"迫使我们把后现代'时刻'作为我们自己的'现在的时刻'，作为我们必须与之斗争的主导文化形式"，斗争的方略不是否认和抛弃，而是应用或借用诸种对立手段。[①]

和詹姆逊一样，包括大卫·雷·格里芬、乔·霍兰德、里查·A.福尔柯、赫尔曼·E.达利和C.迪恩·弗罗伊登博格在内的绝大多数后现代激进理论家相信，晚期资本主义的危机源于现代性本身，具有突出的文化危机、精神危机和生存危机特征，在本质上是一种总体性危机。"现代性以试图解放人类的美好愿望开始，却以对人类造成毁灭性威胁的结局而告终。"[②] 为此，采取总体性治理路径或方案成为必然，而以后现代精神取代现代精神是其要津。

在后现代精神基础上逐步培育出有别于现代性的后现代伦理学，彻底

---

① Douglas Kellner ed., *Postmodernism, Jameson, Critique*. Washington: Maospmmeive Press, 1989, p. 114.
② 〔美〕大卫·雷·格里芬：《后现代精神》，王成兵译，中央编译出版社，2011，第74页。

改变不受抑制地追求经济增长的行为，逐渐向理想的后现代社会转向，这有几种理论框架。其一，霍兰德图式。从经济、政治和文化三个领域进行勾勒：经济领域表现为适当的技术和社区合作；政治领域集中体现为社区化和网络化；文化领域则是对现代文化机械主义根基的否定，以创造性的、生态的和女权主义的观点为根基。

其二，小约翰·B.科布的社会政策框架。以共同体经济学为后现代经济政策的基础；共同体政治是后现代政治政策的基础；建立全球性协调和与现代社会截然不同的生活方式。

其三，赫尔曼·E.达利的稳态经济。达利认为，后现代社会伦理具有如下取向：限制以生态资源消耗为代价的经济增长欲望；限制人类本身增长的欲望；限制损害个人福利的累积增长；限制腐蚀道德资本的经济增长。因此，发挥生物物理和社会伦理的抑制作用，实现稳态经济——人口和人工产品总量保持恒定的经济，乃是克服现代性社会痴迷于经济增长弊病的良方。

其四，弗罗伊登博格的后现代再生性农业。把农业生产目标限制在所辖区内微型生物群落的再生性承载能力之内；通过国际合作来建立一个再生性的自力更生的粮食生产系统；微生物群落的多样性和人口数量之间形成一种协调；农业不再以生产财富为首要目标。

其五，弗雷德里克·费雷的后现代科学。费雷认为，现代科学技术的特点有三：实证性、精确性和可预见性，具有全新思维方式的后现代科学则与此不同，新兴的生态科学就足以为证。

其六，格里芬的后现代人类和平生存范式。非强制性的互助与合作、拒绝暴力哲学和非人类中心观、全面的人性观以及生态主义的存在观等构成和平生存范式的伦理学基础，其核心思想是，人与人之间是相互依存的，个人利益与群体利益密不可分。这会让人明白："为他人的利益、为整体的（社会的、国家的、世界的）利益工作，就是在为自己的利益工作。"[①]

## 五 小结：追求至善之邦的思想传统

纵而观之，激进制度批判与超越思想有如一条明暗相间的洪流在20世

---

[①] 〔美〕大卫·雷·格里芬：《后现代精神》，王成兵译，中央编译出版社，2011，第215页。

纪美国社会历史的曲折进程中跌宕前行，个体的自由、群体的解放与人类的进步构成批判与超越的基本目标与动力。具体而言，这种激进批判与超越思想传统具有如下趣向与特点。

首先，对资本主义制度及其社会的不满与失望构成激进派共同的思想基础。南北战争后，美国加速向工业化和城市化社会迈进，小农业和小手工业主导的社会日渐退入陈年旧忆，大工业时代无情的市场法则和机器化大生产碾碎了田园生活的宁静，一批批失败者成为牺牲品被掷于苦难和绝望的深渊，即便是进入后工业时代，因现代性引发的人的异化与物化，即物对人精神的控制与奴役不仅未见减轻，反而更趋强化。在各个历史时期的制度批判思想者眼中，这个物质生产力远超以往时代总和的社会同样是令人失望的，正如霍克海默和阿尔多诺在《启蒙辩证法》中所得出的结论一样，这个源自启蒙理性的制度和社会早已经走向了自己的反面："从进步思想最广泛的意义来看，历来启蒙的目的都是使人们摆脱恐惧，成为主人。但是完全受到启蒙的世界却充满着巨大的不幸。"①

其次，在对资本主义制度和社会的批判上，主要是居于道德判断而非社会发展理论的视角，其结果是，对资本主义合法性的否定具有突出的抒情诗特征，充满激情却失之于理论上的严谨。这种道德性和抒情性在使社会批判的严肃性被稀释的同时，又往往沦为无处不在的市场力量的玩物，其结果是批判的武器无形中转化为修复批判对象的工具。

再次，寻找和想象替代性社会方案自20世纪初以来一直是生生不息的思想动力。对现行体制深恶痛绝的结果是促成对替代性方案或理想图景的探索与追求，从世纪初对手工业和现代机器工业的社会主义的向往，到20~30年代对苏维埃美国的憧憬，再到60~70年代反主流文化对异托邦田园梦的迷思，进而到后冷战时代对"另类世界"的渴望，美国激进派乌托邦的激情从未衰退。

最后，在寻找有效的社会变革之路的历程中，一方面，绝大多数激进派服膺于和平过渡的社会民主主义而非科学社会主义，这使他们与自由主义改革派能够形成共识；另一方面，社会变革主体也逐渐从传统工人阶级

---

① 〔联邦德国〕马克斯·霍克海默、特奥多·威·阿尔多诺：《启蒙辩证法》，洪佩郁、蔺月峰译，重庆出版社，1990，第1页。

转向知识分子和政治诉求各不相同的新社会抗议力量，变革的性质和路线自然而然地从阶级革命转向了社会解放。另外，最值得一提的是，一直存在将马克思主义基本理论同美国具体国情相结合的不懈努力和尝试，20世纪30年代美国共产党内洛夫斯顿的"美国例外论"主张以及纽约左翼知识群体中的胡克和伊斯曼争论就是最好的例子，后冷战时代美国共产党领袖提出建立美国特色社会主义的主张，更是意味着对正确发展方向的回归，但受种种主客观因素的制约，迄今为止未见其功。

虽然左翼激进派在20世纪的经历可谓为屡败屡战，影响日益边缘化，但其批判精神依旧高昂，在追求至善之邦或寻找替代性方案上始终初心不改，这或许是美国激进派最为可贵之处。

# 第三章 批判与改良：激进改革思想与两种理论进路

## 一 世纪之交的激进民粹主义改革思潮

19世纪最后二十年到20世纪初，美国加速从农业社会向工业时代转轨。在这个社会急剧变迁的时期，社会矛盾尖锐而复杂，以社会不公为焦点的诸多社会问题撕扯着社会关系与结构。广大劳动阶级，尤其是中西部农、林、牧、矿和交通运输等行业的劳工，以及众多中小农场主，在社会达尔文主义愈演愈烈的镀金时代，生存日艰。不满日积月累，最终在这种思想层面汇成一股强大的民粹主义思潮。"民粹主义源自急剧的社会变迁过程中至少在一个社会团体中所形成的危机意识。"① 这一思潮以激进的经济社会改革主张对世纪之交的美国产生了十分广泛的影响，开启了进步主义和"新政"改革时代的大幕。

所谓民粹主义（Populism），亦译为平民主义、人民主义，学术界的定义多种多样，远未达成共识。② 当代对民粹主义问题有独到研究的学者达妮埃莱·阿尔贝塔齐和邓肯·麦克唐纳认为，民粹主义作为一种意识形态，

---

① 〔英〕保罗·塔格特：《民粹主义》，袁明旭译，吉林人民出版社，2005，第5页。
② 在欧美学术界，"民粹主义"一词常常与"人民"、蛊惑人心、"全方位"政治等相联系，甚至成为贴到归类不清楚的新党头上的标签。不过，从大西洋两岸的比较研究来看，大多数学者对这样的结论不持异议：西欧民粹主义主要与右翼政治挂钩，北美和拉美则是左翼政治的重要组成部分。正因如此，塔格特断定，民粹主义有时是左翼进步政治的创造物，是变革的力量；有时则是极右派的同伙人，是对现状进行慎重辩护的庇护方。参见〔英〕保罗·塔格特《民粹主义》，袁明旭译，吉林人民出版社，2005，第13页。

"把善良而同质的人民置于反对精英和危险的'其他人'的位置,这些人被描绘为聚集在一起正在剥夺(或试图剥夺)主权人民的权利、价值观、财产、身份和声音"[①]。不能根据特定的社会基础、经济计划、议题、选民等来看待民粹主义。欧内斯托·拉克劳、伊夫·梅尼和伊夫·叙雷尔等人亦大多持此相同看法。事实上,尽管在定义民粹主义问题上存在争议,但几乎所有学者都同意,民粹主义的中心信条是:民主就是纯粹地或者是不掺水分地反映人民的意志,因为这个世界是由具有智慧的人民以共同的方式、通常参照过去的事物(即使是理想化的)所创造的。

镀金时代,美国具有民粹主义色彩的政党和政治团体为数不少,如劳工骑士团、绿币党等,但从改革主张的激进性和影响的深远性上看,平民党的"奥马哈政纲"以及从亨利·乔治的"单一税"论到索尔斯坦·凡勃伦的技术专家统治等改革构想可能最具里程碑意义。

### (一) 奥马哈政纲

平民党(Populist Party, Populists),亦称为人民党(People's Party),是19世纪90年代围绕土地问题发展起来的美国民粹主义政党,是世纪之交美国最具影响力的左翼政治力量。美国历史学家埃里克·方纳认为,19世纪后期,美国南方和密西西比河以西大平原的农产品价格持续性急剧下跌的同时,铁路公司收取高运费、商人和银行贷款征收高利息以及政府实行通货萎缩和压低农产品价格的金融政策,让广大中小农场主陷入困境。日益加深的经济依附使小农场主同产业工人一样,面临经济无保障的威胁。他们中数以百万计的人被抛进了债务深渊,处于失去土地的险境。为改变这种不利处境,他们于1876年在得克萨斯州组成农场主联盟,1890年,这一状况遍布43个州,联盟演变为平民党。[②]

1892年7月4日,平民党在奥马哈代表大会上通过了被誉为美国"第二独立宣言"的"奥马哈政纲"。纲领中对美国社会不平等与不公正的现实进行了无情的揭露:美国已经被政治腐败和经济不平等推到了道德、政治

---

① Daniele Albertazzi, Duncan McDonnell, *Twenty-First Century Populism: the Spectre of Western European Democracy*. New York: Palgrave MacMillan, 2008, p. 3.
② 〔美〕埃里克·方纳:《给我自由!一部美国的历史(下)》,王希译,商务印书馆,2010,第811~812页。

第三章　批判与改良：激进改革思想与两种理论进路

和物质崩溃的边缘，数百万人辛勤劳动的果实，被公然盗窃，被少数人用来积聚巨大的财富，而财富的占有者却鄙视共和国，并威胁自由。从政府不公平这一肥沃多产的土地中培育出了两大阶级——流浪汉和百万富翁。

> 国家创造货币的权力被挪用于让债券持有人致富；由法定货币支付的巨大公共债务被置于黄金债券中，由此给人民增加了无以计数的负担。
>
> 为了通过降低包括人力在内的所有形式的价值以增加黄金的购买力，有史以来就被接受作为硬通货的白银不再是货币，货币供应被有目的地消减，成为让高利贷者发财、让企业破产以及让工业被奴役的工具。一个反人类的巨大阴谋已经在两个大陆被策划。如果人们不能认识到这个问题并立即推翻它，这将预示着可怕的社会动乱和文明的毁灭，或者预示着一个集权专制政权的确立。
>
> ……（两大政党）现在没有一个向我们承诺任何实质性的改革。……我们寻求恢复共和政府，并将其交到"平民"手中，他们才是共和国的创始人。①

纲领宣称要重建美国的自由，把共和国政府重新交到普通人民大众手中。为了实现这一激进目标，纲领提出了一系列经济、政治和社会改革计划：减少工作日；制定"安全、健康、灵活"的国家货币政策；对劳动的农民提供财政援助；直选参议员；总统和副总统单一任期制度；立法系统包括创制与复决；实行澳大利亚式的秘密投票制度；铁路、电报和电话系统国有化；推行邮政储蓄制度；实行累进所得税制度；"自由和不受限制地铸造银币"；等等。②

其中最重要的或首要的具体政策目标是：按照与黄金16∶1的比率增加白银货币；建立联邦贷款体系以满足中小农场主的货币需求；建立联邦仓

---

① James Wm. Mooney ed., *American Dissenters*. Volume Two, Maplecrest, N. Y.: Brandywine Press, 2005, pp. 18-19.
② 在"奥马哈纲领"的参考建议中，内布拉斯加州参议员乔治·诺里斯提出十分激进的主张：把"顶级富豪"的财富分给全体人民，让财富回归源头。Michael Kazin, *The Populist Persuasion*. New York: Basic Books. 1995, p. 110.

101

储设施系统存储农民的农产品，以此帮助农民控制农产品价格；以有利于农民的方式改革税收体系；实行八小时工作制；反对由州立法机构选举参议员。所有这些改革建议，其出发点就是维护和促进美国乡村和工人阶级的福祉。

显然，"奥马哈政纲"是一篇民粹主义的经典论述，它把镀金时代美国社会的诸多问题置于不义的一端，把解决问题的希望寄托于另一端即代表正义的人民大众身上，相信人民的智慧、美德和力量能够矫正美国的航向。这一纲领的激进性就在于，其对现行货币政策、金融体制、税收制度以及立法体制等持否定态度，力图在农民联盟或者与其合作的基础上，以国有化等路径打破大银行和大铁路公司的垄断，实现经济社会正义，进而实现真正的自由。

1894年后，平民党的改革目标集中于自由铸造银币上，而且其大部分主张被民主党所采纳，因此1896年平民党选择站在民主党一边，共同支持反对金本位制的威廉·布莱恩竞选总统。[①] 然而，接受布莱恩为平民党候选人意味着平民党偏离了"奥马哈纲领"的核心思想，尤其是放弃了自己独立政治力量的身份，这也敲响了其政治丧钟。虽然平民党在之后又生存了四十多年，直到第二次世界大战前夕方告解散，但作为一个最有可能挑战两大党地位的政党，其第三党的强劲势头只是昙花一现。

尽管学术界对平民党的民粹主义存在截然相反的解读和评论，[②] 但不可否认的是，平民党在政治上的第三党抱负虽然折戟沉沙，但它提出的改革目标却为之后进步主义时代的改革大潮乃至20世纪美国政治的演进指引了方向，因为"民粹主义的理念和它对代议制政治本能的反对使它在美国的

---

① 布莱恩在1896年因在民主党大会上发表了著名的"黄金十字架"演说而脱颖而出，成为民主党总统候选人。自1873年以来，出于促进与以英国为代表的金本位国家贸易关系的考虑，美国事实上一直在推行有效的限制货币供应的政策，但不少美国人相信，金银二本位制才是最有利于国家经济健康发展的货币政策。1893年发生金融危机后，这一争论更加激烈。1900年，麦金利政府最终选择了金本位，这一论争渐渐平息下去。

② 在以古德温为代表的自由主义学者眼中，平民党民粹主义是美国进步政治的首次激情上演，是一次伟大的民主展望运动，L. Goodwyn, *Democratic Promise: The Populist Movement in America*. New York: Oxford University Press, 1976; 而在霍夫斯塔特等保守主义历史学家看来，平民党民粹主义是本土主义的反动的政治思潮，R. Hofstadter, *The Age of Reform*. New York: Alfred A. Knopf, 1955。

政治生活中找到了广阔的用武之地"①。

### (二) 从亨利·乔治到凡勃伦的激进改革设想

**1. 亨利·乔治与"单一税"论**

亨利·乔治 (Henry George, 1839-1897), 19 世纪 80~90 年代最有影响力的激进思想家, 1880 年出版的《进步与贫困》, 是美国激进思想史上一部具有世界影响的经典著作。这本书问世后二十年间, 各种语种的发行量超过 200 万本, 有如历史学家爱德华·斯潘所说, 这"或许是 20 世纪之前除《圣经》之外最受欢迎的非小说类英文出版物"②。

他认为, 土地所有权绝对有别于由劳动和投资获得的工资和物的所有权。土地是上帝的直接礼物, 属于全体人民。私有制让私人所有者拥有了控制整个社会的权力, 社会却必须利用土地及其矿产来生存。亨利·乔治对把土地分成小块给个人以便每个家庭都拥有土地的想法毫无兴趣, 因为他相信, 即使是最小块的土地私有制也是对属于全部人类所有物的私人挪用。无论何种情形, 他都无意退回到前现代农业社会。他肯定现代工业社会取得的巨大成就:"现在这个世纪以生产财富能力的巨大增加为特征。蒸汽和电力的应用; 经过改进的生产方法和节省劳力的机器的使用; 生产的更细的分工和更大的规模; 交换的极大的便利, 都大大地增加了劳动的效率。"③

现代社会的巨大成就是以合作开采自然资源并将其转化为工业产品为前提的。然而, 对于青年时期就在加利福尼亚工作的亨利·乔治来说, 西部土地加速垄断化的过程几乎就在他眼前展开; 回到纽约后, 东部工业城市中财富的惊人增长与劳资冲突的愈演愈烈则无时无刻不在刺激他的视听。这是一个进步与悲惨同生共长的历程: 文明进步所取得的全部有利条件全归于土地所有者, 而劳动者工资得不到增加。土地投机不断推动地租上涨, 结果是工资被迫降到奴隶的地步——劳动者勉强维持生活的地步:

---

① 〔英〕保罗·塔格特:《民粹主义》, 袁明旭译, 吉林人民出版社, 2005, 第 60 页。
② Edward K. Spann, *Brotherly Tomorrows: Movements for a Cooperative Society in America, 1820-1920.* New York: Columbia University Press, 1989, p.158.
③ 〔美〕亨利·乔治:《进步与贫困》, 吴良健、王翼龙译, 商务印书馆, 2012, 第 11 页。

劳动者就这样被剥夺生产能力增加的全部好处，劳动受到进步文明的影响，劳动者没有得到与文明同存的好处，只有实实在在的坏处；这样的影响使自由劳动者陷于无助和卑贱的奴隶境地。①

"贫困与进步的这种形影相随是我们时代的难解之谜。"其根源何在？亨利·乔治认为，财富分配不公已然成为现代文明的祸根和威胁，而土地私人占有制度则是其根源。土地私有制和奴隶制一样带有抢劫和掠夺性质，一样充满不公与罪恶。那么，解决办法是什么？答案是使土地成为公共财产："要消灭贫困，要使工资达到正当要求应有的数额，即劳动者的全部收益，我们必须以土地公有制取代土地私有制。"② 不过，具体方法和路径不是收购或充公私人土地，而是实行"单一税"制，即用征收土地增值税的方式来取代所有其他形式的税收。利用现有国家机构，不动声色地收取地租（地价税）归国家使用，只给地主留百分之几，以最小的代价达到维护土地公有权之目的。

作者相信，实施单一税带来的后果是多方面的：首先，将使美国人民成为集体地主，有产者则只能从国家租用土地；其次，提高工资和土地的利用率；再次，消除土地投机因素，促进经济发展；最后，政府收取的地价税可以通过资助学校、建造医院、剧院、博物馆和其他类似公共设施的方式再分配给大众，而留取其中一小部分就足以解决政府财政问题。

针对工业社会存在的种种问题，亨利·乔治提出了一系列改革方案，如公共设施市政化；免费公共交通系统；限制知识产权特权；保护自由贸易；实行秘密投票制度；③ 支持使用"免债"货币（主权货币），反对使用金属币和私人商业银行发行的不能兑换的纸币（fiat money）；公民分红与全面的养老金制度；实行破产保护以及废除债务人监狱；支持给予妇女政治投票权；等等。④ 这些方案中不少内容同样具有明显的民粹主义色彩，其激进性不言而喻。美国著名经济学家约翰·加尔布雷思后来针对"单一税"

---

① 〔美〕亨利·乔治：《进步与贫困》，吴良健、王翼龙译，商务印书馆，2012，第254页。
② 同上，第294页。
③ 也称为"澳大利亚投票"制度。
④ "Henry George", https://en.wikipedia.org/wiki/Henry_George.

论做出如下评论：这是一个非常激进的方案。① 这个评价是准确的。

亨利·乔治虽然因《进步与贫困》声名大噪，成为镀金时代美国左翼知识分子的领袖人物，但他并不接受马克思主义。他提出一个著名的论断："不是资本雇佣劳动，而是劳动雇佣资本。"在他看来，资本源于劳动，二者是非对抗性的，处于对抗状态的是劳动者和土地所有者双方。因此，他反对罢工斗争，认为这是"破坏性对抗"，对劳动和资本双方皆有害无益。他主张工人与资本家联合起来反对地主。

虽然如此，亨利·乔治对私有财产的宣战仍然带有社会主义色彩，或者按照美国历史学家丹尼尔·弗林的说法，其激进主张是对19世纪20年代罗伯特·欧文政治社会构想的继承和发展。② 同时，英国自由主义思想家约翰·穆勒和赫伯特·斯宾塞的影响在其著作中随处可见。从总体上看，亨利·乔治的思想在光谱上仍未脱离偏左自由主义范畴。

亨利·乔治的思想激发了19世纪末和20世纪前期形形色色的激进主义。"尽管政府从未严肃考虑过乔治的建议，他的书却广受欢迎，千千万万个美国人满怀热情地从正反两个方面讨论这本书，并加入各种单一税俱乐部。"③ 1895~1932年，美国各地至少出现过10个实行单一税的群落。④

**2. 范布伦的技术专家治国论**

索尔斯坦·范布伦（Thorstein Veblen，1857-1929），经济学家、社会学家和政治思想家，1899年出版《有闲阶级论》，对世纪之交美国社会攫取了巨额财富的利益集团——有闲阶级进行了深入的经济政治分析。他通过"炫耀性消费"这一概念刻画了这个社会集团的寄生性质。所谓"炫耀性消费"，是指这样的消费行为：无论是购买房地产还是其他物品，其目的只是要表明购买者买得起它们。范布伦指出，有闲阶级的消费行为指向的是一种晚期的垂死的野蛮文化，他们通过不劳动这一特征精准地对自身做了强有力的界定。⑤

范布伦认为，有闲阶级的出现是第二次工业革命期间资本财富积累的

---

① John Galbraith, *The Affluent Society*. Cambridge, Mass.: Riverside, 1958, p.51.
② Daniel J. Flynn, *A Conservative History of the American Left*, p.101.
③ Ralph Young, *Dissent: the History of an American Idea*, p.271.
④ Edward K. Spann, *Brotherly Tomorrows: Movements for a Cooperative Society in America, 1820-1920*, p.161.
⑤ James Wm. Mooney ed., *American Dissenters*. Volume Two, p.36.

产物。有闲阶级成员大多从事与商业相关的职业，他们的炫耀性消费事实上是浪费性消费，其动机是向社会大众展现他们的社会权力与威望。换言之，社会地位变成通过消费模式而非个人经济上的努力来获取和展现。其后果是，社会各阶级都争相模仿有闲阶级的行为，浪费时间和金钱变成了社会行为的特性。

与炫耀性消费密切相关的是"炫耀性休闲"。所谓"炫耀性休闲"，就是以显现社会地位为目的的时间的非生产性使用，这是有闲阶级的首要标志。就像从事生产劳动意味着缺少金钱实力被视作弱的标志一样，从事炫耀性休闲就是公开展示财富与社会地位。随着有闲阶级日益脱离生产性工作，这种脱离成了一种荣耀，对生产性工作的实际参与则变成了卑下的符号。这种炫耀性休闲在乡村地区比城市要严重得多，更为盛行，在城市更需要展示的是地位、财富和权力，炫耀性消费能够把三者突出展现出来。[1]

那么，有闲阶级是如何产生的？由于涉及社会批判和社会分层理论，范布伦对这一问题进行了历史性的系统考察。他把经济行为追溯到劳动分工的开端，即部落时代。劳动分工开始之时，人类群体内部地位较高的人进行狩猎或作战，显而易见地很少从事劳动密集型的或者经济生产性工作；地位较低的人则相反，更多地被安排从事劳动密集型的或者经济生产性工作，比如务农和烹饪。地位较高的人可以悠闲地生活，他们对经济活动的参与象征性大于实际。为了追求较高社会地位，他们可以在很长的时间里享有引人注目的炫耀性休闲。除了炫耀性消费，有闲阶级还有着显赫的休闲生活，这是社会地位较高的标志。[2] 有闲阶级保护并传承以及通过譬如参与战时行动来掌控其社会地位，战争行动能让低社会阶级的人离不开他们。进入工业时代，有闲阶级就是那些免于从事生产性劳动的人。然而，他们却参与智力和艺术活动，以彰显其拥有无须为经济需求而从事生产性手工劳动的自由。范布伦指出，从本质上看，不参与劳动密集型活动并不意味着社会地位高，但较高的社会地位意味着一个人无须一定得履行这样的

---

[1] Noel Parker & Stuart Sim, *The A-Z Guide to Modern Social and Political Theorists*. London: Prentice Hall/Harvester Wheatsheaf, 1997, pp. 368–369.

[2] John P. Diggins, *The Bard of Savagery: Thorstein Veblen and Modern Social Theory*. New York: Seabury Press, 1978, pp. 57–60.

## 第三章 批判与改良：激进改革思想与两种理论进路

责任。①

事实上，作为制度经济学的主要创始人，范布伦研究有闲阶级的消费习性和生存方式，其旨趣并不仅仅是揭示这个阶级的非理性，而是要论证以下几个事实：其一，生产活动是人类行为的核心，是人类区别于其他生物的方式；其二，经济并非独立于社会的自治、稳定和静态的实体，而是社会结构中重要的组成部分；其三，非生产性的有闲阶级与生产性的社会阶级之间的矛盾成为社会冲突的渊薮。解决这一问题的出路何在？答案是社会主义。

在1921年出版的《工程师与价值体系》② 一书中，范布伦提出了建立一个工程师苏维埃的构想。虽然有学者视其构想为不切实际的幻想，但他的设想不可否认有其内在的理论逻辑。他认为，推翻资本主义的力量是工程技术人员而非工人，因为他深信，现代工业社会的产生发展是由技术进步推动的，技术发展最终会向经济事务的社会主义组织方向演进，作为技术掌控者和创新者的工程师和技术人员在这一过程中的重要性不言而喻。在他看来，进行激进社会改革或变革的路径就是把资本家排除在经济领域和国家管理之外，实行技术专家治国。为此，他在1919年与查尔斯·比尔德、约翰·杜威等著名知识分子和大学教授在纽约联合创办了社会研究新学校，除了培养学生对"现行秩序"的起源、成长和当下运作情况寻求"无偏差的理解"外，范布伦把这所"现代、进步和自由"的学校作为开展技术专家治国运动的平台。在他的盛情邀请下，吉多·马克思、莫里斯·库克、亨利·甘特以及霍华德·司各特等志同道合者来到该校任教，正是由于他们的不懈努力，使技术统治论运动成为20世纪美国社会历史进程中影响深远的社会事件，而技术专家治国论更是成为20世纪美国激进政治思想的重要组成部分和灵感的重要来源。

需要特别指出的是，范布伦所理解的社会主义，只是社会经济自然进化进程中的一个中间阶段，它从工商企业制度的自然衰落和工程师的创新

---

① John P. Diggins, *The Bard of Savagery: Thorstein Veblen and Modern Social Theory*. New York: Seabury Press, 1978, pp. 72-75.
② 这是作者1919年发表在《日晷》(*The Dial*) 杂志上的系列论文集。

能力中应运而生。① 虽然他认同马克思的阶级分析,认为社会上一小撮寄生性的生产资料所有者通过剥削手段维持其社会控制,但与马克思对工人阶级起来反抗资产阶级统治寄予厚望不同,他相信工人阶级将会仿效统治阶级,这在其有闲阶级论中有系统论述。当然,他对马克思经济理论予以很高评价,在重视技术进步激发社会变革的重要性上,他与马克思可谓不遑多让。

然而,与其说范布伦是社会主义者,不如说其是左翼自由知识分子更确切。他的思想中有社会主义因素,更有皮尔斯实用主义的自由意志论、达尔文进化论、德国历史学派方法论和怀疑主义等的影子,他同那个时代的许多激进自由主义知识分子一样,只是力图让改革的步伐迈得更大些而已。即便如此,范布伦和他的技术统治论的激进性是不言而喻的。

## 二 进步主义和"新政"时期的激进改革思想

弗林认为,美国内战后至第一次世界大战期间,有三波相互交叉的思潮深刻地影响了美国社会:一是民粹主义;二是进步主义;三是社会主义。② 事实上,这种交互影响在两次世界大战期间以及二战后的漫长历史岁月中不仅依然存在,而且成为20世纪美国激进思想传统不可或缺的内容。

### (一) 社会党的改革主张

1901年成立的美国社会党是形形色色的社会主义者和改革者的集合体。换句话说,它拥有左、中、右等不同政治倾向的群体。从某种程度上看,由不同职业、不同地域以及不同思想观念的人所恪守的不同社会主义路径正好说明了社会主义道路的多样性特征,这可能是社会党最重要的遗产。社会党中被贴上右翼标签的人大多来自新英格兰、纽约和中西部工业区的大中城市,他们都是工会积极分子,绝大多数人是美国劳联会员。在社会党党员和大部分历史学家眼中,密尔沃基是这一右翼的大本营,维克托·伯杰是其翘首。

---

① John Wood, *The Life of Thorstein Veblen and Perspectives on His Thought*. New York: Routledge, 1993, p. 369.
② Daniel J. Flynn, *A Conservative History of the American Left*, p. 99.

## 第三章　批判与改良：激进改革思想与两种理论进路

伯杰是美国社会主义者中极少数认真研读马克思著作的人之一，他用马克思主义的立场观点和方法来观察和分析美国社会。他认为，大公司在美国的出现对美国社会性质产生了深远影响。随着资本主义成为"一种威胁文明"的力量，一个新阶段也已到来。社会主义就是文明的下一个时代，全世界都将卷入其中。不过，这将是一个长期的进程。他写道，无论是封建主义还是资本主义皆兴亡有期，社会主义取代资本主义不会"一蹴而就"。他再三指出，每个国家在这个转变时期需要具备两个条件：社会党能使人口中的大多数人站到自己这一边；工业的集中有效地"为集体生产做好了准备"。因此，伯杰虽然向往社会主义，但他不认为美国和世界其他地区已经具备实现社会主义的条件，相反，他认为社会主义的到来是一个长远的奋斗目标，社会主义者必须为之进行持之以恒的努力。具体来说，一是要在工人中进行耐心的教育工作，让工人明了社会主义的原则和未来出现一个更加人道的社会的可能性，目前的斗争计划应该是使工人在"经济、道德和精神"方面都得到长进，因为工人在数量上"大大超过资产阶级"。伯杰相信，最终工人会把"全世界每个国家的命运掌握在手中"。而党能够与农场主达成协议也是一个重要条件。二是社会主义者应与其他改革者（主要是自由主义改革派）结盟，并从一点一滴的改革做起。一些批评者因此指责他是"下水道社会主义者"[①]。但他的改革主张和行动不仅使他在政治上声名大噪，也使社会党在社会底层的影响力大大扩展。

同俄国革命前的大多数马克思主义者一样，伯杰无法想象社会主义可能在不发达国家实现。为此，他强烈批评那些革命不离口的社会主义者，认为在条件不具备情况下的革命只能是"灾难"。尽管他熟知马克思的名言——"暴力是每个新时代降临的助产婆"，但他对此不以为然，他渴望有别的出路。他在选票上发现了这条出路，条件是有武装起来的人民作为后盾。之所以要有武装起来的人民，是为了防范在未来资产阶级耍赖拒不承认工人阶级选举获胜的事实，在完全武装起来的人民面前，和平过渡会得到保障，"一个武装的人常常是一个自由人"[②]。

---

[①] 伯杰同一些改革者合作，推动密尔沃基地方改革，在市政建设方面推动建造使用期限达到五十年的下水道系统。这一系统最终顺利建成，它只是伯杰推动地方改革成功的诸多案例之一。

[②] James Weinstein, *The Long Detour: the History and Future of the American Left*, pp. 50–51.

毫无疑问，以伯杰为代表的"下水道社会主义者"在思想上深受爱德华·伯恩斯坦的影响，不相信暴力革命具有必要性，认为策划革命在理论上是有吸引力的，但在实践中能为人民的餐桌提供食物或许更有感召力。他声称，"只要我们改变了现存的秩序，使全体人民得到解放，我们不在乎我们的社会主义是马克思主义的，还是其他什么主义的"，取消暴力革命在美国是可能的，"在一个已经有投票制的国家，只要投票能被给予完全执行和公正对待，我们还去期待通过暴乱和斗争，通过杀人式进攻和流血的谋反来改变社会，这是愚蠢的"。① 他的和平过渡论不仅为后来的美国共产党主流理论家们所反对，也被社会党内以威廉·海伍德为首的左派所拒绝，但在党内和社会上却支持者众多。

社会党内自称为左派的是世界产业工人联合会领导人威廉·海伍德，他和他的追随者坚决反对伯杰的和平过渡论和改革主张，不同意伯杰关于资本主义还会存在一段相当长时间的判断，认为没有什么改革能有效地改善劳动者的生存条件，社会党正确的选择是让劳工立即投入战斗，把工会之外的劳工组织起来采取政治行动，因为一场革命随时都有可能发生，长期战略毫无必要。海伍德的支持者主要是南方和中西部的边缘群体，如山地州失去公民权的有色金属矿工、伐木工人、流动性农场工人以及初来乍到的移民工人等。他们对改革了无兴趣，对通过激烈手段达到眼前目标却兴趣盎然。他们一度想把"破坏"作为劳工的重要斗争策略，海伍德也曾表示自己"并不是一个守法的公民"。不过，海伍德从未公开提倡暴力，相反，在其领导的一系列罢工中，他反复强调非暴力是"最大的武器"，强调"不要有一分一毫的财产损坏"②。

其实，以海伍德为首的左派虽然言辞激烈，但其实际行动仍然属于改革的范畴。绝大多数罢工仍然以改善劳动者的经济状况为出发点，仍然是立足于制度内部的争取劳工权益的合法性斗争。

事实上，在整个进步主义乃至新政时代最能代表社会党改革主义政治倾向的是组织内外的基督教社会主义思潮。例如，由《造反者》周报主编汤姆·希基（Tom Hickey）领导的得克萨斯州社会党人连篇累牍地在其刊物

---

① 〔美〕约翰·尼古拉斯：《美国社会主义传统》，陈慧平译，社会科学文献出版社，2013，第121~122页。
② James Weinstein, *The Long Detour: the History and Future of the American Left*, p.52.

上发表"圣经社会主义"言论；基督教牧师斯蒂特·威尔逊、刘易斯·邓肯和乔治·伦恩代表社会党分别在加州伯克利、蒙大拿州布特和纽约州斯克内克塔迪的市长竞选中折桂，这在一定程度上揭示了基督教社会主义社会影响的广度和深度。

## （二）基督教激进改革思想

镀金时代，与美国快速工业化、城市化和机械化并行而来的政治腐败、贫富悬殊、环境恶化等社会不公导致了两个直接社会后果：一是生存境况恶劣的工人阶级对基督教会表现出日益明显的疏离或冷漠；二是社会主义的影响不断扩大，在社会底层民众和知识分子中激发起了越来越多人想要改变世界的热忱。而这两方面特别是社会主义作为压力和动力传导给宗教界，催化了以宗教手段推动社会变革的激进思想。20世纪40年代，美国历史学家查尔斯·霍普金斯指出，应该把社会主义称为"社会福音的助产婆和护士"，因为它"超越了自由神学的催化效果"。[1] 这样的评价绝无夸张之虞。

### 1. 社会福音派牧师的激进改革主张

社会福音派是19世纪末20世纪初出现在美国和加拿大的影响广泛的宗教社会运动，在进步主义时代成为进步主义运动的重要组成部分。社会福音运动中的牧师都是力图以保守的方式实现激进目标的人。[2] 他们力图应用新教伦理精神来解决经济不平等、贫困、酗酒、犯罪、种族冲突、贫民窟、环境恶劣、童工、工会权利、学校教育、战争危险等社会正义问题。他们在思想上受到亨利·乔治、贝拉米、马克思和恩格斯等思想家的启迪。例如，著名的洗礼派牧师和大学教授沃尔特·饶申布施（1861~1918）就承认，是亨利·乔治让他意识到了这个社会问题无处不在的世界；饶申布施还是马克思和恩格斯的拥趸，不过他不接受暴力革命理论。《进步与贫困》同样对公理会牧师华盛顿·格拉登（1836~1918）的社会思想有深远的影

---

[1] Charles Howard Hopkins, *The Rise of the Social Gospel in American Protestantism, 1865-1915*, New Haven: Princeton University Press, 1940, p. 244. 转引自 J. Dorn, "The Social Gospel and Socialism: A Comparison of the Thought of Francis Greenwood Peabody, Washington Gladden, and Walter Rauschenbusch", *Church History*, 62 (1), pp. 82-100. 1993, http://corescholar.libraries.wright.edu/history。

[2] Daniel J. Flynn, *A Conservative History of the American Left*, p. 122.

响，虽然他并未完全接受单一税论。以上两人都是贝拉米《回顾》所勾画的乌托邦的信徒。此外，饶申布施在欧洲留学期间，深受费边社会主义思想影响，并加入了费边社，这或许是他虽然主张用社会主义代替资本主义，却拒绝走马克思和恩格斯暴力革命道路的原因。

在专门从事社会福音运动研究的历史学家多恩眼中，饶申布施、格拉登以及哈佛大学神学家弗朗西斯·皮博迪（1847~1936）是最能够代表社会福音运动基督教社会主义的思想家。他们不约而同地从以下假设出发思考社会现实困境与出路：基督教信仰虽然是面向个人的，却不乏社会意涵；教会必须应对社会问题；不能对社会主义熟视无睹；肯定性的社会变革必定会通过渐进的非暴力的方式到来。他们都对社会主义抱有持续性的关注，都以各自独特的表达方式赞美社会主义的意义和社会主义与基督教信仰之间可能的关系。[1]

在福音派思想家眼中，资本主义与魔鬼无异。饶申布施宣称："竞争已经自我证明是经济福利的自我毁灭。"而进化正在把"社会从目前暂时性的个人主义阶段带往共产主义的更高级形式"[2]。因此，社会福音运动致力于实现社会从自私自利的个人主义基础向利他性合作转型。1912年，饶申布施在《社会秩序基督教化》中指出：

> 基督教会以往的首要目标是拯救个人，但当前最为迫在眉睫的任务不是拯救个人。我们的事业是改变不合时宜的和不道德的经济制度；取缔由邪恶的和专制的过去继承下来的法律、习俗、准则和哲学；在大型社会阶级集团之间创建公正和兄弟般的关系；由此奠定现代人类个人赖以勉强工作和生活的社会基础，而这并不会对他们之中所有较好的基础造成侵害。[3]

显然，饶申布施用以取代资本主义的是一种以合作为基础的基督教社

---

[1] J. Dorn, "The Social Gospel and Socialism: A Comparison of the Thought of Francis Greenwood Peabody, Washington Gladden, and Walter Rauschenbusch", *Church History*, 62 (1), pp. 82-100. 1993, http://corescholar.libraries.wright.edu/history.

[2] Ibid.

[3] Ralph Young, *Dissent: the History of an American Idea*, p. 294.

会主义。华盛顿·格拉登则认为,"基督教法涵盖生活中的每一种关系",其中自然包括雇主和雇员的关系。皮博迪同样高度重视社会主义与基督教之间共同的社会关怀,认为社会进步离不开社会主义与基督教的连接。

相比较而言,皮博迪在三人中与社会主义有较大距离。他不同意根据经济地位进行阶级分类,不认为富人是一个阶级。在他眼中,工业社会的劳资冲突只是"道德失信",社会主义者致力于重新进行制度安排是没有必要之举,因为外在的变革是不可能改变当下那些陷于追逐一己之利而不能自拔的残忍和冷酷的心,让他们一变而成慷慨、博爱和公正之人的。显然,皮博迪不是把工业社会存在的种种严重问题和弊端归因于制度,而是归咎于人的道德衰败。任何制度都会被坏人滥用,制度对于进步而言是次要的和没有什么意义的,个人的品格才是首要的和所有问题的关键。解决问题的出路就在于提升个人的道德品格而非激进的制度变革。

华盛顿·格拉登赞同皮博迪以改变个人为起点以及社会主义忽视个人"品格"的看法。不过,他相信,改变个人与改变社会同样重要,而且二者需要同步进行。作为一个理想主义者,他完全按照和谐与公平原则来审视一个社会,也只是因为这一点,他在布道讲演、发表的大量文章和几部著作中对社会主义进行了长期的跟踪研究和评论。面对激烈的社会冲突,他认为,劳工能在冲突中保护自己的权益。他虽然不接受马克思的经济分析、剩余价值理论、阶级冲突观和无产阶级具有历史使命论,但他承认,社会主义者对资本主义的控诉是"正确的":工人工资增长速度远远低于国民财富的增长速度;接二连三的经济萧条使工人生活没有安全感;企业集中化和"寡头统治"的迅速发展使工人无路可逃。在他看来,这不是资本主义本身的错误,而是社会观念之错,这种社会观念认为"唯一的动力是自我利益"[1]。这种观念的理论基础是古典经济学的自由放任思想和社会达尔文主义,赫伯特·斯宾塞是其最极端的代言人,故格拉登将其视为思想上的敌人。格拉登指出,自由放任意味着不仅放任富人,也放任穷人,自由放任理论的解释是,穷人一旦放任足够长的时间也会变成富人。这是十足的谬论。他特别指出,自由竞争理论自吹自擂的自由对于挣扎在饥饿线上的

---

[1] Washington Gladden, "The Strength and Weakness of Socialism", *Century* 31, 1886, pp. 737-749, 转引自 J. Dorn, "The Social Gospel and Socialism: A Comparison of the Thought of Francis Greenwood Peabody, Washington Gladden, and Walter Rauschenbusch"。

妇女儿童纯属不切实际之物。由此观之，社会主义实为针对个人主义统治的贪婪和掠夺做出的鞭挞和愤怒反应。为此，他呼吁，应该支持国家采取行动改善"穷人和最不幸运阶级"的生存条件，通过这种真正的社会主义动机推动个人主义走向"博爱"，至于"智慧的社会主义者"要求提供给"所有人平等机会和不给任何人特权"并平均分摊社会负担的政治经济学则是无可指责的。基督教会在这一点上没有给予足够的重视。①

但是，社会主义存在明显的弱点，其弱点不在于它对资本主义的控诉，而在于它的方法和矫正方式。具体表现为两个层面。一是社会主义社会的结构特征问题。他以社会主义者劳伦斯·格朗伦德的《合作共和国》为分析文本，担心社会主义社会的官僚政治"将会被其自身的重量压垮"，消费品的千篇一律，个人自由的丧失，创新与管理才能的贬值，等等，都是这个新社会蓝图中存在的症结。二是社会变革的动力问题。他批评社会主义低估"精神在生产中的功能"，事实上精神对于人的力量而言是十分巨大的，这在决定人的要求、需要和报酬以及追求"生活的舒适"方面尤为突出。

格拉登认为，既要思考如何通过政府来在个人与集体行动之间实现平衡，也要考虑在个人的自由与责任之间建立平衡。他指出，一定不要想象政府会成为慈善神仙，把财富倾倒在每个人的家门口任由人们消费。虽然出于社会进步和改革需要考虑，支持国家权力在一定的领域和方向上扩大，但绝不同意其扩大到覆盖社会生活的所有方面。社会既非"沙堆"②（sand-heap），亦非"化学合成"③，而是人类有机体，其每个部分都是"一"，但"在更大的统一体生活中能找到其生活"。没有拥有和使用财产的实质性自由，个人身份和品格发展将处于危险中。④ 他坚信，政府影响力的扩大不是坏事，在民主社会中，政府只是促进"所有人通过经济与社会合作来争取

---

① Washington Gladden, "Christianity and Socialism", *Chautauquan* 30, Nov. 1899, pp. 138–141, 转引自 J. Dorn, "The Social Gospel and Socialism: A Comparison of the Thought of Francis Greenwood Peabody, Washington Gladden, and Walter Rauschenbusch"。
② 意指个人主义。
③ 意指社会主义。
④ Washington Gladden, *Ruling Ideas of Present Age*. Bostob, 1895, p. 77, 转引自 J. Dorn, "The Social Gospel and Socialism: A Comparison of the Thought of Francis Greenwood Peabody, Washington Gladden, and Walter Rauschenbusch"。

## 第三章 批判与改良：激进改革思想与两种理论进路

公共善"的中介，他特别强调要扩大政府在增进社会福利方面的功能。可以说，他憧憬的是与政府权力增加并行而至的混合经济的出现。

格拉登认为社会主义者对美好世界的追求与基督徒对上帝天国的渴望有着密切联系。[①] 即便如此，他仍然在个人再生的相对重要性和社会结构变革两个方面批评社会主义。他认为，社会主义者太过聚焦于环境，忽视了创造社会化的个人，这些社会化的个人将"在道德个人主义的基础上建立经济社会主义"。这里强调的道德个人主义事实上仍然是指向社会的，因为毕竟一切道德都是社会的而非个人的。格拉登明确指出，"形式的变革"改变不了精神，但没有形式的变革，精神变革也不能表达自身。基督教的双重目标是无法分割的：要创造完美的社会就要先创造"完美的人"；要创造完美的人，就必须"建设完美的社会"。

简单地说，格拉登力图在理论上实现个人与社会结构之间的平衡，故对社会主义的主张采取了赞赏和批评的双重态度，不过从总体上看，他肯定社会主义比原子化的个人主义具有明显的道德优势。

饶申布施对社会主义的认同度最高。其传记作者认为他是"一个令人信服的社会主义者"[②]。1889年，基督教社会主义者协会（SCS）成立，饶申布施帮助该协会创办了一份报纸——《争取权利》(*For the Right*)，该报以从基督教社会主义的立场讨论工人阶级问题为宗旨。此外，他还为激进刊物《黎明》撰稿。他在欧洲期间，更加广泛地接触和研究社会主义思想。回国后，在他人生的最后二十余年间，社会主义成为他著述和演说的核心话题。他相信，社会主义与基督教之间不存在对立关系，社会主义将出现在即将到来的上帝的王国中，或者说上帝的王国将降临在社会主义之地。[③] 早在1895年，饶申布施就发现，人的价值与社会合作原则是社会主义和基督教的共同基础。他宣布："为了工作目的，我自己是个社会主义者，无论如何，我们需要比我们今天拥有的多得多的社会主义。"[④] 虽然他也同皮博迪和格拉登一样，认为社会主义会危及个人自由、削弱家庭和爱国精神、

---

[①] 格拉登从贝拉米的《回顾》文本中发现了社会主义含有基督教理想主义情怀。
[②] Dores R. Sharpe, *Walter Rauschenbusch*. New York, 1942; 转引自 J. Dorn, p. 91.
[③] Dores R. Sharpe, *Walter Rauschenbusch*. Chapter 7.
[④] Washington Gladden, "The Ideas of Social Reformers", *American Journal of Sociology*, 2, Sept. 1896.

偏好依赖暴力实现突然性变革、过度强调促进制度性安排与设施的"实践的唯物主义",并担心社会主义国家可能会变成一部"巨大的机器",导致个人像养鸡场的鸡,只能勤奋地下蛋,但没有足以飞出围栏的翅膀。他也认为,没有个人的新生前提下的社会结构变革是危险的,"我们可能拥有巴黎林荫大道一样光滑整洁的大街,而街头的人可能还是粗鄙淫荡之徒,在专事破坏"。然而,所有这些问题和危险,并不能成为拒绝社会主义的理由,相反,他鼓励基督教徒参与社会主义运动。①

虽然对社会主义者关于生产和分配工具由社会所有的主张持肯定态度,但饶申布施把社会主义分为"教条的社会主义"和"实践的社会主义"两种,前者包括预期上的启示性、哲学上的唯物主义以及理论上的专断;后者则包括扩大公有权、提高遗产继承税、增强工会力量、增加保护性劳工立法等。他明确表示支持后者,反对前者。即便在社会主义党派中存在强烈的反教会倾向,甚至出现强制驱逐信教者事件,饶申布施依然认为社会主义是"现代世界争取正义、民主和有组织的博爱的最强有力的力量"。他断定,反对宗教绝非社会主义思想的本质要素。1901年成立的社会党似乎是有力的佐证:社会党曾经宣布对宗教持中立态度,更何况其党员中有为数不少的教会神职人员。因此,他要求基督教徒与社会主义者全心全意地进行合作,促进共同的正义事业。

饶申布施自认为是社会主义和基督教之间的中介。他首先要忠诚的是基督教观念中的上帝之王国,但社会主义在实现这一王国上的吸引力是十分强大的。在1907年问世的《基督教与社会危机》一书中,饶申布施以激进的笔触为渐进的和理想的社会主义唱赞歌。他在书中用了好几章的篇幅来展现基督教的基本目标:"通过重新培育所有人际关系并按照上帝的意志重构这些关系,把人类社会变革为上帝之王国。"② 他发现,先知、耶稣和原始教会的工作就是对正义社会持之以恒的呼唤。先知的道德不是个人主义的,而是"国民生活赖以建立的公共道德"。当然,耶稣并不是现代类型的社会改革家,他只能从道德和宗教观念的角度看待他那个时代的社会问题。③

---

① Washington Gladden, "The Ideas of Social Reformers", *American Journal of Sociology*, 2, Sept. 1896.
② Walter Rauschenbusch, *Christianity and the Social Crisis*. New York, 1907, p. 13.
③ Walter Rauschenbusch, *Christianity and the Social Crisis*. New York, 1907, pp. 47-48.

## 第三章 批判与改良：激进改革思想与两种理论进路

他从《圣经》文本解读转回到现实，明确指出，资本主义要对生产工具所有者和使用者之间与生俱来的不平等负责，要对工资劳动者的"历史性的不幸"负责，要对阶级分离和政治过程腐败负责，要对"道德氛围的衰败"和"家庭生活的被侵蚀"负责。①

面对工业时代的问题和危机，怎么办？他的答案是复杂多样的。他认为，在以教会为支柱的基础上，具有社会信念的个人和教会能够多做促进公平与正义的事。然而，作为一个历史学家，饶申布施强调人类生活中集体和社群的一面。② 他怀有强烈的阶级结盟和阶级冲突意识，他断定，如果要追求终结阶级制度的终极的正义目标，就必须把工人阶级作为一个阶级立起来，而社会主义已对此做出承诺。他评论道："如果这一解决方案最近有可行性，它应该受到每一个爱国者和基督徒快乐的喝彩。"③ 在《社会秩序的基督教化》一书中，他以冗长的篇幅批判资本主义，指出，"基督教永远不会同意（资本主义的）贪婪的组织"，而"社会主义者是正在到来的时代的一支主要力量。其基本目标是正确的……因为他们是人。在社会主义名称被叫出以前，这是基督教使命的一部分。由于有组织的教会过于有眼无珠，过于迟缓，意识不到上帝的目标，上帝只得支持社会主义"。④

在生命的最后十年，饶申布施的社会主义倾向更加强烈。比如，在他的影响下，他的两个儿子在1915年当选校际社会主义协会（ISS）两个分会的主席，而他自己则在社会党赞助下进行演讲和著述。尽管他不喜欢《基督教社会主义者》的夸张格调，他仍然为这一具有政党倾向的刊物撰稿，他把基督教和社会主义分别视作现代文明中最老和最年轻的理想主义力量。1916年秋，他在一次演讲中表示，社会主义是一种"神圣的强制"，对他自己而言是无法抵御的"道德和精神上的召唤"。他认为，社会主义者应该强调其目标同基督教信仰之间的一致性。⑤

不少读者通过饶申布施的著作加深了对社会主义的理解。例如，主教

---

① Walter Rauschenbusch, *Christianity and the Social Crisis*. New York, 1907, Chapter 5.
② Henry W. Bowden, "Walter Rauschenbusch and American Church History", *Foundations* 9, 1966, p. 237.
③ Walter Rauschenbusch, *Christianity and the Social Crisis*. New York, 1907, p. 408.
④ Walter Rauschenbusch, *Christianizing the Social Order*. New York, 1912, p. 405.
⑤ Walter Rauschenbusch, "Combining Christianity and Socialism", *New York Call Magazine*, 22 April, 1917.

派儿童福利改革者安娜·罗切斯特（后来成为马克思主义作家）就是在读了《基督教与社会危机》后才发现，基督教是如此有力量和动力满满，社会主义则为基督徒实现自我创造了机会；宾夕法尼亚一位洗礼派牧师得到了类似的启迪："从前的我倾向于社会主义，现在的我彻头彻尾地追随它。"也正是在饶申布施的影响下，主教派的百万富翁威廉·柯克兰不仅为社会主义和进步主义改革慷慨解囊，而且公开表示："一个百万富翁的最高职责就是让未来不可能出现百万富翁。"① 在社会党内部，许多党员把饶申布施的著作视为社会党的宣传品，尽管饶申布施不是社会党党员，他们仍然称呼他为同志。②

无论饶申布施等人是出于拯救社会还是拯救基督教的目的而同情、支持和选择社会主义，基督教与社会主义的结合客观上构成进步主义改革的原动力，特别是饶申布施提出的基督代表穷人利益的思想，成为解放神学"穷人优先权"理论的先声，对其后如小马丁·路德·金的民权思想和拉美的解放神学产生了深远影响。

### 2. 多萝西·戴的天主教社会主义改革思想

多萝西·戴（Dorothy Day，1897-1980），出生于纽约布鲁克林一个中产阶级家庭，美国新闻记者，社会活动家，天主教工人运动的核心人物，也是20世纪美国天主教会历史上最激进的无政府主义政治思想家。由于终身奉行公民不服从原则，她分别于1917年、1955年、1957年和1973年多次被捕入狱。

青少年时代，戴阅读广泛，从厄普顿·辛克莱到杰克·伦敦，从斯宾塞到达尔文与赫希黎，从陀思妥耶夫斯基、托尔斯泰到克鲁泡特金再到高尔基，这奠定了她一生从事激进社会批判的知识基础。③ 而在伊利诺伊大学额巴纳校区的两年（1914~1916）里，她大量阅读了基督教激进社会思想方面的论著，这也成为后来引领她思想和行动的始基。走出大学校门后，她回到了出生地纽约。在这里，她与众多共产主义者打成一片，④ 成为几个社

---

① J. Dorn, "The Social Gospel and Socialism: A Comparison of the Thought of Francis Greenwood Peabody, Washington Gladden, and Walter Rauschenbusch", pp. 98-99.
② Ibid., p. 100.
③ Dorothy Day, The Long Loneliness: the Autobiography of Dorothy Day. San Francisco: Harper & Row. 1981, p. 43.
④ 她与后来成为著名共产党人的激进作家麦克·戈尔德保持了几年的恋爱关系。

第三章　批判与改良：激进改革思想与两种理论进路

会主义刊物《解放》《大众》《召唤》的助理编辑。虽然她身边的朋友和同事大都是共产主义者，她却只是社会主义的同情者，并未加入共产党组织。她后来解释说："我才十八岁，因此我在忠诚于社会主义、工团主义还是无政府主义之间摇摆不定。我读托尔斯泰的时候，我是无政府主义者。我对《召唤》的忠诚使我成为一个社会主义者。尽管是一个左派，我的美国至上主义又让我倾向于世界产业工人联盟的运动。""我满面笑容地对失去耐心的社会主义者解释说，'在阶级战争中，我是和平主义者。'"① 1927 年，她皈依天主教。

毋庸讳言，虽然戴一直对共产主义者充满同情，甚至后来在 1949 年在为 11 位受到指控的共产党人进行辩护时，明确表示自己是前共产党人："我想充满感情说出来的是，我热爱这些我曾经与之共事的人们，我从他们那里得到许多教益。当我在基督教会里无法找到上帝的时候，是他们帮助我在上帝爱护的穷人和被抛弃者身上发现了上帝。"但正如她在《从联合广场到罗马》一文中所指出的，她所创立和推动的天主教工作者运动和共产主义运动之间有着本质的差异。首先，她不能接受的是共产主义者的无神论主张。她明确表示："我全心全意地接受教会的权威。"她深信宗教在人类精神和日常生活中具有不可替代的作用，皈依天主教意味着对教会权威的服从和对教会教义的遵循。其次，不同意马克思主义者彻底否定私有制的立场。戴虽然对资本主义经济制度持有深深的怀疑态度，尤其是对社会两极分化和财富集中于极少数人的状况十分反感，但她仍认为拥有私有财产是人的自然权利之一。1936 年，她这样写道："我们相信普遍的私有财产和美国人民的去无产阶级化。我们相信私人拥有生产资料、土地和工具。我们反对受到卡尔·马克思主义批判和谴责的'金融资本主义'，但我们相信就像会有基督教共产主义一样，也会有基督教资本主义。"② 她试图建立具有某种"公社"性质的基督教团体，同时确保所有人有一定的私有财产，并且认为这样的社会变革是一场革命。最后，反对共产党人的暴力革命哲学。在她看来，为达到某种社会革命的目的而煽动社会阶级之间的仇恨，甚至在肉体上消灭某一部分人，是完全不能被接受的。为此，她坚决反对当

---

① Jim Forest, *All is Grace: A Biography of Dorothy Day*. Maryknoll, NY: Orbis Books. 2011, p. 30.
② 转引自彭小瑜《一个激进者的皈依——多萝西·戴的思想和行动》，《历史研究》2005 年第 2 期。

时的苏俄革命以及苏联的政治和社会模式。

1932年12月,她受《公益》(*Commonweal*)杂志委托报道共产党人组织失业者在华盛顿举行的"饥饿大游行",她写道:"这些男女的勇气让我从心底里为他们快乐和骄傲,同时在我心头也有一丝苦涩。"之所以感到苦涩,是自己因为天主教徒的身份"不能够加入他们的队列中去"。①

游行结束后的12月8日,戴来到坐落于华盛顿的美国天主教大学校园内的大教堂,在祈祷中立下了誓言,立志在以后的生命中以全部力量来帮助劳工和贫穷的民众。她从此将个人的信仰和宗教生活与基督教社会思想以及救助穷人的义工结合了起来,而且是以一种超常的决心和力度来实现这一崇高的结合,从而使得她的皈依上帝带上了激进的色彩。戴的皈依并不意味着她放弃了对资本主义剥削的反感。戴曾经说过:"我曾经深受社会主义信念的感染。我始终相信,人们应该分享他们所有的,少数人富有、绝大多数人贫困的状况是不对的。"②她认为,资本主义对劳工的剥削是一种罪行,尤其是广告商,更是一群十恶不赦的罪犯,他们使穷人为满足"微不足道的欲望"而"出卖其自由与尊严"。③

大萧条的惨况使戴下决心把宗教信仰与社会改良紧密结合起来。1933年,多萝西·戴在彼得·莫林的帮助下创办了《天主教工作者》报,这成为天主教工作者运动的舆论阵地。天主教工作者运动虽然在美国各地办了很多济贫屋,积极开展济贫活动,但其目的不在济贫本身,而是通过社会救助活动宣传其理论主张。这是一种既反对资本主义又拒绝共产主义的理论,一般被称为人格主义(Personalism)。④ 天主教人格主义在某种程度上

---

① Dorothy Day, *The Long Loneliness*. San Francisco: Harper and Row, 1981, p.165.
② R. Coles, *Dorothy Day: A Radical Devotion*, *Reading*. Massachusetts: Addison-Wesley, 1987, p.27.
③ Day, Dorothy, "The Faces of Poverty", in Hearing the Call Across Traditions. 1963, p.120.
④ 人格主义是一种哲学学派或者思想潮流,在哲学史上与此相关的哲学家众多,从苏格拉底、柏拉图、亚里士多德到阿维森纳和托马斯·阿奎纳,再到笛卡尔、莱布尼茨和康德等人,都对这个问题有着程度不等的思考。人格主义主要致力于研究和描述:(1)作为最高人格的上帝的独特性;(2)在自然界人同自然尤其是同动物的关系。人格主义最重要的理论兴趣点是人的主体性或自我意识,此外,人拥有独一无二的价值观,只有人才拥有自由意志,在本体论上,唯有人是真实的,等等,也是人格主义所推崇的原则。进入20世纪,由多萝西·戴和卡尔·华迪卡(Karol Wojtyka,即后来的教皇保罗二世)等人发展出的天主教人格主义对美国社会产生了持续性的深远影响。

是对资本主义和共产主义的回应,其核心价值观是:促进人权,个人尊严与社会公益和谐共存,反对极端或过度的个人主义,力主实现政治和社会层面的权力分散。

正是居于人格主义的信仰,对人权和人格的尊重以及对"人人皆兄弟"信条的信守,多萝西·戴在皈依天主教后,以宗教为武器,为底层劳动者和社会弱势群体的利益和尊严而战,为和平而鼓呼,直至生命的最后一刻。可以说,戴的激进理想主义不仅没有因其皈依而弱化,反而更加强化和系统化了。

### (三) 约翰·杜威的"公共社会主义"

作为美国极负盛名的哲学家和教育家,约翰·杜威在"大萧条"和"新政"期间,对美国式资本主义和斯大林式苏联社会主义做了仔细观察与比较,进行了认真而不失深刻的思考,提出了较为激进的经济社会改革主张,在一定程度上影响了罗斯福"新政"改革的进程。

首先,为美国资本主义进行诊断并给出修补药方。杜威认为美国社会的困境是政治、宗教和教育生活领域里日益普及的平等原则与经济生活中的不平等原则之间的矛盾。① "大萧条"的悲惨情景既证实了这一矛盾的严重性,又充分表明,在经济领域中已"不能再容忍""自由放任"的极端个人主义,必须强化"以正义而不是利润为目的"的国家的"最高权威"。② 在他看来,美国资本主义存在种种弊端,需要以这样一些目标来引领改革:(1) 提高生产率与降低浪费;(2) 就业保障;(3) 改善工人尤其是妇女和儿童的工作条件;(4) 提高消费者的智慧和鉴赏力以及消费层次;(5) 实行公平分配。

如何实现这些目标?杜威的看法是:第一个目标虽然属于工程师负责的技术性问题,但生产者的合作意愿以及政府的积极干预很重要;第二个目标不容易,"在科学家和工程师找到防止失业及其造成的浪费之前,唯一可行的补救办法就是社会保险或者由国家推行的某种形式的大规模的公共计划";③ 第三个目标需要联邦和州共同通过立法来推进,建议实行某种形式的公共医疗保险以为低收入阶层提供足够的医疗服务;如果说第一个属

---

① 孙有中:《杜威对美国资本主义出路的探索》,《美国研究》1999 年第 4 期。
② John Dewey, "Ethics", *LW* (*LW* for *John Dewey: The Later Works, 1925-1953*), Carbondale and Edwardsville: Southern Illinois University Press, *1981*, Vol. 7, pp. 477-478.
③ 孙有中:《杜威对美国资本主义出路的探索》,《美国研究》1999 年第 4 期。

于工程师、第二个和第三个属于政府责任的话,第四个目标的实现则属于教育的责任,教育是提高生产者和消费者层次的唯一途径;第五个分配公平问题很关键。杜威把分配原则归纳为四种:一是按实际劳动分配,这在简单型社会可行,在现代高度复杂的工业社会则行不通;二是不择手段的自由竞争,这是工业社会的现实,导致令人深恶痛绝的严重两极分化;三是平均分配,这种方法照顾到了一种形式上的平等,却忽略了人们能力和贡献大小的差异,造成了新的不平等;四是以"公共利益"和"共同财富"为分配的根本准则,这一原则坚持给每个人提供最起码的生活条件,不仅使其免于饥饿,而且有可能获得"现代文明的必需品和某些享受"。杜威明确支持第四种分配原则。

他认为通过对这些问题进行一点一滴的渐进式改革,资本主义是能够生存下去的。对此,他曾大胆预言:"在最近的将来,改良资本主义有可能延续下去。"① 因为他相信,无论是亲俄左派津津乐道的苏俄道路,还是一些反资本主义的激进派痴迷的墨索里尼意式法西斯主义,都不符合美国国情;因为美国人不愿意也不会"服从一个唯一的主人的控制"。②

其次,以"公共社会主义"方案来根本性改造资本主义。在杜威看来,与实现一个"美好社会"的要求相比,仅对资本主义实行零敲碎打的改革是远远不够的。换言之,必须对资本主义进行伤筋动骨式的改革或者改良,把它导向一种"公共社会主义"。

何为"公共社会主义"?杜威在1930年3月发表的《资本社会主义,还是公共社会主义?》一文中有如下论述:

> 我们将走向某种形式的社会主义,……经济决定论是事实而不只是理论。但一种是盲目的、混乱的、无计划的决定论,源于为牟利而经营的商业活动;另一种是有社会计划、有秩序的发展,两者之间是有区别的。这个区别与选择就在于是要一个公共社会主义,还是要一个资本社会主义。③

---

① John Dewey, "Ethics", *LW* (*LW* for *John Dewey: The Later Works, 1925-1953*), Carbondale and Edwardsville: Southern Illinois University Press, 1981, Vol. 7, p. 479.
② Ibid., p. 478.
③ Ibid., Vol. 5, p. 95.

## 第三章　批判与改良：激进改革思想与两种理论进路

杜威所倾向的是有计划和有序的公共社会主义。在他看来，人类经济组织的最终目的并不在于物质生产本身，而在于确保人们拥有安全的环境以"实现个人能力有秩序的表达并满足人们在非经济领域的需要"。亦即经济活动只是实现人类生活的最终目标——"求知、审美以及伴侣生活之价值的解放"①，或者"创造在平等的基础上相互联合的自由人"②——的一种手段。

经济社会化是通往公共社会主义的必由之路。杜威指出，现代资本主义经济制度是造成日益恶化的社会混乱与矛盾的根源，解决之道就在于经济社会化。美国社会一直奉自由主义为圭臬，对通过个人主义和自由竞争实现社会福祉深信不疑，现在应该颠倒过来，通过经济社会化来确保个人物质安全从而实现个人的自由发展。③ 那么，什么是经济社会化？

1933年9月，杜威在《常识》杂志上发表《迫在眉睫：一个新的激进政党》一文，呼吁在两大党之外组建第三党，为人民大众推行经济社会化方案。其基本思路是：把国民经济的所有关键部门纳入社会化的范围，把土地、银行、生产和分配的一切权力夺过来交给人民，实现生产、交换与流通的"民众化"（Popularization）。④ 显而易见，杜威的社会化不是国有化，不是把经济交给国家或政府全权代表人民来"控制"，而是由社会大众管控的"社会控制"。至于民众如何管控，杜威没有回答。

在1934年的一次广播讲话中，杜威提出了地租社会化设想。他认为，土地实为一切生产资料与生活资料之本，对土地的社会化，就是对全部"生产本源"的社会化、对具有社会作用的机会的社会化。一旦实现土地的社会化，"游手好闲者和寄生虫"将无处遁形，人民大众将免于深陷"农奴状态"的命运。⑤

1935年3月，杜威提出一个更加大胆的方案：全面修改美国税收制度。在杜威眼里，现行美国税制与经济社会化所追求的财富与收入公平分配目标南辕北辙："积累的利润为获取更大的利润而寻求投资，这是美国财富与

---

① John Dewey, "Ethics", *LW* (*LW* for *John Dewey: The Later Works, 1925-1953*), Carbondale and Edwardsville: Southern Illinois University Press, 1981, Vol. 5, p. 598.
② John Dewey, "Liberalism and Social Action", *LW*, Vol. 11, p. 62.
③ John Dewey, "Liberalism and Social Action", *LW*, Vol. 11, p. 63.
④ John Dewey, "Unity and Progress", *LW*, Vol. 9, p. 73.
⑤ 孙有中：《杜威对美国资本主义出路的探索》，《美国研究》1999年第4期。

收入集中的一个基本原因，也是造成生产与消费以及随之而来的失业之间失衡的一个主要原因。"这对美国构成了"几何级数增长的危险"。因此，正确的做法应该是，对高收入、财产、公债收入、公司利润与盈余以及土地所得等征收高额税，并在此基础上实施"充足的教育、娱乐、医疗与文化保障计划"。①

30年代后期，杜威就如何实现经济社会化和经济社会化后怎么办两个问题进行了严肃而不失深刻的思考。对于第一个问题，杜威同意绝大多数左派知识分子的看法，现代工业的"集体性"要求对工业本身的所有权和控制权也具有"集体性"，也就是"社会化"，因为"在美国和在其他国家一样，总的趋势是加强对私人工业和金融的公共控制，这是毋庸置疑的"。②亦即最终结果必然是取消来自租金、利息和股息的私人收入。但在经济社会化的实现路径上，杜威作为坚定的民主主义者，拒绝"革命"派的阶级斗争和暴力革命论，主张通过民主和教育的方式实现"和平过渡"。他相信，"以武力和暴力作为解决手段的环境将产生而且必然产生冲突"；"对于和平所持有的真正民主的信念就是相信分歧、争论、冲突有可能以合作的方式加以引导，双方通过给对方提供表达的机会而各有教益"；民主既是手段也是目的，民主的基本信念在于"不同意见的表达不仅是他人的权利，而且是丰富自己人生经验的手段，是民主的个人生活方式所固有的内涵"。③一句话，"个人的自愿联合"是"当前社会走出死胡同的必由之路"。④

对于第二个问题，其实是回答经济社会化实现后谁执掌生产、商品和服务的分配权问题。美国社会主义者在这个问题上分成了"国家社会主义"和"民主社会主义"两派，杜威毫不犹豫地支持后者。在他看来，无论是在理论层面还是在实践层面，国家社会主义都远未能证明它与国家资本主义有何根本性的不同，尤其在敌视个人自治和自由方面。对政府行为会压制个人自由的担忧显然与杜威对30年代苏联社会的观察和思考密不可分。

再次，杜威明确指出有计划的社会和计划社会之间的本质区别。

杜威尽管对斯大林式社会主义疑虑重重，但他不失冷静地看到，苏联

---

① John Dewey, "Taxation as a Step to Socialization", *LW*, Vol. 11, p. 265.
② John Dewey, "Freedom and Culture", *LW*, Vol. 13, p. 107.
③ John Dewey, "Creative Democracy—the Task Before Us", *LW*, Vol. 14, p. 228.
④ John Dewey, "I Believe", *LW*, Vol. 14, p. 97.

的计划模式可以为美国资本主义改革提供启迪与借鉴。他指出，虽然苏联推行让美国人厌恶的政治专制，但它采用"计划"管理国家和社会的方法却是可取的："运用协调的知识与技能来引导经济资源，实现社会的有序和稳定"，① 这正是混乱无序的美国所急需的。在杜威看来，发展是否具有计划和协调性是衡量一个社会进步程度的重要尺度，美国人应该尽快抛弃对旧个人主义保障个人自由的迷信以及对政府的不信任立场，与无计划的、唯利是图的社会分道扬镳，向有计划的、以人的发展为目的的社会迈进。

在美国保守派眼中，苏联和法西斯意大利皆属于计划社会，他们以此为由对杜威的主张大加攻讦。1933 年，作为回应，杜威撰文对有计划的社会与计划社会的区别进行了细致分析：

> 俄国和意大利提供给我们的都是计划社会的模式。我们坚信社会需要计划，并且计划是走出混乱、无序和不安全的唯一出路。但是，一个计划社会（Planned Society）和一个有计划的社会（Planning Society）是有区别的，这就是专制与民主的区别，教条与操作智慧的区别，以及压制个性与最大限度地释放和利用个性之间的区别。②

1939 年，他进一步表示，在"计划社会"中，"探讨、交流与志愿联合的自由"被彻底压制，使得智慧无法自由地表达出来；而在一个"有计划的社会"里，"智慧通过最广泛的合作性协商被释放出来"。③

不难看出，杜威是把混乱无序的资本主义社会作为一端，把稳定有序的"计划社会"作为另一端，他通过"有计划的社会"在中间寻找到了一个平衡点：既稳定有序，又不失自由。

最后，杜威提出对资本主义之后的美好社会的构想。

1933 年 3 月，宣称"资本主义正在灭亡"和"它应该灭亡"④ 的神学家莱茵霍尔德·尼布尔公开批评杜威对资本主义抱有幻想，杜威做出如下

---

① John Dewey, "Science and Society", *LW*, Vol. 6, p. 61.
② John Dewey, "Underlying Philosophy of Education", *LW*, Vol. 8, p. 76.
③ John Dewey, "The Economic Basis of the New Society", *LW*, Vol. 13, p. 321.
④ John Dewey, "Liberalism and Social Action", *LW*, Vol. 11, pp. 62-63.

回应，即在有关美国前途问题上，他同尼布尔没有不同：

> 我愿意看到政治被用于促成一个真正合作性的社会，在这样的社会里，工人通过社会本身的经济组织而不是通过任何强加的国家社会主义形式，尽可能直接地控制工业与金融；同时工作不仅为安全、娱乐与文化发展的机会提供保障，而且确保参与控制，从而直接促进人格的精神与道德实现。①

这显然是个不同于资本主义社会的理想社会：在这个社会里，既没有资本家，也没有财产占有，更没有利润动机下的市场竞争；国家也似乎失去存在的必要性，因为工人们通过"社会本身的经济组织"实行合作性的自我管理；没有剥削，没有压迫，有的只是个人的自由发展与和谐的道德生活。这个美好社会与马克思的共产主义社会相比，除了修辞差异外，似乎并无本质上的区别。

需要特别指出的是，在把美国的严重经济不公现象归咎于极端个人自由的资本主义制度并提倡社会化上，杜威其道不孤。早在进步主义时代之初，激进改革理论家赫伯特·克罗利就和杜威一道敦促美国人抛弃19世纪的个人主义，断定："美国人对个人自由的长期信奉导致财富分配不公，财富分配不公的社会影响恶劣，令美国人在道德上无法接受。"②"如果一个国家的绝大多数穷人生活得死气沉沉，如果他们辛勤劳作却在这个世界上毫无希望，这个国家的整个社会生活的基础就有问题。"③ 如果不改变，美国就不会有进步和辉煌的未来。因此，美国的当务之急是实施"一项建设性的国家计划"，以"高度社会化的民主"取代"过分个人化的民主"。④ 他着重强调："国家应该让个人服从这个计划，也就是说，国家应该对财富进行公平合理的分配。"⑤ 克罗利相信，通过持续改革，美国会被打造成一个合作性的共和政体，一个无阶级的社会。在这个社会里，没有人会因为

---

① Rainhold Niebuhr, "After Capitalism—What?", *LW*, Vol. 9, p. 399.
② Herbert Croly, *The Promise of American Life*. New York: Capricorn Books, 1964, p. 22.
③ Ibid., p. 14.
④ Ibid., p. 25.
⑤ Ibid., p. 23.

"劳而无获"而丧失尊严。

虽然美国社会后来的发展并没有按照杜威的构想走向"经济生活"与"道德生活"大规模计划化的"公共社会主义"方向,但他的方案对"新政"及其之后的经济社会改革和美国向福利国家转轨的正向影响却是无可争议的。

## 三 战后"新左派"的社区改革主张

### (一) 阿林斯基的社区激进主义

索尔·D. 阿林斯基(Saul Alinsky, 1909-1972),俄罗斯犹太移民后裔,出生于芝加哥,毕业于芝加哥大学考古学专业,30年代参与"产业工会联合会"(CIO)的组织工作。同时作为一名刑事学家,他频繁地参与芝加哥乃至全美各地的贫困社区组织实践中,这使他成为20世纪中后期美国最具影响力的现代社区组织家与政治活动家。阿林斯基不仅毕生从事底层社区改革与激进民主实验工作,其中重点是推进非洲裔美国人贫困社区脱贫和提高生活水平的改革,而且还通过著述把激进社区行动主义的种子播撒进美国一代又一代年轻人的心灵中。

阿林斯基认为,基层社区变革是更大的社会变革的基础,这是由美国独特的社会阶级结构所决定的。根据他的看法,美国阶级结构包括三大群体:第一个群体是"富有者"或上层阶级,他们是现状的坚定维护者,因为现状带给他们金钱和权力,这个群体人数很少,但权力极大,因为他们手中掌握有巨大的可充分利用的资源;第二个群体是"所得不多却想得到更多"的中产阶级,他们构成人口的最大多数,这是最具有潜在力量的群体;第三个群体是美国的穷人阶级,他们"一无所有"(have-nots),很不稳定,却很容易被组织起来。在1971年出版的《反叛手册》(*Rules for Radicals*)中,阿林斯基开宗明义地写道:"以下内容是为那些想把世界从现样改变成他们相信应该是的样子的人们所写的。马基雅维利的《君主论》是为富人如何执掌权力而著;《反叛手册》则是为穷人怎样搬开权力而作。"[①] 他告诉年轻的激进派,

---

① Saul Alinsky, *Rules for Radicals: A Pragmatic Primer for Realistic Radicals*. New York: Vintage Books, 1989, p. 3.

作为基层社区组织者,他或她的主要工作就是要采用有效的策略来调动或引诱权力集团把抗议者视为"危险的敌人"而采取公开的攻击性行动,权力集团的歇斯底里式应急性反应不仅会为社区组织者的激进行动提供合法性依据,还会自然而然地扩大其影响。阿林斯基的这个观点显然直接或间接地受到马尔库塞思想的影响,或者是与后者不谋而合。马尔库塞曾经主张,新左派应该以暴力挑衅现行体制,揭开其民主面纱后面的法西斯真面目。

2008年,巴拉克·奥巴马在祭出"变革"大旗时,就明确指出,变革不可能来自上层,只可能自下而上,这种观点是典型的20世纪60年代遗产。这足以说明,阿林斯基的社区变革理论不仅为60年代左翼激进政治提供了行动指南,甚至还对民主党的执政理念产生了深刻影响。事实上,自20世纪60年代青年反叛者深入城市社区参与反贫困和社区重建运动开始,作为现代左翼核心政治诉求之一的基层民主和社区改革一直在向深度和广度推进。在20世纪70~80年代,美国左派的基层社会变革实践具有目标指向多元化特征,它把个体自由、族群平等、女权、同性恋权利、生态保护等诉求纳入社会整体变革议程,立足于底层社会,以颇具实验色彩的方式实施其理想主义的政治方案。下面以"争取新社会运动"、废除监狱运动、国内非殖民化运动为考察对象,通过理论与实践两个层面的论述,系统探索这个时期左翼激进实验运动的创新与特色。

### (二)"新左派"的社区行动计划与大学改革构想

#### 1. 底层民主与社区行动

《休伦港宣言》问世后,学生争取民主社会组织(SDS)在继续参与民权运动与和平运动的同时,开始把注意力集中到对底层社会的扶贫助困上来,中心工作是建立"跨种族穷人运动"。1963年8月,"经济研究与行动计划"(ERAP)出台,大批SDS成员分成小组,深入芝加哥、克利夫兰、纽瓦克、巴尔的摩和其他北方大中城市黑人和白人街区,开展社区组织工作,目标是反对经济剥削与种族歧视,改善底层社会普通人的生活,使北方城市基层社会力量与南方民权运动相联系,最终实现社会变革与正义。参与"经济研究与行动计划"的中产阶级知识青年相信,把城市穷人组织起来的特殊作用是为长远的社会变革奠定基础,作为未来的知识分子和专家，面对一无所有者和穷人的需要，就是面对社会正义和社会变革。[①] 美国历史学家布瑞因斯指出，"经济研究与行动计划"在新左派发展历程中具有十分重要的意义，它提出了改革主张，讨论了改革与革命之间的关系问题，揭示了 SDS 对待社会问题的真实立场。[②]

ERAP 由一系列各具特色的城市社区计划构成，如巴尔的摩和芝加哥的"现在就增加就业与收入"（JOIN）计划、纽瓦克与克利夫兰等地的"现在就移走垃圾并增加收入"（GROIN）计划等。不过，从实施结果看，除宾夕法尼亚州小城切斯特的个别计划外，ERAP 在大多数地方最后都是草草收场。到 1965 年后，除个别地方还在坚持，这一项目基本上都被终止了。失败原因是多方面的：其一，SDS 内部存在严重分歧，在项目上没有形成共识；其二，新左派青年学生的无匮乏成长背景使他们难以同匮乏状态下的社会阶层真正沟通；其三，计划参与者陷入激进社会变革抱负与依靠现行制度的实践之间的两难困境；其四，社区行动计划的宏大与经费短缺之间的巨大鸿沟无法填平；其五，校园政治和越战升级转移了大多数人的视线；其六，运动后期出现的平等主义和反等级制意识与 ERAP 等级结构之间的矛盾；其七，计划参与者把占人口少数的最底层社会民众作为社会变革的主体，显然脱离了美国社会实际。

尽管如此，新左派的社区行动计划所产生的影响仍然是不可低估的。首先，它程度不等地改变了为之奋斗过的城市社会生活；其次，自下而上看世界的底层眼光逐渐成为新左派的核心话语；再次，"让人民决定"的格言使基层民主成为 60 年代新左派留给美国社会的重要精神资产；最后，社区行动计划的实践经验把新左派的社会变革行动推向更高阶段。事实上，正是 ERAP 计划的失败使年轻的变革者们把视线逐渐从制度内改革转向了超越制度的方向。因为，他们感觉到，指望依靠现行制度的权力机构来为底层社会实现美国梦是不切实际的事。"地方当局的冥顽不灵教会了他们必须对抗，而不是试图在控制美国生活的体制内部进行改革。"[③] 虽然他们还没

---

① Richard Flack, *Making History: The American Left and the American Mind.* New York: Columbia University Press, 1988, p.136.
② Wini Breines, *The Great Refusal: Community and Orgnization in the New Left: 1962-1968.* p.123.
③ Stuart Burns, *Social Movements of the 1960s: Searching for Democracy.* Boston: Twayne Publishers, 1990, p.60.

有走向制度的对立面,但对制度的不满意识已破茧而出。

**2. 大学改革构想**

大学虽然在社会系统中不属于底层社会,而是上层建筑的重要组成部分,但大学校园却是城市社区的组成部分。从这个角度而论,把大学改革作为社区改革的一个内容,也能成立。

1964年秋,加州大学伯克利分校校园爆发自由言论运动(FSM),拉开了高校激进校园政治运动的帷幕。

1964年秋季学期开始的第一天,加州大学伯克利分校校方发布了一系列禁令,禁止学生在校园范围内从事校外政治活动,禁止在选举中持有党派观点,禁止募捐和招募成员等。这一系列禁令点燃了自由言论运动的导火线。从1964年9月中旬到1965年1月初,学生通过静坐、游行示威、罢课、占领校行政大楼等方式与校管理层、校警乃至州市当局对抗,由于得到大部分教师和社会进步力量的声援和支持,以克尔校长为首的加大行政当局被迫节节退让,最终取消了禁令,广大师生员工不仅在校园内的言论自由与政治活动自由权利得到了保障,还获得了参与学校管理与决策以及学校制度改革的权利。

伯克利校园中的改革具体表现如下:(1)专门成立教授委员会以推动校园改革进而改进大学教育;(2)出台较为自由的校园政治活动规章,学生则程度不等地参与校园政治活动规则的制定;(3)本着从宽原则处理因参与政治活动而违反校规的学生;(4)教育理念上发生了重大转变,高校面对学生时一贯奉行的替代父母准则(in loco parentis)逐渐被平等而民主的关系取代;(5)学生在运动中所提倡并实施的自由大学主张很快如雨后春笋般在美国众多校园出现,"先有自由的大学,后有自由的社会"的口号昭示了大学改革的方向。

正如伯克利一位教授所说,自由言论运动不只是争取言论自由权利的运动,实际上是对美国社会发起挑战:"现在他们所攻击的并非加州大学伯克利分校,甚至也不是加州大学的九个分校,他们根本不是针对美国的大学,而是针对美国的生活方式,针对的是这种生活方式的核心而非它的外围。"[①] 在

---

[①] 转引自南方朔《愤怒之爱:六〇年代美国学生运动》,台北:久大文化股份有限公司,1991,第89页。

自由言论运动参与者眼里,当代美国社会是非人的冷冰冰的机器控制的官僚社会,它最大的症结就在于剥夺人的自由。因此,在运动中他们发誓:"与其成为标准化、可置换、无关联的东西,毋宁死。"① 自由对抗"机器"是运动参与者对自身与大学和社会之间关系的主要想象,这种想象本身毫无疑问是"对生活质量、现代美国价值观本质以及社会制度本身的挑战"。② 他们明确主张,为了人的尊严与自由,有必要让"机器"停止转动。这一主张表达了一种模糊的彻底否定态度,它表明,60年代后期反主流文化的"大拒绝"意识在此已露出冰山一角。

### (三) 70年代激进废除监狱理论

1971年9月9~13日,美国纽约州阿提卡矫正机构中的犯人集体占领该机构长达五天,进行被称为废除监狱的改革实践。领导和参与这一行动的囚犯分别来自黑豹党、青年洛德党(Young Lord)、③ 黑色穆斯林和其他白人激进组织。9月13日,州长纳尔逊·A.洛克菲勒下令州警察进攻监狱。结果,29名囚犯和被控制为人质的43名狱警中的10人死于警察的枪口之下。④ 阿提卡有组织的国家暴力产生了一个出乎意料的后果,美国历史上一场前所未有的以废除监狱为目标的激进政治改革大幕由此徐徐拉开。

毫无疑问,70年代激进废监理论是60年代激进运动孕育的产物。激进废除监狱理论大多来自马尔科姆·艾克斯、切·格瓦拉、弗朗茨·法农等人的著作。其内容和特点如下。

其一,监狱改革无用论。在前黑豹党人阿山蒂·阿尔斯顿的眼中,监狱是"一种压迫设施,是资本主义社会那个更大(压迫)社会的一部分"。联合囚犯同盟在其宣传品中这样写道:"为微不足道的改革进行斗争是显而易见的政治错误,因为即便这些改革付诸实施,为威胁统治阶级的人们准

---

① Mitchell Cohen and Dennis Hale ed., *The New Student Left: An Anthology*. Boston: Beacon Press, 1967, p. 257.
② P. Jocobs and S. Landoau, *The New Radicals: A Report with Documents*. New York: Random House, 1966, p. 62.
③ 说西班牙语的美国激进青年组织。
④ Dan Benger, *The Hidden 1970s: Histories of Radicalism*. New Brunswick, New Jersey: Rutgers University Press, 2010, p. 22.

备的集中营（Koncentration Kamps）仍在那儿。"① 改革只是完善监禁制度的功能，强化资本主义社会对囚犯的压迫，与人和社会的自由目标南辕北辙。阿提卡囚犯明白无误地宣告，现行监狱改革不仅远远不够，而且毫无成效，唯一可行的选择是通过革命性变革完全废除监狱和警察制度。②

其二，囚犯阶级论。到 60 年代末，在美国和世界其他地区持续发展的第三世界运动思想的影响下，一些激进囚犯产生了这样的看法，即囚犯构成一个在共同政治和经济利益之上的独立的阶级，这个阶级一直处于"贫困、监禁、假释和更加贫困的持续循环中"③。例如，1970 年成立的"联合囚犯同盟"（UPU）组织就致力于把囚犯作为一个被判罪阶级组织起来以打破这种循环。囚犯阶级论的提出主要是出于一种战略需要，因为美国监狱中最突出的问题是囚犯的种族多样性，这常常在监狱中引发矛盾与冲突，左派和改革派希望通过用囚犯阶级战略打破种族界限，实现囚犯之间的跨种族团结。

其三，监禁非人道论。这种观点最早在 60 年代的反主流文化运动中就被提了出来。1963 年先锋戏剧《双桅船》上演，该剧的主题是通过对黑暗、令人心悸和幽闭症式的监狱恐怖仪式的描绘揭露监狱的不道德和反人道。先锋戏剧导演朱迪斯·马利纳曾因参与和平运动被捕入狱，对监狱中的非人道情形深有感受，他指出，这部戏隐含的政治愿景是：为人类建立一个没有监狱、警察和战争的美好世界。监狱很快成为 60 年代激进派关于社会现实的隐喻，监狱是有形的小社会，社会是无形的大监狱，彻底废除大小监狱和监禁成为实现理想社会的前提，这成为众多激进分子的共同愿望。

其四，囚犯社会变革主体论。这一理论主要源于马尔库塞的乌托邦革命论。马尔库塞认为，在现代发达工业社会，工人阶级已经被制度"融合"，成为资本主义的辩护人。社会变革主体由工人阶级转移到非生产的和被剥夺了权利的阶层——由流浪汉、大老粗、被剥削被压迫的其他人和其他有色人种、失业者和不能受雇者组成的下层社会。虽然他后来放弃了下层社会，把希望寄托在知识分子身上，但他对下层社会的厚望并未根本改

---

① Dan Benger, *The Hidden 1970s: Histories of Radicalism*. New Brunswick, New Jersey: Rutgers University Press, 2010, p. 27.
② Ibid., p. 21.
③ Ibid., p. 25.

变,这对美国左派的理论影响极大。加州索利达德监狱囚犯、前黑豹党军事领袖和废监运动主要领导人之一的乔治·杰克逊再三强调,囚犯是潜在的革命宝库。① 70年代初,因犯已经被视为美国社会变革的主体力量进入左翼政治议程中心。

在阿提卡暴动之后,激进派形成了一种共识:最好的监狱就是完全没有监狱。

那么,如何废除监狱呢?路径有三。其一,进行直接对抗。具体可通过团结狱友、组织囚犯罢工、开展暴力斗争方式进行。其二,探索替代监禁制度的新制度方案。在左派和改革派眼里,现代监狱是"穷人的库房"和"种族大屠杀"的武器,它压迫个人和社区而非增进安全。美国监狱的功能是维持种族和阶级等级制度的工具,现行的改革只不过是"不威胁制度稳定的创新"和"掩盖旧现实的新语言"。② 因此,废除监狱既必要更必然。终止监狱建设将成为实现废监运动目标的第一步。第二步则是通过向社区授权来弱化监狱系统权力。第三步,提出系列性减少监狱依赖的反监禁战略。其三,尝试解决现行司法制度无法解决的社会问题。根据激进废监主义集体组织"监狱研究教育行动计划"(PREAP)的观点,犯罪是"深深植根于社会结构的问题,不只是一系列个人问题,与惩罚个人行为者相比,更需要对根源性原因做出集体回应"。而根源性原因包括产生自社会和国家的种族主义、贫困、性别歧视和同性恋恐惧,它们导致权力和财富的不公平分配。监狱被用来维持这种失衡,不仅不能使公众更加安全,反而使社区陷于危险境地。③ PREAP提出一个包括三项内容的废监议程:一是实现每个人的经济与社会公正;二是关心所有受害者;三是在社区推行和解而不是惩罚。这个议程的目的很清楚,要为以社区为基础的社会变革模式提供战略基础。

废监人士虽然都明白无监狱社会的实现任重道远,但他们仍然倡导迅速和大规模的变革,他们希望在较短时间内"在美国完成、促进和引起创

---

① George Jackson, *Soledad Brother: The Prison Letters of George Jackson*. New York: Bantam Books, 1972.
② Jerome G. Miller, *Last One Over the Wall: The Massachusetts Experiment in Closing Reform Schools*. Columbus: Ohio State University Press, 1991, p.4.
③ Prison Research Education Action Project (PREAP), *Instead of Prisons: A Handbook for Abolitionists*. Oakland, CA: Critical Resistance, 2005, pp.20-45.

造性的、现代的、进步的、非暴力的监狱改革"①。

尽管70年代后期，废除监狱运动逐渐落幕，但其思想主张却作为一种激进潜流潜滋暗长，在21世纪初随着美军种种虐囚事件曝光而再次抬头。

## 四　后冷战时代左派的激进改革主张与想象

冷战结束后，新保守主义和新自由主义在欧美乃至全球甚嚣尘上，左派力量和影响下降。尽管如此，左翼并未心灰意冷，而是继续为激进社会改革殚精竭虑。在左翼学者汤普森看来，虽然冷战终结了，但美国的问题依然如故：经济、性别和种族不平等无处不在，基础设施陈旧落后，公众政治参与度不断下降，过度消费和横行无忌的个人主义，抓小失大的政治，等等，这些大多是新自由主义和新保守主义流行的后果。② 另一位左翼学者马克·梅杰（Mark Major）则开门见山地指出："其实，现行政治环境在某种程度上就是左派无能力铸造一种民主生活新范式的结果。"③ 因此，通过激进想象探索美国以及全球激进社会改革之路是后冷战时代左翼责无旁贷的责任。

虽然左翼对改革的思考涉及内政外交诸多领域，但本书在反自由主义全球化和国际关系正义问题的第七、第八章有专论，此处不做赘述，以下集中讨论的是左翼关于内政改革的三个代表性领域。

### （一）以民主精神促进移民政策改革

面对全球化背景下新自由主义在全球的肆虐，美国左翼学者基于人类发展的平等和正义立场，把视线聚焦于既属于国际问题又属于国内问题的跨国移民问题上。他们认为，要在全球层面建立一个更加民主、更加良善的人类社会，需要全方位的努力，其中与跨国移民相关政策的民主化和人

---

① 吕庆广：《战后美国左翼政治文化：历史、理论与实践》，社会科学文献出版社，2015，第176页。
② Michael J. Thompson, "America's Conservative Landscape: The New Conservatism and Reorientation of American Democracy", in Michael J. Thompson ed., *Confronting the New Conservatism: The Rise of the Right in America*, New York: NYU Press, 2007, pp. 9-30.
③ Mark Major ed., *Where Do We Go from Here? American Democracy and the Renewal of the Radical Imagination*. Lamham, Ma.: Roman & Littlefield Publishers, 2010, p. 1.

道化是一个不可或缺的条件，这在美国尤其具有现实针对性。

自20世纪80年代以来，美国的移民准入门槛不断抬高，英语水平、教育程度、工作技能、经济实力等方面的高标准把越来越多的人挡在了外面，迫使许多人选择偷渡入境的方式进入美国，尤以拉美地区为甚。

每年数百万非法移民入境带来的突出问题有三。一是新来者几乎都是低教育水准、低技能的非熟练劳动力，他们对以非洲裔美国人为主体的低收入蓝领工人的生计构成了竞争压力和威胁。二是使犯罪率居高不下，联邦和州各级政府控制和预防犯罪的成本节节上升。"移民是当今美国在监人员中增长最快的部分，是联邦刑事犯罪起诉的最大群体。"2008年3月，联邦起诉的全部新刑事案件中涉及移民特别是非法移民的高达57%。[1] 1980年，美国在监人数50万人，2009年增至238万人，不到三十年的时间里几乎增长了4倍，是世界平均监禁率的5倍。[2] 三是扩大了美国贫困群体的规模，从而增加了政府社会福利负担。据美国"经济与政策研究中心"的研究统计，目前美国3亿多人口中，大约有4000万穷人，6000万准穷人，即三个美国人中就有一个穷人，其中绝大多数为有色人种。[3] 2009年，24%的黑人、21%的拉丁裔美国人生活在贫困线以下，而白人只有8%的人生活在贫困线以下。

以上原因加上反恐的特殊背景，在克林顿特别是小布什时期，美国的移民政策偏于强硬：强化边境安全与监控，严厉追踪与拘留，无情驱逐或遣返。自1996年至2009年的十余年里，被驱逐出境的非法移民将近有200万人。这种刚性移民政策产生的负面影响主要表现在两个方面。其一，成千上万的非法移民及其家庭的基本劳动权利和生存权受到漠视和威胁。其二，政策实施的过程和结果造成了种族和文化歧视的现实，2006年美国在美墨边境修建隔离墙引发的美墨两国间外交争执足以说明其现实存在及其敏感性。

因此，大多数左派人士断定，美国移民政策的根本症结就在于它对移

---

[1] Ron Hayduk, "Immigration Policy: A View from the Left", see Mark Major ed., *Where Do We Go from Here? American Democracy and the Renewal of the Radical Imagination*, p. 33.

[2] Tom Barry, "Mass Incarceration of Immigrants", Border Lines May 24, 2009, http://www.borderlinesblog.blogspot.com/2009/05/mass-of-immigrants.html.

[3] Shawn Fremsted, Rebcca Ray and Hye Jin Rho, Working Families and Economic Insecurity. Washington DC: Center for Economic and Policy Reserch, 2008, http://www.cepr.net/documents/publications/state_2008_05.pdf.

民基本人权的侵犯和否定，应该以普遍的人权为基础重新制定美国的移民政策。例如，激进的国际平等派人士就主张，人应该有移动的自由，有到任何地方发展和展现个人潜能和权利的机会。在他们看来，进步的移民政策应该以下面三点为要津：一是终止驱逐和拘禁政策；二是允许来访者和居留者自由进出美国；三是终结美国在世界事务中的军事、政治与经济干涉。他们还主张废除"北美自由贸易协定"和"中美洲自由贸易协定"以及其他一切非对称性贸易协定，停止军火交易。为实现全球正义，取缔世界贸易组织（WTO）、国际货币基金组织（IMF）、世界银行（World Bank）等现有国际机构强加于人的结构调整政策，因为正是这些政策使南方国家陷入贫困和痛苦之中。为此，他们甚至要求在全球层面"重新分配财富并就对过去数个世纪中资源被盗走的民族和社区进行赔偿开展对话"。[①]

激进学者海杜克视新自由主义政策为造成全球千百万工人和小农场主迁移的主要根源，认为只要目前的全球经济政策不改变，内部移民政策改革的点滴将无法减少穷人和失业工人向富国的大规模迁移。[②] 这种看法已成为大多数左翼人士的共识。他们相信，要实现普遍尊重人权的真正平等的移民政策目标，对占统治地位的意识形态发起有效挑战就难以避免。如何有效挑战现行统治意识形态呢？他们想出的妙计是：以另类的交会模式、组织模式以及文化活动揭露资本主义的压迫手段，并唤起民众的希望。其中最具创造性的是倡导跨种族联盟，把产生低薪工作、失业和低度就业现象归咎于资本主义，从而把不同种族工人团结起来，同时与其他种种新社会运动相结合，进而产生更加强大的力量，为激进改革提供支持。他们深信把争取移民权利斗争与全球正义运动相结合，不仅能"推进挑战新自由主义的战略，增加集体利益"，而且能为"促进一个真正民主社会理想的实现"提供极为宝贵的助益。

## （二）以民主理想推进高等教育改革

自20世纪70年代以来，美国高校呈现与社会保守氛围迥然不同的气

---

① Jane Guskin and David L. Wilson, *The Politics of Immigration: Questions and Answers*. New York: Monthly Review Press, 2007.

② Ron Hayduk, "Immigration Policy: A View from the Left", see Mark Major ed., *Where Do We Go from Here? American Democracy and the Renewal of the Radical Imagination*, p. 31.

象,成为思想言论自由的空间或"自由主义堡垒",甚至被视为左翼力量的主阵地。这种状况引起了保守力量的不满,自20世纪80年代以来,在保守派人士的攻击下,美国高校陷入一种文化战争状态。文化战争将美国高等教育置于军事化、公司化、意识形态激进主义三重威胁和危机之中,或如亨利·吉卢克斯所说,刚性的意识形态、经济和宗教链现正对高等教育张开血盆大口。① 而大学的危机实际上就是美国民主体制的危机。"随着右翼意识形态狂热分子和基督教激进主义者把反理性、异议、对话和世俗人道主义的深刻偏见所培育出的猖獗的反智主义和僵硬的道德主义予以合法化,批判思想在所有公共空间尤其是在高等教育中遭到攻击。"② 右翼的咄咄逼人和左翼的示弱退让导致美国社会政治犬儒主义盛行,对高等教育促进社会进步功能持怀疑主义态度的人越来越多。

因此,左翼力量必须有所作为,以民主为方向引领大学教育改革,通过改革把大学打造为真正民主的公共空间和抵制日益增长的军事主义、公司主义和右翼政治激进主义的基地,或者说把大学变成培养有独立思想和批判精神的公民的摇篮。在这个过程中,高等教育工作者的职责是:一方面要对大学和大学之外整个社会的公司化和军事化趋势进行准确评估;另一方面要就高等教育的目标与意义及其与更大政治秩序的关系给出有说服力的独到的民主解释。埃里克·戈尔德认为,民主教育要做的事情有三:第一,以争取民主和争取一个公正社会的更大的善为教育目标;第二,以思想史、长期的民主价值观念与实践为源泉,以培养民众争辩与批判的能力为己任;第三,参与民主社会进程,不仅展示出既承认也接受他人权利的道德偏好,而且展现出鼓励争辩和批评的偏好。"总之,由于对自由民主和资本主义文化矛盾进行调和,大学是一种民主教育。"③

无独有偶,诺亚姆·乔姆斯基、斯坦利·阿罗诺维茨、霍华德·津恩、朱迪丝·巴特勒等著名学者也认为,左翼知识分子需要在高等教育领域进

---

① Ron Hayduk, "Immigration Policy: A View from the Left", see Mark Major ed., *Where Do We Go from Here? American Democracy and the Renewal of the Radical Imagination*, pp. 71-72.

② Henry A. Giroux, "Higher Education: Reclaiming the University as a Democratic Public Sphere", in Mark Major ed., *Where Do We Go from Here? American Democracy and the Renewal of the Radical Imagination*, pp. 72-73.

③ Eric Gould, *The University in a Corporate Culture*. New Haven: Yale University Press, 2003, p. 225.

行战略投入,以"做政治"(doing politics)的新方式对权威和权力滥用进行无情的批评,同时为实现民主话语及其承诺而斗争。

简单地说,左翼在应对高等教育危机中所要走的路是,在加强自身团结的基础上,联合进步的和偏左自由主义知识群体力量,不妥协地向军事—工业—学术综合体挑战,牢牢掌握公平正义的民主话语权,维护大学民主空间的地位,进而通过高等教育的引领作用,使民主真正成为全社会的主流话语,使之成为通向真正民主社会的必由之路。

### (三) 以民主方式维护经济社会正义

在美国左翼人士眼中,美国经济社会不公表现在诸多方面,其中社会福利制度方面存在的问题最为突出。与西方其他福利国家相比,美国社会福利的发展水平相对较低,较不完善,最为明显的是医疗卫生领域。在美国,既没有英国式的国家保险型全面医疗保险,也没有德国式的社会保险型全面医疗保险,更没有建立统一医疗保险制度,盛行的是以自由市场型为主要特征的复杂多样的商业保险模式。

美国的医疗保障主要有政府承办的社会医疗保险和私营医疗保险两大类:第一类受益人群较有限,主要以退役军人、印第安原住民、儿童、老人、残疾人以及贫困家庭为资助对象;第二类有营利性的商业医疗保险与非营利性医疗保险(蓝盾、蓝十字等组织为其代表)两种,是美国医疗保障制度的重要组成部分。美国超过4/5的国家公务员和74%的企业员工都以购买商业医疗保险的方式为自己和家人转移疾病风险。

具体而言,美国医疗保障制度存在的问题主要有三个方面。其一,医疗保险费用高昂。21世纪初,美国家庭因病致贫、美国企业因不堪医保费用重负而破产或亏损者有增无减。2007年,美国申请破产的企业或家庭,有62.1%的财务危机是源于"医疗费用过高"。其二,福利性与市场性之间的矛盾导致严重不公。在美国,每月支付得起昂贵保险费的有钱人可以有多名私人医生,在全球任何地方就诊全部"实报实销",穷人则只能找保险费较低的那些医疗保险机构,到定点医院看病。最严重的问题还在于,在4700万(大多是中小企业职工、中低收入者)没有加入任何医疗保险的人中,因为没有支付能力被拒绝治疗或尽量不接受治疗的比例极高。另外一项调查表明,付不起医疗费的美国家庭占比20%,其中3/4以上竟是投保者。其三，提高服务质量的动力机制匮乏。据统计，截至2008年，由于医疗卫生服务质量下降导致的死亡人数年均达到10.1万人。①

美国医疗保险存在的问题实质上是基本人权问题。根据相关国际人权文件的定义，医疗保健系统的发展在致力于满足所有人之需求的同时，必须把重心放在最为弱势的人身上。人权原则要求医疗保健体系在国家的每个地方向每个人平等提供充分有效的、可以接受的、品质优良的服务。② 左翼学者拉迪杰指出，陷于"功能紊乱状态"的美国医疗卫生系统已经成为美国社会广泛关注的社会热点问题。③

自90年代克林顿时期始，左翼人士和组织就从各个方面对推进医疗改革议程进行宣传与鼓动。这种努力得到了自由主义政治力量的回应，例如，克林顿就曾任命希拉里为医疗保险改革负责人以推动医保方面的改革，但这一改革由于保守势力尤其是保险巨头代表的利益集团的竭力反对而搁浅。政治上偏"左"的奥巴马上台后，于2009年正式推出了医疗改革法案，最终于2010年2月为国会通过。法案付诸实施后，将使尚无医疗保险的4600万美国人中的3600万人获得医疗保险，从而使全国医疗保险的覆盖面从85%扩大到96%。

然而，在左派看来这是不够的，因为还有近千万人没有被纳入医疗保险范围，这同左派医疗保险全覆盖的奋斗目标还有相当的距离。因此，左派的批评之声并未减弱。

2016年和2020年美国总统大选期间，参与民主党提名人竞争的参议员伯尼·桑德斯公开打出了民主社会主义旗号，主张以渐进的和平方式把美国变革成为一个民主社会主义国家，他得到了上千万民众的支持，在美国政坛和社会引发了激烈讨论，这在相当程度上可以说明，和平变革路径可能是最符合美国国情的选择。

---

① Ellen Notle and C. Martin McKee, "Measuring the Health of Nations: Updating an Earlier Analysis", *Health Affairs 27*, No.1 (2008), pp.58-71.
② Committee on Economic, Social and Cultural Rights, General Comment No.14, The Right to the Highest Attainable Standard of Health, UN Doc. No. E/C.12/2000/4 (2000).
③ Anja Rudiger, "From Private Profits to Public Goods? A Human Rights Assessment of Health Care Reform", in Mark Major ed., *Where Do We Go from Here? American Democracy and the Renewal of the Radical Imagination*, p.49.

## 五　小结：以和平渐进为导向的思想传统

纵而观之，大致可以把20世纪美国激进改革思潮分为三阶段：20世纪初到30年代是第一波；20世纪60~70年代是第二波；20世纪末21世纪初是第三波。与第一波相关的重要历史事件节点有三：镀金时代、进步主义、新政；第二波的节点是冷战、公民权利运动、反战；第三波则有身份政治、新社会运动、反全球化。这三波改革思潮和相关历史事件节点背后的社会动力机制是20世纪美国社会所经历的两次转型，即从世纪初由农业手工业社会向全面性工业和城市社会的转变，到世纪中后期由工业社会向后工业社会的转变，与这两次社会形态转变相应的是社会矛盾和冲突的尖锐化，社会失范导致的种种不公激发起激进变革的冲动，以激进改革消除制度弊端、实现社会正义的政治诉求酿成汹涌澎湃的思想激流，推动整个社会不断进步。

虽然每一个阶段的激进改革思潮都与全面的社会经济政治改革相伴随，但各具特色。第一波激进改革思潮的重心是，以和平和渐进的方式为路径、以社会主义的经济社会制度为蓝图改造资本主义体制，使之趋向合理和符合人性，社会民主主义和基督教社会主义在其中具有不可替代的作用。第二波的重心在于，中产阶级青年知识分子力图以激进改革手段铲除现代性社会的弊端，实现人从异化生存状态的解放，社区反贫困、废除监狱、高等教育改革等成为基本主题，法兰克福学派的社会批判理论在其中起着引领作用。第三波侧重于多元文化身份与全球经济、文化与政治正义，反对新自由主义全球化是其中的主线。如果说第一波改革思想的主旨在于消除不同社会阶级之间的经济不公，以实现经济正义，第二波无疑是以政治和文化平等为主要目标，第三波则是以全人类经济、政治和文化的平等权利为出发点。实现个体之间的自由与群体之间的平等是各个不同时期激进改革思想共同的政治价值所在，而这些改革思想之所以激进，就在于它们几无例外都与制度批判相联系，不同程度上承认资本主义制度存在严重弊端，诸种社会不公问题皆由之引发，非伤筋动骨式的改革不足以矫正。从第一波到第三波改革大潮，两种改革进路并辔而行：一种是社会主义或社会民主主义的制度替代或超越指向；另一种是偏左自由主义的制度修正与完善立场，这其中对现行体制弊端所达成的共识或许就是二者能够结成改革同盟的关键。

虽然左翼思想总体上在20世纪美国政治思想史中处于边缘，影响有限，但在美国社会改革进程中，左翼和平过渡的激进改革思想与自由主义制度完善的改革思潮的契合使之成为不可或缺的改革动力源，这正是20世纪美国社会改革表现出激进主义与自由主义并辔而行的原因所在。

# 第四章　族群关系正义：种族和民族关系的激进重构

## 一　20世纪上半叶的激进族群理论

### （一）激进泛非主义

泛非主义是一种世界性的思想运动，其目标是鼓励和增强全世界非洲人后裔之间的团结。现代泛非主义运动的奠基人、泛非协会的缔造者亨利·西尔维斯特-威廉姆斯（Henry Sylvester-Williams）[①]表示，泛非主义的目标在于"保护全世界非洲人真正的公民与政治权利，改善非洲大陆、美洲和世界其他地区我们的弟兄们的状况"[②]。泛非主义者相信，流散于美洲各地的非洲人后裔由于奴隶贸易的历史而具有共同的命运。对他们而言，团结是实现经济、社会和政治进步的关键。一句话，所有非洲和非洲以外地区的黑人具有共同的历史和命运。从美国黑人思想史的角度看，早期泛非主义思想主要集中反映在杜波依斯和加维身上，前者可以视为温和的激

---

① 以G.马丁为代表的一些历史学家认为利比里亚教育家、作家、外交家和政治家爱德华·W.布莱登（Edward Wilmot Blyden, 1832-1912）才是现代"泛非主义之父"。布莱登主张以犹太复国主义为榜样，流散在拉美和美国的非洲人后裔应该在"埃塞俄比亚主义"指引下，返回非洲。他断定，政治独立是经济独立的先决条件，因此必须不妥协地反对殖民主义。他的思想对20世纪的加维、杜波依斯、恩克鲁玛等人产生了深远影响。参见"Edward Wilmot Blyden"，https://en.wikipedia.org/wiki/Edward_Wilmot_Blyden。

② Shawn Leigh Alexander, *W. E. B. Du Bois: An American Intellectual and Activist*, Lanham, Boulder, New York, London: Rowman & Littlefield, 2015, p.31.

进派,后者则是极端的激进派代表。

**1. 杜波依斯的黑白种族平等观**

威廉·爱德华·布尔加特·杜波依斯(William Edward Burghardt Du Bois,1868-1963),美国社会学家、历史学家、作家、编辑、民权活动家、泛非主义者。他生于马萨诸塞州大巴灵顿,受教育于费斯克大学、柏林大学和哈佛大学,是美国首位非洲裔博士学位获得者。为亚特兰大大学历史学、社会学和经济学教授。

在1900年7月23~25日于伦敦召开的第一次泛非大会上,杜波依斯作为大会委员会主席起草了一封名为"致言世界各国"的信,呼吁欧洲各国领导人同种族主义做斗争,给予非洲和西印度殖民地自治权,为非洲裔美国人声张政治和其他权利。① 而此时美国南方各州已经通过了新法律,剥夺了绝大多数黑人的宪法权利,这种情况一直持续到战后的60年代。

1903年,杜波依斯的论文集《黑人的灵魂》问世。该书着重讨论黑人的天赋和人道。作者在导论中宣称:"20世纪的问题是种族界线问题。"每一章的开头都有两段题词,一段来自白人诗人,一段来自黑人学者,作者的意图是以此说明黑人和白人在思想与文化上的平等。这部著作的核心主题是黑人的双重意识:既是黑人又是美国人。这是一种极其独特的身份,在过去可能是一种障碍,未来则会是一种力量,黑人种族不再走向隔离和同化,而是走向自豪和持久的连接(hyphenation)。② 全书洋溢着乐观自信的黑人民族主义情绪,也蕴含着毫不妥协的反种族歧视立场。这种不妥协精神在1905年的尼亚加拉运动中表现得淋漓尽致。

1905年,杜波依斯等人在尼亚加拉瀑布加拿大一侧聚会,发表宣言,公开反对布克·华盛顿(Booker T. Washington)的"亚特兰大妥协"③。布

---

① 1921年第二届泛非大会上,杜波依斯代表大会起草了《致国际联盟宣言》,除继续强调反对种族主义、提倡种族平等,着重强调"非洲人统治非洲"的主张,与加维"非洲人享有非洲"的观点相近。

② David Levering Lewis, *W. E. B. Du Bois: A Biography*, New York: Henry Holt and Co., 2009, pp. 192, 194-195.

③ 所谓"亚特兰大妥协",是指1895年亚拉巴马州塔斯基学院院长布克·华盛顿同南方白人领袖达成的一个非书面协议,南方黑人接受和服从现行的种族歧视、隔离、剥夺公民权以及非工会雇佣政策,南方白人则许可黑人接受基础教育、获得经济机会以及法律系统内的公正;北方白人则会向南方企业投资并资助黑人教育慈善机构。David Levering Lewis, *W. E. B. Du Bois: A Biography*, pp. 180-181.

克·华盛顿及其追随者认为，通过妥协达成黑白种族和解，承认种族分离现实，进而通过教育逐渐让黑人自立是解决种族问题的必由之路。杜波依斯等人则认为，妥协与屈服是不可能换来种族平等的，非洲裔美国人应该以斗争寻求平等权利和公平的机会。1906年8月，为纪念废奴主义者约翰·布朗一百周年诞辰，尼亚加拉运动在西弗吉尼亚州哈玻斯渡口举行第二次代表大会，大会针对"亚特兰大妥协"发表声明："今天，黑人的两个阶级……正分道扬镳。一个阶级建议耐心地屈从于我们目前的屈辱与堕落；……另一个阶级相信不应该屈从于被凌辱、堕落以及回到卑下地位……它不相信为了获取利益应该牺牲它的男子气概。"①

1909年，杜波依斯继续在学术领域围绕反种族主义问题进行著述与研究。他为约翰·布朗写了传记，公开发文宣称要终结白人至上的历史。同年12月，他成为第一位应邀到美国历史协会（AHA）宣读论文的黑人学者。他的论文《重建及其收益》对以哥伦比亚大学邓宁学派（Dunning School）为代表的南方主流重建史观进行了尖锐的批评。邓宁学派认为，由于黑人的无能和懒惰，内战后的南方重建成了一场灾难。杜波依斯认为，黑人在重建时期至少实现了三个重要目标：民主、免费公立学校和社会福利立法。至于重建未能实现预期目标，是联邦政府未能有效管理被解放黑奴管理局、未能分配土地、未能建立教育体系所致，而这些与非洲裔美国人的前景密不可分。几个月后，这篇论文被刊发在《美国历史评论》上，杜波依斯要求将文中的"黑人"字母全部大写，但被编辑拒绝。②

1910年春，杜波依斯参与创立"全国有色人种促进会"（NAACP），成为20世纪美国反种族主义歧视的支柱性组织和主要力量。同年11月，他开始长期担任该组织核心刊物《危机》月刊的编辑。他以这个刊物为主阵地，同各种各样的种族歧视、阶级歧视和性别歧视不公做斗争。例如，他曾经对哈佛大学1921年做出的禁止黑人进入宿舍楼的决定予以谴责，认为这是被翻新的"盎格鲁-撒克逊崇拜，是北欧图腾崇拜，是北欧白人通过蛮力的世界统治对黑人、犹太人、爱尔兰人、意大利人、匈牙利人、亚洲人以及南部海岛人权利的剥夺。"③

---

① David Levering Lewis, *W. E. B. Du Bois: A Biography*, p. 222.
② Ibid., p. 252.
③ Ibid., pp. 435-437.

1917年俄国十月革命发生后，他长期对社会主义予以关注并持同情态度，他相信："社会主义是一种优越的生活方式，但我认为可以通过多种方法达到它。"在对苏联做了考察访问后，他得出结论：社会主义可能是比资本主义更好的实现种族平等之路。① 不过，由于社会主义政党在美国力量弱小，杜波依斯在政治上奉行实用主义策略，即在选举政治中，他几乎都选择支持两大政党的候选人。

杜波依斯虽然是泛非主义者，强调黑人在世界范围内的联合以增强影响力，但他对加维主义持反对态度，认为把非洲裔美国人运回非洲，这是向美国的白人种族主义投降，是逃避斗争。在他看来，加维是"美国和世界黑人种族最危险的敌人"②。殊不知，加维也是这样看待杜波依斯的。在加维眼中，杜波依斯反对黑白种族分离，对白人社会抱有不切实际的幻想，实为对黑人正义事业的背叛。

**2. 加维的黑白分离主义**

马库斯·加维（Marcus Garvey，1887-1940），出生于牙买加一个工匠家庭，著名的黑人民族主义者和泛非洲主义者。他在伦敦大学伯贝克学院受过法律与哲学教育，1916年移居纽约。1928年被美国驱逐，返回牙买加。

作为黑人民族主义者和泛非洲主义者，他从种族问题的角度对美国社会及其价值观进行尖锐批评，号召美国和世界各地的黑人团结起来与种族压迫和歧视做斗争。1914年，正是出于这一宗旨，加维发起成立了"世界黑人进步协会"（UNIA）。在一系列激动人心的演讲中，他声称，黑人掌握自己命运的时刻已经来临，白人永无意愿给予黑人平等地位，因此黑人必须掌握自己的生活。他宣称，美国是白人的国度，永远不会完全接受黑人。黑人不要尝试去同白人合作，去努力与白人融合，恰恰相反，黑人应该谋求掌控自己社群的权力，即实现黑人权力。他号召非洲裔美国人"返回非洲去"！为了激发黑人对其内在美和非洲人独特性的自豪感，他提出"黑即美"的观念。他不厌其烦地劝导黑人放弃融入白人社会的努力，不要在着装、发型和行为举止上处处模仿白人，而应当强调他们自身的非洲传统。他指出："黑人，让他做美国人、欧洲人、西印度人或者非洲人并不会受到

---

① David Levering Lewis, *W. E. B. Du Bois: A Biography*, p.487.
② Ibid., p.465.

真正的尊重，除非其种族整体上通过自我发展和进步才能使自身从普遍的偏见下获得解放。"黑人要做的事是创造自己的文化与文学、社会与政府，只有到那时，白人才会把黑人当回事。"直到那时，我们才是一个优秀种族和文明的卫士，一种标准社会制度的放逐者。"①

加维不仅为泛非运动设计了红、绿、白三色旗，谱写了国歌，由于帮助美洲黑人返回非洲大陆是加维泛非主义运动的中心内容，他还发起成立了黑星航线公司（Black Star Line），发行股票建造轮船，以便把美国黑人运回非洲。②

与杜波依斯对社会主义持同情和支持态度不同，加维虽然不否认共产主义的进步性，但对其在黑人正义事业中的积极作用表示怀疑。他认为，共产主义对白人解决其政治与经济问题比较有利，但会对黑人进一步成功地共同站起来形成限制。共产党会利用非洲裔美国人的投票"粉碎和推翻"资产阶级白人大多数，仍然让他们自己的大多数组织或种族掌权，他们不仅是共产党人，也是白人。更何况，共产党执政后会千方百计扩大群众基础，不会放弃继续控制黑人。而共产党推行的政治经济改革理论也十分危险，它会把政府交到愚昧无知的白人大众手中，这些人是不会消除其本身针对黑人和其他种族的偏见的。对白人可能是好的事情，对于落在大多数愚昧无知和充满偏见的白人种族阶级政府统治下的黑人来说，往往是坏事。③

虽然杜波依斯和伦道夫等人指责加维欺骗贫穷黑人，美国司法机关也指控加维邮政诈骗，最后加维被驱逐出境，但激进的加维主义对黑人民族主义的产生发展具有深远的影响却是没有争议的。二战后黑人民族主义思

---

① Marcus Garvey, *The Philosophy and Opinions of Marcus Garvey*; or, *Africa for the Africans*, New York: Universal, 1923, p.24; 转见 Ralph Young, *Dissent: the History of an American Idea*, p.359。
② 返回非洲思想和行动在美国早已有之，1815 年，新英格兰一位富有的黑人海员保罗·卡费曾组织过一批黑人去非洲。门罗时期，美国政府"购买"了今西非利比里亚地区，准备把美国黑人迁往该地，以后的林肯政府也曾有过类似打算。1852 年，自由黑人马丁·德莱尼曾鼓动黑人移居东非，建立自己的国家。1854 年还有人提议移民海地和中美洲。然而，20 世纪初的绝大多数美国黑人对于返回非洲兴味索然，结果是，黑星航线公司未能造出一艘轮船，该项事业以失败告终。
③ "Marcus Garvey", https://en.wikipedia.org/wiki/Marcus_Garvey#Conflicts_with_Du_Bois_and_others.

潮或明或暗地折射出加维主义之光。

### (二)"伊斯兰民族"神学理论

"伊斯兰民族"(Nation of Islam,简称NOI),是非洲裔美国人的政治与宗教运动组织,由华莱士·D. 法尔德·穆罕默德(Wallace D. Fard Muhammad)于1930年7月4日在底特律发起成立。从1934年至1975年,伊利贾·穆罕默德(Elijah Muhammad)为其核心领袖。该组织声称其宗旨是改善非洲裔美国人和全人类的心灵、精神、社会和经济状况。一些批评者指责他们是黑人至上论者和反犹主义者。2007年,其成员估计有2万~5万人。

"伊斯兰民族"的神学理论与政治思想主要体现在该组织的宣传出版物和代表人物的讲话与教义中。其神学理论的核心是安拉之外无他神,在"伊斯兰民族"神学理论的创立者法尔德传给其学生伊利贾的教义《最高智慧》中,现代世界的人们被分为三类:第一类是人民大众,在总人口中占85%,他们又聋又哑又瞎,"很容易被引向错误的方向,很难被引导到正确的方向",他们被占人口10%的第二类人所掌控;第二类人是富有的"奴隶制造者",他们通过愚民政策、熟练的宗教教义和大众传媒掌控占总人口85%的第一类人;第三类人是占世界人口5%的"贫穷的教师",他们对10%的富人掌控85%的大众情况一清二楚,为此,他们一直在同10%的人进行斗争,以争取实现人民大众的"心灵自由"。然而,最为系统地阐释"伊斯兰民族"神学理论的是伊利贾·穆罕默德,他在《给美国黑人的消息》一书中把"伊斯兰民族"神学理论分为两部分:一是穆斯林要什么(10点);二是穆斯林信仰什么(12点)。具体而言,"伊斯兰民族"神学理论主要从以下几个方面彰显其激进政治思想特性。

**1. 独特的宇宙观**

伊利贾·穆罕默德认为,月球曾经是地球的一部分,地球自诞生至今已经有76万亿年;整个地球上的陆地被称为"亚细亚",这比亚当早得多;美国黑人是亚洲黑人民族和沙巴兹(Shabazz)部落的后裔;66万亿年前,行星发生爆炸一分为二,一部分成为地球,另一部分成为月球;沙巴兹部落从那时起就与地球在一起,而这一切都是作为最伟大的科学家的上帝的意旨。显然,这个宇宙观隐含着这样的思想:一是黑人具有人类起源种的历史优越性；二是黑人种族与上帝具有紧密关联的神圣性，这是其后黑人优越论的重要思想源头。

值得一提的是，伊利贾对不明飞行物的解释可以视为他们对宇宙的独特理解。伊利贾把不明飞行物称为母机（Mother Plane）或以西结之轮（Ezekiel's Wheel），认为这就是《希伯来圣经》"以西结书"中先知以西结描绘的飞轮，这个巨大的母机其构造如宇宙，球体中有球体，母轮上有1500个小轮，每个小轮的尺寸为800米×800米。每个小平台上都有三颗炸弹。这个母机就像一个人造行星，主要用于在地球上建造山脉以使地球实现重力平衡。它是由起源民族的科学家在日本岛建造的，花费了150亿美元的黄金，用的是最坚硬的钢，这是今日美国都做不到的事。[①]

**2. 黑人种族优越论**

其一，人类起源于黑人论。在法尔德·穆罕默德的教义中，黑人是世界的起源民族，世界上所有民族，无论是褐色人种、红色人种、黄色人种，还是白色人种，都源于黑人。伊利贾·穆罕默德认为，通过应用一种独特的计划生育法，黑人能够创造白人种族。这种独特的计划生育法是由黑人科学家雅各布（Yakub）发明的，因为他想创立和教化一个与起源民族相对立的民族，并让每一个种族支配起源民族6000年。

其二，白人为魔鬼种族论。如上所述，白人是一个名为雅各布的黑人科学家在希腊帕特摩斯岛上创造的"魔鬼"种族。根据法尔德教义的解释，白人之所以是"魔鬼"种族，是因为雅各布为确保成功创造新的种族，在帕特摩斯岛创造了一种说谎和谋杀的文化。雅各布在岛上的统治阶级中秘密建立起一套优生学政策，他们会把刚出生的黑孩子杀掉，以孩子的所谓命中注定来欺骗孩子的父母，其目的是要保证白皮肤孩子在社会上枝繁叶茂，这是一项浅肤色优先的政策。雅各布用了600年，终于创造出了金发碧眼的白色人种。后来他们迁移到大陆，他们贪婪无度，在所到之处却受到正直民族的礼遇。然而，他们在正直的人们之间不断制造麻烦，他们说谎成性，引发混乱与伤害。最终中东地区的统治阶级决定围捕这些麻烦制造者。他们被迫长途跋涉越过滚烫的沙漠，进入欧洲的洞窟和山腹。在法尔德看来，白人的大多数野蛮做法来自在欧洲洞窟和山腹超过2000年的生活，

---

① Nation of Islam，https：//en.wikipedia.org/wiki/Nation_of_Islam#Separatism.

这种生活既没有神的启示,又没有文明的知识。伊利贾希望让学生明白,白人就是"雅各布嫁接的魔鬼"和"地球行星上的臭鼬"①。

其三,黑人优于白人论。几乎所有信奉"伊斯兰民族"神学的黑人理论家都相信,作为起源民族,黑人的基因具有支配性优势,特别是与由"嫁接而生"的白人相比,优势更明显。马尔科姆·艾克斯声称:"深思熟虑的白人都知道白人不如黑人。即便是(参议员)詹姆斯·伊斯特兰都知道这一点。任何研究生物学基因阶段的人都知道,白人被认为是隐性退化的,而黑人则是支配性的。"②

其四,种族问题的出路在于"伊斯兰民族"神学理论。马尔科姆·艾克斯去麦加朝圣时发现,各种肤色的穆斯林在圣地平等相处,使他意识到伊斯兰信仰会成为解决种族问题的有效方法。不过,马尔科姆·艾克斯的这种看法与主流"伊斯兰民族"神学理论相悖,这是他后来离开"伊斯兰民族"并皈依逊尼派的主要原因。

毫无疑问,"伊斯兰民族"神学理论直接针对白人优越论。马尔科姆·艾克斯指出,整个美国经济是以白人至上论为基础的,甚至美国的宗教哲学也基本上立足于白人至上论,美国政治更是建基于白人至上论,社会哲学和教育亦然。"白耶稣,白圣母,白天使,白的一切东西。当然,除了一个黑人魔鬼。"③ 非白人只能是二等公民。这就是问题的症结所在。

**3. 激进种族分离主义诉求**

1997 年 4 月 13 日,在接受 NBC "面见媒体"节目主持人提姆拉瑟特的访谈中,"伊斯兰民族"组织最高领导人路易斯·法拉汗(Louis Farrakhan)对其分离主义政治诉求进行了详细的解释,不否认这是组织的最终目标。1965 年,法拉汗在报纸上发表过一篇题为《伊斯兰计划》的文章,把"伊斯兰民族"的政治目标分为四个步骤:第一步是争取黑人的完全自由;第二步是实现正义,在法律范围内的平等正义,它将涉及所有人,无论种族、阶级或肤色;第三步是要求平等。要求在最好的文明社会里拥有平等的社会成员权利:

---

① Nation of Islam, https://en.wikipedia.org/wiki/Nation_of_Islam#Separatism.
② Alex Haley, "The Playboy Interview: Malcolm X", *Playboy*, May 1963.
③ Ibid.

如果我们能够在美国政治、经济和社会制度内得到这些,就不需要第四点。但如果我们在为美国服务、抛洒汗水与劳动四百年后还不能和平地得到这一切,那么,分离自然是我们种族问题的解决方案。①

一些批评者指出,"伊斯兰民族"神学理论不过是对历史学、社会学和人类学经典著做断章取义的产物,而法拉汗对智力学的推崇更是使该组织饱受批评,有论者认为,"伊斯兰民族"神学理论已经同山达基教派(Church of Scientology)及其创始人哈巴德(L. Ron Hubbard)的思想极为接近,② 其神学理论大多是牵强附会的臆想。至于"伊斯兰民族"神学理论家不时流露出的反犹主义、反同性恋、反亚裔移民立场,更是备受诟病。

### (三) 伦道夫的黑人工人阶级解放神学

阿沙·菲利普·伦道夫(A. Philip Randolph, 1889-1979),美国民权运动与劳工运动领袖,社会主义者,出生于美国佛罗里达州新月城一个非洲裔水手兼牧师家庭。青年时期深受杜波依斯黑白种族平等思想的影响。1911年移居纽约,在世界产业工人联合会(IWW)接受了社会主义思想。终其漫长的一生,他一直在为美国黑人平等权利、工人阶级权利、世界和平等进步事业奋斗。著名和平主义者贝亚德·拉斯廷认为,伦道夫是一个具有"深度信仰"的人。他的信仰被美国学者概括为工人阶级宗教,或解放神学。③

由于早年在社会党内受到的理论熏陶,伦道夫把社会主义视为包括黑

---

① Alex Haley, "The Playboy Interview: Malcolm X", *Playboy*, May 1963.
② 山达基教派由美国科幻小说作家拉法叶·罗纳德·哈巴德于1952年创立。其全部神学理论围绕精神个体(Thetan)起源理论展开。该教派教导人们,人是遗忘了自身本性的不朽的精神生物。精神个体是"Θ"的个人表达式,这是"宇宙资源和生命力量"。这种精神个体是人的真正的自我身份,它不仅让人类呈现为"纯粹的精神与神性",而且以其创造能力形成了物理的宇宙。法拉汗一直对哈巴德礼敬有加,认为哈巴德是"对地球上每个白人都极其宝贵的"人,虽然是基督徒,但不是魔鬼基督徒;虽然是犹太人,但不是邪恶的犹太人。Louis Farrakhan, "Preparation of the Mind and Qualifications to Act for Christ", *The Final Call*. March 11, 2011.
③ Cynthia Taylor, "Keeping His Faith: A. Philip Randolph's Working Class Religion", in Andrew E. Kersten and Clarence Lang ed., *Reframing Randolph: Labor, Black Freedom, and the Legacies of A. Philip Randolph*. New York and London: New York University Press, 2015, pp. 77-99; James H. Cone, *A Black Theology of Liberation*, New York: Orbis Books, 1990, pp. 1-2.

## 第四章 族群关系正义：种族和民族关系的激进重构

人在内的所有美国人的救星。在他看来，种族主义的根源在于资本主义制度，种族问题只是"更大的世界阶级冲突中的一个问题"。他断定，私刑和吉姆-克劳制度是资本主义锻造和培育出来的，因为资本家希望通过种族偏见来分化黑白工人，使他们无法在工业和政治领域组织起来维护其权益。种族之间的裂痕越宽，偏见越深，越有利于生产工具所有者。种族偏见成为资本主义剥削黑白工人并使他们分离开来的"首要武器"，因此，最终结论是必须进行跨种族团结并抵抗资本主义压迫，直至推翻资本主义统治，因为只有在生产工具和生产资料社会所有并进行民主管理的条件下，才能根除对偏见的需求。每个工人，无论黑人还是白人，会获得"其劳动的全部产品"，这是真正的"社会主义目标"。这就是"为什么每个黑人都应该是社会主义者的理由"。①

按照同时代的黑人社会科学家亚伯拉姆·哈里斯的说法，第一次世界大战后的20年代，伦道夫已经成为自弗雷德里克·道格拉斯以来黑人种族最伟大的领袖。而他所主编的《信使》(*Messenger*) 杂志成为当时激进刊物中发行量最大和最具影响力的期刊，由于它信奉国际主义并提倡阶级斗争，《信使》被美国司法部部长 A. 米歇尔·帕尔默视为所有黑人出版物中最有力量和最危险的。②

1925年，伦道夫发起成立美国卧车搬运工兄弟会（BSCP），成为美国历史上第一个非洲裔美国人工会。作为该工会的主席，伦道夫不仅把阶级利益和种族利益有机结合在一起，而且把社会主义与基督教作为共同的思想支点，这使他成为20世纪美国黑人激进政治思想史上极具个性的人物。他相信，黑人在获得经济保障之前，其社会地位和政治自由无从谈起。为此，他终生都在为争取非洲裔美国人的经济权利奋斗。不过，他不赞成暴力模式，认为非暴力是实现目标的正确手段。由此出发，他致力于把非洲

---

① Randolph, "American Politics", *Messenger* (February 1923), p.596; Andrew E. Kersten and Clarence Lang ed., *Reframing Randolph: Labor, Black Freedom, and the Legacies of A. Philip Randolph*, New York and London: New York University Press, 2015, pp.62-63.

② Abram L. Harris, "The Negro Problem as Viewed by Negro Leaders", *Current History: A Monthly Magzine of the New York Times 18*, (June 1923), p.414; 转见 Eric Arnesen, "A. Philip Randolph: Emerging Socialist Radica", in Andrew E. Kersten and Clarence Lang ed., *Reframing Randolph: Labor, Black Freedom, and the Legacies of A. Philip Randolph*, New York and London: New York University Press, 2015, p.46.

裔卫理公会信仰同工人阶级公平、尊严和不分种族、人人机会平等的价值观相结合,即把宗教与社会正义相连接。

美国一些历史学家认为,自内战结束以来,宗教和宗教动机已经脱离美国历史的宏大叙事,美国文化已经完全世俗化。例如,美国著名宗教史学家乔恩·巴特勒就曾声称:"宗教在现代美国历史编纂学中表现不佳。"① 然而,这个"世俗化论题"与美国历史、政治、社会的实际并不相符,它无法解释宗教对20世纪美国政治与社会的巨大影响,无法解释宗教所具有的把个人信仰同近乎革命性的社会变革相连接的能力。伦道夫一生就是不断地从基督教信仰中获得力量来挑战"吉姆·克劳制度"铺天盖地的社会压制。当然,他的基督教信仰已经是融合了社会主义信念的新信仰。

1929年,伦道夫与耶鲁大学神学院教授杰罗姆·戴维斯共同组织了一场关于劳工与宗教的世界性讨论会并将论文集结出版。伦道夫在其提交的论文中把黑人教会的特征概括为两点:无产阶级的和革命的。之所以是无产阶级的,是因为"黑人无产阶级……实际上构成了黑人人口的百分之九十九";之所以是革命的,是因为黑人教会"捍卫黑奴的自由事业"。② 在伦道夫看来,黑人工人的绝大多数是无产阶级,因此,现代黑人教会会捍卫无产阶级哲学。伦道夫指出,通过BSCP的努力,黑人工人正在学会利用工会斗争手段并挑战黑人教会以捍卫无产阶级哲学。针对有人指责以他为代表的劳工领袖持反宗教反教会立场,他做出如下回应:

> 劳工领袖们虽然可能不是教会成员,但他们并不反对教会。他们所有人都感受到,教会能够为黑人工人提供建设性的社会的、教育的和精神的服务。如果教会、白人或者黑人要表达本就是劳动者的耶稣基督的真实哲学,自身就不会去支持压迫人的资本主义信条……③

在大萧条期间,伦道夫再三要求黑人宗教社团采用工人阶级的观点和

---

① Jon Butler, "Jack-in-the-Box Faith: The Religion Problem in Modern American History", *The Journal of American History 90*, No. 4 (2004), p. 1358.
② A. Philip Randolph, "Negro Labor and the Church", Jerome Davis ed., *Labor Speaks for Itself on Religion: A Symposium of Labor Leaders Throughout the World*, New York: Macmillan, 1929, pp. 76, 78-79.
③ Ibid., p. 38.

纲领，他认为，黑人教会中没有资本家，其神职人员都来自工人阶级家庭。他鼓励黑人宗教领袖"以长远的眼光回应权宜之计的政策，在财政和道德上依靠真诚的黑人工人工会的努力"。在经济困顿和种族压迫横行的黑暗日子里，"教会能够提供的最伟大的服务就是保持精神不倒"，而"这是所有黑人工人需要的那种教义。即便（BSCP）实际上散掉了，他们仍需要回来战斗的精神和意志"。①

伦道夫被视为有着工人阶级价值观的宗教人士，他不仅成功组建了第一个黑人工会，还成功地把黑人宗教社群动员起来支持自己的事业。在参与工会运动的早期，伦道夫就认识到宗教社群对于黑人工人阶级事业的重要性，他再三鼓励黑人牧师与教会追随《圣经》中伟大先知的传统，为黑人争取作为劳动者和公民的社会经济权利。他相信，在他通过 BSCP 把黑人劳工组织起来后，黑人教会不再会背离其反种族隔离和反种族歧视的激进传统。②

伦道夫知道，在推进种族平等事业方面宣传的重要性。在二战期间，他再三告诉黑人，要坚决拒绝以奴隶的身份去为他们不能拥有和享有的民主战斗，这引发了为数众多的非洲裔美国人的共鸣。例如，纽约一位来自牙买加的名为温弗雷德·林恩的 36 岁黑人园艺师在 1942 年宣称，他憎恨德国纳粹、意大利法西斯和日本帝国主义，但他宁可坐牢或被处死，也不会低头加入实行"吉姆·克劳制度"的军队去为所谓的民主而战。《社会主义号角》《阿肯色州新闻》等黑人左翼报纸都公开赞扬温弗雷德·林恩是"第二次世界大战中的英雄"。③

在伦道夫看来，种族平等权利不会从天而降，它需要通过奋斗才能获得，而正确的策略是实现政治目标的有效手段。例如，20 世纪 30 年代后期，他把推进有效的民权议程作为中心任务，为此，他自 1941 年初开始策划在华盛顿组织一场有 10 万人参加的大游行。珍珠港事件前夕，他以此给罗斯福政府施压，迫使罗斯福签署了禁止在国防工业中实施种族歧视的第

---

① Andrew E. Kersten and Clarence Lang ed., *Reframing Randolph: Labor, Black Freedom, and the Legacies of A. Philip Randolph*, p. 88.
② 美国黑人教会主要为美以美会或卫理公会主教派教会，是在南方奴隶制时期在理查德·艾伦的领导下建立的。
③ Howard Brick and Christopher Phelps, *Radicals in America: The U.S. Left Since the Second World War*, New York: Cambridge University Press, 2015, pp. 1-2.

8802号行政命令,向黑人工人开放国防工业和战时工作。① 另外,他还在全美各地大中城市建立众多"向华盛顿进军"分部以监督新成立的"公平雇佣实践委员会"(FEPC)。在太平洋战争期间,伦道夫在华盛顿特区、纽约、芝加哥和圣路易等城市多次实施大规模戏剧性群众集会战略以推进黑人民权事业。这些集会包含政治演讲、唱圣歌、祈祷、默思戏剧表演等内容,同殖民地时代清教徒的抗议狂欢几无二致,极具仪式性。② 例如,在1942年夏天的一次纽约集会上,伦道夫在统一着工装的100名普尔曼搬运工和50名少女的尾随下进入麦迪逊花园广场,随之唱响好战新教徒的圣歌——"守住堡垒,我来了"。伦道夫强调,集会上的歌曲必须是昂扬向上和充满战斗精神的,不接受让人颓废和萎靡不振的词曲。③ 在戏剧表演方面,他特别注重把宗教故事内容与现实社会问题尤其是种族平等问题相结合,对于提高黑人大众的种族平等意识具有明显的效果。例如,在1942年圣路易集会上,由本地积极分子戴维·M. 格兰特根据《圣经》"出埃及记"创作的讽刺短剧,在"行军扮演者"的表演下把集会推向了高潮:

> 声音1:以色列的子孙们来到了埃及……硕果累累,物产丰饶,子嗣昌繁……他们遍布了这片土地。
>
> 声音2:黑人被锁链带到美国……用他们的劳动使这片土地硕果累累,物产丰饶,财富倍增……这片土地充斥着他们的哭喊、忧伤和痛苦。
>
> 声音1:现在出现一个新国王统治埃及……[被称为法老,他]把他们置于工头的管理之下,以重负折磨他们。他们为法老建造诸多财富城市。
>
> 声音2:美国黑人也建造诸多财富城市,并在工头的皮鞭下种出美丽的庄稼。他们也在折磨下繁衍和成长。④

---

① 1948年,以同样的方式施压杜鲁门政府,使其发布第9981号行政命令,结束陆海空三军中的种族隔离。
② 伦道夫创造的露天大规模祈祷仪式极具震撼性和冲击力,成为民权运动中的经典策略工具。
③ Andrew E. Kersten and Clarence Lang ed., *Reframing Randolph: Labor, Black Freedom, and the Legacies of A. Philip Randolph*, p.90.
④ Ibid., p.91.

第四章　族群关系正义：种族和民族关系的激进重构

扮演法老的演员穿着炫目的红色长袍，头戴王冠，手握权杖；摩西的扮演者则身穿朴素的黑袍，在对话中反复念叨："让我的人民离开吧！"短剧以希伯来领袖成功地率领以色列人到达乐土迦南结束。黑人观众从短剧中得到了教育：在真理、勇气、决心和诚实的人们率真的思考和进攻面前，歧视、偏狭、偏见、欺诈和虐待的高墙也会坍塌，团结起来，积极作为，才是黑人获救之路。

冷战伊始，伦道夫前往白宫会晤杜鲁门总统，明确表示，在国内自身民主权利被拒绝的情况下，黑人没有心情为国外的民主扛枪战斗。他把政治施压策略发挥得淋漓尽致，在杜鲁门宣传的公平施政纲领中，种族平等成为核心议题，在一定程度上说明了这一策略的成功。

在有关经济解放伦理学的历史与发展的分析文章中，美国基督教伦理学家劳拉·史迪威尔斯指出，以伦道夫为代表的伦理学家和神学家意识到，宗教不只是人民的鸦片，它更有着对经济不公进行先知性批判的种子，这种批判建基于基督教关于上帝、希伯来的先知对处在边缘地位的人也能享有经济公正的关注，以及耶稣要求牧师善待所有人的理解之上。[①] 在伦道夫眼中，基督教神学是克服经济不公与种族压迫的革命性手段，当然它是非暴力的，非暴力哲学是耶稣所主张的争取基本社会变革的康庄大道。在第二次世界大战结束后，就像伦道夫依然以黑人民权领袖活跃在民权运动舞台上一样，他的非暴力解放神学同样深刻地影响着战后形形色色的黑人激进种族关系变革者。

## 二　冷战时代美国的激进族群理论

### （一）马尔科姆·艾克斯的黑人民族主义

马尔科姆·艾克斯（Malcom X，1925-1965），本名马尔科姆·利特尔，美国非洲裔穆斯林教士和人权活动家。[②] 1948年加入"伊斯兰民族"，后成

---

[①] Laura Stivers, "Economic Liberative Ethics", in Miguel A. De La Torre ed., *Ethics: A Liberative Approach*, Minneapolis, MN: Fortress Press, 2012, p.67.

[②] 1950年放弃Little姓氏，改姓X。在其自传中，他对此的解释是：作为穆斯林，X象征他自己所不了解的非洲家族姓氏，而Little则是白人奴隶主"蓝眼睛恶魔"的姓氏。Malcolm X, *Autobiography*, New York: Grove Press, 1965, p.229.

为该组织的核心布道者之一，在战后黑人民权运动中成为与金牧师并驾齐驱的领袖人物，当然，他们代表着运动的两极：作为高级知识分子出身的马丁·路德·金从精英阶层视界出发，站在反对暴力的温和改革的一端；作为底层出身的马尔科姆·艾克斯，则明显倾向采取暴力变革的立场。虽然20世纪60~70年代的美国主流媒体普遍褒前者贬后者，但这并不能改变马尔科姆·艾克斯在美国黑人民权事业中的核心和引领作用。

马尔科姆·艾克斯自幼即受到信奉加维主义的父亲影响，对黑人因肤色遭遇白人种族主义歧视的现实十分敏感，这是他成年后加入"伊斯兰民族"的重要思想根源。他曾经是品学兼优的中学生，但由于他的浅黑肤色，他想成年后做律师的抱负被彻底浇灭，之后，他辍学混迹于街头，成为问题少年，最终被判刑十年。在狱中他接受了"伊斯兰民族"神学理论。如前所述，伊斯兰民族理论主要包括黑人优越论、白人魔鬼论、黑白分离论等激进思想，马尔科姆·艾克斯最初把这种哲学视为至理信奉，但后来到麦加朝圣后，改变了看法，相信黑白种族之间完全可以在伊斯兰教下和谐相处，为此他离开了"伊斯兰民族"。虽然他不再主张黑白分离，但他坚信黑人权利的实现离不开暴力手段，60年代后期以黑豹党为代表的激进黑人民族主义把武装自卫作为基本斗争形式，马尔科姆·艾克斯在其中具有无可否认的思想引领作用。

由于马尔科姆·艾克斯除了自传外没有公开出版反映其思想与主张的著作，他的黑人民族主义思想主要表现在一系列讲话和访谈里。在"伊斯兰民族"时期，伊利贾·穆罕默德几乎就是马尔科姆·艾克斯的精神导师，他相信，"伊斯兰民族"的创建者法尔德·穆罕默德是救世主，伊利贾·穆罕默德则是先知。艾克斯每次演讲和布道时，总是以"尊敬的伊利贾·穆罕默德教导我们"作为开头，他基本上就是重复伊利贾等人的激进观点。1964年，马尔科姆·艾克斯公开承认他自己有如口技表演者中的哑巴，只能说伊利贾·穆罕默德让他说的话。[①] 他再三向听众和访谈者大谈特谈黑人是世界上最早的民族，是优秀种族，而白人则是魔鬼创造的种族，或者白人就是魔鬼的宗教哲学，认为"历史已经证明，白人即魔鬼"[②]。理由是，

---

① Louis E. Lomax, *When the Word Is Given：A Report on Elijah Muhammad, Malcolm X, and the Black Muslim World*, Cleveland：World Publishing, 1963, pp. 80-81.
② Ibid., p. 67.

任何犯强奸、抢劫、奴役、盗窃和向人投掷炸弹的人,任何做这些事的人皆为魔鬼。① 他认为,基督教是白人的宗教,是白人奴隶主强加给非洲裔美国人的,只有伊斯兰教才是黑人"真正的宗教"。"伊斯兰民族"神学理论之所以与世界其他地方的伊斯兰教不太一致,是因为它是对非洲裔美国人"可怜的"处境适应的结果。

在以反对种族隔离为目标的战后民权运动发轫之际,马尔科姆·艾克斯坚决主张黑白种族的彻底分离。"伊斯兰民族"建议在美国南方或者西南部为非洲裔美国人建立一个临时国家,以作为黑人返回非洲的过渡地。② 与此同时,马尔科姆·艾克斯强烈要求美国政府向黑人支付其奴隶祖先无偿劳动的赔款。

离开"伊斯兰民族"后,马尔科姆·艾克斯积极参与民权运动,成为该运动的核心领导人。他的思想与以往相比,有了明显的变化。具体而言,以下是真正能够代表他自己独到思考的方面。

其一,主张民权斗争应该聚焦于美国的人权问题,让它成为国际关注的焦点。他指出,2200万美国黑人的共同目标就是"作为人受到尊重",在美国,"我们永远不会被承认为公民,除非我们首先被承认为人"。为此,黑人民权斗争不能孤军战斗,需要同全人类的正义事业联系起来,把它作为国际人权斗争的组成部分,要诉诸联合国,形成国际关注与压力,获得全世界进步力量的支持。

其二,反对非暴力战略,主张黑人有权进行武装自卫。他表示,如果美国政府不愿意或无力保护黑人,黑人就得保护自己;非裔美国人团结组织(OAAU)成员要采用"任何必要手段"来反击白人种族主义者的攻击,来保卫自由、正义与平等。③

其三,主张把非洲裔美国人争取平等权利的国内斗争与第三世界民族解放运动"直接联系起来",他指出,非裔美国人有一种错误认识:黑人在美国是少数,其实不然。从全球角度看,黑人占大多数。

---

① Louis E. Lomax, *When the Word Is Given*: *A Report on Elijah Muhammad, Malcolm X, and the Black Muslim World*, Cleveland: World Publishing, 1963, p.171.
② Benjamin Karim ed., *The End of White World Supremacy*: *Four Speeches by Malcolm X*, New York: Arcade, 1989, p.78.
③ George Breitman ed., *By Any Means Necessary*: *Speeches, Interviews, and a Letter by Malcolm X*, New York: Pathfinder Press, 1970, pp.43, 47.

其四,虽然没有放弃黑人民族主义,但不再强调黑白分离的必要性。在他看来,黑人民族主义是非洲裔美国人追求平等地位、维护自决权利的正确选择,本身没有问题。不过,在中东之行后,他意识到:"种族主义不只是一个黑白问题,它曾经给地球上的每个国家带来血雨腥风。""在非洲大陆的许多地方,我看到白人学生在帮助黑人。"他还表示看到北非的许多反种族主义政治活动家是白人,因而他开始对黑白分离的极端主张进行反思和检讨。

其五,批判资本主义,向往社会主义。在由社会主义工人党主办的军事劳动论坛(Militant Labor Forum)上,马尔科姆·艾克斯对资本主义进行了批判。当被问及他所向往的政治经济制度时,他表示还不知道,但认为第三世界许多新独立国家转向社会主义绝非偶然。当有记者问他如何看待社会主义时,他反问记者,社会主义对黑人而言是否是件好事,记者回答似乎如此,他立马说:"那我支持。"①

美国学者罗达·布伦伯格明确指出,马尔科姆·艾克斯是20世纪60年代美国城市黑权斗争的中心人物:他是个克里斯玛式的人物,他不是通过特别的计划来争取黑人大众支持,而是以其过人的口才和思想吸引人。温和的黑人起初对他持批评态度,大多数白人则因为他的反白人论调同样拒斥他,但他对白人种族主义及其虚伪性的分析却在城市贫穷黑人居民、前科犯人、街头混子的心中引起共鸣,这些人在白人社会饱受蔑视的经历早已是心灵深处难以愈合的伤痛。马尔科姆·艾克斯逐渐地使黑人权力与黑人民族主义哲学变成了黑人中产阶级尤其是年轻人的意识。他对民权运动的影响有三:其一,他对一些黑人领袖如卡迈克尔以及"学生非暴力协调委员会"等激进组织具有直接的影响;其二,他对较低经济-社会阶层的影响力为绝大多数黑人政治领袖所不及;其三,最关键的一点是,他提供了一种激进的反白人立场,这是大多数民权领导人做不到的。②尽管他在1965年被谋杀而过早地离开了人世,但他对身后美国黑人民权事业的巨大推动

---

① James H. Cone, *Martin & Malcolm & America: A Dream or a Nightmare*, Maryknoll, N.Y.: Orbis Books, 1991, p.284; Bruce Perry, *Malcolm: The Life of a Man Who Changed Black America*, Barrytown, N.Y.: Station Hill, 1991, p.277.
② Rhoda Lois Blumberg, *Civil Rights: The 1960s Freedom Struggle*, Boston: Twayne Publishers, 1991, pp.143-144.

作用却是毋庸置疑的，这或许是美国社会学家平克尼断定马尔科姆·艾克斯是美国历史上最重要的黑人领袖的主要理由。①

## （二）黑人权力理论与新非洲共和国构想

### 1. 黑人权力理论

黑人权力是 20 世纪 60 年代后期和 70 年代初期非洲裔美国人权利运动中流行的政治口号，是与以实现黑人自决为目标的种种相关意识形态的总称。1954 年，美国黑人作家理查德·莱特（Richard Wright）在《黑人权力》一书中最早创造并使用这个词。② 1966 年 5 月 29 日，纽约黑人政治家亚当斯·克莱顿·小鲍威尔（Adam Clayton Powell Jr.）在霍华德大学的演讲中使用了这个词："要求这些上帝赋予的权利就是寻求黑人权力。"然而，真正让这个词成为政治和种族口号流行开来的是"学生非暴力协调委员会"（SNCC）的组织者和代言人斯托克利·卡迈克尔和威利·瑞克斯。1966 年 6 月 16 日，在密西西比州格林伍德市的演讲中，卡迈克尔表示：

> 这是我第二十七次被捕，我不会再进监狱了！……我们现在要讲的是黑人权力！③

事实上，卡迈克尔是把黑人权力作为在民权运动中团结黑人的手段，让黑人形成政治力量以终结施加于美国黑人的种族歧视。它比小马丁·路德·金的"现在就自由！"的口号更响亮、更激进。

黑人权力是一个包罗万象的用语，迄今为止，历史学家们一直就其精确定义问题争论不休。一般认为，黑人权力包含黑人资本主义、国际社会主义、宗教与领土民族主义三大政治目标。

黑人权力提出了一系列政治诉求，从防御种族压迫到为黑人创建社会制度与自足的经济，如归黑人所有的书店、合作社、农场和媒体等，此外，

---

① Alphonso Pinkney, *Red, Black and Green: Black Nationalism in the United States*, Cambridge: Cambridge University Press, 1976.
② 不过，"黑人权力"（Black power）这一词语在 19 世纪中叶就已在其他意义上被使用，例如弗雷德里克·道格拉斯就用过"奴隶权力"的概念。
③ Jeffries Hasan, *Bloody Lowndes: Civil Rights and Black Power in Alabama's Black Belt*, New York: NYU Press, 2010, p. 187.

他们极力强调黑人种族优越论,强调黑人的革命禀赋。卡迈克尔宣称:"唯有黑人能够表达革命观念——这是一种革命性的想法——黑人可以自己做事情。"① 与民权运动融入美国主流社会的追求不同,黑人权力的核心导向是与白人社会分道扬镳。

当然,并非所有黑人权力运动参与者都支持黑人分离主义。著名的黑豹党就提倡革命的民族主义,公开反对把黑人权力运动视为种族战争,他们虽然不否认他们在同白人至上主义者的权力架构进行战争,但他们表示这场战争不是针对所有白人的。黑豹党创始人和领袖博比·希尔明确表示:

> 我们认为,这是人数众多的无产阶级工人阶级与一小撮统治阶级之间的阶级斗争。工人阶级中所有肤色的人必须团结起来反对剥削的、压迫的统治阶级。因此我再强调一遍——我们相信我们的斗争是阶级斗争而不是种族斗争。②

简单地说,黑豹党认为美国国内黑人的斗争是社会主义取代资本主义的世界运动的组成部分,黑豹党要做的是同第三世界人民和欧美国家白人激进派合作去解放现行"制度"压迫下的人们。

小马丁·路德·金对黑人权力的主张持不以为然的态度:黑人权力的弱点是看不到黑人需要白人和白人需要黑人。无论怎样把这个口号浪漫化,没有与白人道路的交叉,就不会有独立的黑人通往权力之路,就不会有独立的白人通往权力之路,也不会有白人与黑人对自由和人类尊严的权力分享。"我们被一件命运的衣服绑在一起。语言、文化范式、音乐、物质繁荣,甚至美国的食物都是黑白混合物。"金牧师显然担忧黑人权力中的黑白分离思想会让美国陷入黑白对抗与分裂的境地,而这会是黑人自由事业的梦魇。无独有偶,著名的和平主义者和民权运动活动家贝雅德·拉斯廷同样对黑人权力持激烈批评立场,认为黑人权力缺乏真正的价值观,它的传播肯定有害无益。它在孤立黑人群体的同时,也有力地鼓舞了反黑人力量的成长。曾经让整个美国觉醒过来的"种族平等委员会"(CORE)和"学

---

① Kwame Ture, *Black Power: The Politics of Liberation*, New York: Vintage Books, 1967, p.46.
② Bobby Seale, *Seize the Time: The Story of the Black Panther Party and Huey P. Newton*, New York: Black Classic Press, 1996, p.72.

生非暴力协调委员会"(SNCC)现在也迷上了这个能够让黑人获得一时满足的口号,这会让他们和运动一道走向不归路。更值得一提的是,"全国有色人种促进会"(NAACP)也不支持黑人权力概念。该组织执行董事罗伊·威尔金斯直截了当地表示:黑人权力是"反向的希特勒,反向的三K党……是仇恨之父和暴力之母"。①

虽然存在以上多方面的严厉而敏锐的批评,虽然未能解决60~70年代黑人面临的政治社会问题,黑人权力运动直接和间接的影响却广泛而深远。

首先是对黑人身份认同的积极影响。由于与黑人权力密切相关的黑豹党人的好斗形象和对美国体制持否定立场的负面影响,不少人认为黑人权力引发的"暴乱"运动会使美国陷于混乱和不和谐状态,甚至卡迈克尔也宣称:"当你谈及黑人权力时,你说的是建立一场运动,它将摧毁西方文明创造的一切。"② 美国非洲裔研究领域的著名学者威廉·冯·德伯格(William L. Van Deburg)指出,与具体政治变革相比,黑人权力的文化与心理影响力更为持久。尽管黑人权力的领袖们信誓旦旦地让黑人大众相信他们拥有充足的力量逃离"自我贬损的监狱",但他们在获取权力方面从未获得成功。成功之处在于,黑人权力的文化宣示提升了黑人文化的地位,有力地促进了非洲裔美国人的心理健康。③ 换句话说,非洲裔美国人在精神王国中获得了解放与权力。黑人权力运动整体上提升了黑人群体的种族团结意识与自我身份认同,正如卡迈克尔所说:"黑人自决和自我认同的目标——黑人权力——是对自己作为黑人的美德的承认。"④ 纵观20世纪美国黑人权利运动史和思想史,不难发现,在种族问题上存在两条线:一条是扩大或强调黑白种族差异以追求种族分离;另外一条是缩小或淡化种族差异以促进种族融合。前者从加维到战后的黑人权力鼓吹者成为一条连线,后者从杜波依斯到小马丁·路德·金,构成另一条线。

其次是对黑人艺术与文化的影响。黑人权力运动被许多研究者视为与

---

① Simon Hall, "The NAACP, Black Power, and the African American Freedom Struggle, 1966 - 1969". *Historian 69*, March 22, 2007, pp. 49-82.
② Curtis Stephen, "Life of a Party", *Crisis*, September/October 2006, Vol. 113, Issue 5, pp. 30-37.
③ William L. Van Deburg, *New Day in Babylon*, Chicago: Chicago University Press, 2005, pp. 304-306.
④ Kwame Ture, *Black Power: The Politics of Liberation*, p. 46.

政治革命平分秋色的文化革命，无数艺术和文化产品因之而产生，这些产品在体现和激发"黑"的自豪感的同时，进一步界定了非洲裔美国人的身份，这种艺术和文化革命以庆祝和强调非洲裔美国人独特群体文化有别于白人艺术和文化表达方式支配下的美国社会为目标。黑人权力利用一切以共同祖先的过去为基础的有用的民歌、文学和戏剧表达形式，致力于传递自我实现和文化自我定义的信息。这种对黑人文化特性的强调使得黑白之间文化差异被公开化与合法化，这在过去是被忽视和受到诋毁的事。承认另一种文化的合法性，挑战白人文化至上观念，黑人权力成为多元文化主义思潮的重要源头。

黑人权力用以呈现非洲裔美国人文化形象的基本文化概念是"灵魂"。灵魂作为一种"群体文化标志"（in-group cultural cachet）的类型，同美国黑人对个人和群体自我认同的需要紧密联系在一起，其"感情热烈"的表达是为了培养冷漠和超然态度，创造"耀眼的或情感的不受伤害性"，是为挑战他们在更大的社会里相对无权地位而戴的一种面具。这种非语言的态度表达，包括从姿势到握手的各种情形，无不与白人呆板、暴躁的癖性对应起来。双臂高举，二头肌收缩，拳头紧握，作为黑人权力的象征符号虽然具有暂时性，但它各种握手姿态的变体，在60~70年代成为黑人社区团结的标志，现仍作为黑人文化的一部分继续存在。服装风格在60~70年代也成为黑人权力的重要表达方式。黑人权力对深受白人历史性影响的关于美的标准重新进行了界定，强调自然之"黑"的美感。正如卡迈克尔在1966年所指出的："我们必须停止为自己是黑人而感到羞耻。宽鼻、厚唇和尿布发就是我们，不管他们喜不喜欢，我们称其为美。"[①] 以非洲卷毛为标志的"自然"发型，成为广被社会接受的对群体团结的赞颂和黑人遗产的庆贺。

最不容忽视的是，黑人权力意识为无数黑人作家、艺术家提供了创作的思想源泉与灵感。伊斯梅尔·里德（Ishmael Reed）、托妮·莫里森（Toni Morrison）和格温多林·布鲁克斯（Gwendolyn Brooks）等人作品中所蕴含的主题几乎都绕不开黑人权力问题。至于勒罗伊·琼斯在哈莱姆发起的黑人艺术运动（BAM），其动力更是直接来自黑人权力。在这一运动中，黑人创办的报纸、杂志、出版社如雨后春笋般涌现，代表性刊物有《卡拉萝》

---

① William L. Van Deburg, *New Day in Babylon*, pp. 197, 201.

《新兵读物》等，出版社则以第三世界出版社、宽边出版社、活力黑人南方出版社等最具影响力。

最后是对欧洲和拉美的影响。黑豹党领袖卡迈克尔在1967年把黑人权力思想带到了伦敦，导致英国黑人认同并接受了这个概念，建立起英国黑人权力运动组织（BBPM），成为战后英国左翼的一支政治力量，这从发布《黑人权力宣言》的"普世性有色人种协会"承认其组织中有近800名英国籍成员一事可见一斑。

在拉丁美洲，黑人权力思想在牙买加等地引发了政治冲突和暴动。1972年，奉行黑人权力观念的人民民族党在大选中获胜，成为牙买加黑白关系进程中的里程碑。

简言之，尽管黑人权力这一概念很不精确，争议颇多，使用这一概念的人中，既有出于推进黑人资本主义目的的非洲裔商人，也有出于消灭资本主义激进目标的黑人革命者，但这个词语所发挥的政治文化影响力是无可否认的：它有力地帮助了黑人社群自助组织和机构的发展，推动高校开展黑人研究项目，动员黑人参与投票，提升黑人种族自豪感与自尊。所有这些，为非洲裔美国人其后积极主动争取自身权益和话语权树立了信心。

**2. 新非洲共和国构想**

新非洲共和国（RNA）是美国黑人民族主义者和黑人至上论者于1968年提出的激进政治构想，并由此发展为政治实践上的分裂主义运动。提倡领土民族主义的激进派主张在美国大陆内部建立分离的黑人自由家园或自治飞地，为达到这一目标，甚至不惜开展反对美国的"人民战争"。

新非洲共和国政治构想的具体目标有三：第一，在黑人人口占优势的美国东南地区创建一个黑人国家；第二，由联邦政府向非洲裔美国奴隶后代支付数十亿美元以作为动产奴隶制、"吉姆·克劳法"和现代形式的种族歧视施加于非洲人及其后裔的损害赔偿；第三，由全体非洲裔美国人进行公决以决定其公民权问题，运动的领袖们认为美国内战后1865年废除奴隶制时并没有为黑人提供这方面的选择。

这三大目标于1968年3月31日在底特律召开的黑人政府会议上首次提出。为此，大会发表了独立宣言，公布了宪法，建立了临时政府架构。一位有争议的人权人士罗伯特·威廉姆斯（Robert F. Williams）当选临时政府首任总统，律师弥尔顿·亨利被任命为第一副总统，马尔科姆·艾克斯的遗孀贝蒂·沙巴兹（Betty Shabazz）被任命为第二副总统。首都被定在密西西比州海因兹县的一个农场。

新非洲共和国临时政府主张通过建立被命名为"乌贾马"（Ujamaa）的新共同体实施具有社会主义色彩的合作经济；① 通过成立地方民兵和被称为"黑色军团"的军队进行武装自卫；成立各种种族化的组织以为非洲黑人后裔争取自决权。事实上，他们不仅提出了这些设想，而且付诸行动。例如，1968年，纽约布鲁克林黑人聚居的大洋山-布朗斯维尔地区发生公立学校教师罢课事件，新非洲共和国成员积极行动，试图让这个地区脱离美国独立。从1969年到1971年，他们多次与执法人员进行武装对抗，造成双方人员伤亡而不断遭到起诉。

毫无疑问，新非洲共和国的主张与实践的激进性集中体现在它对美国政治经济和社会文化的否定，体现在它对美国主权的蔑视。对于冷战时代种种黑人激进力量而言，这是寄托其种族自尊、自立和自强的最具想象力的政治载体，也是提升黑人国际话语权的重要媒介。但是，这种设想的极端性是显而易见的，这注定了它失败的结局。

### （三）印第安原住民反内部殖民主义理论

**1. 印第安人反国内殖民主义思想的历史与现实根源**

自哥伦布时代以来的500年中，印第安人与白人之间构成了一幅恩怨交错的关系图：其一，被征服与分离；其二，被"文明"与基督教化；其三，被边缘化；其四，悠久的历史被否定或虚无化。简言之，欧洲白人的到来和对美洲的征服与殖民统治彻底打断了印第安文明发展的进程。大多数部落及其文化被毁灭了，只有少数人在坚持和维护自身传统生活方式上苦苦挣扎。他们在工业化和城市化的滚滚洪流中不断被边缘化，逐渐成为被遗忘的少数群体。②

在美国，印第安人历史遭遇之惨状比他们在美洲其他地区的同类有过之而无不及。"发现"美洲的时代，在今天美国大地上的印第安部落超过500个，按照美国学者坎布里奇的看法，这些部落已经拥有自己的主权、领

---

① 乌贾马，是对坦桑尼亚总统尼雷尔推行的家族式社会主义社会经济发展政策的统称。
② Charles Cambridge, "American Indians: The Forgetted Minority.", in Larry Naylor ed., *Cultural Diversity in the United States*, Westport, Connecticut: Bergin & Garvey, 1997, pp. 195-210.

土、政府、文化、宗教和语言。一开始，他们向许多初来乍到的欧洲定居者伸出援助之手，为他们提供生存所必需的保护与食物。然而，随着欧洲人口和定居点数量的与日俱增，他们对印第安人土地和资源的要求有增无减，冲突和战争在所难免。最常见的是，印第安人被迫卷入欧洲大国间的战争，在这些战争中，针对印第安人的灭绝人性的大屠杀是司空见惯的事，印第安诸部落人口因之大幅度减少。除了战争外，欧洲人带来的天花、梅毒等疾病在批量"清除"印第安人口方面也可谓功莫大焉。

从总体上看，美国历史上印第安人最为紧迫的问题是，几个世纪的条约与战争导致的土地沦丧与众多人员死亡以及文化传统的湮灭。

其一，种族屠杀与领土主权沦丧。地理大发现时代美国境内原住民人口的准确数目已不可考，人类学家估计的数据为100万~2.5亿人，20世纪初为20万人左右。在美国建国后相当长时间内，虽然通过条约使印第安人的土地变为白人移民所有获得了合法性，但美国人并未否认印第安人的土地所有权，土地所有权的变更需要通过条约和购买来实现，这是对印第安部落主权的绝对承认。然而，自杰克逊时代伊始，美国政府不断实施把东部印第安部落迁移到西部的计划。1832~1843年，以阿帕奇人为代表的东部印第安部落被迫一路西迁到俄克拉荷马的"血泪之路"就是典型事例。随着加利福尼亚发现黄金，有人甚至提出要把印第安人从美国撵走，因为他们相信印第安人领地下埋藏着黄金。① 1871年，美国国会决定，美国政府不再把印第安人部落视为独立国家。之后，美国通过1887年的《道威斯法》和1953年的《终止法案》等立法，彻底终结了印第安人的主权地位。

其二，强制性同化。由于许多印第安人拒绝加入美国社会，强制性同化遂成为美国官方的政策选择。在一个世纪多的历程中，印第安人寄宿学校成为白人当局最极端的同化手段。1879年，第一所印第安寄宿学校出现在远离印第安人保留地的宾夕法尼亚州卡利斯勒一处废弃的军事基地。寄宿学校与其说是学堂，不如说是军营或者监狱。在寄宿学校里，不允许印第安孩子使用他们部落的语言，只准说英语。绝大多数寄宿学校毕业生所受到的教育几乎只相当于九年级生的水平。② 寄宿学校对印第安年轻一代造

---

① Charles Cambridge, "American Indians: The Forgetted Minority." in Larry Naylor ed., *Cultural Diversity in the United States*. Westport, Connecticut: Bergin & Garvey, 1997, p.198.
② Ibid., pp.199-200.

成的负面影响是双重的：一是低质教育使他们在社会竞争中处于被动地位；二是因文化根基被去除而陷入文化无根的迷惘与痛苦之境。

其三，现实生活中无处不在的种族歧视和经济政治文化上的不利处境。尤其在教育和工作机会等领域针对美国印第安人的歧视几乎随处可见。生活于城市的美国印第安人约为其总数的10%，90%仍然生活在条件恶劣的保留地。① 在城市生活的印第安人在经济、政治、文化等领域的成功者可谓凤毛麟角，主流社会文化对印第安人的歧视是造成他们成功机会甚少的重要原因。至于不在城市生活的印第安人，更是长期生活在贫困线之下，成为美国弱势群体的代表。

总之，19世纪美国政府通过武力、公司、白人定居者直截了当地征收了原住民的土地与资源，通过直接的军事进攻、白人移民攻击和白人的令人难以启齿的疾病和不道德行为使原住民被灭绝和被驱散。之后，长期强迫生育控制与绝育，形形色色的强制同化，在各种各样的国家和保留地"发展"名目下，印第安人居住的环境遭到破坏，水和自然资源被盗采，使印第安人失去了生存的基础。在美国全部人口中，原住民社区工资最低，失业率最高（保留地失业率高达80%），预期寿命最短，婴儿夭折率高居全美首位，普遍营养不良，相关疾病特别是糖尿病盛行，酗酒和自杀率居高不下，卫生、教育和住房状况之窳劣令人震惊。② 60年代后期，面积在5000万英亩以上的印第安保留地互不相连地分布在全美20多个州，大多干旱贫瘠。印第安原住民被解除了武装，被限制在保留地上，未经许可，不得离开。几代印第安原住民"被固定在深深的殖民化中，孤独、饥饿、无望"。③

**2. 印第安人反国内殖民主义主张**

以上所述即为60年代以来印第安原住民反抗美国国内殖民主义政治诉求的历史与现实根源。我们知道，战后非殖民主义浪潮对西方国家内部反体制思想与运动具有直接的影响。在美国，这种影响与越南战争密切相关。

---

① 这些保留地分布在全美26个州。
② Andrea Smith, *Conquest: Sexual Violence and American Indian Genocide*, Cambridge, MA: South End Press, 2005.
③ Charles C. Geisler and Frank J. Popper ed., *Land Reform, American Style*, Totowa, NJ: Rowman & Allanheld, 1984, p.155.

## 第四章 族群关系正义：种族和民族关系的激进重构

"美国在海外的力量与政策在激进分子中灌输了一种信念：美国帝国主义是最大敌人，应通过国内外民族解放斗争的联合奋斗击败它。"① 不过，当黑人激进派立足于城市，通过合法的和平手段和不合法的暴力方式致力于争取"黑人的土地"时，② 印第安激进派则做出相反的选择。他们认为，城市是当局压迫势力最为集中之地，无法为激进的事业提供长期的基地。他们把眼光从城市转向乡村，把激进事业与其祖先联系起来，相信广袤的乡村是获取权力的最佳场所。

事实上，在乡村第一个采取激烈行动的是西裔美国人。1967年，在新墨西哥州，一位名为雷耶斯·洛佩斯·提赫里纳的福音派牧师和农场主率领一群长期从事收回土地权利的激进分子武装占领了位于提耶拉-阿马利拉的里奥-阿里巴县法院。他们通过对地区法官执行"公民的逮捕"来通知美国政府，该地区的所有权属于当年由西班牙给予土地权证的墨西哥农民的后代，这实际上否定了美国的主权。然而，这一鲁莽举动却被许多人视为占领美国内部殖民地的壮举而争相模仿。他们从中得出一个重要结论：政治权力出自土地主权。这一思想成为印第安原住民激进派的共识。

以"全国印第安青年运动"（NIYM）和"美国印第安运动"（American Indian Movement，AIM）为代表的美国印第安运动组织声称，他们的斗争只是对祖先传奇性事业的继承和发展，他们要像祖先一样"以疯马精神"（the spirit of Crazy Horse）进行反殖民主义斗争，因为他们坚信，印第安原住民是天生的反抗殖民主义的民族。美国系统性地践踏了它与土著民族订立的数百个条约，这些条约曾公开承认土著民族对这些土地的所有权。印第安人就是要恢复这些条约，重新控制印第安国家（Indian Country）已被确认的区域（保留地）和有待确认的区域（美国的其余地区）。

1972年10月，在明尼苏达州明尼阿波利斯，印第安人激进派发布了《关于毁约踪迹的20点意见书》，主要内容如下：（1）恢复印第安人制定宪法条约的自主权；（2）成立条约委员会订立新条约；（3）对美国人民和国会联席会议致辞；（4）设立审查条约承诺和违反行为委员会；（5）将未批准的条约重新提交参议院；（6）所有印第安人皆受条约关系管辖；（7）强

---

① Dan Benger ed., p.58.
② James Boggs, *Racism and the Class Struggle: Further Pages from a Black Worker's Notebook*, New York: Monthly Review Press, 1970, p.50.

制消除对条约权利的侵犯；（8）司法上承认印第安人解释条约的权利；（9）设立重建与印第安人关系国会联合委员会；（10）土地改革和恢复1.1亿英亩土著居民土地基地；（11）修改美国法典，恢复印第安人权利；（12）废除根据1953年公法制定的州法律；（13）恢复联邦司法保护以阻止针对印第安人的犯罪；（14）到1976年废止印第安人事务局；（15）设立"联邦印第安人关系与社区重建办公室"；（16）前面提及的新办公室的优先事项和目标；（17）印第安人商业和税收豁免；（18）保护印第安人宗教自由与文化统一性；（19）全民公投、地方选择与印第安人组织形式；（20）卫生、住房、就业、经济发展与教育。这20条意见，其要旨是以法律程序纠正历史错误，恢复印第安人与美国政府签署的一系列主权条约的有效性，废止种种侵害印第安人权利的法律，承认印第安人独立的经济、政治与文化权利。①

《关于毁约踪迹的20点意见书》从根本上否定了美国主权的合法性。在这个激进纲领的引领下，印第安人反美国国内殖民主义运动自20世纪70年代以来高潮迭起，成为20世纪后期美国激进主义思潮的一股狂飙。1972年"20点意见书"的发布是第一个浪尖，1973年的南达科他州松针岭保留地长达71天的伤膝河武装对抗则被誉为土著居民的"天鹅之歌"。1974年，"国际印第安人条约委员会"（IITC）成立，印第安人权利问题开始朝国际问题方向发展，1978年和2008年的两次由西向东横跨美国向华盛顿的进军以及2004年由华盛顿向旧金山湾恶魔岛的进军，使印第安人权利问题成为全球关注的焦点。2008年12月，南达科他州拉科塔西奥克斯印第安人代表向美国国务院递交了一份脱离美国的声明文件，他们表示将在美国内部建立一个"拉科塔共和国"（Republic of Lakotah）；2007年9月13日，联合国通过《原住民权利宣言》，印第安人权利诉求得到了国际社会的积极回应。

美国原住民激进派把收复土地视为在国内殖民地界域内瓦解美国的主要手段，这不仅使它成为20世纪70年代激进主义的前哨，而且大大影响并帮助了70年代激进主义核心信念的建构。这种影响在激进女权主义者、同性恋激进派、奇卡诺运动分子、波多黎各独立派等政治群体的新诉求中随

---

① AIM, "Trail of Broken Treaties 20-Point Position Paper", http://www.aimovement.org/archives/index.html.

处可见。可以说，原住民激进派表达了70年代左派的关切：拒绝美国政治异议的传统界限，为设想中的即将来临的革命建立一个力量基地，通过获得尽可能多人支持的意识形态来发展政治，以第三世界的斗争为模板塑造其战略，所有这一切都以赞扬与美国政府的激烈对抗为精神支柱。

### （四）奇卡诺认同与阿兹特兰想象

"奇卡诺"（Chicano）一词为美国境内西班牙、印第安以及盎格鲁-撒克逊混合血统的墨西哥裔美国人的代称，其阴性词为"奇卡纳"（Chicana），是对其女性的泛称。"奇卡诺"本为俚语，主要流行于美国西南部各州，最初用来指代格兰德河以北的西裔美国人时，实为一贬义词。随着20世纪60年代奇卡诺运动的兴起，这个词迅速热起来，很快变成一个带有文化自觉意义的民族身份和标识概念，它通过"奇卡诺认同"（Chicanismo）集中宣示了拒绝与瓦思普主流文化合流的意识形态。

自16世纪西班牙征服阿兹特克帝国以来，北美和中美洲地区的印第安人与欧洲人之间的血缘和文化混合一直处于持续不断的进程中。当1848年《瓜达卢佩-伊达尔戈条约》把墨西哥上加利福尼亚地区与新墨西哥地区大片领土割让给美国时，在这片土地上生活的是与西班牙和盎格鲁-撒克逊文化迥然不同的文化群落。在并入美国后的一个多世纪里，这个文化群落一直受到主流文化的排斥，在政治上处于边缘地位，经济上处于底层困境。二战以后，为解决劳动力匮乏问题，美国政府经与墨西哥政府协商，在墨西哥境内招募了大批短期工人，其中不少人留在了美国，他们与早先的西语裔原住民一样生活贫困，"奇卡诺"最早就用于指代这些迁移到美国的贫穷墨西哥人。

1968年，墨西哥裔美国学生发起"奇卡诺学生运动"，其核心诉求即"奇卡诺认同"，得到了广泛响应与支持。所谓"奇卡诺认同"，既不是墨西哥认同，也不是盎格鲁-撒克逊认同，而是一种独特文化身份的认同，它指向印第安人的文化与历史，指向关于"阿兹特兰"的神话与构想。

在鲁道夫·冈萨雷斯（Rodolfo "Corky" Gonzales）、塞萨尔·查韦斯（César Chávez）、何塞·古铁雷斯（José Ángel Gutiérrez）、雷伊·洛佩兹·提赫里纳（Reies Lopez Tijerina）、多洛雷斯·胡塔（Dolores Huerta）和米尔塔·维达尔（Mirta Vidal）等代表人物看来，要与美国社会的种族主义做斗

争，伸张奇卡诺人的民族权利，奇卡诺认同是唯一的选择。为此，需要从以下三个主题入手。

首先，奇卡诺认同是培育奇卡诺民族主义的文化根基，没有文化认同，奇卡诺人大规模地动员和组织起来进行民族自决就不可能。在培育奇卡诺民族主义方面，文学艺术的功能被充分肯定。他们认为，一切奇卡诺文学艺术都应该是对奇卡诺遗产的颂扬，否则就不是奇卡诺的文学艺术。在为数不少的奇卡诺激进知识分子心目中，奇卡诺认同与其说是政治事件，不如说是文化事件，是奇卡诺文化复兴。当然，奇卡诺艺术深深植根于奇卡诺社区、政治行动主义和祖先纽带等强有力的意识形态之中，奇卡诺人创作的壁画、小说、报纸、雕刻、绘画和其他艺术表现形式帮助构建了奇卡诺认同，并把这个有着数百年历史的新群体展现出来。正因如此，文学艺术构成了奇卡诺运动极其重要的组成部分。

奇卡诺民族主义意识形态聚焦于奇卡诺人在美国的经历，因此，面对美国社会的文化同化趋向，奇卡诺认同明确予以拒绝。他们秉持反殖民主义和反帝国主义立场，坚决抵制美国主流文化霸权的统治。奇卡诺激进派相信，拒绝语言和文化同化的反殖民主义策略，将充分有效地把奇卡诺的不同阶级团结起来。[1] 这种团结一是能够避免奇卡诺任何社会阶层被边缘化；二是能够以群体的力量帮助人数上具有绝对优势的墨西哥非法移民，从而增强奇卡诺人与美国政府博弈的力量。

其次，强调青年在奇卡诺认同中具有决定性的影响。虽然奇卡诺意识形态强调不分贫富高下，要把所有社会阶层拧成一股绳，与美国社会的种族主义做斗争，但其精英们很清楚，青年是其事业的未来和希望，而奇卡诺青年也自认为他们比成年人更加有能力推进奇卡诺议程。事实上，从奇卡诺意识形态建构到抗议、集会、游行示威等具体运动实践，其主体和领导力量都是年轻人。

最后，把奇卡诺遗产——"阿兹特兰"精神置于核心地位。1969年3月，首届奇卡诺青年解放大会在丹佛召开，大会起草并发布了奇卡诺宣言：《阿兹特兰计划》（*Plan Espiritual de Aztlán*）。[2] 这个宣言是奇卡诺政治民族

---

[1] Michael Soldatenko, *Chicano Studies: The Genesis of a Discipline*, Tucson, Arizona: University of Arizona Press, 2012, pp.72-74.

[2] 这个宣言由奇卡诺诗人和活动家阿鲁里斯塔起草。

主义、奇卡诺社区控制和一系列具体组织目标的混合物,其核心是对"阿兹特兰"精神的推崇与宣扬。奇卡诺激进派反复强调,拥有独特文化传承的奇卡诺人在新墨西哥、亚利桑那和科罗拉多的定居比盎格鲁-撒克逊血统的欧裔居民早很多,而这正是奇卡诺人追求"阿兹特兰"土地权利和主权的合法性依据。

简而言之,以"阿兹特兰"神话为核心的奇卡诺意识形态是一种拒绝美国政治统治和文化主导地位的立场,美国主权和盎格鲁-撒克逊主流文化成为与奇卡诺对立的"他者",这一立场在诗人阿鲁里斯塔那里得到了充满激情的表达:

> 本着一种新的民族精神,这个民族不仅意识到其引以为自豪的历史遗产,而且还意识到野蛮的"外国佬"(gringo)对我们领土的侵犯,我们,源于我们祖先的阿兹特兰北方土地上的居民和文明人,要收回我们出生之地,使我们太阳民族的决定成为神圣,宣告我们血脉的呼唤是我们的力量、我们的责任和我们不可避免的命运。①

自70年代开始,奇卡诺运动一波三折,虽然其政治文化对抗的烈度明显下降,但奇卡诺意识形态的核心并未改变,这是奇卡诺身份已然成为今日美国西南部诸州重要文化现象的根源所在。

## 三 后冷战时代美国激进族群理论

### (一)多元文化主义与非洲中心论

多元文化主义(multiculturalism)由文化多元主义(cultural pluralism)发展而来。文化多元主义是19世纪末20世纪初东南欧大规模移民美国浪潮的产物,包括查尔斯·皮尔斯、威廉·詹姆斯、乔治·桑塔亚纳、霍勒斯·卡伦、约翰·杜威、杜波依斯和阿兰·洛克在内的一大批哲学家、心理学家、历史学家和社会学家成为文化多元主义的坚定倡导者与支持者。

---

① El Plan de Aztlan was adopted at the first National Chicano Youth Liberation Conference in Denver, Colorado, March 1969, http://clubs.arizona.edu/~mecha/pages/PDFs/ElPlanDeAtzlan.pdf.

他们相信，文化多元主义是建构哲学与社会人道主义的关键，后者则是建立更加美好社会的基石。① 现代文化左派对多元文化主义的看法与这些前辈们的观点几无二致，唯一的区别是他们不仅强调文化间的平等地位，而且更加重视文化的差异性，他们把对差异的承认和尊重作为文化政治的核心理念并推崇备至。正如罗伯特·贝拉所指出的，多元文化主义的潜在含义是，我们必须尊重"我们各不相同，我们独一无二"这一事实。② 在文化左派看来，多元文化主义隐含着某种颠覆逻辑，充分展现了左翼的批判、抗争与解放的多元传统，正如芝加哥大学激进学者霍米·K. 巴巴所指出的，对差异的承认会影响知识和惯例等的分配，使跨文化间的商谈成为必然。③ 差异政治是给种族主义流毒不尽的美国社会的最佳解毒剂，是晚期资本主义的美国通往良善社会的必由之路。

然而，一些激进黑人学者在批判主流文化霸权的同时，把隐含着黑人优越论的非洲中心论作为立论的出发点，走向了另一个极端。他们不约而同地把非洲视为颠覆主流价值观的文化力源和美国黑人文化认同之所在，竭力提升和挖掘非洲历史文化的非凡意义，为此甚至不惜曲解和杜撰历史。例如，纽约城市学院黑人教授杰弗里斯（Leonard Jeffries）发明的冰人与太阳人理论最具轰动效应。他认为，欧洲白人是冰人，成长于寒冷的山洞，带给世界3个D：统治、破坏和死亡；④ 黑人是太阳人，温厚、人道与合群，因为他们生长在阳光灿烂的世界，皮肤里有较多的黑色素。⑤ 另一位黑人学者希利阿尔德（Asa Hilliard）则断言"非洲是西方文明之母"，古代非洲黑人通过从埃及到希腊的路径把发达的科学、哲学、医学和艺术等传入欧洲；许多欧洲艺术家如白朗宁和贝多芬等实际上是非裔欧洲人；早在哥伦布之前数千年黑人就已发现美洲；大西洋的原名是埃塞俄比亚洋；等等。⑥ 这些论断根本没有充分的历史依据，大多是臆想的结果。而且，非洲文化究竟

---

① "Multiculturalism", http://psychology.wikia.com/wiki/Multiculturalism.
② Irene Taviss Thomson, *Culture Wars and Enduring American Dilemmas*, Ann Arbor: The University of Michigan Press, 2010, p. 100.
③ Homi K. Bhabha, *The Location of Culture*, New York: Routledge, 1994, p. 164.
④ Arthur M. Schlesinger, Jr., *The Disuniting of America*, New York: W. W. Norton & Company, 1992, p. 67.
⑤ "A Deafening Silence", *National Review*, September 9, 1991.
⑥ Arthur M. Schlesinger, Jr., *The Disuniting of America*, pp. 69-70.

是什么？非洲中心论者恐怕没人能够答得上来。因为非洲黑人分属于850多种不同语言、不同宗教信仰和习俗的民族，其中的差异和相互间的冲突十分严重，根本不存在一个明确统一的非洲文化。非洲中心论的核心人物、坦普大学教授阿桑特说，告诉美国黑人拒绝西方观念和精神并以非洲观念取而代之，人们就会明白"后现代历史中黑人的中心地位"①，这才是非洲中心论的旨趣所在。显然，非洲中心论所追求的已不仅是文化平等，它更主要的是致力于与主流文化的决裂。在非洲中心论中隐含着一种或明或暗的黑人优越论，难怪一些学者批评非洲中心论是新种族主义，类似希特勒的种族优越论。"如果非洲中心论继续增长和势头不减，美国的种族关系就只会倒退，自布朗诉教育委员会案（1954年）和《民权法案》（1964年）以来在种族融合方面所取得的进步将毁于一旦。"②

### （二）元种族主义理论

自20世纪70年代以来，非洲裔美国人无论是在政治领域还是专业领域取得的突出成就和进步有目共睹：贝拉克·奥巴马成为第一个美国黑人总统；科林·鲍威尔成为第一个美国黑人男性国务卿；康多莉扎·莱丝成为美国第一个黑人女国务卿；马萨诸塞州的莫·卡文、南卡罗来纳州的蒂姆·司各特以及新泽西州的科里·布克成为各自州历史上的首位黑人联邦参议员。在专业领域，黑人医生、律师、科学家、大学教授、公司CEO等的人数惊人地扩大。1970~2008年，黑人医生从6044人增加到54364人；律师从3703人增加到46644人；大学教授从16582人增加到63336人。③

不过，与黑人在政治和专业领域的巨大进步同时并存的是，在这个所谓的新镀金时代，④ 黑人与白人在收入、教育、财富方面的鸿沟不断扩大；平等机会日益减少；向上流动性减弱；较穷者入狱率一路飙升；种族与阶级偏见在刑事司法体系中无处不在；黑人的贫困已经成为各大中城市内部

---

① Molefi Kete Asante, *Afrocentricity*, Trenton, N.J.: Africa World Press, 1989. p. 6.
② Alvin J. Schmidt, *The Menace of Multiculturalism: Trojan Horse in America*, Westport, Conn.: Praeger, 1997, p. 70.
③ Desmond S. King and Rogers M. Smith, *Still a House Divided: Race and Politics in Obama's American*, Princeton, NJ: Princeton University Press, 2011, p. 271.
④ 经济学家保罗·克鲁格曼语，Paul Krugman, "Why We're in a New Gilded Age," *New York Review of Books*, May 8, 2014。

最为集中的问题。正因为如此，有学者把这个时代称为新吉米·克罗时代。① 换言之，由制度、历史和文化诸因素共同维系的种族主义与种族意识仍然根深蒂固。正如英国学者德迥所指出的，种族问题依然是后民权时代美国社会的一大顽症，是"看不见的敌人"。②

面对这一进步与倒退共存的政治与社会现象，美国学者乔伊尔·科维尔和卡特·A. 威尔逊等人提出了元种族主义（Metaracism）的理论解释架构。威尔逊指出，元种族主义是集中型城市化贫困的产物，它与黑人阶级结构的分化、黑人中产阶级与专业阶级的兴起以及城市内部黑人贫困的增加紧密相关，元种族主义是一种经过修正、加工的精细的种族主义形式。作为第一个提出元种族主义概念的学者，乔伊尔·科维尔认为："元种族主义是一种独特和非常奇怪的现代现象。种族贬损（degradation）在不同层面通过不同中介不绝如缕。参与其中的那些人并非种族主义者，亦即，他们并没有种族偏见，但因为他们对更大文化秩序中元种族主义的默认，使得种族主义流恶难尽。"③

元种族主义是一种没有仇恨和偏执的种族主义形式。它以文化决定论替代了生物决定论，它不再把所有黑人视为非同类；它接受了黑人中产阶级，却在丑化"福利女王"④ 和黑人青年暴徒文化的形象和故事方面推波助澜；其中包括战略性地应用种族来攻击进步政策和支持极端的不平等；它提供图像和叙事以支持新保守派和新自由派的意识形态，并为反动的政治运动撑腰打气。

这种元种族主义在奥巴马时代可以从直接针对总统的激烈反黑人的词语中略见一斑。可以说，奥巴马当选总统并不意味着种族主义的终结和后种族或者民权时代的来临，恰恰相反，它把潜藏在美国文化黑暗深处的种族主义推到了表面。在2008年美国总统大选期间，eBay 网站公开拍卖的T 恤衫上，把奥巴马刻画为一只正在吃香蕉的猴子。虽然许多美国人愿意相信奥巴马的选举获胜是美国进入"后种族"时代的标志，但种族主义意象

---

① Michelle Alexander, *The New Jim Crow: Mass Incarceration in the Age of Colorblindness*, New York: New Press, 2010.
② Greta de Jong, *Invisible Enemy: The African American Freedom Struggle after 1965*, Oxford: Wiley-Blackwell, 2010.
③ Joel Kovel, *White Racism: A Psychohistory*, New York: Columbia University Press, 1984, p. 211.
④ 指未成年即怀孕领取社会福利的黑人女孩。

## 第四章 族群关系正义：种族和民族关系的激进重构

却把猿猴与总统相联系起来。事实上，共和党人和茶党活动分子在其网站和宣传广告中也公开把奥巴马描绘为黑猩猩的后代。①

尽管大多数美国人相信以上情形只是个案，是一小群教育程度低下和充满偏见与仇恨的穷人、茶党中的少数极端分子以及古怪的篮球队大佬的非理性行为，美国自由、平等、公正的政治信条和基督教已经摧毁了种族主义，但这种乐观主义无法回应元种族主义的现实困境。

要准确理解元种族主义，有必要先就传统种族主义的动力和构成进行考察。卡特·A. 威尔逊认为，对种族主义动力学的考察必须从历史与文化的建构入手，因为种族和种族主义是同压迫范式和积累财富的驱动力紧密联系在一起的历史与文化建构；种族和种族主义的建构典型地表现为支配性和服从性种族集团之间的二元对立；这些建构功能让压迫方式合法化并让社会对被压迫种族的苦难无意识化；种族和种族主义的建构既考虑到白人身份的形成，也考虑到减少阶级冲突和增加容忍极端不平等的功能；由于宗教、智性、科学、政治以及媒体精英的推动、确证、规范化努力，种族主义观点长期以来被视为正常和正当的看法而为人们接受；种族主义的动力是相似的，但其形式却像其结构、文化和政治维度的多样性一样不断变化；"美国例外论"是一个神话，业已被为保持种族压迫并不时同进步的反种族主义文化冲突的反动的种族主义文化所摧毁。②

元种族主义最早出现于20世纪80年代初，其产生的时代背景有二：一方面是前面提及的黑人社会分化；另一方面是新保守主义的兴起。在美国学者洛佩兹看来，从乔治·华莱士到理查德·尼克松再到罗纳德·里根，这些共和党政治家无一不是柔性的新型种族主义的拥趸。特别是华莱士，他能够以不使用种族主义语言的方式灵活应用种族主义战略，这是一种对肤色视而不见的"狗哨"（dog whistle）政治战略。③例如，1956年，19名联邦参议员和82名众议员共同签署"南方宣言"，抗议在"布朗诉教育局案"中的判决。它不直接抗议联邦法院对种族隔离的否定，而是抗议联邦

---

① Carter A. Wilson, *Metaracism: Explaining the Persistence of Racial Inequality*, Boulder, Colorado and London: Lynne Rienner Publishers, 2015, p. 3.
② Carter A. Wilson, *Metaracism: Explaining the Persistence of Racial Inequality*, p. 7.
③ Ian Lopez, *Dog Whistle Politics: How Coded Racial Appeals Have Reinvented Racism and Wrecked the Middle Class*, Oxford: Oxford University Press, 2014, p. 16.

司法权对州权的侵犯，宣称判决破坏了南方的种族和谐，势将引发种族冲突。事实上，认为使用联邦权力保护被压迫的少数人权利构成了一种暴政形式的观点早就是南方种族主义文化的重要组成部分。

尼克松对"狗哨"政治的使用带有明显的机会主义和两面派色彩。完全出于选票考虑，一方面，他继续在南方推行约翰逊政府"伟大社会"改革计划，并予以扩大；另一方面，他又以维护法律与秩序为名，反对一些促进种族平等的法规与政策。里根则无论是做州长还是当总统期间，都持明确的亲大公司和富人、反工会和反社会福利的立场。①

简言之，种族政治的战略性应用与集中性贫困的结合导致元种族主义的形成。

元种族主义与历史上的种族主义相比，既有相同点，也有不同之处。相同之处在于动力和功能相同：其一，与旧式种族主义一样，元种族主义有其独特的结构、文化和政治构件；其二，元种族主义是新旧模式、形象、叙事和意识形态的大杂烩，传统种族主义也一样；其三，元种族主义继续同压迫范式和积累财富的驱动相联系。进入21世纪以来，元种族主义与大公司合作，与反动意识形态联手，攻击平等机会状态，导致公共政策改变，引发种族不平等和种族压迫上升。

二者的不同之处有四：其一，旧式的种族主义是中坚的顽固不化的，元种族主义则不是；其二，旧式的种族主义是嚣张的、满怀仇恨和臭名远扬的，元种族主义不然；其三，元种族主义拒绝旧式种族主义的生物和基因决定论，拒绝纯血统纯种族神话，拒绝极端仇视以及强烈反感特性；其四，元种族主义不再容忍种族排斥与种族偏见。一句话，元种族主义是一种看不见种族主义者的种族主义。

事实上，无论是新保守主义者还是同情黑人处境的自由主义者，在理解黑人问题上都自觉或不自觉地存在元种族主义倾向。例如，关于黑人大范围贫困的根源上，两者几乎都归因于黑人自身，1965年约翰逊政府发布

---

① 里根最喜欢以芝加哥"福利女王"的故事作为其削减社会福利计划的理由："芝加哥'福利女王'以八个名字，三十个地址，十二张社保卡获取子虚乌有的四个已故丈夫退伍老兵的福利。她得到了医疗照顾、食品券，她还在她的每个名下获取福利。她的免税账户收入已经超过150000美元。" Ian Lopez, *Dog Whistle Politics: How Coded Racial Appeals Have Reinvented Racism and Wrecked the Middle Class*, p.58.

的《莫伊尼汉报告》就是典型例子。① 报告认为，单身母亲家庭比例的居高不下是阻碍黑人家庭摆脱贫困、实现经济和政治平等的根源。

威尔逊认为，今日美国正陷入一场划时代的政治冲突中，其结果将决定美国的未来。冲突的一边是以大公司为中心的保守派联盟，另一边是平等派联盟。② 元种族主义虽然为前者提供了强大的能量，但与元种族主义和新保守主义意识形态相对立的进步计划减少了种族不平等，并为美国人带来了更多的平等机会。人口统计的变动趋势说明美国社会的多元化势头不会减弱，这是进步联盟不败的前提，也是种族平等斗争前途光明的理由，争取种族平等不会是零和游戏。

### （三）文化相对主义与承认政治

文化相对主义是一个人类学概念，其思想最早由美国著名人类学家弗兰茨·博厄斯提出。他认为，任何文化都是相对的，而非绝对的，"我们的思想和观念真正只远及我们文明所及之处"③。美国人类学家露丝·本尼迪克特在20世纪30年代出版的《文化模式》一书中对这一概念做过系统阐释。本尼迪克特认为，每种文化内部都达到了一定程度的整合，都有某种主导目的和内在结构，都是实现人的潜力的制度化途径，因而，各种文化都是有效的，多样性是不可避免的。因此，她主张，在当今这个时代，在反对生物决定论的同时，要坚决反对文化等级论，赞同文化相对性，"没有什么事情是比充分地记下关于文化相对性的描述更加重要的任务了"④。本尼迪克特对种族主义偏见深恶痛绝，她的文化相对主义正是直接针对种族中心论而发的。简单地说，文化相对主义的基本含义是：文化无高下优劣之分，不同文化之间是相对的，平等的，这一思想50年后变成了多元文化主义

---

① 该报告由美国劳工部副部长、社会学家丹尼尔·莫伊尼汉起草，对黑人贫困原因进行深度解析。见 Daniel Geary, *Beyond Civil Rights: The Moynihan Report and Its Legacy*, Philadelphia: University of Pennsylvania Press, 2015。
② Carter A. Wilson, *Metaracism: Explaining the Persistence of Racial Inequality*, p. 257.
③ 博厄斯最早提出文化相对主义的思想，但不是这一概念的创始人。这一概念的首创者是哲学家和社会理论家阿兰·洛克（Alain Locke），他在1924年使用"极端文化相对主义"来描述罗伯特·洛威尔（Robert Lowie）的《文化与民族学》一书。http://psychology.wikia.com/wiki/Cultural_relativism.
④ 〔美〕露丝·本尼迪克特：《文化模式》，张燕、傅铿译，浙江人民出版社，1987，第239页。

的基石，了解到这一点，我们就不难理解为什么美国学者克里斯托夫·香农要把多元文化主义者视为本尼迪克特"理智上的后人"[1]了。

文化相对主义所蕴含的自由主义与平等主义产生了一个重要后果，这就是文化丧失了其种别性（specificity）。美国著名文化人类学者克鲁伯和克拉克洪承认，当文化被定义为"工具、符号、仪式、行为的全体"时，不仅每个民族拥有一种文化，而且每一个团体或"亚团体"也拥有"文化"。文化不再是民族活动的"集合"，而是任何团体的任何活动都可能形成一种文化或亚文化。甚至可以说，任何事物都可能构成一种文化，这一论点毫无疑问为多元文化主义的政治文化诉求提供了理论支持，多元文化主义的倡导者们正是在这个泛文化的立场上来理解文化和应用文化这一武器的。多元文化主义者之所以把女性、同性恋者视为与种族和民族同等的文化群体，其理论源头即在于此。

所谓承认政治，是与身份认同相关联的概念，是多元文化主义运动中左翼所追求的社会正义目标之要津，虽然当代社会批判理论家对这一概念的具体内容有不同的诠释，但在基本概念上已有高度共识。承认（recognition）作为政治哲学和道德哲学概念，其基本含义是：个体与个体间、个体与群体间、不同群体间在平等基础上的相互认可、认同与确认；与此同时，它也强调个体和群体在平等对待要求基础上的自我认可与肯定。

从理论谱系上考察，一般认为，承认理论最早可追溯到黑格尔。[2] 德国学者路德维希·谢普（Ludwig Siep）在《作为实践哲学之原则的承认》一书中认为，黑格尔的承认理论涉及三个层面：一是个体与全体之间的承认；二是个体与社会制度之间的承认；三是对社会制度中反映的个体自身及其利益的承认。[3] 20世纪70年代以来，随着西方世界多元文化主义思潮的勃兴和多元文化主义公共政策实践的发展，以承认为主旨的身份或认同政治蔚成大观，激昂澎湃。正如政治哲学家查尔斯·泰勒所言："对承认的需要，有时候是对承认的要求，已经成为当今政治的一个热门话题。"[4] 1992

---

[1] Christopher Shannon, "A World Made Safe for Differences: Ruth Benedict's the Chrysanthemum and the Sword", *American Quarterly*, Vol. 47, December 1995, Issue 4, pp. 659-680.
[2] 加拿大学者查尔斯·泰勒则将之追溯到卢梭以及19世纪德国哲学家赫尔德。
[3] 参见丁三东《"承认"：黑格尔实践哲学的复兴》，《世界哲学》2007年第2期。
[4] 〔美〕查尔斯·泰勒：《承认的政治》，载汪晖、陈燕谷主编《文化与公共性》，生活·读书·新知三联书店，1998，第290~337页。

## 第四章　族群关系正义：种族和民族关系的激进重构

年，阿克塞尔·霍耐特《为承认而斗争》一书问世，标志着以法兰克福学派为主体的传统社会批判理论正式介入承认理论研究。自该书问世以来，围绕承认这一主题的广泛讨论和争论从未消停过，承认理论俨然已经成为社会批判理论第三代的学术标签。

霍耐特是法兰克福大学哲学系社会哲学教授，曾做过哈贝马斯的助教，自2000年开始担任法兰克福大学社会研究所所长，为法兰克福学派正宗传人。霍耐特把黑格尔早期的承认理念赋予现代意义，将爱、权利和团结视为现代的三种承认形式。人从爱和亲密关系获得"情感承认"；人从社会成员间的平等权利和同等尊严关系获得"法律承认"；人从群体中的价值共同体获得"团结承认"。一个好社会中的个人能够从这三重承认中获得自信、自尊和自豪。社会成员如果缺乏这些相互关联的承认经历，要获得完全的"自我实现"，或者说要成为最想成为的人，过自己想要的生活，几乎是不可能的事。"对于霍耐特来说，不承认或错误承认造成的伤害是最严重的社会不正义。"[①] 因此，承认是一个社会的基本正义诉求，它本质上反对任何形式的蔑视。在当代发达资本主义社会，各种弱势的社会边缘群体争取自我文化身份获得承认的斗争成为引领社会进步的风向标。

在美国文化左派看来，以非洲裔美国人为代表的社会边缘群体文化身份与独特生活方式的被承认是最具核心的政治诉求，也是左派在当代推动社会进步的政治议程中居于首要地位的战略目标。虽然左派也很少有人否认美国社会经济不平等依然是一大制度弊病，但随着传统工人阶级或蓝领阶层日益萎缩，中产阶级占据社会分层的主体，同时随着福利国家制度在战后的建构与不断向纵深发展，经济不公问题有所缓和，而比经济平等更高层次的文化平等或身份平等自然提上了议事日程。文化平等的前提和基础有二：一是一种文化系统对异文化系统秉持平等而非居高临下的心态；二是不同文化间对差异的承认和文化特性的尊重。泰勒指出，承认不仅仅是人们之间相互赋予的一种礼貌，而且是一种"不可或缺的人性需要"，这种需要建立在人生是"对话性的"这一事实基础之上，因为根据社会学的符号互动理论，无论个体还是群体的自我身份的界定都是通过与他人的联

---

[①] 〔美〕尼古拉斯·孔普雷迪斯：《关于承认含义的斗争》，载〔美〕凯文·奥尔森编《伤害+侮辱：争论中的再分配、承认和代表权》，高静宇译，上海人民出版社，2009，第292页。

系来实现的。可以说，他人的承认是社会生存的必要条件。然而，不幸的是，美国社会的现实境况是，"对承认的需要"远不能得到满足。不承认或"误认"（misrecognition）随处可见，这种误认给人造成的伤害比"失敬"（disrespect）要严重得多，它"使受害者背负令人失去斗志的自我憎恨"。

因此，为承认而斗争是左派责无旁贷的重任。在激进的多元文化主义者看来，对"平等的承认"是自由主义的基本承诺，是不难实现的目标，而多元文化主义所追求的是对"差异的承认"，是一种建立在"本真性时代"（age of authenticity）基础之上的"差异的政治"（politics of difference）。所谓本真性，按照泰勒的解释，就是指这样一种观念："存在着做人的某种方式，那就是我的方式。我被号召按照这种方式生活……对我自己真实就意味着对我自己的创造力（originality）真实。"① 这种差异政治与自由主义的政治理念之间存在冲突，因为，自近代以来，自由主义一直把平等的承认作为核心目标，以平等否定或忽略阶级、性别与种族差别。这种否定差异的平等实际上不是真正的平等，它在客观上有利于主流文化对其他文化的霸权统治。因此，左翼多元文化主义者相信，真正的多元文化主义应该是反霸权的，实现对差异的承认和尊重是其基本使命。从政治视阈看，承认政治就是要求在不同文化集团间重新分配权力，就是各文化群体成员平等参与政治、经济和社会文化生活，各不相同的族群文化在建构一个开放的社会文明进程中享有同等参与的机会。

不可否认，承认政治在20世纪末期已然成为西方社会批判理论第三代的核心主题和美国左派的核心诉求，但这并不意味着不存在不同的声音。以南希·弗雷泽为代表的左翼学者认为，再分配与承认这两个正义概念自1968年开始分道扬镳，争取承认成为20世纪末政治冲突的主要形式，为文化平等或身份政治而斗争压倒或掩盖了争取经济正义的斗争，导致正义的政治经济二元性变成一元性。事实上，这种经济和文化的不正义是不可分割的，"两者是相互交错的"②。以哲学家理查德·罗蒂为代表的一些人则对承认政治持怀疑态度，认为只关注文化承认的左翼政治将步入死胡同，前

---

① 〔美〕拉塞尔·雅各比：《乌托邦之死：冷漠时代的政治与文化》，姚建斌译，新星出版社，2007，第88页。
② Nancy Fraser, "From Redistribution to Recognition? Dilemmas of Justice in a 'Post-Socialist' Age", *New Left Review*, 1/212, July-August, 1995.

景堪虞，正确的选择是回到社会民主主义，以阶级政治和分配正义为优先。利奥纳德·费尔德曼和凯文·奥尔森等人则认为正义应该有政治、经济和文化三个维度，因为"政治排斥可能构成了不正义的单独动力"①。经济上的分配不公、文化上的错误承认或不承认、政治上的边缘化是不正义的表现形式，因此，实现弱势族群正义的解决方案应该是经济上的再分配、文化上的承认和政治上的包容的统一。②尼古拉斯·孔普雷迪斯则对霍耐特和弗雷泽皆持批评态度，认为无论是把正义还原为承认还是再分配，都是错误的，将一无所获。③这种争论反映了左翼学者之间存在着普遍性的"批判的断裂"。

事实上，霍耐特和弗雷泽之争代表着马克思主义资本主义批判的两个思想传统：霍耐特着力于谴责现代资本主义及其生产方式下个人文化生活的贫困化，其核心批判术语是"异化"；弗雷泽侧重以克服政治经济领域内的不平等关系为目标，其核心批判术语是"剥削"。他们所抨击的对象无论过去还是现在都是资本主义的症结所在，他们并不认为在资本主义条件下能够真正实现经济公平与文化正义，正如弗雷泽所说的："至少在当前，尚未出现能够取代社会主义的一种新的广泛的公正社会秩序的进步前景。"④

## 四 小结：分离与融合持续博弈的思想传统

美国作为世界上最大的移民国家，种族和民族关系中明里暗里存在着的不平等一直是其历史和现实中引发政治冲突与社会紧张的极其重要的根源。这种非正义由政治、经济、文化教育和社会生活多维度层面的不平等直接或间接地反映出来，而这些不平等与非正义的真正源头就存在于以白人至上论为其核心的瓦斯普主流文化之中。当怀抱"白人的负担"殖民意识的欧裔社会以居高临下的救世主姿态审视其他有色族群时，一种"我们"和"他们"之间的认知鸿沟已然划出。这种文化认知和现代性社会的制度

---

① 〔美〕凯文·奥尔森编《伤害+侮辱：争论中的再分配、承认和代表权》，高静宇译，上海人民出版社，2009，第219~220页。
② 同上，第251页。
③ 同上，第293页。
④ 〔美〕南茜·弗雷泽：《正义的中断——对"后社会主义"状况的批判性反思》，于海青译，上海人民出版社，2009，导言第1~2页。

性结合,在带给以黑人为代表的少数族群无尽的屈辱、自卑、绝望和痛苦的同时,也点燃了他们的怒火。从20世纪初具有泛非主义色彩的加维主义、30年代出现的伊斯兰神学理论、伦道夫的黑人工人阶级解放神学,到世纪中叶的马尔科姆·艾克斯黑人民族主义、黑人权力思想、新非洲共和国构想,以及印第安人和奇卡诺人的反内部殖民主义主张,再到80年代以来的激进多元文化主义和元种族主义理论,致力于不同种族和民族群体之间政治、经济和文化身份平等关系的建构,恢复少数族群对自身文化传统的自豪感,成为这些激进理论和思想的出发点和价值诉求。也正是出于这样的原因,激进族群理论有一个突出的特点,即格外重视从历史和神话传说中发掘能够增强民族文化自信心的资源,并充分运用文学艺术和现代传媒手段扩大其影响,这对于民族凝聚力的提升具有不可否认的意义。

然而,激进族群理论存在的问题也是十分明显的。其中最易引发非议的有二:一是或明或暗的政治文化分离主义冲动不绝如缕,即便是美国共产党也一度沉迷其中并因之提出前面第二章述及的"黑带"计划;二是在为反对种族主义而着力打造民族文化自信的过程中,程度不等地走向了反向种族主义,如黑人激进派的黑优白劣论、印第安和奇卡诺原住民的生活方式优越论等,这些极端思想的负面作用是正面价值所无法抵消的。值得肯定的是,在历史的不同时期,激进族群理论由于受到社会主义思想的影响而把激进族群目标的完全实现与社会主义理想挂起钩来①,从而使族群平等事业变成左翼社会变革目标中不可或缺的组成部分。或许不是所有族群激进派都认同社会主义,但以社会主义为主导引领力量是毫无疑问的。

---

① 由于种族主义被视为资产阶级对工人阶级进行分而治之的阴谋,美国共产党等传统左翼政党很早就把反对种族歧视写进了党纲。

# 第五章　性政治：两性关系的激进新构

## 一　第二次世界大战结束前的美国女权思想

### （一）20世纪之前的美国女权主义

西方女权主义起源于欧洲启蒙哲学。"女权主义"或女性主义（Feminism）这个概念最早由法国空想社会主义者傅立叶于1837年首创，1852年，在牛津英语字典里正式出现"女权主义者"（feminist）一词（Feminism则晚至1895年才收入）。女权主义于19世纪70年代初在欧洲大陆的法国和荷兰等地流行起来，19世纪末20世纪初则分别在英国和美国盛行开来。[①] 作为女权主义发展史上的第一波，19世纪女权主义者们普遍聚焦于争取男女在契约权、婚姻权、财产权、子女养育权、投票权的平等上，其中的核心是平等的政治投票权。

在美国，早期女权主义的出现直接与废奴思想相关，或者说，是废奴主义为美国女权主义的登台提供了灵感。在内战爆发的数十年前，斯蒂芬·福斯特和阿比盖尔·凯利等激进废奴主义者已经对父权制家庭结构和"性奴隶制"予以攻击，而19世纪的乌托邦社团则致力于建构取代传统资产阶级家庭的新型家庭模式：在某种情况下，禁止婚姻以支持"自由爱情"；在另外的情形下，把孩子与父母分开以便青少年能够由集体培养成

---

① Nancy F. Cott, *The Grounding of Modern Feminism*, New Haven: Yale University Press, 1987, p. 13.

人。① 美国早期女权主义领袖们几乎都是废奴运动的参与者和支持者，卢克丽霞·莫特、伊丽莎白·斯坦顿和苏珊·安东尼在投身女性平等权利斗争之前，无一不是南方奴隶制度的敌人。从黑白种族不平等中她们感悟到了两性关系中的不平等，而她们对男女平等的诉求大多源于基督教教友派心灵平等的神学思想，这一神学所抱的信条是：上帝面前男女平等。②

不过，进入20世纪之前美国最激进的女权主义思想者当推伊丽莎白·斯坦顿和苏珊·安东尼。美国内战结束后，斯坦顿和安东尼转而对美国国会通过的给予黑人男性投票权的第十四、十五条宪法修正案持否定态度，认为新法案大大扩大了美国男性的特权，将强化对妇女权利的否定力量。③ 尤其是昔日的废奴运动伙伴如弗雷德里克·道格拉斯等人对女性权利持不以为然的态度更加坚定了她们为女权而抗争的意志。④ 1868年，斯坦顿和安东尼在纽约创办《革命》周报，其宗旨即在于实现妇女选举权。⑤ 同年，在华盛顿举行的妇女选举权大会上，斯坦顿发表了男性是破坏性因素的措辞激烈的演讲：

> 男性元素是一种破坏性的力量，严厉、自私、自我膨胀、好战、暴力、征服、获取，在物质和道德世界里就像失和、无序、疾病和死亡一样繁殖。看看历史上的血腥和残酷记录！贯穿始终的是奴役、屠杀和牺牲，贯穿始终的是审讯与监禁、痛苦与迫害、黑人法典与黑暗教义，多少世纪以来人类的灵魂一直在斗争，而仁慈蒙蔽了脸，所有

---

① Robert F. Fogarty, *All Things New: American Communes and Utopian Movements, 1860–1914*, Chicago: University of Chicago Press, 1990, pp. 66–72.
② Rosemary Radford Ruether ed., *Women and Redemption: A Theological History* (2nd). Minneapolis: Fortress Press. 2012, pp. 136–139.
③ Ann D. Gordon ed., *The Selected Papers of Elizabeth Cady Stanton & Susan B. Anthony Volume II: Against an Aristocracy of Sex, 1866–1873*, New Brunswick, NJ: Rutgers University Press, 2000, p. 567.
④ Philip S., Foner ed., *Frederick Douglass: Selected Speeches and Writings*, Chicago, IL: Lawrence Hill Books, 1999, p. 600.
⑤ 该报纸的格言是："男人，其权利何其多；女人，其权利何其少"；Lana F. Rakow and Cheris Kramarae ed., *The Revolution in Words: Righting Women 1868–1871*, New York: Routledge, 2001, p. 18。

## 第五章 性政治：两性关系的激进新构

心灵对于爱和希望已如死灰！

她把自然界与人类社会进行了比较，认为看似混乱的自然界持续存在着平衡的力量，如母亲般的自然总是努力让陆地与海洋、山脉与河谷各就其位，让风浪平静，平衡极冷极热、雨涝与干旱，让和平、和谐和美统治自然。社会的混乱无序警告人们：正是妇女在政治中的失位使得只有妇女才有力量控制的暴力和毁灭因素被释放出来。"如果这个时代的文明需要扩大选举权，可以确信的是，最正直的有教养的男女代表均有的政府会比某一性别独自为政能更好地代表全体人民并保护他们的利益。"①

斯坦顿在1866年联合多人向国会递交实行普选权的请愿书，主张修改第十五条宪法修正案，让选举不再有种族和性别藩篱。为此，她甚至激进地宣称：要么实现全面普选权，要么就别进行选举。1869年，斯坦顿和安东尼组建"全国妇女选举权协会"（NWSA），为实现男女政治权利平等继续进行不妥协的斗争。或许正是这种激进的不妥协精神促使斯坦顿在晚年转向了民粹主义和费边社会主义。②

除选举权外，斯坦顿还高度重视家庭内部的男女权利平等问题，如夫妻财产权、子女监护权、雇佣和收入权、离婚权、家庭经济健康权以及生育控制权等。③ 因为她明白，即便有了投票权，男女不平等的社会现实会依然如故。家庭作为社会的细胞，其内部权利关系的变化对性别平等关系的重建至关重要，这一思想对其后桑格等人产生了直接或间接的影响。

部分地接受了社会主义思想的斯坦顿逐渐意识到性别不平等与现代社会宗教文化传统之间的深厚根源。1895~1898年，斯坦顿和志同道合者共同出版了两卷本的《妇女的圣经》，公开批评犹太-基督教的反女性主义文化传统，以往的女权主义批判无一例外地都指向对《圣经》的解释，现在却

---

① "Elizabeth Cady Stanton", https://en.wikipedia.org/wiki/Elizabeth_Cady_Stanton.
② 根据美国学者戴维斯的研究，斯坦顿在晚年明确地把自己界定为社会主义者，社会主义事实上是斯坦顿政治思想中的四条线索之一。Sue Davis, *The Political Thought of Elizabeth Cady Stanton: Women's Rights and the American Political Traditions*, New York University Press, 2010, p. 206.
③ Jean H. Baker, *Sisters: The Lives of America's Suffragists*, New York: Hill and Wang, 2005, p. 109.

直接把矛头对准了基督教教义，其激进性及其反响不难想象。①

《妇女的圣经》事实上是从女性主义视角出发对《圣经》文本的修正。首先，斯坦顿断定，传统《圣经》文本中错误百出，希伯来文本错讹处达15万个，希腊文本也有7000处，正本清源，势所必然。其次，在这部著作中，作者一针见血地指出："无论《圣经》是用希伯来语还是用希腊语所写，用简单的英语说，它都没有赞扬并让女人有尊严。"相反，正统基督教的传统立场是男尊女卑，女人是原罪之源，性即罪恶，女人应该服从男人。斯坦顿庄严宣告："我们痴迷于《圣经》太久了，像我们读别的书一样读它的时候到了，接受其教导之善，拒绝其教导之恶。"再次，作者在书中着重强调，男女生而平等，男尊女卑和让女性在社会上处于屈辱地位并非神意："那些贬损女人的想法全出自男人的头脑，而教会却声称来自上帝。"最后，直接修改《圣经》内容，认为圣父、圣子、圣灵三位一体的说法不对，应该是圣母、圣父、圣子三位一体。这一改动彻底颠覆了女性在传统社会文化中的地位和形象，堪称一次文化地震或文化革命，为20世纪中后期激进女权主义提供了灵感。

很明显，斯坦顿试图通过这部著作建立一种强调自我发展的解放神学，以破除基督教教义遗留下来的古老迷信的荒谬，动摇社会文化中根深蒂固的偏见。尽管一些教会牧师恶毒地咒骂这部著作是"撒旦的作品"②，《妇女的圣经》依然广受欢迎，很快进入畅销书前列，它所起到的思想解放作用和对其后男女平权思想演进的引领作用不可估量。

---

① 事实上，自19世纪上半叶以来，无数的女性主义者为了论证性别平等思想的合法性与合理性，总是想方设法从《圣经》文本中寻找依据，或者对传统基督教教义做新的解释。例如，1848年在斯坦顿为赛尼卡瀑布城妇女权利大会起草的《情感宣言》，其批判矛头对准的是人类历史进程中女性不断受伤害和男性对上帝赋予女性不可让渡权利的篡夺；在1849年的《论女人》中，卢克丽霞·莫特对亚当和夏娃的故事以及出现在《圣经》中的各个女人的活动进行了讨论，认为《圣经》支持妇女大声说出其精神信仰的权利；露西·斯通（Lucy Stone）更是明确表示，对《圣经》做男性支配的解释一定错了；通过对早期希腊和希伯来《圣经》文本译本的研究，她洞察到，里面包含着较多赞同妇女平等的话语；1854年，汉娜·卡特勒（Hannah Tracy Cutler）义正词严地逐一批驳亨利·克罗牧师关于《圣经》业已证明男优女劣的说教，当时没有人敢于怀疑和否定《圣经》与基督教本身。1888年最新英文修订版《圣经》问世，与两个多世纪前的版本比，并没有多大变化。这就为斯坦顿等人创造了通过攻击基督教传统声张女性权利的机会。

② Cullen Murphy, *The Word According to Eve*. Boston · New York: First Mariner Books, 1999, pp. 21-23.

## （二）戈德曼的无政府主义女权观

作为20世纪早期美国无政府主义代言人，艾玛·戈德曼在一系列文章和讲话中就女性政治权利和社会解放方面的种种论题展开了讨论，形成了对其后影响深远的观点。

其一，关于妇女投票权问题。戈德曼首先对女权主义者中普遍存在的投票权迷信予以强烈批评，认为这是一种神物崇拜，与宗教皈依没有什么不同。"我们的现代崇拜是普选。那些尚未实现这一目标的人，为实现这一目标而进行流血革命，而那些曾享受过这一目标统治的人，则为这一无所不能的上帝的祭坛奉献了沉重的牺牲。"① 自远古时代以来，妇女因为这种神物崇拜而屈膝在地，并为此付出自由、鲜血和生命的代价。宗教把妇女贬为奴隶，战争夺走妇女的一切，家庭耗尽妇女生命的能量，但妇女却是它们最虔诚的支持者。对普选权的迷信不会让妇女获得自由，只会让她们成为更好的信徒、更好的家庭主妇以及更好的公民。因为有智者早在五十年前就指出："选举权是一种罪恶，它只会帮助奴役人民，它只会蒙蔽人民的眼睛，使他们看不出其是多么狡猾地让人被迫屈服的。"② 在戈德曼看来，首先，普选权只是一群人制定出来以强制另一群人服从的法律手段，它不是自由的钥匙，而是新增的锁链。其次，现有的政治权力体系都是荒谬的，无益于人类的福祉与进步，作为现行体制工具的普选权也不例外。在男性失败的领域，女性也不可能创造奇迹。妇女不可能因为拥有普选权而摆脱性商品的地位，也不可能从清教的男女二元道德标准下解放出来。再次，普选权虽然保障妇女拥有平等的财产权，但对美国千百万没有财产的妇女，普选权对她们毫无意义。在此，戈德曼对安东尼提出特别的批评，认为她痴迷于投票权，对妇女劳动者的痛苦麻木不仁，甚至持敌视态度。最后，明确指出妇女的发展、自由和独立来自其自身内在的觉悟，而非外在的选票。

其二，婚姻与爱情问题。首先，把婚姻和爱情视为同一事物是一种迷信或错误："婚姻和爱情毫无共同之处；它们相距极远；它们实际上是相互

---

① Emma Goldman, *Anarchism and Other Essays*, Second Revised Edition, New York & London: Mother Earth Publishing Association, 1911, pp. 201 - 217, http://dwardmac.pitzer.edu/Anarchist_Archives/goldman/aando/suffrage.html.

② Ibid.

对立的。"① 不否认有少数婚姻为爱情的结果，但大多数不是；至于说婚姻产生爱情则是十足的谬论。其次，婚姻主要是一种经济安排，一种"保障协议"。妇女通过这种安排获得一个丈夫，代价是终身付出姓名、隐私、自尊和生命。而且，这种婚姻保险使女人严重依赖他人，成为寄生者，成为对个人和社会完全无用的人。婚姻对女人而言就是地狱，"你进入这里，就把希望抛到了后面"。再次，国家和教会之所以认可婚姻，就在于可以通过婚姻制度来控制男男女女。可以说，婚姻和另一种永恒的制度安排——资本主义一样，"它剥夺了人与生俱来的权利，阻碍了人的成长，毒害了人的身体，使人处于无知、贫穷和依赖之中，然后建立起慈善机构，依靠人的最后一点自尊而兴旺发达"。"婚姻制度使女人成为寄生虫，成为绝对的附庸。"② 最后，与让女人沉沦和被奴役的婚姻制度不同，爱是生命中最强烈、最深沉的元素，是希望、欢乐和狂喜的先驱；爱是所有法律和习俗的破坏者；爱，是人类命运最自由、最有力的塑造者；这是一股不可抗拒的力量，"人类已经征服了肉体，但地球上所有的力量都无法征服爱"。爱是自由的，它不需要保护。如果这个世界要诞生真正的伴侣和合一，其创生源就是爱，而非婚姻。

其三，妇女中的性交易问题。首先，这是一种存在了数千年的罪恶，在现代工业社会之所以依然存在并更为严重，实为资本主义剥削制度使然。资本主义剥削这一残忍无情的制度，驱使成千上万的女性以卖淫为生。"我们的工业体系使大多数妇女除了卖淫别无选择……不管我们的改革者承认与否，妇女经济和社会地位的低下是卖淫的主要原因。"③ 其次，虚伪的社会文化只承认女性的性身份，无视其工作形象，逼迫女性不得不向男人出卖自己，通过婚姻把自己卖给一个男人，通过性交易把自己卖给多个男人。而且，社会习俗从来都是对男女两性持双重标准，对男性的性经历持宽容态度，对女性的性经历则十分严苛。再次，不容否认的历史事实是，和古代许多宗教一样，基督教受功利主义驱动，在欧洲性交易史上扮演着不光彩的角色，教会从鼓励和参与性交易中获利丰厚，百般贬损女性的教义则

---

① Emma Goldman, *Anarchism and Other Essays*, Second Revised Edition. New York & London: Mother Earth Publishing Association, 1911, pp. 233-245, http://dwardmac.pitzer.edu/Anarchist_Archives/goldman/aando/suffrage.html.
② Ibid.
③ Ibid., pp. 183-200.

为之减轻了负罪感。最后,彻底根除卖淫现象的出路是,完全废除工业奴隶制,从根本上改变现行社会道德观念体系,舍此无他。①

其四,关于妇女解放问题。戈德曼指出,在妇女解放问题上,一切有关克服男女两性之间差异的政治经济理论都是不用考虑的,因为两性和谐与和平无需人类的形式平等,更不用消除两性之间的差异与特性。"今天在我们整个公共生活中普遍存在的社会对立,是通过对立和相互矛盾的利益力量造成的。当我们根据经济正义原则重新安排我们的社会生活成为现实时,这种对立就会瓦解。"② 什么是解放?对妇女而言,解放就是使妇女在真正意义上成为人,她内心渴望的一切都应该充分表现出来;所有人为的障碍都应该被打破,几个世纪以来通向更大自由道路上的屈服和奴役的痕迹都应该被清除掉。妇女的自由与平等,其实质在于妇女能够自由地决定自己的命运。"选举权,或者平等的公民权利,也许是很好的要求,但是真正的解放不是从选举开始的,也不是从法庭开始的,它始于妇女的灵魂。"③ 因为历史告诉人们,每一个被统治阶级总是从它的主人那里通过自己的努力获得解放的。因此,对妇女来说,从内心的再生开始,从偏见、传统和习俗的重压中解脱出来,要重要得多。

戈德曼关于女性解放始于心灵深处的思想受到战后激进女权主义者的热烈回应。

### (三) 玛格丽特·桑格的控制生育思想

妇女获得选举权后,不仅妇女在就业、教育等方面的平等机会并未随着政治平等同时而来,更严重的是,在以家庭为中心的社会生活各个领域,妇女依然处于屈从地位,这预示着以选举权为目标的第一波女权主义落潮后,女性主义思想必然要向家庭生活与社会文化领域转变。尽管从1920年到60年代初,有美国妇女党一直在为男女平等宪法修正案的通过而奋斗,但从思想史的角度看,玛格丽特·桑格的控制生育思想堪称20世纪上半叶

---

① Emma Goldman, *Anarchism and Other Essays*, Second Revised Edition. New York & London: Mother Earth Publishing Association, 1911, pp. 183 – 200, http://dwardmac.pitzer.edu/Anarchist_Archives/goldman/aando/suffrage.html.
② Ibid., pp. 219-231.
③ Ibid.

美国女性主义这一转向过程的里程碑。

玛格丽特·桑格（Margaret Higgins Sanger，1879-1966），护士，美国控制生育活动家，性教育家，作家，出生于纽约。其父亲迈克尔·希金斯既是石匠，又是自由思想者，还是妇女投票权运动和免费公共教育运动的积极分子。他对玛格丽特·桑格的一生具有潜在的影响。当然，她的持左翼政治立场的建筑师丈夫威廉·桑格对她同样具有决定性的影响。第一次世界大战之前，她是以格林尼治村为中心的纽约激进政治与文化圈的一员，与尤金·德布斯、艾玛·戈德曼、马克斯·伊斯曼、约翰·里德等人过从甚密。她加入了纽约社会党妇女委员会，参与了世界工业工人联合会（IWW）的劳工行动。1911~1912 年，她分别以"每个母亲都应该知道的事"和"每个女孩都应该知道的事"为题写了一系列关于性教育的文章刊发在报纸《纽约呼唤》上，这些文章彰显出她的女权主义意识。她在这些文章中对性问题的直率讨论虽然激怒了一些保守派读者，但更让她赢得了众多进步读者的赞誉。

1914 年，桑格创立只有 8 页纸的《女反叛者》（The Woman Rebel）时事通讯，刊物中的文章着力宣传避孕的重要性，强调妇女拥有掌控自己身体的权利。① 她的著作和刊物宗旨与联邦政府 1873 年通过的《康姆斯多克法》以及一系列州法律相背离，因而她遭到起诉。② 1916 年，她在纽约布鲁克林开设家庭计划与生育控制诊所。因为她相信，只有能够自由控制生育，妇女解放才具有可能，而妇女解放正是社会变革的基础。她之所以把妇女掌握生育权视为妇女自由的要津，是因为她作为护士对纽约地区工人阶级移民家庭中广泛存在的因对避孕的无知而私自堕胎或流产引发的悲剧感到震惊，而法律却禁止医护人员让妇女知晓避孕知识。③

---

① 刊物中使用著名的无政府主义口号"没有上帝，没有主人"，以推进生育控制运动。Margaret Sanger, *The Autobiography of Margaret Sanger*, Mineola, New York: Dover Printing Publications Inc., 2004, pp. 111-112.
② 这些法案以打击淫秽行为的理由禁止妇女获得避孕方面的知识。面对指控，桑格一度避居英国。
③ 桑格后来曾经在一次演讲中回忆起一件让她终生难忘的事情：她作为护士应约赶到一位名为萨蒂·萨克斯的病人家里，病人因私下自行堕胎而引发大出血，待她到达时，萨蒂已经撒手人寰。桑格把护士随身带的护理包往诊所角落一扔，发誓不再沉默，非让美国劳动妇女拥有生育控制知识不可。Ellen Chesler, *Woman of Valor: Margaret Sanger and the Birth Control Movement in America*, New York: Simon and Schuster, 1992, p. 63.

## 第五章　性政治：两性关系的激进新构

在桑格看来，生育控制对女权主义至关重要，比投票权重要得多。女性如果不能控制自己的身体，她们将永远不可能拥有完全的自由；如果不能掌握自己的身体，她们只能继续让男人颐指气使。如果女人永无休止地怀孕并被迫照看一个又一个孩子，她如何能够有时间追求自身的教育和创造性目标？如果这就是一个女人想要的，那也不错，只要是她选择的路。但如果这不是她所想要的，她就必须去自由选择她所憧憬的目标。通往这一目标的唯一道路就是完全的生育控制。桑格的生育控制思想在后来的西蒙娜·德·波伏瓦那里获得了呼应：妇女如果不能掌握生育自由权，就不可能摆脱被奴役的地位。①

桑格本身并不支持堕胎，她认为，生育控制若能进入公众生活，堕胎率会彻底降下来，而避孕是避免堕胎的最好方法。受过良好教育的和上层阶级的妇女由于在社会上拥有特权，她们能够获得避孕药，但穷人和移民却不知道怎样得到这方面的信息，结果"社会贫穷阶层的女人"被迫相信"违背其内心的法则，这些法则告诉她们，不能让孩子们来到世上，生活在欲求、疾病和总体的痛苦中。她们破坏了第一自然法则，即自我保存法则。受到错误的道德的约束、错误的宗教观念的捆绑、错误的法律的拦阻，她们忍受着，直到压力变得如此之大，道德、宗教和法律都无法再压制她们"②。

所以，妇女必须抗议，她们必须"维护自身的这一基本权利……这些法律是男人制定的，是让无以计数的千千万万妇女牺牲和死亡的工具。妇女们现在有了把它们扫进垃圾堆的机会"。唯有生育控制成为现实，女性才能拥有完满的经历。桑格在1920年以乐观的笔触写道："当母亲身份变成深度渴望的果实，而非无知或意外的后果时，她的孩子将变成一个新种族的基础。将不会有通过堕胎把婴儿扼杀于子宫，也不会有育婴堂中弃婴所受的疏忽与怠慢，更不会有杀婴罪。儿童再也不会将生命一点点地消耗在工厂中。没有男人胆敢把孩子的生命粉碎在辛劳之轮上。"③

1921年，桑格发起成立"美国控制生育联盟"（ABCL），该组织后来在1939年发展为"美国计划生育联合会"（PPFA）。也正是在1921年，桑

---

① 〔法〕西蒙娜·德·波伏瓦：《第二性》，郑克鲁译，上海译文出版社，2018。
② Margaret Sanger, *Woman and the New Race*, New York: Brentano's, 1920, pp. 192-193; in Ralph Young, *Dissent: the History of an American Idea*, p. 354.
③ Margaret Sanger, *Woman and the New Race*, pp. 197, 232.

格及其支持者经过不懈努力，终于让国会通过法案，允许医生出于医疗理由，可以向病人提出控制生育的建议。

桑格的激进思想主要涉及四个方面：性行为；言论自由；优生学；堕胎。在性行为问题上，她深受欧洲学者的影响，其中对她影响最大的是英国心理学家哈维洛克·埃利斯及其著作《性心理学》。1914年桑格避居英国期间，她曾与埃利斯会面，她完全接受了埃利斯关于性行为是有力的解放力量的观点。这个观点为生育控制提供了一个论据：它能够使妇女没有怀孕的恐惧，完全地享受性生活。① 桑格主张，性行为应该同生育控制一起得到公开和直率的讨论。她认为，性行为之所以不能得到公开讨论，基督教传统的压迫难辞其咎。

尽管赞同性行为具有强有力的解放观点，但桑格并不支持性放纵。她相信，每一个正常的男女都有能力控制和引导其性冲动。在她内心深处，性放纵显然不利于生育控制，只有实现生育控制，才能使妇女从欲望对象的地位提升上来，才能使性从满足欲望的地位提升上来。她指出，生育控制的实现能够产生"最强大和最神圣的情感"②。

桑格终其一生，对言论的钳制持毫不妥协的反对立场。她早期是把生育控制作为一个言论自由问题而非女权主义问题看待。她在1914年出版《女反叛者》的动机就是要对《康姆斯多克法》等禁止宣传避孕知识的法规发起挑战。经艾玛·戈德曼的介绍，她在纽约加入了"言论自由联盟"（FSL）。由于公开发表关于避孕问题的违法言论，桑格一生至少被捕八次，地方政府官员以关闭设备和威胁房东的方式阻止桑格讲话的次数则多到无法统计。③

第一次世界大战后，桑格呼吁社会需要限制那些没有能力养育孩子的人的生育。富有的和受过教育的人已经开始减少生育孩子，而穷人和受教育少的人却缺乏避孕和控制生育的知识。她承认，她的主张与优生学家的追求有共同点，即都致力于"帮助种族消除不合格分子"。但她认为，双方

---

① Ellen Chesler, *Woman of Valor: Margaret Sanger and the Birth Control Movement in America*. New York: Simon and Schuster, 1992, pp. 13-14, 111-117.
② Michael Bronski, *A Queer History of the United States*, Boston, Ma.: Beacon Press, 2011, p. 45.
③ David Kennedy, *Birth Control in America: The Career of Margaret Sanger*, New Haven: Yale University Press, 1970, p. 149.

的出发点是根本不同的：优生学家的目标指向是国家，而她的目标指向则是妇女本身："优生学家暗示或坚持认为女人的首要职责是对国家的；我们主张她对她自己的责任就是对国家的责任。"在1921年所做的"生育控制的道德"的演讲中，桑格把社会分为三个群体：能够控制家庭规模的"教育良好和见多识广"的阶层；尽管缺乏手段与知识却渴望控制其家庭规模的"聪明和负责任"的阶层；宗教顾虑"阻止他们实行家庭数量控制"的"不负责任和鲁莽的人"阶层。她的结论是，"毫无疑问，在有思想的人心目中"，最后一个阶层的无节制生育应该受到制止。这里需要指出的是，桑格支持优生学，与种族主义无关。众所周知，20世纪上半叶优生学的发展同法西斯主义和种族主义有千丝万缕的联系。桑格对种族主义持鲜明的反对立场，认为种族或民族因素在优生学中不具有决定性意义，例如，她断然拒绝美国优生学家查尔斯·达文波特的种族主义优生学理论。① 她强调，把生育数量限制在一个人养育健康孩子的经济能力之内，这将带来社会与人类的进步。对于有人指责桑格与30年代美国优生学家、三K党人、种族主义者、纳粹同情者罗斯洛普·斯托塔德过从甚密，美国学者艾伦·切斯勒做出这样的评论："桑格自己从来都不是种族主义者，但她生活在一个极度偏执的社会，她未能与偏见一刀两断——尤其是当这种偏见显露在她事业的追随者和支持者之间时。"② 这个评论是中肯的。

## 二 20世纪60~70年代美国激进女权主义

### （一）激进女权主义的起源

20世纪60年代和新左派的最重要的遗产可能是现代女权主义的崛起。1963年，贝蒂·弗里丹的《女性之秘》问世，为现代女权主义大潮或女性主义第二波的到来打开了闸门。③ 大批中产阶级白人妇女在这部著作的感召

---

① Peter Engelman, *A History of the Birth Control Movement in America*, Santa Barbara, Calif: Praeger, 2011, p.135.
② Ellen Chesler, *Woman of Valor: Margaret Sanger and the Birth Control Movement in America*, p.15.
③ 该书基于1957年弗里丹在史密斯学院大学同学15周年聚会上进行的一个调查资料写成，1963年以著作形式问世后，在不到一年的时间里荣登非小说类畅销书前列，销量超过百万册。Stephanie Coontz, *A Strange Stirring: The Feminine Mystique and American Women at the Dawn of the 1960s*, New York: Basic Books, 2011, pp.145-149.

下,"为所有妇女争取真正的平等"而投入女权主义事业。不过,相比之下,弗里丹的著作过于温和,其思想的深刻性和对社会文化与现行制度的冲击力度皆逊于60年代后期的激进女权主义和社会主义女权主义。

与60年代众多女权主义者及其著作一样,激进女权主义者及其著作具有复杂多样的时代背景与思想根源。首先,法国存在主义哲学家、女权主义代表人物西蒙娜·德·波伏瓦的《第二性》是一个主要的思想灵感来源。《第二性》的法文版于1949年面世,被翻译成包括英文在内的40多种文字发行,这是公认的女权主义哲学经典。[1] 在该书第一卷中,波伏瓦提出了"何为女人"的问题,她认为,男人是默认的"第一性",女人则是相对于男人的"他者",是"第二性"。女人不是由她自己而是由她与男人的关系来界定。她描述了女性在生殖中的从属地位,通过对男女的生理学比较,她得出如下结论:价值观并不以生理学为基础,生物学的事实必须从本体论、经济、社会以及生理学的角度来看待。由此出发,波伏瓦对弗洛伊德、阿德勒以及恩格斯的相关理论进行了讨论并予以批评。此外,通过对西方思想与社会文化史的系统考察,她发现,西方社会文化中贬损女性的传统源远流长,古希腊的毕达哥拉斯曾经表示:"有创造秩序、光明和男人的好原则以及创造混乱、黑暗和女人的坏原则。"在讨论基督教对女性的影响时,她认为,除德国外,欧洲基督教教士的任务就是让女人屈从。通过对大量作家或学者著作的分析,波伏瓦发现对女性的偏见早已变成了一种集体性神话。在该书第二卷里,作者着重考察了女性身份的社会建构本质,明确指出,女性并不存在什么"母性本能",这都是社会需要使然。婚姻制度本身是维护父权制的创造,对男女都是折磨。另外,书中还讨论了堕胎、女性衣着、人际关系等方面的内容。基于以上研究,她得出的结论是,女性状况的进步由两个因素决定:参与生产和免于生育奴役。全书最后希望发生一场"被许可的苏维埃革命"以实现男女平等,这就要求男女必须超越他们之间的自然差异性,明确确认相互之间的兄弟情谊。[2]

其次,弗洛伊德心理分析理论的影响。众所周知,弗洛伊德把人的心理活动分为意识和无意识两个基本层面,前者只是人心理结构的表层,对

---

[1] 该书英文版于1953年在美国出版。
[2] 〔法〕西蒙娜·德·波伏瓦:《第二性》,郑克鲁译,上海译文出版社,2018。

人精神活动起决定作用的是心理结构深层的无意识。弗洛伊德认为，人的痛苦经历或无法正视的知识会通过自我压抑进入无意识层次，隐藏在意识表层之下。激进女权主义者由此得出结论，妇女解放的起点就在于通过"提高意识"或觉悟来打开妇女长期受压抑的无意识层次，清醒地认识到自身作为女人的从属地位和受压迫处境，进而明了社会和家庭是如何一步步地把自己塑造成一个甘心接受这种境遇的女性的。激进女权主义团体大多十分重视"提高觉悟小组"的功能，其思想根源即在于此。

再次，马克思主义阶级分析方法的应用。60年代新左派的反战、反体制的政治抗议和文化反叛，公认的思想或理论导师是3M，即马克思、马尔库塞和毛泽东。从马克思到毛泽东，尽管时代和国情有别，阶级分析却是他们进行资本主义制度批判的通用工具。国内外政策及其产生的种种不义皆植根于阶级压迫，男女之间社会地位的反差不过是阶级压迫的一个侧面。激进女权主义理论大多直接或间接地从马克思主义阶级斗争思想中获得灵感。例如，激进女权主义组织中最具影响力的"红袜子"，虽然拒绝马克思主义的妇女问题理论，却高度认同马克思主义的阶级分析法，费尔斯通就明确表示，女权主义者应该"大量地向马克思和恩格斯学习：不是学习他们关于妇女的字面意见——关于作为被压迫阶级的妇女状况……而是学习他们的分析方法"。[1]

最后，黑人民权运动种族不平等和学生运动中男女不平等现实的政治启示与刺激。与19世纪第一波女权主义的兴起一样，第二波激进女权主义的骨干几乎都是60年代民权运动、反越战运动和学生运动的参加者，黑人作为美国二等公民的屈辱地位让她们感同身受，而在这些抗议运动中男性支配的普遍性以及对女性权益的忽视或麻木不仁则不断折磨着她们敏感的心。

### （二）激进女权主义的理论立场

60年代激进女权主义与温和派成立全国性统一组织不同，她们没有建立全国性组织，而是采取分散的小群体方式开展活动，这些小群体组织中

---

[1] Shulamith Firestone, *The Dialectic of Sex: The Case for a Feminist Revolution*, New York: Bantam, 1970, p. 2.

最具代表性的有"红袜子"①"女权主义派""纽约激进女权主义者""复仇女神""16号单间"(CELL-16)等,她们的理论立场和政治主张大同小异,概括起来,大致有以下几方面。

其一,激进女权主义者中的"政治派"(Politicos)接受马克思和恩格斯的社会批判理论,认为妇女所受的压迫源于劳动分工和私有制的社会体制——家庭以及由此延伸出来的资本主义制度。激进女权主义者中的"女权主义派"虽然也反对资本主义,但认为妇女受压迫的根源不是资本主义制度,因为这种压迫在资本主义制度出现以前就存在了,根源在于由男性规定的性别角色制度和相应的价值观念。"纽约激进女权主义者"在公开发表的宣言中宣称:"我们不相信资本主义或者任何别的经济制度是女性受压迫的根源,我们也不相信纯粹的经济革命会导致对女性压迫的消失。"② 因此,激进女权主义的奋斗目标不在于推翻资本主义制度,而在于在整个社会和经济领域清除男性霸权,从而实现社会秩序的激进重构。正如费尔斯通所描述的:"就像社会主义革命的最终目标不仅要消除阶级特权,还要消除阶级区别一样,女权主义革命的最终目标必定不同于第一波女权主义运动,它不仅要消除男性特权,而且要消除性别差异本身:人类之间的生殖差异在文化上不再重要。"③ 凯特·米丽特更是声称,女权主义革命致力于"单一的性,或分离的个性结构、气质和行为的终结,这样,每个人都可以发展完全的而非部分、有限的以及一致的个性"。④

其二,"姐妹情谊就是力量"。1968年1月,"女权主义派"在华盛顿举行"埋葬传统女性"游行,来自纽约的凯西·萨拉柴尔德提出了"姐妹

---

① "红袜子"成立于1969年2月,发起人是埃伦·威利斯和舒拉蜜丝·费尔斯通。19世纪初,目光保守派人士曾经把女权主义作家和学者称为"蓝袜子",以示羞辱。20世纪60年代的激进女性用代表革命的红色代替了意味着和平的蓝色,构成了"Redstockings",成为组织名称。威利斯后来在接受访谈时表示,这个名称把早期美国女权主义理论家的思想与现代战斗的激进政治传统有机结合起来。其成员每每身着短裙红袜出现。Alice Echols, *Daring to Be Bad: Radical Feminism in America 1967-1975*, Minneapolis, Minn.: University of Minneapolis Press, 1991, p. 140.

② Shulamith Firestone ed., *Notes from the Second Year: Major Writings of the Radical Feminists*. New York: P. O. Box AA, Old Chelsea Station, 1970, pp. 124-126.

③ Shulamith Firestone, *The Dialectic of Sex: The Case for a Feminist Revolution*, p. 11.

④ Kate Millett, "Sexual Politics: A Manifesto for Revolution", in Firestone and Koedt eds., *Notes from the Second Year: Women's Liberation*, New York: New York Radical Feminists, April 1970, p. 122.

情谊就是力量"这个口号。主张以姐妹情谊为基础，以妇女问题为中心，致力于独立的女权运动。相信不论阶级、种族、宗教差异，共同的女性经历可以把妇女们团结起来，形成强大的女性权力集团，推翻男性霸权。

其三，妇女是一个被压迫阶级，大男子主义或男性至上主义是一切压迫形式的基石。"红袜子"在其宣言中首次明确提出女性是一个被压迫阶级：

> 我们作为性工具、繁殖者、廉价劳动力而遭受剥削。我们被视为劣等人，仅只是为了丰富男人的生活而存在。我们的人性被抹杀。暴力威胁巩固并强化了给我们规定的行为模式。
>
> 由于我们一直与压迫者生活在一起，妇女之间却相互隔绝，因此，我们一直未能把个人痛苦作为一种政治状况对待，这就形成了一种幻觉，似乎女人和男人之间的关系只是两个独立个性间的互动关系，是可以个别解决的问题。事实上，这样的关系每一个都是阶级关系，个别男女之间的冲突是一种政治冲突，只能通过集体行动来解决。
>
> 我们认为，男子是压迫妇女的代理人。男性至上论是最古老、最基本的传统形式，其他一切剥削压迫形式（种族主义、资本主义、帝国主义等）都由此延伸而来：男人统治女人，少数男人统治所有人。有史以来，一切权力结构皆为男性统治、以男性为中心。①

无独有偶，"纽约激进女权主义者"在宣言中也强调妇女是一个被压迫阶级：

> 激进女权主义认为，对妇女的压迫根本上是一种政治压迫，妇女因其生理性别而被列入下等阶级。激进女权主义的目的就是在政治上组织起来消灭这一性别阶级制度。②

其四，消灭男女角色制度和婚姻等一切压迫妇女的习俗制度。20世纪

---

① Shulamith Firestone ed., *Notes from the Second Year: Major Writings of the Radical Feminists*, pp. 112-113.
② Ibid., p. 124.

70~80年代著名激进女权主义者安德丽亚·德沃金曾经表示：家就是有如此众多妇女藏身其中等死的公开的坟墓。① 这一思想其实来自激进女权主义者威利斯和费尔斯通等人的著作，在她们的著述中，一个被不断重复的论断是，妇女所受的压迫集中体现在婚姻和家庭里。例如，在《性别辩证法》里，费尔斯通激烈主张清除家庭结构，认为"权力心理学"总是能通过家庭这一纽带偷偷传输。② 1969年，"红袜子"的凯西·萨拉柴尔德建议，妇女"在家庭革命中把婚姻作为'无产阶级专政'来应用。当大男子主义被完全扫除后，婚姻和国家一样，将消失不见"③。

1969年9月23日，来自"女权主义者"组织的一群激进妇女封锁了纽约市政厅婚姻登记局，散发传单抗议婚姻制度。其中一份传单内容最能代表她们关于消灭婚姻的立场：

> 你知道吗？在婚姻中强奸是合法的。根据法律，性是婚姻的目的。为了获得一个有效的婚姻你必须有性交。你知道吗？婚姻不要求爱与感情。如果你不能和你丈夫有性生活，他可以离婚。而如果他不爱你，那不是离婚的理由。你知道吗？你是你丈夫的囚徒。你必须跟他到他喜欢的任何地方去住。如果他决定搬到别处去，你只得跟他走，否则，他可以控告你遗弃他。……根据婚姻契约，你丈夫应从你那里得到比全天性保姆多得多的家庭服务。那么，你为何不能得到报酬？根据法律，你只享有食物和居住的权利。……你恨这种诈骗吗？一切反对、歧视妇女的行径都仿照这个奴隶制般的制度，因这个制度而合理化。除非我们消灭婚姻，否则我们不可能消除男女不平等。④

在这方面最值得一提的是瓦莱莉·索拉纳斯（Valerie Solanas）和她的《割掉男性社会宣言》（*SCUM Manifesto*），在这份发表于1967年的宣言中，索拉纳斯宣称：男人毁灭了世界，需要由女人来解决这个问题，方法是建

---

① Andrea Dworkin, "A Battered Wife Survives"（1978）, in *Letters from a War Zone: Writings, 1976-1988*, New York: Dutton, 1988, p. 104.
② Shulamith Firestone, *The Dialectic of Sex: The Case for a Feminist Revolution*, p. 12.
③ Alice Echols, *Daring to Be Bad: Radical Feminism in America 1967-1975*, p. 146.
④ Robin Morgan ed., *Sisterhood is Powerful*, New York: Vintage Books, 1970, pp. 601-602.

第五章　性政治：两性关系的激进新构

立割掉男性社会（SCUM）组织，通过这个组织来推翻男权社会，消除雄性。虽然表面上看起来，宣言带有明显的嘲弄味道，但其实它不乏严肃的哲学和社会关怀，这使得它成为美国女权主义历程中无法忽略的一段历史。① 泰格蕾丝·阿特金森等人相信，宣言对父权制进行了卓有成效的批判；而"CELL-16"领袖罗桑妮·邓巴尔及其伙伴则从中悟出了独身主义战略。② 她们呼吁妇女要在人际关系上和政治上与男子分离。在她们眼中，男女之间的异性恋是"不自然的"③。

其五，把女同性恋作为有效的性政治战略。1969 年，纽约"石墙"酒吧事件拉开了同性恋解放运动的大幕，女权主义组织中女同性恋的影响力迅速上升。一些女同性恋者认为，女同性恋在女权主义革命中具有无与伦比的优越性：

　　一个完全独立于男人的女人——她从别的女人那儿获得爱情、性生活与自尊——对大男子主义是巨大的威胁。她不需要男人，他们针对她的权力因而就较小。
　　……由于女同性恋者不惧怕被男人抛弃，所以她们比较敢于对妇女压迫者的男性阶级表示敌意。④

同性恋性选择的政治意义似乎昭然若揭。1972 年，著名女同性恋者夏洛蒂·本奇在女同性恋刊物《狂怒》上发表《反叛的女同性恋》一文，公开号召把同性恋女权主义政治作为妇女解放的基础："女同性恋拒绝男子在性和政治上的统治，她蔑视他的世界、他的社会组织、他的意识形态和他对她下的低劣定义。""女同性恋者们提高政治觉悟、组织起来，是消灭这个性别歧视、种族歧视的资本主义、帝国主义制度的关键。"女同性恋者即"与妇女一致的妇女"，她们对异性恋的摒弃是对男性统治最个人的和最基本的挑战，是全体妇女最好的出路。⑤

---

① 宣言的英文版本至少被重印了 10 次，并被翻译成 13 种文字。
② 其组织名称 CELL 有单细胞、单人房间、单人囚室等含义。
③ Alice Echols, *Daring to Be Bad: Radical Feminism in America 1967-1975*, p. 165.
④ Robin Morgan ed., *Sisterhood is Powerful*, pp. 345-346.
⑤ Nancy Myron & Charlotte Bunch ed., *Lesbianism and the Women's Movement*. Baltimore: Diana Press, 1975, pp. 29-37.

在此有必要提及安妮·凯德特的《阴道性高潮神话》一文。这篇文章在1968年全美第一届妇女解放大会上宣读，后被收入《第二年笔记》（1970）出版。文章批判了弗洛伊德的女性的自卑心理源于"阴茎嫉妒"说以及性高潮由阴道获得论，认为女性性快感的获得，男性并非具有决定性作用。这一结论导致异性恋不再是一种绝对的形式而只是一种选择，从而"突破了当前的男女角色制度"，[①]女性斩断同男性"压迫者"之间历史性关系的可行性到来了，"女权主义是理论，同性恋是实践"成为一段时间里广为盛行的动人口号。许多激进女权主义者本身并非同性恋，亦满怀激情地投入同性恋生涯。

其六，争取妇女身体的自主权与控制权。主要表现在两个方面：一是主张废除堕胎法，普及避孕工具，把女性从非自愿的生育中解放出来；二是反对包括强奸、家暴、乱伦和淫秽色情作品在内的男性暴力行为。在激进女权主义者看来，强奸"实际上是对全体妇女阶级的教训，……显示女人对男人的屈服是天生不变的"。因此，"强奸是一种有效的政治手段""是一个权力阶级的成员对无权阶级成员实施压迫的政治行为"。[②]至于色情淫秽作品，激进女权主义者认为是性别歧视的一种表现形式，与强奸一样危害女性权利。罗宾·摩根指出："色情作品是理论，强奸是实践。"这种把色情作品同性暴力画等号的思想是激进女权主义思想传统中的一条重要脉络。

有趣的是，以上这些主张使女权主义激进派对自由派的改革立场一直持批评态度，但随着70年代社会氛围的日趋保守，她们不得不在坚持激进理论的前提下，在实践中放弃激进的社会革命目标，开展各种改良性质的妇女服务活动。相反的是，自由派女权主义者则越来越激进，激进派女权主义者的许多主张被它吸收和采纳，"全国妇女组织"日益成为极具包容性的多元思想的妇女解放组织，成为美国政治领域代表妇女权益的具有强大影响力的集团，社会主义的女权主义者同样逐渐从对激进女权主义的批评立场转向接受和融合后者的理论。埃科尔斯认为，自由派和社会主义派的

---

[①] Shulamith Firestone ed., *Notes from the Second Year: Major Writings of the Radical Feminists*, p. 41.

[②] Anne Koedt et al. ed., *Radical Feminism*, New York: The New York Times Book Co. 1973, pp. 228-233.

这种转变与激进派的努力推动分不开。①

### （三）"第四世界宣言"与文化女权主义的出现

如果说1968~1975年是激进女权主义狂飙突进的时代，1975年后则是文化女权主义异军突起的时代，后者成为前者向自由女权主义过渡的桥梁。文化女权主义萌芽的标志是"第四世界宣言"的发表，这是第二波女权主义发展的一个新转向。这个宣言由底特律一群妇女解放运动人士于1971年春起草，该宣言被带到了多伦多北美反战妇女与印度支那妇女大会。后经芭芭拉·布里斯（Barbara Burris）修改完善，同时发表在《第三年笔记》和《激进女性主义》上。宣言批评多伦多大会组织者号召召开"妇女解放"大会，但事实上大会却很少讨论妇女解放问题。在她们看来，多伦多大会是又一次企图"把独立的妇女运动转变为""反战和反帝国主义运动的附属"的尝试。② 不过，在其他方面，宣言却与费尔斯通和萨拉柴尔德的激进女权主义有所偏离，宣言宣称，由于妇女构成一个被殖民的群体——"第四世界"，妇女解放斗争天生就是反帝国主义的。一些激进女权主义者很早就提出这样的看法：妇女解放斗争会悄悄破坏资本主义。但宣言的思想与此稍有不同：宣言的作者并不认为妇女解放会颠覆美利坚帝国，相反，她们通过致力于伸张自己的殖民化经历重新对帝国主义加以界定。虽然一些激进女权主义者认为支配他人的欲望多多少少为男性独具，但大多数人并不把战争和帝国主义归咎于男权至上，而这正是底特律女权主义者的观点——战争和帝国主义植根于"男性至上的社会"。此外，大多数激进女权主义者对妇女的差异性持忽视态度，而"第四世界宣言"则走得更远，断然否认差异的存在。宣言指出，左翼和妇女运动中压迫的等级无处不在，

---

① 激进派团体成员大多是年轻人，她们与自由派和社会主义派团体中的年轻成员一直存在各种联系，这种影响潜移默化地发生在她们之间。1969年9月，弗里丹表示"全国妇女组织"（NOW）与激进妇女解放团体"道不同不相谋"，但不到一年，1970年8月，NOW就开始与激进妇女解放团体联合推动妇女权益事业；同年5月，在哈佛大学体育馆举行的全国大学生抗议美国入侵柬埔寨集会上，波士顿的社会主义女权主义团体"面包与玫瑰"发表了认同自身属于"摧毁男性霸权统治的独立妇女运动"的一部分的演讲。Judith Hole and Ellen Levine, *The Rebirth of Feminism*, New York: Quadrangle, 1971, p.91; Alice Echols, *Daring to Be Bad: Radical Feminism in America 1967-1975*. p.4.

② Alice Echols, *Daring to Be Bad: Radical Feminism in America 1967-1975*. p.245.

毫无改观。宣言认为："一个妇女的阶级总是由她与之生活的男人所决定……因此，阶级基本上是一种男人之间的分野，而女性则是由其性、种、姓地位所决定……由于妇女解放运动必定横穿所有（男性拥有的）阶级、种族和国家界限，妇女对实际上是男性的特权（如白人或者阶级等）的任何错误认同对我们的运动都将是致命的。"① 这段话表达的意思很清楚，即阶级和种族是男性的发明，讨论阶级和种族是"男性左派"的事，它们对妇女解放运动只会造成阻碍和破坏。宣言最后赞同女权主义的目标应该是维护长期被压迫和嘲弄的女性利益。宣言对女性文化做了阐释，认为它来自妇女的地位，而非其生物特性，女性文化特性包括情感、教养、爱、个人关系等，是"最基本的人类特性"。②

"第四世界宣言"虽然出自底特律激进女权主义者之手，但它的确与绝大部分激进女权主义组织和领袖的主张相对立，它的出现预示着女权主义思想转折点的到来，或者说一个新阶段的来临。

如果说激进女权主义思想核心是反对男性至上的霸权，文化女权主义则是致力于创造一个"新空间"——女性反主流文化。在这里，"雄性"价值被祛魅，女性价值得到呵护；父权制被规避而不提倡；关注的焦点不再是社会变革，而是个人的改变。

## 三 80年代以来的美国激进女权主义

### （一）麦金农反自由主义的女权主义

到20世纪70年代初，由于组织内部和不同组织之间的相互倾轧，激进女权主义团体纷纷走向解体或是消失。"纽约激进妇女组织"、"红袜子"和"D.C.妇女解放组织"分别于1969年、1970年和1971年解散；"复仇女神"亦于1971年解体；1972年，费尔斯通等人于1969年发起成立的"纽约激进妇女组织"步入终点；1973年，CELL-16和"面包与玫瑰"同样宣告解散。

---

① Barbara Burris, "The Fourth World Manifesto", in Anne Koedt, Ellen Levine, and Anita Rapone, eds., *Radical Feminism*, New York: Quadrangle, 1973, p.331.
② Ibid., p.355.

## 第五章 性政治：两性关系的激进新构

然而，激进女权主义的主张和信仰并未与组织的消失一道随风而逝。相反，激进女权主义的思想通过各种新机构体现出来：自助组织、咖啡屋、妇女中心、强暴危机中心、受虐妇女庇护所以及各种各样的单一问题组织。① 而且，激进女权主义的大多数诉求和方法被全国性女权主义组织如著名的"全国妇女组织"所采纳。与此同时，许多激进女权主义先驱如费尔斯通、米丽特、摩根等通过著述不断对其他女性产生潜移默化的影响。

20世纪60～70年代激进女权主义思想在当代最为重要的继承者应首推凯瑟琳·麦金农。麦金农1969年从史密斯学院政府管理专业毕业，随后进入耶鲁大学攻读研究生学位，此时正是激进女权主义狂飙突起之际，而耶鲁校园更是政治行动主义的温床。在1991年的一次访谈中，麦金农承认她的思想与政治根源可追踪到耶鲁研究生时期。正是在这里，她同黑豹党人一起工作，共同研究武术，反对越战，并发现了初期女权主义运动的焦点所在。② 据她回忆，她最初的激进女权主义观念源于左翼地下报纸《鼠》(Rat)，③ 这份报纸让她知道了与女权主义运动相关的各种事情，特别是一些激进观念，譬如"性交是一种屈从地位的战略和实践"；"爱情……是一种把妇女束缚于压迫中的自我毁灭的欲望"；"普遍性的自由理念，尤其是性自由，揭开了掩盖滥用自由的面具"；女性不应该"使用同意之类的概念"，而应该在"任何事情上都站在妇女一边"；美国小姐大赛和"索命"电影的"逻辑"后果毫无二致，都把妇女变成性客体，"美国小姐是预演，把妇女变成玩物，索命电影则推之至极，把妇女变成尸体"。④ 这些激进观念对麦金农的影响之深可从其著作《迈向女权主义的国家理论》(1991) 中管窥一斑。这部著作她从1971年开始动笔，里面收录了大量60～70年代激进女权主义文献，其中包括罗桑妮·顿巴尔的《作为社会解放基础的女性解放》(1968)、帕特·梅纳迪的《家务政治学》(1969)、帕姆·艾伦的《自由空间》(1970)、梅雷迪思·塔克斯的《妇女及其精神：日常生活故事》(1970)、艾琳·佩斯尼基斯的《抵抗意识》(1970)、米丽特的《性政

---

① Ryan, *Femminism and the Women's Movement*, pp. 67, 56.
② Fred Strebeigh, "Defining Law on the Feminist Frontier", *New York Times Magazine*, October 4, 1991, p. 31.
③ 这份报纸在1970年1月被女权主义者接手。
④ Richard J. Ellis, *The Dark Side of the Left: Illiberal Egalitarianism in America*, Lawrence, Kansas: University Press of Kansas, 1998, p. 207.

治》和费尔斯通的《性别辩证法》等。

在麦金农的政治思想里，潜藏着激进女权主义的反自由主义意识。在她看来，在不平等条件下人们无法有意义地区分赞成与强制，因为被赞成的仅只是为男性权力的赞成所掩盖的强制。麦金农指出："男性支配在形而上学上近乎完美。其观点即观点之标准，其特性即普世意义，其力量为赞成而行使。"① 而"在性别不平等条件下"男女之间的性关系变成了"强迫的性问题"，因为同意是被掩盖下的强制，即便是男女双方同意的性也与暴力强奸没有区别。

那么，如何看待妇女自身性的和其他的欲望呢？麦金农断定，这些欲望都是男人社会性地建构出来的。"女人的性欲至少在这种文化中是被社会建构出来的，我们（女人）因此通过它让我们自己走向自我毁灭……众所周知的女人本性就是我们如何需要男人的支配，它所强调的绝大多数都不是我们的利益。"② 甚至女人之所想也不真是她们自己之所想，"女人所为所想即她们被许可之所为与所想"。简言之，妇女没有活在她们自己创造的世界里，而是活在男人建造、男人掌控、男人享受的世界里。男人告诉女人该做什么。由此，女人的各种情感、思想和冲动都不足为信，因为这些情感和思想是男人为其自身利益所做的安排。③

显然，男人是不可信的，大多数妇女亦然。因为绝大多数妇女困于错误的意识，所要求的不是妇女自身的利益，所推崇的行动和关系属于"杀害我们的制度"④ 的现实部分。她认为，要消除这种制度性压迫，在现行西方民主制度之下是做不到的，因为现行民主制度本身仅仅是一种掩盖男性权力的巧妙方式，这种制度只会使对女性的压迫永恒化。经典马克思主义把解决这种错误意识困境的希望寄托于革命先锋身上，因为马克思主义者相信无产阶级"进一步的贫困"会使工人阶级有增无减地意识到它自身所受的压迫，从而形成真正的民主的群众运动基础，对此，人们需要耐心等待。麦金农则对这种民主的希望不抱希望。像最初的激进女权主义者一样，

---

① Catharine A. MacKinnon, *Toward a Feminist Theory of the State*, Cambridge, Mass.: Harvard University Press, 1989, pp. 116–117.
② Catharine A. MacKinnon, *Feminism Unmodified: Discourses on Life and Law*, Cambridge, Mass.: Harvard University Press, 1987, p. 54.
③ Catharine A. MacKinnon, *Toward a Feminist Theory of the State*, p. 52.
④ Catharine A. MacKinnon, *Feminism Unmodified: Discourses on Life and Law*, p. 54.

## 第五章 性政治：两性关系的激进新构

麦金农试图通过号召提高觉悟来避免武断和悲观结论。她认为，提高觉悟既是"女权主义的方法"，又是"认知方法"。妇女可以通过建立平等社群推心置腹和开诚布公地讨论自身的经历，打破男权施加于她们的沉默。通过创建亲密的和非等级的社群，使觉悟团体能够把坐标点"向真理移动并据此界定现实"。提高觉悟的方法允许妇女以自己认可的标准建立"妇女的观点"[①]。

然而，麦金农提高觉悟的构想出现了问题：她一开始把它视为一种方法，但不知不觉中她很快转向根据实际的结论来界定它。"要提高觉悟，就要双重面对男性权力：作为即刻的总体的一面和虚幻的另一面。在意识提升中，妇女们明了她们学会的是，男人就是一切，妇女是他们的对立面，但两性是平等的……（平等）第一次变得一清二楚，女人是男人的同等物，（但）锁链却无处不在。"[②] 事实上，提高觉悟在麦金农的构想中并非观察女性状况的方法，而是麦金农为别人提供的看待世界的工具。提高觉悟是麦金农伪装为方法的结论。

参与提高觉悟的女性并不都接受麦金农的如下结论："男性视角是体制的和霸道的"，中性和客观性很简单就是伪装的男性视角，女人对男人的爱和欲望情感就是充满恶意的男性支配制度的移植使然，等等。但是，她们基本上都接受麦金农的视角。麦金农相信，女权主义者能够通过"创造一种新的理论化过程和新的理论形式"摆脱男权施加于女性的错误意识困境，但正如理查德·埃利斯所做出的评价：麦金农提出的理论事实上也未能让她自己摆脱这种困境。[③]

尽管她不断强调女性提高觉悟和自身意识觉醒的首要性，不断强调国家权力的男性统治特征，不断强调在性别不平等条件下的宪法第一修正案保护的只是有权者和特权者的言论自由，[④] 麦金农仍然把推进女性权利的希望寄托于国家与法律。为此，她经常涉足政界，例如，20 世纪 80 年代中

---

[①] Catharine A. MacKinnon, *Toward a Feminist Theory of the State*, pp. 84–85, 87.
[②] Ibid., p. 104.
[③] Richard J. Ellis, *The Dark Side of the Left: Illiberal Egalitarianism in America*, p. 210.
[④] 麦金农指出，宪法第一修正案对于弱势和沉默寡言的群体毫无意义，因为言论属于那些拥有它的人，"统治者的言论被保护得越多，他们的统治就变得越多，而下层的声音能被听到的就越少"。Catharine A. MacKinnon, *Feminism Unmodified: Discourses on Life and Law*, p. 204.

期，明尼阿波利斯和印第安纳波利斯两市通过的反色情条例就是由麦金农参与起草的。条例把色情界定为一种性别歧视形式，因此，色情行为就是侵犯民权。在麦金农眼中，色情本身就是针对所有女性的暴力，色情不是"无害的幻想"，相反，它通过建构男人看女人的方式把"男性至上的性行为予以制度化"①。也正是基于这一思想，她不留情面地指斥"全国妇女与法律大会"（NCWL）中的律师为色情文学作家辩护的行为是对女性性别的背叛。②

麦金农要求国家放弃其中立性立场，因为中立性立场在现实中只是男性统治的伪装。既然中立只是被掩盖的男性视角，法律就应该放弃平等对待一切人的所有借口，应该明确地站在弱者一边。她虽然每每对自由派口中的国家进行异常激烈的指控，但她认为，一旦国家站到被压迫者和底层大众一边，将没有理由去恐惧国家的权力。由于当下限制国家权力的种种形式，如宪法第一修正案、公私分离、私有财产、法律面前人人平等，无一不是男权的障眼法，麦金农由此相信这是不言而喻的：女人在没有这种国家权力保护的社会里会生活得更好。

麦金农有一个广受质疑的主张，即消除言论与行径、态度与行为、思想与行动之间的界限。她认为，在不平等背景下区分言与行完全不符合逻辑，"言即行……行即言"。这在上面论及的色情问题上就是一例，她把色情文字与真实的性暴力相等同。有批评者指责她逻辑错误，而这种错误存在危险的政治后果：如果幻想的强奸与实际的强奸毫无区别，那么，国家对行为的控制就是不够的，国家还得控制思想。正如西尔玛·麦考马克（Thelma MacCormark）所一针见血指出的，麦金农力图消除梦想与行动、幻想与举动、思想与行为的区别，赋予其"精心设计的社会控制制度"以合法化，这使得其思想不仅具有威权特征，甚至有专制倾向。③

专门研究美国当代女权主义问题的左翼学者温迪·布朗早在1990年发表于《民族》的书评中就敏锐地指出，麦金农关注的是70年代初激进女权主义的背景，虽然她对当代美国女权主义具有无与伦比的影响，但她显然

---

① Richard J. Ellis, *The Dark Side of the Left*: *Illiberal Egalitarianism in America*, p. 148.
② Ibid., p. 205.
③ Catharine A. MacKinnon, *Only Words*, Cambridge, Mass.: Harvard University Press, 1993, p. 30; Nadine Strossen, *Defending Pornography*: *Free Speech, Sex, and the Fight for Women's Rights*, New York: Scribner, 1995, p. 147.

## 第五章 性政治：两性关系的激进新构

是在"进行不合时宜的战斗"，因为女权主义时至今日，早已超越了麦金农和70年代激进女权主义思想的限度。在布朗看来，麦金农只是"家喻户晓的米斯委员会喜爱的女权主义者"。①

### （二）奥金的无性别乌托邦

几乎所有女权主义者都认同"个人的就是政治的"这一信条，虽然她们对其含义各有各的理解。对于激进女权主义者，这个口号意味着完全拒绝自由主义开创能够限制政府干预的非政治的和私人支配的计划；对于费尔斯通，为生儿育女而碎片化的家庭需要已扩散到"整个社会"；对于麦金农，简单地说，私人权利即"男性至尊论者""男人的私人自由王国即女人的集体卑从王国"；②对于安德里亚·德沃金，家庭是女人"公开的坟墓"，公私界限既不能协商，也不能移动，应该全部清除：既然私有制是压迫的同义词，谁还会需要它？③

同以上几位相比，苏珊·奥金代表着另外一种对"个人的就是政治的"这一口号的解读。苏珊·奥金为斯坦福大学政治学教授，是平等主义的女权主义政治理论家。其代表作为《正义、性别与家庭》（1989），这本书通过对女权主义与自由主义之间矛盾关系的阐述，集中表达了她关于两性关系平等和家庭正义的政治理想。④

与麦金农否定自由主义立场相反，奥金致力于推广自由派的指向，包括妇女的普世性正义原则，她明确支持"自由主义的基本原则"。支持自由主义，是因为她认为，"我们生活在一个伟大的信仰多元、生活方式优先以及为善的观念的时代"，自由主义对此态度严肃，"它重视通过尊重个人优先和私有制需要而得以促进与维护的个人性；它促进人们过自己的生活和

---

① 米斯委员会（Meese Commission），指里根时代由司法部部长埃德温·米斯组建的色情调查委员会。1986年7月，该委员会公开出版厚达1960页的《米斯报告》，报告内容包括色情的历史、宪法第一修正案保护范围的扩大、色情文学的危害、色情作家与有组织犯罪之间的关系等。该报告的前身是1970年约翰逊和尼克松时期淫秽与色情委员会发布的主张对美国色情业进行司法限制的报告。《米斯报告》受到来自色情业内外的抨击，认为它充满偏见、言过其实、有失水准。
② Catharine A. MacKinnon, *Toward a Feminist Theory of the State*, p. 168.
③ Catharine A. MacKinnon, *Feminism Unmodified: Discourses on Life and Law*, p. 196.
④ Susan Moller Okin, *Justice, Gender, and the Family*, New York: Basic Books, 1989.

追求他们自己的善意的机会;它对假设的'共同体价值观'的负担可能引发的危险保持清醒"。她特别指出,"女权主义对自由主义欠有重债",因为女权主义的性别平等思想源自自由主义的人类平等的基本理论,如果没有自由传统,女权主义的产生和发展将如登天之难。①

值得注意的是,绝对不要把奥金的自由女权主义与赞同程序平等的古典自由主义相混同。奥金强烈主张一种实质性的平等愿景,在这种愿景中,生活机会是彻底平等化的。她解释道:自由主义"不仅仅同生产工具和财富再分配社会化的重要程度相匹配,而且确实需要它"。她关于正义的未来的愿景远远超越了法律之下男女平等的政治准则。她表示:"正义的未来应该是没有性别的未来。在其社会结构和实践中,人的性别不会比其眼睛的颜色或者脚趾的长度更有关联性。"她再三强调:"性别的消失是非性别歧视的全部人类正义理论完全发展的先决条件。"②

在她看来,自由政治理论和实践的核心缺陷是未能为家庭提供正义的原则。她相信,家庭是社会性别不平等的根本原因。家庭中福利和负担的不平等分配将女性置于严重的不利地位,尤其是在离婚事件中。家庭中的不平等转化为经济政治领域的不平等。更重要的是,家庭应是"正义的学堂",未成年人从家庭学会如何与他人相处:

> 重要的是,孩子们带着正义感和对正义制度的承诺长大成人,他们在爱与教养的环境中度过自己的幼年的大部分成长岁月,在这当中,正义的原则会得到遵守和推崇。任一性别的孩子会从全日制工作父母的家务活——母亲至少做双倍于父亲的家务——中了解什么是公平吗?孩子从家庭传统劳动分工——在这种分工中,父亲有意无意地利用他是挣工资的人这一事实贬低或者虐待妻子——能明了养育和家务劳动的价值吗?

结论很清楚,如果妇女要在政治、工作或任何其他领域被平等对待,她们首先必须在家里处于平等地位。③

---

① Susan Moller Okin, "Humanist Liberalism", in Nancy Rosenblum ed., *Liberalism and the Moral Life*, Cambridge, Mass.: Harvard University Press, 1989, p.40.
② Susan Moller Okin, *Justice, Gender, and the Family*, pp.171, 105.
③ Ibid., pp.17, 22.

## 第五章 性政治：两性关系的激进新构

奥金在其著作中通过与当代自由派理论家持续而严肃性的对话对自由主义发起挑战。她要自由派密切关注那些可能产生并持久化不平等与非正义的家庭隐私方式。她的女权主义批评强有力地揭露了隐私权与平等之间长期的紧张，她十分倾向于把这视为最终能够通过平等变革加以解决的自由主义内部的矛盾。

当然，奥金承认，由于涉及"个人自由"与"社会正义"之间的冲突，家庭正义的实现是"一个复杂的问题"。她指出，人们将个人生活中劳动与责任分开来的方式似乎是人们不用付出就能得到的那些东西中的一种，"由于它巨大的报酬，它再清楚不过地属于必须受正义原则管辖的物的范围"[①]。在这里，她论及了自由与平等的平衡问题，并隐隐约约承认了竞争价值，但在另外的讨论中隐私权或个人自由的价值又几乎完全低从于平等。

奥金反复地告诉人们，正义要求"拆除性别""废除性别""性别消失"。但如果要尊重隐私权，如何消除性别？由于当代西方社会中适当的性别关系都是剧烈竞争的关系，奥金意识到国家"不能简单地命令和强迫废除性别"。尽管如此，她坚持这样的立场：国家既不能赞同性别划分，也不能允许废除性别的实践，这二者会使妇女儿童处于软弱地位。[②] 她的书从头到尾反复探讨的就是"当今美国繁重家庭事务中的性别劳动分工"让妇女儿童软弱无助的问题。虽然她偶尔提到隐私权价值和对个人自由的尊重，但她更强调国家出面阻止导致妇女儿童软弱的性别实践的重要性和必要性。

其实，正如奥金所揭示的那样，国家早已不是家庭生活的外在之物，国家通过多种方式影响和制约家庭生活的建构，例如，国家以禁止或限制同性恋以及同性婚姻的方式介入家庭生活。但正如奥金所说，家庭在重要方面受到国家规制并不意味着"国家可以选择是否干涉家庭生活这样的想法毫无意义"[③]。

和麦金农一样，奥金也对具体的改革兴趣盎然。她的改革计划包括日托、育婴假、离婚改革等，所有这些计划都没有脱离自由主义改革传统，即便是她最平等主义的改革——要求赡养费和子女抚养费，目的是让离婚后的两个家庭在生活水准上至少在与婚姻年限相等的时间里保持平等——

---

[①] Susan Moller Okin, *Justice, Gender, and the Family*, p.171.
[②] Ibid., p.172.
[③] Ibid., p.111.

也没有对自由民主制度构成威胁，但她的这些改革似乎同她的无性别社会目标有相当的距离，尽管这些改革的确有必要。

因此，对美国自由主义而言，奥金思想的危险不在于她的改革计划，而在于她的难以置信的无性别的未来乌托邦想象。她想象的未来是，如果男女不能平等地承担家庭生活的责任，或者如果照看孩子让父母一方比另一方花费了更多时间，就应该把生孩子与照看孩子和其他家庭责任分离。[①] 对此，有评论认为，在一个倾向变化多端和允许个人选择的社会，这样的想象可能只是想象。即使是无性别平等主义家庭变成标准家庭，也不能指望所有家庭都以此为聚合点。

可以说，奥金乌托邦理论的致命之处就在于未能对如何实现一个无性别的理想社会问题做出令人信服的回答。奥金很清楚，天生的性别差异是根深蒂固的，无性别的家庭"变革不可能简单地发生。唯有法律、政治与社会变革才能使之产生"。事实上，法律、政治与社会变革也无法真正消除性别差异，更何况她没有能够就这种至关重要的变革展开讨论。此外，她把性别与支配画等号，认为"性别……是首要的和社会上无处不在的支配情况"[②]。劳动分工中的所有性别差异与不平等都变成了社会不能容忍的行为方式。殊不知，性别差异正是劳动分工的起点，而这是人类文明发生的重要前提。

### （三）胡克斯与拒绝表征论

贝尔·胡克斯（Bell Hooks，1952— ），本名格洛丽娅·瓦特金斯（Gloria Jean Watkins，贝尔·胡克斯是笔名），出生于肯塔基州霍普金斯威尔一个工人阶级家庭，本科毕业于斯坦福大学英语专业，在威斯康星大学获得英语专业硕士学位，1983年在加州大学圣克鲁兹分校获得博士学位。1976年开始成为南加州大学英语教授和民族学高级讲师。

作为马克思主义的女权主义者，她活跃于学术界多个领域，黑人研究、妇女研究、文化研究、政治研究等都有其身影，出版著作超过30部，其中最具影响力的有《我不是女人吗？黑人妇女与女权主义》（1981）、《女权主

---

① Susan Moller Okin, *Justice, Gender, and the Family*, p. 171.
② Susan Moller Okin, *Justice, Gender, and the Family*, p. 113.

义理论：从边缘到中心》（1984）、《越界的文化：抵抗表征》（1994）、《关于爱：新愿景》（2000）以及《教会批判性思考：实践智慧》（2010）等。在美国右翼人士眼里，她是美国学术界一百零一个最危险的教授之一：她头顶无数学术荣誉，却一以贯之地向学生灌输马克思主义的女权主义思想，相信她自己生活于其中的美国处在暴政之下。[①]

胡克斯自幼即受到第二波女权主义熏染，在成长过程中不断遭遇到的性别、种族、阶级偏见使她对传统女权主义关怀有深切体会，可以说，她通过对以往女权主义理论的批判性继承和发展建构起自己的女权主义理论。

**1. 继承和批判传统女权主义**

胡克斯对传统女权主义思想的继承主要表现在两个方面。

一是对教育的重视。自1848年赛尼卡瀑布城妇女权利大会以来，女权主义思想者们一直把妇女的受教育权视为实现男女权利平等的核心目标和路径。斯坦顿当年在《情感宣言》中疾呼："要让妇女接受高等教育，让她们充分发挥个人的聪明才智，以求得身心全面发展；同时还要享有最广泛的思想和行动自由，从任何形式的束缚中，从陈规陋习中，从依附他人及种种迷信中解放出来。"[②] 一个多世纪后的美国女权主义者依然在为之奋斗。胡克斯承袭了这一传统，把女性教育置于女权主义运动的重要议程之中。她认为，虽然女权主义者在教育制度等方面开展了反歧视斗争，但她们之间存在的阶级偏见和功利主义使她们"没有更深地探求这个社会中对妇女的性剥削和妇女的受教育程度之间的关系"。她相信，教育不仅能让女性掌握读写技能，更重要的是能让女性"学会如何进行批评性的和分析性的思考"[③]，亦即教育是培养女性自主性的基本手段。在教育实践中，胡克斯力推交互式教育模式，认为这种互动模式能够增强交互主体之间的对话，是对白人社会教育系统阶层化意识形态的有效对抗。

二是对制度化性别主义的批判。早在19世纪末，斯坦顿就已经指出，女性之所以是"被男人所创造的"并"附属于男人"，是因为"所有那些信

---

① David Horowitz, *The Professors*, *The 101 Dangerous Academics in America*, Washington: Regnery Publishing, Inc., 2006, p. 226.
② 〔美〕戴安娜·拉维奇编《美国读本：感动过一个国家的文字》，林木椿等译，生活·读书·新知三联书店，1995，第466页。
③ 〔美〕贝尔·胡克斯：《女权主义理论：从边缘到中心》，晓征、平林译，江苏人民出版社，2001，第126~128页。

条、法规、典籍和章程都是以父权制观念为基础的"。① 这种制度化性别主义批判在前述60年代激进女权主义的种种文本中随处可见。胡克斯在《我不是女人吗？黑人妇女与女权主义》等著作中对制度化的性别主义对社会的影响进行了系统分析，认为它和种族主义一同构造了美国社会结构。在内战以前，黑人女性作为奴隶生活在白人世界和黑人世界里，受到多重凌辱。在白人世界，她们是财产，是劳动工具和白人男性的泄欲工具，同时还要受到白人女性的奴役，被白人社会视为邪恶和性欲的化身，不受法律和社会保护。在黑人世界这个父权制的亚文化地带，黑人女性则受到黑人男性的性别歧视，她们承受了几乎全部繁重的家务劳动，在黑人男性眼里这是理所当然的。奴隶制废除后，性别歧视在白人世界和黑人社会依然如故，根本原因就在于父权制的根深蒂固。20世纪60年代民权运动也未能改变人们心中关于性别的刻板印象，性别主义普遍性的内在化使黑人权利运动中表现出的父权制男性傲慢很少受到质疑。因此，正视、承认并接受制度化性别歧视的现实是变革的前提。

胡克斯对传统女性主义的批评也主要表现在两个方面。

一是对自由主义女权主义的普适性话语予以否定。以弗里丹的《女性之秘》为例，书中所述"无名的问题"，被视为所有女性面临的困境，胡克斯则认为这些困惑只是受过大学教育的白人中产阶级妇女的问题，大多与非白人妇女和贫穷白人妇女的利益无关。弗里丹主张通过走出家庭，妇女能够实现更高层次的需求，能够实现自我。胡克斯对此的批评是，对于黑人女性，家庭既是男性压迫女性的场所，也是反抗种族主义压迫的力量源泉，亦即走出家庭并非实现女性权利的灵丹妙药。而且，弗里丹的书中存在一种白人优越论，对于女权主义跨种族政治联合有害无益。另外一位自由女权主义者李·弗里茨在其著作《梦想者和交易者》中同样把部分女性的遭遇绝对化和共同化，胡克斯毫不留情地批评这种陈述是异想天开，因为种族和阶级会造成妇女在经济和社会地位方面存在无法逾越的差异。因此，女权主义者们所推崇的"共同压迫"并非一种政治化策略，而是特权阶层妇女为其自身利益而搬弄的激昂词语而已。②

---

① N. Woloch, *Women and the American Experience, A Documentary History*, New York: Alfred & Knop Inc., 2002, p. 30.
② 郑朝琳：《论贝尔·胡克斯女性主义思想》，《浙江外国语学院学报》2016年第1期。

## 第五章 性政治：两性关系的激进新构

二是对激进女权主义的四项批判。

其一，对萨拉柴尔德"姐妹情谊"的批评。众所周知，凯西·萨拉柴尔德在《姐妹情谊就是力量》中提出了"姐妹情谊"概念，将其视为女性团结一致的纽带。胡克斯指出，这个概念同"共同压迫"一样，都是虚伪的和错误的说法，它反映的依旧是男性至上的思想。因为社会现实中种族隔离和种族歧视的存在，使白人女性无法跨越种族藩篱，建立超越种族界限的真正的"姐妹情谊"。白人女性主义者提倡的"姐妹情谊"完全建立在"共同牺牲"与"共同压迫"基础之上，它完全忽视甚至否定了妇女之间的差异性，现实中女性的团结应该是以承认和尊重差异为前提的。

其二，对阿特金森"性分离"思想的批判。激进女权主义者泰格蕾丝·阿特金森（Ti-Grace Atkinson）提出以"性分离"为女权主义终极目标的主张，认为女同性恋是实现女性权利平等的有效途径。胡克斯强烈反对这种极端反男性的观点，认为它会让以黑人女性为代表的绝大多数非白人女性以及劳动阶级妇女远离女权主义运动。就黑人女性而言，她们同黑人男性一起共同为种族平等目标奋斗，这种共同的反种族压迫的责任使他们之间有合作的基础，更何况，男女平等的宏伟事业如果没有男性参与也是难以获得成功的。一个不容否认的事实是，并非所有男性都从父权制中获益，贫穷和劳动阶级的男性可能既是压迫者，也是受害者，不能一概而论。

其三，对费尔斯通反母职观的否定。费尔斯通在《性别辩证法》一书中有一个著名的论断：女性的生育能力是女性社会地位低下的根本原因，换言之，父权制的形成源于两性生物学的不平等。女性要获得解放，就"必须超越她的生物特性，终止'生物学家庭'的暴政"①。所谓超越生物特性，就是通过科技手段等超越母职。胡克斯对这种把母职视为女性权利平等障碍的观点不以为然，认为它错置了变革对象，变革的应该是男女双方的共同父母职责，而非女性的生理机制。

其四，对"个人的即政治的"主张的质疑。"个人的即政治的"这一口号可谓是60年代激进主义的标签，成为各种激进政治文化诉求的共同思想基础。在激进女权主义者看来，父权制对女性的统治和压迫不仅体现在公共领域，在私人领域更是无处不在。女性个人生活的任何领域无一不具有

---

① S. Firstone, *The Dialectic of Sex*, New York: Bantam Books, 1970, p. 15.

"政治性",无一不体现父权制社会的权力关系。胡克斯相信,这一口号存在把女性权利运动引向错误方向的风险:它容易让女性泛化自身经验,不能如实审视自身处境,进而无法真实把握妇女的政治现实及其与其他群体的关系状况,这很可能导致女权主义事业陷入停滞。①

**2. 性、种族和阶级三位一体战略**

胡克斯女权主义理论中最为人称道的就是性—种族—阶级三位一体思想。三个维度指向不同的群体:种族和阶级压迫的叠加指向黑人男性;性别歧视与阶级压迫重叠,指向白人女性;性别、阶级、种族压迫的三个维度叠加指向的是黑人女性。三个维度交叉回答了女性受压迫的根源,即单一的性别主义不能说明问题。这三重压迫是一个相互关联的统一体,没有先后主次之分:"种族歧视、性别歧视和阶级偏见,即便在理论上可以分开,事实上也是不可分的。这些压迫形式中的任何一种都不可能提前被铲除,不可能在与之相连的其他压迫形式被消灭之前寿终正寝。"② 仅仅消除性别歧视是不可能实现女性的解放的,因为各种形式的压迫是作为整体运转而发挥压迫性功能的,单个压迫的消解并非真正的解放。而且,由于三个维度之间关系错综复杂,消除某个维度,很可能会导致另外两个维度的压迫被激化,从而使整个压迫系统被强化。作为马克思主义的女性主义者,胡克斯的三维度论显然是在制度超越才是实现人的全面自由的先决条件思想基础上立论的,其理论立场尽管并不新颖别致,但它对西方传统二元论思维模式的冲击是毋庸置疑的。

**3. 抵抗表征与爱的伦理**

作为女权主义文化评论家,胡克斯高度重视文化批评的社会变革作用,相信"文化批评能够成为变化的动因,能够以各种解放的方式培养批判意识"。因此,媒体和电影评论成为她批判性别—种族—阶级歧视与偏见的主阵地。她通过对主流媒体宣称的价值剖析和一系列影视作品的分析,发现了激进中的保守与进步中的反动。她清醒地意识到:"从政治上来讲,我们不是生活在一个后殖民世界,因为新殖民主义的思维模式塑造的白人至上

---

① 〔美〕贝尔·胡克斯:《女权主义理论:从边缘到中心》,晓征、平林译,江苏人民出版社,2001,第31页。
② 〔美〕罗斯玛丽·帕特南·童:《女性主义思潮导论》,艾晓明等译,华中师范大学出版社,2002,第320~321页。

资本主义男权制思想表现在深层。"这种深层思维模式以进步的形象和话语通过媒体和影视作品表征出来。她毫不留情地指出:"形象具有意识形态内容,而许多美国观众拒绝这个观点。"① 对于女性主义者,抵抗这些性别主义和种族主义表征,是坚持反文化帝国主义立场的必然要求。

在《越界的文化:抵抗表征》一书中,胡克斯对主流文化替代边缘群体发言的歪曲性和错误表征进行了一系列案例分析,如在对麦当娜主演的女性主义电影作品的研究中,她发现的是反女性主义倾向,亦即作品内容与所表现的进步主题是脱节的,甚至是似是而非的。在《性》这部电影中,对男同性恋、虐恋、种族的表征问题多多。男同性恋不是作为一种独特的性欲表达方式出现,而仅仅是异性恋快感的延伸;虐恋被曲解为异性恋男性在当事人双方都默许的前提下对女性的施暴;黑人的形象和文化总是处于反映种族歧视的等级秩序背景中,为服务于白人的欲望而出现。电影对女权主义和女性权利的解读更是走向了反面:女性如果真的不能获得自由,就退而求其次,争取成为穿女人衣服的男人,做个信奉阳具中心论的女性,做男性能做的一切事情,而且比男性做得更好。② 这在实际上让女性重新投入她们一直试图反抗的性别主义怀抱。

其实,推销"阳具母亲"的麦当娜电影绝非好莱坞电影的唯一个案,《保镖》《哭泣的游戏》《末路狂花》等被标榜为女性主体性的影片,传递出的信息仍然是刻板的种族印象和殖民思维,男性暴力的浪漫化和色情化,黑人女性的"被强暴情结",叛逆女性的疯癫行为,等等。胡克斯断定,当代欧美主流媒体最感兴趣的是所谓的"新女权主义",即宣称自己是女权主义者的同时又批判女权主义的女性。如卡米尔·帕利娅、凯蒂·洛伊夫、娜奥米·沃尔夫等人,被主流媒体视为新女权主义代言人,实际上都是保守派女权主义阵营的中坚。她们的思想中剔除了女权主义的激进政治目标,不再讨论批判性别歧视与摧毁父权制,只在乎在公共领域与所属阶级男性取得性别平等。一句话,新女权主义追求的是加入白人男性权贵协会的资格,而这个协会存在的合法性与正义性则已经被排除在议程之外。

在这个问题上,胡克斯的态度十分鲜明:"革命女性主义关注的并不是

---

① Bell Hooks, *Outlaw Culture: Resisting Representation*, New York and London: Routledge Classics, 2006, pp. 7, 43.
② Ibid., p. 25.

男人的失败，而是男性暴力、性剥削和性压迫造成的痛苦。革命女性主义挑战性虐待，通过改造色情空间使性快感得以为用并保持下去，使女性行为主体能够作为不可剥夺的权力而存在。在主体与主体的相互交往中，欲望和欲望的满足跟强迫屈服毫不相干。"①

历史和现实的原因，使黑人社会在美国属于边缘和下层群体，其话语权历来掌握在白人手里，他们只能"被言说"和"被代表"。虽然现在黑人有了一个精英阶层，但在胡克斯眼里，黑人精英阶层早已认同现行体制，成为现存压迫机构的共谋者和特权阶级价值观的维护者。因此，由黑人精英和白人主流文化共谋的黑性表征，是以白人资本主义父权制为底色的，它津津乐道于黑人底层的虚无绝望，街头黑人男性青年帮匪的暴力生活方式，并以去政治化的策略表征黑人领袖人物。例如，白人导演诺曼·朱伊森和黑人导演斯皮克·李合作的《马尔科姆·X》，把一部本该是激进的史诗剧拍成了一部感伤的浪漫剧，其中看不到黑人经历的悲伤与痛苦，观众也就无从去理解黑人的愤怒和抗争。

在后殖民主义语境中，知识与权力的关系十分微妙，一旦话语权被专制文化掌控，边缘文化就只能落入被歪曲化表征或刻板化代言的境地，就只能沦落为"越界文化"，这就决定了抵抗政治对于边缘群体及其文化是十分重要的生存策略，是抵抗或抵制构成后殖民主义批评的重要立场。这种对抗立场或策略就是要向西方中心和传统主流话语挑战，作为边缘文化的性别、种族、阶级，要拒绝被代表主流文化的媒体和影视作品表征，即歪曲甚至是错误的表征，就要勇于发声。在这一点上，胡克斯与葛兰西、法农、福柯、赛义德等人可谓一脉相承。当然，胡克斯有其独到之处：她提出建立"抵抗社群"，认为尤其是对黑人和黑人女性而言，无论是对种族歧视还是性别偏见，群体的抵抗行动是最有力的回应。

在对抵抗的界定上，胡克斯把它具体化为去中心、去殖民化、去种族主义、去阳性中心、去学院化等。胡克斯所属的黑人和黑人女性，在她眼中是处于白人主体社会和主流文化之外的边缘群体，而正是这种边缘人的身份使她们具有了反抗或抵抗的世界观：

---

① Bell Hooks, *Outlaw Culture: Resisting Representation*, New York and London: Routledge Classics, 2006, p. 95.

## 第五章 性政治：两性关系的激进新构

> 我们过着这样的生活——在边缘——于是产生了一种看待事物的特殊方式。我们既从外往里看，也从里往外看。我们同时关注中心与边缘。对这两者我们都有所了解。这种看世界的方式提醒我们一个完整的宇宙——一个由中心和边缘构成的主体——的存在。①

她相信，这种抵抗意识和独特世界观的强化能够促进边缘群体的团结。当然，胡克斯也明白，反对性别和种族统治的政治诉求的实现并非易事。但她依然信心百倍，信心源于爱的伦理路径和爱的力量。她回到了小马丁·路德·金的立场：爱是变革的力量。自20世纪90年代以来，胡克斯在其著述中越来越强调："以爱的伦理来愈合生活和世界的创伤，治愈社会的非正义，安慰我们自己的心灵。"② 对于女权主义运动领导者，爱和同情心是进行对话的基础："如果没有对世界、对女性及男性深切的爱，对话是不可能存在的。"爱的伦理有助于熄灭怒火，实现认同与和解。显然，胡克斯对女权主义出路的思考不失冷静与深刻，它比以往片面强调女性权利、把女性身份与男性甚至整个社会和文化对立起来的激进女权主义诉求要理性得多，也更具可行性。胡克斯相信，爱是女性内部建立姐妹情谊、男女之间或者黑白之间建立认同和接受差异以构建爱的共同体的基础。可以说，爱的伦理是解决美国和世界在性别、种族、阶级对立问题上的"终极和唯一的答案"。"正是选择去爱，从把爱当作政治的伦理基础入手，才能使我们拥有最有利的条件，以有助于帮助集体利益的方式改造社会。"③

胡克斯相信，社会变革始于每个人的心灵。爱既是一种意愿，也是一种行动。在把爱作为实践自由的过程中，意识很关键。只要处于边缘化的人们敢于批判性地质疑左右其生活方式的定位、身份和效忠心理，去殖民化的过程也就开始了。当黑人和黑人女性有了足够的自尊与自信，不再憎恶自己，不再把白人或男性视为"他们"，被内化了的种族主义和性别主义思维就会逐渐消除，作为一种社会心理病症就会逐渐得以治愈。

---

① 〔美〕贝尔·胡克斯：《女权主义理论：从边缘到中心》，晓征、平林译，江苏人民出版社，2001，前言，第1页。
② 黄春燕：《抵抗，关爱，换位——胡克斯及其〈越界的文化——抵抗的表征〉》，《国外文学》2010年第4期。
③ Bell Hooks, *Outlaw Culture: Resisting Representation*, p.294.

她之所以选择回归爱的伦理，还因为她断定："专制的文化拒绝谈爱，它凭借暴力手段来自我维持。选择去爱意味着要与这个文化占主导地位的价值观背道而驰。"① 换言之，选择爱的伦理就是选择抵抗，对种族主义和性别歧视主流文化的颠覆有赖于爱的实践。

表面上看，胡克斯回归爱的伦理，似乎又重蹈60年代文化反叛者的爱无所不能的迷思，但其实不然。这是她关于黑人种族尊严的未来和女权主义出路的理性思考，虽然过去20多年间美国电影在种族和性别的表征方面在向种族融合与接受差异的方向演进，多元文化主义逐渐内化为社会主流意识，但不能否认，以新自由主义市场控制为基础的意识形态控制从未放松过，胡克斯关于"白人至上资本主义男权制"的批评话语远未过时。

## 四　反异性恋霸权与酷儿理论

### （一）同性恋解放思想

在同性恋（homosexuality）一词于1869年出现之前，同性恋作为一种人类行为早已存在，正如美国学者葛尔·罗宾（Gayle Rubin）所指出的："同性恋行为在人类行为中一向存在。但是在不同的社会和不同的时代，它或者受到赞赏，或者受到惩罚；或者被要求去做，或者被禁止去做；或者是一种暂时的经历，或者是一种终身的职业。"② 早在1948年，美国性学问题专家A.金西就初步认定，人类群体中4%的男子或多或少是终身同性恋者，另有6%的人在16~55岁期间至少有3年曾经是完全的同性恋者。③ 在金西看来，同性恋不过是一种同人类大多数个体异性性选择相反的少数群体同性性选择的行为或倾向，并非疾病或者道德堕落。即同性恋和异性恋一样，都是通过学习而获得的行为方式，都是特殊文化环境的产物。其他人如弗洛伊德、布洛赫、霭斯理等学者也持与金西相似或相近的观点。

然而，西方社会在20世纪60年代以前，无论是中世纪的神权统治，还

---

① Bell Hooks, *Outlaw Culture: Resisting Representation*, p. 293.
② 〔美〕葛尔·罗宾等：《酷儿理论》，李银河译，文化艺术出版社，2003，第25页。
③ Alfred C. Kinsey, Wardell B. Pomeroy and Clyde Martin, *Sexual Behavior in the Human Male*, Philadelphia: Saunders, 1948, pp. 650–651.

## 第五章 性政治：两性关系的激进新构

是近代以来的理性与法治，无不视同性恋为洪水猛兽，予以全力打压。《圣经》中明文规定：同性恋者"不能承受神的国"①；"人若与男人苟合，像与女人一样，他们二人行了可憎之事，总要把他们治死，罪要归到他们身上。"② 人类进入现代文明社会后，正如福柯在《性经验史》中所揭示的，伴随着工业革命而来的是世俗社会政府和医学专业权威的强化，其直接后果是对同性恋的谴责从宗教向世俗社会和医学界转移，"一切没有被纳入生育和繁衍活动的性活动都是毫无立足之地的，也是不能说出来的。"因为把性快感严格限制在繁衍需要的最低限度最符合资本主义秩序原则：不能容忍劳动力为各种快感浪费精力。③ 可以说，直到20世纪中后期，欧美发达工业社会中同性恋群体的生存权利普遍被漠视和否认。

20世纪60年代疾风暴雨般的社会抗议运动激励并培育出了同性恋解放思想，"同性恋权利"的声音和标语无处不在，男女同性恋激进派在政治上提出了明确的同性恋权利目标：

（1）终结针对同性恋的一切社会控制形式；

（2）通过民权立法禁止针对同性恋者的住房和工作歧视；

（3）废除反肛交法律；

（4）接受男女同性恋关系；

（5）纠正大众传媒中关于同性恋的负面描绘。④

当然，绝大多数同性恋激进派都清楚，同性恋解放，或者说男女同性恋者在性、创造性和社会有用性方面要获得与异性恋者地位平等的承认，没有激进的社会变革这一前提条件是不可能的。正是对同性恋解放目标的追求和对社会变革必要性的认知，使得60年代以来的同性恋解放运动具有三个维度和努力方向：保卫性选择自由；让同性恋权利进入政治议程；作为思想的运动。

同性恋激进派从一开始就再三强调，同性恋与异性恋一样，其性取向都是自然选择和社会作用的结果，并非变态和道德堕落。他们从多种角度论证同性恋生活方式的合法性与正当性。首先，同性恋是一种历史文化现

---

① 《圣经·新约·哥林多前书》第6章。
② 《圣经·旧约·利末记》第20章。
③ 〔法〕米歇尔·福柯：《性经验史》，余碧平译，上海人民出版社，2005，第4~5页。
④ Margaret Cruikshank, *The Gay and Lesbian Liberation Movement*, New York: Routledge, 1992, p.9.

象。在强调同性恋正当的研究者看来,同性恋在任何历史时期都存在,一些人把它归因于基因因素,大多数人把它视为和异性恋一样的自然存在。他们认为,古希腊和古罗马时代,上至贵族,下至平民,选择同性恋或双性恋生活方式的人占有相当比例。无论是学者还是平民,都不认为同性恋与个人品德有关。柏拉图甚至认为人类的性别有三种形态:男人、女人和两性人,苏格拉底则公开承认他的同性恋冲动。文艺复兴时期的巨匠达·芬奇和米开朗琪罗,19世纪的作曲家柴可夫斯基,以及作家奥斯卡·王尔德、梭罗和惠特曼,20世纪的弗吉尼亚·伍尔芙等人具有或明或暗的同性恋倾向。[①]

其次,同性恋是一种跨文化的自然生命现象。同性恋存在于人类的各种文化和文明中,无论是欧美基督教国家,还是古老的东方文明社会,抑或是非洲、拉美和太平洋诸岛的土著群落,这种现象随处可见。不仅如此,在自然界的灰雁鹅、蜥蜴、猴子、山羊等生命形态中,同性间的性行为同样不少见。[②] 换言之,同性恋像异性恋一样是"自然的",而自然的也必然是道德的。众多同性恋激进派学者在相关著述中用大量材料和数据再三论证,旨在说明同性恋现象的客观性。与此同时,他们明确指出,现行同性恋问题实为社会建构的产物,因为同性恋本身并不是问题。

再次,宗教右翼对同性恋的攻击似是而非。克鲁克香克指出,美国宗教界反同性恋源于过去几个世纪的迫害和不宽容旧传统。随着天主教徒、犹太人融入美国主流社会,妇女堕胎权日益受到肯定,美国宗教激进主义者需要寻找新的敌人和替罪羊,寻找新的魔鬼形象。例如,宗教右翼领袖福尔韦尔(Jerry Falwell)在20世纪80年代发起"道德大多数"行动,通过无线广播向数百万人谴责同性恋是"畜生"。"传统价值联盟"的宗教激进主义牧师娄·谢尔登则提出三项反同性恋战略:一是不承认同性恋占到总人口的10%~15%,认为只有1%;二是告诉同性恋者要么躲进密室要么接受治疗;三是推动"出埃及记国际"的修复治疗工作,把同性恋转变为异性恋。梵蒂冈教廷于1986年公开发出威胁:无人有权保护同性恋行为,

---

[①] Margaret Cruikshank, *The Gay and Lesbian Liberation Movement*, New York: Routledge, 1992, pp. 9-10.

[②] Wayne R. Dynes ed., *Encyclopedia of Homosexuality*, New York: Garland Publishing, 1990, p. 61.

## 第五章 性政治：两性关系的激进新构

同性恋者如果还要强调性自由权利，将遭到"非理性的和暴力的回应"。[①]宗教激进主义者反对同性恋的一个重要理由是，同性恋造成家庭解体、艾滋病肆虐和社会道德衰败，这种指责显然与事实不符。克鲁克香克认为，宗教激进主义者反同性恋的根本原因在于，他们力图通过反堕胎和反同性恋来掌握对世俗社会的道德审判权，无论是天主教会还是新教教会，都把同性恋的性自由权利视为对教会权威的挑战，更何况"同性恋就是好"的理念与宗教激进主义者以《圣经》文本为基础建构的世界观格格不入。

最后，同性恋生存方式与资本主义制度的经济、政治和文化秩序相冲突。同性恋理论家们从福柯话语理论的视角出发，分析发达工业社会敌视同性恋的原因，认为是制度体系出于自身利益考量而建构出反同性恋话语。经济上，资本主义再生产的进行需要人口再生产作为前提，非生育性的性行为对此毫无助益;[②] 工业化和城市化进程中的快速社会变迁积累着无数矛盾冲突，整个社会需要寻找替罪羊。政治上，正是城市化的发展促成同性恋群体在城市的聚合，进而带来同性恋性自由权利政治意识的觉醒，对资本主义政治支配权力和权威构成挑战。文化上，建立在清教伦理基础上的美国资本主义社会是个以节制为导向充满性焦虑的社会，同性恋与其核心家庭模式相抵牾。不过，有研究者指出，由于资本把一切商品化的逻辑结果，性成了一种商品，无形中为同性恋性权利意识的成长提供了经济与心理条件。[③]

自1969年6月27日石墙酒吧暴动以来，同性恋激进派就把保卫同性恋权利作为基本目标。由于他们大多从男女同性恋者的性自然权利、隐私权、自决权等法律角度进行思考，其核心是权利平等问题，保卫同性恋权利的努力自然与政治议程方向连接。

1979年，法国一个男同性恋权利组织提出了同性恋的四大国际政治目标：

· 从世界卫生组织精神病分类中删除同性恋;

· 对纳粹迫害的同性恋牺牲者进行赔偿[④];

---

① Margaret Cruikshank, *The Gay and Lesbian Liberation Movement*, pp.14-16.
② Barry D. Adam, *The Rise of Gay and Lesbian Liberation Movement*, Boston, MA: G. K. Hall, 1987, p.34.
③ Dannis Altman, *The Homosexualization of America*. Boston, MA: Beacon Press, 1982, p.93.
④ 1933~1945年纳粹统治时期，德国著名的"性研究所"被封闭，大批与性有关或无关的书报被焚毁，成千上万的同性恋者被关进集中营。Barry D. Adam, *The Rise of Gay and Lesbian Liberation Movement*, p.54.

・给予其他国家因同性恋而遭受迫害的人避难权；

・国际承认存在反同性恋暴力问题。

此外，他们还提出一系列国内改革措施，如终结住房与工作歧视、增加性偏好民权法案、给予监护、探视和收养权、承认同性婚姻权利、销毁男女同性恋者的警察档案等。① 所有主张概括起来就两点：结束法律与实践中对同性恋的歧视；完全接受同性恋。

要实现这一政治理想，首先要做的就是宣传和普及同性恋是被压迫的少数群体意识。20世纪50年代，南加州同性恋组织"蒙面社"（Mattachine Society）创始人、马克思主义者哈里·海认为，对同性恋的偏见深植于美国制度中，不是个人所能解决的问题，在严厉的法律与社会文化高压下，同性恋者成为"藏在衣橱里"的人，没有群体意识。因此，培育少数被压迫群体意识是政治解决最关键的第一步。② 随着群体意识的觉醒，提出政治主张和建立政治组织势成必然。20世纪60年代，受到马克思主义革命精神的鼓舞，同性恋活动家走出"衣橱"，不再恐惧暴露自己的同性恋身份。③ 1966年8月，他们组建了"北美同性爱组织大会"；石墙酒吧事件后，"同性恋权利"口号开始由格林尼治村发出，直接促成了包括新左派旗下"同性恋解放阵线"（GLF）在内的一系列同性恋政治组织的建立，其中影响最大的是"同性恋积极分子联盟"（GAA）。克鲁克香克认为，60~70年代工业化国家的同性恋者之所以受马克思主义影响，走向团结和政治抗争，是因为他们有一种深刻的公民权被剥夺和被异化感，马克思鼓励工人联合起来，给同性恋者指明了方向。④

自70年代开始，在立法领域同反同性恋保守势力及其法律法规做斗争成为同性恋解放政治的重要内容。虽然直到21世纪初，美国4/5的州依然视同性恋为非法，一半的州还维持惩罚同性恋的法律，但同性恋政治活动家们的斗争策略还是取得了一些成就。例如，1973年，美国精神病医学会在第三版《精神与肉体疾病诊断统计指南》（DSM）中首次把同性恋从精神

---

① Barry D. Adam, *The Rise of Gay and Lesbian Liberation Movement*, p.123.
② John D'Emilio, *Sexual Politics, Sexual Communities: The Making of a Homosexual Minority in the United States, 1940-1970*, Chicago: University of Chicago Press, 1983, pp.64-68.
③ Ibid., p.233.
④ Margaret Cruikshank, *The Gay and Lesbian Liberation Movement*, p.70.

病名单中删除；1974年，纽约联邦议员贝拉·阿布朱格首次提出"联邦男女同性恋民权法案"；克林顿时期，禁止同性恋者入伍的法律事实上被废止；① 1988年，98%的公开身份的同性恋政治活动家出现在民主和共和两党大会上。② 所有这些说明，同性恋的政治分量在不断增强。

然而，同性恋理论家们知道，同性恋解放的真正实现，除了进入政治议程外，更重要的是促进社会观念的转变，这种转变必须从同性恋自身开始。自20世纪20年代以来，美国同性恋者为彰显自身的乐观自信和拒绝被社会大多数命名、裁决与控制，选择用"gay"一词替代笨拙的"homosexual"来指代其身份，而60年代末流行开来的"同性恋就是好"的口号则把这种对身为同性恋的自豪感表达出来。与此同时，同性恋理论家和研究者在建构同性恋解放思想过程中提出了一系列作为分析工具的重要概念，其中最重要的有四个：同性恋恐惧症、异性恋主义、异性恋中心主义、强制性异性恋。

同性恋恐惧症（Homophobia）旨在说明同性恋本身不是问题，社会大多数人对同性恋者和同性恋的非理性恐惧与憎恨才是问题所在。研究者指出，同性恋恐惧症具有突出的暴力攻击特征，究其原因，大致有如下几方面：（1）对同性恋诉诸暴力的人是为了打消对自身性行为的顾虑；（2）暴力攻击者自以为是地认为同性恋威胁其道德价值；（3）在文化上与男子气概的暴力相联系，"侵略性的暴力似乎被当作挡开污糟糟的、成为禁忌的同性恋的一块盾牌"；③（4）美国宗教界和政界的保守与极端派需要为经济社会问题寻找替罪羊。如前所述，家庭解体、艾滋病肆虐、经济增长乏力、宗教感召力式微等需要寻找一个出气筒。同性恋理论家认为，与种族主义和男性至上主义一样，同性恋恐惧症是一种制度性病症，只能通过制度变革消除。

异性恋主义（Heterosexism）是一个被用于描述针对同性恋的偏见和歧视的词，它否定男女性关系以外的性关系和性行为的正当性，坚持人人皆异

---

① 1993年，美国军方开始在征兵中实施"不问不说"政策，即只要应征者不主动公开自己同性恋身份，就可以入伍，征兵方不会过问。奥巴马时代继续了这一政策。
② Nail Miller, *In Search of Gay America: Women and Men in a Time of Change*, New York: Atlantic Monthly Press, 1989, pp.304-308.
③ Wayne R. Dynes ed., *Encyclopedia of Homosexuality*, p.1375.

性恋者的观点，把异性恋之外的同性恋、双性恋、易性者等视为精神病和违反道德。同性恋理论家认为，虽然异性恋比同性恋更常见，但不意味着它高人一等，就像惯用右手的人并不比惯用左手者优越一样。"如果同性恋是一种次要的生存形式，就不会有数以百万计的人终身选择它。"[①] 美国社会的现实表明，接受同性恋生存形态与异性恋生存形态平等思想的人还是少数，但异性恋主义概念的提出，其意义与种族主义和男性至上主义的出现一样，处于弱势的社会群体不会再对社会主导群体的霸权让步。

异性恋中心主义（Heterocentrism）是与异性恋主义关系密切的词语，它把异性恋行为作为衡量人类性行为的准则和规范，成为打压同性恋行为的思想基础。在克鲁克香克看来，当学校里的老师劝告两位热恋中的女生她们的爱情没有未来时，这位老师的思想就是异性恋中心主义的。[②]

在同性恋解放思想中，强制性异性恋（Compulsory Heterosexuality）概念的提出具有极其重要的现实指向性，意指现行体制和异性恋霸权压迫和强制人们选择异性恋的行为。[③] 这种强制的实现与异性恋主义和异性恋中心主义的思想钳制和严厉的法律规制分不开，异性恋正是以此为反对同性恋行为的有效策略。与此同时，通过现代传媒掌控异性恋话语权的重要性自不待言。反同性恋极端主义者无须直接非难同性恋，主流媒体对异性恋爱情、浪漫、情侣形象铺天盖地的塑造和维护，无形中强化了以异性恋为性范式的导向，由此形成的内在性强制是极强大的。

除了以上四个概念外，还有同性爱（homoeroticism）、性欲恐惧症（erotophobia）和消除（erasure）等也是同性恋解放思想中较为常见的词语。同性爱意指同性之间建基于性欲吸引之上的爱情；性欲恐惧症指对爱欲的非理性恐惧与憎恨；消除则用于指控以往的历史纪录中男女同性恋的被失踪以及现实中同性恋活动的被视而不见。

基于这些概念分析，同性恋解放理论家们提出的对策就是纠正关于同性恋的种种错误观点。具体而言，以下四点是必须纠正的关键：（1）同性

---

① Margaret Cruikshank, *The Gay and Lesbian Liberation Movement*, p. 98.
② Margaret Cruikshank, *The Gay and Lesbian Liberation Movement*, p. 102.
③ Adrienne Rich, "Compulsory Heterosexuality and Lesbian Existence", in Ann Snitow and Christine Stansell eds., *Powers of Desire: The Politics of Sexuality*, New York: Monthly Review Press, 1983, p. 206.

第五章　性政治：两性关系的激进新构

恋是病，可以治愈；（2）同性恋是由年轻时受到引诱所致；（3）男女同性恋者收养的孩子必然成为同性恋者；（4）如果不阻止同性恋，人类将灭绝。[①] 从黑人研究带来对种族主义的批判中获得灵感，他们投入男女同性恋研究，以严谨而丰硕的研究成果对这些问题进行修正：用美国精神病学会1974年的权威结论来证明，同性恋不是病；强调没有充足的证据表明人因为早年的性经历而成为同性恋，因为同性恋是一种天然的情感；男女同性恋者收养的孩子必然成为同性恋者同样是个伪命题，事实上，大多数同性恋者是在异性恋父母养育下长大的；对同性恋的宽容会毁灭人类的观点更是夸大其词。显然，同性恋研究和黑人研究与妇女研究一样，具有极强的变革社会意识的抱负：在大学创建以同性恋视野为出发点的课程体系，挑战主流文化所型构的同性恋刻板印象，消除社会尤其是高等教育中的偏见，为同性恋亚文化群体权利而呐喊。

虽然美国绝大部分州仍将同性恋行为视为非法，但正如克鲁克香克所言，经历过以上思想洗礼的男女同性恋者，再也不会回到地下藏身，成为"衣橱人"。

## （二）酷儿理论

酷儿理论[②]是20世纪90年代同性恋解放思想激进化的产物。酷儿（Queer）一词，有怪异、妖里妖气等含义，本为西方主流文化贬称男女同性恋者的用语，后被同性恋激进派借用来指代自身的理论，具有明显的反讽之意。事实上，酷儿理论关注的不仅仅是同性恋权利，它其实是为所有性少数群体（女同性恋、男同性恋、双性恋、跨性别者等，LGBT）"正名"的理论。这一理论的前驱有米歇尔·福柯、雅克·德里达、朱迪·巴特勒、伊芙·科索夫斯基·赛菊寇和迈克尔·华纳等人，而历史学、社会学、哲学和文学等学科则构成其共同的学科基础，解构主义、后结构主义、话语分析和性别研究等成为主要分析工具。

在酷儿理论家看来，基于主流文化的社会性行为规范无时不在压制和迫害对性有不同理解的人群，他们对性的不同理解要么有违世俗化的性禁

---

① Margaret Cruikshank, *The Gay and Lesbian Liberation Movement*, p. 105.
② Queer theory 一词为加州大学圣克鲁兹分校教授罗丽蒂斯（Teresade Lauretis）于1991年首创。

忌，要么其行为模式与被社会普遍认同的性及性别角色对立。酷儿理论的激进之处在于，它质疑和颠覆传统的性与性别的两分模式，拒绝承认固定不变的性取向的权威，认为人的性倾向流动不拘，不存在一成不变的异性恋或同性恋，存在的是彼一时的异性恋行为和此一时的同性恋行为，甚至传统意义上的男人和女人也不存在，存在的是活生生的具体的人类个体。简言之，人的性行为和性取向不是一元的而是多元的。

具体来看，酷儿理论的基本观点主要围绕反对二元论展开。首先，如上所述，反对同性恋和异性恋之两分法，挑战社会"常态"。所谓社会常态，指的是异性恋制度和异性恋霸权，其中包括只把以生殖为目的的性行为和婚内性关系视为正当或正常或符合规范的观念。酷儿理论明确拒绝这种关于性取向的思维方式。其次，挑战男女两分结构。正如研究者古德罗伊所指出的，激进的酷儿理论告诉人们，人不只有一个性别，人是多性别的。① 这对主流文化占统治地位的二元思维模式的冲击是根本性的，一些性激进派将男女二分思维方式看作"两分监狱"，是对人自由选择的压迫。再次，批评传统同性恋文化。由于要彻底颠覆传统性观念、性理论，建立全新的性文化，酷儿理论在批判异性恋文化霸权的同时，也不可避免地对同性恋文化展开批评。在酷儿理论家眼中，不存在任何固定的性取向和性身份，没有异性恋，也没有同性恋，亦即不存在单一的、永久的和连续性的"自我"，无论男女，性别身份都是弥散的、局部的、变化的、表演性的、不连续的和过程性的，是在互动与角色关系中创造出来的。最后，酷儿理论具有突出的联盟政治策略旨趣。根据酷儿理论，"酷儿"概念指的是文化中所有非常态（nonstraight）的表达方式。如上所述，它不仅囊括男女同性恋、双性恋和跨性别立场，还将所有其他潜在的和不可归类的非常态立场包括在内。你是不是酷儿，不看你过往的性身份、性取向和性活动，只看你是否认同酷儿的理论主张。这种非常态立场构成了一种边缘化的聚合，成为挑战主流文化霸权的法宝。

在学术界，把酷儿理论引入人文与社会科学相关学科并建构起另类性话语十分重要。例如，威斯康星大学奥什科什校区政治学教授库尔·J. 托

---

① Amy Goodloe, "Choice, Biology, and the Causes of Homosexuality: Towards a New Theory of Queer Identity", http://amygoodloe.com/papers/choice-biology-and-the-causes-of-homosexuality-towards-a-new-theory-of-queer-identity.

马斯就专门著文,主张在政治学和公共法学中通过性公民权、直言权(outspeech)以及酷儿叙事建构起酷儿理论。在他看来,现有政治与法律学科的公民权规范是以性的内在和与生俱来的不变性为基础的,酷儿理论恰恰相反,强调性的多变特性。传统的性本质主义范式不仅不真实,而且对酷儿理论展示的"可能性"形成了阻碍。一句话,实现学科中性范式转换是实现酷儿性公民权不可或缺的步骤。[1] 其他如人类学、伦理学、哲学、教育学、社会学、管理学等亦然。

虽然酷儿理论的哲学背景主要是后结构主义和后现代主义,但它与后现代主义解构宏大叙事、否定一切变革现实实践可能性的倾向不同,它以创造新型人际关系和新型生活方式为最终目标,以挑战和否定传统价值为使命,其革命性色彩一目了然。如果说同性恋解放追求的是同性恋的平等权利,酷儿理论则往前推进了一大步,以惊世骇俗的运动策略和桀骜不驯的实践路径高调声张自我价值,拒绝认同主流文化的性规范,致力于从根本上动摇"性别""正常""异性恋""同性恋"等传统观念,因为这些观念人为地把人区分为所谓的不同群体,并成为对与异性婚姻制度不符的行为模式施行压迫的工具。在颠覆传统的基础上,重新界定"正常""性别""性""家庭"等概念,重新界定人们的身份或性别,进而予人们以自由。由于它对各种边缘弱势者存在方式正当性的强调,其影响所及远不止于同性恋者。毫无疑问,酷儿理论追求的是整个人类关于性的思维模式的重构,其理论的颠覆性是同性恋解放思想不能比拟的。或许正是因为这一点,其乌托邦色彩也是最浓厚的。

## 五 小结:挑战父权制社会正当性的思想传统

挑战父权制社会正当性是女权主义思想传统的根基,而资本主义则被视为父权制的当代制度形式,这就是20世纪美国女权主义理论上与社会主义紧密联系在一起的缘由。美国学者南希·科特指出,自"女权主义"这一词语问世以来,无论是支持者还是反对者,无不承认它与激进主义和社

---

[1] Queer J. Thomas, "Constructing Queer Theory in Political Science and Public Law: Sexual Citizenship, Outspeech, and Queer Narrative", *New Political Science*, 2017, Vol. 39, No. 4, pp. 568-587.

会主义的联系:"女权主义在意识形态上生于政治光谱的左端,首先受到熟悉社会主义主张的妇女拥护,被尽管是资产阶级背景却认同劳工而不是资本的人所利用。"① 的确,从19世纪末20世纪初第一波到60~70年代第二波再到80~90年代第三波进而到21世纪的第四波,② 女权主义思想脉络中,社会主义和激进主义一直是主流,这是美国20世纪女权主义的第一个突出特征。

其第二个特征是,从一开始美国女权主义就把性别歧视问题与现存制度和希伯来-基督教文化传统挂钩。无论是早期斯坦顿对《圣经》的质疑和批评,还是后来激进派群体的"性政治",都直接和间接地把基督教文化视为男性至上统治和压迫女性合法化的来源。激进女权主义后来派生出文化女权主义,绝非偶然。

突出的乌托邦特性是其第三个特征。这可能是最无争议的方面,在早期女权主义者那里,通过对投票权的追求,她们打造了一个男女平等的政治幻梦并沉迷于其中不能自拔;在第二波和第三波浪潮中,女性自成一体的独立王国或无性别的未来社会迷梦不断激发着她们的想象力,在这样的理想国里,男性成为多余的存在。

第四个特征则是,20世纪60~70年代激进女权主义与世纪初的第一波女权主义相比,最明显的不同在于,前者追求的是解放,后者追求的是平等。在激进派看来,所谓平等,就是让女性获得与男性同等的权利、特权和地位,而解放则是让妇女从压迫中解脱出来。③ 没有自由,何来平等? 更何况平等意涵中包含着对男性特权的向往,故激进女权主义者强调以解放

---

① Nancy Cott, *The Grounding of Modern Feminism*, New Haven, Conn.: Yale University Press, 1987, pp.91, 35.
② 一般认为,20世纪90年代初出现于华盛顿州奥林匹亚的暴女朋克文化(Riot grrrl feminist punk subculture)是第三波的起点,1992年,丽贝卡·沃克尔在《女士》杂志上发表《成为第三波》的文章,宣称她自己就是第三波。第三波女权主义者认为,第二波女权主义过度强调资产阶级白人妇女的经历,以此为基础对女性气质的界定是无法接受的。她们提倡"微观政治",拒绝第二波女权主义的理论范式,主张以后结构主义解释性别和性行为。第三波的核心人物大多是贝尔·胡克斯之类的非白人学者。第四波出现于2012年前后,主要特征是通过Facebook、Twitter、Instagram、YouTube、Tumblr和博客等社交媒体维护女性正义,反对针对妇女的性骚扰和性暴力。
③ Kathleen C. Berkeley, *The Women's Liberation Movement in America*, Westport, CT.: Greenwoods Press, 1999, p.39.

而不是平等为目标,这就使得她们的思想比其前辈更深刻。

当然,实现女性自由的可行方式是渐进的社会变革,不是激烈的革命,这可能是自由派和激进派的基本共识,没有这一共识,很难想象70年代激进派和自由派在思想和行动上能够一步步走向融合。

最后第五个特征是,由于战后以来的妇女解放运动发轫于冷战大背景,它从一开始就站在现行资本主义制度的对立面,这导致它关注的问题无论是点还是面都很多,它对现代资本主义社会政治经济和文化的冲击极具全面性,因此,我们会发现,在现代西方左翼的制度与文化批评中,女权主义的影子或视角几乎随处可见。今天,以女权主义发展为基础的妇女研究日益成为显学,其众多并仍然在不断增加的分支学科最能说明这一点。

基于对20世纪美国女权主义思想历程的纵横考察,我们不难发现,其中显性和隐性的问题不少。其一,激进女权主义普遍存在一种以男性为敌的情绪性主张。从索拉纳斯的割掉男性社会宣言到CELL-16的独身主义再到激进派的女同性恋的性政治,进而到德沃金的"妇女之恨",男人成为女人不共戴天的敌人,这种偏激的观点不可否认地产生了种种不利于女权事业的社会回应,更何况,一个没有男性的单一女性社会能够存在吗?激进的主张显然犯了常识性的错误。

其二,力图否定和超越性别差异界限,实现女性的主体性。为了强调女性的智慧、能力等不弱于甚至强于男性,不少女权激进分子激烈反对和否认两性差异,其逻辑是,男性霸权是以性别差异为基础的,似乎否定差异的存在就能使父权制统治丧失合法性。事实上,父权制的形成并非性别差异所致,而是生产力发展所引发的社会生产关系变化的产物。男女两性生理和心理上的差异是不可能从根本上消除的,父权制前它存在,父权制社会它存在,未来的后父权制时代它仍然会存在。因此,女权主义的性别正义事业不能没有男性的参与。

其三,有意无意地忽视女性个体的经济、政治、种族/民族以及文化的差异性,凭空想象出一个女性阶级共同体。在政治学上,划分阶级的依据是经济和政治,不是性别。把男性和女性作为相互对立的阶级看待,在学术上缺乏足够的说服力。而且,每一个女性个体都具有各不相同的阶级、种族、民族乃至宗教文化归属,统一的女性阶级共同体纯粹是"想象的共同体",与现实严重脱节,胡克斯在这个问题上算是头脑清晰者。

自 20 世纪 60 年代第二波女权主义大潮席卷美国以来，美国女性整体的自主意识和美国社会关于性别的国民意识发生了根本性变化：1962 年盖洛普一次民意测验表明，绝大多数参测女性并不认为女性在社会上受到歧视。70 年代初在大学校园进行的一项民意测验的结果是，认同妇女是一个受压迫群体的人增加了一倍；支持和反对妇女争取平等权利的人为 2∶1；认为妇女的位置在家里的传统观念处于迅速瓦解状态；绝大多数接受测验者相信男女具有同样的天赋。① 这种社会性别观念的进步自 70 年代开始成为一种进行时态。

美国社会性别歧视问题依然或明或暗地存在着，如果撇开激进女权主义的激烈语词不论，其关注点和对女性自由和性别平等的政治文化诉求是无可指责的，也将是未来女权主义发展的基本坐标。在此要特别指出的是，在制度批判和女性异化分析等问题上，激进女权主义者与朱迪丝·巴特勒、阿利森·贾格尔和莉丝·沃格尔等马克思主义的女权主义者有了越来越多的共同话语。

至于同性恋解放思想，由于受到女权主义和黑人权力思想的深刻影响，把其平等目标的实现与资本主义制度的超越或社会变革联系起来，尤其是酷儿理论的出现，以实现对人类性意识和性别分类的彻底颠覆、创造一个没有性和性别歧视的新人类为使命，其激进性不言而喻。但在破除传统男女性别界域的过程中，酷儿理论不可避免地落入了虚无主义陷阱。

---

① 〔英〕J. R. 波尔：《美国平等的历程》，张聚国译，商务印书馆，2010，第 366 页。

# 第六章 反人类中心主义：人与自然关系的激进再构

## 一 20世纪前美国的环境思想

### （一）爱默生与梭罗的浪漫主义生态哲学

19世纪上半叶，欧美浪漫主义思潮中有一个出自卢梭的广为盛行的响亮口号："回归自然。"面对工业化早期理性主义张扬和科技进步之下西方人集体私欲的急剧膨胀、自然沦为人奴役和掠夺的对象，卢梭严厉抨击人类征服和控制自然的理念，指斥人类"强使一种土地滋生出另一种土地的东西，强使一种树木结出另一种树木上的果实；他将气候、风雨、季节搞得混乱不清；……他扰乱一切，毁坏一切东西的本来面目"①。如果听任这种欲望无限膨胀，将会"并吞整个自然界"，给人类带来灾难。为此，他主张回归自然，回归人的自然天性，这一思想被视为19世纪和20世纪环境正义论的源头。

在美国，浪漫主义作家群体普遍具有热爱、尊重和回归自然的生态意识。如詹姆斯·库伯、华盛顿·欧文、拉尔夫·爱默生、亨利·梭罗、纳撒尼尔·霍桑、亨利·朗费罗、赫尔曼·麦尔维尔、沃尔特·惠特曼等人的作品就是代表。不过，从对后世生态学的影响看，爱默生和梭罗处于他人难以超越的地位。

---

① 卢梭：《爱弥尔》，李平沤译，商务印书馆，1991，第5页。

拉尔夫·爱默生（1803~1882），美国作家，生态思想家，超验主义哲学家。1836年，爱默生发表其第一篇重要文章《论自然》，这是一篇被视为超验主义宣言的论文，爱默生通过这篇论文充分展示了他的浪漫主义自然观。他认为，自然界本身是神对人的启示，是普遍的精神存在的杰作，"是上帝的更遥远、更低级的化身，是上帝的无意识中的投射"。"一切自然事实都是精神事实是象征。自然界的每一种外表都与一种心灵状态相互呼应……在自然后面，自然的各个部分都有精神……我们在自然中是陌生人，正如在神面前也生疏一样。"因此，在充满灵性的大自然中，人会得到精神的升华：

> 站在光秃秃的地上，我的头脑沐浴在清新的空气里，思想被提升到无垠的空间，一切卑下与自私皆烟消云散。我变成了一只透明的眼球，我是一个"无"。我看到了一切。普遍的存在之流在我周身流转。我成为上帝的一部分。[①]

相信世界（灵魂与自然）是精神性的普遍存在，最大限度地向自然敞开心扉，是人认识上帝的不二法门，爱默生的这一自然观显然源于新柏拉图主义。这种把自然视为上帝的化身和自然具有精神与灵性的观点与20世纪的生态伦理思想可谓不谋而合。美国生态批评家罗德瑞克·纳什指出，尽管激进批评者把基督教视为生态恶化的文化根源，但许多基督教徒却相信"上帝热爱他所创造的这个世界"。"对上帝来说，自然中的所有事物都具有内在价值。上帝关注的是自然中所有的事物，有生命的和无生命的，人类和人类之外的，动物和植物。"[②] 由此神学前提显然很容易推断出现代生态伦理规范：对自然不负责任地掠夺和破坏，有违上帝意旨。爱默生的自然观虽然仍未脱离人类中心论的藩篱，但他的人类中心更多是精神性的，强调的是人类精神与自然之间的同构，明显有别于主张自然存在的目的在于服务于人类利益的传统人类中心主义。可以说，爱默生的自然观根本上

---

[①] Ralph Waldo Emerson, "Nature", http://www.gutenberg.org/files/29433/29433-h/29433-h.htm.
[②] R.F. 纳什：《大自然的权利》，载鲁枢元主编《精神生态与生态精神》，南方出版社，2002，第451页。

颠覆了认为基督教反自然的思想传统。这种整体主义自然观的宗旨是在和谐共存的共同体基础上重构人与自然的关系，这无疑是20世纪灵性生态学的前身。就此而言，爱默生的自然观具有厚重的文化激进主义意涵。

爱默生的自然观对亨利·梭罗产生了深刻影响。

亨利·梭罗（1812~1867），美国作家、政治哲学家和生态思想家。他一生写作和思考的主题大多与自然相关。如《在康科德语梅里马克河上的一周》（1849）、《瓦尔登湖》（1854）、《缅因森林》（1864）、《科德角》（1865）等，无不以人对自然的沉思为主题。尤其是《瓦尔登湖》一书，自进入20世纪以来，已经成为生态学的经典读本。

《瓦尔登湖》是梭罗1845~1847年在瓦尔登湖畔居住期间对大自然进行观察和思考的产物。全书贯穿如下观点：人与大自然同属于一个统一体，后者是上帝赐予人类的财富，人不应该谋求人为地改变物种；人的理想生活在于人与自然的亲近与和谐，自然而宁静为生活的真谛。梭罗笔下的瓦尔登湖就是这样一个鲜活的统一体：各种动物是其常住居民；冬去春来林木枯荣，生命循环生生不息。梭罗所追寻的显然是一种原初田园状态，在这种生存状态下，人与湖或者说人与自然和谐共处，构成一个连续不断的生命统一体，人与自然万物之间真实地感受着彼此的存在。"天、地、人以自然、有序、链条式的生存结构循环运转，是这个整体图景的背景。"①

在梭罗心里，自然界存在着一种渗透于每一个具体事物中的神圣道德力量，或者说，自然是一个充满生气的生命整体，它随流动的宇宙力量之流跳动。自然不仅具有生命力，还有人格。人们只能通过直觉而不是理性与科学去领悟和感受它。和爱默生一样，梭罗把自然的简朴、纯洁和美作为衡量人类道德自然的参照物，即自然能够增进人的道德。在他看来，代表自然的荒野其实是比人类文明更高级的文明，"世界保全在荒野之中"，文明的人类可以从荒野中找回在文明社会中失去的东西。

除了直接受到爱默生影响外，梭罗的自然观似乎更多受到东方哲学和北美印第安人文化的启迪。《瓦尔登湖》中多处提及印度教人物及其思想，佛教和道教思想同样有所体现，可以说，全书弥漫着禅意和"天人合一"的意蕴。印度耆那教和印第安人不谋而合的万物有灵论信仰为梭罗观察自

---

① 朱新福：《美国经典作家的生态视域和自然思想》，上海外语教育出版社，2015，第80页。

然提供了一个浪漫主义的支点。

梭罗在《瓦尔登湖》中所呈现的自然思想隐含着十分超前的深刻的生态伦理：大自然与人类息息相通，人类善待自然，自然则会对人类满怀同情心。他严厉斥责工业社会滥砍滥伐的行为，视之为恶魔行径；他从道德角度出发反对人的肉食行为，作为素食主义者，他厌恶猎杀动物的行径，无论是出于食用还是科学研究的理由，认为食用动物肉与人类同类相食的野蛮行为无异，在他看来："故意和无必要地对任何生物施加哪怕最小的伤害，在某种程度上都是自杀。"① 他深信："这是人类命运的一部分，即在其逐渐的进化过程中屏弃吃动物的习惯，正如野蛮人在与更文明的人接触之后，屏弃了彼此相食的恶习。"②

在这里，梭罗无疑是把人道主义道德观扩展到了自然界，动物也有和人一样感受苦乐的精神能力，因而也有被善待而非被虐待的天赋权利，给动物带去痛苦的野蛮行为就是对这一天赋权利的践踏，是对道德法则的严重违背。这种对动物权利的伸张直接挑战欧美把动物视为"没有思想、没有灵魂、没有权利的客体，成了不值得尊重的只为人而存在的被娇宠、被损害、被宰割、被拯救的对象"的传统动物观，成为20世纪"动物解放"的先声。

如果说在瓦尔登湖畔还没有告别人类中心主义的话，到写作《缅因森林》时期，梭罗已经毫不迟疑地走向了生态中心主义。他对第一次工业革命以来物欲横流中人与人之间、人与自然之间关系的恶化忧心忡忡，认为这是道德堕落，拯救这种堕落的方法唯有回归自然。人只是自然界的一员，其他物种有同人类一样的生存权利，人类应该崇拜自然，这不仅是拯救自然，也是拯救人类自己。

特别值得指出的是，青年时期梭罗曾经接受过在科学实验中对待动物的无情态度，虽然对此有所保留；但到了晚年，他明确否定培根关于进步的概念和技术支配自然的梦想，他表示，"科学的残忍使我忧虑"，现代科学所引发的贬低自然的一个后果便是美国社会中对自然生命的漠视。更重要的是，他越来越强调建立在爱与同感之上的直觉而不是科学理性是人类

---

① R. K. McgRegor, *A Wider View of the Universe: Henry Thoreau's Study of Nature*, Urbana: University of Illinois Press, 1997, p. 133.
② 〔美〕亨利·大卫·梭罗：《瓦尔登湖》，刘绯译，花山文艺出版社，1996，第192页。

认识自然内在力量的钥匙。尽管这种拒绝承认科学客观性是认识真理和自然唯一指南的立场是浪漫主义的通识，但梭罗特别敏感地意识到科学让人类的同情心变得狭窄了。这种反科学态度在20世纪许多激进环境主义者身上得到了反馈。

梭罗被誉为"生态学创立之前的生态学家"。他对现代环境运动影响深远，"他的独到之处不只在于他是一位细心的自然观察者，他发现并表达了自然各个部分协调统一的生态学思想"[①]。美国生态批评家布伊尔认为，"梭罗通向缪尔"，因为缪尔也紧随梭罗之后于1867年提出了动物权利论。但梭罗的生态思想事实上比缪尔要激进得多，因为缪尔基本上还是从人类中心的立场理解人与自然的关系，而晚年的梭罗已经是坚定的生态中心论者。动物解放思想家彼得·辛格明确表示，"感受痛苦或快意的能力"是动物被平等纳入道德考虑的重要条件；坚守正义论立场的"生命主体论"（subjects-of-a-life）代表人物汤姆·雷根[②]则断定，由于具备生命主体条件，在生态道德共同体中动物拥有不被随意侵犯的生命权。显然，这些主张与梭罗的动物权利论可谓一脉相承。从这一点看，说梭罗是现代激进生态伦理思想的奠基人一点也不为过。

### （二）缪尔的神学生态学

内战结束后，伴随着美国工业化速度的加快，西部大开发构成19世纪下半叶美国经济史的重头戏。1893年，美国著名历史学家、"边疆学派"创始人弗雷德里克·特纳把西部的拓荒过程誉为形成美利坚合众国民族性格的决定性因素之一，对白人拓荒者一往无前征服自然、改造自然的精神大加讴歌。然而，这在环境主义者眼中却是一个自然生态体系被破坏的灾难性过程，通过牺牲环境，无数私人拓荒者从西部土地中获利滚滚，无数大公司不断从西部土地上攫取巨额利润。以木材加工业为例，洛基山脉和太平洋沿岸山地变成了巨大的伐木场。加利福尼亚、俄勒冈和华盛顿州数百万英亩的森林被砍伐。森林的被毁灭，尤其是加州大量红杉树林被破坏，引发了持续至今的环境保护主义。当时绝大多数美国人相信西部土地上的

---

① 〔美〕亨利·大卫·梭罗：《瓦尔登湖》，刘绯译，花山文艺出版社，1996，第89页。
② 汤姆·雷根（Tom Regan，1938-1917），美国动物权利领域的哲学家，北卡罗来纳大学教授。主要著作有《为动物权利辩》（1983）等。

资源无穷无尽，而环境思想家约翰·缪尔则振聋发聩地发出警告：由伐木、铁路和采矿业造成的对自然资源的掠夺将导致长期的环境问题。[①] 他指出，人类应该保护和保存西部的森林、河谷和峡谷，不只是因为它们的美，更是因为不保护它们，生态系统就会受到不可修复的伤害。

约翰·缪尔（1838~1914），美国博物学家、作家、冰川学家、环境哲学家。出生于苏格兰邓巴，1849年随父母移民美国，毕业于威斯康星大学麦迪逊分校，1868年定居旧金山，后半生一直在从事地理、冰川、动植物和环境研究，并成为19世纪后期和20世纪初自然资源保护事业最具号召力的社会活动家。

缪尔以极大的热忱投身环境保护事业，其动力源于他独特的自然哲学，这一哲学包括自然观、神学思想和感官与光论。自幼深受苏格兰长老会宗教思想熏陶的缪尔相信，要想发现真理（理解上帝），就得接近最精确的源头。这个源头有二：一是《圣经》；[②] 二是"自然之书"。前者对基督教徒的重要性自不待言，后者为上帝所创造，在自然界，尤其是在荒野中，能够通过研究"直接出自上帝之手，未被文明和驯化污染"的动植物接近上帝。[③] 这种自然神学观可能直接来自英国牧师和哲学家托马斯·迪克（Thomas Dick），因为作为19世纪上半叶的科学哲学家，他鼓励人们通过研究大自然来寻找神性："发现神的真实属性最佳之地在大自然。"因为上帝总是活跃在创造生命的过程中，同时通过这种创造活动维持自然秩序。[④]

根据研究者丹尼斯·威廉姆斯的说法，缪尔的哲学和世界观一直在文明与自然的感知二元论中徘徊，不过，他的核心信仰很清楚：野生为上。他给自己确定的职责是要让每个人都沉迷于"山的洗礼"，[⑤] 因为他把自然视为"揭示上帝精神"的伟大教师，而这一思想成为他几乎全部著述的潜

---

[①] 1892年，缪尔发起成立了著名的塞拉俱乐部（Sierra Club），并持续不懈地进行政治游说，在美国西部成功建立了约塞米、大峡谷和红杉等国家公园。缪尔的环境保护思想对西奥多·罗斯福总统推进自然资源保护政策产生了决定性影响。

[②] 在父亲的严厉监督下，童年时期的缪尔每日必读《圣经》，最终把四分之三的"旧约"和全部"新约"背了下来。

[③] Denis C. Williams, *God's Wilds: John Muir's Vision of Nature*, College Station: Texas A&M Univ. Press, 2002, p. 43.

[④] Ibid., p. 41.

[⑤] Ibid., p. 46.

台词。他在美国西部群山里居住、考察和写作的过程，就是他认真体验"自然中神性的存在"的过程。在这方面，他几乎是处处模仿梭罗，他自称是梭罗的信徒。① 与浪漫派思想家一样，他拒绝接受那种宣称自然的经济体系是专门为人的绝对利益而设计的古老的基督教概念，他严厉质问："为什么人就应该把自己看得比一个巨大的生物整体的一小部分更有价值？"②

在对人类环境的理解上，他特别强调感官的作用。他推测，世界是一个能够通过大脑被解读的不变的统一体："如果造物主赐予我们一套新的感官……我们会毫不怀疑我们是在另外一个世界里。"③ 在野外考察中，他有特别强烈的愿望把看到的每一个事物通过感官记录下来，发表在自己主持的刊物上，这些记录文字几乎就是描述"自然的崇高"的积累，一种"美学和精神笔记"。缪尔认为，自己的工作不应该只是记录"现象"，还应该"阐明这些现象的精神含义"。例如，山里的天空似乎由光染成，"象征着神性"，他经常表示，他是根据光来观察自然。④ 缪尔的传记作者霍尔姆斯认为，缪尔是在宗教维度上使用"光"这个概念的，因为他常常以"荣耀"和"光荣"这样的字眼加诸"光"之上，除了"光"，"没有其他单一图像能承载更多的情感或宗教之重"。⑤ 的确，在希伯来文化和《圣经》文本中，神总是与光同在：例如，燃烧的灌木或火柱就被描绘为"上帝的荣耀"。

缪尔常常使用"家"（home）这个词来隐喻自然和他自己对待自然界的总的态度。他以诗人般的慧眼灵心这样描绘自然之家中的微小植物生命："小小的紫色植物，得到造物主的呵护，闭合着花瓣，蹲伏在家的缝隙里，安全地享受着风暴。"不仅对有生命的动植物有亲切感，对小小的石块亦然："这些石头看起来很健谈，富于同情心，很有兄弟情谊。想到我们有同样的父母就不足为怪了。"⑥ 那锯齿状的内华达山脉则是"神之山大厦"

---

① Catherine L. Albanese, *Nature Religion in America: From the Algonkian Indians to the New Age*. Chicago: University of Chicago Press, 1990, p. 100.
② 〔美〕唐纳德·沃斯特：《自然的经济体系——生态思想史》，侯文蕙译，商务印书馆，1999，第 226 页。
③ Denis C. Williams, *God's Wilds: John Muir's Vision of Nature*, p. 43.
④ Ibid., p. 45.
⑤ Steven Holmes, *The Young John Muir: An Environmental Biography*, Madison: Univ. of Wisconsin Press, 1999, p. 178.
⑥ John Muir, *My First Summer in the Sierra*, Boston: Houghton Mifflin, 1911, p. 319, https://archive.org/details/myfirstsummerin00muirgoogle.

(God's mountain mansion)。他曾在加州自己的农场对来访者说，这里并不是我的家，随后用手指向内华达山脉，那高处才是我的家。①

不难看出，尽管缪尔是从基督教神学的角度强调人与自然界万物的平等关系，但其中所蕴含的生态伦理思想已经与20世纪后期激进环境主义反人类中心主义的平等主义没有本质区别，从思想史的脉络看，缪尔的神学生态学架起了浪漫主义生态学和土地伦理学之间的纽带。

## 二 20世纪前期的美国激进生态思想

### （一）进步主义生态学

19世纪末至大萧条之间的进步主义时代，作为中产阶级对现代化进程带来的诸多问题的回应，以改革谋求社会进步成为时代精神。而人与环境关系的紧张自然是进步主义者无法回避并力图予以改进的一个重要课题。如果说这个时代最有影响力的环境政治家是西奥多·罗斯福的话，最具影响力的生态理论家则非克莱门茨莫属，克莱门茨的顶级群落生态理论极具政治和文化激进意涵。

弗雷德里克·克莱门茨（Frederic Clements, 1874-1945），美国生态学家，先后为内布拉斯加大学和明尼苏达大学植物学教授，华盛顿卡内基研究所研究员。在《生态学研究方法》（1905）、《植物生理学与生态学》（1907）、《植物演替》（1916）、《植物生态学》（1929）等著作中，主要基于内布拉斯加和美国西部生态环境的田野调查，克莱门茨提出了一个连贯而精细的生态学理论体系——顶级群落生态理论。该理论包括两个具有内在关联的主题：植被生态演替动态论和植被结构有机论。他指出，植被基本上是动态的，在一个特定的生态区内，植被的"演替系列"由原始的不平衡的植物聚集起始，向一种复杂的、相对持久的、与周围条件相平衡的、能够使自身永远存在下去的顶级结构终点演进。决定演进方向和结果的是气候。即森林、草原和沙漠等不同类型的顶级群落是温度、降雨和风等变量的产物。与此同时，他强调，这个演进过程也就是动植物有机体的生长

---

① Stephen R. Fox, *The American Conservation Movement: John Muir and His Legacy*, Univ. of Wisconsin Press, 1985, p.74.

过程。顶级群落的植物结构是"复杂的有机物"。

1939年，克莱门茨与动物生态学家维克托谢尔福德共同创建了生物生态学，把植物和动物群落融合为一个统一的生物群落区（biome），并把所有活着的有机体囊括进生物区系（biota）。在生物群落区和生物区系中，所有有机体都是由一个共同的情结联合起来的，植物是生物群落之间的媒介力量。

克莱门茨的顶级群落生态理论的哲学背景是赫伯特·斯宾塞的社会有机体进化论。直到1929年，克莱门茨一直声称他的植物演替学说原理很早就为斯宾塞所预见。[①] 的确，斯宾塞在1860年为《威斯敏斯特评论》写过关于柏拉图和霍布斯的一篇题为《社会有机论》的评论，提出人类社会是一个由简单到复杂的自我进化的有机体的观点，反对任何社会改革对这一自然进化过程的侵犯。1899年，在其《生物学原理》修订版中，这一有机体进化论被引入自然界，认为动植物之间不断增强的一体化表明了最卓越形式下的"进化的规律"。斯宾塞的结论是：自然界和人类世界一样，是"进步的细分"和"进步的统合"。

和斯宾塞一样，克莱门茨把人类排除在自然界生物群落之外，反对人类对生态演替过程的过度干预，这种干预在他看来对于顶级群落状态的存在是毁灭性的。以克莱门茨视为生物群落区模式的北美大草原为例，这片辽阔的土地以草为要素，在数万年前就已经形成地球上最稳定的生态联盟，到19世纪仍是探险家眼里的"世界花园"。然而，随着白人大规模的粗暴侵入，数千万头野牛被屠杀得仅剩下几百头，大片草地被翻耕，大量印第安人部落被灭绝，因此产生的是一幅生态灾难图景：20世纪30年代开始频频出现的"尘暴"。

顶级群落生态理论的激进性在于，一方面，它以进步主义的观点看待自然界，强调动植物群落动态发展的整体性和相互依存性；另一方面，通过顶级群落生态理论构建起了一个和谐完美的生态乌托邦。以理论建构的完美对应现实的不完美，其现实批判性不言自明。当克莱门茨在顶级群落中断然拒绝给除了以印第安人为代表的土著以外的现代人类留下位置时，

---

① 〔美〕唐纳德·沃斯特：《自然的经济体系——生态思想史》，侯文蕙译，商务印书馆，第256~257页。

也无声地表达了他对工业社会破坏环境的深恶痛绝,他深信,许多顶级群落区的崩溃和不少生物群落区向顶级群落演进的被打断都是人类行为所致。也正因如此,顶级群落生态理论在20世纪末再度引起激进环境人士的重视。

### (二) 利奥波德的土地伦理学

奥尔多·利奥波德(1887~1948),美国作家、生态学家、环境主义者和资源保护主义者,威斯康星大学农业经济系教授。作为现代环境运动的先驱,他提出的生态中心主义和关于土地的整体伦理学对二战以后生态哲学的发展影响深远。

土地伦理学通过利奥波德去世后不久出版的《沙乡年鉴》(1949)这一环境运动经典得到了系统阐释。利奥波德在书中指出,土地伦理是一种"新伦理",是处理人与土地及生长于土地之上的动植物之间关系的伦理。这一伦理完全拒绝了传统人类中心的环境观,认为人类对土地的践踏源于人类把土地视为其所有物,"当我们把土地看成一个我们隶属于它的共同体时,我们可能就会带着热爱与尊敬来使用它"。[①] 在他看来,伦理思想进化的下一步就是把伦理扩大到把非人类的生物群体成员(总体上指土地)囊括进来。土地伦理的基本原则是:"倾向于保护生物共同体之完整、稳定和美的事情就是对的,不然就是错的。"土地伦理改变了人类的角色,人类由土地共同体的征服者一变而为共同体平等的成员和公民。"这既意味着对其同胞的尊敬,也意味着对共同体的尊敬。"概括起来,土地伦理有如下几点主张:(1) 人类应该把自己视为生物共同体的成员和公民,而非土地的征服者;(2) 应该把伦理关怀扩大到生态整体(土壤、水、植物、动物);(3) 最主要的伦理关怀对象不应该是个体的动植物,而应该是指向生物共同体的健康运转;(4) 土地伦理的目标是追求保护生物共同体之完整、稳定和美。

根据利奥波德学生J. 贝尔德·卡利考特的研究,利奥波德土地伦理的科学基础有三:一是达尔文自然进化论中植根于对亲属特殊情感的伦理观;

---

① 〔美〕唐纳德·沃斯特:《自然的经济体系——生态思想史》,侯文蕙译,商务印书馆,第337页。

二是哥白尼自然与宇宙平等成员的人类观；三是现代生态学关于生态系统是复杂和相互关联的整体之发现。① 这个判断是否精准此处不予深究，但至少说明土地伦理思想不是凭空想象的产物，而是建立在近代相关科学理论基础之上的，是西方自由主义思想体系的派生物。

如果对现代西方政治哲学和经济伦理思想流变略加考察，不难发现，土地伦理一词的使用十分广泛。首先，在经济学领域有完全以经济自我利益为基础的土地伦理。利奥波德认为，这种土地伦理有两个缺陷：其一，生态系统中大多数成员都没有经济价值，因此，这种土地伦理可能会忽视甚至消除这些成员，而它们却是土地生态群体健康发展不可或缺的；其二，它倾向于把健康的生态系统必需的保护工作交给政府负责，而这项工作太大太分散，不是一个政府机构所能承担的。

其次，功利主义的土地伦理。自英国哲学家边沁和密尔提出功利主义理论以来，功利主义具有多种形态的表达方式，然而，其核心主张没有变：合乎道德的正当行为即为人带来最大好处的行为。功利主义常常在如何使用土地问题上表现得十分明显，这一点同以经济私利为基础的土地伦理较相似。例如，对土地进行工业化开发的理由就是：它能够大大增加人们从耕地上获得的产物的数量，食物的丰富又会导致食品价格下降。但是，功利主义的土地伦理是以个人主义为前提的，它的最大化个人利益很难避免损害他人利益：假设一个农民开垦了一片山坡地，扩大了自己的收益，但他的行为却引发了泥石流或者山体滑坡，带给自己和邻里的将是毁灭性的灾难。

再次，自由意志主义的土地伦理。自由意志主义的伦理观认为，自由意志主体不仅拥有他们自身，而且还拥有特殊的道德权利，其中包括获取财产的权利。宽泛而言，自由意志主义者认同这样的信条：每个个人在不妨碍他人自由的前提下，都拥有最大化其自由的权利。在他们看来，财产权就是人的自然权利。根据这种伦理，一个农民只要不妨碍邻里的自由权利，有权开垦山坡地。这种自由意志主义的土地伦理在美国中西部地区是绝大多数农场主所坚定不移的信仰，即便由此引发了沙尘暴等严重生态灾

---

① J. Baird Callicott, *In Defense of the Land Ethic: Essays in Environmental Philosophy*, Albany: State University of New York Press, 1989, pp. 75-99.

难也不会改变。

又次，平等主义的土地伦理。一般认为，平等主义的土地伦理是对自由意志主义土地伦理进行回应的产物。自由意志主义的问题在于，它虽然确证人最大限度的自由，却不要求人帮助他人，而且在现实中它导致了财富的不公平分配。我们知道，政治哲学家约翰·罗尔斯对正义的讨论就建立在平等主义之上。聚焦于土地使用问题，平等主义者重点对两个方面进行评判：土地的不公平分配和土地产物的不公平分配。毫无疑问，平等主义的土地伦理和上面的种种理论立场一样，都是围绕以人为本或人类中心主义建构人与土地或人与自然的关系的，人与土地或与自然之间依然是不平等的主体—客体二元对立关系。

最后，与以上理论立场根本不同的是生态主义土地伦理。生态主义的土地伦理遵奉这样的原则：同人类一样，土地以及生存于其上的生物有机体也有其内在价值。第一个提出这一观点的是《我们对土地的使用》（1939）一书的作者艾尔斯·布林瑟（Ayers Brinser）。布林瑟宣称，白人殖民者带来了"通过消耗土地获得增长的文明的种子，亦即，一种文明以炉子燃尽煤的相同方式耗尽土地"。布林瑟的思想在利奥波德的土地伦理学中得到了系统阐释，后来又被激进环境主义尤其是深层生态学推之至极。

虽然利奥波德提出生态中心主义的土地伦理思想，但他并没有走到战后激进环境主义者否定人类经济活动的极端立场，即相信以人类利益的巨大牺牲为代价来实现土地伦理是必然的。例如，利奥波德不认为为了维护土地伦理的平等原则，人类应该不再食用、猎杀动物，或者不应该把动物用于实验；他既不呼吁大规模减少人口，也不呼吁允许人类干预自然以满足人类至关重要的需求。从总体上看，利奥波德的土地伦理思想比较温和，它试图在人类利益与健康和生态多样性的自然环境之间建立起平衡。也正是因为这种对人与自然平等伙伴关系的强调，使土地伦理成为美国环境思想史上的转折点：从人类中心主义和经济功利主义转向生态中心主义和非功利主义，其中所蕴含的反资本动机立场与战后激进环境主义构成了前后承续的逻辑联系。

## 三 战后美国的激进环境主义

### (一) 激进平等主义与深层生态学

**1. "地球第一!"的激进平等主义主张与策略**

1969年,威斯康星州参议员盖洛德·尼尔森呼吁全美大学校园以反战示威的方式举行环境静坐示威。虽然一些年轻激进派怀疑这是权势集团的阴谋:统治阶级用这种方法来转移全社会对战争、种族和贫困"现实"问题的关注,因此,它所涉及的问题不具有激进性和颠覆性,[①] 但更多激进分子却相信,"地球日"是又一种把社会关注点聚焦到"病态的商业权势集团"身上的方法。在他们看来,商人贪婪无度到如此地步:从炸弹和维持妇女和少数群体低工资中获取利润;他们不负责任到如此地步:向溪流倾倒垃圾。环境污染成为公司资本主义荼毒美国的又一种方式。[②] 因此,尼尔森的号召唤出了1970年4月22日超过2000万人参与的"地球日"大示威。

这一事件充分说明,环境问题已经被众多美国人意识到是一个全社会必须面对的挑战,由此形成的压力推动尼克松—福特时期联邦政府通过了《全国环境政策法》(1969)、《海洋保护法》(1972)、《濒危物种法》(1973)、《安全饮水法》(1974)、《有毒物质控制法》(1976)、《资源保护与复兴法》(1976)等一系列环保法律法规,并于1970年成立了"环境保护署"(EPA),而环境保护团体也大多演变为院外压力集团。

然而,在激进环境主义者看来,所有这些进步都是表面的成就,都回避了"制度"在环境恶化方面所起的关键性和根源性作用。以"荒野协会"(Wilderness Society)首席院外说客戴夫·福尔曼(Dave Foreman)为代表的激进派不满各种环保组织对现存体制的妥协立场,于1980年4月4日成立

---

[①] Kirkpatrick Sale, *The Green Revolution: The American Environmental Movement, 1962-1992*, New York: Hill and Wang, 1993, pp. 24, 25.

[②] Terry H. Anderson, *The Movement and the Sixties*, New York: Oxford University Press, 1995, pp. 348-349.

"地球第一！"新组织。① 这是一个以对权力机构吐真言、拒绝官僚政治和院外说客为特征的激进组织，其成员都是底层环境保护积极分子，其核心刊物《地球第一！杂志》的刊头语"毫不妥协地保卫地球母亲"集中体现了该组织的诉求。②

"地球第一！"的横空出世引发多方不同的反响。有人视其为英雄，有人视其为恐怖分子；有人认为它代表着对生命的肯定，有人却认为它是厌世主义的体现；在西北地区的伐木工人眼中，他们是"共产主义嬉皮士"，在东部一些环境主义者眼中，他们似乎是拥护"孤立主义的边疆伦理"的农夫；一些人对"地球第一！"的作用持蔑视态度，另一些人则强调该组织在改变人们的环境意识方面起着其他温和组织无法比肩的重要作用。③

"地球第一！"的激进性主要表现在以下几个方面。

其一，居于保护地球母亲的宗旨，"地球第一！"采取了许多引发争议的激进策略，④ 其中最具影响力的是钉树（tree-spiking）策略：把铁钉或金属棍钉入树干下端以阻止砍伐或者增加伐木业的成本和风险。该组织成员相信，这是用来对付贪婪无度的开垦者和资本家的最佳策略。在《地球第一！杂志》上有一个"Dear Nedd Ludd"专栏，其中曾经刊载过一篇《保卫生态：活动扳手田野指南》的文章，福尔曼就如何破坏拖拉机、雪地运动车、电线，如何阻塞交通、制造烟幕弹以及如何躲开追踪等予以详细指导。⑤ 除此而外，他们还以偏激的过火言论和主张著称。例如，激进生态学者克里斯多夫·摩尼（Christopher Manes）曾经以"安·思洛皮小姐"的笔

---

① "地球第一"并非战后以来美国最早出现的激进环境组织，也不是最极端的环境主义团体，如公认为美国第一个激进环境组织的"环境生命部队"（ELF）成立于 1977 年，较晚成立于英国的"地球解放阵线"（ELF）和"地球解放军"（ELA），都主张用恐怖主义手段追求生态目标，从而被美国政府列入恐怖组织名录，但就理论和实践的系统性和完整性以及影响的持久性来看，没有任何激进环境组织能够与"地球第一"相提并论。
② 这个口号显然受到 19 世纪废奴主义者创办的《解放者》报"绝不与奴隶主妥协"口号的启迪。
③ Brian Tokar, "Social Ecology, Deep Ecology, and the Future of Green Politic Thought", *Ecologist* 18（January/February）, pp. 409-420；转见 Richard J. Ellis, *The Dark Side of the Left*: *Illiberal Egalitarianism in America*, p. 230.
④ 大部分策略的灵感来自爱德华·艾比（Edward Abbey）的小说《活动扳手帮》（*The Monkey Wrench Gang*）。
⑤ Rik Scarce, *Eco-Warriors*: *Understanding the Radical Environmental Movement*, Chicago: Noble Press, 1990, p.74.

名发表了几篇专栏文章,其中一篇文章认为,艾滋病能够戏剧性地减少人口从而造福于环境。在接受媒体主持人福尔曼采访过程中,他就如何解决埃塞俄比亚饥荒问题公开表示:"就让自然去寻求自我平衡吧,就让那里的人挨饿吧。"①

不难看出,"地球第一!"的偏激策略和冷血言论背后有系统的激进生态平等主义理论基础作为支撑。据有关调查发现,"地球第一!"成员中赞同国家需要"一场公平革命以使物品分配更加平等"的人超过70%,不赞同的为14%;2/3的人感到"如果世界财富在国际间更为平等地分割,世界将会成为更为和平之境",不同意的人不足1/5;3/4的成员相信应该致力于消除一切形式的不平等、等级制和统治;7/10的成员同意"大公司要对世界上的大多数问题负责";8/10的成员主张"我们应该完全参与直接影响我们的每一项决定"。在美国所有激进生态组织中,"地球第一!"的平等意识最强烈。②

其二,平等主义是"地球第一!"最突出的思想基调,这从他们对无政府主义的一个著名声明的反应可见一斑。这个声明是:"个人应该自由追求自身利益与偏好,不用过多考虑群体认为对的东西。"对此声明表示同意的成员仅有1/4。更重要的是,绝大多数成员都对竞争的资本主义持强烈批评态度,只有15%的成员肯定市场竞争机制的合理性。

从哲学的角度看,"地球第一!"的平等主义与深层生态学而不是社会生态学关系密切。据另一个激进环境组织"自愿人类毁灭运动"(VHEM)的调查,只有13%的平等主义者不认同深层生态学的著名宣言,即一切生命有机体都应该得到平等对待。③ 生态中心主义与激进平等主义之间的密切联系其实不足为怪,生态中心主义致力于消除或减少人类和其他有机体之间的区别,这种心理冲动本身就建立在平等主义价值观之上;以"地球第一!"为代表的激进平等主义追求减少或消除富人与穷人、黑人与白人、男人与女人、老人与年轻人、成人与孩子之间的差异,其座右铭是林肯纪念

---

① Rik Scarce, *Eco-Warriors*: *Understanding the Radical Environmental Movement*, Chicago: Noble Press, 1990, pp. 91-93.
② Richard J. Ellis, *The Dark Side of the Left*: *Illiberal Egalitarianism in America*, pp. 231-232.
③ Ibid., p. 233.

碑脚下展示的文字:"一切种类都享有平等权利。"① "地球第一!"创建者之一麦克·罗塞尔曾经对"人人享有民权"做如下解释:人人即指树人、岩人、鹿人、蚱蜢人等,逻辑上可直到单细胞寄生虫人。像种族和性别激进分子致力于解放种族主义和性别歧视下的被压迫者和被剥削者一样,激进环境主义者也以解放者自视,只不过他们眼中的被压迫者与被剥削者是狮子、蜥蜴、群山、河川,它们都是"我们行星社会受压迫的成员"。

其三,《地球第一!杂志》上刊载的文章大多讨论的是对自然的支配与对人的支配之间的联系,结论几乎是一致的:我们唯有相互善待,我们才会善待地球。该杂志一位编辑曾经这样写道:"我们认识到,在妇女和少数族裔受到的压迫与其他生命形式受到的压迫之间有内在的联系。"激进环境主义者需要做的是"颠覆统治范式",这种支配习惯铭刻于人类心灵深处,建构起人类的全部互动。由于这种范式具有"不可分"性,要结束人类对自然的破坏,就"必须同步结束人对人的压迫"。②这些看法或主张具有相当广泛的支持者,一些权威调查证明,"地球第一!"成员压倒性认同的立场是:唯有通过激进地改变人类相互联系的方式才能拯救地球。在他们看来,荒野和生物多样性的消失是整个社会系统的产物,因此,目标必须是改变系统。具体而言,就是把西方工业文明、跨国公司和消费资本主义置于批判的靶心。

到80年代末,包括福尔曼在内的一些成员担心,"地球第一!"组织对荒野问题的倾心可能会被日益增长的对社会问题的关注分散。为此,一位名为特瑞·莫斯的成员建议,只有对荒野和生物多样性有影响的社会问题才能成为组织考虑的问题,"不符合这一标准的社会问题可以予以承认,但就留给绿党和新左派去处理吧"。然而,这个建议很难实行,因为根据深层生态学的观点,任何事物都是内在地相互联系的,③"要在反对任何压迫的斗争中获得成功,我们就必须同意与一切压迫进行斗争"。显然,想把组织目标局限于荒野与生态多样性的想法既有违该组织平等主义的思想基础,

---

① Christopher Manes, *Green Rage*: *Radical Environmentalism and the Unmaking of Civilization*, Boston: Little Brown, 1990, p. 166.
② Richard J. Ellis, *The Dark Side of the Left*: *Illiberal Egalitarianism in America*, pp. 234-235.
③ Terry Morse's Letter to the Editors, *Earth First! Journal*, November 1, 1990, p. 4; 转见 Richard J. Ellis, *The Dark Side of the Left*: *Illiberal Egalitarianism in America*, p. 235; Bill Devall, *Simple in Means, Rich in Ends*: *Practicing Deep Ecology*, Layton, Utah: Gibbs Smith, 1988.

又同战后以来西方思想界对现代工业社会的全面批判浪潮相左,不能得到大多数人支持自在情理中。一位成员这样写道:

> 我们的社会是如此具有破坏性,以致我们可以保护的荒野都可能被酸雨、干旱或者温室效应毁掉……保护荒野的唯一方法是找到一种不毁掉地球生活于地球的方法。换言之,EF……也是一种社会变革运动……我们需要建立一个完全不以剥削地球为基础的社会,一个为造福于所有物种而以实现同自然之间的稳定状态为目标的社会。①

简言之,"地球第一!"成员相信,如果资本主义不可避免地毁灭荒野,那么,要拯救荒野就必然要求推翻资本主义,创造一个新型的非剥削的社会。

其四,实际上,"地球第一!"的平等主义所追求的是一种具有无政府主义色彩的绝对平等主义,这由其不仅拒绝"等级制的国家权威",而且也拒绝组织内部存在等级制权威可见一斑。福尔曼曾经对此做过这样的解释:"如果你像公司一样把自身组织起来,你就会像一个公司那样开始思考。"这就是"地球第一!"完全不认为自己是一个组织的原因,该组织没有全国性的中央办公室,没有领导者,纯粹是个人自愿聚合在一起的松散群体。②他们相信,其他主流环境组织的根源性问题之一即在于它们变成了官僚的和等级制的团体,这对真正的变革是有害无益的。

非等级制结构可以说是激进环境运动组织共同的立场。除"地球第一!"外,"地球岛""土著森林网络""天主教行动森林组织""临界量骑行组织""海上牧羊人"等都有类似的宣示,不过像"地球第一!"一样将非等级制思想在实践中推至极致的组织仍不多见。松散和无结构状态并不影响组织内部的团结,因为所有成员都是为共同的拯救地球理想自愿而来。

其五,"地球第一!"的绝大多数成员对原住民有一种极端的偏爱和浪漫的看法,认为印第安原住民以及世界各地的土著为人们提供了一种怎样

---

① Judi Bari, "Expand Earth First! Journal", September 22, 1990, p. 5;转见 Richard J. Ellis, *The Dark Side of the Left: Illiberal Egalitarianism in America*, p. 236。
② 他们唯一的机构就是《地球第一!杂志》编辑部,而编辑部也是个平等主义集体,没有主编,工作相对平等地分配,全体编辑共同参与一致性决策。

与地球以非剥削方式共同生活的模式。有人指责"地球第一!"有严重的厌恶人类倾向,其实他们厌恶的只是西方工业化国家的人。《地球第一!杂志》编辑约翰·格林公开写道:如果有一个种类应该被灭掉,那就是欧美人。① 克里斯多夫·摩尼则表示,选择站在印第安原住民一边很有必要,因为印第安人践行"和谐的地球生活方式",而"西方文化"却支持"对自然鲁莽的剥削"。在1995年活动分子大会上,"地球第一!"就支持原住民和被压迫民族的斗争方式进行了讨论,决定在推翻跨国公司的斗争中建立"地球第一!与原住民斗争自然连线"。可以说,在激进环境主义者眼中,原住民就是第一批生态主义者,数千年乃至数万年来,他们一直以和平与和谐的方式善待自然,"土著知道什么对土地最有利,欧洲白种入侵者知道的最多的是如何毁灭它"。"不再是北美和欧洲告诉世界其他地方的人该怎样生活,而是我们需要一些澳大利亚原住民、布希曼人、因纽特人、卡雅坡印第安人、本南部落人来教我们如何生活。"②

其六,把原始族群社会想象为乌托邦场域。原住民的优点不仅在于他们对待自然的友善和谐,还在于他们以人与人互助为基础的小规模平等社群生活模式。这在"孤独的个人永无止境的竞争、侵略和不信任他人的现代西方版本"之外提供了一种选择。不少环境主义者相信,部落社会是一种休闲社会,从事劳动的日子不多,有大量的闲暇时间进行跳舞、摔跤、非正式的娱乐活动,甚至游荡。③ 此外,原始族群社会是真正平等主义的社会。著名学者柯特克在其论著《最后的帝国》中对此有详尽的论述。他相信,原初社会,没有强制和等级,人人平等;没有监狱和警察,部落社会完全靠"全体一致"的管理运转;在许多部落,除非每个人都同意,否则不会采取行动。和平、情感、共享、合作以及相互关怀成为原始文化的特征。④ 生态

---

① John Green, "The Facade of Civilization," *Earth First! Journal*, February 2, 1994, p. 2;转见 Richard J. Ellis, *The Dark Side of the Left: Illiberal Egalitarianism in America*, p. 239。
② Donald Worster, *Rivers of Empire: Water, Aridity, and the Growth of the American West*, New York: Pantheon, 1985, p. 331。
③ 对休闲式生态理想国研究最为系统的著作当属欧内斯特·卡伦巴赫的《生态乌托邦》,Ernest Callenbach, *Ecotopia: The Notebooks and Reports of William Weston*, New York: Bantam, 1977。欧内斯特·卡伦巴赫(1929— ),美国当代著名环保作家和电影评论家,1955~1991年为加州大学出版社编辑和出版社下属刊物《电影季刊》的创立者与编辑之一。
④ Wm. H. Kotke, *The Final Empire: The Collapse of Civilization and the Seed of the Future*, Portland, Ore.: Arrow Point Press, 1993, pp. 248, 252, 253, 256.

女权主义者卡洛琳·麦钱特以类似的笔触来描绘"土著美国人社会":完全的参与意识,人人平等观念,人与自然之间的互惠性,稳态社会。现代工业社会则相反,是男性统治自然和妇女,性压抑下的升华,空洞的智慧,二元思维。① 最激烈的批评可能来自凯克帕特里克·赛尔,他把欧洲人与原住民在文化上对立起来,认为欧洲是"仇恨自然的文化",原住民是"热爱自然的文化"。②

对原住民文化的推崇必然与对现代消费主义的批判相联系。在"地球第一!"成员眼中,美国是一个索然无味、粗俗不堪的物欲横流的社会,因而他们对美国社会的所有方面进行激烈而无情的批判,从美国能够感受到的只有浪费的和没有头脑的消费主义,而以美国为代表的西方消费主义正是自然被破坏的根源。一位"地球第一!"成员干脆宣布美国是"无文化"(nonculture)社会:人人穿着从沃尔玛超市购买的相同的衣装。"地球第一!"成员中流行的一首名为《市场或雅皮地狱》的诗歌是这样描绘消费主义美国的:

> 快乐消费。
> 小孩拿着气球……
> 全都一样
> 同质化为一种
> 消费性贪婪文化……③

"我们的消费习惯正在吞噬这颗还活着的行星。"④ 因此,只有西方社会减少消费才能拯救地球,才能创造一个更有意义和更加平等的世界。可以

---

① Carolyn Merchant, *Ecological Revolutions: Nature, Genger, and Science in New England.* Chapel Hill: University of North Carolina Press, 1989, pp. 20, 24-25.
② Kirkpatrick Sale, "The Columbian Legacy: We'd Better Start Preparing Now," *Earth First! Journal*, February 2, 1990, p. 25; 转见 Richard J. Ellis, *The Dark Side of the Left: Illiberal Egalitarianism in America*, p. 241。
③ Anne Petermann, "The Marketplace or Yuppie Hell," *Alarm* (Autumnal Equanix 1992), p. 20; 见 Richard J. Ellis, *The Dark Side of the Left: Illiberal Egalitarianism in America*, pp. 243-244。
④ Kelpie Wilson, "Enough Already", *Earth First! Journal*, December 21, 1989, p. 29; 转见 Richard J. Ellis, *The Dark Side of the Left: Illiberal Egalitarianism in America*, p. 242。

说,绝大多数激进环境主义者都对消费资本主义持反对和厌恶态度,他们秉持深层生态学立场,坚信在生活的物质方面过得越节俭的人,在心理和精神方面越富足。相反的是,积累了大量物质财富的人必然是心理贫乏和精神空虚之辈。显而易见,这种观点正好同19世纪末的社会达尔文主义唱反调。

从某种角度看,"地球第一!"把传统激进平等主义与生态中心主义结合在一起,这不仅是两种思想内在的反支配立场形成共鸣的逻辑结果,也是20世纪美国对制度激进质疑和超越传统的惯性使然,它为我们展示了这样一个公认的事实:同历史和现实中的众多激进组织一样,激进环境组织绝非以单一政治诉求为目标。因此,如果把激进环境主义加以单独或孤立性理解,将不可能得到有足够说服力的解释。而它的以部落生活方式为参照的生态乌托邦依旧未能脱离新左派对田园生活浪漫怀旧的思想窠臼。

**2. 激进环境主义的深层生态学**

正如前面所述及的,以"地球第一!"为代表的激进环境主义团体,其思想激进的重要表现是对深层生态学的遵从。所谓深层生态学,是一种生态和环境哲学,其主旨是促进生命的内在价值,不需要考虑其对人类需求的工具性效用,并根据这种观念对现代人类社会进行激进的重建。

深层生态学(Deep Ecology)一词的创造者是瑞典分析哲学家阿恩·内斯(Arne Naess)。内斯在1972年第三届"世界未来研究大会"上宣讲的论文《肤浅的与深层、长远的生态运动》中首创了这个概念。他认为,战后以来的环境运动已经大大提高了发达社会的环境意识,他试图通过深层生态学这一概念为非暴力的直接行动的环境运动奠定哲学基础。在他看来,现代环境运动之所以没有大的进展,是因为绝大多数人没有反思生态问题背后的文化和哲学背景,事实上,20世纪的生态危机正是由于现代西方发达社会未被言明的哲学预设和态度所致。这种认识上的差异即为浅层生态学(Shallow Ecology)和深层生态学之别。[①]

深层生态学认为,自然界是复杂的相互关系的微妙平衡,其中有机体的存在依赖于生态系统内其他生物的存在,因此,人类对自然界的干预和破坏不仅对人类,而且对构成自然秩序的所有生物形成威胁。据此,深层

---

① Timothy W. Luke, "Deep Ecology: Living as if Nature Mattered", *Organization & Environment*, 15(2), June 2002, pp. 178–186.

生态学遵循这些信条：生存环境在整体上应该受到尊重，应该获得某种生存和繁衍的不可让渡的合法权利；不受是否有利于人类的功利性工具运用的左右；地球上多样性的生命群落不仅通过生物因子，而且在适宜之地也通过伦理关系构成，亦即，其他生物体的价值不仅仅是资源，不能根据是否有理性和意识特别是高级意识的相对价值论将生物进行高下排序，正是这样的排序把人类置于生物阶梯的顶端。深层生态学与人类中心主义的环境主义持截然不同的哲学立场，后者纯粹是从维护人类对环境的掠夺和利用目的出发对环境保护予以关注，深层生态学的思考则是从整个生态系统可持续性的高度着眼，不惜颠覆17~18世纪以来流行的占据统治地位的人—地二元对立的现代主义哲学。可以说，深层生态学对人类生存于其中的世界采取了一种更加整体的观念，并致力于把对生态系统各个独立部分（包括人类）之于整体功能的理解应用于生活。

具体而言，深层生态学原则包括如下八个方面：

- 地球上的人类和非人类生命的幸福和繁盛皆有其自身价值，这些价值独立于非人类世界之于人类目的的有用性；
- 生命形式的丰富和多样性有助于这些价值的实现，这种丰富和多样性本身也是有价值的；
- 除满足人类的主要需求外，人类没有权利减少这种丰富和多样性；
- 人类生活与文化的繁盛同人类人口的大规模减少相匹配，非人类生命的繁盛要求这样的减少；
- 人类对非人类世界的干预是过度的，并且情况还在迅速恶化；
- 政策因此必须改变，这些政策影响基本的经济、技术和意识形态结构，由此产生的事态必将与现在截然不同；
- 意识形态的变化主要在于对生命质量的欣赏而非对有增无减的更高生活水准的追求，会深刻意识到大和伟大的区别；
- 那些赞同上述观点的人有直接或间接的义务去实施必要的变革。[1]

---

[1] Smith, Mick, "Deep Ecology: What Is Said and (to Be) Done?" *The Trumpeter*, 30 (2), 2014, p.70; B. Devall and G. Sessions, *Deep Ecology: Living as Natural Mattered*, Salt Lake City: Gibbs M. Smith, Inc., 1985, p.48.

以上八个原则可以进一步浓缩为三个核心要点：

- 荒野与生物多样性保护
- 人口控制
- 简朴生活（或在大地上轻松行走）①

这三条构成深层生态学的伦理体系，为现代环境、生态和绿色运动以及生态文学批评奠定了哲学基础。

深层生态学的思想来源不是单一的，至少有科学和哲学两大背景。

从科学层面看，一个来源是现代生态学本身。现代生态哲学之父阿恩·内斯认为，生物多样性和全球生态系统领域的科学家和生态学家是深层生态运动的主要奠基人，其中包括利奥波德和60年代的蕾切尔·卡逊、戴维·布劳尔、保罗·埃尔利希以及艾伦·利文斯顿、巴里·康芒纳、弗兰克·F. 达林、查尔斯·埃尔顿、尤金·奥德姆、保罗·西尔斯等人。② 科学的生态学直接包含深层生态学的形而上学，即包含着关于生态自我、生态平等和生态共生的观念，可以说，深层生态学在生态学和系统动力学中找到了理论支柱。

另一个科学来自新物理学。美国生态主义研究者德瓦尔和塞申思认为，新物理学彻底粉碎了笛卡尔和牛顿根据朴素的线性因果关系解释得出的宇宙为一架精密复杂的机器的愿景。美国物理学家和生态学家菲杰弗·卡帕（Fritjof Capra）则在《物理学之道》和《转折点》对新物理学的特性进行

---

① John Barry, E. Gene Frankland, *International Encyclopedia of Environmental Politics*, New York: Routledge. 2002, p. 161.

② 戴维·布劳尔（David Brower, 1912-2000），美国著名环境主义者，约翰·缪尔环境研究所、地球之友、地球岛协会、地球命运大会等环境组织的创建者，赛拉俱乐部的主要负责人。保罗·埃尔利希（Paul Ehrlich, 1932- ），美国生物学家，斯坦福大学资源保护生物学中心主任，人口过度增长威胁环境论的代表人物。艾伦·利文斯顿（Allen Livingston, 1923-2006），加拿大博物学家、作家。巴里·康芒纳（Barry Commoner, 1917-2012），美国细胞生物学家、政治家、现代环境保护运动奠基人。弗兰克·F. 达林（Frank Fraser Darling, 1903-1979），英国生物学家、鸟类学者、资源保护主义者、作家。查尔斯·埃尔顿（Charles Elton, 1900-1991），英国动物学家、动物生态主义者。尤金·奥德姆（Eugene Odum, 1913-2002），美国动物学家、生态系统生态学开创者和生态学奥德姆学派创始人。保罗·西尔斯（Paul Sears, 1891-1990），美国生物学家和作家。

了分析。他认为,新物理学引出了相互关系的形而上学和生态学观,使深层生态学成为未来人类社会的架构。论及新物理学对深层生态学的影响,最值得一提的是盖亚假设。

盖亚假设(Gaia hypothesis)亦称为盖亚理论,由化学家詹姆斯·罗夫洛克和微生物学家林恩·马古利斯在20世纪70年代共同提出。盖亚假设是这样一种理论设想:地球是个自我调节的复杂系统,这个系统由生物圈、大气层、水圈、土壤圈构成,是个紧密耦合的演进系统。这整个系统称为盖亚,[1] 它在为现代生命寻找一种物理和化学的最佳环境。[2] 盖亚通过生物群(biota)无意识运作的控制反馈系统进化,使地球内稳态中的可居住性条件的稳定性得以提高。地表这些进化过程所需要的条件依赖各种生命形式尤其是微生物与无机物之间的互动,这些互动过程形成一个全球控制系统调节着地表的温度、大气层构成和海洋盐度,其动力则来自地球系统的全球热动力非均衡态。从进化过程看,有机体与环境共同进化,亦即,生物体影响非生物体环境,非生物体反过来通过达尔文进程影响生物群。罗夫洛克在其著作中对这种相互影响的进化予以充分论证:从嗜热酸并产生甲烷的细菌的早期世界到今日富氧大气层的世界的演进支持着更加复杂的生命,而受生命形式影响的地球内稳态的存在,在生物地质化学和地球系统科学的田野调查中都能够观察到。[3] 其实,早在罗夫洛克之前就已经有一群俄罗斯学者有过相似的想法,这些学者中最著名的是彼得·克鲁泡特金、雷费尔·利茨波罗甄斯基、弗拉基米尔·维尔纳茨基、弗拉基米尔·科斯提金。他们认为,生命和环境通过"微观力量"和生物地理化学过程"共同进化"。

简言之,从环境科学的角度看,盖亚假设目的在于力图回答这样的问题:生物圈和有机体进化是如何影响全球气候的稳定、海水的盐性、大气中的氧水平、液态水水圈的维持以及其他环境多样性的,所有这些都在影响着地球的居住环境。

在哲学领域,深层生态学思想则可追踪到荷兰哲学家斯宾诺莎的"神即自然"、任何有限事物不独立自存、宇宙自然整体论、人类是"万有自然

---

[1] 盖亚,古希腊神话中的大地女神,大地的化身。
[2] James Lovelock, *The Vanishing Face of Gaia*, New York: Basic Books, 2009, p.255.
[3] Ibid., p.179.

的一部分"等概念。在现代，与深层生态学关系密切的则有澳大利亚道德哲学家彼得·辛格的动物解放哲学、女权主义的性别平等哲学和民权运动的族群平等思想。其中，动物权利思想同深层生态学的联系最直接，"一切生命皆有其内在价值"构成双方共同的思想连接点。此外，近代以来思想界对基督教神学的生态哲学批判构成了深层生态学的重要思想基础。众所周知，基督教可能是人类所有宗教中最具"人类中心"色彩的宗教。根据《圣经·创世纪》记载，上帝创造世界和万物，在所有"创造物"中，人是唯一按照上帝想象创造的，为此，只有人才有灵魂。上帝希望人类繁荣昌盛，拥有并统治大地万物，万物之所以被创造出来，就是为了服务于人类，因为人类是大自然的主人和统治者。

基督教把人与自然分离的思想建构起西方传统中的人与自然主客体二元对立观，由此产生的问题有三：一是《圣经》直接教导人征服自然；二是在基督教传统中自然不具神性，人掠夺自然不违背道德律令；三是基督教神学历来重人之救赎，轻自然之价值。① 在1966年发表专门探讨基督教对自然"去神圣化"问题的《土地的误用：一种神学关怀》论文中，神学家理查德·小贝尔（Richard A. Baer, Jr.）断定，从多神教向一神教转变的后果是有利于对自然的剥削。英国著名历史学家汤因比在1968年发表的《目前环境危机的宗教背景》一文中，也公开批评犹太-基督教一神论对自然的"去神圣化"，极力主张用敬畏自然的泛神论取而代之。不过，对基督教的生态批评最有影响力的学者非历史学家林恩·怀特莫属。

1967年，林恩·怀特在《我们生态危机的历史根源》一文中从宗教、自然观和科学技术三者间的历史关系角度来讨论生态危机，明确地把现今生态恶化的罪责归诸基督教，认为基督教不仅确立了人对自然的超越性，而且通过反对偶像崇拜而摧毁了万物有灵论，否定了自然的神性，从而消除了人剥削自然的禁令，近代科学就是建立在这种自然观基础之上的。"除非我们找到一种新宗教，或者重新思考我们的旧宗教，否则，更多的科学和更多的技术将不会使我们摆脱我们的危机。"②

---

① 何怀宏主编《生态伦理：精神资源与哲学基础》，河北大学出版社，2002，第150页。
② Lynn White, "The Historical Roots of Our Ecologic Crisis", in Cheryll Glotfelty & Harold Fromm ed., *The Ecocriticism Reader: Landmarks in Literary Econogy*, Athens: The University of Georgia Press, 1996, p.12.

对犹太-基督教神学的批判与反思直接催生了以东方文化和世界各地原始信仰为基础的重新赋予自然神性的"新时代运动"（New Age Movement）。这种以宗教为基础的自然观被称为生态灵性学（Ecospirituality），它与深层生态学家福克斯（Warwick Fox）提出的超越个人心理学（Transpersonal psychology）的"自我实现"有直接关联性。[①]

### （二）穆雷·布克金及其社会生态哲学

穆雷·布克金（1921~2006），美国自由派社会主义作家、演说家、历史学家、政治哲学家，出生于纽约一个俄罗斯犹太移民家庭，自幼即受其祖母社会主义思想的熏陶，20世纪30年代加入过美国共产党下属的少先队组织。1964年参加"种族平等大会"（CORE），投身民权运动。1962年以笔名刘易斯·赫伯（Lewis Herber）出版《我们人造的环境》一书，[②] 书中描述了严重的环境病症，主张把生态作为激进政治的重要战场和重要概念，特别强调把生态概念引入反主流文化的重要性。除了这部有长远影响力的开山之作外，他还有如下较有影响的著作：《后匮乏无政府主义》（1971）、《自由生态学：等级制的出现和瓦解》（1982）、《没有城市的城市化》（1987）以及《社会无政府主义或生活方式无政府主义》（1995）等。

#### 1. 基本社会学与心理学观点

1958年，布克金自我标榜为无政府主义者，这是他后来大半生信仰的基础，这一核心信仰使他既对马克思以阶级为中心的社会分析持批评立场，又与自由至上论朴素的反国家思想以及传统自由主义主张保持距离。在他看来，这两种理论倾向都存在把复杂的社会简单化之虞。他在《自由生态学：等级制的出现和瓦解》中这样写道：

> 我在这部著作的副标题中使用等级制一词是很有挑衅意味的。有一种强烈的理论需要，将等级制同使用更广泛的阶级和国家词语加以对比；不加思考地使用这些词语会导致危险地把社会现实简单化。要

---

[①] 深层生态学的"自我实现"基本含义为，我们越是扩大自我与"他者"（人、动物、生态系统）的认同，我们越是能实现自己。
[②] 这部著作出版时间比蕾切尔·卡逊的《寂静的春天》早几个月，但由于作者的政治激进主义立场，书出版后备受冷遇，与《寂静的春天》受到的热捧形成鲜明对照。

交替使用等级制、阶级和国家这些词，就要像许多社会理论家那样既阴险又隐晦。这种以"无阶级"和"自由意志"社会为名的实践，可能会轻易地掩盖等级关系和等级意识的存在，这二者甚至在经济剥削和政治威权缺位的情况下，也会使得不自由持久化。①

他还指出，历史上等级制的积累出现于当今社会，其倾向决定着人类集体和个人的心理："社会结构的客观历史内化为心理结构的主观历史。令人发指的是，我的观点可能是现代弗洛伊德派的观点，要求压抑内在本性的不是工作原则而是统治原则。这种压抑随后向外延伸到仅仅是统治客体和后来的剥削客体的外部自然。这种心态以累积的形式直到今天——不仅仅是作为资本主义制度，而且是作为等级社会自产生以来的巨大历史——在我们个人心理中渗透。"②

正是居于这样的社会历史观和心理分析理论，布克金全面考察了人类的环境之扼，建立了社会生态学解释框架，提出了以自由主义的地方自治为核心的应对思路。

**2. 人类之环境困境**

在《我们人造的环境》一书的第一章，布克金开门见山地点出了问题及其要害：一个多世纪以来，科学、技术和医学的巨大进步似乎使当今人类已经近乎完全掌控了曾经主宰祖辈的自然力量，美国人可以尽情地享受丰裕社会的荣光。这些巨大进步虽然不假，但并不像一些学者所想象的那样有利无弊，恰恰相反，这些进步给人类的生存环境带来了严重的安全问题：汽车废气与空气污染；水污染；杀虫剂等化学药物的广泛使用造成食品安全威胁；工业废物废气和放射性物质的危害；各种疫病的高发；等等。它给现代人类环境造成的负担与它给以往人类造成的生存负担一样多。③

对现代人类环境危机发生的原因，存在诸多理论解释。美国生态学家巴里·康芒纳将之归咎于技术发展；美国另一位生态学家保罗·埃尔利希

---

① Murray Bookchin, *The Ecology of Freedom: the Emergence and Dissolution of Hierarchy*, Palo Alto: Cheshire Books, 1982, p. 3.
② Ibid., p. 8.
③ Murray Bookchin, *Our Synthetic Environment*, New York: Knopf, 1962, Chapter 1: THE PROBLEM, http://dwardmac.pitzer.edu/Anarchist_Archives/bookchin/syntheticenviron/ose1.htm.

则将之归因为人口的过度增长和资源的有限性；还有一些学者甚至悲观地将之归咎于人类本性。布克金断然拒绝这些答案，他断定，人类环境之困是资本主义癌性逻辑使然，因为这种制度的目的不在于丰富人类的生命而在于追求利润的最大化："根据其不增长就死亡法则之逻辑，资本主义很可能产生严重危及地球生命完整性的生态危机。"在下面将要讨论的社会生态学框架中，布克金明确表示，生态危机的根源在于人与人之间的等级和支配关系中，"人统治自然这一想法源自人对人的真实统治"。① 简言之，支配自然是社会内部统治的产物，这种支配只有在资本主义制度下才达到危机程度。按照布克金的表述就是：在有组织的社群关系解体成为让地球沦为剥削资源的市场关系之前，危机是不明显的，只是在现代资本主义社会，这种持续了许多世纪的趋向才变得恶化了。"由于固有的竞争本性，资本主义社会不仅让人类相互对立，它还让人类大众与自然界对抗。就像人被转化成商品一样，自然界的每个方面都被转化成了商品，成了需要被制造和出售的资源。……人类精神被市场侵吞与大地被资本掠夺齐头并进。"②

如何克服生态危机？回到仇外排外或者狩猎社会的无休止战争都不是可行方案，而那种只是抗议、没有计划内容、建议性选择以及向人们提供方向和连续性运动的政治也不是出路。③

### 3. 社会生态学

出路在于，首先要对存在的环境问题进行社会生态学的解析。所谓社会生态学，又称为政治生态学或绿色政治，简单地说，是一种把社会和生态系统结合在一起的社会批判理论。根据布克金在《何为社会生态学？》一文中的解释，社会生态学是指这样一种理论立场："几乎我们目前所有生态问题都根源于根深蒂固的社会问题。由此观点出发，没有对我们现有社会及其主导它的非理性的细致了解，这些生态问题不会被理解，更不用说得到解决了。为了使这一点更加具体：许多其他的问题中，经济、种族、文化和性别冲突都是今日我们所面对的最严重的生态脱位问题的核心——可

---

① Murray Bookchin, *The Ecology of Freedom: the Emergence and Dissolution of Hierarchy*. p. 65.
② Murray Bookchin, *Post-Scarcity Anarchism*, Oakland: AK Press, 2004, pp. 24-25.
③ Murray Bookchin, *The Next Revolution: Popular Assemblies and the Promise of Direct Democracy*, London: Verso, 2015.

以肯定,由自然灾害导致的那些问题除外。"① 显然,生态问题源于社会问题,而社会问题则源于统治等级的结构与关系。

社会生态学认为,人类拥有所谓的第一性、第二性和第三性。人类作为自然(生物)进化的产物与其他多样性的生命形式共存于自然界,此即第一性,当然,人类被认为是自然界所有生物生命形式里独一无二的。第二性是指人类的意识能力使之拥有创造环境而不只是适应环境的能力,这些能力具体指人类拥有的理性能力、合作意识等,它们使人类创造了社会。考虑到人的第二性以理性和合作能力为中心,社会生态学追溯人类在整个生物进化过程(第一性)中的社会发展,强调人类能够并应该出于理性(自我反省行动)和合作去应用其生物能力,同时识别出他们拥有的与自然界之间的符号连接。这些能力亦称为自由意志理性或意识。② 第三性是人的权威和统治本性,它与第一性和第二性并存,暗示社会中具有出现不同类型等级制的潜能。③ 换言之,存在于人的生物进化过程中的这些能力有其被应用于自由或者被应用于专制的潜能。

社会生态学着重强调技术在整个人类历史过程中对社会的促进作用。像理性一样,技术也有在社会内部制造释放效应的能力,或者在社会内部压迫大多数人的能力,同时它又赋予精英群体以特权。由此出发对科学技术进行审视会发现,在现代科学领域,人类的理性正在陷入被工具主义束缚的风险中。另外,社会生态学也认识到,科学的真正角色是一门必须用来鼓励知识培养的学科,而非作为统治的手段。社会生态学特别强调,科学的作用应该坚持不把其他生物的生命形式作为客体,应该承认在生物进化进程中,自然界不同生命形式都扮演着积极的角色,人类的自由意识部分正是由此形成的。不过,需要说明的是,自由理性是由深度交织的理性和人类的创造能力二者共同构成的。④

**4. 无政府主义的地方自治论**

地方自治主义(Communalism,亦译为社群主义),指把社区所有权合并和让高度独立的地方社区联合起来的制度构想。布克金把社区政治哲学

---

① Murray Bookchin, *Social Ecology and Communalism*, Oakland: AK Press, 2007, p.19.
② Murray Bookchin, *Social Ecology and Communalism*, Oakland: AK Press, 2007, p.307.
③ Murray Bookchin, *The Ecology of Freedom: the Emergence and Dissolution of Hierarchy*, p.308.
④ Ibid., pp.342, 280, 275, 20.

界定为既是一种独立社区参与联盟的政府理论或政府制度,又是社区所有权的原则与实践,"'政府'这个词在此情形下并不意味着对国家和自上而下等级结构的接受。"①

从70年代开始,布克金主张自由意志论者的社会变革舞台在地方自治层面。他在《下一次革命》中强调,要把自由意志主义的地方自治论同社会生态学连接在一起:

> 自由意志主义的地方自治论构成社会生态学的政治,这是一种革命性努力,在已然成为决策机构的公众集会中自由被赋予了制度形式。②

布克金建议,这些制度形式必须出现在规模各不相同的局部区域。在2001年的一次访谈中,他这样概括他的主张:"最重要的问题是要改变社会结构以便人们获得权力。做此事的最好舞台是基层政权——城市、城镇、乡村,这是我们有机会创造面对面民主的地方。"他在1980年提出的自由主义地方自治论所描绘的是这样的制度:建立直接民主的集会之自由主义机构,并以此反对和取代由自由城市联盟组成的国家。③

显然,这种地方自治主义由于推行直接民主制度,从逻辑上不难得出它必然引发人压迫人的资本主义的瓦解,而人与自然界的不友好关系亦将被扭转。

地方自治主义的生态理论基础是生物区域主义(Bioregionalism)。生物区域主义的基本理论是,虽然地球是一个生态统一体,但事实上它是由无数具有各自独特性的生物区(bioregions)或生态区(ecoregions)构成的,许多生态区域几乎都是跨国界的政治、文化和生态系统,南美洲的亚马孙生态区域、横贯美国西北部和加拿大的卡斯卡迪亚生态区域就是典型例子。生物区域的生态因素(地理、气候、动植物等)对人类社会有直接的影响。

---

① Murray Bookchin, "What is Communalism? The Democratic Dimension of Anarchism," http://dwardmac.pitzer.edu/Anarchist_Archives/bookchin/CMMNL2.MCW.html.
② Murray Bookchin, *The Next Revolution: Popular Assemblies and the Promise of Direct Democracy*, p. 96.
③ M. Bookchin, "Libertarian Municipalism: An Overview," *Green Perspectives*, No. 24, October, 1991.

生物区域主义的基本诉求是：政治边界应该同生物区域边界吻合；强调生物区域的生态独特性；鼓励在可能的情况下食用当地食品；鼓励在可能的情况下使用当地材料；鼓励种植本地区的本地植物；鼓励与生物区域和谐相处的可持续性。①

布克金的思想被归为社群主义，实为无政府主义、社会主义、自由环境论等思想的混合物。美国学者约翰·摩尔认为，布克金的社会生态学使他成为20世纪美国无政府主义新世界构想的三大先知之一。②

### （三）罗尔斯顿的自然价值论

霍尔姆斯·罗尔斯顿（1932~　），科罗拉多州立大学哲学教授，爱丁堡大学吉福德讲座教授，著名生态伦理学家。罗尔斯顿是利奥波德之后全面继承和发展土地伦理的整体主义的环境思想家。在《环境伦理学》（1988）、《哲学走向荒野》（1989）、《保护自然价值》（1994）、《基因、创世纪与上帝》（1999）、《新环境伦理学：地球生命的下一个千年》（2012）等著作中，他对传统伦理学进行了无情批判，认为旧伦理学的实质是人类利己主义和沙文主义，因为它视人类的生存权益为唯一，漠视其他生物的生存利益，这种只关心和强调一个物种福利的伦理学不符合道德的公众本性。因此，他主张，要通过新的环境伦理学把道德对象的范围从人类扩展到所有物种，扩展到整个自然界。

罗尔斯顿环境伦理学的理论核心是自然价值论。他指出，传统哲学反复强调价值的主观性和主体性，忽视甚至否认价值的客观性和客体性。只关注人的价值，不承认自然的价值。价值应该是客观事物所具有的某种客观属性。那么，价值属性最重要的特征是什么？答案是创造性："自然系统的创造性是价值之母，……凡存在自发创造的地方，就存在着价值。"价值是自然界万物固有的力量，"它能够创造出有利于机体的差异，使生态系统

---

① Jamie Bastedo, *Shield Country: The Life and Times of the Oldest Piece of the Planet*, Markham, Ontario: Red Deer Press, 1994.
② 另外两位是诺姆·乔姆斯基和弗雷迪·伯尔曼。John Moore, "Prophets of the New World: Noam Chomsky, Murray Bookchin, and Fredy Perlman", *Social Anarchism*, Issue 20, 08, Feb., 2006, http://www.socialanarchism.org/mod/magazine/display/23/index.php.

## 第六章 反人类中心主义：人与自然关系的激进再构

丰富起来，变得更加美丽、多样化、和谐、复杂"①。

基于整体主义立场，罗尔斯顿把价值载体详细分为七大类：人类，动物，生物，物种，生态系统，地球，自然。生态系统的各个成员皆有其内在价值，这种价值不是单一的，而是多维的。以自然为例，他曾经列举出十三种自然价值。② 由于拥有内在价值的动植物和物种，甚至生态系统都是自然整体的组成部分，都在为地球生物圈的完整性发挥着各自的作用，人类应该承认这些非人类客体的道德权利，把尊重生命和自然之权利作为不可推卸的责任和义务。

自然价值理论为尊重生命提供了判断功能，这一功能主要表现在四个层次上。首先，在高等动物层次，作为动物保护主义者的著名哲学家边沁主张，根据动物有无感受痛苦的能力之原则把价值赋予哺乳动物，尊重其生命。在罗尔斯顿看来，这是半人类主义的主观主义伦理学，这种尊重是出于人类的同情心，而非出于对自然规律的尊崇。其次，在有机体层次，环境伦理学主张尊重一切生命，无论动植物，无论有感觉的还是无感觉的生命。这种尊重一定是以生态中心主义为前提的。再次，在物种层次，物种以一定数量的个体形式存在，生物个体属于物种。从整体上看，物种保持的重要性甚于个体的生存，人类绝不应该为自我利益灭绝物种。最后，在生态系统层次，必须以土地伦理学为基础，维护生态系统的稳定性、完整性和完美性，不能人为干预生态系统的自然演替进程。

此外，环境伦理学还高度重视荒野的价值。荒野之于人类不仅是资源关系，首先应该是根源关系，因为人类来自荒野，荒野创造了人类。荒野中的生命群落同人类一样，在环境伦理中占有一席之地。

总之，罗尔斯顿自然价值论把利奥波德土地伦理学和克莱门茨顶级群落生态理论的部分思想糅合在一起，把人类中心主义伦理学置于原罪的被告席上，在现代生态批评的文化场域竖起了一面大旗。

---

① Holmes Rolston, *Environmental Ethics: Duties to and Values in Natural World*, Philadelphia: Temple University Press, 1988, pp. 112, 222.
② 朱新福：《美国经典作家的生态视域和自然思想》，上海外语教育出版社，2015，第17~18页。

## (四) 奥菲尔斯与权威主义幽灵

从20世纪60~70年代以来，激进环境主义有一个十分突出的特征，这就是关于巨大生态灾难和世界末日的预言。例如关于核毁灭、人口爆炸导致大规模饥荒、"硅藻爆发"（diatom blooms）导致所有重要海洋生物灭绝、气候变化（当时的恐惧是回到全球变凉）引发全球性物种大灭绝的恐怖预言。[1] 这些生态灾难预言家中最具代表性的人物是威廉·奥菲尔斯。奥菲尔斯认为，世界已经到达生态崩溃的边缘，如果还不快速采取行动，人类将会经历一场"生态失事"，被毁灭的"或许是数十亿人"，而"我们文明结构的根基"也将被撼动。[2] 奥菲尔斯与其他生态灾难预言者的不同之处在于，他不仅仅大胆预言，更大胆地细致阐述"危机的政治、经济和社会意义"。他悲观地认为，指望人们自愿改变其破坏性生活方式是不切实际的，整个人类社会简直就不知道这种危害，似乎也不愿意很快去了解这种危害。[3]

既然改变每个人的意识难于上青天，那么，要避免行将来临的生态悲剧，唯一可行的办法是建立一个"在公共利益中拥有巨大权力规制个人行为的政府"。奥菲尔斯断定，现存欧美政治民主程序无力制定正确的生态政策以避开即将到来的生态危机，因为这个系统过于屈从于选民意志。[4] "在深度危机面前，民主制简直就不可能是有效的政治制度。"避免行将来临的灾难的迫在眉睫的需要意味着民主不再是人们能够负担得起的奢侈品。他把当今人类比喻为在危机四伏的航道上行驶的轮船，比较理性的做法是"把权力和权威交到知道如何掌控轮船的少数人手中"。要避免毁灭，就必

---

[1] John McCormick, *Reclaiming Paradise: The Global Environmental Movement*, Bloomington: Indiana University Press, 1989, pp.69-80.

[2] William Ophuls, "Locke's Paradigm Lost: The Environmental Crisis and the Collapse of Laissez-Faire Politics," *Beyond Growth: Essays on Alternative Futures*, Yale University School of Forestry and Environmental Studies Bulletin, No.88, 1975, p.171; 转见 Richard J. Ellis, *The Dark Side of the Left: Illiberal Egalitarianism in America*, p.254。

[3] William Ophuls, *Ecology and the Politics of Scarcity: Prologue to a Political Theory of the Steady State*. San Francisco: Freeman, 1977, p.2.

[4] William Ophuls, "Locke's Paradigm Lost: The Environmental Crisis and the Collapse of Laissez-Faire Politics", pp.159-160; 转见 Richard J. Ellis, *The Dark Side of the Left: Illiberal Egalitarianism in America*. p.254。

须服从那些对我们所面对的环境问题有深度理解的人。"需要有极其高超的能力才能掌控这艘远超负荷、压力巨大的太空船。""在这样一种情形下,如果我们希望确保能够生存下来,我们所知道的政治平等和简单多数统治就不能继续维持。"①

不仅要将民主政治束之高阁,而且人的基本自由也得为之牺牲。奥菲尔斯直言不讳地表示,创造一个生态可持续的社会将意味着"我们现在拥有的权利的丧失"。他套用卢梭"人是被迫自由的"名言,认为必须让人"屈从于其真正的自我利益,即共同的善和总体的意志"。由此出发,他主张,政治制度必须包含有某种最低水准的生态美德,因为生态稀缺意味着"社会的个人主义基础、不可让渡权利的概念、纯粹自我界定的对幸福的追求、强调最大限度行动自由以及自由放任本身全都成了问题,如果我们希望避开无情的环境恶化和文明的最终灭绝,就需要有重要的改变甚至放弃。"②

奥菲尔斯的思想显然具有两个特征,一是对"客观的生态价值观"的坚定信守;二是突出的精英主义取向,即把人类的命运寄托于少数先知先觉者身上。他再三强调,人类要生存下去,"在很大程度上客观生态价值观就一定要掌控我们个人的偏见与利益,一些特殊利益将不得不受整体利益的压制"。他蔑视现代西方自由民主政治及其基本信念,认为每个人的价值观与他人的一样好这样的看法是绝对的相对主义,是颇受质疑的。自由主义教条不能开辟通往"仁慈利维坦"之路,能承担大任的唯有拥有权力与权威的技术精英。

根据奥菲尔斯的逻辑,专制和威权政府应该更能维护民众权益,更能保护环境,但在历史和现实中却难以发现充足的事实论据。因此,不仅自由主义和新保守主义学者对其反自由民主的立场大加挞伐,左翼和环境主义学者也对其权威主义主张提出质疑甚至严加批评。例如,左翼学者戴维·奥尔和斯图尔特·希尔就明确表示,奥菲尔斯所推崇的大规模等级结构的威权制度解决生态问题的能力值得怀疑,相形之下,分散化结构在应对危机方面似乎更有弹性,更为灵活。理查德·巴内特和罗杰·霍

---

① William Ophuls, *Ecology and the Politics of Scarcity: Prologue to a Political Theory of the Steady State*, pp. 162-163.
② Ibid., p. 152.

斯沃思则认为，精英的生态意识只会更少而不是更多，公民参与的民主价值观依然是应对生态危机的政治基础。还有一些学者认为，现代社会在维持社会自由和环境健康方面所进行的讨价还价和相互妥协的价值不能被否定。[①]

## 四 美国生态马克思主义的生态观

### （一）生态危机与资本主义批判

#### 1. 詹姆斯·奥康纳与生态马克思主义

詹姆斯·奥康纳（James O'Connor），是美国生态马克思主义的重要旗手。其主要著作有《自然的理由：生态学马克思主义研究》（1998）等。他在揭露和批判资本主义的反生态本质方面，提出了一个较具个性化特色的解释架构。他认为，资本主义社会存在双重矛盾与危机。第一重矛盾是马克思所揭示的生产力与生产关系之间的矛盾，该矛盾运动造成需求不足而导致的生产过剩的经济危机；第二重矛盾则是资本主义制度下生产力、生产关系同生产条件之间的矛盾，人与自然关系的紧张以及由之而来的生态危机即由这种矛盾所致。在奥康纳看来，马克思时代凸显的主要是第一重矛盾，今天的资本主义凸显的则主要是第二重矛盾。第一重矛盾重于揭示的是资本主义社会内部矛盾的运动；第二重矛盾则着重揭示资本主义大生产同外部自然间的矛盾。奥康纳格外强调和重视第二重矛盾的重要性，理由有二：一是资本主义生产建基于能源和复杂的自然与生态系统之上，意味着资本主义生产和生态系统间存在着相互作用与相互制约的关系；二是由于马克思和恩格斯低估了资本主义的历史发展所带来的资源枯竭和环境破坏的严重程度，建构一种清晰的有关全球环境问题的资本主义理论势成必然，这就是第二重矛盾理论的使命。因此，奥康纳指出，生态学马克思

---

① David W. Orr and Stuart Hill, "Leviathan, the Open Society, and the Crisis of Ecology", *Western Political Quarterly* 31 (December 1978), pp. 457–469; Susan M. Leeson, "Philosophical Implications of the Ecological Crisis: The Authoritarian Challenge to Liberalism", *Polity II* (1978), pp. 303–318; Robert D. Holsworth, "Recycling Hobbes: The Limits to Political Ecology", *Massachusetts Review* 20 (1979), pp. 457–469; 转见 Richard J. Ellis, *The Dark Side of the Left: Illiberal Egalitarianism in America*, p. 256。

主义的出发点在于揭示资本主义生产力、生产关系和生产条件之间的矛盾运动引发的生态危机，这与传统马克思主义揭示资本主义基本矛盾引发经济危机这一核心目标是完全不同的。

奥康纳认为，资本主义是以经济无限增长为追求目标的自我扩张系统，但无法进行自我扩张的自然界，其发展周期和节奏同资本运作的周期和节奏大不相同，其结果是，生态环境被破坏，资本诸要素成本因之而节节上升，最终引发经济社会危机。具体而言，资本主义必然导致生态危机的结论是由以下几个方面的分析得出的。其一，资本主义的积累必然会破坏生产条件，造成生态危机。因为资本主义积累是建立在生产率不断增长和把工人阶级再生产出来的成本降低的基础之上。由于资本自我扩张具有无限性特点，结果是随着经济不断增长，对原材料的需求有增无减，原料在商品价值中所占比重将不断增大，而资本亦相应地会增加对资源开采领域的投入。在这种情况下，往往会使生产成本和积累同步增加，利润率则下降。如果资本在生产中节约性地高效率使用资源，降低原材料价格和成本价格并使平均利润率上升，则会因原材料价格的相对低廉而导致资源需求加快和积累增加，从而加快资源消耗的速度。因此，资本主义生产过程的结局必然是对自然资源耗费的有增无减和对环境污染与破坏的日益严重。① 深重化的生态危机反过来又会因增加资本成本与环境问题进一步加剧经济危机，最终导致资本主义的自我否定。"资本在损害或破坏其自身的生产条件的时候，便会走向自我否定。在这一意义上，生态危机和经济危机是由自身所导致的，并且，环境的和社会经济的革新运动是这同一总体过程的两个不同方面。"② 其二，资本主义的不平衡和联合的发展必然带来生态危机。奥康纳眼中的"不平衡发展"和"联合的发展"是何意思？根据奥康纳的观点，"不平衡发展"主要是指各种产业以及政治结构在空间分布上的失衡状态。它包括两层含义：一是指"发达"与"欠发达"地区间的关系，同弗兰克、多斯·桑托斯和阿明等人提出的"依附理论"关于欠发达的分析相似；二是指全球资本主义体系中城乡间、帝国主义与殖民地间、中心与外围间的剥削和被剥削的关系。不平衡发展带来的生态危机极

---

① 王雨辰：《生态批判与绿色乌托邦》，人民出版社，2009，第104~105页。
② 〔美〕詹姆斯·奥康纳等：《自然的理由：生态学马克思主义研究》，南京大学出版社，2003，第294页。

其严重,首先,土地的肥力被破坏。其次,森林被滥砍滥伐。再次,矿物或化石燃料被快速开采。最后,不发达地区人口和资源向发达地区移动,致使传统的经营方式难以为继。联合发展同样有两种形式:一是欠发达的南方国家农业人口向城市和发达国家迁移;二是工业和金融资本以及相关资本和技术向具有市场和廉价劳动力潜力的落后国家和地区输出,这些目标国普遍不重视环境保护。联合发展导致发达国家被禁止的污染产业转移到落后国家。"联合的发展意味着污染的出口以及危险性产品的出口。"① 一句话,无论是不平衡发展还是联合发展,都不可避免地给发达国家城市和欠发达国家和地区造成环境污染和资源枯竭的后果,而且,资本的积累率和利润率的高低与生态危机和环境恶化的程度呈正相关关系。

除以上讨论外,奥康纳还通过分析资本主义体制下生态可持续发展的不可能性来论证资本主义制度的反生态本性。他指出,要让生态可持续性发展,就必须代之以绿色财政政策,② 但在资本主义国家,这种绿色财政政策是很难被执行的。因为,绿色经济或生态可持续性的论题是由环保运动所创议,但环保运动对西方政治的影响因其力量弱小而受限,很难真正影响经济决策过程,此其一。其二,资本为获取更多更大利润,对环保运动予以资助,把自己打扮成绿色话语的支持者,使环保议题难以落到实处。其三,绿色环保运动所提倡的生态可持续发展模式,实际上是一种在稳态经济条件下的维持式发展,这与资本的扩张本性是完全相背离的,它将使资本无利可图。

**2. 福斯特对资本主义的反生态性之批判**

约翰·贝拉米·福斯特(John Bellamy Foster, 1953- ),美国俄勒冈大学社会学教授、《每月评论》主编、当代西方生态学马克思主义的领军人物。其主要著作有《脆弱的星球》(1994、1999)、《马克思的生态学》(2000)、《生态危机与资本主义》(2002)、《生态裂痕:资本主义对地球的战争》(2010)等。在这些著作中,福斯特旗帜鲜明地拒绝盛行西方学术界

---

① 〔美〕詹姆斯·奥康纳等:《自然的理由:生态学马克思主义研究》,南京大学出版社,2003,第317页。
② 绿色财政政策的主要导向是,对那些过度消耗原材料和自然资源的产业以及高污染行业征收重税;将资金投向清洁能源,如太阳能、风能、潮汐能等的开发利用;投入资金改善人们的生活和工作条件,以保障人们的健康与安全。参见王雨辰:《生态批判与绿色乌托邦》,人民出版社,2009,第111~112页。

的流行性观点，即把生态危机主要归咎于人类本性、现代性、工业主义和经济发展本身，他以充足的证据证明环境危机的祸源在资本主义制度本身，人类唯有实行根本的社会变革，"才有可能与环境保持一种更具持续性的关系"①。

福斯特指出，之所以把资本主义制度与生态危机联系在一起，是由资本主义的本质决定的。资本主义经济的首要目标在于无限度地追求利润增长，这不可避免地直接导致资本主义经济增长以牺牲世界上大多数人的利益为代价，而不惜一切代价的增长使环境恶化成为必然。70年代，在由罗马俱乐部引发的关于"增长的极限"的大辩论中，以诺贝尔经济学奖得主罗伯特·索洛（Robert Solow）为代表的传统增长理论鼓吹者们对经济无限增长与资源有限性之间的矛盾视而不见，对主张限制增长或可持续增长观点的厌恶和愤懑，从一个侧面见证了利润动机驱使下谋求增长的强大惯性力。此外，一如毫无节制的经济扩张一样，资本主义投资的短期行为也是大问题。"资本的拥有者在评估投资前景时，总是计算在预计的时间内（通常在很短时期内）得以回收投资以及今后长久的利润回报。"② 即便是在采矿、油井等自然资源领域里的投资，回报周期一般也不会超过 10~15 年，而且回报率十分可观。但在生态保护领域则不然，回报周期至少在 50~100 年，其他如非再生资源保护、水资源保护与分配、废物处理、人口影响和工业选址等涉及几代人可持续发展的问题，是冷酷的资本短期回报法则所根本不予考虑的。特别值得一提的是，许多环境与生态保护和可持续发展的构想和安排，在不同程度上都与第三世界国家相关，维护第三世界生态平衡的主张与资本投资于第三世界谋求短期回报的要求是格格不入的。《京都议定书》等国际节能减排计划之所以难以落实，其根本原因即在于此。

福斯特特别分析了资本主义生产方式同生态危机的内在联系。在他眼中，资本主义生产方式是一种"踏轮磨坊的生产方式"，其运行逻辑如下："第一，由金字塔顶部的极少数人通过不断增加的财富积累融入这种全球体制，并构成其核心理论的基础。第二，随着生产规模的不断扩大，越来越多的劳动者由个体经营转变为工薪阶层。第三，企业间的激烈竞争必然导

---

① 〔美〕约翰·贝拉米·福斯特：《生态危机与资本主义》，耿建新、宋兴无译，上海译文出版社，2006，前言。
② 同上，第3页。

致将所积累的财富分配到服务于扩大生产的新型革新技术上来。第四，短缺物质的生产伴随着更多难以满足的贪欲的产生。第五，政府在确保至少一部分市民的'社会保障'时，对促进国民经济发展的责任也日益加大。第六，传播和教育作为决定性的手段成为该生产方式的一部分，用以巩固其优先的权利和价值取向。"① 其基本特点有三：其一，呈现金字塔型结构，处于顶端的是极少数资本拥有者，位于底层的主要是工薪阶层；其二，在资本追逐利润的本性和市场竞争的共同作用下，其生产规模具有不断扩大和日益集中的趋势；其三，为巩固和发展资本主义生产方式，资产阶级大力宣扬与之相应的文化价值观。可以看出，资本主义生产方式运行的方向明显指向与地球生态循环相协调的反向。虽然一些自由派学者开出了自然资源资本化的"妙方"，即把自然资源转换为一种生产成本以解决生态问题，而无须改变资本主义生产方式，②福斯特等左派学者对此的回答是，这一方案是似是而非的。因为，这会造成环境质量可以通过购买获得的错觉，使已经严重的生态危机更加恶化。"把自然和地球描绘成资本，其目的主要是掩盖为了实现商品交换而对自然极尽掠夺的现实。"③ 和左翼学者布雷德福·迪龙一样，福斯特认为，正是资本主义带来的经济与生态矛盾的聚合引发了当今"划时代的危机"——第二次大萧条。资本主义制度本身已经无力从根本上治愈这样规模的危机，划时代的危机必然带来划时代的革命，当然，这场革命的希望就寄托在"环境工人阶级和生态农民群众的身上"。④

### （二）柏克特的马克思主义生态经济学

近些年来，美国马克思主义生态学者开辟出一个新的理论场域，即生态经济学。在这个研究领域，除福斯特外，最引人注目的莫过于印第安纳

---

① 〔美〕约翰·贝拉米·福斯特：《生态危机与资本主义》，耿建新、宋兴无译，上海译文出版社，2006，第36~37页。
② 代表人物有托马斯·普拉夫等人。Thomas Prugh, *Natural Capital and Human Economic Survival*, Solomons, Md.: Internaional Society for Ecological Economics, 1995.
③ 〔美〕约翰·贝拉米·福斯特：《生态危机与资本主义》，耿建新、宋兴无译，上海译文出版社，2006，第28页。
④ J. Bradford Delong, "The Second Great Depression", *Foreign Affairs*, July-August, 2013; John Bellamy Foster, "The Epochal Crisis", *Monthly Review*, Volume 65, Issue 05, (October) 2013, http://monthlyreview.org/2013/10/01/epochal-crisis#en1.

## 第六章 反人类中心主义：人与自然关系的激进再构

州立大学教授保罗·柏克特。柏克特在《马克思主义和生态经济学：通向红绿的政治经济学》一书中表示，马克思在政治经济学批判中分析了劳动和商品的二重性，具体劳动生产出来的使用价值作为物质和能量变化的结果，体现的是人与自然的新陈代谢关系，而抽象劳动生产出来的交换价值体现的是资本家阶级与工人阶级的社会关系，因此，马克思实质上是将社会与自然、社会实践与自然规律内在地连接在了一起。由此可以推断，马克思的政治经济学体系并非一般意义上的建构，事实上，这在将社会问题纳入理论范式的同时，也将自然和生态问题一并纳入其中，从而阐发了一种生态经济学观点。柏克特指出，正是强调从阶级分析的视角理解种种生态问题这一立场，构成了马克思生态经济学最突出的特点，这对当今生态经济学的发展是极有意义的启迪。尤其值得一提的是，当人们普遍地将积累增长危机（包括经济和生态危机）与阶级割裂开来思考生态经济学的问题时，深度解读和理解马克思的经济学观点显得尤为重要。[1] 与福斯特一样，柏克特还撰文指出，马克思和恩格斯并不像有些论者所认为的那样，同当时自然科学的发展相脱节，实际上，他们高度关注所处时代自然科学的发展及其成就，并积极地将其中的重要成果纳入自己的理论建构。一个显而易见的事实是，马克思和恩格斯在政治经济学研究中将热力学理论整合进来，从而在19世纪创造出一套独特的政治经济学理论体系，进而也为生态经济学奠定了深厚的理论基础。[2]

具体来说，柏克特的马克思主义生态经济学是通过四个问题的论述建构起来的，或者说马克思主义对生态经济学的"潜在贡献"主要集中在四个问题上：自然与经济价值之间的关系，自然资本概念，熵定律之于经济系统的重要性和可持续发展概念。

在自然与经济价值之间的关系上，马克思对重农学派的批判构成讨论的中心。众所周知，以魁奈和杜尔阁为代表的重农学派的核心主张是：土地和农业是"独一无二的财富源泉"，其他非农业生产只是把农业创造的财富汇聚在一起的附加性生产，不是真正的财富创造。这种对自然决定人类

---

[1] Paul Burket, *Marxism and Ecological Economics: Toward a Red and Green Political Economy*, Chicago: Haymarket Books, 2009.
[2] John Bellamy Foster and Paul Burkett, "Classical Marxism and the Second Law of Thermodynamics", *Organization & Environment*, Vol. 21 (Mar. 2008).

生存价值的强调似乎隐含有现代生态立场，但其实不然。正如当代生态经济学家克利夫兰所指出的，重农学派的思想最根本的问题是缺乏人与自然平等的意识，而这是生态经济学的根本立场所在。①

马克思在《资本论》第四卷有关"剩余价值理论"部分对重农学派进行了评述和批判。在马克思看来，魁奈的《经济表》和重农学派的价值与剩余价值来自生产而非流通领域的论断值得高度肯定，但他们没有考虑到不同社会形态下的社会关系，没有对资本主义财富价值所有制形式进行批判性思考，结果是，真正财富的自然资产与资本主义的"价值"被混为一体。虽然马克思强调剩余价值的源泉是劳动者在生产商品过程中包含的超过其工资所得的那部分价值的生产能力，但他并不否定剩余价值的自然基础，他常常把生产的自然条件视为自然的"馈赠"，没有它，资本攫取剩余价值的可能性也就不存在了。与重农学派不同的是，马克思认为，自然的馈赠本身并不会创造剩余价值，只会创造没有形成交换价值的使用价值，只有劳动力和其他劳动条件从土地上解放出来后，自然馈赠的资本主义成本才可能进入剩余价值生产条件。

20世纪70年代以来，众多生态经济学家、生态社会主义者继续就自然的价值问题展开讨论，出现了能源-价值理论学派、生态-斯拉法学派、生态社会主义自然剥削观、熵与生活享受论等派别与主张，他们在讨论自然价值问题上，几乎不把自然的货币价值作为一种特殊的资本主义价值形式加以考虑，和重农学派一样，他们缺少对制度内部的经济关系和制度估值自然方式之间联系的关注，这导致他们把自然的价值与使用价值、交换价值与对自然进行估值的货币等混同。

柏克特指出，马克思关于自然财富的资本主义价值分析具有强烈的生态指向，他把资本主义抽象劳动时间的减少和自然对财富生产的贡献之间的矛盾彻底揭示出来，强调了价值的货币形式和自然环境之间的紧张关系：货币的同质性、可分性、流动性和数量的无限性与自然和生态财富的多质性、相互连接性、地方独特性、量的有限性相对立。

在自然资本这个生态经济学的核心概念上，马克思主义持否定的立场。

---

① Paul Burket, *Marxism and Ecological Economics: Toward a Red and Green Political Economy*, pp. 23-25.

自然资本这一概念是由新古典经济学派提出来的,却被现代生态经济学家广泛应用于其政治经济分析。出于对70年代初罗马俱乐部等环境组织发布的资源枯竭危机预警的回应,现代生态经济学家主张通过以自然资源替代资本的方式确保消费和生态环境的协调与可持续性发展。虽然新古典经济学的论述存在明显的缺陷,但生态经济学家们相信,自然资本概念预示着创造一种可供选择的范式的良好意图,因此,他们对自然资本表现出远超新古典经济学派的浓厚兴趣。1992年8月,国际生态经济学学会(ISEE)在斯德哥尔摩召开年会,大会主题即自然资本概念的推广问题。生态经济学家认为,资本是指拥有在未来生产出物品的力量储存,它包括自然资本、人力资本和文化资本等,自然资本则分为可再生与不可再生两种。他们相信,自然的资本化是保护环境和维持可持续发展的方法,然而,资本追求利益最大化的本性使自然资本化并不能真正克服环境危机与可持续性的现实困境。

毫无疑问,马克思主义对自然资本持明确的反对态度,因为自然资本化的结果就是自然被商品化具有了合法性。现代诸多西方马克思主义理论家坚决拒绝把自然视为生产性资产,拒绝通过货币和市场来估值自然,拒绝把可持续资本主义与可持续发展混为一谈。要抵制自然的资本化,理论上就要回到马克思主义关于生产的物质—社会关系的阶级基点上来,因为在马克思主义者看来,生产中人与自然关系的形成是以特定历史时期的社会关系为介质的。抵制自然资本化不仅仅是因为这种思路在解决生态问题上文不对题,更重要的是,这是以人类健康的可持续发展对抗资本主义可持续性的必然要求。柏克特认为:"把人类劳动力和自然条件转化为资本不只是一种思想方法,不只是一种意识形态,不只是一种合法性司法建构,甚至不只是一种人类存在条件的商品化,这是资本主义在生产关系水平上的基本条件(与矛盾)。马克思主义并不把主流'自然资本'理论简单地视为一种错误,而是视为资本主义对劳动与自然的异化与剥削的一种分析的物化。"[①] 人类劳动力和自然在资本主义制度下真正成为竞争性利润驱动的与社会性分离的生产工具,因此,克服生态危机的出路不是自然资本化,而是终结力图把一切都商品化的资本主义制度。

---

① Paul Burket, *Marxism and Ecological Economics: Toward a Red and Green Political Economy*, pp. 133-134.

热力学第一定律认为：能量守恒不灭，只能从一种形式转化为另一种形式。作为热力学第二定律的熵定律则告诉人们，能量只能不可逆地向一个方向转化，即从有序、有用或有效到无序、无用或无效，熵的增加意味着系统更加无序与混乱。最早把熵引入生态经济学的是尼古拉斯·乔治斯库-罗根和赫尔曼·达利。他们通过对由自然提供物质资料和能源的生产过程进行观察发现，经济过程既不产生也不消费物-能，只是持续性地吸收和释放物-能。他们得出的结论是：物-能以低熵状态进入和以高熵状态离开经济过程，亦即生产把人类劳动与物-能的低熵形式相结合产出有用的物品与服务，其代价是物-能从较有序（有用）形式转化为几乎无序（无用）形式。换言之，"熵定律是经济匮乏的主根源"。[①]

乔治斯库-罗根与达利的研究成果引发了80~90年代生态经济学的广泛讨论，讨论主要围绕四个带有结论性的问题展开：一是人类生存的目的性特性忽视了熵定律的适用性；二是与经济关联的熵概念可被界定为与人类目标和技术无关；三是太阳能可用于实现一种完全的物质资源的再循环；四是市场价格已经对所有与经济相关的熵现象做出了回应。

柏克特指出，这四个方面对于理解经济—自然关系具有不可否认的重要意义，但生态经济学家们最明显的问题是，他们没有对作为形成自然条件应用（或滥用）重要因素的生产的社会关系予以考虑，更不用说缺少唯物主义的阶级视界了。马克思主义在承认熵定律客观存在的同时，着重强调在资本主义的熵需求与可持续的人类生产与发展的熵需求之间存在根本的分野。资本主义经历着根植于资本积累与自然条件（人与环境）间紧张关系的周期性危机，与此相关的是，资本主义的生态-熵动力机制在人类发展的责任条件中产生了永无止境的危机。这种永恒性危机唯有生产者及社会通过明确的生产和物质条件共有化才能克服。

如何才能够实现人类生产的可持续性发展是生态经济学家们最能施展想象力的问题，而马克思主义的回答在柏克特看来最具科学性与可行性。根据柏克特的看法，马克思主义的可持续发展观主要围绕可持续发展的三个维度展开：一是把自然作为人类发展的公共水池资源，这是未来合理利

---

[①] Paul Burket, *Marxism and Ecological Economics: Toward a Red and Green Political Economy*, p.144.

用资源的前提条件;二是人类个体、社会与自然的共同演进,这必然要强调三者之间的相互依存和平等意识;三是财产共有是可持续发展的"第三条道路",也是最重要的路径。事实上,这三个方面直接或间接地与马克思和恩格斯的共产主义方案相联系,即共产主义为人类可持续发展的最佳路径选择,这是由这个理想社会的非异化性、财产公有性、非市场配置性、社会集体管理性等特点所决定的,当然,它的实现仍然离不开世界性的新型阶级斗争方式。[①]

总之,资本主义所崇尚的是以获取最大利润为目的的经济理性,它与主张可持续发展的生态理性完全对立,这种对立反映了前者的工具理性与后者的价值理性间的泾渭分明,作为工具理性的经济理性严格遵循"核算和计算"原则,力求越多越好;作为价值理性的生态理性则奉行生态原则,力求够了就行,更少但更好。在制度不变革的条件下,这两者间的鸿沟是难以逾越的。

## 五 小结:颠覆人与自然二元论哲学的思想传统

激进环境主义作为一种思想传统,其一以贯之的立场就是对传统人与自然二元对立哲学的否定,这一立场使之具有如下理论特征与可取之处。

其一,把生态危机的根本出路同人与自然二元对立关系的终结和资本主义制度的瓦解紧紧相连。无论是深层生态学理论,还是社会生态学主张,都把消费资本主义和跨国公司作为生态危机产生的根源,把资本主义视为对人与自然进行双重剥削的罪恶力量,资本全球统治的颠覆是人的自由和生态的解放之前提。自20世纪70年代以来,西方左翼传统制度批判的经济与政治主题日益成为脱离实际的自说自话,而激进环境主义则让左翼逐渐摆脱了尴尬处境,在全球资本主义制度批判中占据了制高点。从政治哲学上看,激进生态学最大的理论贡献在于:由于把资本主义制度及其文化根基同生态危机联系在一起,资本主义的合法性就被否定了,激进生态学理论逻辑告诉人们,在资本主义制度下,人类及其动植物伙伴乃至整个地球

---

① Paul Burket, *Marxism and Ecological Economics: Toward a Red and Green Political Economy*, pp. 331-332.

共同体将不会有光明的未来。

其二，把生态斗争与其他激进诉求相结合，从不把它孤立在种种正义事业之外。绝大多数激进环境主义者在追求生态正义的同时，往往还是性别、族群、经济正义和人类持久和平的信仰者。尤其是一些女性环境主义者，她们总是把环境正义与性别平等权利紧紧联系在一起，把推翻父权制视为自然与女性解放的基础。

其三，激进环境主义的激进主张与策略虽然失之偏激，但它的社会聚焦效应在客观上强化了生态意识在整个社会的内化，为一系列环境立法和政策的出台培育了社会土壤。2010年，美国环境主义者和"地球法理"新概念的首倡者科马克·卡利南（Cormac Cullinan）组织起草了《地球母亲权利世界宣言》；2016年6月21日，全球环境法律人士通过一份呼吁生态立法的《奥斯陆宣言》；8月1日，联合国大会发布了一份关于"地球法理"的专家报告（A/71/266号文件）。

"地球法理"实际上是把激进生态伦理思想扩展到了法律领域，把人类特有的法律权利扩展到地球上所有物种，同时让地球成为法律主体，这一思想与深层生态学和社会生态学之间的理论连接是毋庸置疑的。

激进环境主义存在的问题也不容否认。

首先，过度张扬生态中心主义，出现"憎恶人类"的极端趋向。美国学者理查德·埃利斯用"厌恶人类症的平等主义"来界定"地球第一！"的理论与实践，绝非言过其实。甚至连同样反对人类中心主义的社会生态学家布克金也批评"地球第一！"的福尔曼等人奉行的深层生态学具有"憎恨人类"倾向，[①] 这种憎恨带有非理性的情绪化特征，似乎人类的正常生存权利也被根本否定了。

其次，把原始生活方式理想化，重蹈反主流文化田园怀旧的迷思。生态理论家卡利科特指出："在生态学思想普及和环境危机意识深入人心的时代，传统美洲印第安人文化成为一种象征，它象征着我们已经失去但还没有被忘记的人与自然的和谐。""传统美洲土著人与自然和谐相处的生存应

---

① Murray Bookchin, "Social Ecology Versus Deep Ecology: A Challenge for the Ecology Movement", *Green Perspectives*, pp. 4-5（summer 1987）, http://dwardmac.pitzer.edu/Anarchist_Archives/bookchin/socecovdeepeco.html.

## 第六章　反人类中心主义：人与自然关系的激进再构

当成为当代欧美社会的理想。"① 如果只是汲取原住民与自然和谐相处的价值观，是无可厚非的，但不少激进环境主义者是力图让人类回到传统美洲土著的生活方式或生存状态，这是一种典型的无政府原始主义，这与60年代嬉皮士反主流文化的异托邦前工业社会实验公社几乎没有本质区别，其虚幻性决定了它实践的不可能。

再次，在生态危机的政治出路上，出现无政府主义和专制主义两种倾向。无论是深层生态学还是社会生态学，二者的主张都有无政府主义的极端特性。而奥菲尔斯对精英主义的倡导则代表着专制主义的另一个极端。无政府主义有一个特征，即政治上的个人英雄主义。个人英雄主义有两个直接后果：一是暴力偏好和恐怖主义；二是作为无政府主义悖论的精英主义和专制主义。就专制主义而论，奥菲尔斯的反民主论调绝非荒腔独唱。劳拉·威斯特拉在1993年的一篇文章中公开提出立法要有"生态之眼"，要根据理想目标和"善"而不是投票人的爱好立法。即立法的基础是专家而不是选民，当然，专家必须是非政府的、认同全球善的专家，政府专家必然只代表民族国家政府的利益和立场。② 类似的论调在威廉·卡顿和保罗·埃尔里希等人的著述中随处可见。无论是无政府主义还是专制主义，其主张只会让自身在社会上陷于孤立无援之境。

最后，所提出的政策和采取的策略具有令人无法接受的恐怖主义和悲观主义色彩。比如大规模减少人口的主张就被右翼学者指责为新纳粹主义；③ "地球第一！"的钉树策略虽然是为了保护森林环境，但钉入树干的铁钉对伐木工人构成致命威胁；它的呕吐表演策略结果是适得其反；至于"地球解放阵线"（ELF）等实施的"生态破坏演示"（Ecotage）更是赤裸裸的恐怖主义行为。社会生态学同样把暴力作为环境运动的重要手段，社会生态学家布瑞安·托卡尔宣称，人类处于"生态崩溃的边缘"，要拯救地球，首先需要用灾难的恐怖煽动人们采取行动，然后要鼓励热爱地球的人

---

① Baird Callicott, *In Defence of the Land Ethic*, *Essays in Environmental Philosophy*, New York: State University of New York Press, 1989, p. 203.
② Laura Westra, "The Ethics of Environmental Holism and the Democratic State: Are They in Conflict?", *Environmental Values* 2 (Summer 1993), pp. 125-136.
③ 阿恩·内斯曾经提出这样的建议，把人类人口数量减少到一亿左右。Nicholas Goodrick-Clarke, *Hitler's Priestess: Savitri Devi, the Hindu-Aryan Myth, and Neo-Nazism*, NY: New York University Press, 1998.

们尽最大可能去破坏现代社会的诸多机构。①

生态恐怖主义（Eco-terrorism）又称为生态法西斯主义（Ecofascism），它是极端自然和原始崇拜以及直接行动政治策略的产物。对自然的非理性崇拜使激进环境主义变成了一种新宗教。2005年，联邦调查局宣布"地球解放阵线"是美国国内最大的恐怖主义威胁，该组织对造成数千万美元财产损失的1200起刑事案件负有责任。② 自1979年至2008年的30年间，生态恐怖主义给美国造成的财产损失在3亿美元以上。

绝大多数激进环境主义者和团体之所以在谈及地球环境的未来时都是悲观主义的，这一方面的确是他们面对环境持续恶化的现实时绝望心态的反映，但另一方面更是他们的一种策略：通过对环境前景的灾难性描绘，造成公众心理上的生态恐慌，从而推进激进环境主义议程。至于生态马克思主义的理论立场，在对资本主义制度与生态危机关系的分析方面，不失深刻与系统性，但在思考克服生态危机与超越资本主义制度的主体、当下可行策略等方面，仍然没有新的突破，没有足以令人心悦诚服的妙方。

---

① Brian Tokar, "Social Ecology, Deep Ecology, and the Future of Green Political Thought", *Ecologist* 18（January/February）, pp.132, 139.
② 这些案件中最有名的有1998年烧毁科罗拉多州维尔滑雪营地，1999年焚毁俄勒冈州SUV经销店，1999年在首都华盛顿维尔度假村纵火，等等。Steven Best and Anthony J. Nocella, *Igniting a Revolution: Voices in Defense of the Earth*, New York: Lantern Books, 2006, p.47.

# 第七章　拒绝战争：国际和平与平等关系的激进建构

## 一　20世纪前的美国激进和平主义

### （一）梭罗的非暴力抵抗思想

美国是一个具有深厚和平主义思想传统的国家。"几个世纪以来，和平主义与其说是政治行为不如说是宗教行为。"① 在美国早期的宗教组织中，以和平为圭臬的为数不少，其中以基督教兄弟会、门诺会、贵格会最具代表性，其"通过殖民地对欧洲帝国间战争有增无减的反感来培养……反战情感"。罗德艾兰殖民地创建者、清教神学家罗杰·威廉斯就曾明确表示，虽然耶稣为人们流血而死，但流血的行为（战争等暴力活动）有违基督教义。② 美国建国后，在历次内外战争发生前后，出于政治、经济、文化和宗教等不同动机的和平主义总是汇聚成为汹涌澎湃的反战浪潮。其中由亨利·梭罗开启的激进和平主义进入20世纪后演进为最具政治文化冲击力的传统。

1846年6月24（或25）日，梭罗被地方税务官山姆·斯塔普尔斯叫到其办公室，要求他补交拖欠了6年的人头税，梭罗以反对美墨战争和奴隶制

---

① Marian Mollin, *Radical Pacifism in Modern America: Egalitarianism and Protest*, Philadelphia: University of Pennsylvania Press, 2006, p.9.
② 吕庆广：《战后美国左翼政治文化：历史、理论与实践》，社会科学文献出版社，2015，第41页。

为由予以拒绝，认为美国对墨西哥的战争和奴隶制一样，是违反人类道德与良知的，尤其是这场战争的一个重要目标是把奴隶制扩张到墨西哥土地上去，使得它更加不正义，而缴纳的人头税会被用于战争。地方当局的做法是将梭罗投入监狱作为惩罚（监禁一天后在亲属代缴税后得以释放）。1848年初，在马萨诸塞州康科德镇演讲厅，梭罗就个人与政府的关系发表了著名的"与政府有关的个人权利和义务"演讲，翌年这一演讲被整理成论文《抵制公民政府》公开发表，其核心论题是"论公民的不服从"，强调个人有权不服从或违反任何与其良心相悖的布告、命令和法规；不承认公民有表示尊重法律的义务，相反，应受尊重的唯有正义。

梭罗指出，个人必须抵制让人顺从于社会的压力，应该服从自己的本能和梦想，但大多数人都不明白这一点，结果是过着"安静绝望的生活"。在人与政府关系上亦然。作为无政府自由主义者，梭罗对政府有着深深的不信任，他发自心底地信奉"管得少的政府即好政府""什么都不管的政府才是最好的政府"的格言。在他心里，政府充其量至多是一种应急手段、一种机器，个人必须抵制对政府的顺从，个人有责任防止政府管得过多，有责任防止自己顺从政府去从事种种非正义的工作。当政府这架机器产生不正义时，有良知的公民的责任就是充当"反向摩擦力""让机器停下来"。"在任何意义上，对国家的不服从所招致的惩罚都比服从它所造成的损失要少。"如果每个有良知的公民都不服从，将会是一场和平的不流血的革命。

在梭罗眼中，对外进行非正义的侵略战争，对内则对公民施加压制，政府的存在是弊大于利。他明确表示，他对政府没有尊敬，只有怜悯。虽然美国政府并不是最糟糕的政府，但"在国家开始承认个人为更高的独立的力量前，将永远不会有真正自由和开明的国家"①。稍加留意，我们会发现，梭罗个人高于国家的思想同后来艾玛·戈德曼的观点如出一辙："社会为了人而存在，不是人为了社会而存在。社会仅有的合法目的是服务于个人的需要，推进个人的抱负。"②

梭罗的和平抵制政府的政治哲学具有突出的无政府和平主义色彩，这

---

① Henry D. Thoreau, "On the Duty of Civil Disobedience", 1849, original title: "Resistance to Civil Government", http://www.gutenberg.org/files/71/71-h/71-h.htm.
② Emma Goldman, "The Individual, Society, and the State", in Alix Kates Shulman ed., *Red Emma Speaks: Selected Writings and Speeches*, New York: Random House, 1972, p.100.

是后来的托尔斯泰、甘地、小马丁·路德·金等人灵感的源泉。但其实，这里面存在某种误读，以为梭罗是非暴力主义者，事实上，梭罗并不反对正义的暴力。例如，当废奴主义者约翰·布朗武装攻占哈泼斯渡口时，他将此视为正义之举而大加赞扬。不过，由于通篇文章都立足于论证个人自由权利高于政府这一集体权力，鼓励个人为保卫个人自由权利而和平地抵制政府权力，梭罗的确建构起一种非暴力抵抗的政治抗争方法论，这为之后尤其是20世纪的激进和平主义定下了基调。

### （二）反帝民主派的反扩张思想

1898年美西战争爆发前后，正如商人和政治家们所希望的，因战争煽动起来的极端爱国主义浪潮席卷了全美。战胜了西班牙，得到了菲律宾、波多黎各和关岛等西属殖民地，似乎确证了美国的使命：向"不幸的"民族传播民主与美国文明。"以共和政府的美德教化遥远土地上的'土著'，派传教使团去传播福音，派商人去拉丁美洲和亚洲（尤其是中国）开拓市场和打开贸易之门，这一前景让美国人心中充满爱国荣光和使命意识。"① 然而，虽然帝国主义狂热的假借爱国主义冲动在美国国内甚嚣尘上，但一波激进却不失理性的反战与反帝国主义思潮亦应运而生。

战争甫一爆发，一位社会主义者就在旧金山一家报纸上撰文予以抨击："仅仅是一小撮领导人煽动去那样做，这个国家贫穷的工人就会被派去屠杀和伤害西班牙的穷工人，想一想这极为可怕。"一些社会主义者指出，"缅因号"军舰爆炸沉没，丧生的水兵人数被媒体大肆炒作，而这只是每月死于工伤事故和死于同警察和罢工破坏者对抗的工人人数的零头，媒体对此却讳莫如深，更何况"缅因号"事件背后的真相可谓为云遮雾罩。他们敏锐地发现，美国统治集团是想利用这一事件扩充军力，让美国进入世界海军和军事强国前列。"资本家将拥有一切，当工人敢去要活命的工资……他们将像大街上的狗一样被射杀。"②

在知识界，虽然许多进步派知识分子从反对西班牙殖民统治和同情古巴人民的立场出发对这场战争持欢迎态度，但仍有不少人公开表示反对。

---

① Ralph Young, *Dissent: the History of an American Idea*, New York and London: New York University Press, 2015, p. 284.

② Ibid., pp. 284-285.

哈佛大学教授、《北美评论》编辑和《民族》创办人查尔斯·诺顿就是一例。他痛斥麦金利政府的战争政策，在美军登船前往古巴之际，他发表了激情四溢的反战演讲，鼓动年轻人拒绝报名参军。在他看来，这场战争意味着文明向野蛮之路倒退，对于有些美国人相信这场战争是为了推翻西班牙压迫者和帮助古巴赢得独立，因而是合乎道德和正义的，诺顿不以为然。他指出，以武力推翻西班牙统治来保证古巴的独立将意味着，不是陷入实际上的无政府状态就是美国的统治代替西班牙的统治；虽然有人辩解说战争能够把古巴人从痛苦中解放出来，但这是虚伪的说法，美国突然发动的战争带给古巴人的只是更多的痛苦。麦金利政府"把我们带进了一场可能和应该避免的战争，这场战争是一场非正义战争"。每一个有责任感的善良公民必须坚守道德法原则，反对和尽快终止这场战争。[1]

这种反战情感很快升级为反帝国主义思潮。事实上，持反帝国主义思想的人比反战抗议的人要广泛得多。1898年11月，反帝国主义联盟（AIL）成立，其政治目标是反对美国吞并古巴、波多黎各、关岛和菲律宾。参与者来自多个社会阶层和领域，知识界有威廉·詹姆斯、约翰·杜威、查尔斯·诺顿、马克·吐温、简·亚当斯、查尔斯·亚当斯、菲力克斯·阿德勒等人；新闻界有埃德温·哥德金、奥斯瓦尔德·威拉德等人；政界有卡尔·舒尔茨、乔治·鲍特维尔、威廉·布莱恩、格罗夫·克利夫兰、乔治·埃德蒙兹等人；法律界有莫菲尔德·斯托利；工商界有安德鲁·卡内基、詹姆斯·麦考米克、甘梅利尔·布雷福德等人；工会界有萨缪尔·龚帕斯等人。

毫无疑问，这是一个由各种不同反帝动机纠合而成的共同体，亦即反帝国主义联盟的参加者并不是秉持共同的思想站在帝国主义对立面的。第一种反帝动机是出于种族主义理由。这些人担心的是，将拉美和太平洋上的这些岛屿并入美国会威胁美国的种族纯洁性，因为这些岛屿上的"劣等种族"很可能在数量上压倒盎格鲁-撒克逊白人。第二种动机是出于工作机会的权衡。工会领袖龚帕斯就害怕这些"半混血半野蛮人"作为廉价劳动力输入美国抢夺白人工人的饭碗。第三种动机是反对党出于选举考虑的政

---

[1] Ralph Young, *Dissent: the History of an American Idea*, New York and London: New York University Press, 2015, pp. 285-286.

## 第七章 拒绝战争：国际和平与平等关系的激进建构

治动机。比如，来自南卡罗来纳州的民主党参议员本杰明·提尔曼坚决反对让更多的非白人加入美国；除了种族主义动机，还有把反帝国主义作为在即将到来的总统大选中对付共和党的政治工具。第四种动机是出于商业投资风险的考量。钢铁大王卡内基认为，殖民地对美国经济扩张很有必要，但以武力取得殖民地则是有问题的，因为军事征服和统治分散了商业投资和工业发展这一首要事业的力量。[①] 第五种也是最具政治浪漫主义和激进色彩的动机，即占领西班牙前殖民地背离美国的自治政府以被统治者同意为基础的核心原则。例如，卡尔·舒尔茨在1899年的一次反对吞并菲律宾的演讲中指出，如果美国吞并了菲律宾，变成了帝国主义国家，民有、民治、民享的政府就会转变成为一部分强者凌驾于另一部分弱者之上的政府。放弃以被统治者同意为基础的原则对被征服人口和美国政府都是有害无益的，在国外放弃了作为永久性政策基础的基本民主原则，必然会影响国内政治的运作。他警告美国人，民主体制不能否定作为自身主要存在条件的信仰，一旦政府对大多数人扮演起帝王的角色，其存在的合法性就会面临巨大的危险。对于有扩张主义者怀疑他的爱国主义，指责他对美国不忠，舒尔茨毫不退缩地表示，有人告诉我们，美国国旗一旦升起就永远不会落下，每一位爱国公民应该时刻准备着，在国旗下为正义和至高无上的国家利益而战斗乃至牺牲；但这当中有一个危害美国的大危险，那将是共和国的悲哀，即公民没有足够的爱国心和勇气抵制煽动分子的叫喊，国旗可能不会在正义和最好的国家利益之处升起，如此这般，共和国将国祚不永。[②]

民主党政治家布莱恩主要侧重于从道德的角度反对帝国主义政策，他认为，如果美国变成一个帝国，美国人就要放弃原有的道德高地而站到自己所反对的对立面上去。更何况，美国立国之初就对强大的军事力量怀有深深的不信任，认为军事力量会被用作贯彻暴君意志的工具。美国建国者们相信，军国主义会导致专制主义。如果美国采取帝国政策，强行合并菲律宾群岛，将会使美国占领别的群岛、统治其他民族的行径合法化，随着

---

[①] Mary Beth Norton et al., *A People and the Nation: A History of the United States*, Vol. 2, Since 1865, Boston: Houghton Mifflin, 2006, pp. 609, 610.
[②] Frederic Bancroft ed., *Speeches, Correspondence, and Political Papers of Carl Schurz*, (Vol. 6), New York: Putnam, 1913, pp. 11, 28, 29; 转见 Ralph Young, *Dissent: the History of an American Idea*, pp. 287–288。

征服战争的继续，军事集团会确定性地发展起来。他提醒人们："一支大规模的常备军，不只是人民金钱上的负担，而且是对共和制政府形式的威胁。"①

与布莱恩一样从道德立场批评美国帝国主义政策的人为数众多，银行家甘梅利尔·布雷福德直接谴责美国的殖民地野心"疯狂且邪恶"，将把美国推入"道德毁灭"之地。②

虽然反帝民主派未能阻止战争，更未能阻止美国大幅度增强军事力量，成为新兴帝国主义国家，但其所伸张的反帝反殖思想却发展成为20世纪激进和平主义绵延不绝的一脉。

## 二 进步主义时代的和平反战思潮

### （一）社会党人的反战和平思想

如前所述，早在美西战争时期，社会主义者就以鲜明的姿态亮明其反帝国主义立场。第一次世界大战爆发后，由社会党人所代表的社会主义者旗帜鲜明地予以反对。1917年春，威尔逊政府向德奥意三国同盟宣战，美国加入第一次世界大战。然而，这引发了美国立国以来最严重的反战抗议。与社会党关系密切的社会福音派领袖饶申布施公开表示，战争和卖淫一样是人性堕落的表现，"战争是对生命的大规模浪费"。③ 面对汹涌澎湃的反对之声，联邦政府一方面加强媒体的宣传攻势，为美国参战合乎道德性进行辩护，另一方面则通过"间谍法"和"煽动叛乱法"，对抗议者进行压制，但这种政治和法律上的压制只能封住一些人的口，却封不住和平反战思潮。

还在宣战前，著名改革家、威斯康星州州长、后来的联邦参议员罗伯特·拉福莱特就公开反对美国参战，认为威尔逊为了保护民主而战的理由是虚伪的借口，作为美国盟友的大英帝国也是世袭君主制、世袭统治者、

---

① William Jennings Bryan, *Life and Speeches of Hon. Wm. Jennings Bryan*, Baltimore: R. H. Woodward, 1900, pp. 394-396; 转见 Ralph Young, *Dissent: the History of an American Idea*, pp. 288-289。
② E. Berkeley Tompkins, *Anti-Imperialism in the United States: The Great Debate, 1890-1920*, Philadelphia: University of Pennsylvania Press, 1970, p. 123。
③ Walter Rauschenbusch, *The Social Principles of Jesus*, New York: The Woman's Press, 1916, p. 16.

## 第七章 拒绝战争：国际和平与平等关系的激进建构

世袭上议院、世袭土地制度、有限投票权、劳动者工作条件恶劣、拒绝给殖民地人民自由。言外之意是英国与德意志帝国一个样。他宣布，这是一场强加于美国人民头上的战争。1917年10月，拉福莱特专门进行了一场保卫自由言论和异议权利的演讲，公开把第一次世界大战称为"非正义战争"，表示"以有序的方式，直率、公开和没有恐惧地进行讨论"的权利是美国人民享受的最重要的权利，美国政府却在试图打压这些权利。① 不过，与德布斯的激烈言辞相比，拉福莱特的反战言论实属温和的劝诫而已。

社会党领袖德布斯因激烈的反战言论于1918年6月被捕。在俄亥俄州坎墩发表的反战演讲中，德布斯指出："贯穿历史的全部战争皆为征服和掠夺而发动。"中世纪住在城堡中的封建主为了扩大领地、加强权力、维护尊严和增加财富而相互宣战，但他们自己并不参战，作为现代封建主的华尔街大佬也一样。在战场上厮杀和死亡的是农奴、农民，可怜又无知的农奴被教导要对主人心怀敬畏，要相信当主人们相互宣战后，为了把他们置于羞辱中的主人和大佬的利润与荣耀相互击倒对手、相互抹对方的脖子，就是他们的爱国责任。现在一如过去，一切都没有变，统治阶级从战争中得利，工人阶级在战争中死亡。

关于大战的性质，德布斯断定为帝国主义战争，是为与普鲁士容克统治阶级一丘之貉的美国商人和金融家——华尔街绅士们的利益进行的战争，"华尔街容克"们以战争是为了保卫世界民主的谎言来掩盖战争的真实目的。这场战争真正只是为了利润，不为别的。他们把自己包裹在爱国主义中，通过质疑任何不全心全意支持战争的人的爱国主义来威胁人民：

> 这些人是今天身裹美国国旗的绅士，他们在房顶上高喊他们是唯一的爱国者，他们手拿放大镜，在全国搜寻不忠的证据，渴望将叛国的烙印印到那些敢于反对容克在美国的统治的人身上。难怪山姆·约翰逊要宣称"爱国主义是流氓无赖最后的避难所"，他一定是想到了华尔街绅士，或者至少是他们的原型，因为每一个时代都是暴君、压迫

---

① Murray Polner and Thomas E. Woods, Jr. ed., *We Who Dared to Say No to War: American Antiwar Writing from 1812 to Now*, New York: Basic Books, 2008, pp. 127-129.

者和剥削者身披爱国主义或宗教或者是二者的斗篷欺骗和威慑人民。①

在德布斯眼中，这些所谓的爱国者事实上是骗子，而批评战争的人、支持自由和正义的人才是真正的爱国者。

这次演讲后不久，德布斯因妨碍战争罪被捕，经审判，判刑10年，并被剥夺美国公民权。② 在法庭上，他依然坚持自己的反战立场：

> 我被指控妨碍战争，我承认。先生们，我憎恨战争。如果只有我独自站着，我也会反对战争。③

德布斯从马克思主义立场出发，以历史对比的生动语言深刻揭示了"大战争"的帝国主义本质，对迷惑于政府有关战争正义性宣传的大众无疑是醍醐灌顶，这可能是威尔逊总统始终不肯赦免德布斯的原因所在。

### （二）伦道夫·伯恩的反战思想

伦道夫·伯恩（Randolph Bourne，1886-1918），一个虽然一出生即因脊椎结核病而驼背的侏儒男子，却是20世纪美国思想史上的巨人。伯恩毕业于哥伦比亚大学，是《大西洋》《新共和》《日晷》等著名刊物的撰稿人。在公开发表的文章中，伯恩对公司资本主义进行了严厉批评，对威尔逊政府的战争宣传和压制异见的政策大加抨击，与此同时，他鼓励青年人要敢于对传统社会角色、个人关系和美国价值观提出质疑。他毫不妥协地反对美国卷入第一次世界大战，为此，他被《新共和》除名，并受到司法部的监视。

第一次世界大战期间，美国进步派人士逐渐因战争分为反战派和主战派，前者以伦道夫·伯恩和简·亚当斯等人为代表，后者则以杜威为领军

---

① Eugene V. Debs, "The Canton, Ohio Speech, Anti-War Speech", June 16, 1918, https://www.marxists.org/archive/debs/works/1918/canton.htm.
② 战争结束后，司法部部长帕尔默曾经建议威尔逊总统给德布斯减刑，被拒绝。1921年圣诞节，共和党总统沃伦·哈定赦免了德布斯，入狱3年的德布斯得以出狱。1976年，德布斯去世50年后，美国国会恢复了他的公民权。
③ Ernest Freeberg, *Democracy's Prisoner: Eugene V. Debs, the Great War, and the Right to Dissent*, Cambridge: Harvard University Press, 2008, p.99.

## 第七章 拒绝战争：国际和平与平等关系的激进建构

人物。杜威之所以支持战争，是因为他希望通过战争来推广和扩大民主。作为杜威的学生，伯恩拒绝这种异想天开的主张。他认为杜威背叛了他自己的民主理想，杜威支持战争等于把政府等同于民主，而民主应该是民主制背后的理念。

在1917年的论文《偶像的黄昏》中，伯恩引用杜威的当代詹姆斯式的进步的实用主义观点，宣称美国把民主作为结束战争的理由，可民主本身却从未被检验过。伯恩根本不接受威尔逊第一次世界大战是"结束一切战争的战争"和"为了民主使世界变得安全"的战争的说辞，在他看来，美国卷入战争表明，美国尽管以民主为信仰，却比任何非民主国家好不到哪儿去。

虽然伯恩32岁即因染上流感英年早逝，但他的《战争与知识分子》和《战争乃国家之健康》两篇文章却成为让他不朽的思想标杆。在这两篇文章中，伯恩分析了国家的特性、战争中人的心理、爱国主义的本质以及国家禁止异议的原因。在第一篇文章里，伯恩对支持战争或者为政府工作或者配合政府进行战争宣传的知识分子和学术界予以强烈批评："美国知识分子，在他们全神贯注于现实之际，似乎忘了真正的敌人是战争而非德意志帝国。"像威尔逊一样，试图让美国人相信这场战争是"一次神圣的十字军"，在道德上无懈可击，相信民主制与共和制政府形式是同义词，这是错误的。所有革命的副产品都不会让战争具有合法性，或者把战争排除在让人类痛苦的一切恶魔的最恶毒的情结之外。[①]

第二篇文章发表于伯恩身后。文中就战争的历史作用和心理基础进行了最为深刻的分析。他虽然研究的是第一次世界大战，但其结论适用于所有战争。他指出，战争时期，国家观念非常清晰地凸显出来，被隐藏的态度和倾向亦得以彰显。和平时期的共和国，国旗意识中没有军事含义。"国家观念是指在其领土范围内国家的权力和影响是无处不在的，有如教会是人灵魂获救的中介一样，国家被视为人政治获救的中介。"一个国家走向战争之际，它会从人民迫切需要感到被保护、感到应与国家一心一意中积聚力量和能量。他对国家的定义是：对其他类似组织驱动（herd）进攻或防御

---

① Randolph Bourne, "War and the Intellectuals", *Seven Arts* 2 (June 1917), p.136；转见 Ralph Young, *Dissent: the History of an American Idea*, pp.339-340.

行动的组织。防御场合越可怕，对于被驱使的每一个成员，组织变得越亲密，影响越强烈。战争使得社会成员有目的的流动和活动降低到最低水平。和平时期人们不会把自己的生活有意识地同国家联系在一起，但战争使他们意识到了这种联系，唤起了他们的忠诚感，使他们感到被赋予了力量。

然而，人民并没有权力。民主制下的人们相信政府的运转中有他们的声音，但事实上在导致战争的决策过程中他们说不上话，那些政策由政府行政部门专门执掌。一旦触及外交政策，"政府无须人民授权，不用同人民商量，可以进行各种谈判，拒绝与满足、威胁与解释，这将缓慢地导致与其他政府之间的冲突，斯文地不可抵抗地使国家滑向战争"。国家的行政官员（总统、总理、首相或者国王）总是为战争的必要性寻找道德理由：敌人是魔鬼，战争将创造更好的未来，而这种说辞每每能够让民众及其代表接受。其结果是，即便是那些宣战权掌握在人民代表手中的国家，也由其行政部门负责所有对外事务，政府完全出于一己之私，不负责任地命令国家投入战斗。对于伯恩来说，这是十分清楚的事情，"一切外交政策、产生或防止战争的外交谈判，等于是政府行政部门的私有财产"，即使有人意识到这个问题，一宣战就会出现奇迹：在爱国主义的热情浪潮中，人民大众，甚至知识分子阶层会"通过某种精神魔力让自己相信他们愿意采取这样的行动"。

战争在整个社会自发地调动那些无敌的力量与政府保持一致并在情感上与政府合作，强迫少数群体和个人屈服。政府机器确立并实施严厉的处罚，"少数群体不是在威胁下沉默，就是通过微妙的劝导过程慢慢回心转意"。虽然少数群体心情不畅，一些知识分子的意见尖酸刺耳，但总体而言，国家在战时达到了情感和价值观的一致性，国家观念被置于毫无争议的顶点，这是战争之外的其他任何因素都不可能造就的，"忠诚或者对国家的秘密奉献变成主要的想象的人类价值"。任何批判性思想、任何对忠诚意义的质疑皆被视为变节。

伯恩对公民耗费在国家中的"孝顺神秘主义"（Filial mysticism）加以重点分析。当一个人面临战争时，有一种深度的安全需求，人需要保护，就像他们年幼时渴望父母的保护一样，战争时期，他们盼望国家保护，这样，国家被强化了。在他看来，一个人一旦把国家视为祖国，他就会按照

## 第七章 拒绝战争：国际和平与平等关系的激进建构

家庭情感来处理与国家的关系，许多战时宣传机构如红十字会的海报就是充分有效地应用家庭语汇和具象来达到其目的。这种情感功能会使人在战争中有如孩子相信成年人一般地服从国家权威，丧失自身应有的责任感和忧患意识。

既然国家是保护者，任何对它的批评和异议自然要被斥责，被作为变节对待。"在这个巨大的放牧机器中，不满就像轴承上的沙子。""放牧分成了猎人与猎物，战争事业不仅变成了一种技术游戏，而且也变成了一种运动。"①

伯恩的反战思想与他的反"熔炉论"立场有一定相关性。他在《跨国家的美国》一文中明确表示，移民不可能轻易融入另一种文化。他的国籍观建立在人与其"精神国度"，亦即他们的文化的连接之上。他认为，即使是生活在异国他乡，人们仍然会紧紧坚守着祖国的文学和文化，这在美国的移民中尤其如此。因此，把来自世界各地的移民融进被视为美国主流文化的盎格鲁-撒克逊传统是难以理解之事。他相信，美国为移民提供了独特的机会自由，也提供了不同文化独立存在的环境，这可能会带来一种世界性事业：随着不同文化和民族之间的伟大混合，美国会发展成为一个"跨国家的国家"，它与其他国家通过内在的文化纤维相连。他指出，美国的发展应该建立在扩大包括移民的生活方式在内的人们的视野之上，而不是让每个人都符合"熔炉"理想。人们视野的扩大最终会导致美国成为一个伟大的国家：一个所有生活于其中的人团结一致的国度。②

不难发现，伯恩的反战思想是美国传统自由主义、梭罗居于道德判断的公民不服从理论、弗洛伊德心理分析学以及世界主义乌托邦的混合物。美国自由主义传统的核心是个人主义，即个人福祉是自由的基础，它与国家处于对立状态，国家职能的强化意味着个人自由的退缩。而战争正好是事关国家"健康"即扩大国家职能范围或增强国家作用的工具。与此同时，战争还是执掌国家权力的社会集团或阶层谋求私利的工具。走向战争的国家必然要限制甚至剥夺个人自由，而个人从维护个人自由出发，有权拒绝服从违反道德良知的国家行为。至于他的反"熔炉"思想和"跨国家

---

① Olaf Hansen ed., *The Radical Will: Selected Writings, 1911–1918*, New York: Urizen Books, 1977, pp. 359, 356, 360–372.

② Ibid., pp. 76, 248, 262.

论",则为 20 世纪后期多元文化主义的繁盛播下了火种。

如果不是在 1918 年 12 月突然离世,伯恩很可能和德布斯一样以煽动罪入狱。

### (三) 无政府主义者的反战思想

如前所述,艾玛·戈德曼主张对给人带来经济、政治和社会剥削与压迫的制度或秩序进行暴力反抗,认为暴力反抗是合乎自然规律的行为,但她明确反对国家间的暴力。她认为,"只要经济奴役、社会优越感、不平等、剥削和战争继续摧毁人类的善与尊贵,武力就将继续成为一种自然要素"被统治者用于维护其统治。作为"美国无政府主义的高级女祭司"[①],她在第一次世界大战之前关于爱国主义的分析,无可争议地成为无政府主义反战立场最经典的阐释。

戈德曼的文章发表于 1911 年,题目是《爱国主义:对自由的威胁》。文中首先就爱国主义的含义进行了探讨。她提问道,爱国主义难道是人对出生地、童年的回忆与希望、梦想与愿望之地的爱?"它是爱的地方,每一寸都代表着幸福、快乐和游戏的童年珍贵的回忆?"如果是这样,美国人是没有爱国主义的,因为这样美妙的地方已经变成了工厂和矿山,震耳欲聋的机器轰鸣声替代了鸟的鸣叫。那么,爱国主义是什么?

她引用塞缪尔·约翰逊[②]和列夫·托尔斯泰等人的观点作为答案。约翰逊认为,爱国主义是流氓无赖的最后栖息之所;托尔斯泰尖锐地指出,爱国主义是让批量培养杀人犯正当化的原则,是需要更好的设备用于杀人而非制造鞋子、衣服和房屋等生活必需品的一种交易,是一种保证比普通工人得到的更多的回报和更大的荣耀的交易;法国社会主义者古斯塔夫·埃尔维则断定,爱国主义是一种比宗教更有害、更残忍和更不人道的迷信。如果说宗教起源于人类在自然力量面前的无能为力,爱国主义则纯粹是人造的迷信,一种由谎言构成的迷信,一种夺走人的自尊与尊严、增加其傲慢与自负的迷信。戈德曼对此表示赞同:"的确,自负、傲慢和自我中心主义是爱国主义的要素。"

---

① William O. Reichert, *Partisans of Freedom: A Study in American Anarchism*, Bowling Green, Ohio: Bowling Green University Popular Press, 1976, Chapter 2.
② 塞缪尔·约翰逊(Samuel Johnson, 1709-1784),英国作家、文学评论家和诗人。

## 第七章　拒绝战争：国际和平与平等关系的激进建构

在她看来，爱国主义把全球设想成由无数个点组成，每个点都有一道铁门护卫着，有幸生在某个特定点的人会认为，他们自己比生活在别的点的人更好、更高贵、更伟大、更聪明。其他地方的人也是这样看待自己和他人的。结果是，每个地方的人自孩提时代起心灵就被异国人的血腥故事所毒化，成年后他很容易就接受这样的信条：他已经被上帝选中为保卫自己的国家反对外敌入侵而战。为了这个目的，国家需要有更强大的陆军、海军，更多的战舰和军火。为此，列强各国间开展了军备竞赛。以海军发展为例，从1881年至1905年，英国海军军费开支增加了300%，法国增加了60%，德国增加了600%，美国增加了525%，俄国增加了300%，意大利增加了250%，日本增加了700%。这些开支都是从劳动者的产出中得来的。这种增长速度大大超过了人口的增长速度，这实际上是惊人的人力和资源浪费。爱国主义并不满足于此，它还要求人们爱国：不仅要为这样的经济负担付出，还要牺牲自己的孩子，"爱国主义要求忠于国旗，这意味着服从并准备杀死父母和兄弟姐妹"。所有这些只能说明，爱国主义不过是一种疾病。她引用英国学者卡莱尔"战争是两个窃贼之间的争吵"的名言，指出战争发动者本身十分懦弱，不敢通过决斗一决高下，却从一个又一个的村庄带走年轻人，把他们武装起来，让他们到战场上像野兽一样相互厮杀。

在美国，尽管美国人自认为是爱好和平的民族，美国人憎恶流血，反对暴力，但在国内出于经济和工业巨头的需要和愿望，可以把爆炸装置投向无辜的人群，可以随时对任何人施以绞刑、电刑和私刑；对外，一想到美国正在成为地球上最强大的国家，美国人心里就充满了骄傲，殊不知美国"最终会把它的铁蹄踩踏在其他国家的脖子上"。

爱国主义把有思想的生命变成了忠诚的机器。因此，对于全世界追求自由的男女来说，爱国主义是一个十分狭隘的概念，工人阶级只有打破它的精神束缚，怀抱四海之内皆兄弟的信念，才能在国际上团结起来，迎来一个真正自由的人类社会！[1]

显然，戈德曼作为无政府主义的社会主义者，她眼中的世界大战是各国统治阶级利益冲突的产物，而爱国主义则是统治精英为愚弄和驱使民众

---

[1] Emma Goldman, "Patriotism: A Menace to Liberty", http://dwardmac.pitzer.edu/Anarchist_Archives/goldman/aando/patriotism.html.

充当炮灰人为制造的迷信,爱国主义正在把人类推向毁灭性战争状态。戈德曼通过揭示爱国主义的本质来反对帝国主义战争,其思想尽管极端了些,但如果回到第一次世界大战前夕的时代背景去看,却不失深刻性。

## 三 大萧条至二战期间的激进和平主义

### (一) 良知反对者的反战立场

良知反对者(conscientious objector, CO's)是指基于思想、良心和宗教自由的理由声称有权拒绝服兵役的人。在美国历史上,自独立战争以来的历次战争中都有这一类人存在。内战前,政府对这一类人的惩罚多半是处以罚款,内战开始实行义务兵役制后,惩罚则是处以监禁。第一次世界大战期间,大约有2000名良知反对者因拒绝服兵役被分别投入华盛顿刘易斯堡、加州旧金山恶魔岛和堪萨斯利文沃斯堡军事监狱。① 第二次世界大战期间,被列为"良知反对者"的和平主义者在3.7万人以上,美国政府为此专门成立了一个名为"公民公共服务处"(CPS)的机构,安排这些人从事非军事性的服务工作。另有7000人由于拒绝征兵登记和从事任何与战争有关的工作而被判刑入狱。

这些良知反对者身份复杂多样,来自不同社会阶层,但以中上阶层居多。一位曾在"公民公共服务处"工作的拒绝服兵役者回忆道:"我们有博士,我们有富布莱特奖获得者,我们有只上过三年学的人,我们有股票经纪人,我们有芭蕾舞蹈家,我们有无神论者,我们有宗教激进主义者……人的可能的种类那里都有。"②

几年的集中营和监狱经历使不少良知反对者在沉迷于甘地主义的同时,

---

① 二战结束后,越南战争期间,良知反对者更加数不胜数。在强大的民权运动和和平运动推动下,国际社会把良知反对者拒绝服兵役的权利纳入了基本人权范围。1995年3月8日,联合国人权委员会通过第83号决议,1998年又发布了第77号决议,要求保障良知反对者的人权。美国国防部的征兵系统把应征入伍者加以分类:1-A 类是能够参与军事行动的;1-A-0 是可以参与非战斗性军事任务的良知反对者;那些反对一切军事事务的人则归为1-0类,可以从事文职工作。不过,美国政府只承认以宗教信仰为基础的良知反对者,其他的反对理由不予尊重。

② Ralph Young, Dissent: the History of an American Idea, p.400.

## 第七章 拒绝战争：国际和平与平等关系的激进建构

对战争的根源与社会革命等问题进行了认真的思考，思想日趋激进。他们相信，暴力越多，革命越少。一位名为拉尔夫·迪吉亚的激进和平主义者在两年半的铁窗生涯后表示，甘地主义填平了鸿沟：

> 在这里我反对战争，但支持革命。早先我的想法是，工人会起来推翻资本主义，会有和平，但只是在付出大量的鲜血之后。这是我父亲的思想。如果你支持流血的革命，那么，战争来临时，你反对它的基础是什么？你知道战争是错的，你用什么替代它？与别人一起坐牢让我做出了决定，答案是非暴力直接行动。①

另一位名为汤姆·P. 米勒的良知反对者在1945年从监狱获释之前致信《政治》刊物，认为良知反对者在战时被迫进入集中营和监狱的一个好处是，有机会在没有个人因素干扰的情况下考察某些社会制度：

> 对许多人而言这已经变得一清二楚，战时经济和战前经济是浑然一体的……和平只（能）与新社会模式的发现俱来。②

从某种角度看，良知反对者比传统左翼政党还要激进，因为他们不仅手段激进，目标同样激进。他们以非暴力抵抗的方式拒绝战争，拒绝产生战争的社会制度，最终目标是根除引发战争的制度和战争本身。

在第二次世界大战爆发前后，最具影响力的良知反对者当推马斯特。

A. J. 马斯特（1885~1967），出生于荷兰，幼年时移民美国，基督教牧师、劳工活动分子、激进和平主义者。还在第一次世界大战期间，马斯特就已是和平主义者，他是唯爱社（FOR）的在册会员，这个组织成为马斯特宣传和平主义思想的重要平台。和同时代的许多基督教和平主义者一样，马斯特认为，和平与正义的目标不可分割，社会和谐只有在阶级冲突通过经济公正被消除后才会出现。一战后，他因接受了马克思主义而一度放弃基督教与和平主义信仰，但在1936年莫斯科大审判后出于对斯大林式社会

---

① Maurice Isserman, *If I Had a Hammer... The Death of the Old Left and the Birth of the New Left*, New York: Basic Books, 1987, p.133.

② Ibid., p.134.

主义的失望再度回归基督教与和平主义。正如美国历史学家莫里斯·艾泽曼所指出的，马斯特和社会党领袖诺曼·托马斯一样，宗教和平主义是他们激进信仰的基石。① 作为唯爱社最高领导人，马斯特致力于把工人阶级进步的议程与反暴力反战连接在一起。1939年，《时代》杂志公开称其为"美国第一号和平主义者"②。

虽然以和平主义为圭臬，但并不意味着在追求目标上的消极被动。马斯特指出，为了终结深植于压迫中的暴力，和平主义者完全不能消极等待，相反，应该积极主动和不断进取，唯爱社的战争抵制者联盟成员罗伊·芬奇（Roy Finch）认为，所谓主动性就是："我们需要更多而不是更少的战斗精神、更多的论战、更多的否定意识、更多的公开性冲突。"③

马斯特在1940年因其宣传激进和平主义而入狱，在狱中开始把反战思想与反种族隔离和种族暴力主张结合起来，确定了后半生的信仰与追求。④ 在二战后的冷战岁月中，马斯特和德林杰等绝大多数激进和平主义者一样，对冷战双方皆持批评态度，幻想以激进和平主义方式在东西方之间开辟出第三条道路，最终目标是民主社会主义社会，一个公平正义没有暴力与战争的大同世界。

1967年马斯特去世后，他的同时代人诺曼·托马斯回忆道：马斯特一生一直在"非常努力地证明和平主义绝不是消极主义，非暴力革命这件事是可能的"⑤。

### （二）德林杰与拉斯廷的反战思想

戴维·德林杰与贝雅德·拉斯廷是第二次世界大战期间激进和平主义的代表人物，两人皆因抵制征兵而分别入狱四年和两年。他们也都是出于

---

① Maurice Isserman, *If I Had a Hammer... The Death of the Old Left and the Birth of the New Left*, New York: Basic Books, 1987, p. 130.
② Marian Mollin, *Radical Pacifism in Modern America: Egalitarianism and Protest*, p. 11.
③ James Tracy, *Direct Action: Radical Pacifism from the Union Eight to the Chicago Seven*, Chicago, Ill.: University of Chicago Press, 1996, p. 3.
④ Howard Brick and Christopher Phelps, *Radicals in America: The U.S. Left Since the Second World War*, New York: Cambridge University Press, 2015, p. 46; John D'Emilio, *Last Prophet: The Life and Times of Bayard Rustin*, Chicago, Ill.: University of Chicago Press, 2003, p. 73.
⑤ Norman Thomas, "On the Death of A. J. Muste," *New America*, Vol. 6, No. 9 (February 16, 1967), p. 2.

## 第七章 拒绝战争：国际和平与平等关系的激进建构

良知的反战者。

戴维·德林杰（1915~2004），美国激进和平主义者和非暴力社会变革倡导者。他出生于马萨诸塞州一个富有家庭，父亲是亲共和党的律师。德林杰先后就读于耶鲁大学和牛津大学，并在纽约协和神学院研究神学，成为公理会牧师。在牛津大学读书期间，他曾经前往纳粹德国游历，后又参与西班牙内战，这些经历对他反战思想的形成具有决定性的影响。他后来回忆道："在西班牙之后，第二次世界大战很简单。我没有任何愿望拿起枪为通用汽车、美国钢铁公司和大通曼哈顿银行去战斗，即使希特勒正在另一边行进。"① "在我首次德国之行前，我就知道美国政府和银行正在支持和武装阿道夫·希特勒。……我还知道大量的美国大企业在纳粹德国建立了工厂……通用汽车、国际电话电报公司和福特汽车很容易想到有工厂需要希特勒保护。"② 在他看来，美国、英国、法国的银行和大公司与德国合作，不只是为了利润，其主要目的是影响纳粹向东进行军事扩张，摧毁或打残共产主义敌人。只是在苏德签署互不侵犯协定后，美国金融家们才转而反对希特勒。③ 德林杰的这种观点与他对美国政治制度的看法密切相关。1982年8月，德林杰在接受电视访谈时明确表示，他自早年起就对资本主义制度深恶痛绝，因为这种制度是建立在"强调私人利润而非人类福祉"之上，"我认为它是非常不民主的制度，它把巨大的经济力量给了一小部分人"，"我认为民主在美国是不存在的"。④

基于这样的思想，和马斯特一样，德林杰在二战期间也是一个不折不扣的良知反对者。在他眼中，"公民公共服务处"的设施不过是"美式集中营"而已，与监狱没什么不同。因此，良知反对者的策略是，通过假装缺乏胆量、勇气或者爱国精神所需的毅力，完全拒绝征兵登记和服兵役，代价是坐牢或者被送到"公民公共服务处"，承受被亲戚、朋友和邻居蔑视和

---

① David T. Dellinger, *From Yale to Jail: The Life Story of a Moral Dissenter*, New York: Pantheon Books, 1993.
② David T. Dellinger, "Why I Refused to Register in the 1940 Draft", in Ralph Young, *Dissent: the History of an American Idea*, p. 393.
③ Larry Gara and Lenna Mae Gara ed., *A Few Small Candles: War Resisters of World War II Tell Their Stories*, Kent, OH: Kent State University Press, 1999, p. 27.
④ "Interview with David T. Dellinger", http://openvault.wgbh.org/catalog/V_25F744A5332949FC817D0B5A475098E5.

排斥的痛苦，但这是值得的。

1945年，德林杰把自己位于新泽西西部的农场建成激进和平主义者的基地。在这里，他印刷了一本名为《直接行动》的杂志，该刊物的宗旨是"以非暴力方式"进行"一场美国革命"；革命目标是实现一种"非集中化的"社会主义；呼吁赦免战争抵制者；发表宣言，表示一定要废除作为暴力和压迫性社会基石的监狱。[①] 德林杰通过刊物表示："不受欢迎、监禁和死亡的恐惧不再会让我们后退半步。"这是一种开门见山的绝对对立的边缘化立场，一种完全不同于人民阵线的主张："此后，正派的公民不会再对美国法律、美国习俗、美国制度存有些许忠诚。"[②] 这种对主流文化和体制的拒绝、对和平主义的支持、对老左派组织形式的抛弃以及对反叛图景的描绘，播下了战后美国新激进主义的种子。

1946年2月，德林杰帮助成立了非暴力革命委员会，为主张激进社会变革但不接受马克思主义暴力革命理论的左派人士构筑了一个活动平台。1956年，德林杰与多萝西·戴和马斯特共同创办了《解放》杂志，这是一本政治立场类似于迈克尔·卡津主办的《异议》的刊物，一个非马克思主义左派的论坛。德林杰的和平主义思想灵感主要有二：一是圣雄甘地的非暴力抵抗思想；二是神学家莱因霍尔德·尼布尔所推崇的社会福音派著作。

贝雅德·拉斯廷（1912~1987），美国社会主义者，非暴力民权、同性恋权利等社会运动活动家。他出生于宾夕法尼亚州一个非洲裔家庭。1941年前是美国共产党党员。第二次世界大战期间作为和平组织唯爱社和反战同盟（WRL）成员，以非暴力方式开展反战活动。

拉斯廷是伦道夫的追随者，他的政治哲学和伦道夫可谓是大同小异，基本上是社会主义、基督教平等信条和非暴力思想的混合物。1944年，伦道夫公开表达了他对第二次世界大战性质的看法："这不是一场争取自由的战争，它不是争取民主的战争，它不是引领迈向平民世纪的战争……它是继续'白人至上'、统治民族（Herrenvölker）理论以及镇压、统治、剥削有色人种的战争。它是法西斯主义和纳粹主义的帝国主义和垄断资本主义

---

① Howard Brick and Christopher Phelps, *Radicals in America: The U.S. Left Since the Second World War*, New York: Cambridge University Press, 2015, p.46.
② Howard Brick and Christopher Phelps, *Radicals in America: The U.S. Left Since the Second World War*, New York: Cambridge University Press, 2015, pp.46-47.

民主制度的帝国主义之间的战争。"① 在非暴力思想方面，圣雄甘地对他的影响最为直接。这种影响一是表现在"种族平等大会"（CORE）的创建上。1942 年，豪斯特和法默等人在建立"种族平等大会"的过程中，得到拉斯廷有力的帮助，使组织从一开始就以甘地的著作为理论基础。二是拉斯廷曾经于 1948 年前往印度观摩和学习甘地的非暴力抵抗战略，这是他无论是在泛非主义还是在种族平等、性自由权利政治诉求方面的思想源泉。60 年代民权运动期间，拉斯廷成为小马丁·路德·金的非暴力抵抗战略的思想导师，是民权运动和反越战运动的和平主义核心人物。

### （三）米勒的反战理由

同绝大多数人出于良知参与反战活动不同，著名剧作家亨利·米勒纯粹是从独立知识分子的立场对战争持否定态度的。作为一位充满争议的高产作家，米勒之所以反对战争，"不是因为他支持希特勒或者仇恨美国，而是因为他相信战争根本就是非理性的"②。米勒相信，暴力会压制快乐，自满是同样的暴力，会让国家相信战争能够带来和平。1944 年，他出版了书名为《谋杀谋杀者》的反战小册子，书中对美国的战争观和自梭罗以来直到德布斯的美国思想家的反战立场进行了概述，以此为基础，他断定，尽管第二次世界大战的敌人是恶魔的事实不假，但这场战争并不比以往出于经济理由而战的战争好到哪里去。他写道："一个黑暗时期已然来临，世界似乎决定用暴力解决其问题……数百万男女将牺牲生命；比数百万更多的人将变成残废。"他认为这是美国错误选择战争的恶果，因为这场战争在爆发之前是完全可以避免的：希特勒及其团伙在大战之前完全可以用战争以外的手段解决，如果不是美国支持希特勒上台并听任他侵占一个又一个国家，"当法国沦陷时我们完全麻木不仁，高喊'耻辱！'，却连动一个指头去帮它都没有……直到日本背信弃义的攻击……现在我们突然地联合起来了，就像上次大战一样，我们假装为了世界自由而战"。

米勒一针见血地指出，美国有一种错误意识，即美国的职责是把民主与自由传播到全世界，每次美国走向战争之际，媒体和政府总是再三强调

---

① Rayford W. Logan ed., *What the Negro Wants*, Chapel Hill: University of North Carolina Press, 1944, p. 135.

② Ralph Young, *Dissent: the History of an American Idea*, p. 404.

美国的独特作用，但这只是为了掩盖在全球扩张美国商业的真实动机而已。与此同时，他还谴责政府和民众以爱国主义为理由对异议人士的打压。米勒赞同伯恩的观点："国家间居于这样的假设相互进行战争：人民的看法和统治他们的那些人一样。宣战那一刻不可能有不同意见。"①

显而易见，米勒之所以反对战争，除了他个人对暴力天然的厌恶外，对战争背后的资本逻辑及其与国际正义背离的认知是最根本的理由。同信奉从良知出发反对战争的知识分子一样，米勒在战争问题上明确表达了他的"不爱国"立场。

## 四　冷战年代美国的反战反核思想

### （一）和平缔造者的另类理想

和平缔造者（Peacemakers）为冷战时代美国著名和平组织，成立于1948年7月芝加哥"更有纪律和革命性的和平主义行动"大会上。创建者为欧内斯特和马里昂·布罗梅利（Ernest and Marion Bromley）夫妇、胡安妮塔与沃利·尼尔森（Juanita and Wally Nelson）夫妇等人。成员大多是1946年成立的芝加哥非暴力革命委员会会员。该组织以非暴力抵抗的方式抵制征兵和拒绝为此纳税，其誓言为：

> （1）拒绝在和平或战争中为武装部队服务；（2）拒绝制造或运输战争武器；（3）拒绝被征召或登记；（4）考虑拒绝为战争目的纳税——这一立场已经被一些人采纳；（5）通过各种形式的不合作来传播和平的思想，发展非暴力的反对战争的方法，并提倡单方面裁军和经济民主。②

如何和平抵制征兵和拒绝纳税？和平缔造者与其他和平组织的不同之

---

① Henry Miller, *Murder Murderer* (1944) in *Remember to Remember*, New York: New Directions, 1947, pp. 164-168; Ralph Young, *Dissent: the History of an American Idea*, pp. 404-405.
② David Gross ed., *We Won't Pay! : A Tax Resistance Reader*, Charleston, S.C.: Creatspace, 2008, pp. 446-447.

## 第七章　拒绝战争：国际和平与平等关系的激进建构

处在于，它着重强调以小规模、地方和个人为基础组织活动，尤其重视意向性社区或群体的作用。之所以不建立全国性组织中心和进行大规模的活动，在某种程度上与战后麦卡锡主义导致的红色恐慌的社会氛围有关，因为在美国政府和公众眼中，大规模反对冷战和政府的战争政策是"非美主义"的，尽管激进和平主义者大多明确表示反对共产主义和苏联，他们对政府的批评依然被视为"服务于共产党的利益"。麦卡锡时代反共的歇斯底里使和平主义者意识到，以小规模方式展开活动能够有效避开权力机构的打压，此其一。其二，分散行动的方式能够从社会底层广泛播撒和平主义的种子。事实证明，这种选择在冷战初期是正确的：美国政府并没有像对待美国共产党那样对和平组织施以高压政策，联邦调查局的档案记录表明，和平主义者完全没有被纳入情报人员的跟踪与监视名单。[1]

和平缔造者把战争时期的反战战略与策略应用于非战争时期，因而成为和平时代反对征兵的先锋。他们坚信，军队和应征入伍对个人自由构成了致命威胁："征兵登记意味着战争。"保卫国家安全是每个人义不容辞的责任，但核力量建设和军事威胁只会增加不安全。在他们看来，为战争做准备是对美国生活方式及其基础的威胁与破坏，有成员甚至激进地把美国与纳粹德国进行比较，认为美国采用战争政策代表美国发展中的一个转折点，有如希特勒在德国掌权，"是向专制主义和堕落投降"。因此，"如果我们服从于与我们良知相对立的法律，将有违我们的男子气概"。[2]

把抵制征兵与美国公民的非暴力抵抗传统紧密挂钩，其目的在于为激进和平主义寻求合法性根基，因为正在形成中的冷战文化，导致任何形式的政治异议都带有不忠和颠覆的污点，和平缔造者们再三强调他们的抵制征兵是真正的爱国行为，服务于"真正的国家利益"，而"征兵制度是非美的"，"征兵登记卡是希特勒和斯大林方式"。他们不断重申激进和平主义信奉的是非共产主义政治信仰，他们不会效忠让美国人民恐惧的政治势力，和平主义者绝对不是苏联同情者。[3]

在探索抵抗模式的过程中，和平缔造者日益重视以社区为抗议的基础。他们相信，不能让兵役适龄青年独自战斗，应该让社区所有年龄段的成年

---

[1] Marian Mollin, *Radical Pacifism in Modern America: Egalitarianism and Protest*, p. 48.
[2] Ibid., p. 52.
[3] Ibid., p. 53.

男女选择反战立场,要对青年进行革命性教育,自觉抵制征兵制度。例如,和平缔造者俄亥俄州黄泉分部(Yellow Springs cell)就公开提倡年轻人拒绝征兵登记,并把这种行动推广到美国各地去,尽管这直接违反了联邦政府1948年征兵法的法规,即教唆他人拒绝征兵登记违法。

以社区为抗议基础的重要意义在于,它能够发挥另类社区的功能,不仅改变私人生活,也改变公共生活。1948年,马斯特认为,激进和平主义者在社会上处于孤立和重重敌视状态,需要有一个群体给他们提供指导、帮助,给他们力量与友谊。但社区所起到的作用远比这多得多。在美国政治进步运动史上,社区通常根据地理边界和种族以及阶级身份来界定:黑人社区、移民社区、种族社区、工人阶级社区等作为集体概念出现在文化和语言中,成为被压迫阶层与邻里互动关系的共有经历的表达符号。

激进和平主义者相信,这种共同经历是一种有机团结的纽带,是美国激进传统的重要基础。他们试图以此历史遗产为条件,以共同的激进政治信仰为纽带,建立结构性支持网络和社区生活安排,创建前所未有的意向性社区(intentional community)。这些意向性社区至少在人际关系内能够把他们的激进观念付诸实践,并帮助维持长期的公共行动。在这种创新性架构下,社区远不止共有政治观点这一副产品,它一变而为好战行为本身的温床。①

显而易见,和平缔造者认为在抵抗战争力量的斗争中,通过强调社区价值观激发人际关系中的政治潜能,可以对国内的冷战遏制模式发起挑战;与此同时,面对冷战政治文化的重压,激进和平主义者颇感孤立,意向性社区的创建能够满足他们获取情感和政治双重支持的需求。和平缔造者成员吉姆·佩克在回忆其经历时指出,这些被和平缔造者称为"细胞"(cells)的社区组织对抗议和抵制工作的开展十分重要,不可或缺。②

乌托邦社区主义在美国具有悠久的传统,19世纪的激进废奴主义者、女权主义者和社会主义者用理想社区实验来回击工业资本主义的肆虐,20世纪中叶的激进和平主义者则用它来回应战后美国生活中有增无减的家庭孤立和竞争性个人主义以及毁灭性战争威胁。在和平缔造者的社区概念中,

---

① Marian Mollin, *Radical Pacifism in Modern America: Egalitarianism and Protest*, p. 57.
② James Peck, *We Who Would Not Kill*, New York: Lyle Stuart, 1958, p. 171.

## 第七章 拒绝战争:国际和平与平等关系的激进建构

把关于家庭、政治和异议的关键性文化惯例进行了颠倒:与政府希望家庭责任将培育政治一致相反,激进和平主义者相信,他们创造的另类社区,即选择性的广义的"家庭",将为川流不息的异议提供必要的基础。和平主义者以夫妻和家庭方式聚在一起,共用一所房屋,或者以同一种财产生活,按照共同的计划在合作企业中工作,为实现最终目标积累资源。例如,布罗梅利和尼尔森两对夫妇就在辛辛那提郊外建立了一个集体之家,而德林杰和拉尔夫·迪吉亚等人则共同生活在新泽西州的一所集体房屋里。其他和平主义者也大同小异,几乎以最为日常的方式把个人和政治结合在一起。[1]

与冷战相伴的是核时代的开启,战争性质发生了根本性变化。随着美苏核竞赛逐步升级,确保相互摧毁(MAD)的核威慑成为双方共同的战略选择,核武库不断扩大,人类文明陷入岌岌可危的险境,反核自然成为和平主义者的中心目标。根据和平缔造者的观点,核武器"预示着肉体与精神的死亡,这种可怕前景要求即刻的和戏剧性的回应"。1950年1月,杜鲁门政府宣布将实施氢弹研发计划,反战同盟(WRL)的罗伊·芬奇(Roy Finch)建议,要阻止原子弹毁灭人类,就要"设想一个完全的政治新时代"。另一位反战同盟成员罗伊·开普勒(Roy Kepler)说得更清楚:旧式的良知反对确凿无疑地已经过时,在反对核威胁上已无法证明其有效性,因为核武器压倒性的巨大破坏力使所有公民处于软弱无力状态,士兵和市民都一样,无法保护他们自己和家庭,也无法针对这一威胁做出个人的反击。和平主义者需要重新思考其战略和斗争方向。

和平缔造者选择的"新方式"是继续坚持以非暴力抵抗为中心的斗争原则,向世界各国政府和人民发出"直接的道德呼吁",呼吁"快快求和平"。法国存在主义思想家加缪宣称,人类的未来要求人们不仅拒绝成为牺牲品,还要拒绝成为刽子手,在生死之间进行积极选择。持相似信念的激进和平主义者相信,他们能够以非暴力这一最伟大和最有效的模式影响国家:"我们既能选择权力、氢弹和专制社会,我们又能选择非暴力这一放弃

---

[1] David Dellinger, *From Yale to Jail: The Life Story of a Moral Dissenter*, New York: Pantheon Books, 1993, pp.145-147.

权力的权力。"① 国家亦然。

不过，做出选择的力量来自心灵的改变，这里又一次彰显美国宗教文化影响的根深蒂固，激进和平主义者在50年代初公开谈论追求"内在的转变"，认为这种精神性选择作为防止"外部革命"的壁垒，能够激发人们的赎罪意识，导致悔过、奉献与祈祷质量的改变。如果心灵的革命得以普遍实现，持久的和平就不再是遥不可及的梦想。

除了反对对外关系中的战争和核威慑政策对和平的威胁，和平缔造者还致力于反对国内种族关系中的暴力行径，把追求种族正义作为和平主义者的重要使命。可以说，和平缔造者的激进社区理想以非暴力为核心，把反战和反对阶级、种族、性别关系中的不正义作为基本目标，为60年代民权运动、反战运动和女权运动等社会运动准备了相应的思想范式和行为模式。

### （二）反核运动中的家庭主义

自20世纪50年代后期开始，激进和平主义者把追求人类和平的重心转向反对核武器和大气层核试验。1957年夏，在内华达核试验基地进行新的核试验前夕，主要由父母和祖父母组成的33人和平抗议团体以纪念广岛核爆炸12周年的名义，云集在基地大门口，试图进入基地阻止核试验。在被捕、受审并获释后，又回到了基地，目睹了黎明前核爆炸的闪光和可怕的灼热。这一经历使他们更加相信反对核武器的必要性。他们认为，保护人类家庭是他们反对核试验的基本动机。一位名为莉莉莲·威洛比的抗议者表示："对全人类的爱迫使我对核爆炸和一切战争的不道德进行非暴力抗议。"这场抗议的组织者劳伦斯·司各特则强调："每一次核试验……都给人们带来疼痛与苦楚，他们当中许多人都是还未出生的小婴儿。"② 以拯救孩子和家庭为核心的家庭主义成为战后反核思想的基石，内华达示威构成这一非暴力反核武器浪潮的起点。

所谓家庭主义（Familialism），是指以家庭合作为基础、把核武器威胁

---

① David Dellinger, *From Yale to Jail: The Life Story of a Moral Dissenter*, New York: Pantheon Books, 1993, p.62.
② David Dellinger, *From Yale to Jail: The Life Story of a Moral Dissenter*, New York: Pantheon Books, 1993, p.73.

## 第七章　拒绝战争：国际和平与平等关系的激进建构

与家庭生存安全直接挂钩的反核斗争模式。家庭主义之所以成为反核思想的基石，大致有三方面的原因。其一，麦卡锡主义并没有随麦卡锡参议员的去世结束，政府对各种异议力量的政治经济打压和孤立仍然在有条不紊地进行，美国人普遍接受了政府关于以核威慑政策保证安全的说辞，对这种政策直接的反对往往被视为叛国或不忠，多半会引发敌视与不满，家庭主义则不然，它是美国人心中最敏感的弦，"为了我们自己和我们的孩子"的口号最易产生共鸣。

其二，核武器的无差别毁灭性质使现今已经为人父母的曾经的年轻反战者们感到以往斗争方式的无力，进而意识到改变无助和无望状态的出路在于把国内斗争与国际斗争对接，使美国和平运动成为"世界非暴力革命运动的一部分"，家庭主义毫无疑问是成功实现这一对接的基础，因为核武器威胁着全世界每个家庭。

其三，家庭是冷战文化中不可或缺的组成部分，50年代兴行的家庭主义有力地扩大了和谐一致的力量，把美国人从异议和争论的公共舞台上推开。像"把它留给比弗"和"父亲知道得最多"等新电视节目，使家庭在传递冷战政治和价值观上扮演了关键角色。许多美国人把家庭视为躲避可怕的对抗性超级大国世界和不断升级的核军备竞赛的避难所，一个避开原子时代混乱与危险的安全港，而政府宣传也鼓励美国人沉湎于家的安乐窝和隐私中，使得战后政治和谐成为可能。对和平主义者而言，反核就必须反冷战文化，家庭主义是最能够动摇冷战文化根基的切入点。换言之，使家庭与支持冷战的责任脱钩是反核和平主义的必由之路。

50年代初的和平缔造者组织由于在推进和平事业上连连受挫，导致大批好斗成员离开并转身投入反战同盟。1955年，他们与美国之友服务委员会（AFSC）共同制作的美国最受欢迎的和平主义宣传手册《对权力吐真言》问世。这本宣传册与刚刚创刊的《解放》杂志一道为激进和平主义提供了文化表达和社会变革的创造性空间。二者对家庭义务重新加以界定，激进和平主义找到了新的着眼点。1957年，停止氢弹试验委员会（后更名为健康和政策全国委员会，SANE）和非暴力反对核武器组织（NVA）的成立，则为反核和平主义者提供了活动平台。

家庭主义的反核思想代表人物是贵格派信徒劳伦斯·司各特。一位和平主义者回忆道："劳伦斯·司各特认为他自己是上帝的使者。"他在许多人眼中是个克里斯玛型的精神和政治领袖。他和绝大多数激进和平主义者的最终目标是完全彻底废除核武器。① 当然,方法是甘地式的渐进主义道路:逐步停止试验,核裁军,进而消除军国主义倾向。而努力把自身塑造为个人家庭和人类集体保护者的形象,是和平主义者行动的要津。虽然50年代中叶的政治氛围沉闷压抑,司各特却相信变革具有可能性,这从亚拉巴马州蒙哥马利市黑人抵制公共汽车运动愈演愈烈中可见一斑。司各特认为,反核和平主义者能够从蒙哥马利市黑人民权斗争中获取教益:大规模非暴力抵制战略应用在反核斗争中同样有效。

内华达核试基地抗议表明,家庭主义是绝大多数美国人都能够理解的语言。保卫自己的和全人类的家庭免于核武器毁灭性威胁,激发起无数美国人尤其是母亲们的正义感和责任意识。这种家庭主义很快把激进和平主义者引向下一个轰动性事件:"黄金法则"号抗议。

非暴力反核武器组织的一艘名为"黄金法则"号的小船,承载着一群和平志愿者,于1958年2月驶入南太平洋马绍尔群岛即将进行一系列氢弹试验的水域。参与者共4人,全部是男性,他们强调为了人类大家庭不惜付出自己的生命、健康和安全,为了保护"我们孩子们的生命和他们孩子们的生命",抗议者们应该致力于终结核战争威胁。他们自信全世界各国人民都会支持他们,害怕"黄金法则"号的唯有美国政府。② 尽管他们被美国海岸警备队逮捕并判刑入狱,但他们为人类所有家庭而冒险的行为成了经典范式,其后的"凤凰"号抗议航行继续保持了关注人类生命的家庭主义主题。

随着"黄金法则"号影响的持续发酵,反核运动从到核试验地点去见证核试验升级为直接去阻止核武器的生产和部署。他们选择内布拉斯加州奥马哈的战略空军指挥基地为抗议目标,基地的洲际弹道导弹系统(ICBM)成为重点监视对象。抗议的宣传文字传递出非常突出的母性色彩。一份传单这样写道:"今天对于母亲们是个非同寻常的日子,在交通规则不能有效保护她们的孩子时,要形成人类壁垒阻挡卡车。"核武器对孩子们的威胁显然远比超速的卡车要大,以公民的不服从来保护孩子是母亲当仁不

---

① David Dellinger, *From Yale to Jail: The Life Story of a Moral Dissenter*, New York: Pantheon Books, 1993, p. 77.
② Albert Bigelow, *The Voyage of the Golden Rule: An Experiment with Truth*, New York: Doubleday, 1959, p. 20.

让的职责。来自和平缔造者组织的梅杰丽·斯旺（Marjorie Swann）被捕后发表了公开声明，以此来表明自己参加抗议的理由：

> 我知道你们很多人想问我为何要参加这个行动，尤其是，一个有着照顾四个孩子责任的母亲为何要参加？我难道不因为坐牢让他们难堪以及离开几个月不管他们而感到内疚？我只能说，现在我可能感受到的离开丈夫和孩子的内疚和痛苦同我将感受到的内疚和痛苦无法比——如果我还活着，看到我的孩子们死于氢弹爆炸。①

在法庭上，她告诉判处她六个月监禁的罗宾逊法官，她作为一位母亲的部分职责就是确保她的孩子们在未来拥有生活和自由的机会。虽然在50年代保守的社会氛围下，斯旺被视为"坏母亲"的样板，但在德林杰等激进和平主义者眼中，斯旺是个人拒不服从非正义法律和暴力的榜样，和平组织的宣传媒体反复渲染她的母亲牺牲品形象，有女性和平主义者特别强调斯旺是"首位被送入联邦监狱的女良知反对者"，还有人给狱中的斯旺写信，表示"一位妇女因为抗议对全世界已出生和未出生孩子的灭绝而入狱，这是美国妇女的光荣"。② 可以说，斯旺事件构成了50年代后期家庭主义和平抗议的象征。奥马哈行动虽然未能阻止军备竞赛，也未能改变美国政府的公共政策，但正如该行动组织者之一布拉德·利特所指出的，它"真正地唤起了人民"。激进和平主义者把家庭作为激进抗议的平台或者跳板，明确宣示其立场：核战争的威胁使得躲藏在家不仅徒劳无用而且不道德。为了自己的小家和人类的大家庭，即使违反法律和道德规范也是值得的。60~70年代的激进和平主义不仅充分认同这一思想，而且将之推向新的高度。

### （三）新左派的反帝国主义观

进入60年代，青年逐渐成为激进和平主义运动的主体。1960年11月，非暴力行动委员会（CNVA）策划了"波拉里斯行动"（Polaris Action）：在

---

① Marian Mollin, *Radical Pacifism in Modern America: Egalitarianism and Protest*, p. 91.
② Marian Mollin, *Radical Pacifism in Modern America: Egalitarianism and Protest*, p. 93.

康涅狄格州东南的波拉里斯核导弹运输潜艇基地进行非暴力抗议。参与行动的都是年轻人,其中不少人有着垮掉的一代文化反叛的思想,他们都具有比其前辈更突出的理想主义和自信心,他们自认为是在为"挽救西方文明"而行动,他们深信自己不仅能够保卫和平,还能实现社会变革目标。正如社会学家道格·麦克丹姆所指出的,60 年代初出现的这一代人"帮助产生了一种……关于未来绝无仅有的独特的青年亚文化"[1]。

从政治诉求上看,冷战和核威胁正是新左派崛起的最重要的思想背景。1962 年 6 月的《休伦港宣言》开篇就把种族歧视和核毁灭视为导致年轻一代走向反叛的两个最具影响力的因素,同年 11 月发生的古巴导弹危机大大强化了人类文明有可能随时终结的现实感。1965 年越战升级,美国全面卷入越南内战。自 60 年代初开始一直关注于国内种族和经济不公问题的新左派,其视线很快转向了越战。新左派的反战和平主义建基于其反帝国主义思想之上。

新左派理论家们相信,美国对越南的战争是名副其实的帝国主义战争,理由是,第三世界民族主义者选择社会主义作为改变其国家受殖民主义压迫的历史命运,合理合法,他国无权干涉。而美国在冷战中推行的对外政策是一种冒险,很可能引发核战争。当然,新左派对越南战争性质的认识有一个过程,在 1965 年之前,他们只是基于人道主义的道德立场反对越南战争,"因为有道德的人都必须这么做"。或如新左派记者杰克·纽菲尔德所说的,要"对这架机器和下令杀人的官员说不"[2]。随着战争的扩大,新左派领袖开始把这场战争与制度联系起来。在 1965 年 4 月向华盛顿进军行动中,SDS 主席保罗·波特在演讲中指出,战争的"管理者"并非邪恶之人,"他们自己绝不会向 10 岁的孩子扔汽油弹"。然而,他们在远方做出的决定却有这样的效果,这是背后庞大的政治社会制度使然。"这是什么样的制度,允许'好'人做出这样的决定?……我们必须为之命名,描述它,分析它,理解它,改变它。"[3] 1965 年 11 月,新左派理论家卡尔·奥格尔斯比对这一制度进行了命名——公司自由主义。他认为,公司自由主义是追

---

[1] Doug McAdam, *Freedom Summer*. New York: Oxford University Press, 1988, p. 14.
[2] David Steigerwald, *The Sixties and the End of Modern America*, New York: St. Martin's Press, 1995, p. 135.
[3] Ibid.

## 第七章　拒绝战争：国际和平与平等关系的激进建构

逐利润的资本主义、反共主义和帝国主义的混合物。他之所以不直接使用帝国主义一词命名所批评的制度，是因为新左派断定"帝国主义"是老左派的用语，而拒绝老左派的概念和思想是他们的基本立场。然而，制度名称的差异并不影响新左派"将越战理解为美帝国主义干涉他国，通常是第三世界国家事务方式的一个方面"[①]。

早在20世纪70年代初就有研究者指出，越南战争导致在美国外交政策的解释上出现了最大的修正主义者——新左派外交史观。[②] 在这方面堪称权威的学者是历史学家威廉·阿普尔曼·威廉斯。

1959年，威廉斯的《美国外交的悲剧》一书问世，成为美国左派学者在这一时期研究美国外交政策史的彪炳之作，对美国外交政策史的研究和写作产生了深远影响，尤其是大批新左派学者的研究，大多以威廉斯的解释框架作为支撑。威廉斯认为，外交政策是一个国家和社会结构与组织功能的体现。在19世纪80~90年代经济萧条期间，美国经济界已经得出这样的结论，国外市场对于美国具有极其重要的意义，它关系到美国经济的持续增长和人民福祉。因为海外市场有助于美国摆脱种种内部问题的纠缠，这种种问题多半是由于生产过剩导致经济停滞引发的。意识到外部市场重要性的结果是，国家对外政策发生了根本的转变——政策制定者采纳了著名的"门户开放"政策。"通过这项政策，美国压倒性的经济力量将进入并主导世界上所有低发展地区……门户开放政策事实上是一项杰出的战略行动，它引领美国经济与政治力量在全世界逐渐扩张。"[③] 威廉斯进一步指出，20世纪美国绝大部分外交政策的目标都是直接以确保美国经济在全球范围内的优势为依归的。基于这一目的，美国两次卷入了世界大战，卷入了朝鲜半岛与越南的冲突，卷入了与苏联之间你死我活的冷战较量。换言之，自19世纪末以来，美国对外政策的帝国主义性质是一脉相承的。第二次世界大战结束以来，美国对外政策的决策依据并没有越出门户开放政策时期的视界：出于为商品和资本寻找市场这一基本动机，满怀希望地在东欧和

---

① Alexander Bloom, *Long Time Gone*. New York: Oxford University Press, 2001, p. 33.
② Robert W. Tucker, *The Radical Left and American Foreign Policy*, Baltimore and London: The Johns Hopkins Press, 1971.
③ William A. Williams, *The Tragedy of American Diplomacy*, New York: Delta Book, 1972, pp. 45~46; William A. Williams, *The Roots of the Modern American Empire*, New York: Random House, 1969.

世界其他地区进行渗透。所以，美国显然是冷战的主要责任者。新左派学者克里斯多夫·拉什在60年代后期指出，不是遏制，而是制造一个让美国资本主义更加安全的世界的反革命，是隐藏在战后美国政策后面的主要动机。① 这一观点显然是对威廉斯的积极回应。

威廉斯断定，美国帝国主义的源头就在经济危机的19世纪90年代。在这十年中，美国形成了一种举国一致的新共识：美国人不再争论是否要追求扩张主义的政策，他们争论的是用什么形式进行扩张。这种扩张主义政策建基于这样的信条之上：美国外交与繁荣紧密相关，它与世界市场不可分离，任何对美国商品和资本流的限制都会导致经济萧条和社会动乱。所以，对经济扩张的支持在参与美西战争和获取海外殖民地资产的争论中起着关键作用。威廉斯最后在书中得出结论，美国要摆脱帝国主义的扩张政策，就必须实行根本性的变革，如结束冷战，通过联合国渠道提供发展援助，重新调整美国国内生活的秩序，等等。如果没有国内经济与政治的根本改变，美国外交政策就只能沿着既定的路线走下去。②

毫无疑问，威廉斯的历史解释不仅深受经济史学家查尔斯·比尔德进步主义历史观的影响，而且还带有明显的马克思主义理论的痕迹。他"随心所欲地汲取马克思主义理论"③。其表现有四：其一，通过马克思主义理论对进步主义前辈们的见解加以提炼；其二，直接从马克思那里找到美国海外扩张根源，即因生产过剩而引起社会动荡的危机迫使美国面向世界寻找市场；其三，通过马克思主义来解释经济需要和对外交政策的影响如何使社会上层不同利益集团达成共识；④ 其四，马克思主义帮助威廉斯就美国海外帝国主义扩张行为对经济不发达国家和地区造成的损害做出了不失深刻的分析。

虽然新左派理论家们不否认美国外交政策的制定权掌握在极少数经济政治精英手中，但"自下而上"的政治信念使他们相信底层社会有力量通

---

① Christopher Lasch, "The Cold War, Revisited and Re-Visioned", *New York Times*, January 14, 1968.
② William Appleman Williams, *The Tragedy of American Diplomacy*, p. 210.
③ 〔美〕迈克尔·H. 亨特：《意识形态与美国外交政策》，褚律元译，世界知识出版社，1999，第11页。
④ 进步主义时代的学者常常偏好用上层的阴谋论来回答美国统治精英为何形成共同扩张思想的缘由。马克思主义使威廉斯摆脱了失之简单化的阴谋说。

过和平方式影响和改变对外政策的决策过程，前提是社会大众的觉醒与团结，特别是欧美发达国家与第三世界人民反殖反帝斗争的大联合至关重要。60年代后期，虽然作为新左派核心组织的SDS因内讧趋于解体，其中以"地下气象员"为代表的一部分成员选择了暴力战略，但新左派的绝大多数人仍然秉持非暴力立场，特别是包括易皮派在内的反主流文化群体，相信和平的社会实验是现代人根本性摆脱核威慑和不合理的异化社会的不二选择，相信象征和平的花的力量（flower power）定能战胜美国的帝国主义战争与干涉政策，原因即在于此。

新左派的美国外交史观不仅是60~70年代青年造反派社会批判的武器，也是80~90年代乃至21世纪左派关于美国对外政策的主要分析工具。

### （四）20世纪80年代文化左派的国际正义观

1979~1992年是左派对美国外交政策抨击最猛烈的一个时期，这个时期涉及卡特、里根和老布什三个总统，但因为1981~1989年的整整八年为里根任期，故一般也把80年代称为里根时代。美国学者尼克·威瑟姆认为，这个时期美国的中美洲外交政策为文化左派的制度与政策批判提供了标靶，反干涉主义、团结和反帝国主义则构成左派外交政策批判的意识形态基础，而这一意识形态基础毫无疑问的是对冷战后期尤其是80年代特殊历史、政治、外交和经济状况的回应。① 众所周知，里根政府于1981年开始着手推行与苏联对抗的外交战略，这直接导致1983年1月"国家安全决策指令75号"出台，把"致力于削弱和在可能的地方破坏"苏联与第三世界盟友间的联系作为美国对外战略的目标，具体而言就是通过"在那些国家内部鼓励民主运动和势力以产生政治变革"。② 共和党政府的战略家们深信，第三世界国家内部的变革最终会引发苏联全球权力体系的崩溃。为此，美国在亚非拉三大洲的阿富汗、柬埔寨、安哥拉、莫桑比克和尼加拉瓜等地推行干涉主义政策，由于中美洲之于美国所具有的特殊地缘政治地位，对中美

---

① 这三种意识形态是美国左翼团体"与萨尔瓦多人民团结一致委员会"（CISPES）在1983年的内部讨论中提出的。Nick Witham, *The Cultural Left and the Reagan Era: US Protest and the Central American Revolution*, London and New York: I. B. Tauris & Co. Ltd., 2015, pp. 6-7.

② James M. Scott, *Deciding to Intervene: The Reagan Doctrine and American Foreign Policy*, Durham: Duke University Press, 1996, p. XIII.

洲的干涉成为重中之重。

在美国文化左派看来，美国的干涉往往是站在反革命力量的一方与进步和正义力量对抗，美国对拉丁美洲的干涉更是如此。远的不说，自1945年以来，拉美就被美国牢牢置于冷战地缘政治框架之下，拉美地区的发展出现民主与反动交互存在的特征，实为美国外交政策的内在操控所致。例如，当以维护"个人尊严和社会团结"为政治目标的名字运动席卷拉美大陆时，美国视其为洪水猛兽，支持各国保守势力予以打压，1973年的智利阿连德事件就是典型。① 左翼学者范·戈斯指出，美国对拉美的干涉与对越南的政策如出一辙，正是美国的干涉政策引发的反抗浪潮在60年代反战思想和80年代反干涉主义之间架起了桥梁。②

80年代美国左派的反干涉主义和反帝国主义主要表现在历史学界的修正主义学派、纸质媒体和好莱坞影视激进主义三个方面，媒体和影视因有专章论述，这里仅就学术界的激进思想略做讨论。

沃尔特·拉菲伯和加布里埃尔·科尔柯为新左派历史学家，美国外交政策史领域修正主义学派的代表人物。作为威廉斯的追随者之一，拉菲伯通过对美国中南美洲外交政策史的研究，为左翼的反干涉主义做出了独特贡献。1978年，拉菲伯出版《巴拿马运河：历史视野下的危机》一书，剖析了美国在巴拿马运河地区的历史作用和现实困境。不久后，又于1984年推出《难以避免的革命》，为读者进行了美国中美洲政策史的深度解析，揭示里根政府卷入中美洲地区事务的政治经济根源。与拉菲伯研究视角聚焦于中美洲不同，科尔柯研究的地理空间较大，美国与第三世界的关系被纳入其系统研究领域。1984年、1985年和1988年，科尔柯的《现代美国历史主流》修订版、《战争的解剖学：越南、美国与现代历史历程》和《对抗第三世界：美国外交政策1945—1980》先后问世，③ 这些著作表明其在美国与中美洲和其他第三世界国家关系问题上持有与拉菲伯相似的看法。

---

① Greg Grandin, *The Last Colonial Massacre: Latin America in the Cold War*. Chicago: University of Chicago Press, 2004, pp. 4-17.
② Van Gosse and Richard Moser ed., *The World the Sixties Made: Politics and Culture in Recent America*, Philadelphia: Temple University Press, 2003, pp. 100-113.
③ 《现代美国历史主流》被美国研究者视为与斯托顿·林德的《美国激进主义的思想起源》和霍华德·津恩的《美国人民史》齐名的同类著作。Nick Witham, *The Cultural Left and the Reagan Era: US Protest and the Central American Revolution*, p. 195.

## 第七章 拒绝战争：国际和平与平等关系的激进建构

在他们眼中，美国外交政策制定者有一个特点，即喜欢使用反共词语，其目的不过是给其在世界政治中的干涉主义寻找正当性，里根政府的中美洲政策最具典型性。他们指出，美国同中美洲反霸权力量之间的冲突，其动能在于问题重重的冷战意识形态的简单二元对立。科尔柯认为，事实上，1960年以前，整个拉丁美洲对美国权力的挑战并非其"所宣称的俄国和共产主义威胁，而是保守的民族主义力量的出现"。① 同样，拉菲伯也把美国对中美洲的干涉同该地区民族主义的崛起联系起来，断定中美洲诸国不愿意在冷战中选边站队，力图成为美苏之间的第三种力量，以保证独立自主地发展经济，巩固其政治统治。② 他们不约而同地将50年代中期美国对危地马拉的干涉作为例子。1951年民主选举上台的阿本斯总统，与苏联很少往来，也不是社会主义者，更不用说是马克思主义者了，但他的政治倾向一目了然：反对美国人，反对帝国主义，他大张旗鼓地推行土地改革，这直接触犯了美国控制的联合果品公司的利益，美国外交官轻易地给他贴上了标签——不仅长相和行为像共产党，腔调也像。③ 1954年6月，中央情报局成功策划了一场推翻阿本斯政府的政变，而艾森豪威尔政府则通过宣传机器竭力让美国民众相信危地马拉已经被共产党占领，以此为危地马拉政变行为开脱。④ 政变后上台的卡斯蒂洛·阿玛斯政府完全废止了前任的民主改革措施，全力维护美国公司利益。简单而言，反共主义信条不仅成为美国干涉中美洲政策的遮羞布，而且还迫使美国为保护其资本主义利益与中美洲地区压迫性的反民主集团同流合污。50年代是这样，80年代的里根政府也不会例外。

从反对反共主义的政治话语出发，拉菲伯和科尔柯的美国对外政策史研究在追求学术目标的同时，还把在美国公共政治话语中提供一种左翼声音和教育方法作为其重要使命。然而，尽管二者的著作都对美国外交政策持批判立场，但科尔柯明显比拉菲伯激进得多。拉菲伯着重从自由与民主

---

① Gabriel Kolko, *Confronting the Third World: United States Foreign Policy 1945-1980*, New York: Pantheon Books, 1988, p. 35.

② Walter LaFeber, *The Panama Canal: The Crisis in Historical Perspective*, New York: Oxford University Press, 1978, p. 105.

③ Walter LaFeber, *Inevitable Revolutions: The United States in Central America*, New York: W. W. Norton & Company, 1984, pp. 114-119.

④ Gabriel Kolko, *Confronting the Third World: United States Foreign Policy 1945-1980*, p. 103.

的政治价值层面批评美国对外政策，科尔柯则更多地继承了修正派历史学的理论传统，这种差异导致他们的理论解释大不相同。例如，拉菲伯对发展经济学的依附论情有独钟，把它作为美国中美洲政策的最重要的解释工具，不过，他又认为，"非正式殖民主义"是对巴拿马—美国关系更为准确的描述，因为依附论似乎过于注重经济因素了，只有前者能够较好地囊括华盛顿强权对直接政治军事干涉的偏好，更何况"由条约赋予合法化的权力并不倚重自由贸易帝国主义"①。在《难以避免的革命》中，拉菲伯提出"新依附论"（Neodependency）代替"非正式殖民主义"概念。与依附理论强调经济方面不同，新依附论强调包括经济、政治和军事等在内的体系：美国的资本主义信心与"使用军事力量的意志、对外来影响的恐惧、对革命性动荡的担忧"的结合。②

相比之下，科尔柯的观点更接近多斯·桑托斯等人的依附论传统。科尔柯认为，原材料的出口在美国与第三世界结构性关系中是决定性的因素，换言之，经济是美国在全球推行帝国主义政策的首要因素。在科尔柯看来，参与外交政策决策的政治家可以有不同的风格，但不能决定对外政策的结果，决定外交政策结果的是美国帝国主义的总体经济结构，这是冷战时代美国外交政策具有前后连贯性和一致性的原因所在。例如，肯尼迪自认为他推行的美国与拉美之间的"争取进步同盟"政策完全不同于艾森豪威尔政府的拉美政策，但事实上二者并没有本质性差异，因为双方追求的目标都是"侵略性霸权"。③卡特与里根之间亦然，他们言谈举止和行事风格大不相同，但他们在外交政策舞台上却面临相同的困境，都拒绝减少美国的全球目标，都被迫"有增无减地进行徒劳而危险的超越（美国）力量限度的尝试"。④既然外交官和政治家不可能改变美国的对外政策，那么，撼动美帝国的力量何在？答案是：深度的系统性政治剧变。拉菲伯作为反干涉主义的历史学家，在这个问题上显然要乐观得多。他以巴拿马运河历史为例证明，某些政治家能够改变美国与中美洲关系的性质。⑤

---

① Walter LaFeber, *The Panama Canal: The Crisis in Historical Perspective*, p. 67.
② Walter LaFeber, *Inevitable Revolutions: The United States in Central America*, p. 18.
③ Gabriel Kolko, *Confronting the Third World: United States Foreign Policy 1945-1980*, p. 152.
④ Gabriel Kolko, *Main Currents in Modern American History*, New York: Pantheon Books, 1984, pp. 400-401.
⑤ Walter LaFeber, *The Panama Canal: The Crisis in Historical Perspective*, p. 227.

## 第七章　拒绝战争：国际和平与平等关系的激进建构

在论及70年代末80年代初中美洲爆发的革命时，拉菲伯虽然承认这些革命的发生具有必然性，但并不认为政治剧变一定会带来历史进步的乐观结果，相反，他把这种必然性与美帝国主义的漫长历史相联系，将之追溯到1803年路易斯安那购买。① 拉菲伯指出，美国在20世纪已经见证了由于它在中美洲的经济剥削和欺骗性外交政策引发的诸多革命，美国能够赢得战争，但无法赢得革命，除非美国能够与中美洲革命者一起致力于建立一个有序与平等的社会，而不是相反。尽管如此，拉菲伯相信中美洲革命可能性的存在是中性的和民主的，不大会以彻底颠覆美国霸权为目标。

科尔柯对第三世界革命的看法有所不同。他认为美国并没有失掉越战，而是越南共产党赢了它，由此表明冷战意识形态和干涉主义政策的虚弱性。至于中美洲尼加拉瓜等的革命则是左派的"胜利"，它证明了美国在西半球霸权的结构性弱点：尼加拉瓜肯定了古巴革命不是孤立和偶然事件，而是与美国霸权对抗的一个持续进程的组成部分。

虽然拉菲伯和科尔柯对美国与中美洲关系史的解读各不相同，但反帝、反干涉主义构成他们的基本政治立场，历史修正学派学术立场与新左派政治在此得到了进一步的整合，从而为左派的国际正义诉求建构了理论话语。

### 五　后冷战时代的反霸权思潮

#### （一）乔姆斯基对美国外交政策的批判

诺姆·乔姆斯基（1928~　），麻省理工学院教授，著名语言学家、哲学家、历史学家、左翼政治活动家。自20世纪60年代开始，乔姆斯基就对美国内政外交政策持激烈的批评立场，尤其是把揭露和抨击美国对外政策破坏民主、践踏人权以及为极少数富人牟利的真面目和实质视为知识分子义不容辞的责任。

乔姆斯基对美国外交政策的批判建立在其独特的政治学之上。其政治学围绕国家与国内政治、国家与对外政策、国家与媒体等关系展开。

首先，国家与国内政治。国家是当代国际关系中最为重要的行为主体，

---

① Walter LaFeber, *Inevitable Revolutions: The United States in Central America*, p.19.

是一国外交政策制定与实施的基础。但在乔姆斯基眼里，国家虽然拥有社会管理功能，但实质上只是阶级统治的工具，其最突出的特征是控制功能。乔姆斯基借用马克思主义的阶级分析法来分析国家的控制功能，他把公民分为拥有政治经济权力的精英阶层与无权的普通民众两类，对于掌权者来说，对付民众的有效手段是欺骗、恐吓、操纵和愚民政策，这些手段能毫无障碍地使国家完全成为保障精英集团利益的工具。

既然国家是少数精英阶层维护和扩展利益的工具，资本主义国家自然是资产阶级进行统治的支柱。作为最强大的发达资本主义国家，美国的国家性质亦然，只不过它更具欺骗性和隐蔽性而已，这从美国"民主"与"自由"两个方面稍做考察即可见一斑。在美国，"民主"就是"阻止公众参与管理他们自己的事务，信息的传播应得到严密的控制等"。① 至于自由，其标榜的自由与实质性的自由有如霄壤之别，因为在高度商品化的美国社会，你拥有的自由与你拥有的财富数量成正比。虽然这个社会允许和鼓励自由辩论或争论，但前提是不得与主流意识形态体系相悖。②

其次，国家与对外政策。外交是内政的延伸。在乔姆斯基看来，只要把美国政府的对外政策与其实质内容进行比较，就不难明白美国外交政策服务于商业利益集团的本质。第一，从美国国家利益角度来考察，美国国家利益反映的主要是商业集团的利益。乔姆斯基指出，所谓国家利益其实是一种政治话语，是统治阶级用于掩盖其真实意图并骗取民众支持其政策的宣传。第二，从美国的"大区域战略"和"第五项自由"上看，美国大战略的目标就是为美国商业集团在全球的扩张服务。从历史角度看，"美国制定对外政策的首要原则是，创立和维护一种美国本土的商业集团可以在其中蓬勃发展的国际秩序，这种秩序是一个'开放社会'（Open Society）的世界"。"'开放社会'的真实含义就是对美国的经济渗透和政治控制开放。"③ 这依然是二战后美国对外政策的基调。基于战后超强国力，踌躇满志的美国决策者致力于建立一个美国主导下的世界秩序，把世界上绝大多数地区纳入其中，成为美国经济发展的有机组成部分，这就是所谓的"大

---

① 〔美〕诺姆·乔姆斯基：《新自由主义和全球秩序》，徐海铭、季海宏译，江苏人民出版社，2000，第185页。
② Chomsky, *On Power and Ideology: The Managua Lectures*, Boston: South End Press, 1987, p.114.
③ Chomsky, *On Power and Ideology: The Managua Lectures*, Boston: South End Press, 1987, p.6.

## 第七章　拒绝战争：国际和平与平等关系的激进建构

区域"（Grand Area）战略。在"大区域"内，美国是工业中心和体系主导者，其余地区则充当类似殖民地的市场、原材料的供应地或附庸国。"第五项自由"（The Fifth Freedom）是指美国对外政策的基本原则：保证美国在世界各地行动自由，按照乔姆斯基的说法，即保证美国在全世界"进行抢劫、剥削和控制的自由"[①]。第三，从战后以来美国对世界各主要国家和地区的政策看，其核心更是离不开维护美国国内商业集团利益这一点。无论是1947年出台的马歇尔计划，还是同年终结由麦克阿瑟占领军政府主持的日本民主化进程，既是出于对付以苏联为首的东方集团的战略考虑，又是受帮助美国商品和投资寻找市场这一动机的驱使。1949年出台的"第四点计划"更是指向让第三世界成为美国工业的原料产地和市场。对于苏联和东欧国家，则以冷战政策对待。乔姆斯基断定，美国推行冷战政策，其目的并非如政府宣传的那样是保护美国和世界安全，实际上只是其维持国内统治和干涉他国内政的工具。冷战的历史是美国在全球进行颠覆、侵略和支持国际恐怖主义的历史，是美国维持其在西方工业化国家的影响力、与当地统治集团联手镇压独立政治力量和群众运动的工具，是美国通过对高科技产业，尤其是军工企业进行补贴，将国家财富转移到私人手中的工具。[②]

最后，国家与媒体。既然国家的内外政策都是围绕商业集团的利益制定和实施的，那么，民众为何不表达出抗议和反对之声呢？乔姆斯基的回答是，这是美国政府和商业利益集团利用所控制的媒体宣传影响公众的结果。从历史上看，早在20世纪初的威尔逊时代，媒体就已经成为政府左右民意的至尊法器。[③] 国家与媒体紧密结合产生的一个最显著的社会功能是"制造同意"。媒体力量在诱导公众支持政府政策方面所起到的作用是罕有其匹的，这种"制造同意"成为民主社会有效运转的重要保证。

具体而言，美国媒体采用一种极其隐蔽或常人难以觉察的"过滤器"特殊模式操弄宣传：其一，占支配地位的传媒机构不断扩大其所有权和规

---

① 尤泽顺：《乔姆斯基：语言、政治与美国对外政策研究》，世界知识出版社，2005，第206页。
② Chomsky, *Terrorizing the Neighborhood: American Foreign Policy in the Post-Cold War Era*, UK: Pressure Drop Press, 1991, pp. 24–26.
③ Noam Chomsky, *Media Control: The Spectacular Achievement of Propaganda*, New York: Seven Stories Press, 2002, pp. 11–12.

模,聚集越来越多的财富与利润;其二,把广告业作为大众传媒收入的主要来源;其三,政府、专家和商业公司是传媒的主要信息提供者;其四,反击是控制媒体的重要手段;其五,把"反对共产主义"作为控制的机制。① 通过这五个过滤器,最后进入公众耳目的是被过滤了的东西,精英集团的意志在主流媒体中得以顺利体现。至于宣传的主要对象,无疑是占人口大多数的政治上活跃的中产阶级。②

乔姆斯基对美国媒体宣传模式的理论分析虽然建基于唯理主义和唯意志自由主义之上,却与马克思主义不谋而合。马克思主义认为,对媒体宣传的研究应该以媒体所有权和媒体内容为重点,因为资本主义经济体系是为少数生产资料所有者提供特权的体系,媒体的运作深受资本主义经济、政治和社会框架的限制,它以维护特权阶级利益为宗旨。

基于以上理论立场,乔姆斯基从三个方面展开对美国外交政策的批判。其一,对美国军事干涉的批判。二战结束以来,美国对外关系的一大突出特征是对他国内政的干涉,其中最具代表性的是军事干涉。干涉主义在美国具有广泛的理论基础,无论是现实主义者,还是世界主义者,抑或是国家主义者,都从自身视角对干涉主义的合理性持肯定态度。现实主义者认为,只要是有助于维持均势和秩序的干涉行为都是正当的;世界主义者则认为,凡是出于伸张正义的干涉行为都是正当的;国家主义者表面上反对干涉,主张只有抵抗侵略的战争才是合法的,但国家主义的主张是一种更加隐蔽的干涉主义。例如国家主义代表人物沃尔泽(Michael Walzer)就曾列出四种情形下的干涉行为具有正当性,其中之一是,当一国领土完整和政治主权面临明显的严重威胁时,采取先发制人的干涉行为就是正当的。③简单地说,美国知识界在对外干涉的合法性问题上是没有争议的,争议的仅仅是某个具体干涉行为所致力的目标。

---

① Neil Smith, *Chomsky: Ideas and Ideas*, 北京外语教学与研究出版社, 2001, p. 199。
② 乔姆斯基和赫尔曼把美国社会分为四大群体:由商界和政界精英组成的最上层的精英群体,是媒体的掌控者和假象散布者;由新闻记者和学术专家构成的"世俗传教士",通过传播为精英阶层服务的观点来获取自己的现实地位;受过良好教育、政治上活跃的中产阶级,如果他们知道了事实真相,将会危及现行权力架构与秩序;最后一个群体是政治上麻木、缺乏经验和难以动员的下层阶级。参见 Edward S. Herman and Noam Chomsky, *Manufacturing Consent: The Political Economy of the Mass Media*, New York: Pantheon Books, 1988。
③ 〔美〕约瑟夫·奈:《理解国际冲突》,张小明译,上海人民出版社,2002,第230~232页。

## 第七章　拒绝战争：国际和平与平等关系的激进建构

在冷战时代，美国对外干涉事件层出不穷，从规模和影响的深远来看，越南战争无疑最具典型性。关于越南战争，美国自由主义阵营的学者和政治家通行的看法是，美国卷入越战是政策制定者误导造成的悲剧，但美国是为了阻止越南北部对南部的"内部侵略"，使后者免于落入前者的共产主义"魔掌"而行动的，出发点是好的，这是美国主动承担的超国家利益的外在责任。① 对此，乔姆斯基进行严厉批驳：越南并不存在什么内部侵略，存在的是国内不同政治派别争夺政权的竞争，纯属其内部事务。美国军事干涉越南，纯粹是扩展美国利益之动机使然。牢牢控制东南亚市场和把日本纳入美国全球经济体系是美国"大区域战略"中至关重要的一部分，然而，中国革命的胜利使美国的战略计划受到阻碍。乔姆斯基认为，为防止日本与中国发生任何经济联系，把日本牢牢捆绑在美国战车上，自20世纪50年代开始，美国一直在帮助日本发展与东南亚国家间的经济关系，这一战略的前提是东南亚对美国和日本资本投资开放。越南内战本身无疑是对美国亚太地区战略的一大威胁，通过军事干涉稳定美国在这一地区的战略存在实为必然。

美国总是声称其在越南的行为是进行人道主义干涉，乔姆斯基以大量事实和资料进行回击，认为美国带给越南的恰恰相反，是严重的人道主义灾难。在美国强大战争机器打击下，"越南作为一个文化和历史实体正面临着灭绝的危险"②。另外，自美国撤离越南后，美国政府和媒体都明确表示美国在越南遭到了彻底失败，乔姆斯基却不以为然。在他看来，美国虽然未能在印度支那半岛实现其全部战略目标，它还是获得了部分成功，基本上达到了预期效果。③ 从冷战对抗的大局看，越南战争并没有导致美国所担忧的多米诺效应发生，美国实现了对日本和这一地区的有效控制。在美国公开和暗中支持下，印度尼西亚、菲律宾和泰国分别在1965年、1972年、1976年发生军事政变，成为美国在东南亚实现其战略意图的可靠伙伴。与此同时，战争造成印度支那半岛人员大量伤亡和财产巨额损失，对这一地

---

① 尤泽顺：《乔姆斯基：语言、政治与美国对外政策研究》，世界知识出版社，2005，第247页。
② Edward S. Herman and Noam Chomsky, *Manufacturing Consent: The Political Economy of the Mass Media*, p. 183.
③ Ibid., p. 245.

区经济发展造成了极其不利的影响，使该地区在相当长时期内无法摆脱作为原料产地和工业品销售市场的命运。

其二，对美国人权外交的批判。人权外交是美国外交政策的重要内容之一，由卡特政府首次明确提出。乔姆斯基认为，由于人权作为一种价值观是美国立国之基，故人权外交得到美国社会大众的普遍支持，但这仍然是美国政府和媒体宣传的结果。因为，人权从来不是美国外交政策首要关心的问题和目标，它只是追求美国国家利益的工具和手段而已。

乔姆斯基指出，美国一直自诩为"人权卫士"，把自己置于人类道德高地，但美国人权的历史和现状却乏善可陈。首先，暴力和种族屠杀构成美国建国的基础。哥伦布到达美洲时，北美大陆印第安人约有1000万人口，到19世纪末，美国境内的印第安人仅剩下20万人，印第安人的人权长期被忽视，被粗暴践踏。其次，现代美国社会最为突出的特征就是暴力偏好。从广岛原子弹到美军在越南的暴行，再到美国国内枪支泛滥成灾，暴力事件频发，已然成为美国"老大难"的社会问题。再次，发达的美国经济是以冷酷、贪婪和侵略他人为基础的。无论是早期将大批非洲黑人掳到美洲的黑奴贸易，还是美国南方有组织的种族隔离，抑或是自由资本主义时代资方以恐怖手段对付工人的现象屡见不鲜，这都说明一个事实：美国经济的成功是以巨大的劣迹斑斑的人权记录为代价的。美国在经济收入上严重的极化现象更能说明维护人权在美国更多只是一个口号。

尽管人权外交早在威尔逊时代就已露出端倪，但二战后的50~70年代，以凯南为代表的现实主义外交思想一直居于美国对外政策的主导地位，不愿让人权问题扰乱美国的大战略，加上美国身陷越南泥潭，处境尴尬，美国决策层似乎有意无意地回避它。1977年，卡特就任美国总统，声称美国将以人权为其外交政策的核心。对此，乔姆斯基一针见血地指出，卡特之所以做出如此决断，是出于重塑意识形态的需要。[①] 通过人权外交，不仅挽救因"越南综合征"引起的"民主危机"，而且还能掩盖美国对外武器输出，更重要的是，在世界范围内重塑美国的道德形象，淡化在全球盛行的反美主义影响。其实，从卡特和里根政府的外交实践不难看出美国人权外交的实质。首先，人权外交服从于美国安全利益的需要。例如，美国政府

---

① Carols P. Otero ed., *Noam Chomsky: Language and Politics*, pp. 327-328.

第七章　拒绝战争：国际和平与平等关系的激进建构

出于战略利益考虑，不仅对拉丁美洲大多数军人政府在人权方面的劣迹熟视无睹，而且还不断地向这些国家提供包括军事援助在内的各种援助，在对待伊朗、伊拉克和东亚的印度尼西亚、菲律宾和韩国军人政权时亦然。其次，人权外交为意识形态斗争服务。乔姆斯基指出，从一开始，美国就把人权与反共意识形态相联系，利用人权问题干涉他国内政，阻止被干涉国倒向共产主义，最典型的例子是对尼加拉瓜桑迪诺政府的敌视和对其反对派武装的大力支持，最终导致桑迪诺政权被推翻。最后，人权外交奉行双重标准。只要符合美国国家利益，人权问题可以视而不见；相反，美国就会抓住人权问题大做文章。一句话，人权问题只是美国用来批评与其不友善国家的工具。

其三，美国对外政策实践中的恐怖主义。1981年，里根上台后迅即宣布，美国对外政策的重点是"对恐怖主义开战"，国务卿乔治·舒尔茨表示要使用武力铲除"恐怖主义的邪恶根源"，反对以法律手段来解决恐怖主义问题，认为这是软弱和屈服。① 乔姆斯基尖锐地指出，美国对恐怖主义开战，实际上就是美国以恐怖主义手段干涉他国内政，美国已然成为不折不扣的恐怖主义国家。里根政府的对外政策是进行军事干涉、颠覆和侵略，以打造有利于美国富人群体在全球谋利的国际环境，特别是对第三世界国家实施国家恐怖主义，阻挡或扭转当地的社会现代化进程，因为大多数底层民众参与改革与政治民主化这一进程会危及美国公司在当地的权益。② 乔姆斯基发现，古巴和黎巴嫩是美国国家恐怖主义政策的最大受害者。③ 中美洲的萨尔瓦多和尼加拉瓜同样身受其害。乔姆斯基告诉人们，二战结束以来，美国国家恐怖主义的实施办法有四种：一是美国直接参与行动；二是美国支持附庸国或组织对其国内目标实施恐怖行动；三是美国支持附庸国或组织对境外目标实施恐怖行动；四是美国唆使附属国或组织中的一部分支持其另外的附属国实施恐怖行径，如美国唆使以色列、伊朗、沙特阿拉

---

① Noam Chomsky, "Wars of Terror", http://monkeyfist/chomsky/archives/essays.
② Carols P. Otero ed., *Noam Chomsky: Language and Politics*, p. 548.
③ 乔姆斯基认为，从肯尼迪到尼克松，美国针对古巴的恐怖主义袭击从未停止过，包括袭击民用设施、炸毁旅馆与渔船、摧毁石油化工设施、对农作物和牲畜大规模施毒、谋杀、炸毁飞机和古巴驻外使馆等。在中东，美国支持以色列经常炮击和轰炸黎巴嫩南部，造成大量平民伤亡。Noam Chomsky, "International Terrorism: Image and Reality", http://monkeyfist/chomsky/archives/essays.

伯等为尼加拉瓜反政府武装提供资金和其他援助。①

显然,乔姆斯基对美国对外政策实践中国家恐怖主义的分析与批判,其理论背景是冷战时代极为盛行的现实主义国家利益与实力理论。传统观点认为,恐怖主义是弱者对强者进行对抗或报复的手段,但乔姆斯基相信,它更是美国之类的强国对付弱国的撒手锏,唯一的区别是强国以强有力的媒体力量赋予其合法性而已。

### (二) 恩道尔对美国霸权主义的批判

威廉·恩道尔,美籍德裔学者,是国际经济与政治领域举足轻重的左翼学者。与乔姆斯基不同,恩道尔对美国霸权和新自由主义外交政策的批判视角比较独特,即着重于地缘政治分析。作为著名经济学家和地缘政治学家,他选择从地缘政治视阈入手,在占有大量翔实资料基础上,通过无与伦比的缜密思考与逻辑分析,深刻揭示美国精英集团利用政治、经济、军事、外交、宗教等手段,维护其在全球的主导地位,实现控制全球的战略目标。他指出,如果仅从美元和武器装备看,"这个世界早已是在美国全方位主导战略之下的无助的附属殖民地"②。2008年,美国军费开支相当于军费排名位于美国之后的世界前四十五个国家的总和。五角大楼及相关部门的军费占全世界军费总额的48%。美国和其北约盟国以及日本、韩国和澳大利亚的总军费开支则高达1.1万亿美元,占世界军费总额的72%。③这种力量优势使美国在全球推行霸权政策时肆无忌惮。打着新自由主义旗号的美国霸权行径主要表现在以下几方面。

其一,不择手段地将军事触角伸至全球所有关键的战略地区。以巴尔干地区为例,这在美国欧亚大陆大棋局中至关重要。为了控制这一区域,美国在科索沃问题上大做文章。2008年,科索沃宣布独立,美国公然违背联合国有关科索沃决议,立即予以承认,因为这能让美国更加顺畅地控制

---

① Carols P. Otero ed., *Noam Chomsky: Language and Politics*, p.548.
② 〔美〕威廉·恩道尔:《霸权背后:美国全方位主导战略》,吕德宏等译,知识出版社,2009,第293页。
③ 〔美〕威廉·恩道尔:《霸权背后:美国全方位主导战略》,吕德宏等译,知识出版社,2009,第293页。

## 第七章 拒绝战争：国际和平与平等关系的激进建构

从中东到巴尔干的广大地区。①

其二，在欧亚非三大洲操纵"颜色革命"。从塞尔维亚、格鲁吉亚到乌克兰，再到中亚的吉尔吉斯斯坦，进而到西亚和北非阿拉伯世界，"颜色革命"如火如荼，其背后少不了美国政府的推手，或者是受到美国政府资助的非政府组织如"国家民主基金会"②"开放社会基金会""自由之家"等在背后推波助澜。如得到索罗斯基金会和国家民主基金会资助的"爱因斯坦研究所"就曾公开承认，它积极参与了缅甸、泰国、拉脱维亚、立陶宛、爱沙尼亚、白俄罗斯和塞尔维亚的民主组织和反对派进行的抗议活动。③

其三，插手和干涉他国内政，比如，支持"疆独"图谋搞乱新疆，支持达赖及其"藏独组织"染指西藏，目的在于削弱其眼中的对手中国。恩道尔指出，2008年在西藏发生的骚乱是中央情报局策划的，这是美国逐步升级的搞乱中国战略的一部分，"华盛顿已经决定以在西藏煽动骚乱的方式与北京玩一场风险极高的地缘政治游戏"④。

其四，在非洲等地为进行资源战争做准备。2008年10月，五角大楼悄悄设立了一个单独的新机构——非洲司令部。美国政府设立非洲司令部的意图何在？这从五角大楼《2008年陆军现代化战略》中不难找到答案。在这份文件里，五角大楼战略家们预见到未来三五十年里，美国将会卷入若干场以控制原料为目标的战争，美国要确保在任何时间、任何环境和面对任何对手时，有能力全方位主导冲突。明白地说，防止中国和俄罗斯控制发展中国家粮食、水和能源，以及控制资源丰富国家人口增长，是美国设立非洲司令部的真正原因。⑤

---

① Robert Wielaard, *Kosovo Recognition Irritates Russia and China*, The Associated Press, February 19, 2008.
② 国家民主基金会由里根政府时期任中央情报局局长的比尔·凯西提议于20世纪80年代初成立，之所以设立为非政府组织，就是为了掩人耳目。该机构第一任负责人艾伦·温斯顿公开对《华盛顿邮报》表示："我们今天做的许多事，在25年以前都是中情局的活儿。" D. Ignatius, "Innocence Abroad: The New World of Spyless Coups", *The Washington Post*, 22 September, 1991.
③ The Albert Einstein Institution, http://www.aeinstein.org/.
④ 〔美〕威廉·恩道尔：《霸权背后：美国全方位主导战略》，吕德宏等译，知识产权出版社，2009，第82页。
⑤ Stephen M. Speakes, Lt. Gen., *2008 Army Modernization Strategy*, 25 July, 2008, Department of the Army, Washington D. C., 转见威廉·恩道尔《霸权背后：美国全方位主导战略》，吕德宏等译，知识产权出版社，2009，第58~61页。

其五，利用所掌握的优势技术掌控人类生存必需的物质资料如粮食等，以为其全球霸权的实现创造条件。例如，转基因工程在全球传播背后隐藏的是一小撮英美"精英分子"意欲控制世界粮食链条的种种图谋。这一图谋并不仅仅是为了获取超额利润，更重要的是为了进行一场秘密的生物战争，在广大第三世界特别是亚洲国家实现"人种改良"，消灭亚洲数十亿过多的人口。正因为这样，恩道尔称其为"一场新鸦片战争"。① 生物技术和植物及其他生命形式的基因改造课题最早诞生于20世纪70年代美国的研究实验室。早在70年代，转基因工程就已经成为洛克菲勒基金会长远战略的重要组成部分。自80年代里根政府悄然为以孟山都为代表的转基因产品企业放行绿灯以来，白宫代表洛克菲勒基金会等大财团利益，不遗余力地与孟山都、陶氏化学、杜邦等巨头一唱一和，在全球推动"转基因革命"，其战略目的是控制第三世界国家的粮食生产。作为洛克菲勒基金会背景的战略家，亨利·基辛格一语道破天机："如果你控制了粮食，你就控制了所有的人。"② 由基辛格主持制定并于1975年由福特总统签署生效的《国家安全研究备忘录第200号》充分揭示了美国政府推动转基因革命的真实动机：以生物技术手段控制和减少第三世界增长过快的人口。

其六，秘密谋求核主导地位。自冷战结束以来，美国从未动摇过对核主导地位的追求，因为这直接关系到美国能否按其需要统治全世界。2001年底，布什政府单方面宣布退出《反导条约》，这是美国急速迈向全球导弹防御网——核主导地位的关键环节——的重大步骤。如果说冷战时期北约和华约双方的核战略是"相互确保摧毁"（MAD），其前景导致核僵局和全球核大战的不可能，现今美国追求的却是核战争的"可以想象性"。2006年，美国两位军事分析家在《外交事务》季刊上撰文指出，美国在欧洲和美国本土急不可耐地部署导弹防御系统，就是在为首次核打击做准备。"除非华盛顿改变政策，或者莫斯科和北京采取行动增加其核力量的规模和戒备等级，否则俄罗斯和中国以及整个世界，都将在未来很长时间内生活在

---

① 〔美〕威廉·恩道尔：《粮食危机：运用粮食武器获取世界霸权》，赵钢等译，知识产权出版社，2008，中文版前言。
② 同上，第101页。

美国的核阴影里。"①

所有这些都建立在地缘战略基础之上。众所周知，在地缘政治理论发展史上，英国地理学家哈尔福德·麦金德爵士的"心脏地带理论"最具影响力。他把西起匈牙利平原东至帕米尔高原的欧亚大陆条状突起地带视为全球战略制高点，谁控制了这一地区就意味着拥有了世界战略主导权。冷战时代，美苏两极对抗，从大战略上看，其实就是防止对手控制这一地带。冷战结束以来，布热津斯基、基辛格等熟稔麦金德地缘政治公式的冷战外交政策老手们最不愿看到的情况正在出现：以中俄为中心，加上加速发展的印度，资源丰富、人口众多和地域辽阔的欧亚大陆心脏地带，"历史上首次一反传统，转而在相互之间建立经济和军事联系"。2001年上海合作组织（SCO）的创建就是标志，其动力来自美国全球战略的直接压力。布热津斯基在20世纪90年代后期出版的《大棋局》中就露骨地表示，美国在21世纪继续主导世界政治的秘诀在于，牢牢控制欧亚大陆，防止这一地区出现具有挑战性的政治经济和军事同盟。冷战结束以来美国历届政府的对外战略，无一不以掌控欧亚大陆核心区这一地缘政治为基石。

### （三）布伦纳的国际关系民主建构论

斯蒂芬·布伦纳，美国左翼理论家，拉特格斯大学政治学教授，"种族大屠杀、冲突解决和人权研究中心"全球关系研究部主任。在批判布什政府的对外战争政策时，斯蒂芬·布伦纳对美国现实主义和理想主义两大外交政策传统进行了系统反思，进而提出民主是进步的外交政策的基石。

如何把外交政策建立在民主之上呢？布伦纳的思路如下："民主通过不仅是个人而且还有国家及其领导人对自由法则的服从使自身有别于其他政治形式。""就像公民在国内事务中服从自由法则一样，国家必须让自己服从国际法则。"② 在制定外交政策时，从目标到手段都必须遵守"民主的动力学"准则。第一，民主的外交政策必须建立在互惠基础上。互惠包括从纯法律和政治的层面到现存的实质性的和经济的领域，因为在世界上大多

---

① Keir A. Lieber and Daryl G. Press, "The Rise of US Nuclear Primacy", *Foreign Affairs*, March/April 2006.
② Mark Major ed., *Where Do We Go from Here? American Democracy and the Renewal of the Radical Imagination*, p. 19.

数劳动者每天所得不足 2 美元之际,自由的准则显得抽象无力,民主的互惠外交必须要考虑对外援助和由北而南的资本转移流动。在政治规制上,美国这样的霸权国家必须服从国际共识,不能再只是有选择地遵守国际法规和制度。第二,普世性是民主外交的重要原则。布伦纳认为,普世性本应该是不言自明的真理,但随着拒绝一切普世词语和绝对性主张的后现代思考方式的兴起,话语中心转向了黑人、妇女、同性恋和其他特殊群体的诉求上。"普世性人权话语的破碎化和原子化与其说加强了运动不如说分裂了运动,让其社会资本破产。"毋庸讳言,在国际政治中,普世性主张曾是统治精英的工具,被最野蛮无耻的帝国主义和种族主义用来为其行径开脱。例如,"白人的负担"就曾经是帝国主义和种族主义合法化的理由。第三,民主的外交政策必须具有世界主义意识。世界主义是人类一种古老的理想,特别在近代以来一直是西方政治思想长河中的潜流。世界主义意识代表一种走向自身之外的意愿,是对最粗鲁的自我利益至上的否定和对以有意义的方式与他人交往的肯定。世界主义能够使团结和人权成为国际政治的核心,因此"充溢着世界主义意识和民主价值观的外交不会由于'抵押品损害'这样的口号而妥协;不会专横跋扈地决定先发制人的打击"[1],更不用说发生虐待战俘的事了。第四,民主的外交政策必须给予多边行动形式以特权。在全球化时代,以一个国家内部统治或政策的不人道作为借口大行干涉主义,这是非常危险的,对民主外交的发展毫无益处。国际行动应以联合国授权的多边合作而非单边主义为基础,这是推进国际外交政策民主化的根本前提。第五,民主的外交政策要求形成代表其自身的国际民主意愿。第六,民主的外交政策在意图和利益上是透明的。从广义上讲,要让外交政策成为民主的,就是要把外交变成一种公共事业。在当今信息时代,把过去只有精英掌握的信息通过互联网、计算机文化和其他媒体向公众开放,在外交决策过程中,尽可能动员民众力量尤其是非政府组织参与,这是民主的方向所决定的。事实上,自越南战争以来,美国统治集团发现秘密外交变得越来越困难,而遵循公众的热情成了民主的基本目标。第七,外交政策预示民主范式必须对其许可之物设限。合理的暴力的使用问题是

---

[1] Mark Major ed., *Where Do We Go from Here? American Democracy and the Renewal of the Radical Imagination*, pp. 19-20.

最好的例子。一般认为合理采用暴力手段的条件或情形不外三种：自卫、突然的攻击威胁、清晰而直观的种族屠杀危险。历史经验表明，一些政治领袖和统治集团具有比较明显的暴力选择偏好，这种偏好甚至成为政策评判的重要准绳。民主的外交政策要求国家把军事力量水平限制在民主的公民能够接受的范围内。第八，甚至民主的外交政策也不能保证在任何情况下都成功。并非任何民主决策下的外交政策都能被证明是正确无误的，都能满足进步的需求。

可以看出，以上八个方面几乎就是针对美国对外政策的现实症结提出来的，其批判立场一目了然。

## 六　小结：构建永久和平世界的思想传统

从总体上看，激进和平主义传统是基督教非暴力乌托邦信念和左翼资本主义批判思想的混合物，宗教源头是其获得合法性或者尽可能多社会大众支持的依据，对社会主义的拥抱和对资本主义的批判则是其与时代精神保持同调的结果。虽然一些宗教和平主义者仅仅是从基督教信仰出发反对战争与暴力，但由于所反对的目标与资本主义的不可分割性，自然有意无意地具有了制度指向性。因此，认识对暴力的否定后面深刻的制度批判意识是理解和平主义激进性质的一个重要视角。

和平主义的第二个激进视角是，把和平主义与人类平等主义紧密结合在一起。在激进和平主义者看来，和平是人类群体之间相互联系的基本行为规范之一，与之密切相关的规范有平等、理解和尊重，无论是在内部小群体如民族和种族之间，还是在国际社会中，这些都是互动关系的基础。阶级、族群和国家之间之所以不断以武力或暴力相向，除资本主义争夺市场和原料产地的利润动机这一根本原因外，不同族群、文化和国家之间缺乏平等、尊重和相互理解意识同样是症结所在。反过来说，和平的实现端赖于以平等自由为核心的人类正义的推进。

和平主义的第三个激进视角是，以人类的永久和平为目标。或许20世纪不同时期的和平主义者在和平目标的表述上所用的修辞不尽相同，但总体上不会偏离这样一个方向：实行非暴力革命以建立一个公平正义、没有暴力与战争的大同世界。如前所述，战争源于不公平与非正义，永久和平的乐土建基于公平与正义之上。

和平主义的第四个激进视角是，目标和手段的一致性和不可分割性。从19世纪梭罗的非暴力抵抗哲学问世到20世纪几波和平主义思潮，无一不以非暴力的公民的不服从作为追求和平与平等目标的路径，这种思想把个人道德判断和人类良知置于政治法律之上，具有突出的无政府主义特征，其激进性毋庸置疑，因为它使国家和政府权威扫地，对现行体制的合法性构成了威胁。

激进和平主义思想传统存在的最大问题可能就在于手段或路径的虚幻性。以无政府主义的非暴力激进策略否定由暴力生成并维持的现行政治社会与国际体制，其合理性和必然性缺乏强有力的逻辑支持和理论论证，加之在制度批判上多流于道德指控的弱点，决定了其诉求的说服力和感召力仍然有限，最终难以成为对现行权力结构的颠覆性力量。

# 第八章 反全球化：对资本主义一统天下的拒斥

## 一 新自由主义的全球扩张与人类不平等的加剧

### （一）新自由主义的兴起

所谓新自由主义（neoliberalism），是指建基于新古典经济学理论之上、以市场驱动为要津的经济社会理论与政策，强调私人企业、自由贸易和相对开放市场的效率，并因此在决定国家公私事务优先顺序中最大限度地发挥私营部门的作用。从政策层面上看，新自由主义致力于以私人部门替换公共部门对经济的控制，认为这将促使政府更加有效率，并促进国民经济的健康发展。[①] 1989年，英国经济学家、国际经济研究所研究员约翰·威廉姆森将新自由主义的政策主张概括为十条，统称为"华盛顿共识"。（1）金融政策原则是压缩财政赤字，降低通货膨胀率；（2）公共开支重点从补助（特别是非歧视性补助）转向经济增长效益高的领域以及促进民生的领域（如初级教育、卫生和基础设施建设）；（3）税制改革，扩大税基，降低边际税率；（4）利率市场化；（5）采用具有竞争力的汇率或浮动汇率；（6）贸易自由化，进口自由，特别要取消大量的限制性政策，在贸易保护方面实施统一的低关税率；（7）外国直接投资自由；（8）国有企业私有化；

---

[①] Cohen, Joseph Nathan, "The Impact of Neoliberalism, Political Institutions and Financial Autonomy on Economic Development, 1980-2003", Dissertation, Department of Sociology, Princeton University, 2007.

(9) 放松政府管制：取消那些阻碍市场进入和压制竞争的管制；（10）保护私有财产。其基本原则概括起来就是：贸易经济自由化、市场自由化、价格市场化、私有化与反通货膨胀。① 这些政策主张主要来自国际货币基金组织（IMF）、世界银行（WB）和美国财政部。美国经济学家、诺贝尔经济学奖得主约瑟夫·斯蒂格利茨认为，"主张政府的角色最小化、快速私有化和自由化"就是"华盛顿共识"的核心，这一评价不失精准与敏锐。

在政治上，新自由主义秉持传统自由主义的自由观，把政治自由与经济自由紧密联系起来。在1962年问世的《资本主义与自由》一书中，经济学家米尔顿·弗里德曼发展了经济自由的理论。作为制度经济学派的主要代表人物之一，弗里德曼相信在人类整体自由中经济自由极其重要，是自由之基础和政治自由的必要条件。他断定，在不受节制的市场经济中，所有交易行为的自愿特性和它所允许的广泛多样性是对压迫性政治领袖的威胁，会大大降低权力的强制性。通过取消对经济活动的集中控制，使经济力量从政治力量中脱离出来，经济力量就能够对其他力量形成牵制。弗里德曼相信，竞争的资本主义对少数群体尤其重要，因为不具人情味的市场力量保护人们在经济活动中免于与其生产力无关的理由的歧视。

新自由主义学者常常引用智利的例子来佐证经济自由之于政治自由的重要性。20世纪70年代初，智利发生美国中央情报局操控的军事政变，阿连德民选政府被推翻，成立了以皮诺切特为首的军人独裁政府。但这个军人政府虽然政治上不民主，经济上却奉行新自由主义，为之后智利经济的快速发展奠定了坚实基础。更重要的是，自20世纪90年代以后，智利彻底摆脱了军人独裁政治，民主政治运转良好，智利成为"断言经济自由对于繁荣的重要性甚于政治自由的凭证。同时，随着时间的流逝，越来越多的经济自由不断对独裁政治施加压力，并使政治自由增加"②。

新自由主义的出现具有一定的历史必然性。首先，它是凯恩斯主义的副产品。凯恩斯主义无疑是西方经济思想史上的一座丰碑，自20世纪30年代作为一种反危机理论问世以来，它成为越来越多欧美各国政府制定宏观

---

① 〔美〕诺姆·乔姆斯基：《新自由主义和全球秩序》，徐海铭、季海宏译，江苏人民出版社，2000，第3页。
② "Neoliberalism", http://en.wikipedia.org/wiki/Neoliberalismhttp://en.wikipedia.org/wiki/Neoliberalism（30 November 2012）.

经济政策的理论基础。它改变了起始于亚当·斯密的古典经济学反国家干预思想，使国家从市场活动的局外人变为经济领域中强有力的监督者、参与者和调节者。凯恩斯理论不仅为政府干预提供了合法性，而且还成为战后福利国家发展的重要理论依据。然而，随着时间的推移，政府干预与市场自由间的协调渐渐出现了问题，其根本症结是干预过多，市场自由弱化，连年财政赤字累积，日益成为经济发展不可承受之重。其次，它是70年代开始的长期经济危机或困境的产物。进入70年代后，由于越南战争的沉重负担、西欧与日本经济崛起的严峻挑战、国际市场因石油危机引起的剧烈动荡、固定汇率制的负面效应等因素，美国经济出现严重的滞胀和长期疲弱状态，政府干预虽然强势有增无减，但效果乏善可陈，最根本的依然是市场自由度受到抑制的问题。最后，70~80年代，社会主义国家的经济与政治困境引起的针对国家干预经济活动政策的全面反思。70年代，中国因"文化大革命"和计划经济模式的弊端，经济濒于崩溃边缘，果断改弦更张，启动市场化改革的大幕；苏联东欧社会主义国家经济发展则越来越丧失动力，进入80年代后更是陷于停滞不前困境，市场改革的呼声已时有所闻。

新自由主义的发展可分为两个阶段：第一阶段为20世纪80年代，主要政治推手是美国总统里根和英国首相撒切尔夫人；第二阶段则为20世纪90年代以后，政治上的标志性人物是美国总统克林顿和英国首相布莱尔。

1981~1989年里根政府时期，出台了一系列促进经济自由化的经济政策，这些政策被称为"里根经济学"。里根经济学的理论源自供应学派，该学派认为，要降低价格促进经济繁荣，政策应该倾向于生产者而不是消费者。在里根任期内，GDP以年均2.7%递增，人均GDP从1981年的25640美元增加到1989年的31877美元，增长了24%。失业率比1983年的最高点有所下降，通货膨胀则大幅度减轻。然而，实际工资却裹足不前，社会不平等自20世纪20年代以来首次拉大。虽然像威廉·尼斯坎宁之类的一些保守派会以两个事实来进行辩驳：一是整个80年代工人的报酬（工资加附加福利）一直在增加；二是社会的每个层级在80年代都在经济上表现不俗，但里根的政策仍被人们戏称为"滴入式经济学"。由于对高级别税收进行重大削减，冷战中与国防相关的开支大量增加，结果造成巨大的预算赤字。而对外贸易赤字则引发了储贷危机。为应付联邦新预算赤字，美国在国内外大举借债，国债从 7000 亿美元猛增至 3 万亿美元。美国因此由全球最大债权人变为世界最大债务国。① 伦敦城市大学已故左翼国际政治学者彼得·高安指出，美国是新自由主义全球扩张的主要推手，由于美元是世界主要储备货币，使得美国银行在与非美国银行的竞争中处于优势，因为它们直接以美元去放贷而无须冒外汇风险。②

1979 年，保守党政治家撒切尔夫人入主唐宁街 10 号。她根本性地改变了战后以来英国执行的强化国家干预的经济政策，奉行减少国家干预、强调更多的市场和更多的企业家精神政策。她以哈耶克的《自由宪章》为政治指南，发誓要结束政府对经济的过多干预，并以国有企业的私有化来达到目的。在卡拉汉之后，英国政府逐渐意识到，凯恩斯主义的需求满足理论已经不再灵验，改弦更张势在必行。撒切尔夫人通过提高利率、减少货币供应量和降低通货膨胀启动了全面改革。为减少政府干预，她全面缩减公共开支，特别是住房和工业补贴，限制货币印制，对工会活动进行法律限制等。到 1982 年 1 月，英国的通货膨胀率已经从 18% 的最高点回落到 8.6%。到 1983 年，经济整体走势非常强劲，而通货膨胀率和抵押率却维持在 70 年代以来的最低水平。正是在这一背景下用以概括撒切尔政策和主张的"撒切尔主义"一词在 80 年代不胫而走，成为西方家喻户晓的概念。1983 年大选获胜后，保守党势力进一步扩大，使撒切尔继续推行其自由主义政策有了稳定的社会基础。英国政府出售了绝大部分国有大型企业，私有化成为撒切尔主义的核心内容。1983～1992 年，英国工党在经济政策上日益右转，向撒切尔主义靠拢。托尼·布莱尔政府被敏锐的评论家称为"新撒切尔派"，这绝非戏言。2001 年，布莱尔的密友、工党议员彼得·曼德尔逊宣称"我们现在都是撒切尔派"③，就是对这一评论的最好证明。2010 年上台的卡梅伦政府更是公认的新自由派组合。可以说，撒切尔自由主义已然成为英国政治文化的底色。

---

① "Reagan Policies Gave Green Light to Red Ink", *The Washington Post*, 9 June 2004, http://www.washingtonpost.com/wp-dyn/articles/A26402-2004Jun8.html.
② 高安认为，由于美元是国际货币，石油、天然气等大宗商品都以美元来定价，至少在短期内持有美元比持有其他货币的总体风险要低。因此，一旦美国让其金融市场自由化并控制银行业，其他国家就只能亦步亦趋了。
③ Matthew Tempest, "Mandelson: We are All Thatcherites Now", *The Guardian*. (10 June 2002).

## 第八章 反全球化：对资本主义一统天下的拒斥

对于世界上绝大多数经济社会发展仍处于落后状态的国家，以发达国家经验为参照找到经济快速发展的可行路径是带有紧迫性的使命，而冷战时期以美国为首的西方把其现代化经验塑造成一种意识形态话语，即西方的经验是后发国家的唯一选择。冷战时期，美国社会科学领域一大批知名学者如罗斯托、白鲁恂（Lucian Pye）、丹尼尔·勒纳、加布里埃尔·阿尔蒙德、詹姆斯·科尔曼等人从各自的学科领域提出了一系列理论假设以论证美国发展道路的普适性。这些假设主要有：传统社会与现代社会截然对立；经济、政治、社会诸方面的变化相互结合、相互依存；人类社会发展趋势是沿着共同的线性方向向现代国家迈进；发展中国家能够通过与发达社会交往而加速前进。在他们的假设中，美国作为现代国家的代表，处于历史发展的最高阶段，"美国以往的历史经验展现了通往真正的现代性的道路"[①]。因此，当里根政府和撒切尔内阁向全球大肆宣传新自由主义哲学与政策主张时，第三世界国家能冷静面对并做出理性抉择的不多，相反，大多政府如获至宝，群起效尤。自80年代以来，新自由主义甚嚣尘上的地区，除讲英语的美国、英国、加拿大、澳大利亚、新西兰、南非诸国外，还包括北欧斯堪的纳维亚国家以及亚洲的日本、韩国、新加坡、中国香港等国家和地区，以及进入90年代后的后苏联空间国家和东欧转型国家，而最典型的是拉丁美洲国家。拉美虽然左翼力量强大，政治上有强烈的反美传统，但在经济理论和政策上却大多奉英美自由主义为神明。总之，自20世纪70年代末以来，新自由主义在全球泛为大潮，在许多国家，新自由主义精英占据政治文化领域要津，影响甚至左右着政治、经济和文化政策的制定与实施过程，并对媒体和大公司的战略规划与执行起着主导作用。正如左翼学者大卫·哈维所说："从苏联解体后新成立的国家到老牌社会民主制和福利国家，几乎所有国家都接受了某种形式的新自由主义理论。"[②]

毋庸讳言，40年来，新自由主义作为西方占据主导地位的统治性话语，其自我伸张的合法性依据或理由之一就是全球化。尽管全球化是人类经济社会发展的必然结果与趋势，但新自由主义却巧妙利用这一客观存在，把其主张与欲求同全球化之间建立起因果联系。可以说，新自由主义以全球

---

[①]〔美〕雷迅马：《作为意识形态的现代化：社会科学与美国对第三世界政策》，牛可译，中央编译出版社，2003，第7页。
[②]〔英〕大卫·哈维：《新自由主义简史》，王钦译，上海译文出版社，2010，第3页。

化的名义行全球资本扩张之实，通过将全球化与其全球野蛮性资源和市场掠夺行为捆绑在一起而使其行径被洗白。

### （二）资本主义全球化与人类黯淡前景

新自由主义创造出颇具迷惑性的"全球化意识形态"，即较少的贸易壁垒与关税，更大范围的全球竞争，本土经济更大的自由化，更大的出口分工，国内补贴的消除，等等，最终将缩小南北差距，实现全球平等和均衡发展。然而，只要全球经济的游戏规则是不平等的，自由竞争就不可能是真正自由的，更不可能是公平的。在结构性不平等的前提下，通过新自由主义经济原则来达成全球分配公正，无疑是神话。因此，美国左翼学者中有不少人认为，资本主义主导的全球化不可能给人类带来光明的未来，因为新自由主义所倡导的全球化带给人类的只是不平等问题的深重化。伊曼纽尔·沃勒斯坦指出，全球化跨国公司的车轮将资本剥削雇佣劳动的事实推广到全世界，结果是，全球化给占世界总人口不足20%的中产阶级带来了自由与繁荣，给其余80%的人带来的则是灾难。而且，全球化过程中不可避免地会带来民族主义和宗教激进主义这些"反体系力量"；① 乔姆斯基在分析作为全球化意识形态基础的新自由主义特征和本质时断定，新自由主义具有明显的美国化与扩张性特征，它暗含有三重性质：经济强制力、政治权力和文化意识形态霸权，美国正是借助全球化图谋实现在全球的经济、政治与文化单极霸权，让世界美国化。无独有偶，美国左翼学者爱德华·鲁特瓦克警告人们全球美国化的危险："如果不能出现新的政治经济力量来瓦解资本主义的新势力，那未来的趋势将是民粹主义；教育程度低下的人将反对精英规则、精英理念、精英价值观和精英管理经济的共识。"著名哲学家理查德·罗蒂更是做出预言，全球化将带来一个由世界高层人士掌控的经济体系，在这个体系中，"任何想要帮助工人摆脱不幸的国家都可能使工人陷入失业的困境中"②。

具体而言，新自由主义全球化的危害主要有如下几点。

---

① C. P. Rao, *Globalization, Privatization and Free Market Economy*, USA: Greenwood Publishing Group, Inc., 1998, p. 15.
② 〔美〕约翰·迈克斯威特、爱德瑞恩·伍德里奇：《现在与未来——全球化的机遇与挑战》，盛健、孙海玉译，经济日报出版社，2001，第330页。

第一,新自由主义的全球化会颠覆民族国家的自决能力。在全球化条件下,民族国家主权的独立与完整性受到了挑战,特别是经济主权。参与全球化进程,客观上要求民族国家让渡部分主权,如成为 WTO 等相关国际机构成员国后,就必须履行作为成员国的义务,其经济决策不得与该机构的章程相冲突,民族国家势必因此弱化其自我保护的能力,这在经济社会发展起步较晚的第三世界尤其突出。

第二,作为一种资本主义形式的新自由主义虽然增加了生产力,但侵蚀了生产赖以长期维持的条件,即资源或自然,新自由主义的资本主义需要不断扩大自然资源利用为前提,因此,在有限的世界地理空间内的这种经济活动方式是不可持续的。

第三,新自由主义经济学加剧了剥削。剥削的加剧不仅表现在跨国公司在世界各地的经营活动中对员工的压榨,更表现在跨国公司以其压倒性的经济技术优势对所在国相关商品和资源定价权的垄断上。

第四,新自由主义政策带来的最大否定性经济后果是产生不平等。新自由主义的最大症结在于,过于强调了市场机制与效率,不仅对激烈竞争造成社会两极分化的严重后果不以为然,更对现今世界市场结构本身的非公正性视而不见。不管是发展中国家,还是发达国家,过去 30 多年来一个最基本的趋势是,社会财富分配上的马太效应愈演愈烈,贫者愈贫,富者愈富,社会阶级关系表面安宁,内部紧张。

第五,新自由主义使经济和政府政策的目标变为保障公司利益和为上层阶级谋福祉。在当今世界,以美国为代表的西方发达国家政府,其经济决策基础很早就转到了企业尤其是大公司上面。一方面,政府决策部门的人员大多数来自社会上层;另一方面,精英集团早已形成一种思维惯性,即大公司的利润率构成经济健康与否的晴雨表,确保大公司运转自如和利润率上扬成为内在的决策导向。例如,2007 年金融危机发生后,美国联邦政府出台的量化宽松等一系列政策就是以挽救华尔街一些大公司为出发点的。

第六,新自由主义使城市居民正日益丧失塑造日常生活条件的能力。从西雅图大规模反全球化抗议到占领华尔街运动,参与者的数量和身份的多样化在一定程度上证明了这一点,绝大多数参与者生活和工作于城市,新自由主义的市场法则无孔不入地占领了城市的每一个角落,使城市越来越失去灵性和人情味,越来越令人了无兴趣,这或许是越来越多的人试图逃离城市的缘由。

第七,以交易为导向、不受管制的经济活动和国家对污染管制的放松导致环境的退化或恶化。人类生产生活对环境的影响已经成千上万年,但环境的恶化却是最近几十年人类经济活动的直接结果,它已经对人类的生存构成了现实的威胁。

第八,劳动力市场监管的取缔产生了劳动的不稳定化和雇佣临时化,非正式雇员越来越多,工伤事故和职业病同比高发。

从这些论点可以看出,与其说左翼反对全球化,不如说其反对的是资本和跨国公司借助全球化之名行全球扩张之实,反对新自由主义肆虐带来生态环境的恶化、南北差距极化和社会政治生态退化,反对资本主义全球扩张加剧的政治、经济和文化等领域施加于个体和群体的种种不正义。

## 二 资本主义全球化批判的几个相关理论

### (一) 从帝国主义理论到世界体系论

在斯坦利·阿罗诺维茨等美国左翼学者看来,对资本主义全球化扩张的批判早就开始了。就20世纪的思想历程而言,世纪初的帝国主义理论是一个起点。19世纪最后的30年里,资本主义进入帝国主义阶段,其动力和目标即在于资本的全球化。阿罗诺维茨指出,奥地利的鲁道夫·希法亭在研读马克思《资本论》第三卷的基础上敏锐地发现,资本全球化根源于资本主义制度的内在逻辑而非大公司的贪婪,因为正如自由派学者J.A.霍布森和约瑟夫·熊彼特所承认的,发达资本主义社会获得全球劳动力和原材料市场乃是经济增长和再生产的先决条件。因此,帝国主义的特点在于:资本的大量输出;劳动力和劳动力市场的国际化;通过经济渗透、使用武力或两者结合的方式使资本扩张到全球每一个角落。罗莎·卢森堡的界定更为明确:"帝国主义是一个政治名词,用来表达在争夺尚未被侵占的非资本主义环境这一竞争中所进行的资本积累。"帝国主义对非资本主义世界的侵略在残酷无情地导致被侵略地区文明彻底走向衰落的同时,也将导致资本积累的基础趋于薄弱。① 希法亭和卢森堡的帝国主义论对布哈林和列宁的帝国主义研究产生了无可争议的影响。②

如果说帝国主义是殖民主义时代的产物，20世纪下半叶，非殖民化浪潮使得资本全球化不得不以"新帝国主义"的形式出现。"新帝国主义"的本质是，以美国为首的西方发达国家通过不合理、不公正的国际政治经济体系将独立的第三世界和亚非拉半边缘化国家变成它们的附庸，以确保原料产地和资本输出场所。结果是，广大边缘地区国家和民族日益陷入对发达世界的金融、工业、技术乃至政治和文化依附中，在西方的剥削和控制下无法实现真正的发展，只能在低度发展中徘徊。这种"中心—边缘"对立理论成为最早出现在20世纪60年代的依附性发展解释模式，其思想源头显然就是卢森堡的帝国主义理论。依附论给边缘化国家开出的摆脱不发达处境的妙方是：同发达世界一刀两断。

同因有失严谨而备受诟病的依附论相比，沃勒斯坦的世界体系论无疑要有说服力得多。沃勒斯坦不是简单地把世界分成中心和边缘两个对立面，而是从世界历史整体发展的视角来理解现代社会发展问题，发达与不发达被视为现代世界体系的必然结果，这个体系的形成是人类共同体的不幸，因为现代世界体系与资本主义其实就是一个硬币的两面："在我看来，资本主义具有世界体系的特征，是一种我称之为'世界经济'的特定类型的世界体系。"③ 不同于弗兰克和阿明等人简单而粗暴地以"脱钩"应对现代资本主义体系，沃勒斯坦主张通过批判欧洲中心观、重构社会科学方法论和终结资本主义历史来建构平等的世界秩序和体系，不过，他把这种历史终结寄托于资本主义的自行瓦解，而非进步力量的创造性行动，这或许是美国文化惯性使然。

帝国主义论、依附论和世界体系论既为文化左翼提供了反全球化的传统理论解释架构，又为抵制资本全球化扩张运动提供了理由。

---

① 〔美〕斯坦利·阿罗诺维茨等主编、〔意〕安东尼奥·奈格里等：《控诉帝国：21世纪世界秩序中的全球化及其抵抗》，肖维青等译，广西师范大学出版社，2004，第5~6页。
② 希法亭的《金融资本》(1909) 和卢森堡的《资本积累》(1913) 早于布哈林的《帝国主义与世界经济》(2015) 列宁的《帝国主义是资本主义的最高阶段》(1916)。
③ 伊曼纽尔·沃勒斯坦：《现代世界体系》第一卷，郭方等译，社会科学文献出版社，2013，第4页。

## （二）哈特和奈格里的帝国理论

2000年，《帝国——全球化的政治秩序》一书面世，麦克尔·哈特和安东尼奥·奈格里这两位分别来自美国和意大利的学者在书中提出轰动一时的帝国理论，成为世纪之交西方反全球化的重要理论武器。哈特和奈格里大胆断言，伴随着全球市场和生产的全球流水线的形成，全球化的秩序正在出现，这个新秩序是一种新的主权形式——帝国，它"有效地控制着这些全球交流，它是统治世界的最高权力"[①]。在这个过程中，民族国家对经济和文化交流的控制力不断减弱，民族国家主权尽管依然有效却无可避免地走向衰落，这成为新的帝国正在降临的一个突出征兆。与旧式帝国主义不同的是，新帝国是一个既无疆界也无中心的统治机器。它通过不断扩展的和开放的边界加强对整个全球领域的统合。在这个统合过程中，新的帝国虽然在埋葬旧殖民主义和传统帝国主义的进程中发挥了积极作用，但它同时又建立起它自己的依然基于剥削之上的权力关系。"在许多方面新权力关系比已被摧毁的旧权力关系更野蛮。现代性辩证法的终结并未带来剥削辩证法的终结。"[②] 在帝国内部，财富越来越多地控制在越来越少的人手中，贫富分化越来越趋向极化，贫困的大众在权力结构中则自然处于边缘位置。在哈特和奈格里看来，事实上，正是被压迫大众自19世纪以来在公平与正义的乌托邦激情鼓舞下遍及全球的抗争构成了帝国形成的重要推动力之一。在帝国体系中，对帝国生存发展具有不可或缺作用的构件有二：一是司法结构与宪制力量；二是由全球化的生产主体和创造主体构成的民众复合体，后者的"创造动力带给帝国一种新的存在感"[③]。亦即，民众的创造运动内在于帝国之中，推动着帝国的构造向前发展。

从主权角度考察，后现代主义和后殖民主义理论的兴起揭示了现代主权范式向帝国主权范式普遍性转变的到来。现代主权的世界是一个二元对立的世界：自我与他者，白人与黑人，内部与外部，统治者与被统治者，等等，父权统治、殖民主义、种族主义是这种二元逻辑的典型理论载体。

---

① 〔美〕麦克尔·哈特、〔意〕安东尼奥·奈格里：《帝国——全球化的政治秩序》，杨建国、范一亭译，江苏人民出版社，2003，序言第1页。
② 同上，第49页。
③ 同上，第67页。

## 第八章 反全球化：对资本主义一统天下的拒斥

后现代的差异政治、反中心、碎片化、零散化等话语不仅对这种二元逻辑提出挑战，也对极权主义、统一化话语和权力结构发起挑战。通过这种挑战来抗争现代主权、现代民族国家及其等级结构。后殖民主义研究中也提出了全球差异政治的主张，与后现代主义形成了理论共鸣。这集中反映在霍米·巴巴的著述中，① 从这些著述里我们会发现，拒绝二元分裂成为霍米·巴巴全部后殖民主义工程的中心任务。构成世界的不是两大对立阵营或相互依赖与矛盾的中心与周边，而是无数不完整的、流动着的差异。

此外，20世纪最后一二十年间基要主义或宗教激进主义的崛起从另一个层面预示了迈向帝国的这一历史性转变。基要主义或宗教激进主义虽然种类繁多，但它们共有的一致性特征在于，它们一般都被视作反现代化运动，被理解为原始同一性和价值观的回归，被理解为历史之倒退，一种去除现代化的进程。例如形形色色的宗教激进主义就坚决把自己置于现代性的对立面，力图把自身从全球现代性之流中分隔出来，回归或创设一个严格的宗教社会；美国的基督教基要主义也持类似的反社会现代化立场，试图以《圣经》文本为参照重造昔日神权社会结构。② 基要主义的兴起无疑是对帝国这一新秩序产生和发展的逆向回应。

帝国是一个将君主制、贵族制和民主制三者融为一体的独一无二的具有绝对统治权的主体，它能有效地包容和处理体制内部的差异。也正是因为如此，它虽然解构了民族国家疆界及其主权，但民族国家的功能和权威并未就此消失。民族国家在管理货币、经济流通、人口迁移、法律规范、

---

① 在《文化的定位》（Homi Bhabha, *The Location of Culture*, London: Routledge, 1994）一书中，霍米·巴巴选择从殖民关系和移民角度对民族国家这一现代性的基本单位进行解构。而在《后殖民与后现代：中介问题》《新东西怎样进入世界：后现代空间、后殖民时间和文化翻译的试验》《种族、时间和现代性的修订》等文中，专门探讨了后现代与后殖民问题，参见赵稀方《后殖民理论》，北京大学出版社，2009，第110~118页。
② 典型的例子是霍梅尼于1979年发动的伊朗伊斯兰革命，这场革命的宗旨即在于复活古代秩序，反转社会现代化进程。美国的基督教基要主义最引人注目的社会议程在于缔造稳定的、具有等级关系的核心家庭，这种家庭结构被认为存在于过去。因此，美国基要主义者在最近几十年中发起了一场反对堕胎和同性恋的"十字军东征"，同时也为白人在种族等级秩序中的霸权而奋斗。当然，美国基督教基要主义如果追根溯源的话，完全可追溯到17世纪美国的宗教乌托邦理想：在北美大地建立一个有别于欧洲基督教社会，也不同于异教徒世界的和谐至善的基督教共同体。这是后来推动美国走向独立的重要精神动力。

文化价值等方面的基本功能依然存在，只不过在全球化进程中改头换面了而已。① 然而，作为一个超国家的新型权威，帝国在政治领域必然带来"民主的赤字"。从理论上讲，现代民族国家主权的基础是人民主权，政治一般表现为大众统治权形式，政策制定过程必须围绕人民的利益和意志展开。但在全球化状态下，帝国主权和人民主权是相冲突的。例如，国际货币基金组织、世界银行和世界贸易组织作为当今世界经济三大制度性支柱，它们发挥作用的必需条件是"剥夺民族国家制定经济和社会政策的权力"②。这些超国家的经济制度没有也不可能代表人民，这种缺陷就连为全球化大唱赞歌的一流自由主义理论家都无法否认，如罗伯特·基欧汉、约瑟夫·斯蒂格里茨、戴维·赫尔德、乌尔里希·贝克等人就明确主张改革全球体系以增强民主规则和机制的力量。但他们提出的透明度、责任感、全球治理等概念，在增强民主方面似乎空泛无力。可以说，全球民主在帝国世界只是一个难以企及的宏伟目标。

除了民主赤字外，帝国还把现代性中的种族主义推进到了一个新阶段。如果说现代时期的种族主义是以生理差异为基础的话，帝国世界里的种族主义则是建立在文化差异之上的。文化虽然是流动性的，文化间可以相互沟通、借鉴、融会，但文化间的差异是很难从根本上消除的。帝国种族理论使种族霸权成为一种自然而然的事：美国亚裔学生历来比非裔学生学习成绩优秀，不是源于种族生理之劣根，而是缘于文化之不同。事实上，在哈特和奈格里看来，由于帝国消除了内外之别，包容了一切，维持多样性和差异性遂成为其实现社会控制的路径之一。从控制手段来看，帝国至少包括三个阶段：第一阶段是全面包容时期，以和平方式将一切同质或异质的力量包容进帝国体系；第二阶段是区别阶段，承认差异，维持并利用现有差异，使之不对帝国体系中的广泛共识构成威胁；第三阶段为操控阶段，通过对不同民族群体的有效操控，确保不同群体居住在分隔开的社区中，保持各自差异，进而维持体系的稳定与和谐运转。简而言之，这是一种近乎分而治之的控制策略。具体而言，这种控制体现在政治和法律领域的警

---

① 〔美〕麦克尔·哈特、〔意〕安东尼奥·奈格里：《全球化与民主》，载〔美〕斯坦利·阿罗诺维茨等主编《控诉帝国：21世纪世界秩序中的全球化及其抵抗》，肖维青等译，广西师范大学出版社，2004，第169页。
② 同上，第171页。

察与军事控制、经济或市场领域的金融控制、思想文化领域的意识形态控制等方面,而炸弹、金钱、无线电则是帝国进行全球控制的三种专制手段,这是帝国治理不可或缺的内容。

帝国虽然是巨大的压迫性的和毁灭性的力量,但它依然为自由力量提供了新的可能性。首先,帝国体系中剥削更深更广的存在必然在生产网络中引发全球性对抗,这与对帝国监控的抵制一道在体系内各个节点上孕育危机,危机同资本主义生产的后现代的整体共同扩张,"随着社会被真正吸纳到资本之下,社会的对抗力量可以在每一时刻、在交际性生产与交换的每个阶段作为冲突爆发出来"①。其次,帝国中腐败无处不在。不仅个体选择的腐败,如带有黑社会色彩的日常的小型权力暴力随处可见,而且生产秩序中形同剥削的腐败同样司空见惯,甚至在意识形态领域也能发现它的魅影。另外,在帝国统治实践中滥用恐怖威胁手段以解决有限或地区冲突,无疑是权力滥用的表现形式之一,也是权力腐败的典型。最后,帝国体系中个体、群体和人口不停地流动具有不可估量的影响。"通过流动,民众重新夺取了空间,将其自身组成一个积极的主体。"② 这个主体是深受资本剥削其劳动的全体合作的民众,是与现代大工业工人阶级明显有别的新无产阶级。

那么,反抗全球帝国的现实手段是什么呢?后马克思主义理论家拉克劳和墨菲认为,在现代政治社会运动中,领导权很重要,比如政党,其能够充当一种空洞的能指(empty signifier)的功能。亦即领导权是开展反对资本主义斗争的有效法宝,为此,他们再三强调政治运动中领导权力量的核心作用。同样是后马克思主义理论家的哈特和奈格里则不以为然,他们提出了更为激进的"大众"(the multitude)概念。根据这个概念,一个权威式的、自上而下的领导者或政党并非不可或缺,运动完全可以通过水平面的、网络状的形式来组织。③ 由此出发,他们提出了三个概念:抵制、暴动和制宪权。哈特和奈格里相信,这三者是一个不可分割的进程:"这三者水

---

① 〔美〕麦克尔·哈特、〔意〕安东尼奥·奈格里:《帝国——全球化的政治秩序》,杨建国、范一亭译,江苏人民出版社,2003,第365页。
② 同上,第376页。
③ 王平:《拉克劳和墨菲后马克思主义激进民主政治的三重向度》,《中国人民大学学报》2012年第1期。

乳交融，成为一种完整的抗衡权力，最终成为一个新的社会替代形式。"①抵制行为、集体的反叛行为以及共同创造一个新的社会和政治宪章这三者通过无以计数的微观政治循环在帝国机体中注入了一种新的抗衡力量，"它是一种反对帝国的活生生的东西"，一种新的幽灵、野蛮人和漂亮巨人。这种抗衡力量本身能迸发出巨大的创造力，"创造一种新的民主，即绝对民主，它没有疆界，不可度量"②。

### （三）全球正义理论

前述第四章曾经论及承认与分配公平的两种正义之争，绝大多数左翼学者都是从现代领土国家内部的视域来审视这两个诉求的，"当国际资本控制的布雷顿森林（Bretton Woods）体系推动符合凯恩斯理论的经济在国家层面上掌舵的时候，再分配诉求经常关注领土国家内部的经济不平等。由于诉诸国家馅饼公平分享的国家公共舆论，一些提出要求者试图寻求民族国家经济内部的国家干预。在一个仍受到威斯特伐利亚政治假设（它鲜明地将'国内的'与'国际的'空间区别开来）统治的时代，对于承认的诉求一般也涉及内部的身份等级制"③。然而，随着全球化的发展和深化，人为塑造日常生活的社会进程溢出了领土边界，对分配正义的思考不能再仅仅着眼于民族国家界域及其公民，自20世纪70年代特别是冷战结束以来，左翼学者的视野逐渐扩大到全球范围，经济领域的跨国界的分配正义问题与文化身份平等和政治参与权利一同被置于讨论的中心。

南茜·弗雷泽指出，随着全球化的不断推进，超国家组织和国际组织，包括政府和非政府组织，以及跨国公共舆论的重要性日益增加，跨国公共舆论通过全球传媒和计算机技术进行传播，完全忽略了国界，人们对跨国力量越来越感到无能为力。结果是凯恩斯-威斯特伐利亚架构或者说现代领

---

① 〔美〕麦克尔·哈特、〔意〕安东尼奥·奈格里：《全球化与民主》，载〔美〕斯坦利·阿罗诺维茨等主编《控诉帝国：21世纪世界秩序中的全球化及其抵抗》，肖维青等译，广西师范大学出版社，2004，第180页。
② 同上，第182页。
③ 〔美〕南茜·弗雷泽：《正义的尺度——全球化世界中政治空间的再认识》，欧阳英译，上海人民出版社，2009，第12页。

## 第八章　反全球化：对资本主义一统天下的拒斥

土国家不再是思考人类正义问题的合适单位。① 正义涉及经济、文化和政治三个维度，经济分配平等、文化身份承认和政治代表权对应这三个维度。如果说经济和文化领域分别对应的是分配不公和文化身份不平等的现实，政治领域的问题则在于错误代表权和错误的制度建构，这三个维度的核心其实就在于参与权，即参与平等。虽然全球化让它们进入了政治议程，但凯恩斯-威斯特伐利亚架构却构成了一种强有力的不公正手段，"它在牺牲穷人和受轻视者的情况下，改划了政治空间"②。换言之，经济与政治分配正义的实现必须以反对不合理的国际政治经济建构为前提，每个个体和群体文化身份的被承认亦离不开这一点。

那么，如何实现在后威斯特伐利亚框架内的全球正义？在弗雷泽看来，由于政治维度所具有的首要性和核心地位，通过"建构性政治"的路径向全球正义目标演进是不二选择。建构性政治有两种形式：一是肯定性路径，即接受现行民族国家框架和威斯特伐利亚规则，以此为基础进行一些调整和修正，相信现代国家仍是组建正义的合适基础；二是具有解放意义的路径，强烈质疑国家-领土原则，认为在全球化时代，犯下不公正错误的力量并不属于"位置空间"，而是属于"流动空间"。③ 肯定性路径自然是不合时宜的，被寄予厚望的第二条路径也并非完全否定国家-领土原则，而是试图用一个或多个后威斯特伐利亚秩序来补充威斯特伐利亚秩序，以改变全球化世界中框架设置的深层次逻辑。虽然弗雷泽承认后威斯特伐利亚秩序仍然是个不清晰的概念，但她相信，它必然会让与之相关的人成为正义主体，让生活于国家-领土之上的居民不再被排斥在公民权之外。

具体而言，具有解放意义的建构性政治可以同时在多层面和维度上展开。第一个层面是，通过建构性政治的社会运动实践，矫正分配不公、错误承认和政治错误代表权导致的不公正。第二个层面是，通过社会运动实践来重构正义主体，在元层面上矫正错误建构的不公正。例如，世界社会论坛之类的平台就为民主正义新制度的降临创造了讨论空间。第三个层面指向的是程序的民主建构问题。元政治错误代表权是指，在国家和跨国精

---

① 〔美〕南茜·弗雷泽：《正义的尺度——全球化世界中政治空间的再认识》，欧阳英译，上海人民出版社，2009，第14页。
② 同上，第21页。
③ Manuel Castells, *The Rise of the Network Society*, Oxford: Blackwell, 1996, pp. 440-460.

英垄断了政治框架设置活动的情形下,民主舞台的创立被阻止,在参与决定政治空间权威性决策的元话语过程中,压倒性多数被排斥在外。

简言之,以参与平等为目标的全球元政治民主的达成,需要阶级、种族、性别、生态、民族国家等多个领域民主正义力量的合力,其中政治代表权的实现是关键,是经济再分配和文化承认的保证。

无独有偶,玛莎·纳斯鲍姆也强调:"世界经济在很大程度上是由富裕国家以及影响富国选择的公司所掌控的。毫无悬念,它们是基于自身的利益来控制这个体系的。"[①] 这是全球不平等和民族国家内无法真正实现社会正义——每个人都能有尊严地生活的症结之所在。那么,出路何在?基本思路和制度方案是:发展一种全球契约,在国家或政府、跨国公司、国家机构和协议、非政府组织等机构之间分配义务,促进世界各地人们有尊严地生活的能力和权益。与许多迷恋全球统一政府治理的世界主义者不同,纳斯鲍姆对世界政府的想法抱有高度戒备心。她特别指出,一个世界性政府不仅可能像联合国一样无能,更可能"过分地抹平差异",使正当的多元性荡然无存。

全球正义论对全球政治经济秩序非正义性的指控并不新颖,因为以罗尔斯为代表的自由主义政治哲学家们早已承认这个事实,也不否认改革的必要性。[②] 左翼理论家们虽然意识到了将国内正义扩展为全球正义的必然性,但在策略路径上的思考显然是不充分的。

## 三 对金融危机后资本主义命运的理论分析

### (一) 体系性终结危机论

2007年金融危机的爆发为左翼提供了批判的焦点,围绕这个焦点,左翼在理论上展开了对当前资本主义制度性危机的揭露与分析,同时对西方主流意识形态主导的决策机构将这场金融危机定性为短期危机的结论进行

---

[①] 〔美〕玛莎·C.纳斯鲍姆:《寻求有尊严的生活——正义的能力理论》,田雷译,中国人民大学出版社,2016,第80页。

[②] 罗尔斯指出:"属于基本结构的那些制度的作用是确保正义的背景条件,人们和社团的行为正是在这种背景条件下发生的。除非这一结构得到恰当的规范和调整,否则最初正义的社会过程就将不再是正义的。"〔美〕约翰·罗尔斯:《政治自由主义》,万俊人译,译林出版社,2000,第282页。

了批判。根据沃勒斯坦的观点,此次金融危机并非短期性金融危机,而是资本主义500年一遇的体系性终结危机:"我们的现存制度(我所说的资本主义世界经济)已经存在了大约500年,涵盖全球也至少有100年。……唯一确定的就是,当前这套制度无法继续下去。"① 他给出的理由是,在过去30年里,人员成本、投入成本和税收成本作为资本家不得不支付的三种基本成本,一直只升不降,导致资本主义体系大大偏离了平衡,而且这种平衡已经难以恢复。② 这种偏离将在未来引发资本主义世界更多经济、政治和社会文化的无序波动,而这些波动无法通过公共政策加以控制。因此,他明确指出,现在的政治斗争不是考虑资本主义是否还能生存下去的问题,而是围绕何种制度将取代资本主义这一课题展开。"目前有两种选择,一是建立一套新制度,这套新制度将复制现行制度中的等级体系和两极分化等关键特征;二是建立相对民主平等的制度。"③ 沃勒斯坦的这些分析虽然极富洞察力与不失深刻性,但其论述不够缜密,逻辑连贯性不强,他常常借用康德拉季耶夫长波危机理论来论证其论题,在一定程度上说明他的资本主义危机分析理论还不完全成熟。

### (二) 调节制度危机论

如果说沃勒斯坦的观点代表的是阶段模糊型根本制度危机论,那么,罗伯特·布伦纳和大卫·科茨等人则认定这是非根本性的调节制度危机。其中,布伦纳将这场危机归因于资本主义生产过剩与过度竞争。在他看来,世界资本投资回报率自20世纪60年代末以来一直处于持续性的下滑状态,产能持续过剩是其主要根源。在全球制造业市场上,德国、日本、亚洲"四小龙"、中国等新角色先后涌现,导致世界市场上一个又一个产业领域出现供过于求的情况,使利润率不断下降。④ 其结果自然是公私债务高涨、

---

① 〔美〕伊曼纽尔·沃勒斯坦:《资本主义世界经济不会复苏》,转引自刘元琪《论当前资本主义危机的性质和前景》,《马克思主义与现实》2012年第4期。
② 刘海霞:《伊曼纽尔·沃勒斯坦谈国际金融危机与美国霸权危机》,《国外理论动态》2010年第6期。
③ 〔美〕伊曼纽尔·沃勒斯坦:《资本主义世界经济不会复苏》,转引自刘元琪《论当前资本主义危机的性质和前景》,《马克思主义与现实》2012年第4期。
④ "Overproduction Not Financial Collapse Is the Heart of the Crisis: the US, East Asia, and the World", http://www.japanfocus.org/-S_J-Jeong/3043.

金融化和国际金融危机发生。布伦纳显然是把竞争视为资本主义的核心，而不是认同经典马克思主义把雇佣劳动和垄断作为资本主义制度之根本的资本主义观。他认为，只要竞争存在，资本积累的规律就会占据主导，而在世界市场日益开放的条件下，垄断不可能成为资本主义的发展趋势。① 由于把过度竞争视为危机的原因，其解决思路自然是通过调节缓和竞争，即无须超越制度的变革就能克服危机。

科茨的看法是，2007年爆发的这场危机不是普通的商业周期性危机，而是积累结构型危机，是由新自由主义导致的。他指出，1973年前后，战后社会积累结构步入危机阶段。"新自由主义的社会积累结构在20世纪80年代早期完全建立起来。"这种积累结构的特征是："清除商品、服务尤其是资本在全球经济内自由流动的障碍；政府不再扮演引导和调控经济的角色；国有企业和公共服务私有化；削减政府的社会福利计划；向累退的税收政策转变；从劳资合作转变为在政府帮助下的资本单方统治；以自由放任的竞争模式代替大企业间合作式竞争模式。"② 简而言之，新自由主义在对自由市场顶礼膜拜的同时，对政府对经济的任何积极干预政策持拒斥态度。正因如此，2007年开始的金融危机与1929~1933年的大萧条较为接近，较难克服。危机一拖长，必将召唤出社会运动。科茨的这一看法在一定程度上为"占领华尔街运动"所证实。

### （三）垄断资本晚期危机论

克里斯·哈曼、尼克·比姆斯和约翰·贝拉米·福斯特等坚持经典马克思主义经济学立场的学者则是垄断资本晚期危机论的代表。他们认为，21世纪初发生的金融危机是资本主义在19世纪末进入垄断资本主义这一腐朽、垂死和危机阶段的新发展，或者说是20世纪70年代初开始的资本主义长波萧条阶段的结尾期。因此，这次危机是根本性的制度危机。

垄断资本晚期危机理论虽然在政治谱系上属于经典马克思主义，但具体而言有两个源头。一是比利时马克思主义理论家欧内斯特·曼德尔的思想影响。克里斯·哈曼、尼克·比姆斯、洛仁·戈尔德纳、亚历克斯·卡

---

① Robert Brenner, "Competition and Class", *Monthly Review*, December, 1999.
② 大卫·科茨、孙来斌、李铁：《金融化与新自由主义》，《国外理论动态》2011年第11期。

## 第八章　反全球化：对资本主义一统天下的拒斥

利尼科斯等人就不同程度地服膺于曼德尔的理论。曼德尔在一系列著作中坚信，凯恩斯主义无法挽救垄断资本主义垂死的命运，马克思的危机理论依然是真理，垄断资本主义继大萧条后必将爆发更为严重的危机。受此影响，哈曼把此次金融危机与大萧条联系起来。在他看来，大萧条期间倒闭的主要是中小企业，大垄断企业则通过降低开工率、解雇工人和政府的支持渡过难关。现今情况不同，采用资本间相互吞并的方式应对危机很难再取得成效。[①] 此次危机虽然由于政府及时干预而避免了大萧条式的崩盘，但由于现代工业与金融公司规模远比战前大得多，政府的调控和救助负担十分沉重，超过了它能承受的限度，危机呈现出向慢性萧条演变的趋势。作为资本主义体系中心的美国则毫无疑问地会利用其力量优势以及在全球金融体系中的主导地位，把危机带来的损失转嫁给世界其他弱小国家。与此同时，哈曼断定，在垄断资本造成的慢性萧条面前，无论是凯恩斯主义还是新自由主义，或者是二者的结合，都无法有效克服危机。戈尔德纳的看法与哈曼基本相同，他认为资本主义基本上没有走出20世纪70年代初以来的长波萧条阶段。美国的繁荣不过是这一长波萧条背景下的一个偶然现象。早在60年代末，资本主义就已经陷入生产过剩、利润率下降的过度积累危机，但垄断资本并未采用通过强制性危机使多余资本破产的熊彼特方案来予以应对，反而采用饮鸩止渴式的经济金融化和泡沫化措施进行处置，结果使危机变得长期化。在戈尔德纳看来，资本主义生产方式自1914年开始就已进入衰落阶段，20世纪最后30年则进入了慢性持久危机阶段。因为"在这个由资本主义制度统治的世界上，劳动力的总的生产率已经太高了，它已经无法在资本主义的形式下继续了。过去通过崩溃、紧缩、萧条、复苏和繁荣周期循环来实现的资本扩张现在要求在大得多的规模上进行实际的物质销毁，这既包括技术，也包括工人阶级"[②]。这一过程与地缘政治相交织。在19世纪，可以以毁灭过剩资本、技术、人口和旧霸权国家的方式重启增长，但在20世纪后期已经不可能。因为生产力已经发展到了这样的高度，所涉及的人力物力极其庞大，大规模毁灭往往意味着人类社会整体性的毁灭，垄断资本集团无法再用第一次和第二次世界大战那样的方式来再创增长的辉煌，长

---

[①] Chris Harman, "The Slump of the 1930s and the Crisis Today", *International Socialism*, Issue 121.
[②] 洛仁·戈尔德纳、曹浩翰：《当前金融危机与资本主义生产方式的历史性衰落》，《国外理论动态》2009年第9期。

期萧条难以避免。如何结束这一危机呢？戈尔德纳开出的处方是：终结以价值规律统治人类生产的历史是摆脱危机的根本出路。"如果能爆发一场从资本家手中将经济与政治权力夺取过来的革命，资本主义的价值规律对现存技术和劳动力的统治立即就能结束，同时也可以迅速过渡到一种新的生产阶段，它从生产的资本主义形式中解脱出来并能更快地创造实际财富，并将继续过渡到一个完全不同类型的生产活动和财富形式上去。"[1]

尼克·比姆斯的理论不仅深受曼德尔影响，而且也受到托洛茨基思想的熏陶，他的理论中明显存在托洛茨基格外重视世界历史进程与民族国家之间矛盾倾向的影子。他认为，战后生产方式日益国际化，但世界政治的主体却依然是民族国家，这一基本框架中存在的矛盾产生了诸多问题，其中最突出的问题是，美国作为国际政治中心协调国家的实力不断衰减，这可从其战后霸权发展的三个阶段看出：全面优势下的霸权——金融掠夺式霸权——军国主义或战争式霸权。战后初期，美国在经济、军事和政治等领域拥有巨大的实力优势，这成为维系世界资本主义秩序最为重要的客观条件。时至今日，美国实力日呈下滑态势，为挽回霸权颓势和保住霸权地位，美国日益追求扩大全球经济不平衡的单边主义，结果使美国从过去全球稳定的力量一变而为国际政治中最不稳定的爆炸性因素。而世界资本主义也因失去了稳定的中心，整体上陷入了历史困境。

二是保罗·巴兰与保罗·斯威齐思想的影响。福斯特无疑是接受这一影响最多的学者。根据斯威齐的理论，垄断是当代资本主义的根本趋势，它已超越国界表现出全球化特征。垄断深化带来的直接后果是，投资出路和有效社会需求不断减少，产能持续过剩，物价节节攀升，整个社会面临陷于长期停滞和危机的趋势，这势必会导致金融化的产生和破产。福斯特指出，早在1966年问世的《金融资本》一书中，巴兰和斯威齐就已经预示到了当今全球性金融危机出现的必然性：金融化和长期停滞带来两种可能性，其一，"全球债务危机和债务—通货萎缩"形式的主要金融与经济危机；其二，垄断金融资本制度化停滞—金融化关系的延期。虽然垄断资本主义阶段拥有的技术优势使它轻而易举地生产出堆积如山的消费品，但它

---

[1] 洛仁·戈尔德纳、曹浩翰：《当前金融危机与资本主义生产方式的历史性衰落》，《国外理论动态》2009年第9期。

并未能满足真正的需求,只是满足了人为制造出的需求。垄断资本主义制度本身已经无力克服市场饱和的慢性趋势。[①]

从上可以看出,垄断资本晚期危机论显然最接近马克思主义的基本理论。马克思认为,当资本发展为总体,亦即世界市场阶段,所有的矛盾都会集中爆发,因为,资本发展到世界市场阶段,意味着其扩张在时间和空间上都已接近极限,商品化和私有化覆盖了一切领域和人类生活的全部地理空间。许多早就存在的矛盾和问题日益激烈和严重,例如资本与生态环境之间的冲突在早期资本主义时代就已经暴露出来,但只是到现在才发展到对人类社会的存在构成严重威胁的程度。

尽管垄断资本晚期危机论在宏观理解资本主义基本趋势上无可指责,但断定垄断资本主义已经病入膏肓、无药可救则有可能失之过急。在这一点上,布伦纳等人显然不失冷静之处,他们把当今的全球性经济危机看作资本主义体系的调节机制出了问题,通过再调整与改革能够缓和与克服。换言之,资本主义虽然问题重重,甚至积重难返,但还远未到垂死的程度。虽然有论者认为这是布伦纳等人理论上错误之所在,[②] 笔者却不敢苟同。的确,此次金融危机之严重堪比20世纪30年代大萧条,在一定程度上揭示了垄断资本主义制度危机的深重,但很难因此就轻易得出资本主义大限已至的结论,资本主义自二战以来积累了丰富的自我调适经验,历史进程验证了这些经验较具有效性,无论是在经济方面还是在政治方面,资本主义内部形成了一套相对有效的自我修复机制,这一机制迄今为止仍然比较灵验,这在一定程度上表明,资本主义在看得见的将来仍然具有较强的生命力。

## 四 美国左翼的反全球化方略

### (一) 基于互联网的全球联盟战略

反全球化运动在20世纪末兴起,并在短短十数年间迅速遍及全球,与互联网时代的到来密不可分。左翼理论家不约而同地认为,阶级、种族、

---

① John Bellamy Foster, "The Age of Monopoly-Financial Capital", *Monthly Review*, Volume 61, Issue 09 (February), 2010.
② 刘元琪:《论当前世界资本主义危机的性质和前景》,《马克思主义与现实》2012年第4期。

性别、环境和国际关系中普遍存在的非正义无不根源于资本主义，反资本主义全球化就成为所有这些领域的集结号，而互联网则为左翼建立反资本主义全球联盟创造了条件。可以说，左翼基于互联网的全球联盟策略构成反全球化思潮的重要组成部分。这些策略主要包括以下几个方面。

**1. 跨国直接行动政治**

直接行动政治是美国政治社会运动实践中历史悠久的一大传统，这个词最早出现在 1910 年芝加哥工会组织"世界工业工人"工会发动的大罢工中，① 其主要含义是指通过激进或温和的方式来揭示现存的社会问题，阻止或推动权力机构在某个目标上采取行动。一般而论，它对选举投票、外交、谈判和仲裁等典型的间接行动持否定立场。它主要表现为这样一些相对激烈的形式：罢工、占据工作地、破坏或怠工、静坐、蹲踞、革命、游击战、游行示威、黑客攻击、经济破坏或者涂鸦。相对温和的形式则有联合抵制、建立激进社区团体以及在街头上演舞台剧等。其中一些显然是违法的，但绝大多数是合法行为。这是自 20 世纪 60~70 年代以来各种寻求社会正义的新社会运动的通行模式。如 1999 年的"西雅图风暴"，其直接行动成为之后众多反全球化抗议的模板，以至于有西方媒体给反全球化人士取了个恰如其分的称号——"西雅图人"。② 每一个地方的抗议者都希望创造"下一个西雅图"。③

左派为何如此重视直接行动并将议会政治视如敝屣呢？纽约大学教授、著名的左翼理论家詹姆斯·佩特拉斯（James Petras）认为，虽然选举是开展反全球化抗议的一个现成渠道，但在阻止和限制全球主义政策的制定和运用上，它并不是最有效和最可行的渠道。因为，反全球化的人在议会中会受到种种法律法规的约束，难以施展身手，再加之又处于少数，很难撼动大公司利益集团对决策过程的政治掌控，此其一。其二，中左派即使在议会中获胜，执掌了权力，也会屈服于国际国内政治经济的强大现实压力，接受全球主义意识形态，这已经是全球政治中屡见不鲜的事情。④ 其实，佩

---

① "Direct Action", http://en.wikipedia.org/wiki/Direct_action.
② 向红：《全球化与反全球化运动新探》，中央编译出版社，2010，第 177 页。
③ 〔美〕曼纽尔·卡斯特主编《网络社会：跨文化的视角》，周凯译，社会科学文献出版社，2009，第 378 页。
④ 〔美〕罗纳德·H. 奇尔科特主编《批判的范式：帝国主义政治经济学》，施扬译，社会科学文献出版社，2001，第 287 页。

特拉斯还忘了一点,这就是,战后以来西方世界普遍存在日益严重的政治冷漠症,民众政治参与的热情逐年减退,选民不仅参与投票的人数比例不断下滑,而且对选举和议会争论中的众多议题表现出麻木不仁的态度,这在一定程度上反映了议会政治的弊端在民众中产生的负面影响不浅。

### 2. 和平与非暴力主义

虽然美国左翼在致力于反大公司全球资本扩张的斗争中对现代资本主义制度持否定立场,甚至每每不乏使用比较激烈的言辞,但事实上他们普遍拒绝暴力,在其政治实践中很少有激烈和违法行动,和平与非暴力是他们遵循的基本原则。稍显激烈的方式至多是在街头十字路口手挽手组成人墙障碍,或朝大街上投掷油漆弹,砸碎商店或汽车窗户玻璃等,此类情形往往与警察暴力相伴随。① 当然,在反全球化运动实践中,参加者的背景十分复杂,其中的确存在一些提倡或倾向暴力的团体,如某些无政府主义组织。以1999年的西雅图事件为例,根据西方一些媒体的分析,"西雅图人"大体上可分为四类:红、黄、蓝、黑。红、黄军团是运动主体,尽管常常"全副武装"出场,但和平是其行动的主要方式;② 蓝、黑军团则具有程度不同的暴力偏好,许多抗议示威中发生的打砸抢烧事件大多是他们所为。③ 其实,即便是具有无政府主义倾向的组织,其暴力倾向也是比较有限的。例如,美国"直接行动网络"组织就坚决杜绝任何对人类身体有直接伤害的行为;在环境保护领域不失激进的美国环保组织"奥杜本协会"和"塞拉俱乐部"都明确反对采取暴力行动。④ 这种非暴力与和平主义是美国激进政治文化传统的重要组成部分,美国反全球化运动的左派团体对此有天然的倾向性。

### 3. 跨国力量整合与合作

由于资本主义的全球扩张带来的是危及全人类生存和发展的环境恶化、

---

① Tom Mertes, *A Movement of Movements*: *Is Another World Really Possible*? London and New York: Verso, 2004, p. 207.
② 红色军团大多身着白色制服,头戴安全帽,手持盾牌与木棍;黄色军团装备更强,往往带着仿制的古代战争中常见的撞城槌、弹射器以及用废旧轮胎制成的"冲锋战车"和"皮筏"。然而,这些东西与其说是武器还不如说是街头表演的道具。
③ 宋健:《"八国航船"遭遇"西雅图风暴"》,《参考消息》2001年7月5日。
④ Tom Mertes, *A Movement of Movements*: *Is Another World Really Possible*? London and New York: Verso, 2004, pp. 205–209.

贫富悬殊、社群对立和民族文化消亡等严重威胁，反全球化遂成为世界各地不同文化背景以及不同政治抱负的人们共同的话语，这种话语逐渐燎燃成一种跨国社会政治思潮，在全球范围内唤起各种各样的反抗力量，团结起来，向共同的目标迈进。这从每一次全球抗议运动的参加者身份的复杂多样可知，全球正义运动显然是一种统摄性的社会运动，它把各种各样的特殊群体的合理诉求统摄于正义的旗帜之下，成为跨国进步力量整合与合作的思想基础。与此同时，当代资本主义通过强大的技术手段和文化力量不断强化对人类经济、政治和社会生活各个层面的直接与间接控制，各自为政的抗议组织长期以来单打独斗的不尽如人意的结果早已说明，超越国界的全球合作是推动人类反资本主义事业真正取得实效的必要条件。借助现代高度发达的通信和交通工具，在全球范围内的远程交往与沟通早已不是问题。合作的方式很多，如在某个抗议行动的策划、实施方面进行合作，或通过"世界社会论坛"等全球性 NGO 对相关理论问题或未来战略与议程展开讨论，达成共识。此外，不同团体间通过合作实现信息与经验共享更是自不待言的事。

**4. 充分有效利用网络传媒工具**

美国学者杰弗里·S.朱瑞斯认为，反全球化运动是一场网络化的全球正义运动，全球通信网络为这一运动提供了基础设施，"提供了生产的舞台、竞争的舞台和特定运动演说和实践的舞台"[1]。在他看来，反全球化运动有三个明显特征。其一是全球性。全球性自不待言，世界各地的运动参与者虽然具体目标不尽一致，但都认同全球正义是事关人类未来的共同事业，需要通过跨国网络进行协调与沟通，"参加者认为他们从属于全球运动，逐项地将他们的地方抗议和活动与各地的多样化斗争联系起来"[2]。其二是信息性。抗议者采用多样化的抗议策略吸引大众媒体聚焦，然后通过媒体消费形式向亿万受众映射无数震撼心灵的戏剧性图像：巨大人偶与街头剧院，移动街区狂欢节，带着白色装备和防护屏的抗议者，戴黑色面具的城市武士，成千上万的米奇林人（Michelin Men），[3] 机器战警

---

[1] 〔美〕曼纽尔·卡斯特主编《网络社会：跨文化的视角》，周凯译，社会科学文献出版社，2009，第375页。
[2] 同上，第380页。
[3] Michelin 是一家有百余年历史的汽车轮胎生产商及其品牌名称。

(robocops),桑巴舞者和投石车等,加上手持盾牌和警棍的警察队伍,类似的图像通过全球网络传播,它们不断被复制、转换,并向远域发送。其三是分散性。如前所述,反资本主义全球化的力量分散于全球各地,但通过信息资本主义的组织逻辑,它们被灵活有效的分散性网络组织起来了。这三个特征毫无疑问地都与跨国信息网络密切相关,都离不开以计算机信息技术系统支撑的互联网平台。也正是基于这样的认知,有左翼学者把当代的全球抗议浪潮称为推特和脸书革命。①

**5. 充分发挥NGO和论坛等独立组织的职能**

战后特别是冷战结束以来,美国社会发展中的一个重要特点就是,各种类型的NGO如雨后春笋般地茁壮成长起来,从政治学的视角看,它们构成了国家与公民社会之间的第三空间。形形色色的NGO无论是区域性、全国性还是国际性的,都有其明确的经济、政治或文化目标,都拥有某种理念与价值,代表着某个或某些社会群体,反映各自的主张与欲求,作为美国政治中压力集团的组成部分,它们对美国政治议程和政府决策甚至国际组织的议题都有着巨大影响力。1999年的西雅图事件中,参与抗议斗争的NGO达到1300个,正是由于以美国劳工组织为代表的民间非营利组织的强烈反对,迫使克林顿政府拒绝在WTO谈判协议上签字而导致西雅图会谈流产。美国学者杰西卡·T.马修斯认为,政府在NGO压力下不得不让步,这反映了冷战结束以来一个以政府为中心的、等级制的、命令式的统治结构逐渐走向消解的新趋向,即一个"权力转移"的新现实:民族国家政府"正在同商界、国际组织、以非政府组织而闻名的众多公民团体分享处于主权核心的各种权力,包括政治、社会、安全角色"②。灵活应用美国压力集团政治机制,以NGO同政府打交道的常用方式来推进目标议程,同时高度重视各种网络论坛的功能,如以"世界社会论坛"为代表的网络化平台在集合分散的反抗力量上的高效率使之成为全球正义运动的总部,这是反全球化运动的一大创举。

---

① Ilaria Favritto,"Dreaming in Public with American Radicals",*The Political Quarterly*,Vol.89,No.1,January-March 2018.
② Jessica T. Mathews,"Power Shift",*Foreign Affairs*,January/February,1997.

## （二）美国共产党的反全球化主张与方略

面对汹涌澎湃的反全球化浪潮，以美共为代表的传统左翼政党不可避免地做出了回应。首先，在全球化性质的认识上，美国共产党明确认定它是资本主义的。早在1998年，美共前总书记葛斯·霍尔就开门见山地指出："全球化是帝国主义新的表现形式。如果不认清帝国主义特别是美国帝国主义的最新特征，人们就没有办法正确分析全球化进程，因为美国帝国主义是全球化的主要参与者。"① 在美共看来，列宁在帝国主义特征的论述中关于资本输出和资本国际垄断形成重要性的分析完全符合当今全球化的现实状况，因为现代跨国公司就是由那些从事垄断生产和经营的康采恩发展而来。经济全球化无疑是垄断资本主义在世界范围内追求利益最大化使然，它以资本在全球的自由流动为基础，以种种合法和非法手段在广大后发国家的工业、农业、交通运输、金融等经济领域渗透，消除竞争对手与竞争本身，进而实现其全球霸权。国际货币基金组织、世界银行、世界贸易组织不过是其追求并维护全球经济霸权的工具。

其次，美共认为全球化有四大危害。一是随着全球化进程的推进，资本主义垄断程度会不断加深，新自由主义的经济理性主义越发强势，从而导致政府对经济干预日趋弱化，由此产生的一个灾难性后果是，工人阶级生存境况的恶化。二是导致南方国家和北方国家之间、资本家和工人阶级之间贫富差距不断拉大。全球富国与穷国的财富之比从1950年的35∶1拉大到1992年的72∶1；与此同时，美国资本大量流向第三世界，造成美国国内产业空虚，工人大量失业，加剧了贫困。据福布斯2017年统计显示，美国最富有的三个人比尔·盖茨、沃伦·巴菲特和杰夫·贝佐斯的财富总和，超过了美国底层50%人口财富的总和。② 三是垄断资本主义的全球化扩张对生态环境造成严重破坏。追求利益最大化的本性决定了垄断资本是全球生态的最大破坏者，大气污染、对动植物生命永久性的损害、把后发

---

① 转引自王宏伟《美国共产党关于经济全球化的观点》，《思想理论教育导刊》2002年第11期。
② Noah Kirsch, "The 3 Richest Americans Hold More Wealth than Bottom 50% of the Country, Study Finds", https://www.forbes.com/sites/noahkirsch/2017/11/09/the-3-richest-americans-hold-more-wealth-than-bottom-50-of-country-study-finds/#33dbfa8f3cf8.

第八章　反全球化：对资本主义一统天下的拒斥

国家变成发达国家的重污染工业生产地和垃圾处理场所，这些都是帝国主义在环境问题上的破坏狂表现。四是资本主义全球化对世界和平发展构成严重威胁。2019年的美共三十一大报告认为，特朗普政府的"美国优先"战略是美国统治集团推行全球化和掌控全球秩序能力弱化的产物，这个政府的外交政策完全出于维护和扩大华尔街垄断财团的利益，为此而不顾信义发动贸易战，蔑视国际组织，开展意识形态对抗，对伊朗等进行军事威胁，等等，对世界和平发展构成严重挑战。①

再次，共产党和其他左翼团体必须行动起来反对资本主义全球化。2001年10月10日，在美共机关刊物《政治事务》上发表的《全球化与今日阶级斗争》一文中，明确主张要把"反全球化作为今日阶级斗争的中心"，因为它触及并影响世界各地几乎所有工人阶级和被压迫人民的经济、社会和政治斗争。② 美共前主席萨姆·韦伯指出，全球化带来的是更大的剥削、剧烈的经济动荡和危机，并由此产生诸多大问题：艾滋病、贫困、饥饿、债务奴役、劳动力迁移、全球变暖、地区和大陆边缘化以及种族歧视等，这涉及全球绝大多数人的生存和福祉。事实上，全球化就是极少数人利益和最大多数人利益之间的冲突。③ 在美国，这包括由各有色人种、妇女、同性恋者、底薪劳动者等在内的最大多数人构成的工人阶级主体，因此，反对资本主义全球化斗争必须把反对剥削和压迫与反对种族主义、性别歧视、环境破坏、霸权主义等相结合。

最后，反全球化斗争的可行方式是建立反资本主义国际统一战线。美国共产党认为，工人阶级的敌人是资本主义，而不是全球化本身，如果由工人阶级主导它，它就会变成解决资本主义带来的种种症状和问题的力量。反对资本主义全球化斗争的光明未来必将是社会主义，这一目标的实现有待工人阶级的国际团结和跨国协作。为此，建立全球工人阶级联盟是进行这场斗争的必由之路。从美共二十七大到三十一大，美共纲领中一直再三强调这一方略。在2019年的新党纲第八部分，美共把国际团结作为对抗国

---

① John Bachtell, "Unity to Save People and Planet; for Full Democracy, Equality and Green Socialism", http://www.cpusa.org/article/unity-to-save-people-and-planet-for-full-democracy-equality-and-green-socialism/.
② Opening to National Board, "Globalization and Class Struggle Today", https://cpusa.org/party_info/globalization-and-the-class-struggle-today/.
③ Ibid.

际资本的策略详加论述。在美共看来,垄断和帝国主义时代的资本主义是全球性的,这就决定了工人阶级争取更美好的生活和社会主义远景目标离不开以下策略。一是建立跨国性反垄断联盟。对于正处于跨国垄断资本主义或国家资本主义阶段的美国资本主义,跨国性反垄断联盟会让其遭受重大失败,从而为民主社会主义的到来创造条件。二是左翼团结起来实施一揽子反垄断计划:建立一个不为垄断资本控制的能够竞争政府权力的人民大众的政党;从选举制度中取消垄断资本的财政资助;完全恢复和扩大权利法案和各种民主权利;禁止工作场所对种族、性别、国籍、残疾人和其他受保护群体的歧视;加快向绿色和无碳经济转型;对低收入群体免税和对高收入人群征收累进所得税;以国际合作政策取代帝国主义的外交政策;所有媒体不再为垄断公司所拥有;等等。① 三是建立争取和平与进步国际阵线。美共认为,面对全球秩序掌控能力不断弱化的现实,以美国为代表的帝国主义越来越喜好采用武力和武力威胁追求全球利益,建立反对战争与侵略的国际团结事关人类存亡,世界性的和平意识与和平运动为国际团结准备了雄厚的群众基础。不可否认的是,由于世界工人阶级具有国际主义传统,在相互理解、团结、解放、可持续的环境与发展等方面有共同利益,工人阶级的国际团结在反资本主义全球化的国际联盟中起决定性作用,因为只有这种团结才能真正反击资本主义全球化的掠夺、剥削、压迫和环境破坏。②

虽然美国共产党不是反全球化的主导力量,但它关于全球化的主张和方略说明它也在与时俱进地探寻符合时代特征和美国国情的反资本主义道路。

## 五 小结:视资本主义为全球万恶之源的思想传统

反全球化思潮是新自由主义全球化导致的全球性危机的产物。这种全球性危机主要表现有四。其一,社会不平等加剧。阿马蒂亚·森在21世纪之初指出:"尽管全球化经济毋庸置疑地对推进世界繁荣做出了巨大贡献,

---

① Communist Party USA, "Cpusa Program", https://cpusa.org/party_info/party-program/.
② Ibid.

但我们不得不面对……国际层面和国内层面日益扩大的不平等现象。与全球化相关的最实在的争论，最终并不在于市场的效率，也不在于现代技术的重要性，而恰恰在于权力的不平等。"[1] 这种不平等无论是在主权国家内部还是在南北关系中都呈现普遍性的马太效应特征，在南方国家与北方国家之间财富分配极化有增无减的同时，全球3/4的人口处于没有尊严的生存状态。其二，生态环境严重恶化。战后世界经济在半个世纪中增长了20倍，工业生产增长了50倍，但这一切在很大程度上是建立在牺牲环境的基础上获得的。其三，全球经济震荡频仍。新自由主义对市场监管持严厉批评态度，主张最大限度地给市场活动以自由，结果是不可避免地给金融投机开了方便之门。20世纪末21世纪初的10年间，因过度投机导致的全球性金融危机就发生了两次，给相关国家乃至全世界造成了难以弥补的损失。其四，西方政治、经济和文化霸权的强化与非西方社会生存发展的困厄。战后的半个多世纪中，发展中国家在现代化的征途上步履维艰，究其原因，除了国内复杂的政治文化因素的制约，以美国为首的西方国家直接间接的政治操控、经济支配和文化渗透难辞其咎。

根据反全球化理论家们的理论逻辑，资本主义全球扩张是全球性诸多问题的根源，是万恶之源，阻击资本的全球化事关人类的前途和命运。这是新自由主义全球化批判成为冷战结束以来尤其是后金融危机时代左翼资本主义批判中心主题的主要缘由。事实上，把全球诸种问题和弊端归因于资本主义制度是绝大多数左派的共识，以沃勒斯坦为代表的现代左翼理论家和19世纪的前辈们一样，断定资本主义体系的出现是人类最大的不幸。

左翼全球化批判的理论意义和现实价值在于，首先，为全球性反资本主义运动提供了合法性论证。它所揭露的人类社会生存状况和黯淡前景说明，全人类行动起来努力改变现状，已经刻不容缓。左翼反全球化思潮的目标指向十分明确：资本主义制度是当前人类生存发展的最大敌人，是阶级压迫、种族主义、性别歧视、环境恶化、世界战争与霸权的渊薮，反全球化就是反资本主义一统天下的图谋。左翼理论家的全球化批判一层层剥开了资本主义制度合法性的外衣，把这一百病缠身的制度推到了历史的审

---

[1] Amartya Sen, *Observer*, 25 June, 2000；转引自刘金源、李义中、黄光耀《全球化进程中的反全球化运动》，重庆出版社，2006，第60页。

判席上。其次,在理论和方法上有了一系列创新与突破。从理论上看,这种突破有两点:一是以社会正义为政治坐标或公分母,在致力于整合阶级政治、身份政治和系统社会变革政治等政治诉求上取得了初步的进展;二是较为成功地在反对资本主义制度与反对全球化之间画上了等号。在方法上,高度重视现代信息技术在组织架构上的策略性应用,让反全球化力量网络化,宣传与动员虚拟化,并以目标引领和人才支撑作为建构长效机制的保证。再次,致力于使战后逐渐分道扬镳的传统左翼工会政治与新左翼传承的左翼知识界重新走向联合。最后,左派力图通过反全球化为人类社会找到替代资本主义全球化的新全球化方案。反全球化理论家们深信,全球正义必定会有光明的未来。正如曼纽尔·卡斯特所指出的,从反全球化的公共抵抗中,有可能产生另类的文化代码,并为全球文明社会播种。①

美国左翼的全球化批判在理论上还存在明显的缺陷。其一,由于受布迪厄等理论家思想的影响,美国不少左派人士拒不承认全球化是经济发展的客观趋势,把它简单化为以美国为首的发达资本主义国家和跨国公司的阴谋,不可避免地使其遭遇理论与全球社会现实相背离的尴尬。其二,许多主张和目标过于极端和不切实际,例如,关于废除 WTO、IMF 和 WB 的设想,明显是矫枉过正了。经济全球化的发展客观上需要有全球性的经济和金融机构起引领、监督、协调、管控和帮扶作用,取缔三大机构,等于让世界经济退回到前布雷顿森林体系时代。其三,虽然对美国的霸权和干涉行径持严正批判立场,但他们自己却常常首先走向这一立场的反面。例如,在对中国等发展中国家的指责上,美国许多左派比右派表现得更激烈,嗓门更大。其四,虽然对资本主义全球化的图谋进行了酣畅淋漓的揭露与批判,却提不出有效的替代方案来。结果是,对全球正义实现路径的思考落入了奢望跨国自愿合作的窠臼。

不过,在左翼事业处于低谷的时代,反全球化为持不同政治文化诉求的激进派提供了一个共识符号,一面汇聚力量的旗帜,对致力于走出困境的美国左翼不失为有益探索。

---

① Manuel Castells, *The Power of Identity*, Oxford: Blackwell, 2004.

# 第九章　从意象到镜像：文学与影视的激进文化批评

## 一　20世纪前期的左翼文学与文化批评

### （一）作为社会抗议与批判的左翼诗歌

诗歌和小说、戏剧一样，是现代西方文学艺术的表现形式之一，也是欧美左翼进行社会批判的重要手段。在美国，通过诗歌创作来表达激进思想的传统十分悠久，最早可追溯到殖民者时代。美国立国之初，激进诗人约翰·麦基尔文的十四行诗句"鞋匠们！起来！时间已经来临/是我们的权利得到完全保护的时候了"已然表现出为生民立命的情怀。① 在19世纪著名诗人惠特曼的作品《草叶集》中，讴歌底层劳动者的诗句比比皆是。诗人号召人们："不管你富裕与否，请给每个需要帮助的人以援手，为他人贡献你的财富和劳动。"晚年的惠特曼自认"比自己想象的更像一个社会主义者"②。而犹太女诗人艾玛·拉扎勒丝镌刻在自由女神像底座上歌颂自由的诗句早已成为美国激进文化史上激动人心的杰作，"自由点亮世界"是自由女神真正的名字，它把美国革命和法国大革命联系起来。可以说，不是雕塑师弗雷德里克·奥古斯特·巴塞罗蒂的创作，而是拉扎勒丝的诗把自由女神雕像变成了"全世界被驱逐者和受压迫者的家园之象征"。

---

① Philip S. Foner, *American Labor Songs of the Nineteenth Century*, Urbana: University of Illinois Press, 1975, p.12.
② 〔美〕约翰·尼古拉斯:《美国社会主义传统》，陈慧平译，社会科学文献出版社，2013，第4页。

不过，正如美国学者尼尔森所言，美国早期激进诗歌大多已经遗失且被遗忘，而20世纪绝大部分时间创作的左翼诗歌几乎无一例外地建立在对早期诗歌的模仿和发展之上，因此，20世纪的诗歌自然带有早期诗歌的记忆，是对早期诗歌的礼赞。作为20世纪抗议诗歌的前驱，"托皮卡诗人"乔治·麦金泰尔（George P. McIntyre）1890年出版的诗集《波斯之光》，基本上是对1877年至90年代初十余年间美国底层阶级的经济状况和斗争的记录，以及表达他们对社会变革的渴望。① 诗集中附有诗人的几篇论文，其中一篇名为《谁拥有美国？——世界史上无与伦比的掠夺记录》，详细开列了一份联邦政府授予铁路公司让它们获取巨额利润的所有土地清单，诗人对由此产生的社会不公进行了深刻思考。在1889年的《美国》一诗中，麦金泰尔不仅着力刻画美国贫困与饥饿的事实，更着重批判美国对这一事实结构性的视而不见，并允许这些事实令人震惊地不断发生。以下是这首诗开头的一段：

> "要！"在一片辽阔的土地上——
> "要！"我听到你说——
> "要！"在出产丰饶的土地上！
> "要！"在美国？
> 上帝！那是真的吗，
> 要在我们今日之街头？
> 憔悴的要和狼一般的饥饿
> 与寒冷，在美国？②

不难看出，麦金泰尔的诗比较呆板生硬，其美学水平无法高估，但不可否认的是，它们几乎都具备了现代诗歌的社会批判功能与特性。更重要的是，在麦金泰尔的《波斯之光》和现代主义的诸多作品——让·图麦的《手杖》、威廉·卡洛斯·威廉斯的《冬之降临》、穆里尔·鲁克泽的《死亡之书》等——之间存在或明或暗的联系，这可能与麦金泰尔喜欢模仿他人有关，他的座右铭是蒙田的格言：我把别人的花朵集成一束，只有把它们

---

① 诗集全名为《波斯之光或财神之死及其他预言、利润与和平诗》。Cary Nelson, *Revolutionary Memory: Recovering the Poetry of the American Left*, New York and London: Routledge, 2001, p. 12.
② Ibid., p. 13.

捆在一起的线是我自己的。① 这种模仿本身就含有继承发展的性质，即表明作者对现代主义批判功能和表达方式的认同。

概而观之，20 世纪上半叶的美国激进诗歌主题主要有四：社会底层命运与劳工斗争，种族关系与两性平等，反战与和平诉求以及对抗议国家政治迫害。

**1. 社会底层命运与劳工斗争主题的诗歌**

与麦金泰尔的籍籍无名相比，埃德温·马克汉姆（Edwin Markham）的诗歌在 20 世纪上半叶的美国可谓是家喻户晓。1899 年，马克汉姆在旧金山《检验者》报上发表《荷锄男人》一诗，很快为全美各报刊争相转载，并被广泛传诵。后被翻译成 40 种文字，成为美国劳工运动的主打歌之一。自发表那天起，关于这首诗的含义和意义的争论遍及美国，崇拜、攻击、模仿和讥讽比比皆是，这在美国文化史上并不多见。一位读者忧心忡忡地给《检验者》报写信，担忧这首诗对乡村劳动状况的压抑性刻画会导致"成千上万被误导的乡村青年涌向城市"。还有人指责这首诗是"错误思想家煽动情感性悲伤的梦幻记录"，事实上，这首诗是对 19 世纪中叶让·弗朗索瓦·米勒关于乡村劳动者劳作生活油画作品的回应。② 可以说，是米勒的画为马克汉姆提供了灵感。尽管油画表现的是法国乡村，但它无疑是对工业化时代包括美国中西部在内的乡村劳动场景的描绘：

> 被无数世纪的重负压弯了腰
> 他躬向锄头凝视着大地
> 脸上辨不出年龄
> 背上驮负着世界。
> ……
> 麻木而不知所措，兄弟独自对着公牛。
> ……
> 在无数世纪的沉默后

---

① Cary Nelson, *Revolutionary Memory: Recovering the Poetry of the American Left*, New York and London: Routledge, 2001, p. 13.
② 米勒的画当年在巴黎展出时，就曾经受到非难和指责，有人认为米勒是无政府主义者和社会主义者。

这聋哑的恐怖何时会对上帝做出回答?[1]

《荷锄男人》一诗被誉为 19 世纪美国劳工抗议诗歌的结晶,它在世纪末成功地向资本家和资产阶级政客们发出了广泛的革命警告。在诗中,处于非人境地的劳动者沉默无声,作者通过诗歌替他或他们发声。被压迫的底层大众无法为自己发声是这首诗为美国社会做出的最早诊断,这一诊断构成 20 世纪激进传统的重要思想线索,对后来的斯皮瓦克和阿普尔等人产生了深远的影响。

芝加哥在世纪末成为美国铁路网络的枢纽,也因此成为美国工会活动的中心。20 世纪 20 年代,这里不仅发生过一系列罢工事件,也产生了无数激进诗歌。一首佚名作者的《劳动者说话》这样写道:

> 我建造了你的轮船你的铁路,
> 并在你的工厂矿山劳作受苦;
> 我建造了上好的公路供你行驶,
> 并将丰收的葡萄酿出美酒无数。
>
> 我建造精美的房屋由你住,
> 为你制作的面包来自谷物;
> 夜深深我还在为你做衣服,
> 印刷出精美的图书供你读。
> ……
> 我是田野和工厂的主人,
> 我是万能而你可有可无;
> 因此,我将不再卑躬屈服,
> 我是劳工我要我应得之数。[2]

这种直白的诗句非常符合劳动者的口吻,它写出了底层大众对社会不

---

[1] Cary Nelson, *Revolutionary Memory: Recovering the Poetry of the American Left*, pp. 20-21.
[2] Cary Nelson, *Revolutionary Memory: Recovering the Poetry of the American Left*, p. 30.

## 第九章　从意象到镜像：文学与影视的激进文化批评

公的严重不满和要求改变的意志。在由 J. P. 汤普森创作的一首小诗《工会诗歌》中，强调了集体主义精神的重要性："你成不了工会会员/无论你如何盘算/除非你根据'我们'来思考/不再有'我'的私心杂念。"① 在《尖嘴鸥》中，对没有阶级意识并接受了资产阶级价值观的工人进行批评劝导；在《八小时之歌》中，号召劳动者为八小时工作制基本权利的实现而斗争；在《圣彼得与恶棍》中，对出卖和背叛劳工权益的人严加痛斥："把这家伙送入地狱/告诉撒旦单独给他一个座位/坐在王座附近烧红的铁筛上/地狱铁筛将恶棍烧烤/那臭味魔鬼也受不了……回地上你主子那儿传句话/他们在地狱一个恶棍也要不到。"一战后的 1921~1922 年发生了臭名昭著的恐红迫害，众多左翼人士被捕入狱，其中包括 IWW 的领导人和诸多会员，诗人尤金·巴雷特就是其中之一。他在狱中写下《政治犯》一诗，严厉抨击这种政治迫害："嗨！美国之鹰/人类曾经自由的象征/而今深锁铁窗筋疲力尽/就在自己热爱的土地/虽然心已破碎/精神仍在顽强抗争/虽然铁牢撕裂了躯体/却撕不破志坚如城。"②

其实，论及 20 世纪早期美国激进诗歌，乔·希尔及其作品的影响力无人能够否认。乔·希尔，本名乔·伊曼纽尔·哈格伦德或约瑟夫·希尔斯特罗姆（Joel Emmanuel Hägglund, or Joseph Hillström，1879-1915），瑞典移民工人和歌曲作者，乔·希尔为其笔名。1902 年移民美国，1906 年之前奔波于纽约、克利夫兰和旧金山之间。1910 年在加州加入 IWW，并成为波特兰分部会员。1910~1915 年在美国西部各地工厂矿山中奔走谋生。1915 年在盐湖城以谋杀罪被处死。③ 在短暂的十余年间，希尔创作了许多脍炙人口

---

① Cary Nelson, *Revolutionary Memory: Recovering the Poetry of the American Left*, p. 30.
② Ibid., p. 35.
③ 1914 年初，盐湖城退休警官约翰·莫里森和儿子阿林在自家的杂货店被两个红巾蒙面者闯入枪杀（没有抢劫任何财物）。当晚，肺部中弹的乔·希尔到该地一诊所就医，因他身上有枪，在医生告发下被捕。希尔解释说他是在一场关于一个女人的争论中被枪击的。莫里森的两个儿子，一个认为希尔像两个闯入者中的一人，另一个则认为完全不像。辩护律师指出，当天晚上还有另外四个人因枪伤就医，希尔不认识受害者，根本没有杀人动机。但最终法官仍判希尔谋杀罪成立。辩护律师奥林·希尔顿指出，希尔之所以被定罪，真实原因是他的 IWW 成员身份。1915 年 11 月 19 日，希尔被枪决。希尔留下的遗书后来在 60 年代被 The Pennywhistlers 乐队的创建者埃瑟尔·拉伊姆（Ethel Raim）配上曲谱成歌传唱："我的遗书很容易写出/因为没有东西可分割/我的亲人无须焦虑哀愁/'苔藓爬不满滚动的石头'/我的躯体？哦，如果我能够选择/我愿它化为灰烬/任凭微风吹散/散布鲜花盛开之地/或许一些枯萎的花朵/也会重生再度怒放/这就是我最终最后的愿望/祝大家好运。乔·希尔"。

的歌词，如《天堂里的馅饼》《牧师与奴隶》《流浪者》《工会有力量》《造反的姑娘》《凯西琼斯——工会里的恶棍》等，无情地批判社会的不公正，鼓励人们起来反抗与斗争。作为《牧师与奴隶》中的一节，《天堂里的馅饼》通过滑稽模仿救世军的赞美诗《甜蜜的未来》，对赞美诗把人们的注意力集中到获救而不是物质需求的实现上进行讽刺与批评："你会有吃的，再会再会／在那天上光荣之地／工作与祈祷，住在草丛里／在你死后，天堂里的馅饼满足你。"① 在《工会有力量》中，希尔指出劳动者团结起来的重要性，团结是战无不胜的力量所在：

> 工人的团体有力量有力量，
> 他们手挽手昂然屹立，
> 那就是力量，那就是力量，
> 它必然统治每一片土地——
> 一个工业工会团体。
> ……
> 来吧，来自五湖四海的劳动者，
> 来吧，来加入伟大的工业团体；
> 然后我们将要求在地球上应得的份额，
> 来吧！担起你的职责，像个男人。②

希尔虽然如流星一般划过20世纪初期美国激进文化的天空，但他留下的思想轨迹却指引着无数后人前行的路，例如20世纪后期的激进歌手比利·布雷格等人就被视为乔·希尔的追随者。

大萧条和新政改革的30年代是激进思潮波高浪猛的时期，社会批判色彩浓厚的激进诗歌呈现一派繁荣气象。诗人约翰·比切在《波弗特潮流》中描绘了大萧条期间底层人民的痛苦、恐惧与对变革的渴求："现今／没有喊叫／警钟敲响／双方皆恐惧，毫无希望／什么样的未来潮流能够／将这些自身历史的囚俘解放？"阿图洛·乔万尼提在狱中写出了《徒步者》《囚笼》

---

① Joe Hill, "Pie in the Sky", https：//en.wiktionary.org/wiki/pie_in_the_sky.
② Gibbs M. Smith, *Joe Hill*, Salt Lake City：Peregrine Smith Books, 1984, pp.249-250.

等诗作,在诗里把监狱视为现行一切非人的肉体和精神控制与压制制度的象征,控诉美国司法的不正义是其作品的中心主题。他的诗作不仅在《国际社会主义评论》上转载,在主流的《当代文学》和《大西洋月刊》上也频频露面,影响甚广。1935年,左翼女诗人罗拉·里奇的第五本书《火之舞》(诗集)出版,其中收录了其1932年发表在《国家》上的《石面》一诗。这是一首歌颂社会主义者和劳工组织者托马斯·穆尼(1892~1942)①的诗歌:"他们把你刻进一块石面,汤姆·穆尼/你,在加州冉冉上升/俯瞰太平洋的咸浪⋯⋯"诗人着意刻画穆尼饱含被压迫者们所有希望、恐惧和受迫害以及执着于光明的眼神,像紧握的拳头和悬崖般刚毅的面孔、岩石般弯曲的嘴唇,整个形象就是战斗的纹理,全诗的主题就是一句话:劳工烈士永垂不朽,以加州州长罗尔夫为代表的压迫者只会成为"档案中的一个灰斑"。

**2. 种族关系与两性平等主题的诗歌**

黑人女诗人安吉丽娜·格里姆克的《机会》《新黑人》《卡洛琳暮色》,以及戏剧《蕾切尔》等作品对黑人文化传统进行了独到的探讨,特别把黑人女性遭遇的种族歧视和资本主义压迫置于首要关注位置:"我是个有着黑黑皮肤的女人/我是有着黑黑面孔笑意盈盈的女人/我住在地窖住在拥挤不堪之处/我艰辛劳作只为了果腹/无论寒冬和酷暑/我笑/我是忘了如何睡眠的笑意盈盈的女人/我是不敢入睡的笑意盈盈的女人。"② 这首诗极具震撼力,它把一位底层黑人女性的艰难生存境况以一个强颜欢笑的具象印入读者脑海,这种比流泪还要痛苦的笑饱含着黑人女性在种族和性别双重压迫下的屈辱与无奈,它对社会的指控辛辣有力。

然而,最为激进的黑人诗人可能要数朗斯顿·休斯。他的《告别基督》《亚拉巴马州的基督》等诗作极富冲击力,《告别基督》发表于1932年,是最具争议的一首诗:

---

① 1916年,一枚炸弹在旧金山游行人群中爆炸,10人死难。虽然穆尼并不在场,但被伪证指控谋杀而被捕,并判处死刑。几个月后,一个联邦委员会弄清了事实真相,还穆尼清白,刑事审判法官和陪审团也承认错了。但加州州长詹姆斯·罗尔夫只同意给穆尼减刑,拒绝开释他。穆尼1939年出狱,蹲了23年牢,身体全垮了,不久后即离世。

② Cary Nelson, *Revolutionary Memory: Recovering the Poetry of the American Left*, p.47.

听着，基督，
我想，在你的时代你做得都对，
但现在那样的日子已一去不复回。
他们还为你写了一个夸张的故事，
它被称为《圣经》——
但如今它已回天无力。
教皇和教士们通过它敛财无数。
他们将你兜售给太多的帝王、将军、强盗和屠夫——
甚至兜售给沙皇和哥萨克，
甚至兜售给洛克菲勒的教会，
甚至兜售给《星期六晚邮报》，
你不再是好人。
……
耶稣基督主上帝耶和华，
现在把他们从这里打跑，
为一群完全不信宗教的男人让路——
一个真正的男人名叫
马克思共产主义者列宁农民斯大林工人我——
我说，我！
现在一往无前。
……
从现在起世界是我的——
没有人会将我出售
出售给国王或将军，
或者出售给百万富翁。

别了基督，早安革命！①

可以看出，这是一首旗帜鲜明的左翼政治诗，其矛头直接指向教会，

---

① Cary Nelson, *Revolutionary Memory: Recovering the Poetry of the American Left*, p. 67.

## 第九章 从意象到镜像：文学与影视的激进文化批评

指向阶级压迫制度，毫不隐讳地为共产主义革命和社会主义唱赞歌。这首诗发布后诗人不断遭到以教会为首的社会保守势力的攻击或非议，他们指责休斯是"臭名昭著的斯大林崇拜者"，认为这首诗的标题来自共产党人的口号"恨基督"。麦卡锡时代，诗人被迫前往参议院麦卡锡委员会去作证。

在《亚拉巴马州的基督》中，作者通过诗的首句"基督是个黑人"就牢牢地抓住了读者的心：

> 基督是个黑人，
> 又黑又疲惫——
> 哦，赤裸着你的背。
>
> 玛丽是其母——
> 南方之母，
> 紧紧闭上你的嘴。
>
> 上帝是其父——
> 白人主子在上，
> 请赐厚爱予我辈。
>
> 最神圣的私生子
> 口中滴着血：
> 黑人基督
> 在南方的十字架上。①

这首诗在1931年发表后的半个世纪里一直吸引着学术界众多研究视线，其中不免存在种种误读，美国学者斯坦利·肖特1974年的解读就是典型例子。肖特断定，"基督是个黑人"包含两种意识。一是历史意识。像他那个时代的犹太人一样有着褐色皮肤的基督，自然有一位褐色皮肤的母亲，二者后来被白人的西方接受了，同时却强加给他一个百合花一样白的天父；

---

① Cary Nelson, *Revolutionary Memory: Recovering the Poetry of the American Left*, p. 69.

二是耶稣作为一种另类存在的象征意识。这种另类存在宣示着一种唤起的灵性,有如它曾经为外来宗教一样,黑人以其不同的肤色和文化在美国南方构成了一种另类存在。无论耶稣还是黑人,都是白人社会原罪的替罪羊或牺牲品。[①] 这一评论不能说完全不对,因为它指出了黑人为社会牺牲品这个事实,但是,它过于强调黑人与犹太人与西方白人之间的肤色和文化差异,较为牵强,因为犹太人也是白人,这是不会有争议的。

其实,这首小诗揭示的是黑人在美国南方经历的两百多年的种族创伤,其直接灵感来自1931年亚拉巴马州的斯科茨博罗案。[②] 休斯希望通过这首诗传达这样的思想:南方白人主流媒体反复宣扬黑人的强奸等暴力犯罪,事实上,南方真实的性暴力历史是,白人男性施加于黑人妇女身上的历史性暴力。短短十三行诗句,把一个种族血痕累累的具象展现在世人眼前。"基督是个黑人"唤醒了无数美国黑人内心对种族平等的渴望,成为战后民权运动兴起的重要催化剂。

### 3. 反战与和平诉求主题的诗歌

如果说前面提及的马克汉姆的诗是对工业化时代美国资本主义剥削与压迫的控诉,同时期的莫里森·斯威夫特的诗歌则把批判的矛头直指美国的帝国主义行径,指向美国在菲律宾等地进行的种族屠戮。1900年,斯威夫特的反战诗作《帝国之降临》问世,这与美西战争期间铺天盖地的歌颂战争的诗歌截然相反,特别是与鲁德雅德·吉普林臭名昭著的《白人的负担》诗歌对种族主义的颂扬形成了鲜明对比。

1901年,美国军官发布命令,在菲律宾抵抗地区杀掉10岁以上的菲律宾人,公众的情绪很快转向反战。作为反帝国主义先锋的斯威夫特,以诗歌为武器,生动地揭示战争的种族主义政治与经济学。在《山姆帝国》《为国王总统去死》《美国的爱》《屠夫麦金利》《原始种族将被开化》等讽刺诗中,斯威夫特攻击资本主义并揭露帝国主义的隐秘逻辑。以《屠夫麦金利》为例,全诗共有130行,作者借用了莎士比亚十四行诗的一些词语和韵律,假借麦金利总统之口讲话,形象地刻画出帝国主义的全部历史是把

---

① Onwuchekwa Jemie, *Lanston Hughes: An Introduction to the Poetry*, New York: Columbia University Press, 1976.
② 1932年,亚拉巴马州斯科茨博罗9名12~20岁的黑人少年被指控在火车上强奸2名白人妇女而被捕,整个审判过程表现出美国司法史上的种种不公正。其间掺杂着私刑报复等问题。

种族主义神圣化的历史。诗中对种族和民族关系以及国际关系的反思后来在反越战期间风云再现。

除了诗歌，斯威夫特还写过许多政治宣传小册子，如《资本主义是失业的原因》（1894）、《反帝国主义》（1899）等，对资本主义和帝国主义进行了独到的文化分析。在进步主义时代，斯威夫特还把批判的枪口对准了宗教。

30年代中叶的西班牙内战是美国激进和平主义诗歌的重要题材。1936年西班牙内战爆发后，美国激进力量在西班牙以"林肯旅"等旗号投入战斗，许多诗人以诗歌为武器参与这场斗争。在西班牙内战期间，美国诗人群体认为他们支持西班牙共和国的最好方式之一就是把西班牙诗人的诗歌引入英语世界。1937年，《西班牙歌曲：五十首爱国歌谣》在纽约被翻译出版；1939年，斯蒂芬·斯本德和约翰·勒赫曼的《西班牙献歌》选集问世，这是一本翻译诗歌和美国诗人作品的混合物。而各种诗歌杂志和以《工人日报》为代表的左翼报刊也通过聚焦西班牙内战来展示它们的国际视野。以《工人日报》为例，从1936年到1937年的一年多时间里，先后发表的译诗和原创诗有：哈里森·乔治译的《西班牙女战士》（1936年7月26日），热内·戈登的《指令》（1936年8月8日），玛莎·米丽特的《西班牙女人》（1936年9月），A.M.斯蒂芬的《马德里》（1936年10月25日），拉斐尔·阿尔贝蒂的《柯里尔街的黎明》（1937年1月10日），路易斯·博比的《马德里保卫者》（1937年2月14日），特德·本森的《西班牙扬基战歌》（1937年4月4日），巴布罗·聂鲁达的《致战死游击队员的母亲们》（1937年5月8日），尼克·T.的《他们为自由而来》（1937年5月24日），拉斐尔·阿尔贝蒂的《致国际纵队》（1937年7月30日），等等。

左翼诗人休斯1937年花了半年多时间走访内战中的西班牙，于1937年11月出版《为了自由的志愿者》诗集，以口语化的语言描述西班牙的民主主义与法西斯主义之间的斗争，并把这种斗争置于国际种族主义和帝国主义的宽广背景之下。1951年，因拒绝忠诚宣誓而入狱的曾参与西班牙内战的美国志愿军老兵阿尔瓦·贝西在狱中写了一首怀念牺牲战友阿隆·罗珀夫的诗歌——《致死去的兄弟》：

阿拉贡之夜月儿满轮……
我们坐在哈扎尔（那儿叫作阿维拉诺）
黑天鹅绒般的阴影里；
人们席地而睡，裹在毯子里（死人一般）
横七竖八挤满一地……

越过黄色的河流，
整个夜晚机关枪响个不停，
……山姆暗中找到了我，
带着阿隆的枪，上面是湿漉漉的血。
他说：
"阿隆说的最后的话是，
'我们拿下山头了吗？'
我告诉他'拿下了'。"

阿隆，我们没有攻下那山。
我们在西班牙失败了，阿隆，
……
但是，哦！我们占领了平原，
占领了群山、河流、城市、
沙漠、河谷、海洋！
你可以睡了……睡吧，我的兄弟，睡吧。①

  与这首诗情感相似的是两年后发表在《大众与主流》杂志上的《致西班牙》一诗，作者是奥尔加·卡布罗。无论是贝西还是卡布罗，之所以此时回忆起西班牙内战，是战后美国歇斯底里的反共使他们联想到了30年代的法西斯主义和人民阵线的反法西斯团结，他们希望通过回忆西班牙内战重建人民阵线以应对战后来自权力部门的政治高压。当然，这种想法在50年代的保守氛围中根本属于不切实际之念。

---

①  Cary Nelson, *Revolutionary Memory: Recovering the Poetry of the American Left*, pp. 185-186.

## 第九章 从意象到镜像：文学与影视的激进文化批评

### 4. 抗议国家政治迫害主题的诗歌

随着大萧条的泛化，知识分子日趋左转，他们普遍相信资本主义已经失败，旧秩序已无可救药，唯有最彻底的社会和政治变革才可能产生社会与经济公正。出于这样的思想视角，众多诗人以空前的热情投入批判资本主义社会和颂扬社会主义革命的激进诗歌创作之中，由此形成了一种十分壮观的集体批判之声和革命之声。

在政治制度和社会批判方面，诗人的笔触集中于对城市、南方和北方贫民窟、中西部农场和工厂生存境况的描绘，揭示大萧条带来的衰败、苦难、不公与绝望。在城市："这是第六个冬天/这是死亡的季节/无家可归者肺部收缩呼吸/冻结在饭店窗格里。"（埃德温·罗尔夫）"看看这些比老鼠还要饥饿的脸/在福特汽车城他们有气无力/他们的父辈受过催泪瓦斯和棍棒袭击。"（日内维也夫·塔加德）"除了堪萨斯的毁灭外/被称为丹弗的城市在毁灭。"（H. H. 刘易斯）"抽泣声/流浪者在后门/嗓音嘶哑的乞丐/在街头。"（罗伯特·盖斯那）"你看到正对着你鞋头的是死人的脸/汤普森百货店里的鸡蛋是死人的眼。"（埃德温·罗尔夫）

在南方和北方贫民窟："我是黑人/像夜一般黑的黑人/像我非洲那般深度的黑。"（休斯）"我是贫穷白人/受愚弄被推开孤独自生/我是黑人/遍体奴隶制伤痕……/我是农民/土地的奴隶/我是卖给机器的工人。"（休斯）"我知道我的一只手/是黑的，一只手是白的。"（肯尼斯·帕特辰）"我们会很快把这里周围的杂草清除/种上白橡树黑橡树排对排。"（斯特林·布朗）

在农场："骚乱的尖叫声在梦里。"（索尔·方纳罗夫）"男人赤脚躺在草丛里/疲惫而沉重的身躯依偎着大地。"（索尔·方纳罗夫）"苍白的孩子弓腰在甜菜地。"（约瑟夫·卡拉）"这些被侵蚀的房屋/沙尘掩埋的田野/饿慌的野兽与饥肠辘辘的人。"（露丝·赖其利特纳）[①]

在工厂："工厂倒闭了/数以百计的堆栈/任凭烟雾缭绕/……被铁锈涂成了红色/数百万吨熔炼好的矿/炉织机——高耸而孤寂的导管——斜阳中不再冒烟一片苍凉。"（约翰·比彻）"我们的时代有一群恺撒/虽然他们戴着丝帽……"（约瑟夫·弗里曼）"他们在壁炉中焚烧谷物而人们却在挨饿/他们堆积织出的布任凭人们衣衫褴褛。"（斯蒂夫·贝内特）"大地布满

---

① Cary Nelson, *Revolutionary Memory: Recovering the Poetry of the American Left*, pp. 166-170.

铁锈……"（斯蒂夫·贝内特）"一只看不见的手/织就一张朦胧的铁锈蛛网/网住了……涡轮机和磨削齿轮。"（卡拉）"啊，资本！甚至在你的知识殿堂/有如在你的街头和工厂/研究持续不断/逃亡！"（埃希多·施耐德）①

逃向何方？答案是革命："我们吃过罐头炖菜、罐装咖啡、罐头汤/就在美利坚丛林！/我们睡过被雨水浸透的平底船/经过出售冰糕的酒吧/在被风蹂躏的箱子顶端。"（罗伯特·盖斯那）"百万男人和百万少年/从地狱中出来了。"（霍拉斯·格里高利）"从丰收的田野站起来/骨疼肉痛的/奴隶……或许他们不知道说什么/或许他们不敢说/但他们知道他们的意思/把大佬打倒……/反复揍他/他克扣我的工钱/丹普西。"（霍拉斯·格里高利）"让工人风暴来自工厂/让农民风暴来自农场/席卷大地清除这噩梦乡。"（约瑟夫·弗里曼）"假如一无所有者站起来/其眼中将怒火熊熊……/啊！我身处困境的兄弟/披上闪电衣/穿上烈火鞋……"（亨利·乔治·魏斯）"诗人，工人纠察队/为黎明做好准备。"（穆雷尔·鲁凯泽）"被暴动的藤蔓勒碎/巨石在各地给花朵让路。"（穆雷尔·鲁凯泽）"我们的火炬把天空染红/复活战胜了死亡。"（露丝·赖其利特纳）"听着，玛丽/上帝之母/将你的新生婴儿/用革命的红旗包裹起。"（休斯）"现在，红色革命来临。"（埃希多·施耐德）②

诗人们可能没有人会相信新政改革会让似乎已经山穷水尽的资本主义柳暗花明，更加没有意识到资本主义步入福利国家时代后，劳动者的处境会得到大幅度的改善，这一历史进程使革命的预言变成了幻想，结局是，这些诗渐渐被人遗忘。然而，这些诗歌因所讴歌的是自由、平等、正义等价值而不朽。

## （二）哈莱姆激进主义

哈莱姆位于纽约上曼哈顿，是黑人聚居的街区，也是纽约最具活力的黑人文化社区，这个社区是世纪初大移民潮的产物。美国内战和之后的重建，使黑人获得的自由经由一系列立法得到了确认。然而，自19世纪70年代末民主党夺回白宫后，他们逐渐在南方掌控了政治权力。1890~1908年，

---

① Cary Nelson, *Revolutionary Memory: Recovering the Poetry of the American Left*, pp. 170-171.
② Ibid., pp. 171-173.

民主党人控制的南方各州通过了种种剥夺非洲裔美国人和贫穷白人权利的法案，使他们落入没有代表权的困境。盛行于南方各州的吉姆-克罗种族隔离制度，形成了令人窒息的白人至上统治。这种统治在白人暴徒私刑和治安警察暴力的恐怖主义全面施加于黑人社区的基础上被强化，其结果是黑人公民权和政治权利的被否定。[1] 成千上万的非洲裔美国人更是被罪犯劳动制度驱使到矿山、种植园、道路和堤坝进行无偿的苦役，他们受到残忍的肉体惩罚，被迫过度劳作，并因恶劣的工作环境染病，死亡率奇高。[2] 虽然内战后不久有少数非洲裔美国人得到了土地，但绝大多数黑人沦落为受剥削的收益分成佃农。由于在南方生活日益艰难，数以百万计的南方黑人向北方大城市和西部迁移。纽约曼哈顿哈莱姆街区是这个大迁移形成的无数非洲裔社区之一，尽管这个社区里还有来自加勒比地区的移民，但主体居民是南方移民及其后代当属无疑。

哈莱姆由于地理位置的独特性，成为黑人中产阶级云集之地。面对北方同样无处不在的种族歧视，不同程度地受到泛非主义和加维思想影响的黑人中产阶级知识分子开始在小说、诗歌、戏剧、舞蹈、电影等领域全面展示黑人文化和非洲传统，进而塑造出充满自信的"新黑人"形象，力求消除人们习以为常的黑人印象模式，并在否定过程中注入黑人的价值。这就是"哈莱姆文艺复兴"的出发点。为此，黑人的经历——非洲、南部乡村民间传统和大都市贫民窟的生活成为作家们追溯的对象。在对非洲传统的肯定和黑人文化身份的探寻中，一种不失激进性的抗议和批判思想贯穿20世纪20年代"哈莱姆文艺复兴"的鼎盛时期，例如克劳德·麦凯和朗斯顿·休斯的激进小说与诗歌。

克劳德·麦凯（Claude McKay）1912年由牙买加移民美国，他对美国的种族主义偏见深感震惊："我听说过美国存在的偏见，但从来没有想到它竟是如此强烈以至于令人难以接受。"在《如果我们必须死去》一诗中，麦凯宣称，黑人群众不会再容忍自己手无寸铁地听任白人谋杀：

　　如果我们必须死去，不要让我像猪一样，

---

[1] Clyde Woods, *Development Arrested*, New York and London: Verso, 1998.
[2] Douglas A. Blackmon, *Slavery by Another Name: The Re-Enslavement of Black Americans from the Civil War to World War II*, New York: Anchor Books, 2009.

被人围追堵截，最后被关押在一个丢人现眼的地方。
那些疯狂和愤怒的狼狗冲着我们高声狂吠，
嘲笑我们倒霉透顶的命运……
我们站立起来，像人一样面对那些血腥的、懦弱的家伙们，
我们被逼到走投无路的地步，我们正在死去，但我们誓死要反击！①

在他最具代表性的"新黑人小说"《回到哈莱姆》（1925）中，麦凯描绘了两个在哈莱姆获得不同感受的黑人，一位在此找到了一种简单的生活并在卡巴莱歌舞表演中获得了色情的愉悦，另一位却不然。后者认为是"该死的白人教育夺走了我的……原始活力"。这两个黑人其实就是美国社会黑人状况的缩影，前者文化层次不高却在骨子里保持着更多非洲文化血脉，后者受到比较好的教育，但自身的文化传承却弱化了。后者的一句牢骚话道出了许多黑人知识分子的精神困境：在融入白人主流文化与认同非洲祖先传承之间所面对的价值冲突与痛苦。作者无疑是选择站在非洲文化立场发言，小说将白人主流文化置于黑人传统的对立面，有力地控诉其文化霸凌主义对后者的打压。

与麦凯有相似感受的非洲裔美国作家为数不少，他们程度不同地对美国抱有一种疏离感或陌生感，相反的是，对哈莱姆都具有一种强烈的亲近感，作家康提·库伦表示："我发现我被一阵强烈的种族意识激发了活力。"②黑人女作家左拉·赫斯顿因为这种感觉而对黑人民歌民谣情有独钟，创作了大量表达黑人文化自信的乡村黑人故事。不过，在歌颂黑人种族及其文化方面最有影响力的还是朗斯顿·休斯的激进小说与诗歌。

休斯的作品始终贯穿着一条主线：歌颂黑人种族与文化，在1920年发表的《黑人话江河》中，他以第一人称写道：

当黎明仍年轻之际我沐浴于幼发拉底河，

---

① 〔美〕埃里克·方纳：《给我自由！一部美国的历史》下卷，王希译，商务印书馆，2010，第 1012~1013 页。
② Nash, Jeffrey, Howe, Frederick, Davis, Winkler, Mires, Pestana, *The American People: Creating a Nation and a Society*, 北京大学出版社（影印版），2009, p.706。

## 第九章 从意象到镜像：文学与影视的激进文化批评

我在刚果附近建了一间小屋，小屋让我昏昏欲睡。
我望着尼罗河把金字塔高高举起。
当亚伯拉罕·林肯去往新奥尔良，
我听见密西西比河在歌唱，
我看见它泥泞的怀抱，
在夕阳中泛着金黄①。

1923年10月发表在《危机》上的《我的人民》：

夜晚是美丽的，
有如我的人民的面庞。

星星是美丽的，
有如我的人民的眼睛。

美丽的，还有，太阳，
美丽的，还有，我的人民的灵魂。②

休斯擅长于应用黑人方言来描绘非洲裔美国人的悲怆与骄傲，包括上面两首诗在内，收集在《疲倦的布鲁斯》（1926）和其他诗集中的诗歌都显示出，得心应手地采用爵士乐和布鲁斯的节拍组成诗句来讲述黑人的故事是休斯作品的一大特征。

和他那个时代的黑人作家和艺术家一样，休斯被共产主义的政治理想深深吸引，认为这是种族隔离的美国走向未来的必由之路。一个最能说明其政治立场的事例是，他的大多数作品都发表在共产党主办或者支持的报刊上。1932年，他曾经与一群志同道合者前往苏联，受邀拍摄一部反映美国黑人艰难困境的电影《黑人生活》，其主题就是美国的种族隔离问题。这

---

① Langston Hughes, "The Negro Speaks of Rivers", https://www.poets.org/poetsorg/poem/negro-speaks-rivers.
② Rampersad & Roessel, *The Collected Poems of Langston Hughes*, New York: Alfred A. Knopf, Inc., 2002, p.36.

部电影拍摄计划虽然最终因故被苏联政府取消,① 但休斯在苏联走访了许多一般西方人很难到达的地方,如中亚的土库曼斯坦等地,结识了不少国家的左翼学者、作家和艺术家,对他之后的创作产生了不可低估的影响。

尽管哈莱姆的绝大多数黑人作家和艺术家都得到了白人的经济资助,但他们很少有人屈从于白人精英的白人文化至上主义,即站在白人角度来解读黑人或者非洲文化,相反,他们都坚持以非洲文化为本体,考察黑白文化之间的紧张关系,从祖先的文化传统中获得自信心。因此,哈莱姆文艺复兴中激进主义的价值不仅仅在于让一个被压迫了几个世纪的种族找到了自尊自信的根,更重要的在于这种文化身份的确立,为其后的种族平等目标指明了争取文化话语权的斗争方向。可以说,没有20年代的哈莱姆激进主义,就不会有战后的民权运动和黑人权力主张。

## 二 从"垮掉的一代"到"后新左派"文学批评

### (一)"垮掉的一代"

"垮掉的一代"(Beat Generation)是美国现代文学中的一个著名流派,它发端于战后初期,50年代发展为一股文学艺术潮流,60~70年代演化为社会文化大潮。"垮掉的一代"的中坚人物有艾伦·金斯堡、杰克·克鲁亚克、威廉·伯罗斯和尼尔·卡萨迪等人,他们几乎都是同性恋者,都有过吸毒经历。出于对美国社会消费主义盛行、物质享受主宰一切、精神文化空间被挤压和人性被扭曲现象的厌恶和失望,他们不约而同地以特立独行的生活方式和惊世骇俗的文学作品来对美国社会的清规戒律和市侩文化大加挞伐。他们通过毒品、爵士乐和性错乱来追寻极端个性自由,以怪异乖张的文字和情节将传统贬如粪土。他们是一群流浪者,流浪在现实的大地上,流浪在精神的天地中,在流浪中展现内心深处的痛苦与希望,在流浪中寻找打开当下困境的钥匙。他们彼此之间勇敢地裸露自己最深的隐私、最隐秘的情感。在他们那里,裸露既是一种行为方式,也是一种美学原则。裸露象征着对现代非人社会的反叛与否定,象征着具有自由精神的人性的

---

① 1933年美国承认苏联,苏联从加强两国关系考虑,停止了拍摄计划。

## 第九章　从意象到镜像：文学与影视的激进文化批评

回归与新生。

最能代表"垮掉的一代"作家群体的首推金斯堡和他的《嚎叫》。欧文·艾伦·金斯堡（1926~1997），出生于美国新泽西州纽瓦克一个犹太家庭。先后就读于哥伦比亚大学和加州大学伯克利分校。父亲路易斯·金斯堡是一位诗人和保守的自由派中学教师，母亲娜奥米是美共党员和精神病患者。金斯堡自幼起就同情母亲的理想主义，他曾经通过装疯卖傻来为母亲开脱，来对抗父亲所代表的资产阶级价值观。少年时代的金斯堡已经具有突出的同性恋倾向：正是因为他单相思的一位高中男生上了哥伦比亚大学，他也执意考进了哥大。正是在哥大校园，他结识了克鲁亚克，以后又认识了哈佛大学的伯罗斯等人，逐渐形成了注定要彪炳美国20世纪文学和思想文化史的反叛文学团体的核心。

1955年10月7日，已是伯克利研究生的金斯堡在旧金山第六画室朗诵了他的长诗《嚎叫》，这场朗诵会构成美国战后文化的重要转折点。这首长诗以一种有别于当时盛行的诗歌格式和审美传统写成，它以一种极端神奇的、疯狂的、振奋人心的和极富启发性的呼声，"向着外表华丽而底部腐烂的社会进攻，并且提供了作为替代的感觉方式、表达方式和生活方式"[①]。或如法雷尔所言，《嚎叫》可以视作面对核时代死亡威胁的一代人的疯狂之举，是身处绝境之中的人撕心裂肺的叫喊。[②] 然而，不可否认的是，作者抑扬顿挫和激昂振奋的朗诵也充满了对未来前景的呼唤。

> 我看见这一代最杰出的头脑毁于疯狂，挨着饿歇斯底里浑身赤裸，
> 拖着自己走过黎明时分的黑人街巷寻找狠命的一剂，
> 天使般圣洁的西卜斯特渴望与黑夜机械中那星光闪烁的发电机沟通古朴的美妙关系，
> 他们贫穷衣衫破旧双眼深陷昏昏然在冷水公寓那超越自然的黑夜中吸着烟漂浮过城市上空冥思爵士乐章彻夜不眠，
> ……

---

[①] Daniel Hoffman, *Harvard Guide to Contemporary American Writing*, Boston: Harvard University Press, 1979, p.519.

[②] James Farrell, *The Spirit of the Sixties: Making Postwar Radicalism*, New York and London: Routledge, 1997, p.53.

> 从他们自己身上剜出的这块人生诗歌的绝对心脏足以吃上一千年。
> ……①

1956年，旧金山城市之光书屋出版社公开出版了金斯堡的《嚎叫及其他诗歌》，《嚎叫》的影响很快从西海岸波及美国各地，在无数年轻人心中引发了强烈的共振。金斯堡后来表示，《嚎叫》是"为自由的原始呐喊"，这一呐喊喊出了一个极具颠覆性的反主流文化的狂野时代。

一般认为，杰克·克鲁亚克是这场文学反叛运动真正的发起人，故他被誉为"垮掉的一代之父"。克鲁亚克出生于马萨诸塞州一个加拿大法裔移民家庭，幼时即对波希米亚式流浪生活充满向往，进入哥伦比亚大学后两度辍学，到拉美、西欧和北非游荡。最能代表其文学成就的作品是1957年出版的小说《在路上》，这是嬉皮士的经典。小说出版后，《纽约时报》的一篇书评断定，这部小说的重要性堪比海明威的《太阳照样升起》一书。按照美国学者巴里·迈尔斯的说法，《在路上》是一部真正的美国著作，它"抓住了美国的浪漫与许诺，抓住了在其辽阔土地上不停漫游的美国人的无根性和流动性"②。在克鲁亚克心底，美国曾经是令移民们心驰神往的自由之乡，那通往西部蛮荒之境的条条道路乃自由的象征，通过永不停息地在路上——现实的和精神的大路——的流动，在远离城市的喧嚣与浮华的山野田园，有可能找到心灵的伊甸园，有可能发现生活的意义与宁静之美。可以说，作者在小说中描绘的人物漫无目的地四处游历的行为无意中为现实生活中的反叛者提供了参照。

1958年，威廉·伯罗斯的《赤裸的午餐》问世，成为垮掉派文学的扛鼎之作。作者在书中向人们展示了一个噩梦般的世界：技术窒息了残存的自由，人类爱的特性和群居习惯被剥夺殆尽，被玷污无余。作者笔下的人物几乎都是瘾君子，都是身处社会最底层的等外公民。这个未来社会图景之可怕与《1984》的描述不遑多让。如何解救这个社会？伯罗斯在小说中开出了激进的处方："民主容易生癌，政府机关就是癌细胞……政府机关是真正的有机寄生体，离开了主体它就难以寄生。而集体合作却不需要政体

---

① 李斯：《垮掉的一代》，海南出版社，1996，第291~298页。
② Barry Milles, *Jack Kerouac King of the Beats: A Portrait*, London: Virgin Publishing, 1998, p. XVII.

而自生，这才是应该走的路，独立的各个单位合作起来，以满足参加每个单位者的需要。然而，政府机构却反其道而行之，它发明需求，并用此证实自身的存在是必要的。官僚机构作为癌症是百害无一益，它背离人类进化的方向，漠视人类无限的潜力和差异，也不问人类对完全寄生的病毒采取的独立而又自然的行动。"一句话，堵塞其生路或切除它乃不二之选择。

显然，无论是金斯堡的诗歌，还是克鲁亚克和伯罗斯的小说，都是以先锋的意识和手法进行双重反叛，既挑战主流文学传统，又蔑视主流社会价值。笔者在拙著《60年代美国学生运动》中对"垮掉的一代"群体做出过这样的评论："他们是一群怀抱救世思想的叛逆者，以天使般的恶作剧把现实的恐怖与丑陋抖搂出来，向人们展示摆脱冰冷的技术社会的可能途径。"[①] 这与美国学者斯泰特尔的看法较相似，他认为，垮掉派作家共同拥有"一种更加美好未来的统一理想，一种美国可能变革的理想"。因此，"垮掉派属于一种解放传统"[②] 这一判断是恰当的。

### （二）荒诞文学

荒诞文学是20世纪欧美后现代主义文学的重要流派，最早可追溯到卡夫卡等作家，二战后进入长达30年的兴盛期。在美国，荒诞文学主要表现为"黑色幽默"小说和荒诞派戏剧。

"黑色幽默"是"垮掉的一代"之后美国最重要的文学流派和思潮。代表作品有约瑟夫·海勒的《第22条军规》（1961），托马斯·品钦的《V》（1963）与《第49组的呼叫》（1966），约翰·巴思的《烟草经纪人》（1960）和《羊童贾尔斯》（1966），库尔特·冯尼格的《猫的摇篮》（1963）和《第5号屠场》（1969），肯·克西的《飞越杜鹃巢的人》（1962）等。这些作品的共同点是，以荒诞的笔触描绘荒诞的社会，高度的荒诞意识是黑色幽默文学首要关注和表达的对象。[③] 虽然揭露社会的荒诞或非理性一直是现代文学的核心主题，但与传统现实主义或浪漫主义作品相比，黑色幽默作品所表现出的视角和方法可谓独出心裁。从人物和情节安

---

① 吕庆广：《60年代美国学生运动》，江苏人民出版社，2005，第83页。
② John Tytell, *Paradise Outlaws: Remembering the Beats*, New York: William Morrow and Company, 1999, p.Ⅷ.
③ Alan R. Pratt ed., *Black Humor: Critical Essays*. New York: Garland Publishing Inc., 1993, p.XXI.

排看，传统文学作品强调逻辑性与理性方式，以"高度明晰的形式与合乎逻辑的组织论证来表现荒诞"，黑色幽默文学则以荒诞的形式表现荒诞的主题，"力求以对合理构思的任意抛弃和散漫的思考表达它的下述意识：人类境况无意义，用理性方式探讨是不适当的"①。其基本特征是：荒唐可笑的事情；扭曲、夸张和漫画化的人物；被曲解的语汇、无意义的双关语、反复再三使用的空洞字眼；陈词滥调、夸张的比喻、蓄意张冠李戴的情节；并置怪异的细节；等等。② 这种超现实主义的手法表达了一种嘲弄、讽刺和玩世不恭的态度，由此表现出的悲喜剧性幽默较好地揭示了现实生活的疯狂、荒谬、绝望与残酷。这种幽默有如痛苦到至极的仰天大笑，既笑他人，又笑自己，笑非人力量摆布下人性的麻木不仁和人被命运压倒的无力境况，这种笑显然既寒冷又"黑色"。

以海勒的《第22条军规》为例。作者通过对小说主人公、空军军官尤索林个人遭遇的描述，深刻揭露现代美国军事官僚体制的专横残暴和言而无信。在作者笔下，这个官僚体制可谓是无孔不入，决定性地左右着每个人的生存，它驱使人们为军事—工业复合体的利益效力卖命。因此，海勒把临阵逃跑、装病住院以躲避战斗的尤索林视为英雄，因为他敢于拒绝这个强大的控制体制，以过人的勇气抗议它，同它进行面对面的较量。小说入木三分地刻画了该体制的荒诞：根据第22条军规，空军军官必须完成规定的战斗次数方可回国，只要自己提出申请；一切精神失常的人都可以不用完成规定的任务而回国，只要提出申请；任何人只要提出自己精神不正常而申请回国就说明他很正常，不准回国。事实上，第22条军规并不存在，但它又无处不在，它反映了一种形而上的现实，即第22条军规代表着现代技术社会无时无刻不在作弄人的看不见的力量，是"荒诞以理性掩藏自身的无限能量"③。

文学评论家马克斯·舒尔茨指出，60年代是对传统价值的信心降到新的低点即幻灭与忧惧时期，黑色幽默就是这个时代身份的标记。④ 黑色幽默

---

① Charles B. Harris, *Contemporary American Novelists of the Absurd*. New Haven: Rowman & Littlefield, 1971, p. 20.
② Ibid., p. 22.
③ Ibid., p. 41.
④ Max Schulz, *Black Humor Fiction of the Sixties*. Athens: Ohio University Press, 1973, p. 5.

第九章　从意象到镜像：文学与影视的激进文化批评

小说具有明显的存在主义哲学的印痕。现代存在主义告诉人们：正在让人沦为工具和机器的技术世界是荒诞世界，人没有什么上帝可以依赖，人能依赖的只有自己！例如，阿尔贝·加缪就明确指出，荒诞的思想源自人类在一个非理性的世界寻找意义的渴望，荒谬产生于人的"呼唤和世界不合理的沉默之间的对抗"①。

在黑色幽默作品以小说的表现形式进入人们眼帘的同时，以舞台为依托展现的荒诞派戏剧呈现出其独特的魅力。代表性的剧作家是爱德华·阿尔比，他的《动物园故事》（1960）、《美国梦》（1961）、《谁害怕弗吉尼亚·伍尔芙?》（1962）等作品已被公认为美国戏剧的现代经典。这些作品塑造的主角无一不是发达工业社会中空虚、苦闷、孤独与压抑的芸芸众生中的一员，无一不是面对无边的荒诞无力自拔而深陷痛苦与绝望中的个体，无一不是苦苦挣扎渴望摆脱异化社会与异化之"我"的灵魂。例如，在《美国梦》里，阿尔比以一个标准的"美国式美男子"作为美国梦的象征，这个美男子内心已被"抽干、掏空、扯烂"，只剩外形、躯干和脸，这一形象是对丰裕美国的自鸣得意、残酷无情、机能萎瘪和精神贫乏的无情嘲讽，当众戳穿了美国社会至善至美的神话。②那么，如何冲破这一牢笼呢？阿尔比的策略是：暴力与爱。这无疑是对60年代社会反叛的积极回应。

## （三）战后左翼文学批评

在文艺创作方面，首先值得关注的是诗歌和音乐等领域。自从60年代的鲍勃·迪伦以来，激进之声就一路号角不断，嘹亮高远。像琼·贝丝这样的60年代激进"民歌皇后"自70年代以来仍然以其歌声为投枪，直指美国和全球的种种不正义，因为她认为"歌曲不是用来娱乐的，而是能让人欢笑、哭泣和愤怒的，能让人认识这个世界真实的残酷，让人愿意起身奋斗。"③ 就连60年代只梦想爱与和平却拒斥革命的约翰·列侬，进入70年代后也转而热情讴歌革命，60年代末他为《给和平一个机会》而高唱，70年代他为把流行音乐与革命政治结合"推动一场全国性的革命"而放声，

---

① 〔法〕阿尔贝·加缪：《西西弗的神话》，杜小真译，广西师范大学出版社，2002，第21页。
② Ihab Hassan, *Contemporary American Literature, 1945-1972*. New York: Ungar, 1976, p.151.
③ 张铁志：《时代的噪音：从迪伦到U2的抵抗之声》，广西师范大学出版社，2010，第101页。

以致联邦调查局曾将其视为"国家的敌人"。1980年列侬在杀手的枪声中倒下后,以音乐为武器的激进政治传承继续在帕蒂·史密斯、布鲁斯·斯普林斯汀、比利·布雷格身上闪光。史密斯的《民众拥有力量》已然成为90年代以来抗议歌曲的经典,它告诉大众要相信自己,他们拥有可以改变这个世界和让地球天翻地覆的力量;斯普林斯汀则以沉郁的歌声揭示许诺之地的幻灭;布雷格则是20世纪末至今最具影响力的左翼歌手,是"全球化时代中,最能用一把吉他狠狠穿透资本主义的歌手"①。

文艺评论领域,与霍克海默和阿多诺着重于揭示大众文化背后的物化本质和体制操控陷阱不同,以玛丽·麦卡锡和苏珊·桑塔格等为代表的左翼知识分子在揭露和批判美国保守主义政治文化在高雅掩盖下的虚伪和霸权本质时,彻底消解了高雅与通俗之间的文化界限,把大众文化推上美国文化高堂,并对其中蕴含的"新意识"或"新感受"大加褒扬。以往的左翼文艺强调文艺或美学要反映社会现实,要体现政治,在桑塔格等人那里,美学本身就是政治。左翼作家们尽管热衷于后现代意识和表现手法,但对现实的批判传统从未丢失。美国知名作家和文学评论家雷蒙德·费德曼这样评论道:"当代小说作品常常令人感到不安,……它动摇了文化价值和审美价值评判的传统根基。"它们让读者感受不到"文学是具有文化意义的"②。因为在这些作家看来,让人异化的美国社会现实"已无法理解"和描绘,因为它"令人麻木、恶心、恼怒;人的想象力在它面前显得异常贫乏,微不足道"③。这样的社会现实毫无意义和价值可言,它的扭曲与无意义只有扭曲和无意义的文艺表现形式才有可能描绘。在前面论及"黑色幽默"和荒诞派文学提到的海勒、托马斯·品钦、约翰·巴思以及诺曼·梅勒等现代主义作家那里,这种后现代叙事手法已经被得心应手地广为应用了,也正因为这一点,国内外不少论者都把他们归入美国后现代作家群,他们的作品与高尔·韦达、罗伯特·库弗、托马斯·博格、E.L.多克托罗以及众多边缘群体作家的后现代作品之间很难划出清晰的界线。左翼后现

---

① 张铁志:《时代的噪音:从迪伦到U2的抵抗之声》,广西师范大学出版社,2010,第212页。
② Raymond Fedeman, *Declaration of Postmodernism*. New York: Columbia University Press, 1978, p. 9.
③ Philip Ross and Malcom Bradbury, *Contemporary Fiction: Contemporary Writers on Fiction*. London: London University Press, 1977, p. 34.

代小说虽然内容和形式千奇百怪，但政治性和批判性隐匿于文字中却是显而易见的。以历史话语主题的表现为例，其政治与批判性最突出的特点是：通过理性的人在理性制度下荒诞的生存境况揭示自由个体的不自由；通过历史虚构实现历史的解构，颠覆官方历史权威，重建平等的历史叙事；通过反叙事等方法建构一个批判晚期资本主义的自由空间；通过对美国历史重大事件虚实相间的重构终结美国例外论神话，并为被历史淹没和被剥夺话语权的弱势群体主持公道；通过虚拟的情节和内容深度剖析现代权力结构特别是媒体权力的控制机制；通过诗意的安排想象充满希望的未来。①

## 三　好莱坞影视中的激进主义传统

在大多数人看来，好莱坞不过是位于洛杉矶城北的一个跨国娱乐综合体，它通过商业运营方式将电影的生产、购买、分配和放映联结在一起，其间起着核心作用的是利润动力机制。正如演员、导演和政治活动家罗宾斯（Tim Robbins）所一语道破的："好莱坞并非自由之城。"然而，这并非事实的全部真相。事实是，自20世纪初以来，好莱坞一直存在着深厚的激进主义传统。为数不少的编剧、导演、演员和出品人秉持进步立场，在成功制作商业影片的同时，创作了大量探讨美国社会反人道主题问题的电影，这些电影旗帜鲜明地伸张阶级、种族、性别关系中的平等权利以及和平主义价值，抨击人的异化和不自由境况，其中不少作品不仅在政治上对现行体制持批判立场，甚至在文化层面否定资本主义的合法性。

### （一）好莱坞激进传统的形成与发展

好莱坞激进思想传统形成于大萧条前后的整个30年代和20年代后期。论及这个时期的社会批判电影，人们很容易想起查理·卓别林塑造的流浪汉系列影片，虽然是喜剧，但对工业社会底层不幸生活的同情恰如一条批判现实的皮鞭狠狠抽在不公正的社会制度之上。从某种程度上看，卓别林喜剧电影的成功，除了喜剧元素本身，更为重要的是，它们较好地体现了批判、进步与希望的时代精神。实际上，与20世纪初电影业蓬勃兴起同步

---

① 参见王建平《美国后现代小说与历史话语》，中国人民大学出版社，2012。

发展壮大的是电影理论与批评，这表现在电影期刊如雨后春笋般地涌现。这些刊物可以分为三类：第一类是主要关注电影理论的刊物，如《近拍镜》（Close Up）、《实验电影》、《戏剧艺术月刊》、《左翼》和《现代月刊》等。其中最值得一提的是《近拍镜》和《实验电影》，前者不仅是美国第一本英语电影期刊，更是左翼电影理论与批评发展的关键，例如蒙太奇理论就是通过它介绍给美国人的，后者是比前者更为激进的刊物；第二类是侧重电影评论的刊物，如《新大众》《民族》《工人日报》《新共和》等，其中最重要的是《新大众》，由于广受欢迎，自1933年秋后，由月刊改成了周刊，作为进步刊物，它发表的电影评论文章大多极具深度聚焦特性；第三类是理论和评论兼而有之的刊物，如《电影前线》和《新影院》等。如此众多的具有左翼倾向的刊物构成激进电影理论家和批评家驰骋的舞台。

根据当代美国学者的权威研究，这个形成时期从电影理论与批评发展的视角可以分为三个阶段：1927～1931年，蒙太奇理论出现和美国左翼电影理论家将其应用于电影批评并据此对广泛的商业、外国和独立电影进行意识形态分析；1931～1935年，美国电影理论家和评论家专注于《墨西哥万岁!》这部影片在美国国内观众的分布情况，试图证明政治上激进和美学上实验性电影在美国广受欢迎；1935～1939年，美国左翼电影理论和批评从激进蒙太奇理论转向与经典好莱坞电影要求一致的对方式的考察，即情感认同、角色发展和线性叙事。1934～1936年是美国左翼电影理论与批评从先锋激进立场向人民阵线方向转变的关键年代。以通过对特殊电影和类型进行严密分析来寻求新的社会-美学方法成为重要特征。①

**1. 蒙太奇理论的传入与应用**

蒙太奇为法语Montage的音译，本为建筑学用语，意为构成、装配或安装。20世纪20～30年代，苏联电影理论家库里肖夫、普多夫金和爱森斯坦等人将其引入影视艺术领域，发展成为电影镜头剪接组合理论。虽然蒙太奇意指剪接，但其实就是对时空的分解与组合。②从狭义上看，蒙太奇专指

---

① Chris Robé, *Left of Hollywood: Cinema, Modernism, and the Emergence of U.S. Radical Film Culture*. Austin, Texas: University of Texas Press, 2010, pp.31-32.
② 在1925年谢尔盖·爱森斯坦执导的《波坦金战舰》问世之前，电影是没有剪接的，即没有按照蒙太奇理论指导制作的影片。1922年，爱森斯坦在《左翼艺术战线》杂志上发表《杂耍蒙太奇》一文，被公认为是首篇关于蒙太奇理论的纲领性宣言。作为蒙太奇理论的集大成者，爱森斯坦的许多电影作品都是蒙太奇理论与实践结合的产物。

对镜头画面、声音、色彩诸元素进行编排组合的手段,核心是画面组合;从广义上看,蒙太奇指从创作影视作品开始直到作品完成整个过程中艺术家的一种独特的艺术思维方式。

大萧条期间,蒙太奇理论被介绍到美国。1929~1933年,《近拍镜》翻译介绍了爱森斯坦的9篇论文,《实验电影》则在1930~1934年发表了15篇爱森斯坦的或者关于爱森斯坦的文章。① 蒙太奇理论传入美国后的20世纪30年代,被美国左翼电影理论家赋予了激进色彩。在他们看来,新的电影表现形式是进步政治行动的必要先驱,如果人们仍然在规定的资产阶级现实概念中进行思考,那么,任何政治行动至多是社会经济与政治关系的改革,而不是对其潜在的前提进行激进变革。"蒙太奇理论为评论家提供了一个概念支点,让他们探索某种电影模式选择以能够挑战有限而反动的现实主义霸权操控。"② 最重要的是,通过为观众提供一种总体性世界图景,蒙太奇理论能够与现代性碎片化和异化的进程反向而行,这成为众多激进理论家的共识。美国学者本·辛格指出:"自世纪之交以来的几十年里,社会观察家们对这样的观点坚信不疑,现代性导致神经刺激和肉体摧残的急剧增加。"③ 例如,在《亨利·亚当斯的教育》(1907)中,亚当斯试图描绘出自19世纪后期以来工业化、科学和垄断资本主义的发展轨迹,但随着文本写作的推进,亚当斯越来越明白,在解释20世纪出现的社会经济力量方面,"19世纪的教育是一种无用的或误导的(培训)"。结果是,作者在书末陷入了混乱和无意义的边缘:"结构分析屈服于现代性令人目眩的碎裂的碎片化描绘",二者令亚当斯既震惊又迷惑:

> 城市的轮廓在致力于解释某些蔑视意义的事物时变得狂乱起来。权力似乎已经让其劳役成长壮大并确证其自由。气缸爆炸了,把大量巨石和蒸汽射向天空。城市充斥着歇斯底里的氛围和运动,市民们大喊大叫,满是南腔北调的愤怒和警告:一定要不惜代价地把新的力量

---

① Chris Robé, *Left of Hollywood: Cinema, Modernism, and the Emergence of U.S. Radical Film Culture*, p. 82.
② Ibid., p. 38.
③ Ben Singer, "Modernity, Hyperstimulus, and the Rise of Popular Sensationalism". Leo Charney and Vanessa R. Schwartz ed., *Cinema and the Invention of Modern Life*. Berkeley and Los Angeles: University of California Press, 1995, p. 74.

置于控制之下。在以前从未被想象过的繁荣，也从未被人渴望过的力量，以及从未被流星以外的东西达到过的速度，使得世界极其敏感易怒、神经紧张、暴躁不安、缺乏理性和令人害怕。①

面对如此杂乱无章和充满不确定性的现实，左翼理论家们把蒙太奇视为将现代性碎片重新拼接进一个更加总体性的人性框架中的核心方法，"新的力量"也将因此被置于控制之下。

以总体性原则来克服资本主义拜物教导致的社会生活与社会历史进程的物化和人的异化，是匈牙利哲学家卢卡奇在《历史与阶级意识》一书中提出的基本思想，30年代美国电影界左翼理论家显然比较普遍地受到这一思想的影响。左翼电影理论家和批评家相信，如果在电影中熟练地应用蒙太奇理论，就能够为观众提供一种理解原子化现实图景的辩证眼光，从而揭示存在于个人及其社会背景之间的多重影响进程。换言之，蒙太奇能够对电影这一晚期资本主义和现代性非稳定性力量的产品加以变革，使之成为一种解放媒介，让观众拥有一种把目前的力量重构为更加乌托邦架构的愿望。亦即，应用蒙太奇理论的电影不仅要让观众知道现在的政治关注点，而且要让他们以新的更具批判的方式去把这些关注点理想化。经典好莱坞式的资产阶级现实主义对当下政治问题进行简单的新闻式处理的做法自然被评论家们断然拒绝。

蒙太奇理论甫一传入，立即被激进理论家们用来对《波坦金战舰》（1925）、《雨》（1929）、《边境线》（1931）和《城市街道》（1931）等影片进行评析。电影评论家萨克斯（Hanns Sachs）曾经在1928年和1932年分别发表《电影心理学》和《媚俗作品》两篇文章，在激烈批评众多低俗商业影片的同时，把《波坦金战舰》作为反低俗电影代表进行了对比。另一位影评家齐格蒙特·唐涅基在《电影艺术发蒙》一文中应用爱森斯坦的蒙太奇概念对抽象电影的观众感觉激进再组合功能进行考察，充分肯定爱森斯坦关于电影引领观众思想的电影理论。抽象电影通过一种精神主题把逻辑上毫不相干的画面连接在一起，能够使观众把这一主题与现实相连接，

---

① Henry Adams, *The Education of Henry Adams*. New York: Modern Library, 1918, pp. 501, 499; 转见 Chris Robé, *Left of Hollywood: Cinema, Modernism, and the Emergence of U. S. Radical Film Culture*, p. 38。

## 第九章　从意象到镜像：文学与影视的激进文化批评

从而产生意义。以伊文思导演的《雨》为例，这部抽象电影中没有人，只有雨的不同表现形态，但正如评论家约瑟夫·高隆博所点明的："'雨'帮你开了眼界。"① 因为通过陌生化现实使观众与其环境重新连接起来，抽象电影由此与马克思主义的文化议程达成了一致：不仅让观众意识到与世界私密的心理连接，而且也在情感和社会政治层面上同世界重新连接起来。②

肯尼斯·麦克菲尔逊执导的《边境线》，作为先锋电影的代表，引发包括导演本人在内的诸多影评家的热评。作品在技术上对弦外之音蒙太奇的巧妙运用，使影片中人物的情感和思想得到了细致入微的刻画。影片通过美梦与噩梦的交替组合，以"梦之正义"撕开了景色迷人的客观"现实"。

至于像多萝西·理查德森这样的电影理论家，则是从进步主义的改良政治立场出发，希望电影能够成为提升底层阶级生活条件的潜在媒介。她相信，电影能够给劳动阶级带来文明，激发他们起来采取行动以改变其处境。尽管她后来越来越倾向于否定资本主义文明的政治立场，但从未改变关于电影能够让底层群体思想觉醒的观点。

**2. 围绕《墨西哥万岁!》的争论和人民阵线时期的美国电影理论与批评**

《墨西哥万岁!》是谢尔盖·爱森斯坦1934年拍摄的关于墨西哥历史与文化研究的纪录片，这是一部未完成的纪念碑式作品，③ 直到爱森斯坦去世30多年后的1979年才由其助手完成。和许多左翼知识分子一样，爱森斯坦之所以要拍摄这样一部影片，是因为墨西哥在1910年发生了被一些人视为

---

① Chris Robé, *Left of Hollywood: Cinema, Modernism, and the Emergence of U. S. Radical Film Culture*, p. 57.
② 瓦尔特·本雅明认为，机械再生产尤其是电影，摧毁了艺术作品的"灵气"（aura），这同高隆博关于抽象电影具有去情境化能力的判断十分接近，虽然本雅明谈的是新文化生产方式，而高隆博谈的是一种特殊电影形式。他们都肯定，通过电影的陌生化能够产生解放的效果。他们不约而同地强调，"传统的碎裂"能够使客体、人和事件从看与行的仪式化方式的束缚中解脱出来。参见〔德〕瓦尔特·本雅明《机械复制时代的艺术作品》，王才勇译，中国城市出版社，2002。
③ 据克里斯·洛贝的研究，导致影片未能完成的原因是多方面的，其一，爱森斯坦的政治和美学思想与电影关键经费支持者厄普顿·辛克莱不协调；其二，斯大林电报的干扰，电报要求其停止拍摄，立刻返回苏联，否则以叛国者论处；其三，爱森斯坦把已经完成的五部（计划拍六部）素材片送到辛克莱那里，希望辛克莱同意由他来进行编辑，但辛克莱怀疑爱森斯坦想把它们走私带出美国而予以拒绝。辛克莱雇了好莱坞电影生产商索尔·莱塞（Sol Lesser）将爱森斯坦的素材压缩成时长90分钟的电影《墨西哥惊雷》（*Thunder over Mexico*）。

社会主义性质的革命，让他印象深刻，他希望通过一部纪实影片的拍摄揭示墨西哥革命发生的根源。《墨西哥万岁!》被爱森斯坦和亚历克山德罗夫设计成系列作品，每部作品分别描述不同的地区和历史阶段。尽管这个系列作品的次序似乎经常变换，但每部戏都是墨西哥某一时期某个地区生活的反映，而且，每一集都献给一位包括波沙达（Posada）和欧洛兹柯（Orozco）在内的不同的墨西哥艺术家。爱森斯坦把精力全数投入拍摄这部被视为"一首爱、死亡与不朽的诗篇"的作品，由此彰显他对墨西哥的挚爱。

在《墨西哥万岁!》拍摄期间，大批美国左翼电影人全程追随于爱森斯坦身后。由于《美国的悲剧》搁浅和夭折，他们把希望寄托于墨西哥拍摄计划上。① 他们希望这部影片能够在帮助打开美国激进电影观众市场的同时，挑战好莱坞对剧院和观众的霸权控制，因为在重现社会与政治历程的多重关系上，他们对蒙太奇优于好莱坞剪辑这一点深信不疑。1933年，曾经为环球影业工作的左翼电影理论家西摩·斯特恩对好莱坞与蒙太奇编辑格式做了比较，发现好莱坞偏好一些规范的技巧运用而很少考虑电影内容本身；蒙太奇电影则强调通过呈现激进内容来挑战观众的感觉与思想。② 也正因如此，左翼电影评论家对好莱坞操刀的《墨西哥惊雷》持否定态度。③《实验电影》杂志编辑认为，《墨西哥惊雷》的问题是，它摧毁了爱森斯坦通过"电影交响曲"形式来展现墨西哥民族精神的"伟大愿景"。正如爱森斯坦在与该编辑的通信中指出的，在商业电影版本中，除了图片外，没有

---

① 1930年4月，爱森斯坦与派拉蒙电影公司签订了一份10万美元的短期合同，为该公司拍一部影片。根据公司的建议，爱森斯坦决定把西奥多德莱塞的小说《美国的悲剧》搬上银幕。然而，爱森斯坦根据小说完成的脚本被派拉蒙总部拒绝，与此同时，以反共立场闻名的好莱坞技术总监协会主席梅杰·皮斯发出威胁，要发动公众抗议爱森斯坦一行。1930年10月，双方宣布合同无效。在卓别林和厄普顿·辛克莱等友人帮助下，爱森斯坦前往墨西哥。
② Seymour Stern, "Hollywood and Montage", *Experimental Cinema*, February 1933, p. 51; Chris Robé, *Left of Hollywood: Cinema, Modernism, and the Emergence of U. S. Radical Film Culture*, p. 86.
③《墨西哥惊雷》实际上只是《墨西哥万岁!》六部曲中最具戏剧性的"龙舌兰"（Maguey）部，其故事内容为：雇农赛巴斯蒂安在妻子玛利亚被地主的客人强奸后，与朋友一起发起针对地主的暴动，最后赛巴斯蒂安被处决。

## 第九章　从意象到镜像：文学与影视的激进文化批评

什么能够留下。① 无独有偶，评论家萨缪尔·布罗迪和汤姆·布兰顿也断定这部电影毫无想象力和思想。还有一些评论家更是认为这部影片不仅丢弃了爱森斯坦的象征意义，而且把墨西哥历史和墨西哥底层阶级无权表达的状况简单化了。更不能接受的是，影片具有美化墨西哥独裁政府军人统治和军队的色彩，似乎是为了兑现辛克莱对墨西哥外长的承诺："影片不会将现今墨西哥人民表现为受虐待或不幸福。"②

以威廉·特洛伊为代表的自由派评论家则通过引述早期其他左翼理论家对爱森斯坦的批评来指责爱森斯坦并为《墨西哥惊雷》辩护。他们认为，影片中充满破碎的象征意义，这在爱森斯坦所有影片中都存在。这种象征使电影走向了抽象，"有可能甚至马克思主义也不会从绝对艺术的毁灭性抽象中拯救我们"③。

在批判《墨西哥惊雷》的同时，激进电影理论家们根据爱森斯坦的拍摄构想和现有的影像资料对《墨西哥万岁!》进行了探讨，其分析角度有二。一是宗教辩证法。1933年10月，西摩·斯特恩在《现代月刊》著文专门就影片中神父是如何运用作为否定生命力量的宗教来让底层阶级服从进行了讨论。文章指出，影片中宗教总是同由西班牙征服引发的压迫和死亡联系在一起，贯穿电影始终的是通过仪式来批判天主教对阿兹特克和玛雅文化的征服。另一位评论家洛伦兹（Pare Lorentz）则提出这样的观点：爱森斯坦之所以把宗教的弦外之音同人的尊严相联系，是因为他相信，宗教仪式在被教会用来对付底层阶级的时候，同样能够被墨西哥底层大众用来自我肯定与表达，例如，影片中呈现的瓜德罗普处女节，由于教堂建立在旧阿兹特克神庙地基上，暗示了玛雅、阿兹特克和天主教在墨西哥的融合，这导致节日活动参与者很难确定仪式是天主教的还是异教的，因为阿兹特克服饰和印第安人舞蹈与天主教仪式融为一体。仪式表明，正是土著人的宗教文化在征服者的残酷和压迫之下保持住了土著的传统。至于"龙舌兰"

---

① *Experimental Cinema* editors, "Manifesto on Que Viva Mexico!" *Experimental Cinema*, February 1934, p. 14; *Experimental Cinema* editors, "Manifesto on Eisenstein's Mexican Film", *Close Up* 10, No. 2 (June 1933), pp. 210-212; Chris Robé, *Left of Hollywood: Cinema, Modernism, and the Emergence of U.S. Radical Film Culture*, pp. 88-90.

② Chris Robé, *Left of Hollywood: Cinema, Modernism, and the Emergence of U.S. Radical Film Culture*, p. 90.

③ Ibid.

中赛巴斯蒂安三人被处决的情节，一方面隐示天主教的压迫，另一方面又在宗教和革命之间建立了联系。

二是性别革命。《墨西哥万岁!》的第四和第五部分别为"龙舌兰"和"索达德拉"(Soldadera)，其核心主题是革命意识的成长和革命的爆发，同时对亲密关系和性别问题进行了探索。"索达德拉"根据革命家潘乔·维拉和查帕塔的战友、名为潘查的妇女的观点展开，它表明，激进的性别角色转变对成功的革命行动不可或缺。在这两个部分，影片不仅展现女性受到阶级压迫与欺凌，在家庭里，以玛利亚为代表的女性更是被定位为妻子的固定位置，像她母亲服从父亲一样服从其丈夫赛巴斯蒂安。男性的经济状况决定了女性在社会上可以作为交换物的角色，当然，玛利亚被丈夫置于驴背上的情节，暗示了妇女地位提高的乐观前景。不过，爱森斯坦想要表明的是，革命需要女性的平等参与，而妇女平等端赖于她们掌握生产工具。电影把这寄托于曾经存在过的建立在女性劳动之上的"桑杜加"(Sanduga)母系社会。评论家哈里·本斯霍夫明确指出，这是妇女进步和平等的必由之路，将根除大多数好莱坞经典潜藏的性别歧视和同性恋恐惧传统。①

然而，蒙太奇理论并非完美无缺。美国电影批评家们慢慢发现，它过于强调隐喻，使对影片的理解上抽象多于直观，以《墨西哥万岁!》为例，它对女性解放的表达依旧是从男性视角出发的，其意识形态传输功能有机械化和教条化之嫌，以此挑战好莱坞保守主义仍然力有不逮。在1935年2月出版的《电影前线》上，评论家约翰·霍华德·劳森著文指出，电影批评需要一种"分析的马克思主义方法同鲜活的通俗格调结合"，以产生革命性的电影杂志，② 电影本身也是这样。

### 3. 左翼电影批评从蒙太奇向人民阵线立场转向

自30年代中期开始，美国左翼电影理论与批评在聚焦于好莱坞反私刑影片的过程中实现了向人民阵线立场的转变。在此转向过程中起重要作用的是德国移民弗里茨·朗导演的影片《狂怒》(Fury)，它把黑白影评家集合在一起反对私刑和种族歧视，这种集合事实上正是通过人民阵线实现的。

众所周知，人民阵线是由共产党发起的反对法西斯崛起的国际运动，

---

① Chris Robé, *Left of Hollywood: Cinema, Modernism, and the Emergence of U.S. Radical Film Culture*, p. 113.
② Ibid., p. 132.

## 第九章 从意象到镜像：文学与影视的激进文化批评

1935年共产国际七大召开，要求其成员与从前的政治敌人社会党人、自由派、无政府主义者等结盟共同与法西斯势力做斗争。在美国，人民阵线表现为三种政治形式：社会民主的选举政治；反法西斯和反帝国主义的团结政治；反私刑与劳工压迫的公民自由运动。① 这三种立场通过反私刑电影把自由主义和激进主义背景的左翼批评家汇集起来，正如迈伦·劳恩斯伯里所言："1935~1939年，自由派和激进派电影批评结合在一起对过往和现今的美国电影做出评价……自由派批评家开始鼓励商业电影中社会责任的零散信号并指出美国电影传统中建立的政治经济问题先例。"同样，激进派则将话语调适到更加大众化的立场。②

美国南方和西部在内战后针对黑人的暴力活动愈演愈烈，其中最突出的是私刑案件的层出不穷。美国学者菲茨休·布伦戴吉和克里斯多夫·瓦尔德洛浦等人的专题研究表明，1880~1930年，私刑是美国南方种族关系中最具社会聚焦性的问题，尤为黑人媒体所重点关注。③ 黑人媒体把私刑问题推到了自由派和社会主义者论争问题的前列。1919年11月，《危机》杂志第一期发表了杜波依斯反对佛罗里达州以私刑处死两个意大利人的编辑评论，揭露了私刑受害对象的多种族特征。在《危机》杂志上，私刑变成了美国的国家符号，"杂志的使命就是要揭露'仇恨黑人的美国'道德上的破产与虚伪"④。20世纪30年代，《召唤》杂志则把反黑人种族主义与反犹主义联系起来，成为左翼话语的一个主题。《解放者》和《信使》报坚持以阶级分化和剥削作为私刑分析的背景工具，把反私刑与保护劳工权益结合起来。

最值得一提的是，黑人报刊把私刑与歌颂三K党和歧视黑人的电影《一个国家的诞生》（1915）联系起来，为30年代左翼电影批评家在战略上提供了一种模板。其中最典型的有两种战略：其一，通过大量报道私刑和

---

① Michael Denning, *Culture in the Age of Three Worlds*. London: Verso, 2004, p. 9.
② Myron Lounsbury, *Origins of American Film Criticism*, *1909-1939*. New York: Arno, 1973, p. 462.
③ Fitzhugh W. Brundage, *Lyinching in the New South: Georgia and Virgia*, *1880-1930*. Urbana: University of Illinois Press, 1993; Christopher Waldrep, *The Many Faces of Judge Lynch: Extralegal Violence and Punishment in America*. New York: Palgrave Macmillan, 2002.
④ George Hutchinson, *The Harlem Renaissance in Black and White*. Cambridge, Mass.: Harvard University Press, 1995, p. 143.

黑人被迫害事件即以事实说话来回击电影中的种族主义；其二，许多评论家通过把重建历史与电影叙事并列比较来揭示电影对历史的歪曲。①

与此同时，一些非洲裔制片人开始制作揭露私刑丑恶行径的影片，如奥斯卡·米奇里克斯的《在我们大门内》（1920）就是一例。该片通过对南方白人暴民对黑人的私刑攻击的视角描述，对南方白人文化中的原始野蛮行径进行了挞伐。这实际上是30年代反私刑电影的先驱。

在30年代反私刑电影中，《狂怒》（1936）是大多数左翼电影理论家眼中的经典。这是朗的社会三部曲（另外两部是1937年的《你一度只是活着》和1938年的《我和你》）之一，这部影片的基本情节是：无辜的加油站老板乔·威尔逊（斯宾塞·屈塞饰）因绑架儿童嫌疑罪被捕。消息在小镇传开，群情激愤的暴民们包围并纵火烧毁监牢，其中两个暴民往火中投掷了炸药，乔因爆炸而逃出火海，但与他形影不离的爱犬彩虹却丧命牢房。在其兄弟的帮助下，乔隐瞒了自己还活着的事实，开始实施复仇计划：让纵火犯们坐实谋杀的罪行而受到惩罚……最后，在女友凯瑟琳（西尔维亚·悉尼饰）的努力帮助和良知驱使下，乔走进法庭道出了实情。

在电影问世后的数十年里，无数学者一直对之兴味不减。尽管导演本人在1936年《纽约时报》上表态，《狂怒》只是一部关于暴民行为的故事，"暴民心理吸引我"②。即电影与私刑和美国无关，没有政治意涵。1967年，朗曾经对彼得·波格丹诺维奇解释说，如果要制作一部关于私刑的电影，就应该以白人妇女被有色人种男子强奸为基础，仍然要证明私刑是错的。朗还表示他自己并没有种族同情心，事实上，在他导演的40多部影片中，黑人从未扮演过任何主要角色。

然而，左翼评论家却不这样看。30年代人民阵线的反法西斯政治立场从一开始就把法西斯主义与种族主义联系在一起，左翼电影批评家们在《狂怒》放映后很轻易地把它视为反法西斯和反私刑影片，虽然这其中明显存在对导演创作意图和影片内容的误读。在激进的黑人和白人报纸杂志上，由于与各种各样的反法西斯或反私刑文章、图片和绘画并列，《狂怒》被归

---

① Anna Everett, *Returning the Gaze*: *A Genealogy of Black Film Criticism*, *1909 - 1949*. Durham, N. C.: Duke University Press, 2001, pp. 96-99.

② D. W. C., "Fritz Lang Bows to Mammon", *New York Times*, June 14, 1936; Chris Robé, *Left of Hollywood*: *Cinema*, *Modernism*, *and the Emergence of U. S. Radical Film Culture*. p. 156.

## 第九章 从意象到镜像：文学与影视的激进文化批评

类为进步影片。《纽约阿姆斯特丹新闻》报上的一篇影评直接把影片内容同1932年发生在亚拉巴马州的斯科茨博罗案件联系起来，认为这部影片的主流是对美国社会一个阶段的准确分析；而《新大众》则在影评中心为电影画了一幅私刑图：两棵树上吊着两个黑人的尸体，树下是两个悲伤欲绝的黑人妇女，远处由三个三K党人构成背景。根据相关研究，《新大众》如此图文并茂布置影评，目的有二：一是把注意力吸引到好莱坞对非洲裔美国人历史的压制上；二是为把电影、艺术和历史等多样性资源加以并列提供示范，这对理解培育了种族主义、暴力和反工会思想的资本主义幕后势力以及画出主流电影的最终界线至关重要。1936年6月，《新影院》明确地把反私刑立场套到《狂怒》上，着重分析了私刑的经济根源，否定黑人男性强奸犯神话的不合法性；《工人日报》上甚至发表了本·小戴维斯对影片进行马克思主义分析的文章。戴维斯以影片中的一些镜头为例来说明电影是如何揭示私刑的制度性原因的："州长办公室一幕表明政治与私刑之间的密切联系。按照其主要政治友人的建议，州长拒绝派国民自卫队去'保护'狱犯。"他还发现，暴民的骚乱实为资本主义势力所致：煽动骚乱的人是一个罢工破坏者。而且，"电影表明，私刑暴民是'由镇上有头有脸的商人组织和领导的'"。尽管影片的种族视角有限，但通过抹去"种族至上的个人、私刑恐怖和反对黑人的强奸陷害的背景"，电影落实了"全部经济与社会结构……引发私刑"的分析，戴维斯相信，这部电影将会让"习惯于把私刑看作完全与资本主义制度的政治经济结构无关的野蛮行径的人大开眼界"[①]。

左翼影评家不仅把《狂怒》与黑人受到的种族歧视与迫害联系起来，还把它同1927年的萨科—范齐蒂案连接在一起。[②] 电影中反映的审判过程和1927年的一样，使美国民主体制的阴暗与不公和世界上许许多多古老社会相比没有什么不同，这种体制不再维护光明的理想，而是服务于有钱有势的人。他们直接把矛头指向好莱坞，认为好莱坞所歌颂的正义很虚伪，它毫不触及美国法庭反复出现的对工人阶级移民和少数族裔的法律歪曲。

---

① Ben Davis, Jr., "Film Indictment of Lynching", *Daily Worker*, June 9, 1936; Chris Robé, *Left of Hollywood: Cinema, Modernism, and the Emergence of U. S. Radical Film Culture*, p. 167.

② 尼古拉·萨科和巴托罗米奥·范齐蒂，意大利移民，无政府主义者，1920年因受控抢劫和谋杀被捕并被判处死刑。整个审判过程充满对被告的偏见与不公，此案成为美国20世纪司法史上最有争议的案件之一，被左翼视为美国司法公正失败的典型。

当然，左翼批评家们对《狂怒》也进行了批评，批评侧重于影片的经济与种族视角的缺失。奥提斯·弗格森在《新共和》评论道："没有种族角度……没有残缺和男人逃亡。"肯尼斯·费尔英则建议，如果观众"把受害者想象为一个黑人，就像他通常就是黑人而不是白人一样，那么，这部影片将会在许多夜晚萦绕你梦里并使普通的好莱坞事物比一张假期明信片还要索然无味"[1]。《纽约阿姆斯特丹新闻》的 R. O. 指出，选择一个白人作为主演，导致许多因素被消除，如跨种族合作反私刑斗争就不存在了。不过，由于观众主体是白人，白人主演会赢得更广泛观众的情感认同，让他们意识到私刑受害者中有 20% 是白人，这会使白人观众间接地对包括黑人在内的被压迫者持认同态度。[2]

影评家弗兰克·纽金特与左翼评论家专注于电影的白人主演问题不同，他强调观众在私刑问题上出现多样性和相互矛盾的观点的原因；《新影院》的罗伯特·斯特宾斯则断定，影片第一部分和第二部分主题不一致，前者的主题是反私刑，后者则是复仇；还有评论家指出，影片通过主演的独白和拍摄角度（主角面对观众并用手指向观众）把私刑暴民与观众连接起来，意味着故事情节就是社会现实的一部分。还有一些左翼评论家相信，虽然后来的一些反私刑影片在现实主义和制度分析上不比《狂怒》逊色，但就情景剧的美学价值而言，它们难望《狂怒》之项背。[3]

阶级和经济学从来都是美国左翼批评家最基本的理论分析工具。在激进理论家看来，《狂怒》不只是反私刑影片，更是一部被大萧条和消费主义的经济与性别造反剥夺了权利的白人男性影片，主人公乔是个没有能力为女友凯瑟琳提供经济安全的男人，这让其婚姻陷入险境并最终让自己进入绝境。而乔与女友的关系突出表现了消费主义和新女性的独立性给男性造成的双重心理压力。正因为如此，有批评家着力渲染影片的女性视角和女性叙事线索的意义。与此同时，导演本人则多次表示暴民的嫉妒与经济背

---

[1] Kenneth Fearing, "The Screen: *Fury*-Anti-Lynch Film", *New Masses*, June 16, 1936; Chris Robé, *Left of Hollywood: Cinema, Modernism, and the Emergence of U. S. Radical Film Culture*, p. 171.

[2] Ibid., p. 171.

[3] David Platt, "They Won't Forget Rivals Fury in Social Content", *Daily Worker*, May 21, 1937; Chris Robé, *Left of Hollywood: Cinema, Modernism, and the Emergence of U. S. Radical Film Culture*, p. 176.

第九章　从意象到镜像：文学与影视的激进文化批评

景的紧密关联性。

30 年代左翼电影批评对包括朗的影片在内的电影作品的解读对冷战和后冷战时代的诸多评论者和学者具有深远的影响。虽然 1936 年莫斯科大审判导致美国左翼逐渐分裂为亲斯大林派和亲托洛茨基派，但共同的制度批判传统已然形成，被好莱坞电影作品中一股另类力量代代传承。

### （二）冷战时代好莱坞的反体制影视

作为现代社会极其重要而特殊的媒介，在传达否定性信息和影响社会行为选择的功能方面，电影与电视难分轩轾。正如美国左翼学者吉特林所指出的，电影在培育他和他那一代人反叛意识上的作用比里斯曼、米尔斯和加缪等人的著作大得多。由詹姆斯·迪安和马龙·白兰度等影星在 50 年代塑造的一系列具有反叛特征的人物形象对婴儿潮一代社会态度的形成产生了潜移默化的影响。[1] 进入 70 年代后，一种被称为反现行体制或敌对电影的制作变成电影界的一股热潮。

反体制电影大致可分为三类。第一类为揭露美国在国外如越南和中美洲等地犯罪行为的影片，如代表作品《回家》（1978）、《现代启示录》（1979）、《全金属夹克》（1987）、《野战排》（1986）、《生于七月四日》（1989）等，以高超的写实手法逼真地再现了越南战争的恐怖场面，从而对当年美国政府的越南政策予以无情鞭笞。在电影《失踪》（1982）一片里，全面揭露中央情报局参与推翻智利阿连德政府的活动及与之相连的恐怖主义。《萨尔瓦多》（1986）和《烈火之下》（1983）几乎就是站在桑迪诺阵线的立场批评美国的中美洲政策。《美国航空公司》（1989）则揭露中央情报局在东南亚参与非法毒品交易勾当。

在影片《萨尔瓦多》里，资深新闻摄影记者理查德·博伊尔（詹姆斯·伍兹饰）20 年来一直带着他的相机出没于世界上的各种是非之地。尽管他工作出色，但他对酒和毒品的沉迷以及他十足的傲慢，使他名声不好，很难找到工作。面对暗淡的前景，博伊尔和朋友洛克博士（吉姆·贝鲁奇饰），一位失业的音乐节目主持人，前往萨尔瓦多碰运气。博伊尔相信，在

---

[1] Todd Gitlin, *The Sixties: Years of the Hope, Days of the Rage*. New York: Bantam Books, 1987, p. 31.

政治动荡的萨尔瓦多,他能够找到收入不错的自由职业。然而,他们刚一进入萨尔瓦多就看到政府军队处决学生的场面,显然,这个国家的内部冲突比他们预想的要严重得多。在这个局势混乱的国家,他们冒着生命危险拍了许多珍贵的照片。由于感到萨尔瓦多就要爆发一场大灾难,博伊尔决定离开,他去与老情人玛利亚(艾尔皮迪娅·卡里洛饰)和她的两个孩子(其中一个是他的)相见,他打算把他们带走。在走出萨尔瓦多的行程中,由于博伊尔职业的特殊性,他们受到军队的骚扰,与他和玛利亚接近的许多无辜平民被美国军事顾问和情报人员支持的右翼军人领袖的"死亡队"杀害,他的伙伴、摄影师约翰·卡萨迪(约翰·萨维奇饰)也在政府军与圣安娜的反叛者的战斗中丧生。他们终于离开萨尔瓦多,迈向美国。然而,在加州入境处,他们被移民局官员拦了下来,离开祖国的愧疚使得玛利亚及其孩子接受被拒绝入境美国的结果,绝望的博伊尔在同移民局官员争吵后被捕。

这部影片以大胆明快的节奏描绘出发生在萨尔瓦多的肮脏战争,不失深刻地表现了一个第三世界国家内战及其混乱、失望和恐惧的地狱影像:硝烟滚滚的战场,肢体残缺的儿童,一贫如洗的村镇,"死亡队"野蛮的掠夺和任意残杀无辜,等等,其矛头直接指向美国的中美洲外交政策,对美国官员制造萨尔瓦多混乱、帮助地方右翼军事力量对左翼力量和平民开展谋杀和屠杀行动大加挞伐。《芝加哥太阳报》的影评家罗杰·埃伯特评论道:"该片有一种严肃的潜流,它对我们资助补贴的混乱一点也不高兴。但它基本上是一种性格研究——关于一对被烧毁的自由职业者试图把头保持在水面之上的图画。"[1] 就连由加州大学出版、得到政府资助的国家人文科学基金会支持的《美国电影史》也承认,《萨尔瓦多》"记录了(萨尔瓦多)血腥的内战(并)谴责美国支持该国残暴而腐败的政府"[2]。

第二类是揭露美国生活和国内制度腐败的电影。《全是总统的人》(1976)戏剧化地再现了水门事件;《权力》(1985)描绘了大公司对政治和舆论的操纵;《中国综合征》(1979)、《丝木》(1983)揭示了核能的危险

---

[1] Roger Ebert, "Salvador", April 25, 1986, https://www.rogerebert.com/reviews/salvador-1986.

[2] Stephen Prince, *A New Pot of Gold: Hollywood Under the Electronic Rainbow, 1980-1989*. Berkeley·Los Angels·London: University of California Press, 2000, p.260.

## 第九章　从意象到镜像：文学与影视的激进文化批评

和核能生产企业内部的冷酷与腐败；《边界》（1982）、《玛丽亚》（1985）、《河流》（1984）、《乡村》（1984）则分别对军队、政府部门的腐败和专制进行了入木三分的刻画；《华尔街》（1987）抖搂了金融界的种种黑幕；《候选人》（1972）揭露选举过程中的非法勾当；《飞越杜鹃巢的人》（1975）以对一个精神病医院的描述隐射整个社会对人性的压抑。

以《华尔街》为例，这是一部总投资达1500万美元的影片。奥利弗·斯通为导演和编剧之一，影片围绕年轻的华尔街股票经纪人巴德·福克斯（查理·西恩饰）参与寡廉鲜耻的公司收购者戈登·盖科（迈克尔·道格拉斯饰）的活动展开。主要故事情节是：1985年，巴德·福克斯成为纽约杰克逊·斯泰纳姆公司股票经纪人，他要去与心目中的英雄盖科共事。在给盖科办公室打了59天的电话后，巴德带着一盒盖科最喜欢的、走私的古巴雪茄，在盖科生日那天拜访了他。盖科最终给了巴德一个面试的机会。巴德向盖科推荐股票，但盖科不为所动。绝望中的巴德向盖科提供了蓝星航空公司的内部消息，这是他无意间从与担任公司工会领导人的父亲卡尔（马丁·西恩饰）的谈话中了解到的。盖科表示他会考虑这事，沮丧的巴德回到了办公室。然而，盖科很快购买了蓝星股票，并成为巴德的客户。盖科给了巴德一些资本来运作，但巴德所选择的其他股票却亏了。盖科给巴德提供了另一个机会：暗中监视英国首席执行官劳伦斯·怀德曼爵士，掌握其下一步动向。巴德知道，怀德曼正在出资收购一家钢铁公司。最后，为了完成收购，怀德曼不得不购买盖科的股份，盖科从中大赚一笔，而巴德则变成了富人，享受着盖科给的津贴，住着曼哈顿上东区的豪宅。同时，由于他带来巨大的佣金，他获得了提升，在转角处拥有了自己的办公室。他继续挖掘内幕消息并以朋友作为"稻草人买家"为自己和盖科赚取更多的财富。巴德有所不知的是，他的几笔交易引起了联邦证券交易委员会的注意。巴德向盖科提出新的建议：购买蓝星航空公司，由巴德做总裁，用公司工会让与和养老金多余部分的积蓄来把公司做大。虽然他无法说服父亲支持自己，但他获得了工会的支持。不久后，巴德听到盖科打算解散蓝星航空公司、出售公司资产以把公司养老金变现的计划，而卡尔和公司所有员工都将被解雇。尽管这会让巴德暴富，巴德仍被盖科的欺骗激怒了，尤其是在父亲心脏病发作入院后，巴德对蓝星航空公司即将毁灭深感内疚，决心不让盖科的阴谋得逞。巴德制订了一项计划，在将公司股票压低到之前的价位前，先将其抬高。然后，他与工会其他负责人一道秘密地同怀德曼相见，以大幅度折价的方式向其出售控股权益。盖科发现公司股票断崖式下跌后，听从巴德建议，把手中剩余股权像扔垃圾般地抛出。然而，盖科在晚间新闻中得知怀德曼在收购蓝星股票后，很快便意识到这是巴德在背后进行策划。巴德回到斯泰纳姆公司后，因为涉嫌内幕交易被捕。一段时间后，巴德与盖科在中央公园相遇，两人因过去的事情发生了肢体冲突，盖科历数巴德在过去的种种不法交易中对自己的背叛，巴德身上藏着的录音线记录下了这一切。他把录音带交给了当局，这是他与政府部门的交易，他帮助警方找到盖科的罪证，以此换来对他的从轻判刑。影片结尾，巴德父母开车把巴德送往纽约州法院。

《华尔街》被左翼评论家普遍视为对80年代美国金融界乱象的刻画图，它所塑造的盖科这一人物形象实为整个金融资本集团贪婪无度的缩影。电影通过戏剧化的情节淋漓尽致地展现了华尔街内部的过度竞争、尔虞我诈和资本非人的冷漠与不道德。盖科的一句台词——"再也没有更好的词语了，贪婪即是善"——成为这部电影的画龙点睛之笔。2009年金融危机期间，《娱乐周刊》的欧文·格利伯曼再度评价这部电影："揭示了一些现在无法回头的东西：世界上的戈登·盖科们不仅仅是变得富有，他们正创造着另一种将对我们所有人造成冲击的现实。"[1] 如果说盖科代表着华尔街金融资本主义损人利己、冷酷无情、贪婪无度的不道德形象，好莱坞左翼活动家马丁·西恩饰演的卡尔则是巴德在道德上的平衡力量，他把公司蓝领员工的福利而不是自己的利益置于首位，为此，他断然拒绝了会使公司陷于财务困境的不法交易。在导演斯通眼中，卡尔是这部电影中真正的英雄，他"以某种耀眼的内在力量之光……取胜"[2]。

在好莱坞激进派看来，《华尔街》在政治上直接把里根政府推向了被告席，因为正是里根政府的政策创造了美国现实生活中无数个盖科式的超级财富精英。例如，1986年的税收改革法，把美国排名前15位的大公司税务

---

[1] Owen Gleiberman, "Wall Street: What It Still Has to Tell Us", *Entertainment Weekly*, March 28, 2009.
[2] Stone, *Speech at Torch of Liberty Award*; Ben Dickson, *Hollywood's New Radicalism: War, Globalisation and the Movies from Reagan to George W. Bush*. London & New York: I. B. Tauris, 2006, p. 12.

## 第九章　从意象到镜像：文学与影视的激进文化批评

负担从70%降低到28%；1982年，联邦政府解除对储蓄和贷款行业的管制，联邦保险为每一项投资提供近10万美元的保险，如果贷给股票经纪人的存款投资失败，政府得补上原来的10万美元。诸如此类的政策使美国亿万富豪集体财富从1980年到1989年间增加了1630%。①

第三类则是把60年代的社会运动和政治理想浪漫化并为之正名的电影，也可称为60年代怀旧电影。其中比较有代表性的是：《大冷却》(1983)、《在空无之中奔跑》(1988)、《真正的信仰者》(1989)、《1969》(1990)、《60年代的伯克利》(1990)。《真正的信仰者》的主题是通过主人公（80年代一位律师）重新发现了60年代他信奉过的原则来证明他们的"价值观从未改变"。《在空无之中奔跑》讲述的是一对校园激进分子的故事，他们在1971年的反战抗议中炸毁了一座建筑物，最后走入地下，建立了一个温馨家庭。该剧的一位制片人阿米·罗宾逊承认，他们是以同情的态度来看待故事主角所代表的那一小群人的命运的。电影剧本作家、1968年哥伦比亚大学研究生内奥米·方纳在该片上映后公开表示，她对"为某项事业而愿意舍弃一切"的地下激进派深表敬佩。②《1969》以反战为背景，描述一位美国卷入越战摇旗呐喊的二战硬汉子老兵与其反战的儿子之间的矛盾冲突。影片歌颂了反战运动的光荣，对美国卷入越南事务进行了激烈批评。《60年代的伯克利》是一部文献电影，它叙述和展示了以言论自由为中心的伯克利校园学生运动参加者的理想主义信念及其行动，指出言论自由、平等、正义是学生理想信念的核心。该片告诉人们："许多学生激进分子……现今在从事教师、作家和社区组织者的工作，仍然在实践他们所宣传的主张。"③

最值得一提的是，一些带有意识形态色彩的电影也得到了充分肯定。如由位于新泽西韦恩市的新日电影公司制作的《看见红色——美国共产党人的故事》一片，在得到学院奖提名的同时，还受到教育电影图书馆协会和《纽约时报》等社会文化机构和媒体的高度赞扬，并赢得了几项奖励。

---

① *Washington Post*, 4 November 1991.
② Pall Hollander, *Anti-Americanism: Irrational & Rational*. New Brunswick (USA): Transaction Publishers, 1995, p. 238.
③ Pall Hollander, *Anti-Americanism: Irrational & Rational*. New Brunswick (USA): Transaction Publishers, 1995, p. 239.

"电视节目则在十分宽广的领域通过具有严格内容分析的资料和不经意观察中的洞见传达敌对的信息与暗示。"如在20世纪80年代广受欢迎的电视节目"迈阿密恶行"中,节目制作者就有意把美国社会内部事务与美国对外政策批判性地结合在一起。而在公共电视每周文献性的"前线"系列中,拉美反共游击队及其美国支持者被刻画为恶贯满盈的索摩查的走狗。PBS电视系统一个有关危地马拉的文献纪录片中说:"美国和危地马拉军队在音乐会上采取行动屠杀无辜人民;获得正义的唯一道路是武装的革命。"而在专门为纪念古巴革命25周年制作的文献片里,对古巴的制度和社会生活充满了溢美之词,认为"大多数人在古巴生活得很幸福"。在由波士顿WGBH电视台制作并获奖的文献电视片《越南:一部电视历史》中,战争造成的平民伤亡全部归咎于美国,美国几乎就是被告的角色。显然,所有这一切都是一种有选择的文化相对主义影响下的产物。[1]

总体而言,无论是电影电视等视觉媒体,还是报纸杂志之类的纸质媒体,无不通过以下四种形式坚守对抗性世界观并制造舆论氛围:一是为国内外社会批评提供时间和空间;二是永不停息地揭露美国社会的匮乏和种种社会问题;三是不断提醒观众和读者,美国社会的理想价值和希望同现实之间存在着深刻矛盾和巨大差异;四是向受众广泛披露各种各样的坏新闻或否定性信息。[2]

这几个方面充分证明了它们的激进性质,这是80年代冷战后期好莱坞为后冷战时代创造的激进思想财富,它与里根时代另一份激进财富——好莱坞反新保守主义激进群体的形成一同为后冷战时代的反资本主义的抗议行动准备了条件。这一激进群体由众多左翼-自由主义团体和进步人士构成,团体方面,最具代表性的有:一是关注委员会(Committee for Concern),由罗伯特·福克斯沃思(电视明星)、迈克尔·道格拉斯(影星)、埃德·阿斯纳(影星)、伊丽莎白·蒙哥马利(电视喜剧明星)帮助成立,主要从事组织反对政府内外政策的集会、游行和其他相关活动;二是创造性联盟(Creative Coalition),由动作明星隆·西尔维、苏珊·萨兰东、阿列克·鲍德温和克里斯多夫·里弗共同创立,主要关注美国对外政

---

[1] Pall Hollander, *Anti-Americanism: Irrational & Rational*. New Brunswick (USA): Transaction Publishers, 1995, pp. 224-226.
[2] Ibid., p. 221.

策、穷人教育、选举中的金钱政治等问题；三是好莱坞妇女政治委员会（HWPC），由左翼影星简·芳达和制片人保拉·温斯坦因发起成立，以抗议为中心工作，具体事务有组织开放式讨论会、散发政治宣传资料、制作抗议广告、为进步事业募集资金等；四是网络团体（Network），由简·芳达夫妇（其丈夫汤姆·海登是著名左翼活动家、60年代学生运动领袖）建立，参与者数百人，除了在这一非官方交流系统快速交流信息外，他们还利用它开展政治教育与学习活动。

在个人方面，作为独立的个人被归入这一群体的人数不少，其中最具影响力的是电视、电影和舞台剧三栖明星迈克·法雷尔。从1982年到1988年，他年年组团到中南美洲、中东、苏联等地区和国家推进和平与正义事业，所有这些使他成为小布什时期美国反战运动的当然领袖，正是他发起成立的"艺术家争取没有战争的胜利组织"在21世纪初把好莱坞进步力量集结成一支不可忽视的反战队伍。

### （三）后冷战时代好莱坞的反资本主义

1991年底，苏联解体，冷战彻底告终。1992年美国总统大选，年轻的民主党候选人比尔·克林顿以社会平等和人道主义为核心议题，指责老布什总统对80年代里根时期美国社会严重的不平等视若无睹：雇主收入平均达到雇员的160倍，16个共和党治下的州社会福利开支大幅削减，给穷人带来灾难性后果。例如，在佛罗里达州，有人饿着肚子睡觉的家庭高达16%；1992年靠信贷为生的人越来越多；全国消费者债务飙升到7750亿美元。[①] 从某种角度看，克林顿对其对手的政治非难不仅让他获得了因经济压力而处于困顿中的广大中下阶层的支持，还让他在好莱坞被许多激进自由派视为同路人。旧金山文化评论家诺曼·所罗门指出："克林顿吸引了大批好莱坞人士……以其人格魅力为基础，兼以总体的自由派和反共和党信息。"[②] 直到克林顿任期结束，不少人才醒悟过来：克林顿只是巧妙地利用进步主义的词语来诱惑大众，他在贫困与种族问题上毫无建树，例如他在竞选中提出的医疗改革计划在其两任执政期间毫无进展。不仅如此，他还

---

① Ben Dickson, *Hollywood's New Radicalism: War, Globalisation and the Movies from Reagan to George W. Bush*, p.34.
② Ibid., p.36.

是左翼坚决反对的美国全球化的助产士。我们知道，克林顿和英国首相托尼·布莱尔一样，是英国理论家安东尼·吉登斯第三条道路政治哲学的拥趸，其不左不右的立场右翼不喜欢，左翼也不喜欢。电影理论家达娜·波兰认为，克林顿之所以能够让好莱坞左翼自由派相信他是进步派，是因为他掌握了好莱坞自由左派的心理，这种心理特征有四：其一，信仰特殊人物尤其是克里斯玛式人物的领导；其二，认为特殊人物能够以忠诚和信任而非社会政治地位为基础形成"伙伴"的联合；其三，对以往时代的怀旧；其四，无力同现代新自由主义世界抗争，只能把英雄和他们的伙伴视为宿命型的人物。①

虽然好莱坞不少人对克林顿抱有不切实际的幻想，但不乏头脑清醒者。《第22条军规》和《丝木》影片导演迈克·尼科尔斯把作家乔·克莱因的讽刺小说《原色》搬上了银幕，电影主角是一个谎话连篇和风流成性的政治家（普遍认为是影射克林顿总统）。在尼科尔斯眼中，克林顿正在同从里根政府政策中获益的大公司赌徒们沉瀣一气，正是这些公司大佬们的投机造成了1987~1991年美国经济的衰退，克林顿致力于推动的全球化也是从这些大佬的利益出发的。另类媒体组织"全球视界"的代表人物丹尼·施切特尔在90年代中叶克林顿签署北美自由贸易区协定（NAFTA）后不无讽刺地评论道："在全球冷却下来之前我们的公司就是全球性的了。"② 左翼电视节目制作人索尔·兰道（Saul Landau）则公开指责克林顿是"全球经济村非正式主席"，代表大企业利益，对那些受苦受难的人抱以虚假的同情。③ 影星阿斯纳以如下评论来与尼科尔斯和兰道相唱和：

> 我常常想这会是一个多么奇怪的全球大家庭，然后我看到全球化对我的国家所做的一切……让你自己的人民贫困……所有这里的工作被出口到别的国家去了……与此同时，我们自己的工人被降级和贬值。你可以向世界宣传全球化，但当它意味着公司越来越富有而你的人民

---

① Ben Dickson, *Hollywood's New Radicalism: War, Globalisation and the Movies from Reagan to George W. Bush*, p. 34.
② Ibid., p. 42.
③ Saul Landau, *Hot Air: A Radio Diary*. Washington, D. C.: Pacifica Network News, 1995, p. 15.

## 第九章　从意象到镜像：文学与影视的激进文化批评

却没有增富一分，我认为它就是狗屁。①

面对克林顿时代大公司势力的迅猛扩张，好莱坞一些独立影片制作人选择了对抗立场。著名演员、导演、编剧和电影制作人沃伦·贝蒂断定，大公司已经成为美国民主制度的最大危险，揭露这种危险是影视从业者义不容辞的责任。在克林顿第二任期的最后几年里，一系列反大公司主题的影片纷纷出笼，代表性的有：《小鸡快跑》（1998）、《法网边缘》（1998）、《楚门的世界》（1998）、《知情人》（1999）、《美国丽人》（1999）、《美国精神病人》（2000）、《反托拉斯》（2001）等。《小鸡快跑》描述的是在生产线上的母鸡为逃离利润生产的折磨而暴动的故事；《法网边缘》讲述了一位律师与冷酷而腐败的大公司之间的较量；《楚门的世界》以戏剧性的手法夸张地揭示大公司对个人生活与命运的操纵；《知情人》歌颂的英雄是不顾暴力威胁与腐败官僚和烟草公司做斗争的科学家和电视记者；《美国丽人》揭示的是中产阶级公司雇员及其家庭危机；《美国精神病人》展示的是一则剥夺公司权力的寓言；《反托拉斯》讲述的故事是，一个颇有天赋的计算机程序员在世界最大技术公司NURV获得了梦寐以求的工作，却发现公司内部充斥着腐败、谋杀和唯利是图。

这些影片以大同小异的叙事手法清澈明了地把公司权力描绘为危害和威胁美国社会的力量，表现出与90年代逐渐形成的好莱坞梦工厂范式截然不同的基调。这些电影实际上是在对克林顿政府的全球新自由主义经济政策进行拷问：为什么大公司及其所有人从全球相互依存政策中赚得盆满钵满，而普通美国人却从这种全球交易中一无所获？

由于好莱坞大型影业公司几乎都是联邦政府内外政策的支持者，一些小公司和独立制作人自然而然地构成了反大公司和全球化的主力。1989年，斯蒂芬·索德伯格推出低成本影片《性、谎言与录像带》，通过性这颗钉子吊起了中产阶级美国社会的全景画，揭穿了拜物教社会物质丰裕背后家庭关系的虚伪、痛苦和危机，成为90年代小成本电影浪潮的起点。《乡村之声》记者雷·格林指出，整整一代年轻导演以这部影片为榜样，制作了一

---

① Ben Dickson, *Hollywood's New Radicalism: War, Globalisation and the Movies from Reagan to George W. Bush*, pp. 44-45.

系列堪称美国最大胆的影片。① 其中最值得一提的是，正是这些勇敢者在影视作品中掀起了一波"黑人新浪潮"，米拉麦克斯、格拉梅西、十月电影、新院线、试金石、联合国际影业等小公司以低成本模式继续在家庭危机、种族问题、边缘文化等主题领域大展身手，《做正确的事》（1989）、《丛林热》（1991）、《高等知识》（1995）等影片通过对黑人生活和黑白关系的描绘，揭示了现代美国社会表象后面的紧张关系。

然而，在影视大公司的竞争压迫下，小公司和独立制作人处境艰难，到90年代末还生存着的独立制作人已经寥寥无几。

全球化在富人和穷人、有产者和无产者、公司所有者和工作大众之间的关系上基本上是不平等的，后冷战时代的进步影视美学重新发现了"阶级"这一概念的价值，尽管他们因为担心会被指责"成了共产党"而很少直接使用该词。② 但是，当导演比蒂谈论美国的"软肋"，即电影《布尔沃思》中主角（布尔沃思参议员）主张白人和作为"奴隶"的黑人团结起来反对可怜的工资时，一种阶级分析意识已如露出海面的冰山一角。在2002年上映的《8英里》中，导演柯蒂斯·汉森表达了对主角所处的工人阶级境况的深深同情：白人男孩吉米·斯密斯一家住在很小的垃圾拖车里，吉米一直在追求自己的说唱艺术梦想和被迫在工厂从事稳定却低薪的工作之间挣扎；在蒂姆·罗宾斯执导的《大厦将倾》（*Cradle Will Rock*，1999）中，罢工的钢铁工人和公司大佬的对立代表着正义与邪恶的对抗，后者与意大利法西斯势力沆瀣一气，虽然电影描绘的是30年代的历史场景，但在1992年洛杉矶种族暴乱后的美国，影片提醒公众，美国依然是一个以阶级压迫为基础的社会；在《美国丽人》中，通过对主角的工作场所、生活空间、社交圈、邻里社区等情景展现，不仅揭示了社会整体中的个体生存境况，也揭示了社会整体本身。卢卡奇在评论19世纪的小说时指出，所谓英雄就是在充满矛盾的历史背景中的典型个人，"个人生活赶上了这股力量并做出反应，表明特例总是如何被总体调和"③。从史蒂文·索德伯格导演的《永

---

① Ben Dickson, *Hollywood's New Radicalism: War, Globalisation and the Movies from Reagan to George W. Bush*, p. 64.
② Ben Dickson, *Hollywood's New Radicalism: War, Globalisation and the Movies from Reagan to George W. Bush*, p. 96.
③ Robert Lapsley and Michael Westlake, *Film Theory: An Introduction*. Manchester: Manchester University Press, 1988, p. 184.

第九章　从意象到镜像：文学与影视的激进文化批评

不妥协》（*Erin Brockovich*，2000）中，观众能够领悟到社会阶级是如何定义个人与社会之间关系的。作为倒霉蛋的主角埃琳·布罗克维奇，因婚姻失败成为带着三个孩子的单身母亲，官司打输，谋职不得，最终被同情得以在律师事务所打杂，带着穷人、失业者和工人阶级身份标识的行李四处奔波，这些就为她的工人阶级角色定了调。她开着电动汽车上街，穿着打扮全是与办公室职员着装不挨边的大路货，这副形象与中产阶级世界的律师事务所显得格格不入，而这种格格不入则使她成为与社会整体相联系的一个"特例"。女主角不畏强权，代表数以万计的居民同供水公司进行法律斗争，这种英雄主义使影片的正义主题得到了点化。

如果说90年代好莱坞左翼自由派影视的聚焦点是反对大公司和新自由主义的全球化，进入21世纪后则全面转向了反战，真正的现代好莱坞左派由此应运而生。

"9·11"事件后，美国几乎所有主流媒体都选择站在布什政府的反恐战争一边，其中最具代表性的是拥有电视频道VH1的美国电视巨头维亚康姆。[①] 维亚康姆公司是小布什2000年竞选的主要资助者之一，该公司在2002年通过派拉蒙影业制作了两部影片以支持布什政府的伊拉克战争。一部是《灭绝总动员》，另一部是《我们曾是战士》，两部影片渲染的主题是：美国人以无畏的勇气面对无形的外来威胁。其实，这两部影片是在为布什政府不惜与全世界对抗的单边主义背书，是"提前对下一次世界大战进行宣传"[②]。这种政府、公司与主流媒体的聚合，构成对左翼极其不利的政治社会氛围，但激进知识分子特别是好莱坞激进派并没有望而却步。

2002年，好莱坞制片人和作家艾伦·鲍尔与乔姆斯基一同发起反对伊拉克战争和反对帝国主义的"不要以我们的名义"签名运动。作为《美国丽人》的编剧和导演，鲍尔在2001~2005年制作了长达63集的讨论死亡问题的电视剧《六尺之下》，在第二季剧集中，有一个情节：洛杉矶殡葬业巨头克洛伊纳公司负责人密西试图劝说奈特和戴维·费歇把其家庭殡葬馆卖

---

[①] 维亚康姆是全球500强之一，90年代买下了派拉蒙影业公司，并拥有美国第二大电视台CBS，拥有UPN网络96%的用户，全美40%的地方电视台以及环球MTV音乐电视网、8个儿童频道、秀场怡乐网，以及联合电影国际一半的股权等皆被纳入旗下，2001年其利润达到232.28亿美元。Janet Wasko, *How Hollywood Works*. London: SAGE Publications Ltd., 2003, pp. 71-73.

[②] John Walker ed., *Halliwell's Film, Video & DVD Guide 2004*. London: Collins Reference 2004.

给她的公司,但被两兄弟拒绝。他们表示,他们蔑视大公司的所有主张,即公司利润高于一切,贪婪主宰人。"我们仇恨你们所代表的一切"就是他们的立场。这部电视剧展示了美国社会严重极化的图景,矛头直接指向布什政府的基本政策,如2001~2003年的削减公司税、经济上"无就业的复苏"以及联邦政府没有为穷人进行投资。它为好莱坞进步派指明了政治方向:凡是"布什的美国"支持的任何事情都应该予以反对。

2002年12月,蒂姆·罗宾斯和苏珊·萨兰顿在纽约的反伊拉克战争集会上首次把反战与"反资本主义者"联系起来,在一定程度上说明了反现行制度的抗议语言在好莱坞早已是流行有年。同年上映的《阳光天堂》向观众传达了一种强烈的反资本主义信号,著名左翼电影导演哈斯克尔·威克斯勒曾经表示,他与这部影片导演约翰·塞尔斯拥有共同的世界观,他们都"信仰事务的集体人道主义解决方案"[①]。在这部影片中,塞尔斯从无政府主义政治立场出发,设立了大量叙事惯例:住在乡村的斯托克斯一家,因失宠而离家出走又回来的任性女儿,女儿旧情人的脾气,另一位长相一般的女儿及其新欢,一位有着哲学头脑的医生。他对影片中两位主要女性角色的处理反映了他独特的反资本主义美学:那位长相平庸的女儿马莉·坦普尔有一头金发,打理着家族企业,勤奋工作,努力让父母幸福;而任性的女儿黛兹瑞则一头黑发,因为青少年时期的滥交而受到母亲责骂。然而,最后却是马莉背叛了家族,把家族企业出售给了冷酷无情的房地产公司——试图把小镇变成购物综合体的地产商。影片在对每一个主要人物独立故事和关系叙述的基础上,叠映出公司利益破坏真实人际关系的社会图画。影片中着力刻画了一位领导大众与大公司进行抗争的正义形象——充满智慧的劳埃德医生。简单地说,《阳光天堂》不仅坚持反大公司立场,还通过对小城镇人多样性相互协作生活方式的高度肯定来表达一种全球性的反资本主义意识形态。

以纪录片形式表达激进主题是好莱坞左翼的一大传统。纪录片制作者

---

① Ben Dickson, *Hollywood's New Radicalism: War, Globalisation and the Movies from Reagan to George W. Bush*, p.146.

迈克尔·摩尔在2004年推出《华氏9/11》,①反映了布什政府的某些侧面,试图就美国何以成为仇恨与恐怖活动的目标以及美国为何总是很容易卷入战争之中的问题做出解释。影片的回答是,在"9·11"后疯狂的反恐战争中起绝对作用的因素是对石油的贪婪,影片还对导致布什家族与本·拉登之间变成势不两立的敌对关系的原因进行了分析。与此同时,影片还聚焦于伊拉克战争中的美军和伊拉克普通人的种种真实状况,揭示战争给平民造成的灾难、美军中的反战情绪、美军在异国土地上的不义行径等,和摩尔以往的纪录片一样,以实地拍摄的真实镜头表达了对政治和经济精英控制的美国政府战争政策的抗议。

小布什时代的好莱坞左翼影片有一个十分突出的共同特征,这就是对集体主义价值的偏好,这无疑是对反资本主义全球化和反美国的伊拉克战争政策大背景的回应。无论是前面提及的《阳光天堂》《华氏9/11》,还是汤姆·克鲁斯主演的《最后的武士》(2003)、妮可·基德曼主演的《狗镇》(2003),都直接或间接地承袭了90年代《大厦将倾》等影片的政治价值——集体主义具有不可或缺的重要性。

可以肯定地说,好莱坞激进派坚持不懈地通过影视工具发出反资本主义与反战强音,其潜移默化的影响是不可估量的,1999年的西雅图抗议和奥巴马时代发生的占领华尔街运动在某种程度上就是这些努力结出的硕果。

## 四 小结:最具思想穿透力的文学和影视社会批判传统

综上所述,无论是意象性文学作品与文艺批评,还是镜像性影视创作与评论,主题的多元性是其基本特征,如果说上一章的反全球化是当代激进思想多元主题的集合符号,这一章的文学与影视就是激进思想传统最具社会价值传导力的舞台。在大多数历史时期,书写劳动者的苦难并呼唤激

---

① 该片荣获第57届戛纳金棕榈大奖。片名明显受到雷·布莱德伯瑞的经典科幻小说《华氏451度》(曾被特吕弗搬上银幕)的启发,《华氏451度》是一部类似《一九八四》的小说,它表现的是在未来的极权社会中,消防员的主要工作不再是灭火而是焚书,华氏451度是纸的燃点,这也是小说如此起名的原因。而《华氏9/11》模仿以温度单位加上寓意深刻的9/11的方式取名,意为这是自由的燃点。

进政治与社会革命一直是核心的主题。除了为底层阶级代言的革命主题外，人类和平和反对战争与暴力同样是永恒的诉求。此外，性别平等、少数族群权利、人类生存状况（异化与环境危机）等更成为常态性激进话语的描述对象。一种或明或暗或深或浅的现代性制度与社会批判精神始终贯穿于这些激进主题的多样性表现之中，这种批判既立足于对社会现实冲突与问题予以客观性表达的现实主义，又不乏指向未来的乐观主义与政治浪漫主义。

　　文学作品和影视艺术的生命力在于它对人性的贴近、对社会不公的鞭挞以及对人与社会真正自由的讴歌。以左翼诗歌为代表的20世纪美国激进文学创作与批评以其特有的韵律和节奏捕捉和追寻着美国社会经济与政治变革的脉动，构成不同历史时期伸张底层社会利益诉求的强音；以好莱坞影视为表达方式的声像激进主义同样为美国社会批判传统书写下一部部经典与传奇，它们与美国自由主义进步文化传统具有天然的亲和性与本质同源性，这就注定了它们的表达方式必然带有浓厚的个人主义和自由主义色彩，而这恰恰是它们最能打动美国读者或观众的地方，也是它们最具魅力之处。

# 余论　激进思想传统与 20 世纪美国社会演进

## 一　20 世纪美国激进思想传统的性质与特点

总体上看，就其性质而言，20 世纪美国激进思想传统无疑是自由—人本主义、犹太—基督教平等主义、激进自由主义、非暴力不合作主义、无政府主义、正统马克思主义和各种新马克思主义、民粹主义、存在主义、东方宗教哲学等思想和理论的大杂烩。无论是 20 世纪上半叶还是冷战时期和后冷战时代，在制度批判上主要立足于人道主义而非阶级立场；在替代社会想象中更多地出于对田园牧歌的浪漫怀旧而非基于科学的理论思考；在实现制度变革路径上对激烈革命道路的普遍拒绝；在社会关系（阶级、性别、种族等）、人与自然关系和国际关系重构等多维主题领域理论论述上每每呈现极端与虚幻性。虽然马克思主义始终在场，但 20 世纪美国激进思想传统的主流是：在手段和策略上属于无政府主义和社会民主主义相间的渐进改良式的社会主义，在目标定位上属于民主社会主义。

自 1899 年伯恩斯坦在《社会主义的前提和社会民主党的任务》一书中首次提出民主社会主义这一概念以来，民主社会主义逐渐成为西方众多左翼人士和政治团体的政治坐标。吉登斯主要基于欧洲经验断定，社会民主主义是传统左派的基本政治信仰，除了相信资本主义所制造的种种弊端可以通过持续渐进的改革克服外，对平等的追求是其核心关注点。① 在美国，社会民主主义既有欧洲思想的影子，又有"新政"和"伟大社会"等自由主义改革传统的共振，更有美国个人主义文化价值的基础，可以说，作为美国激进思想传统基本政治诉求的民主社会主义就是这几个方面的混合物。

显然，美国激进派所追求的民主社会主义在诸多方面有别于科学社会主义，首先，对资本主义制度的批判不是建立在政治经济的科学分析之上，而是建立在情感性的人道主义之上。这种人道主义立场不仅导致激进派的制度和社会批判呈现重文化解剖轻经济分析的趋向，从而在揭示社会病因时无法像历史唯物主义一样具有强大的理论解释力，而且还导致激进派拒绝马克思主义所坚持的阶级立场，只是从抽象的人性论出发，追求超阶级的民主、自由、正义、平等和博爱等抽象观念，进而把民主与专政相对立，对科学社会主义所追求的无产阶级专政予以否定，并斥之为"独裁"。在为数不少的美国激进派眼中，阶级分析方法不适合20世纪的美国。其次，在社会制度超越方式和路径上拒绝阶级斗争和革命，提倡渐进式的和平改良主义。可以说，主张革命还是改良，这是识别美国激进思想传统主流与科学社会主义差异的一个重要原则。科学社会主义强调，社会主义代替资本主义是历史的必然，但它需要通过阶级斗争和其最高形式的无产阶级革命才能实现。美国绝大多数左派对此持不以为然的态度，他们相信，通过充分利用现行制度架构和民主机制，可以以和平改良方式逐渐超越现行制度，抵达平等和民主的理想国，因此，他们坚决反对革命和暴力。再次，不认为消灭私有制是实现理想社会的必要条件和基础。尽管在美共等传统左派政党之外还有基督教社会主义者对私有财产制度持批评立场，但包括后者在内的绝大多数激进派并不是公有制的坚定支持者，他们追求的是一种合作型的社会主义，尤其是无政府主义者最反对生产资料公有的方案，认为这是对个人自由的威胁。最后，主要从过去而不是立足于现在寻找构建理想社会的思想资源。科学社会主义是在对现行制度和社会进行扬弃的基础上想象新社会，即在比工业资本主义更加发达的经济基础上建立美好的共产主义社会，美国绝大多数激进派则不同，他们对工业资本主义持彻底否

---

① 〔英〕安东尼·吉登斯：《第三条道路：社会民主主义的复兴》，郑戈译，北京大学出版社、生活·读书·新知三联书店，2000，第8~12页。

定态度，以回归乡村社会作为通往乌托邦的指南。

具体而言，20世纪美国激进思想传统具有以下特征。

其一，从人本主义出发，对社会不公予以不妥协的批判。虽然美国新旧保守主义的历史解释一直着力强调美国是个中产阶级社会，没有阶级对立，和谐一致是历史发展的基调，但以历史修正学派为代表的研究则提供了相反的也更接近历史真实的叙述。因社会不公引发的冲突贯穿美国历史的全过程，由此对因制度造成的社会不公予以激烈抨击成为美国的一大思想传统。自19世纪中后期以来的美国政治思想史表明，对资本主义的激进批判围绕着社会生活中的自由与民主两大目标展开，并由此形成了两大传统：一是针对剥削、贫困和自私贪婪的社会批判传统，提倡平等、安全、团结与合作；二是针对资产阶级文化的艺术批评传统，通过支持个人的自主、创造性与体验来反对资本主义秩序所要求的令人窒息的和死板的一致性，这种一致性不过是为赚钱服务并讨好财富大佬而已。

其二，对平等的理想社会图景的执着想象。通过对20世纪美国激进思想传统的系统梳理，不难发现，社会和制度批判的现实主义总是与不失浪漫的政治理想主义联袂而行，乌托邦激情在20世纪的美国历史进程中异彩纷呈，谱出一篇篇华丽乐章。正如理查德·罗蒂在对《屠场》《美国悲剧》《愤怒的葡萄》等社会主义色彩的小说进行评论时所指出的，这些作家相信，林肯的民有民治民享的梦想只有对美国进行改造才能实现。"个人主义思维方式应该被另外一种信念所代替，即美国会成为世界上第一个由人民管理的共和国（commonwealth），第一个没有阶级的社会。在这个国家中，人们的收入与财富平均分配，政府不但保证机会均等，而且保证个人自由。"这是20世纪前60年美国激进思想的基调。[①] 虽然有学者悲观地认定这种理想主义精神在20世纪末已经完全死掉，[②] 但其实不然，以詹姆逊、沃勒斯坦、布伦纳等为代表的一批左翼学者依然矢志不渝地相信社会进步，相信资本主义必然灭亡和共产主义必然实现，肯定对资本主义的替代性制度的探索需要想象力和乌托邦因素的介入，在这当中，马克思主义所起的

---

① 〔美〕理查德·罗蒂：《筑就我们的国家：20世纪美国左派思想》，黄宗英译，生活·读书·新知三联书店，2006，第5页。
② 〔美〕拉塞尔·雅各比：《乌托邦之死：冷漠时代的政治与文化》，姚建斌译，新星出版社，2012，第2页。

正面、积极的意识形态功能是"永远不能忽略的"。①

美国激进派之所以对未来理想建构的追求坚毅而执着，与美国深厚的宗教文化土壤密不可分。众所周知，作为移民国家的美国，其早期欧裔开拓者就是本着创建一个理想的"新世界"而来，这种不满于现状、追求至善的心理早已化为文化基因融于一个年轻民族的血脉之中。美国人永远不满于当下，总是对未来寄予厚望，相信明天会更好，这种向前看的文化心态是20世纪务实的美国人对美好社会愿景痴心不改的根源所在。这种沉淀于心灵深处的理想主义精神既是我们理解一个民族生生不息的活力之所在，也是我们理解美国激进派虽然屡战屡败却不改初心之关键。另外，由于现代性和工业资本主义被视为非人的生存方式受到全面鞭挞，乌托邦架构虽然不乏对工业和机器社会的美好想象，但大多数往往被置于浪漫化的田园图景中，对农业社会生存方式的理想化似乎彰显了激进思想对机器社会决然拒绝的立场，但怀旧本身则揭示了批判的武器在超越现实方面的无力和误入歧途。齐格蒙特·鲍曼把这种怀旧式乌托邦称为逆托邦（retrotopia），认为它"先验地使不断变革去合法化"，在诸多层面上"与未来背离"。②换言之，对过去的迷思不能把人们带向美好的未来。

其三，对暴力的排斥和对和平主义的倡导。美国历史学家戈登·伍德曾经用如下字眼来描述独立战争时期美国革命者的特点：因循守旧、严肃谨慎、温文尔雅，同时指出，他们总是出入客厅和立法大厅而不是活动于地下室或大街；他们做演讲而不是做炸弹，"他们不消灭他人，也不毁灭自己"。③ 即与欧洲和东方国家相比，美国革命者或者激进派表现得过于温和，过于彬彬有礼，过于贵族气。在20世纪美国激进思想史上，尽管不乏早期共产党人对马克思暴力革命理论的宣传与倡导，也不乏法兰克福学派理论家马尔库塞以暴力手段撕开蒙在现行专制主义体制之上的面纱的教导，更不乏激进漫画家泰德·罗尔之类对以暴力手段发动新美国革命摧毁美利坚

---

① 王逢振主编《詹姆逊文集·第1卷：新马克思主义》，中国人民大学出版社，2004，第354页。

② 〔英〕齐格蒙特·鲍曼：《怀旧的乌托邦》，姚伟译，中国人民大学出版社，2018，第14、19页。

③ 〔美〕戈登·伍德：《美国革命的激进主义》，傅国英译，北京大学出版社，1997年，导言第1页。

"僵尸帝国"的公开鼓号,① 但拒绝暴力和主张和平主义一直是其主流已然是不争的事实。社会存在决定社会意识,究其原因,这与美国的自然、社会和文化禀赋密不可分。

其一,自然空间对冲突挤压密度的有效卸载。这里的自然空间指的是有效地理空间,即由可耕地、植被、水资源和气候等构成的适合人类生存的地域。例如,俄罗斯领土面积虽然居世界第一,但其有效地理空间只有30%,即500万平方公里左右,而美国的有效地理空间超过750万平方公里,占国土面积的80%以上。一般而言,在政治经济制度背景相同或相似的条件下,从人口数量与自然资源和空间比率的角度看,有效自然空间充裕度高的国家内部社会冲突的烈度和频率相对较低,和平偏好突出;有效自然空间充裕度较低的国家则不然,社会冲突的烈度和频率相对较高,往往有明显的暴力偏好。美国历史学家弗雷德里克·特纳在解释西部边疆对美国历史的影响时提出了著名的"边疆活塞"理论,认为美国西部边疆从建国初的密西西比河不断向西推进,于19世纪后期直抵太平洋东岸,使美国在发展过程中具有辽阔的西部,为东部竞争失败者和社会底层不满者提供了"逃入自由"的出路和机会,从而构成了有效排泄东部社会冲突与不满的安全阀,大大降低了社会冲突的密度和烈度,因社会不公引发的冲突表现得较为温和。进入20世纪以来,尽管陆疆拓展已然不再,但美国地理空间纾解社会冲突的功能并未改变,二战后美国人口由东向西、由老东北向阳光地带的持续性迁移在一定程度上证明了这一点。20世纪初,德国社会学家桑巴特在分析美国社会主义运动落后于欧洲的原因时,从经济、政治、文化传统、社会结构、特殊意识等方面分析了美国的例外性,② 他特别强调优渥的物质条件在消解反抗和不满方面所具有的重要意义:源于物质匮乏的不满在大量的烤牛肉和苹果馅饼的香气和美味中消解于无形。虽然他由此得出物质生活优越会阻止激进的结论失之武断,早已为诸多激进理论家所批驳,但其研究对于美国激进思想的和平特性却不失为有说服力的解释。

---

① 〔美〕泰德·罗尔:《新美国革命:一个美国人的反美宣言》,吴文君、林琳译,重庆出版社,2011。
② 〔德〕韦尔纳·桑巴特:《为什么美国没有社会主义?》,赖海榕译,社会科学文献出版社,2003。

其二，社会空间对不满积累厚度的有效分流。与有效地理空间充裕为和平主义提供了物质环境一样，由新教个人主义和资本主义的自由竞争及其新发展变化创造的社会空间为和平地稀释冲突提供了渠道，因为在这个社会空间里，社会阶层之间的上下流动成为常态——尽管现实中下层向上流动并非易事，但社会文化对霍雷肖·阿尔杰式白手起家英雄的极力推崇所培育的社会心理在无形中消除了个别与一般以及神话与现实间的距离，这种社会流动性有效地防止了社会阶层固化造成的社会不满危险的累积，而累积的结果往往是导致社会结构崩溃的暴力冲突。虽然20世纪末美国社会日益表现出阶层固化的迹象，但整体上的社会流动性依然存在，这就是一些保守派理论家拒不承认美国是阶级社会，并不厌其烦地宣扬美国例外论的一个重要缘由。毫无疑问，社会阶层流动性本身并不能证伪阶级对立的存在。

其三，文化空间对社会正向—逆向对冲力的有效平衡。从文化社会学和结构功能主义的理论视角看，文化系统在社会大系统中居于主导和支配地位，决定着个体与群体之间的互动关系，因而决定着系统的正常运转与存续。在美国主流文化体系中，基督教特别是新教教义及其衍生的社会伦理价值充斥社会空间的所有维度，它既为社会提供了以个人奋斗追求成功为生活目标的竞争动力，又为经济社会生活中的失败和失意者摆脱自怨自艾境地重拾斗志提供了精神引领。换言之，以基督教为基础的文化空间在平衡过度竞争和反竞争力量的对冲上具有不可替代性，这种平衡力是整个社会保持相对和平与和谐的保证。此外，基督教源远流长的和平主义思想左右着宗教情感浓厚的美国人的知与行，美国激进理论家们亦不能外，20世纪的激进和平主义具有明显的基督教修辞偏好，足以证明这种影响的深广。

正是文化传统中对和平价值的偏重，使得对社会变革的向往多化为改革的推力和革命的阻力。绝大多数激进思想者尽管在对现代性社会或者资本主义制度的批判上壮怀激烈，但涉及路径和方法问题时，不倾心制度内渐进式改革者鲜，这是和平过渡或非暴力革命理论使然，也是20世纪激进左翼能够与自由派改革力量结盟共同推动系列改革运动的原因所在，也正因这一点，20世纪美国激进思想传统总体上或是位于社会民主主义政治光谱一端，或是对民主社会主义充满亲和力。

其四,激进思想每每通过行动伸张出来。一般而言,思想作为社会行动的引领者总是走在行动的前面,但在美国,思想常常与社会运动同步或者由社会运动来表达,从20世纪前半叶的社会主义思潮,到世纪中期的反主流文化哲学,再到世纪末的反新自由主义全球化主张,无不如此,这无疑与美国文化传统中根深蒂固的实用主义和实验主义影响分不开。正如前面第一章中所述及的,宗教理想主义为美国奠定了立足于脚下现实大地建立人间天国的精神始基,启蒙理性主义的传入则铸就了实验主义的科学精神,二者结合在一起培育了一种务实不务虚的社会文化导向与氛围:非经实证者不为真,实用证明真理,行动阐述真知。以乌托邦构想为例,在同文化背景的欧洲,我们看到的多半是文本,但在美国,我们看得到文本,但更能看到的是与文本俱在的社会实验,即行动。行动不仅是对思想和理论的检验,行动本身就是无言的思想。在狂飙突进的20世纪60~70年代,嬉皮士用长发、奇装异服、鲜花、毒品、摇滚乐、群居和宗教冥思等另类生活方式阐述了彻底拒绝主流文化和全面拥抱田园乌托邦的理论立场,可谓20世纪美国以行动展示思想的典范。

从以上特点可知,20世纪美国激进主义是这样一种思想传统:以个体和群体的自由平等为社会正义的坐标,对现行体制持以否定或要求变革的批评立场,并将和平渐进方式和社会实验作为迈向后资本主义乐土的可行路径,对理想政治图景的想象则多半具有乌托邦气质。这一传统是美国独特文化背景与20世纪美国资本主义发展变化相结合的产物。尽管它所追求的民主社会主义与科学社会主义截然不同,但其激烈的社会批判立场使之成为20世纪美国社会进步不可或缺的内在动力。

## 二 激进思想传统与20世纪美国社会变革

新左派理论家理查德·弗莱克斯在论及美国左翼历史时指出,左翼思想的基本特征表现为复杂性与多样性兼备,社会主义、无政府主义和民粹主义构成其主要的思想脉络。不同的思想脉络同多样性身份相连接:左翼自由派、激进民主派、自由至上论者、女权主义者、劳工活动家、反帝国主义者、进步主义改革派、新政派、世界主义者、反战和平分子、环境主义者,等等,很难按照传统左翼意识形态来对他们分类。尽管如此,他们中无疑存在某种基本上相同的理论分析和信仰。① 这种共同信仰虽然还不足以把他们整合在一起,却足以让他们拥有并发挥影响历史的能量。就连对马克思主义多有非议的哲学家理查德·罗蒂也承认:"许多马克思主义者,甚至那些数十年来一直为斯大林辩护的人,都参与了法律条文的修改,使我们的国家变得更加美好。"② 可以说,20世纪美国社会演进的节律里每每伴有激进思想的蓬勃脉动。

首先,激进思想孕育了推动社会变革和改革的社会运动。美国是个素称社会运动发达的国家,这些社会运动在不同程度上不是直接构成经济社会改革的主力,就是构成经济社会改革和变革的引领者与施压者。从某种角度看,20世纪的美国就是在一浪高过一浪的经济社会改革运动的推动下前行的。以进步主义和新政时代的改革为例,如果没有社会主义者对资本主义的鞭挞和对替代性社会远景的勾勒,就不会有左翼与自由派改革力量的结盟。共产党人约瑟夫·弗里曼在30年代初写道:"人类正在经历一场重大变革。资本主义的死亡就规模和意义而言可与私有财产的起源、基督教的开端、资产阶级的支配相提并论。"③ 无独有偶,杜威1902年已经有类似的看法:"相信现行资本主义对工业事务的控制及其对政治生活的影响具有过渡性特征。"④ 无论是激进派还是自由派,都把美国社会视为存在严重缺陷的社会,都崇奉个人自由、自然权利、宪法政府和"人民"主权的政治信念,致力于社会的平等正义,正是这些信仰"把18~19世纪反政府的自由主义与20世纪及之后的福利国家自由主义连接在一起"⑤。从19世纪80年代到20世纪40年代,许多改革派和激进派由美国社会正在从一个历史发展阶段向下一个发展阶段迈进这样一种广泛的进步信念连接在一起,就连政治领袖伍德罗·威尔逊、富兰克林·罗斯福和新闻记者沃尔特·李普曼都公开把自己归类为左派而非自由派,对社会主义观念具有某种程度的好感。他们发现,自由放任和社会达尔文主义不是有违基督教精神就是

---

① Richard Flacks, *Making History: The American Left and the American Mind*. p. 104.
② 〔美〕理查德·罗蒂:《筑就我们的国家:20世纪美国左派思想》,黄宗英译,生活·读书·新知三联书店,2006,第34页。
③ Doug Rossinow, *Visions of Progress: the Left-liberal Tradition in America*, p. 5.
④ Robort B. Westbook, *John Dewey and American Democracy*. Ithaca, N.Y.: Cornell University Press, 1991, p. 92.
⑤ Doug Rossinow, *Visions of Progress: the Left-liberal Tradition in America*, p. 10.

谬种流传,他们相信,美国人能够通过改革铸造一个和谐公正的新社会以化解阶级冲突,能够应用政治手段来为社会变革之舟掌舵,使之向正确的方向航行。虽然社会主义者的资本主义批判同其自由派盟友一样,大多是基于道德抨击而非深刻的政治经济分析,但也正是这种道德批评立场为双方提供了共同政治话语,使得大规模的经济社会改革浪潮的出现和成功成为可能。可以肯定地说,没有"改良左派"激进思想的压力和助推,通往福利国家道路的新政改革能否起步当属疑问。或许正是出于这样的认知,美国左翼历史学家魏因斯坦明确断定,20世纪的美国是由资本主义和社会主义原则之间的互动推进的,正是威胁资本主义生存的社会主义的挑战和改革拯救了资本主义制度。①

其次,激进思想为社会底层和边缘群体提供了话语表达。自19世纪以来,激进思想者们总是自觉或不自觉地把自己视为社会底层或弱势群体利益的代言人,因为他们相信处于边缘地位的底层民众没有能力为自己发声。左翼理论家斯皮瓦克和阿普尔等人明确表示,为底层代言是左翼知识分子责无旁贷的任务。以斯皮瓦克为例,她以德里达解构主义方法论作为其研究"策略",对"底层人"(Subaltern)进行文学、历史、伦理和政治文本解读,全面揭示他们因在主流社会结构中话语权缺失而表现出的普遍失语状态。她虽然在东西方跨文化层面上对西方激进知识分子提出批评,认为他们自恃为非西方世界底层社会的代言人,无意中剥夺了第三世界底层社会话语表达权利,使后者陷入沉默状态,加之这种代言多半掺杂着代言人主观性的欲求,结果往往造成对被代言人的伤害,②但主客观方面的种种原因,使被压迫的底层人比如女性群体往往"无法发出自己的声音",因此,进步知识分子的使命就在于,追溯底层社会被涂抹掉的历史踪迹,恢复其物质和文化的历史,给他们以自信,发出被压抑者的声音。③

再次,激进思想引领美国主流文化变革和多元文化平等建构。在20世纪美国历史进程中,不平等构成社会非正义的本质形式,成为不道德社会的同义词。作为激进思想鞭挞的对象,这种不平等既表现为个人和社会集

---

① James Weinstein, *The Long Detour: the History and Future of the American Left*, p. XV.
② Stephen Morton, *Gayatri Chakravorty Spivak*. New York: Routledge, 2003, p. 57.
③ 〔美〕佳亚特里·斯皮瓦克:《从解构到全球化批判:斯皮瓦克读本》,陈永国等主编,北京大学出版社,2007,第412页。

团在经济、政治和社会地位上的明显落差，又表现为文化上中心与边缘或支配与服从的主从关系，前者只是美国社会不平等关系的表层，后者才是其根本，因为文化上的支配关系既是制度本质的体现，又是其基础。与资本逻辑所需的市场一体化法则相呼应的是，欧裔主流文化追求通过"熔炉"实现文化的一元化。以白人主流文化统摄和融化非白人亚文化，其中隐含着一种心照不宣的文化等级与霸权意识，由此带来对非欧裔文化特性和生存权利的蔑视，这种文化不平等是美国族群关系长期紧张和冲突频仍的最为深刻的原因所在。建立在文化相对主义基础上的激进多元文化主义通过承认政治致力于把美国引向文化平等的多元文化社会，从实践上看，虽然在根除根深蒂固的种族主义方面效果有限，但其在美国社会多元文化氛围的打造上取得的成绩却是有目共睹的。

最后，激进思想促成资本主义制度内部的自我修复机制。激进思想作为资本主义制度的对立面存在于资本主义内部，它的否定性批判既是颠覆性力量，又是鞭策性力量，既是资本主义制度生存的压力，又是动力，它促使资本主义社会内部不断进行自我扬弃式的革故鼎新，不断进行自我修复，也正是因为如此，激进思想构成了现代资本主义内部自我修复机制的重要组成部分。凯尔纳认为，社会主义概念的重要性在于促使人们追寻更加激进的民主政治制度，社会主义思想能够作为在"民主资本主义社会中改善政策以及满足具体政策要求的实际指导"①。这对理解社会主义在资本主义自我更新中的作用不失启迪性。从历史唯物主义的立场看，任何社会制度都是矛盾的统一体，其内部从一开始就存在着否定性的一面，社会历史的发展和制度的兴衰在某种程度上就是社会系统中统治制度体系与对立面矛盾运动的结果。统治制度在因应对立思想的过程中不断修正自身，而修正自身的行为就不可避免地要吸收异己力量的部分诉求，结果是，制度的否定力量无形中被纳入制度运行系统内，成为其自我修复机制的重要组成部分。社会主义者和偏左自由派的激进变革和改革主张不断化为以立法程序为导向的一波波经济社会改革浪潮，牛仔裤和摇滚乐等60年代反主流文化的符号转眼间变成美国主流文化的时尚，曾经被嗤之以鼻的波普文化

---

① 〔美〕凯尔纳：《正统马克思主义的终结》，载俞可平主编《全球化时代的"马克思主义"》，中央编译出版社，1998，第32页。

不经意间登堂入室与高雅文化平分秋色,所有这些表明,资本主义制度以这种包容异己的能力不断修复自身,彰显其生命力远未到耗尽之际。进入20世纪以来,左翼理论家几度预测资本主义行将就木,但迄今为止还没有一个成熟的资本主义社会被其内部的否定力量所取代,美国更是如此。正如马克思在《政治经济学批判·序言》中所指出的:"无论哪一个社会形态,在它所能容纳的全部生产力发挥出来以前,是决不会灭亡的;而新的更高的生产关系,在它的物质存在条件在旧社会的胎胞里成熟以前,是决不会出现的。"[1] 可以说,以美国为代表的现代资本主义还远未到生命周期完结之际,这是激进批判思想被主流文化与政治从容化为自我修复机制的客观基础。

简而言之,20世纪美国历史进程实为资本主义与社会主义两种思想博弈互动的结果,正是美国资本主义制度内部无处不在的激进思想传统对社会主义改革的鼓号不断推动社会向更加平等和民主的方向演进。

## 三　激进思想传统的嬗变、问题与发展趋向

### (一) 20世纪美国激进思想传统的嬗变

从前面各个主题领域的论述来看,20世纪激进派的思想主张普遍存在一种由经济、政治和法律正义向身份与文化平等的递嬗;由分配正义向承认政治的转向;由"阶级革命"向"社会解放"转轨;由二元平等向一元融合的升华。例如,20世纪中叶以前,社会党和共产党等左翼组织始终把争取工人阶级的经济政治权利作为最基本的斗争目标,非洲裔美国人同样以实现其经济政治权利为依归,妇女则从争取政治投票权转向争取经济平等权,人与自然关系上集中批判二元对立性和人类中心主义。自60年代以降,虽然政治经济平等依然在论述范围中,如弗雷泽等人关于分配正义的讨论,但左翼学术的主流话语却已悄然实现向身份和文化权利的转换。尽管美国共产党内部分理论家仍然在呼唤以工人阶级为主体的"阶级革命",但以所有边缘群体为基础的新社会运动的"社会解放"早已成为左翼思想

---

[1] 《马克思恩格斯选集》第2卷,人民出版社,2012,第3页。

正统。在环境问题上,从追求人与自然二元平等关系向人类融于自然一元体系的思想转轨。性与性别权利方面,从反对男权滑向对性别差异的激进否定,如奥丁的无性乌托邦和为同性恋权利张目的酷儿理论就是典型例子。

激进思想传统的这种递嬗实际上是美国社会发展演进和资本主义新变化的折射。19世纪后期到20世纪上半叶,美国向成为一个完全的工业化和城市化国家转变,这个过程冷酷激烈,弊病丛生,其中最严重的自然是与资本主义制度共生的经济不公和阶级对立。因此,这个时期激进思想关注的核心就在于阶级和经济平等问题;30年代"新政"改革以后,历经杜鲁门"公平施政"和肯尼迪—约翰逊改革,美国逐步发展成为一个福利国家,并逐步向后工业或后现代社会转型,经济公平问题日渐缓解,种族、性与性别、人与自然、国际关系等领域更加深层次的身份和文化正义问题全面进入理论视野,其中边缘群体身份和文化特殊性与差异性的承认问题构成了中心议题,即对现行体制的挑战从经济政治领域上升到了文化层面,多元文化主义成为对抗和颠覆传统主流文化致力于一元统治的"熔炉论"的有力话语武器。20世纪后期,后工业或后现代社会特征日显,资本主义则呈现种种晚期征兆,激进的批评相应地体现出一种全球性或人类全局性的高度。

20世纪美国激进思想的递嬗既体现了思想对现实的引领,又折射出现实对观念的反冲引发的理论调适,虽然其中不乏深化、升华、退却和战略转向,但有一点是持之以恒的:对社会进步和人类美好未来的执着信念。

## (二) 政治社会影响边缘化及其原因分析

激进思想传统存在的最根本的问题是政治社会影响的边缘化。最能反映边缘化状况的是,在20世纪后期美国政治进程中左翼政党的集体缺位以及大众认知度的衰减。尽管有着互联网时代技术优势的种种便利条件,美共等传统左派政党及其影响力长期局限于以知识界为主的小众圈子,无论是政治决策层还是社会政策讨论空间都很难听到激进左翼另类的声音。边缘化现状的形成有主、客观两方面的原因。从客观上看,主要有以下几个方面的原因。

首先,美国政治保守主义传统在社会生活中根基深厚并在政治文化领域中居于优势地位,构成不利于激进思想传统发展的社会环境。美国社会的保守性可以从其浓厚的宗教色彩管窥一斑。通过比较研究发现,美国是西方世界基督教色彩最强烈的国度,40%以上的美国家庭经常参与周日礼拜，相比之下，英国不足10%；98%的美国人表示相信上帝，60%的人声称永远不会投票给无神论者。① 美国保守主义的基本特征是：反对大政府；反对政府和社会组织对个人自由的限制与压抑；反对干预经济和社会生活；反对福利制度，认为经济不平等是人的能力或才能不平等的自然结果；主张维护传统新教价值与家庭伦理，反对激烈的社会变革，支持渐进的改良。即便是在激进风暴席卷的20世纪60年代，全国人口中保守派仍然占51%，而即便是号称左翼堡垒的大学，左派也仅仅占5%。② 左派对制度的否定和激进变革主张不仅在保守主义者眼中形同洪水猛兽，遭遇抵制和对抗，在争取社会大众支持上同样是异常艰难。

其次，美国权力集团对左翼力量的长期打压和出于意识形态意图的妖魔化，导致激进思想传统的政治文化生存空间无法得到根本的拓展。自20世纪初以来，美国政府从未放松过对各种激进组织的政治打压，联邦政府司法部、联邦调查局和形形色色的国会调查委员会对共产党和社会党的合法袭击在每个时期都存在，唯一的区别在于激烈程度不同。无论是威尔逊时期（1913~1920），还是共和党人掌控的20年代，更不用说战后冷战时期的麦卡锡时代和新保守主义时代，美国权势集团无一不把共产党等左翼组织视为敌对势力，尽管美共自1935年起就已经放弃以暴力推翻资产阶级政治统治并选择和平改革的路线，但"国会调查委员会、报纸和好莱坞都把共产党描绘成颠覆分子，有时还视之为实质上的邪恶势力"③。国家权力机构的司法打击和主流媒体的污名化攻击所形成的强大舆论导向带来了严重后果：美共等激进组织成为众矢之的，组织持续萎缩，在政治场域中不是处于失声状态就是丧失代表社会批判力量发言的能力和权力。绝大多数激进理论家只能"蜗居"于学术领域。

再次，美国两党政治对政治权力的垄断以及对政治创议超强的劫夺能力使得激进左派的独立生存发展成为奢求。自19世纪末美国民主党和共和党两大党轮坐机制形成以来，不再有任何第三党能够打破两党政治对权力

---

① Mick Gidley ed., *Modern American Culture: An Introduction*. New York: Longman Publishing, 1993, p. 23.
② S. M. Lipset, *Rebellion in the University: A History of Student Activism in America*. Boston: Little Brown, 1972, p. 51.
③ Maurice Isserman, *If I Had a Hammer…The Death of the Old Left and the Birth of the New Left*, p. 4.

和政治议程的垄断，无论是早期的平民党，还是后来的社会党和共产党，都无法在20世纪有效撼动民主党和共和党两党的地位。除了这两大党握有国家机器，最不容否认的是，两党尤其是民主党具有强大的政治创议吸附机制，不断吸纳对立政治组织的种种非极端性政治纲领或主张。例如，从20世纪初到30年代，平民党、社会党乃至共产党的一系列改革计划几乎都进入了民主党在进步主义时期和新政时代的政纲；战后新左派的"参与民主制"构想同样变成了民主党的口号；20世纪后期左翼的多元文化主义目标很快也进入了民主党政治议程。结果是，无数激进组织主动或被动地融入民主党阵营，视民主党人为同路人，这一点就连共产党人都不例外。在过去的半个世纪中，美共都把选票投给民主党人。2016年和2020年的大选亦不例外。

最后，20世纪社会主义国家在经济、政治和社会生活中出现的种种失误和严重问题产生的负面影响，使得激进派理论主张的说服力大为削弱。20世纪上半叶，斯大林时代的苏联作为第一个社会主义国家，在工业化等领域取得了巨大成就，并在第二次世界大战中成为击败德国法西斯的决定性力量，但在政治和社会生活中却存在严重违反民主的现象。1956年苏共二十大期间，赫鲁晓夫发布的"秘密报告"将斯大林时代的种种恐怖、黑暗和专制抖搂出来，震惊世界，使得欧美左翼在政治上陷入极端被动的境地。

以上只是外因，激进思想传统本身存在的问题作为内因无疑具有决定性影响。

首先，思想理论上的故步自封。囿于意识形态的僵硬教条，画地为牢，自捆手脚是美国左派的通病。托德·吉特林认为，当今美国左派与美国主流社会严重脱节，逐渐退缩到意识形态角落中，反对美国所有的政策，却提不出真正可行的替代性政策选择。这一诊断可谓入木三分。以美国共产党为例，它虽然顽强地坚守自己的政治信念，矢志不移地追求美国的社会主义化这一远大理想，却百年如一日地把工作重心放在制造业工人这一群体身上，对这一群体正越来越萎缩和日益边缘化的现实视若无睹，对美国社会结构中产阶级化的主流现象麻木不仁，所提出的反垄断等口号显得陈旧老套，难以打动民众。美共虽然自冷战结束以来也在不断探索，力图重塑形象以争取更多社会关注，重新赢得群众，比如把环境主义、和平主义纳入政纲，并与社会主义挂钩，但总体上仍然未脱离原有的老套路、旧框架。其他左翼组织亦然。

其次，理论主张的极端性与非理性。罗蒂指出："要是没有极左思想泛滥，美国左派早就如日中天了。"① 这一批评并非言过其实，他敏锐地抓住了美国激进思想传统中一个带有普遍性的问题，极端化让人对激进派的政治方案敬而远之。20世纪上半叶，无政府社会主义者的极端反社会主张、30年代美共不切实际的美国苏维埃化构想让美国人疑惧交加。二战后惊世骇俗的反主流文化令人望而生畏；多元文化主义对反向种族主义的肯定和对主流文化的肆意贬损让人惶恐不安；人与自然关系重构中对人类的妖魔化等，更是让人敬而远之。一句话，思想的非理性和偏激性成为激进理论并非个别存在的硬伤。这种偏激和非理性在对科学的态度上表现得最为典型。

受法兰克福学派社会批判理论和后现代解构主义的影响，美国学术左派把科学技术视为启蒙话语的重要组成部分和现代性统治的重要支柱，现代社会人的异化乃至人类生存的种种不自由状态都与科学技术的发展紧密相关。科学被现代性社会奉若神明，科学等于真理，现代性以科学性来为自身的合法性和合理性做证。因此，科学不仅为现代性社会提供外在的社会控制手段，更成为在人的意识深处控制人的枷锁。于是，无论是后现代主义、后殖民主义、多元文化主义，还是女权主义、环境主义、历史与文化建构主义，都不同程度地对科学持批判与否定立场。例如，左翼社会学家哈维·弗格森就公开认为，现代物理学的发展是以"资产阶级意识"的演变为条件并受其支配的产物。② 著名左翼学者阿罗诺维茨同样坚守这样的信念：科学技术是支撑现代资本主义结构基础中的关键因素，祛除科学的神秘性，颠覆其可靠性与客观性就自然而然地成为左派理论家责无旁贷的任务。③ 基于这样的认知，不仅有安德鲁·罗斯、史蒂文·贝斯特和凯瑟

---

① 〔美〕理查德·罗蒂：《筑就我们的国家：20世纪美国左派思想》，黄宗英译，生活·读书·新知三联书店，2006，第35页。
② 〔美〕保罗·R.格罗斯、诺曼·莱维特：《高级迷信：学术左派及其关于科学的争论》，孙雍君、张锦志译，北京大学出版社，2008，第52、53页。
③ Stanley Aronowitz, *Science Is Power: Discourse and Ideology in Modern Society*. Minneapolis: University of Minnesota Press, 1988.

琳·黑黎斯①等人致力于用后现代科学取代现代科学的远大理想，更有以安·加里、玛丽琳·皮尔索和桑德拉·哈定等为代表的女权主义学者主张在女权主义科学基础上重建科学②。一时间，女性代数学、女性物理学、女性生物遗传学等应运而生。激进环境主义者同样把推翻现代科学在内的现代性社会作为实现生态伊甸园的必由之路。左派强行赋予科学意识形态性，彻底否定其进步功能，对科学体系和方法论大加贬斥，实际上并未能为自己在政治上赢得加分。反对把科学神圣化本身无可厚非，但将科学妖魔化，把现代人的种种不幸归因于科学而非资本主义制度，显然是选错了对象。

再次，在现代社会变革主体和路径等问题上陷入理论困境。如前所述，以美共为代表的一部分左派长期教条化地理解马克思主义，对现代资本主义社会的新变化视若无睹，导致其在社会变革主体和路径上理论严重脱离现实；以马尔库塞为思想之父的"新左派"虽然清醒地意识到了社会结构变化的新趋势，却把变革主体寄望于知识分子，寄望于大拒绝的反主流文化革命，历史业已证明，这不过是儿戏；选择后现代主义理论立场的文化左派把解构、颠覆和摧毁作为社会制度批判的利器，同时视多元文化主义为医治病入膏肓的美国社会的灵丹妙药，殊不知，正如拉塞尔·雅各比所指出的，左派乞灵于多元文化主义，正好反映出左派思想上的误入歧途，因为"多元文化主义不可能推动任何远景"③。许多后现代激进派以解构主义立场颠覆宏大叙事，并否定权威、中心、主体、伟大、意义等，并以此为理由回避社会变革中的主体、路径和意义诸问题，其直接影响就是，不但无力就超越现行社会制度提出可行性纲领和路线图，也无力为社会抗议实践提供有效的策略和理论指导，这是当代美国激进社会抗议总是表现为零散性和偶发性的原因所在。

---

① Andrew Ross, *Strange Weather: Culture, Science and Technology in the Age of Limits*. London: Verso, 1991; Steven Best and David Kellner, *Postmodern Theory: Critical Interrogations*. New York: Macmillan/Fuilford, 1990; N. Katherine Hayles, *Chaos Bound: Orderly Disorder in Contemporary Literature and Science*. Ithaca: Cornell University Press, 1990.

② Ann Garry, Marilyn Pearsall ed., *Woman, Knowledge, and Reality: Explorations in Feminist Philosophy*. London: Routledge, 1997; Sandra G. Harding, *The Science Question in Feminism*. Ithaca: Cornell University Press, 1986.

③ 〔美〕拉塞尔·雅各比：《乌托邦之死：冷漠时代的政治与文化》，姚建斌译，新星出版社，2007，第53页。

最后，在同自由主义和保守主义的话语权较量中，无力扭转颓势。在20世纪上半叶，左翼因与改革自由派结盟而使社会变革和社会主义话语成为时代强音，但在战后，随着麦卡锡主义起始的"恐红征"愈演愈烈，以及自由改革派日益转向为资本主义政治经济体制辩护，加之左派面对资本主义新变化理论所表现出的进退失据，即便左翼在高校占有种种优势，也无力扭转整体上话语弱势和边缘化的趋势。激进的思想在很大程度上成为左翼知识分子在半封闭的圈子里的自说自话。① 左翼之所以在话语权争夺中丢城失地，一个十分重要的原因是，传统的左翼政党如美国共产党在现行权力体系的持续性规制和惩戒下，战后基本上从政治舞台向学术领域退却，沦落为近似民主党的外围组织；美国社会党更是自20世纪70年代以来一直以民主党为政治舞台，结果不仅其社会认知度严重下降，而且其政治旗号沦丧。

### （三）危机与希望并存的未来

2008年金融危机爆发后，包括沃勒斯坦、兰德尔·科林斯、迈克尔·曼、格奥吉·杰尔卢吉扬、克雷格·卡尔霍恩在内的一些左翼学者，分别从各自的学术视角对资本主义的前途和命运进行了评判，虽然结论不尽一致，但都认为资本主义体系将在未来几十年中面临重大挑战，其中沃勒斯坦和哈维的观点最具代表性。沃勒斯坦认为，在过去500年中让资本主义世界体系保持平衡运转的"康德拉季耶夫周期"和"霸权周期"都将达到极限而失效，从而导致资本主义体系进入结构性危机阶段，最终走向灭亡。② 哈维则断定，资本主义由于根本性、变化性和危险性的重重矛盾导致其陷入严重危机和困境，"它蹒跚前行，仿佛随时可能停下来，甚至无预警地爆炸"③。这些矛盾中潜伏着希望："如我们所见，资本的领土中有很大迫

---

① 有些西方学者对此持有不同看法，如考夫曼就认为，过去四十年来美国左翼激进主义无论是在反核激进环境主义、反种族隔离黑人激进主义、反战和平主义，还是在酷儿激进主义和全球正义方面的动员都是十分成功的，其表现可圈可点。见L. A. Kauffman. *Direct Action*: *Protest and the Reinvention of American Radicalism*. London：Verso, 2017。

② 〔美〕伊曼纽尔·沃勒斯坦等：《资本主义还有未来吗？》，徐曦白译，社会科学文献出版社，2014。

③ 〔美〕大卫·哈维：《资本社会的17个矛盾》，许瑞宋译，中信出版集团股份有限公司，2016。

切的矛盾，足够赋予我们许多抱持希望的理由。"① 2019 年初，生态马克思主义理论家约翰·福斯特更是在西班牙《起义报》上撰文，断定"资本主义作为一种社会制度已经失败"。新社会主义将是人类的未来，因为"尽管有过失败，但社会主义的确优于资本主义"②。在左翼处于颓势和危机的历史时期，这是一种少有的理论与道路自信。

2019 年的调查发现，有 43% 的美国人认为"某种形式的社会主义"对"整个国家"来说是一件"好事"，比 1942 年增长了 18%，③ 这在一定程度上说明，尽管激进思想在当代美国对政治议程的影响日趋边缘化，但资本主义固有矛盾的存在，由此带来的经济不公、异化生存、环境危机以及全球性非正义等问题的长期性和不可克服性，决定了左翼激进思想和理论在影响美国社会历史进程方面依然充满机会与转机。正如美国左翼政治家和民主社会主义者伯尼·桑德斯所指出的："争取经济、社会、种族和环境正义的斗争永远不会停止，……美国的未来甚至世界的未来都要求我们突破这些局限。……他人无法为我们实现民主，未来掌握在我们手中。"④ 美国激进思想传统在未来很可能不再仅仅只是一种乌托邦冲动。

---

① 〔美〕大卫·哈维：《资本社会的 17 个矛盾》，许瑞宋译，中信出版集团股份有限公司，2016，第 326 页。
② 约翰·贝拉米·福斯特：《西方资本主义正走向失败》，《参考消息》2019 年 3 月 12 日。
③ Countercurrents Collective, "Four in 10 U. S. Embrace Socialism", https://countercurrents.org/2019/05/four-in-10-in-u-s-embrace-socialism.
④ 〔美〕伯尼·桑德斯：《我们的革命：西方的体制困境和美国的社会危机》，钟舒婷、周紫君译，江苏凤凰文艺出版社，2018，第 308~309 页。

# 参考文献

## I. 中文文献

〔匈〕阿格妮丝·赫勒：《激进哲学》，赵司空、孙建茵译，黑龙江大学出版社，2011。

〔美〕爱德华·贝拉米：《回顾》，林天斗、张自谋译，商务印书馆，2017。

〔美〕埃里克·方纳：《给我自由！一部美国的历史》（下），王希译，商务印书馆，2010。

〔美〕埃里克·霍弗：《狂热分子：群众运动圣经》，梁永安译，广西师范大学出版社，2011。

〔美〕奥尔多·利奥波德：《沙乡年鉴》，侯文蕙译，吉林人民出版社，1997。

〔英〕保罗·塔格特：《民粹主义》，袁明旭译，吉林人民出版社，2005。

〔美〕保罗·R. 格罗斯、诺曼·莱维特：《高级迷信：学术左派及其关于科学的争论》，孙雍君、张锦志译，北京大学出版社，2008。

〔美〕贝尔·胡克斯：《女权主义理论：从边缘到中心》，晓征、平林译，江苏人民出版社，2001。

〔美〕伯尼·桑德斯：《我们的革命：西方的体制困境和美国的社会危机》，钟舒婷、周紫君译，江苏凤凰文艺出版社，2018。

〔美〕查尔斯·蒂利、〔美〕西德尼·塔罗：《抗争政治》，李义中译，译林出版社，2010。

〔美〕大卫·哈维:《新自由主义简史》,王钦译,上海译文出版社,2010。

〔美〕大卫·哈维:《资本社会的17个矛盾》,许瑞宋译,中信出版集团股份有限公司,2021。

〔美〕大卫·雷·格里芬:《后现代精神》,王成兵译,中央编译出版社,2011。

〔美〕大卫·施韦卡特:《超越资本主义》,黄瑾译,社会科学文献出版社,2011。

〔美〕戴安娜·拉维奇:《美国读本:感动过一个国家的文字》,林木椿等译,生活·读书·新知三联书店,1995。

〔美〕道格拉斯·凯尔纳、斯蒂文·贝斯特:《后现代理论:批判性的质疑》,张志斌译,中央编译出版社,2001。

〔美〕道格拉斯·拉米斯:《激进民主》,刘元琪译,中国人民大学出版社,2008。

丁淑杰:《美国共产党的社会主义理论与实践》,中国社会科学出版社,2010。

〔美〕厄普顿·辛克莱:《屠场》,肖乾等译,人民文学出版社,1979。

〔美〕凡·戈斯:《反思新左派——一部新阐释性的历史》,侯艳、李燕译,首都师范大学出版社,2015。

〔美〕弗雷德里克·詹姆逊:《文化转向》,胡亚敏等译,中国社会科学出版社,2000。

〔美〕戈登·伍德:《美国革命的激进主义》,傅国英译,北京大学出版社,1997。

〔美〕葛尔·罗宾等:《酷儿理论》,李银河译,文化艺术出版社,2003。

〔美〕格特鲁德·希梅尔法布:《现代性之路:英法美启蒙运动之比较》,齐安儒译,复旦大学出版社,2011。

何怀宏:《生态伦理:精神资源与哲学基础》,河北大学出版社,2002。

〔美〕赫伯特·马尔库塞:《爱欲与文明》,黄勇、薛民译,上海译文出版社有限公司,2019。

〔美〕赫伯特·马尔库塞:《单面人》,左晓斯译,湖南人民出版社，1988。

〔美〕亨利·乔治：《进步与贫困》，吴良健、王翼龙译，商务印书馆，2012。

〔美〕亨利·大卫·梭罗：《瓦尔登湖》，刘绯译，花山文艺出版社，1996。

〔英〕霍布斯：《利维坦》，黎思复、黎廷弼译，商务印书馆，2014。

〔美〕霍华德·津恩：《美国人民史》，蒲国良等译，上海人民出版社，2013。

〔美〕佳亚特里·斯皮瓦克：《从解构到全球化批判：斯皮瓦克读本》，陈永国等主编，北京大学出版社，2007。

〔法〕贾克·阿达利：《噪音：音乐的政治经济学》，宋素凤、翁桂堂译，上海人民出版社，2000。

〔美〕杰姆逊：《后现代主义与文化理论》，胡亚敏等译，北京大学出版社，1997。

〔英〕J. R. 波尔：《美国平等的历程》，张聚国译，商务印书馆，2010。

〔德〕卡尔·曼海姆：《意识形态与乌托邦》，黎鸣、李书崇译，商务印书馆，2000。

〔美〕克莱顿·克罗齐特、〔美〕杰弗里·W. 罗宾斯：《哲学、政治与地球：新唯物主义》，管月飞译，安徽师范大学出版社，2018。

〔美〕克雷格·卡尔霍恩：《激进主义探源：传统、公共领域与19世纪初的社会运动》，甘会斌、陈云龙译，北京大学出版社，2016。

孔明安等：《当代国外马克思主义新思潮研究——从西方马克思主义到后马克思主义》，中央编译出版社，2012。

〔美〕拉塞尔·雅各比：《乌托邦之死：冷漠时代的政治与文化》，姚建彬译，新星出版社，2007。

〔美〕理查德·霍夫斯塔特：《美国政治传统及其缔造者》，王忠和译，商务印书馆，2010。

〔美〕理查德·罗蒂：《筑就我们的国家：20世纪美国左派思想》，黄宗英译，生活·读书·新知三联书店，2006。

李斯：《垮掉的一代》，海南出版社，1996。

〔美〕罗伯特·H. 威布：《自治：美国民主的文化史》，李振广译，商务印书馆，2006。

〔美〕罗纳德·H.奇尔科特主编《批判的范式：帝国主义政治经济学》，施杨译，社会科学文献出版社，2001。

〔美〕罗斯玛丽·帕特南·童：《女性主义思潮导论》，艾晓明等译，华中师范大学出版社，2002。

〔法〕卢梭：《论人类不平等的起源和基础》，李常山译，商务印书馆，1997。

〔法〕卢梭：《社会契约论》，何兆武译，商务印书馆，1980。

〔英〕鲁思·列维塔斯：《乌托邦之概念》，李广益、范轶伦译，中国政法大学出版社，2018。

〔美〕路易斯·哈茨：《美国的自由主义传统》，张敏谦译，中国社会科学出版社，2003。

吕庆广：《60年代美国学生运动》，江苏人民出版社，2005。

吕庆广：《战后美国左翼政治文化：历史、理论与实践》，社会科学文献出版社，2015。

〔德〕马克斯·霍克海默、特奥多·威·阿尔多诺：《启蒙辩证法》，洪佩郁、蔺月峰译，重庆出版社，1990。

〔德〕马克斯·韦伯：《新教伦理与资本主义精神》，彭强、黄晓京译，陕西师范大学出版社，2002。

〔美〕迈克尔·沃尔泽：《清教徒的革命：关于激进政治起源的一项研究》，王东兴、张蓉译，商务印书馆，2016。

〔美〕曼纽尔·卡斯特主编《网络社会：跨文化的视角》，周凯译，社会科学文献出版社，2009。

〔美〕玛莎·C.纳斯鲍姆：《寻求有尊严的生活——正义的能力理论》，田雷译，中国人民大学出版社，2016。

〔美〕纳尔逊·曼弗雷德·布莱克：《美国社会生活与思想史》（上下），许季鸿等译，商务印书馆，1994。

〔美〕南茜·弗雷泽等：《正义的尺度——全球化世界中政治空间的再认识》，欧阳英译，上海人民出版社，2009。

〔美〕诺尔曼·布朗：《生与死的对抗》，冯川、伍厚恺译，贵州人民出版社，1994。

〔美〕诺姆·乔姆斯基:《新自由主义和全球秩序》,徐海铭、季海宏译,江苏人民出版社,2000。

〔英〕佩里·安德森:《思想的谱系:西方思潮左与右》,袁银传、曹荣湘等译,社会科学文献出版社,2010。

〔英〕齐格蒙特·鲍曼:《怀旧的乌托邦》,姚伟等译,中国人民大学出版社,2018。

〔美〕Richard H. Pells:《激进的理想与美国之梦——大萧条岁月中的文化和社会思想》,卢允中、严撷芸、吕佩英译,上海外语教育出版社,1992。

〔美〕萨利·贝恩斯:《1963年的格林尼治村——先锋派表演和欢乐的身体》,华明等译,广西师范大学出版社,2001。

〔美〕塞缪尔·鲍尔斯、赫伯特·金蒂斯:《民主与资本主义》,韩水法译,商务印书馆,2013。

〔美〕斯坦利·阿罗诺维茨、希瑟·高特内主编,麦克尔·哈特、安东尼奥·奈格里等:《控诉帝国:21世纪世界秩序中的全球化及其抵抗》,肖维青等译,广西师范大学出版社,2004。

〔英〕斯图亚特·西姆:《后马克思主义思想史》,吕增奎、陈红译,江苏人民出版社,2011。

〔美〕泰德·罗尔:《新美国革命:一个美国人的反美宣言》,吴文君、林琳译,重庆出版社,2011。

〔美〕唐纳德·沃斯特:《自然的经济体系——生态思想史》,侯文蕙译,商务印书馆,1999。

王丹:《西方激进思想中的生命政治》,中国社会科学出版社,2017。

王逢振主编:《新马克思主义》,中国人民大学出版社,2004。

王建平:《美国后现代小说与历史话语》,中国人民大学出版社,2012。

王雨辰:《生态批判与绿色乌托邦》,人民出版社,2009。

〔德〕韦尔纳·桑巴特:《为什么美国没有社会主义?》,赖海榕译,社会科学文献出版社,2003。

〔美〕威廉·恩道尔:《粮食危机:运用粮食武器获取世界霸权》,赵刚等译,知识产权出版社,2008。

〔美〕威廉·恩道尔:《霸权背后:美国全方位主导战略》,吕德宏等译,知识出版社,2009。

〔德〕瓦尔特·本雅明:《机械复制时代的艺术作品》,王才勇译,中国城市出版社,2002。

〔美〕希尔奎特:《美国社会主义史》,朱立人译,商务印书馆,1974。

向红:《全球化与反全球化运动新探》,中央编译出版社,2010。

〔美〕伊曼纽尔·沃勒斯坦等:《资本主义还有未来吗?》,徐曦白译,社会科学文献出版社,2014。

〔美〕伊曼纽尔·沃勒斯坦:《变化中的世界体系:论后美国时期的地缘政治与地缘文化》,王逢振译,中央编译出版社,2016。

〔英〕约翰·洛克:《政府论》,朱刚、张静导读注释,上海译文出版社有限公司,2020。

〔美〕约翰·贝拉米·福斯特:《生态危机与资本主义》,耿建新、宋兴无译,上海译文出版社,2006。

〔美〕约翰·尼古拉斯:《美国社会主义传统》,陈慧平译,社会科学文献出版社,2013。

〔美〕约翰·罗默:《社会主义的未来》,余文烈等译,重庆出版社,2010。

〔美〕约翰·迈克斯威特、爱德瑞恩·伍德里奇:《现在与未来——全球化的机遇与挑战》,盛健、孙海玉译,经济日报出版社,2001。

〔美〕约瑟夫·奈:《理解国际冲突》,张小明译,上海人民出版社,2002。

尤泽顺:《乔姆斯基:语言、政治与美国对外政策研究》,世界知识出版社,2005。

〔美〕詹姆士·克利夫德:《从嬉皮到雅皮:昔日性革命亲历者自述》,李二仁等译,陕西师大出版社,1999。

〔美〕詹姆斯·奥康纳:《自然的理由:生态学马克思主义研究》,唐正东等译,南京大学出版社,2003。

〔美〕詹明信:《晚期资本主义的文化逻辑》,陈清桥等译,生活·读书·新知三联书店,2003。

张铁志:《时代的噪音:从迪伦到U2的抵抗之声》,广西师范大学出版社,2010。

朱新福：《美国经典作家的生态视域和自然思想》，上海外语教育出版社，2015。

## II. 英文文献

Adam, Barry D., *The Rise of Gay and Lesbian Liberation Movement*. Boston, MA: G. K. Hall, 1987.

AFSC, *Struggle for Justice: A Report on Crime and Punishment in America*. New York: Hill & Wang, 1972.

Albanese, Catherine L., *Nature Religion in America: From the Algonkian Indians to the New Age*. Chicago: University of Chicago Press, 1990.

Albritton, Robert et al. eds., *New Socialisms: Futures Beyond Globalization*. New York: Routledge, 2004.

Alexander, Michelle, *The New Jim Crow: Mass Incarceration in the Age of Colorblindness*. New York: New Press, 2010.

Alexander, Shawn Leigh, *W. E. B. Du Bois: An American Intellectual and Activist*. Lanham, Boulder, New York, London: Rowman & Littlefield, 2015.

Alinsky, Saul, *Rules for Radicals: A Pragmatic Primer for Realistic Radicals*. New York: Vintage Books, 1989.

Alperovitz, Gar, *Atomic Diplomacy: Hiroshima and Potsdam: the Use of the Atomic Bomb and the American Confrontation with Soviet Power*. New York: Pluto Press, 1965.

Altman, Dannis, *The Homosexualization of America*. Boston, MA: Beacon Press, 1982.

Anderson, Terry H., *The Movement and the Sixties*. New York: Oxford University Press, 1995.

Anton, Anatole and Richard Schmitt eds., *Toward a New Socialism*. New York: Lexington Books, 2007.

Apple, Michael W. Kristen L. Buras eds., *The Subaltern Speak: Curriculum, Power, and Educational Struggles*. New York: Routledge, 2006.

Aronowitz, Stanley, *Science as Power: Discourse and Ideology in Modern Society*. Minneapolis: University of Minnesota Press, 1988.

Asante, Molefi Kete, *Afrocentricity*. Trenton, N. J. : Africa World Press, 1989.

Ashby, LeRoy and Bruce M. Stave ed., *The Discontented Society: Interpretations of Twentieth-Century American Protest*. Chicago: Rand McNally & Company, 1972.

Avrich, Paul, *Anarchist Voices: An Oral History of Anarchism in America*. Oakland, California: AK Press, 2006.

Babour, Hugh, *The Quakers in Puritan England*. New Haven, Conn. : Yale University Press, 1964.

Bacciocco, Edward Jr., *New Left in America: Reform to Revolution*. Stanford: Stanford University Press, 1974.

Bacevich, Andrew J., *The Imperial Tense: Prospects and Problems of American Empire*. Chicago: Ivan R. Dee, 2003.

Baker, Jean H., *Sisters: The Lives of America's Suffragists*. New York: Hill and Wang, 2005.

Bhabha, Homi K., *The Location of Culture*. New York: Routledge, 1994.

Baritz, Loren, *The American Left: Radical Political Thought in the Twentieth Century*. 1971.

Barrett, James R., William Z. *Foster and the Tragedy of American Radicalism*. Urbana and Chicago: University of Illinois Press, 1999.

Bell, Daniel, *Marxian Socialism in the United States*. New Jersey: Princeton University Press, 1967.

Benger, Dan ed., *The Hidden 1970s: Histories of Radicalism*. New Brunswick, New Jersey: Rutgers University Press, 2010.

Berkeley, Kathleen C., *The Women's Liberation Movement in America*. Westport, CT. : Greenwoods Press, 1999.

Bernstein, Barton J. ed., *Toward a New Past: Dissenting Essays in American History*. New York: Vintage Books, 1969.

Best, Steven and Anthony J. Nocella, *Igniting a Revolution: Voices in Defense of the Earth*. New York: Lantern Books, 2006.

Best, Steven, Douglas Kellner, *The Postmodern Adventure*. London:

Guilford Press, 2001.

Betsworth, Roger G., *The Radical Movement of the 1960's*. Metuchen, New Jersey: The Scarecrow Press, 1980.

Bhabha, Homi K., *The Location of Culture*. New York: Routledge, 1994.

Blau, Judith ed., *The World and US Social Forums: a Better World Is Possible and Necessary*. New York: Lexington Books, 2008.

Bloch, Ernst, *A Philosophy of the Future*. New York: Herder and Herder, 1970.

Bloom, Alexander, *Long Time Gone*. New York: Oxford University Press, 2001.

Blumberg, Rhoda Lois, *Civil Rights: The 1960s Freedom Struggle*. Boston: Twayne Publishers, 1991.

Boggs, James, *Racism and the Class Struggle: Further Pages from a Black Worker's Notebook*. New York: Monthly Review Press, 1970.

Bonnett, Alastair, *Left in the Past: Radicalism and the Politics of Nostalgia*. New York: Continuum, 2010.

Bookchin, Murray, *The Ecology of Freedom: the Emergence and Dissolution of Hierarchy*. Palo Alto: Cheshire Books, 1982.

Bookchin, Murray, *Post-Scarcity Anarchism*. Oakland: AK Press, 2004.

Bookchin, Murray, *Social Ecology and Communalism*. Oakland: AK Press, 2007.

Bookchin, Murray, *The Next Revolution: Popular Assemblies and the Promise of Direct Democracy*. London: Verso, 2015.

Boyer, Paul S., *Promises to Keep: the United States Since World War II*. Boston: Houghton Mifflin, 1999.

Braunstein, Peter and Michael William Dovle ed., *Imagine Nation: The American Counterculture of the 1960s and 1970s*. New York · London: Routledge, 2002.

Breines, Wini, *The Great Refusal: Community and Organization in the New Left: 1962-1968*. New York: Praeger Publishers, 1982.

Breitman, George ed., *By Any Means Necessary: Speeches, Interviews, and a Letter by Malcolm X.* New York: Pathfinder Press, 1970.

Brick, Howard and Christopher Phelps, *Radicals in America: The U. S. Left Since the Second World War.* New York: Cambridge University Press, 2015.

Bronski, Michael, *A Queer History of the United States.* Boston, Ma.: Beacon Press, 2011.

Bucke, Peter, *Popular Culture in Early Modern Europe.* New York: Harpers, 1978.

Burket, Paul, *Marxism and Ecological Economics: Toward a Red and Green Political Economy.* Chicago: Haymarket Books, 2009.

Burns, Edward McNall, *The American Idea of Mission.* N. J.: Rutgers University Press, 1957.

Burns, James MacGregor, *Fire and Light: How the Enlightenment Transformed Our World.* London: Macmillan, 2013.

Burns, Stuart, *Social Movements of the 1960s: Searching for Democracy.* Boston: Twayne Publishers, 1990.

Callenbach, Ernest, *Ecotopia.* New York: Bantam, 1977.

Callicott, J. Baird, *In Defense of the Land Ethic: Essays in Environmental Philosophy.* Albany: State University of New York Press, 1989.

Castells, Manuel, *The Power of Identity.* Oxford: Blackwell, 2004.

Charney Leo and Vanessa R. Schwartz ed., *Cinema and the Invention of Modern Life.* Berkeley and Los Angeles: University of California Press, 1995.

Chesler, Ellen, *Woman of Valor: Margaret Sanger and the Birth Control Movement in America.* New York: Simon and Schuster, 1992.

Chomsky, Noam, *On Power and Ideology: The Managua Lectures.* Boston: South End Press, 1987.

Chomsky, Noam, *Terrorizing the Neighborhood: American Foreign Policy in the Post-Cold War Era.* UK: Pressure Drop Press, 1991.

Chomsky, Noam, *Media Control: The Spectacular Achievement of Propaganda.* New York: Seven Stories Press, 2002.

Cohen, Mitchell and Dennis Hale ed., *The New Student Left: An Anthology.* Boston: Beacon Press, 1967.

Cohen, Robert ed., *The Essential Mario Savio: Speeches and Writings that Changed America*. Oakland, California: University of California Press, 2014.

Coleman, Stephen, *Daniel De Leon*. Manchester, UK: Manchester University Press, 1990.

Coles, R., *Dorothy Day: A Radical Devotion, Reading*. Massachusetts: Addison-Wesley, 1987.

Cone, James H., *A Black Theology of Liberation*. New York: Orbis Books, 1990.

Cone, James H., *Martin & Malcolm & America: A Dream or a Nightmare*. Maryknoll, N. Y.: Orbis Books, 1991.

Coontz, Stephanie, *A Strange Stirring: The Feminine Mystique and American Women at the Dawn of the 1960s*. New York: Basic Books. 2011.

Cordingly, David, *Pirates: Terror on the High Seas from the Caribbean to the South China Sea*, 9th eds., New York: World Publications, 1996.

Cortright, David, *Peace: A History of Movements and Ideas*. Cambridge, UK; New York: Cambridge University Press, 2008.

Cott, Nancy F., *The Grounding of Modern Feminism*. New Haven: Yale University Press, 1987.

Croly, Herbert, *The Promise of American Life*. New York: Capricorn Books, 1964.

Cruikshank, Margaret, *The Gay and Lesbian Liberation Movement*. New York: Routledge, 1992.

Cunmins, Eric, *The Rise and Fall of California's Radical Prison Movement*. Stanford, Cal: Stanford University Press, 1994.

Danaher, Kevin, *Ten Reasons to Abolish the IMF & World Bank*. New York: Seven Stories Press, 2001.

Davis, Jerome ed., *Labor Speaks for Itself on Religion: A Symposium of Labor Leaders Throughout the World*. New York: Macmillan, 1929.

Davis, Sue, *The Political Thought of Elizabeth Cady Stanton: Women's Rights and the American Political Traditions*. New York University Press, 2010.

Day, Dorothy, *The Long Loneliness: the Autobiography of Dorothy Day*.

433

San Francisco: Harper & Row. 1981.

Van DeBurg, William L., *New Day in Babylon*. Chicago: Chicago University Press, 2005.

De Jong, Greta, *Invisible Enemy: The African American Freedom Struggle After 1965*. Oxford: Wiley-Blackwell, 2010.

D'Emilio, John, *Sexual Politics, Sexual Communities: The Making of a Homosexual Minority in the United States, 1940-1970*. Chicago: University of Chicago Press, 1983.

De La Torre, Miguel A. ed., *Ethics: A Liberative Approach*. Minneapolis, MN: Fortress Press, 2012.

DeLeon, David, *The American as Anarchist: Reflections on Indigenous Radicalism*. Baltimore and London: John Hopkins University Press, 1978.

Dellinger, David T., *From Yale to Jail: The Life Story of a Moral Dissenter*. New York: Pantheon Books, 1993.

D'Emilio, John, *Last Prophet: The Life and Times of Bayard Rustin*. Chicago, Ill.: University of Chicago Press, 2003.

Denning, Michael, *Culture in the Age of Three Worlds*. London: Verso, 2004.

Devall, B. and G. Sessions, *Deep Ecology: Living as Natural Mattered*. Salt Lake City: Gibbs M. Smith, Inc., 1985.

Devall, Bill, *Simple in Means, Rich in Ends: Practicing Deep Ecology*. Layton, Utah: Gibbs Smith, 1988.

Dewey, John, *The Later Works, 1925-1953*. Carbondale and Edwardsville: Southern Illinois University Press, 1981.

Dickenson, Ben, *Hollywood's New Radicalism: War, Globalisation and the Movies from Reagan to George W. Bush*. London, New York: I. B. Taris, 2006.

Diggins, John, *The American Left in the Twentieth Century*. New York: Harcourt Brace Jovanovich, 1973.

Diggins, John P., *The Bard of Savagery: Thorstein Veblen and Modern Social Theory*. New York: Seabury Press, 1978.

Diggins, John Patrick, *Up from Commonism: Conservative Odysseys in American Intellectual History.* New York: Harper & Row, 1975.

Diggins, John Patrick, *The Rise and Fall of the American Left.* New York: W. W. Norton, 1992.

Dimitriadis, G. and C. McCarthy, *Reading and Teaching the Postcolonial: From Baldwin to Asquint and Beyond.* New York: Teachers College Press, 2001.

Divine, Robert A., T. H. Breen, et al., *The American Story* (5th ed.) London: Person, 2012.

Draper, Theodore, *The Roots of American Communism.* New York: Viking Press, 1957.

Draper, Theodore, *American Communism and Soviet Russia.* Vintage Books, 1986.

Dworkin, Andrea, *Letters from a War Zone: Writings, 1976–1988.* New York: Dutton, 1988.

Dynes, Wayne R. ed., *Encyclopedia of Homosexuality.* New York: Garland Publishing, 1990.

Echols, Alice, *Daring to Be Bad: Radical Feminism in America 1967–1975.* Minneapolis: Minnesota University Press, 1989.

Edgley, Alison, *The Social and Political Thought of Noam Chomsky.* New York: Routledge, 2000.

Ellis, Richard J., *The Dark Side of the Left: Illiberal Egalitarianism in America.* Lawrence, Kansas: University Press of Kansas, 1998.

Engelman, Peter, *A History of the Birth Control Movement in America.* Santa Barbara, Calif: Praeger, 2011.

Everett, Anna, *Returning the Gaze: A Genealogy of Black Film Criticism, 1909–1949.* Durham, N. C.: Duke University Press, 2001.

Farrell, James J., *The Spirit of the Sixties: Making Postwar Radicalism.* New York and London: Routledge, 1997.

Feathe, David, *Resistance, Space and Political Identities: the Making of Counter-Global Networks.* Malden, MA.: Wiley-Blackwell, 2008.

Fedeman, Raymond, *Declaration of Postmodernism.* New York: Columbia

University Press, 1978.

Ferguson, Robert A., *The American Enlightenment, 1750 - 1820*. Cambridge, Mass.: Harvard University Press, 1994.

Feuber, Michael and Staughton Lynd, *The Resistance*. Boston: Beacon Press, 1971.

Firestone, Shulamith, *The Dialectic of Sex: The Case for a Feminist Revolution*. New York: Bantam, 1970.

Firestone, Shulamith ed., *Notes from the Second Year: Major Writings of the Radical Feminists*. New York: P. O. Box AA, Old Chelsea Station, 1970.

Firestone and Koedt ed., *Notes from the Second Year: Women's Liberation*. New York: New York Radical Feminists, April 1970.

Fixico, Donald L., *Termination and Relocation: Federal Indian Policy, 1945-1960*. Albuquerque: University of New Mexico Press, 1984.

Flacks, Richard, *Making History: The American Left and the American Mind*. New York: Columbia University Press, 1988.

Flynn, Daniel J., *A Conservative History of the American Left*. New York: Crown Publishing Group, 2008.

Fogarty, Robert F., *All Things New: American Communes and Utopian Movements, 1860-1914*. Chicago: University of Chicago Press, 1990.

Foner, Philip S., *American Labor Songs of the Nineteenth Century*. Urbana: University of Illinois Press, 1975.

Forest, Jim, *All Is Grace: A Biography of Dorothy Day*. Maryknoll, NY: Orbis Books. 2011.

Fox, Stephen R., *The American Conservation Movement: John Muir and His Legacy*. Univ. of Wisconsin Press, 1985.

Freeberg, Ernest, *Democracy's Prisoner: Eugene V. Debs, the Great War, and the Right to Dissent*. Cambridge: Harvard University Press, 2008.

Frost, Bryan-Paul and Jeffrey Sikkenga, *History of American Political Thought*. Lanham, Md.: Lexington Books, 2003.

Gara, Larry and Lenna Mae Gara, eds., *A Few Small Candles: War Resisters of World War II Tell Their Stories*. Kent, OH: Kent State University

Press, 1999.

Garry, Ann Marilyn Pearsall ed., *Woman, Knowledge, and Reality: Explorations in Feminist Philosophy*. London: Routledge, 1997.

Geary, Daniel, *Beyond Civil Rights: The Moynihan Report and Its Legacy*. Philadelphia: University of Pennsylvania Press, 2015.

Geisler, Charles C. and Frank J. Popper eds., *Land Reform, American Style*. Totowa, NJ: Rowman & Allanheld, 1984.

Gidley, Mick ed., *Modern American Culture: An Introduction*. New York: Longman Publishing, 1993.

Giroux, Henry A. and Costas Myrsiades ed., *Beyond the Corporate University*. Lanham, MD. : Rowman & Littefield, 2001.

Gitlin, Todd, *The Sixties: Years of the Hope, Days of the Rage*. New York: Bantam Books, 1987.

Glotfelty, Cheryll & Harold Fromm eds., *The Ecocriticism Reader: Landmarks in Literary Econogy*. Athens: The University of Georgia Press, 1996.

Goldman, Emma, *My Disillusionment in Russia*. New York: Thomas Y. Crowell Company, 1970.

Gordon, Ann D. ed., *The Selected Papers of Elizabeth Cady Stanton & Susan B. Anthony Volume II: Against an Aristocracy of Sex, 1866–1873*. New Brunswick, NJ: Rutgers University Press, 2000.

Gosse, Philip, *The Pirates' Who's Who*. New York: Burt Franklin, 1988.

Gosse, Van and Richard Moser eds., *The World the Sixties Made: Politics and Culture in Recent America*. Philadelphia: Temple University Press, 2003.

Gould, Eric, *The University in a Corporate Culture*. New Haven: Yale University Press, 2003.

Grandin, Greg, *The Last Colonial Massacre: Latin America in the Cold War*. Chicago: University of Chicago Press, 2004.

Grob, Gerald N. and George Athan Billias ed. , *Interpretations of American History: Patterns and Perspectives*. [Vol. 2, since 1877] New York: Free Press, 1987.

Gross, David ed., *We Won't Pay! : A Tax Resistance Reader*. Charleston,

S. C.: Creatspace, 2008.

Grossberg, Lawrence, *We Gotta Get out of This Place: Popular Conservatism and Postmodern Culture*. New York: Routledge 1992.

Grubacic, Andrej ed., *From Here to There: Staughton Lynd Reader*. Oakland: PM Press, 2010.

Guskin, Jane and David L. Wilson, *The Politics of Immigration: Questions and Answers*. New York: Monthly Review Press, 2007.

Hall, Simon, *American Patriotism, American Protest: Social Movements Since the Sixties* / Philadelphia: University of Pennsylvania Press, 2011.

Hansen, Olaf ed., *The Radical Will: Selected Writings, 1911–1918*. New York: Urizen Books, 1977.

Harding, Sandra G., *The Science Question in Feminism*. Ithaca: Cornell University Press, 1986.

Harris, Charles B., *Contemporary American Novelists of the Absurd*. New Haven: Rowman & Littlefield, 1971.

Hasan, Jeffries, *Bloody Lowndes: Civil Rights and Black Power in Alabama's Black Belt*. New York: NYU Press, 2010.

Hassan, Ihab, *Contemporary American Literature, 1945–1972*. New York: Ungar, 1976.

Hayles, N. Katherine, *Chaos Bound: Orderly Disorder in Contemporary Literature and Science*. Ithaca: Cornell University Press, 1990.

Heimert, Alan, *Religion and American Mind: From the Great Awakening to the Revolution*. Cambridge, Mass.: Harvard University Press, 1966.

Henriksen, Margot A., *Dr. Strangelove's America: Society and Culture in the Atomic Age*. Berkeley: University of California Press, 1997.

Herman, Edward S. and Noam Chomsky, *Manufacturing Consent: The Political Economy of the Mass Media*. New York: Pantheon Books, 1988.

Hoffman, Abbie, *Revolution for the Hell of It*. New York: Dial Press, 1968.

Hoffman, Daniel, *Harvard Guide to Contemporary American Writing*. Boston: Harvard University Press, 1979.

Hofstadter, Richard, *America at 1750: A Social Portrait*. New York: Knopf, 1971.

Hole, Judith and Ellen Levine, *The Rebirth of Feminism*. New York: Quadrangle, 1971.

Hollander, Pall, *Anti-Americanism: Irrational & Rational*. New Brunswick (USA): Transaction Publishers, 1995.

Holmes, Steven, *The Young John Muir: An Environmental Biography*. Madison: Univ. of Wisconsin Press, 1999.

Hooks, Bell, *Outlaw Culture: Resisting Representation*. New York and London: Routledge Classics, 2006.

Horowitz, David, *The Professors, The 101 Dangerous Academics in America*. Washington: Regnery Publishing, Inc., 2006.

Howe, Irving, *Beyond the New Left*. New York: Mcall Pub., 1970.

Hutchinson, George, *The Harlem Renaissance in Black and White*. Cambridge, Mass.: Harvard University Press, 1995.

Isserman, Maurice, *If I Had a Hammer...The Death of the Old Left and the Birth of the New Left*. New York: Basic Books, 1987.

Iton, Richard, *Solidarity Blues: Race, Culture, and the American Left*. Chapel Hill: University of North Carolina Press, 2000.

Jackson, George, *Soledad Brother: The Prison Letters of George Jackson*. New York: Bantam Books, 1972.

Jacob, Margaret and James Jacob eds., *The Origins of Anglo-American Radicalism*. London, Boston and Sydney: George Allen & Unwin, 1984.

Jacobs, P. and S. Landau, *The New Radicals: A Report with Documents*. New York: Random House, 1966.

Jameson, Fredric, *The Geopolitical Aesthetic, or, Cinema and Space in the World System*. Bloomington: Indiana University Press and BFI Publishing, 1992.

Jay, Martin, *Marxism and Totality: the Adventures of a Concept from Lucacs to Habermas*. Berkeley: California University Press, 1984.

Jemie, Onwuchekwa, *Lanston Hughes: An Introduction to the Poetry*. New York: Columbia University Press, 1976.

Jezer, Marty, *Abbie Hoffman: American Rebel.* New Brunswick, New Jersey: Rutgers University Press, 1992.

Jones, Bryn and Mike O'Donnell ed., *Sixties Radicalism and Social Movement Activism: Retreat or Resurgence?* London: Anthem Press, 2010.

Jong, Greta de, *Invisible Enemy: The African American Freedom Struggle After 1965.* Oxford: Wiley-Blackwell, 2010.

Joseph, Peter ed., *Good Times: An Oral History of America in the Nineteenth Sixties.* N. Y: William Morrow & Company, 1974.

Jumonville, Neil, *Critical Crossings: The New York Intellectuals in Postwar America.* Berkeley: University of California Press, 1991.

Karim, Benjamin ed., *The End of White World Supremacy: Four Speeches by Malcolm X.* New York: Arcade, 1989.

Kates, Alix Shulman ed., *Red Emma Speaks: Selected Writings and Speeches.* New York: Random House, 1972.

Kazin, Michael, *The Populist Persuasion.* New York: Basic Books. 1995.

Kellner, Douglas, *Herbert Marcuse and the Crisis of Marxism.* London and Berkeley: Macmillan and University of California Press, 1984.

Kellner, Douglas, *Jean Baudrillard: From Marxism to Postmodernism and Beyond.* New York: Polity Press, 1989.

Kellner, Douglas ed., *Postmodernism, Jameson, Critique.* Washington: Maospmmeive Press, 1989.

Kennedy, David, *Birth Control in America: The Career of Margaret Sanger.* New Haven: Yale University Press, 1970.

Kersten, Andrew E. and Clarence Lang ed., *Reframing Randolph: Labor, Black Freedom, and the Legacies of A. Philip Randolph.* New York and London: New York University Press, 2015.

King, Desmond S. and Rogers M. Smith, *Still a House Divided: Race and Politics in Obama's American.* Princeton, NJ: Princeton University Press, 2011.

Kinsey, Alfred C., Wardell B. Pomeroy and Clyde Martin, *Sexual Behavior in the Human Male.* Philadelphia: Saunders, 1948.

Koedt, Anne et al., ed., *Radical Feminism.* New York: The New York

Times Book Co., 1973.

Kolko, Gabriel, *Main Currents in Modern American History*. New York: Pantheon Books, 1984.

Kolko, Gabriel, *Confronting the Third World: United States Foreign Policy 1945-1980*. New York: Pantheon Books, 1988.

Kotke, Wm. H., *The Final Empire: The Collapse of Civilization and the Seed of the Future*. Portland, Ore.: Arrow Point Press, 1993.

Kovel, Joel, *White Racism: A Psychohistory*. New York: Columbia University Press, 1984.

Kupchan, Charles A., *No One's World: The West, the Rising Rest, and the Coming Global Turn*. New York: Oxford University Press, 2012.

Laclau, Ernesto and Chantal Mouffe, *Hegemony and Socialist Strategy: Toward a Radical Democratic Politics*. London: Verso, 2001.

Lafeber, Walter, *The New Empire: An Interpretation of American Expansionism 1860-1898*. Ithaca: Cornell University Press, 1963.

LaFeber, Walter, *The Panama Canal: The Crisis in Historical Perspective*. New York: Oxford University Press, 1978.

Lafeber, Walter, *Inevitable Revolutions: The United States in Central America*. New York: W. W. Norton & Company Incorporated, 1983.

Landau, Saul, *Hot Air: A Radio Diary*. Washington, D.C.: Pacifica Network News, 1995.

LaPlante, Eve, *American Jezebel, the Uncommon Life of Anne Hutchinson, the Woman Who Defied the Puritans*. San Francisco: Harper Collins, 2004.

Lapsley, Robert and Michael Westlake, *Film Theory: An Introduction*. Manchester: 1988.

Lasch, Christopher, *The Agony of the American Left*. New York: Vintage Books, 1969.

Lee, Martin A. and Bruce Shlain, *Acid Dreams: the CIA, LSD and the Sixties Rebellion*. New York: Grove Press, 1985.

Lens, Sidney, *Radicalism in America*. New York: Alfred A. Knopf, Inc., 1969.

Levine, Lawrence, *The Opening of the American Mind: Canons, Culture, and History*. Boston: Beacon, 1996.

Lewis, David Levering, *W. E. B. Du Bois: A Biography*. New York: Henry Holt and Co., 2009.

Lewy, Guenter, *The Cause that Failed: Communism in American Political Life*. New York: Oxford University Press, 1990.

Lichtenstein, Nelson ed., *American Capitalism: Social Thought and Political Economy in the Twentieth Century*. Philadelphia: University of Pennsylvania Press, 2006.

Lind, Peter, *Marcuse and Freedom*. London: Palgrave Macmillan, 1985.

Lindholm, Charles and José Pedro Zúquete, *The Struggle for the World: Liberation Movements for the 21st Century*. Stanford: Stanford University Press, 2010.

Lipset, Seymour Martin ed., *The Third Century: America as a Post-Industrial Society*. Stanford: Hoover Institution Press, 1979.

Lipset, Symour Martin and Gary Marks, *It Didn't Happen Here: Why Socialism Failed in the United States*. New York: Norton, 2000.

Livingston, James, *The World Turned Inside out: American Thought and Culture at the End of the 20th Century*. Lanham, Md.: Rowman & Littlefield Publishers, 2010.

Lobkowicz, Nicolas, *Marx and the West World*. London: University of Notre Dame Press, 1967.

Logan, Rayford W. ed., *What the Negro Wants*. Chapel Hill: University of North Carolina Press, 1944.

Lomax, Louis E., *When the Word Is Given: A Report on Elijah Muhammad, Malcolm X, and the Black Muslim World*. Cleveland: World Publishing, 1963.

Long, Priscilla, *The New Left: A Collection of Essays*. Boston: Porter Sargent, 1969.

Lopez, Ian, *Dog Whistle Politics: How Coded Racial Appeals Have Reinvented Racism and Wrecked the Middle Class*. Oxford: Oxford University

Press, 2014.

Lounsbury, Myron, *Origins of American Film Criticism, 1909-1939*. New York: Arno, 1973.

Lovelock, James, *The Vanishing Face of Gaia*. New York: Basic Books, 2009.

MacKinnon, Catharine A., *Feminism Unmodified: Discourses on Life and Law*. Cambridge, Mass. : Harvard University Press, 1987.

MacKinnon, Catharine A., *Toward a Feminist Theory of the State*. Cambridge, Mass. : Harvard University Press, 1989.

MacKinnon, Catharine A., *Only Words*. Cambridge, Mass. : Harvard University Press, 1993.

Magnet, Myron, *The Dream and the Nightmare: the Sixties' Legacy to the Underclass*. New York: William Morrow and Company, Inc., 1993.

Magnus, Bernd and Stephen Cullenberg eds., *Whither Marxism?* London: Routledge, 1995.

Mahaffey, Jerome, *Preaching Politics: The Religious Rhetoric of George Whitefield and the Founding of a New Nation*. Waco, Texas: Baylor University Press, 2007.

Major, Mark ed., *Where Do We Go from Here? American Democracy and the Renewal of the Radical Imagination*. Lanham, Maryland: Rowman & Littlefield Publishers 2010.

Manes, Christopher, *Green Rage: Radical Environmentalism and the Unmaking of Civilization*. Boston: Little Brown, 1990.

Marcuse, Hebert, *Five Lectures: Psychoanalysis, Politics, and Utopia*. London: Allen Lane, 1970.

Marcuse, Hebert, *Studies in Critical Philosophy*. Boston: Beacon Press, 1972.

Matusow, Allen J., *The Unraveling of America: A History of Liberalism in the 1960s*. N. Y: Harper & Row, 1984.

McAdam, Doug, *Freedom Summer*. New York: Oxford University Press, 1988.

McCormick, John, *Reclaiming Paradise: The Global Environmental Movement*. Bloomington: Indiana University Press, 1989.

McGiffert, Michael ed., *God's Plot: The Paradoxes of Puritan Piety; Being the Autobiography and Journal of Thomas Shepard*. Amherst, Mass.: University of Massachusetts Press, 1972.

McGilvray, James, *Chomsky: Language, Mind, and Politics*. London: Polity Press, 1999.

McgRegor, R. K., *A Wider View of the Universe: Henry Thoreau's Study of Nature*. Urbana: University of Illinois Press, 1997.

Mehnert, Klaus, *Twilight of the Young: the Radical Movements of the 1960s and Their Legacy*. New York: Holt, Rinehart & Winston, 1976.

Melville, Keith, *Communes in the Counter Culture: Origins, Theories, Styles of Life*. New York: William Morrow & Company, 1972.

Melzer, Arthur M. et al., ed., *Multiculturalism and American Democracy*. Lawrence, Kansas: University Press of Kansas, 1998.

Mertes, Tom, *A Movement of Movements: Is Another World Really Possible?* London and New York: Verso, 2004.

Meyer, David S. and Sidney Tarrow, ed., *The Social Movement Society: Contentious Politics for a New Century*. Lanham, Maryland: Rowman & Littlefield Publishers, 1998.

Miller, Jerome G., *Last One Over the Wall: The Massachusetts Experiment in Closing Reform Schools*. Columbus: Ohio State University Press, 1991.

Miller, Nail, *In Search of Gay America: Women and Men in a Time of Change*. New York: Atlantic Monthly Press, 1989.

Milles, Barry, *Jack Kerouac King of the Beats: A Portrait*. London: Virgin Publishing, 1998.

Mollin, Marian, *Radical Pacifism in Modern America: Egalitarianism and Protest*. Philadelphia: University of Pennsylvania Press, 2006.

Mooney, James Wm. ed., *American Dissenters*. Volume Two, Brandywine Press, 2005.

Morgan, Robin ed., *Sisterhood Is Powerful*. New York: Vintage Books,

1970.

Morton, A. L., *The English Utopia*, London: Lawrence & Wishart, 1952.

Morton, Stephen, *Gayatri Chakravorty Spivak*. New York: Routledge, 2003.

Murphy, Cullen, *The Word According to Eve*. Boston · New York: First Mariner Books, 1999.

Myron Nancy & Charlotte Bunch ed., *Lesbianism and the Women's Movement*. Baltimore: Diana Press, 1975.

Nash, Jeffrey, Howe, Frederick, Davis, Winkler, Mires, Pestana, *The American People: Creating a Nation and a Society*, 北京大学出版社（影印版），2009.

Naylor, Larry L. ed., *Cultural Diversity in the United States*. Westport, Connecticut: Bergin & Garvey, 1997.

Nelson, Cary, *Revolutionary Memory: Recovering the Poetry of the American Left*. New York: Routledge, 2001.

Norton, Mary Beth et al., *A People and the Nation: A History of the United States*, Vol. 2, Since 1865. Boston: Houghton Mifflin, 2006.

Novak, Michael, *Unmelting Ethnics: Politics & Culture in American Life*. New Brunswick: Transaction Publisher, 1996.

Okin, Susan Moller, *Justice, Gender, and the Family*. New York: Basic Books, 1989.

Oliver, J. Eric, *The Paradoxes of Integration: Race, Neighborhood, and Civic Life in Multiethnic America*. Chicago and London: The University of Chicago Press, 2010.

Ophuls, William, *Ecology and the Politics of Scarcity: Prologue to a Political Theory of the Steady State*. San Francisco: Freeman, 1977.

Otero, Carlos P. ed., *Noam Chomsky: Critical Assessments*. Vol. 3, New York: Routledge, 1994.

Parker, Noel & Stuart Sim, *The A-Z Guide to Modern Social and Political Theorists*. London: Prentice Hall/Harvester Wheatsheaf, 1997.

Peck, James, *We Who Would Not Kill*. New York: Lyle Stuart, 1958.

Perry, Bruce, *Malcolm: The Life of a Man Who Changed Black America*. Barrytown, N.Y.: Station Hill, 1991.

Perry, Marvin, Myrna Chase, Margaret Jacob, James R. Jacob, *Western Civilization: Ideas, Politics, and Society-From 1600*, Volume 2. Ninth Edition. Boston, Massachusetts, USA: Houghton Mifflin Harcourt Publishing Company, 2009.

Pinkney, Alphonso, *Red, Black and Green: Black Nationalism in the United States*. Cambridge: Cambridge University Press, 1976.

Polner, Murray and Thomas E. Woods, Jr. eds., *We Who Dared to Say No to War: American Antiwar Writing from 1812 to Now*. New York: Basic Books, 2008.

Pratt, Alan R. ed., *Black Humor: Critical Essays*. New York: Garland Publishing Inc., 1993.

Prince, Stephen, *A New Pot of Gold: Hollywood Under the Electronic Rainbow, 1980 – 1989*. Berkeley · Los Angels · London: University of California Press, 2000.

PREAP, *Instead of Prisons: A Handbook for Abolitionists*. Oakland, A: Critical Resistance, 2005.

Prucha, Francis P., *Americanizing the American Indians*. Cambridge, A: Harvard University Press, 1973.

Prugh, Thomas, *Natural Capital and Human Economic Survival*. Solomons, Md.: International Society for Ecological Economics, 1995.

Rakow, Lana F. and Cheris Kramarae ed., *The Revolution in Words: Righting Women 1868-1871*. New York: Routledge, 2001.

Rampersad & Roessel, *The Collected Poems of Langston Hughes*. New York: Alfred A. Knopf, Inc., 2002.

Rao, C. P., *Globalization, Privatization and Free Market Economy*. USA: Greenwood Publishing Group, Inc., 1998.

Rauschenbusch, Walter, *Christianity and the Social Crisis*. New York, 1907.

Rauschenbusch, Walter, *Christianizing the Social Order*. New York, 1912.

Rauschenbusch, Walter, *The Social Principles of Jesus*. New York: The Woman's Press, 1916.

Rediker, Marcus, *Villains of All Nations: Atlantic Pirates in the Golden Age*. Beacon, Massachusetts: Beacon Press, 2004.

Reichert, William O., *Partisans of Freedom: A Study in American Anarchism*. Bowling Green, Ohio: Bowling Green University Popular Press, 1976.

Robè, Chris, *Left of Hollywood: Cinema, Modernism and the Emergence of U. S. Radical Film Culture*. Austin: University of Texas Press, 2010.

Rolston, Holmes, *Environmental Ethics: Duties to and Values in Natural World*. Philadelphia: Temple University Press, 1988.

Ross, Andrew, *Strange Weather: Culture, Science and Technology in the Age of Limits*. London: Verso, 1991.

Ross, Andrew and Kristin Ross ed., *Anti-Americanism*. New York: NYU Press, 2004.

Ross, John, *Murdered by Capitalism: a Memoir of 150 Years of Life and Death on the American Left*. New York: Nation Books, 2004.

Ross, Philip and Malcom Bradbury, *Contemporary Fiction: Contemporary Writers on Fiction*. London: London University Press, 1977.

Rossinow, Doug, *Visions of Progress: the Left-Liberal Tradition in America*. Philadelphia: University of Pennsylvania Press, 2008.

Roszak, Theodore, *The Making of a Counter Culture: Reflections on the Technocratic Society and Its Youthful Opposition*. New York: Doubleday & Company, 1969.

Ruether, Rosemary Radford ed., *Women and Redemption: A Theological History*. (2nd) Minneapolis: Fortress Press, 2012.

Ryan, James G., *Earl Browder: the Failure of American Communism*. Tuscaloosa and London: The University of Alabama Press, 1997.

Sale, Kirkpatrick, *SDS*. New York: Random House, 1973.

Sale, Kirkpatrick, *The Green Revolution: The American Environmental Movement, 1962-1992*. New York: Hill and Wang, 1993.

Sanger, Margaret, *The Autobiography of Margaret Sanger.* Mineola, New York: Dover Printing Publications Inc., 2004.

Sargent, Lyman Tower, *New Left Thought: An Introduction.* Homewood, Illinois: The Dorsey Press, 1972.

Scarce, Rik, *Eco-Warriors: Understanding the Radical Environmental Movement.* Chicago: Noble Press, 1990.

Schmidt, Alvin J., *The Menace of Multiculturalism: Trojan Horse in America.* Westport, Connecticut, London: Praeger, 1997.

Schnapper, M. B., *American Labour: A Pictorial Social History.* Washington D. C.: Public Affairs Press, 1972.

Schulz, Max, *Black Humor Fiction of the Sixties.* Athens: Ohio University Press, 1973.

Scott, James M., *Deciding to Intervene: The Reagan Doctrine and American Foreign Policy.* Durham: Duke University Press, 1996.

Seale, Bobby, *Seize the Time: The Story of the Black Panther Party and Huey P. Newton.* New York: Black Classic Press, 1996.

Smith, Andrea, *Conquest: Sexual Violence and American Indian Genocide.* Cambridge, MA: South End Press, 2005.

Smith, Elton V., *New Perspectives on Globalization.* New York: Nova Science Publishes, Inc., 2007.

Smith, Gibbs M., *Joe Hill.* Salt Lake City: Peregrine Smith Books, 1984.

Smith, Neil, *Chomsky: Ideas and Ideas.* (北京外语教学与研究出版社), 2001.

Snitow, Ann and Christine Stansell eds., *Powers of Desire: The Politics of Sexuality.* New York: Monthly Review Press, 1983.

Soldatenko, Michael, *Chicano Studies: The Genesis of a Discipline.* Tucson, Arizona: University of Arizona Press, 2012.

Spann, Edward K., *Brotherly Tomorrows: Movements for a Cooperative Society in America, 1820-1920.* New York: Columbia University Press, 1989.

Steigerwald, David, *The Sixties and the End of Modern America.* New York: St. Martin's Press, 1995.

Steinberg, Stephen, *The Ethnic Myth: Race, Ethnicity, and Class in America*. New York: Beacon Press, 1981.

Strossen, Nadine, *Defending Pornography: Free Speech, Sex, and the Fight for Women's Rights*. New York: Scribner, 1995.

Tarrow, Sidney G., *Power in Movement: Social Movements and Contentious Politics*. Cambridge, New York: Cambridge University Press, 2011.

Thompson, Michael J. ed., *Confronting the New Conservatism: The Rise of the Right in America*. New York: NYU Press, 2007.

Thomson, Irene Taviss, *Culture Wars and Enduring American Dilemmas*. Ann Arbor: The University of Michigan Press, 2010.

Tipton, Steven M., *Getting Saved From the Sixties: Moral Meaning in Conversion and Cultural Change*. Berkeley and Los Angeles: University of California Press, 1984.

Tompkins, E. Berkeley, *Anti-Imperialism in the United States: The Great Debate, 1890-1920*. Philadelphia: University of Pennsylvania Press, 1970.

Tracy, James, *Direct Action: Radical Pacifism from the Union Eight to the Chicago Seven*. Chicago, Ill.: University of Chicago Press, 1996.

Tucker, Robert W., *The Radical Left and American Foreign Policy*. Baltimore, Johns Hopkins Press, 1971.

Ture, Kwame, *Black Power: The Politics of Liberation*. New York: Vintage Books. 1967.

Turner, Bryan S., *Theories of Modernity and Postmodernity*. London: Sage, 1991.

Tytell, John, *Paradise Outlaws: Remembering the Beats*. New York: William Morrow and Company, 1999.

Veltmeyer, Henry ed., *New Perspectives on Globalization and Antiglobalization: Prospects for a New World Order?* Aldershot: Ashgate, 2008.

Vig, Norman J. and Michael E. Kraft, ed., *Environmental Policy in the 1990s*. Washington D. C.: Congressional Quarterly, 1994.

Vincent, Andrew, *Modern Political Ideologies*. New York: Wiley-Blackwell Publishing. 2010.

Waldrep, Christopher, *The Many Faces of Judge Lynch: Extralegal Violence and Punishment in America*. New York: Palgrave Macmillan, 2002.

Walker, John ed., *Halliwell's Film, Video & DVD Guide 2004*. London: Collins Reference, 2004.

Wasko, Janet, *How Hollywood Works*. London: SAGE Publications Ltd., 2003.

Weinstein, James, *The Long Detour: the History and Future of the American Left*. Cambridge, A.: Westview Press, 2003.

Wicker, Tom, *A Time to Die: The Attica Prison Revolt*. Lincoln: University of Nebraska Press, 1994.

Weldon, S. Laurel, *When Protest Makes Policy: How Social Movements Represent Disadvantaged Groups*. Ann Arbor: the University of Michigan Press, 2011.

Westbook, Robort B., *John Dewey and American Democracy*. Ithaca, N. Y.: Cornell University Press, 1991.

Wexler, Alice, *Emma Goldman: An Intimate Life*. New York: Pantheon Books, 1984.

Whitmer, Peter O., *Aquarius Revisited: Seven Who Created the Sixties Counterculture that Changed America*. New York: MaCmillan Publishing Company, 1987.

Williams, Denis C., *God's Wilds: John Muir's Vision of Nature*. College Station: Texas A&M Univ. Press, 2002.

Williams, William A., *The Roots of the Modern American Empire*. New York: Random House, 1969.

Williams, William Appleman, *The Tragedy of American Diplomacy*. New York: Delta Book, 1972.

Wilson, Carter A., *Metaracism: Explaining the Persistence of Racial Inequality*. Boulder, Colorado and London: Lynne Rienner Publishers, 2015.

Winship, Michael Paul, *The Times and Trials of Anne Hutchinson: Puritans Divided*. Lawrence, Kansas: University Press of Kansas, 2005.

Witham, Nick, *The Cultural Left and the Reagan Era: US Protest and the*

*Central American Revolution*. London and New York: I. B. Tauris & Co. Ltd., 2015.

Woloch, N., *Women and the American Experience, A Documentary History*. New York: Alfred & Knop Inc., 2002.

Wood, John, *The Life of Thorstein Veblen and Perspectives on His Thought*. New York: Routledge, 1993.

Woodcock, George, *Anarchism: A History of Libertarian Ideas and Movements*. Toronto: University of Toronto Press, 2004.

Woods, Clyde, *Development Arrested*. New York and London: Verso, 1998.

Woodward, C. Vann, *The Comparative Approach to American History*. Oxford: Oxford University Press, 1997.

Worster, Donald, *Rivers of Empire: Water, Aridity, and the Growth of the American West*. New York: Pantheon, 1985.

Wuthnow, Robert, *American Mythos: Why Our Best Efforts to Be a Better Nation Fall Short*. Princeton: Princeton University Press, 2006.

Young, Ralph, *Dissent: the History of an American Idea*. New York and London: New York University Press, 2015.

# 后 记

2015年耗时五年时间完成的《战后美国左翼政治文化》一书问世，不久后，《20世纪美国激进思想传统》一书的著述于2016年底开启，终稿时已是四年后的2021年初。这两本书共耗费了近十年光阴。其间的苦乐唯有自知耳。当然，一部著述的完成绝非一人之功。同前书一样，这部著作从申请立项到结题完稿再到出版，得到了诸多关怀与帮助，值此书稿付梓之际，谨在此表达由衷谢意。

首先要感谢国家社会科学基金给予的项目立项，这为本书的研究和著述提供了强有力支持；其次要感谢中共中央党校侯才教授在开题时给出有益建议，尤其要感谢笔者的博士导师南京大学李庆余教授对本课题研究的关注和鼓励，他以八十高龄亲赴梁溪参与开题一幕仍历历在目，让我难以忘怀；感谢诸多同窗良友和同仁的关怀；感谢课题组成员之间的长期合作与对严谨学术精神的挚守；感谢社科文献出版社的祝得彬主任和责任编辑张苏琴女士，你们的专业性为这本书增光添彩。

最后，感谢家人的理解与陪伴，亲情总是学术孤旅中不停地激发动能的一抹光。

我无以为报，能够作为回馈的唯有这部著作本身

吕庆广<br>
2022年1月于江南大学蠡湖家园

图书在版编目(CIP)数据

20世纪美国激进思想传统 / 吕庆广著. -- 北京：社会科学文献出版社，2022.3
ISBN 978-7-5201-9824-0

Ⅰ.①2… Ⅱ.①吕… Ⅲ.①政治思想史-美国-20世纪 Ⅳ.①D097.125

中国版本图书馆 CIP 数据核字（2022）第 036182 号

## 20世纪美国激进思想传统

著　　者 / 吕庆广

出 版 人 / 王利民
组稿编辑 / 祝得彬
责任编辑 / 张苏琴　仇扬
责任印制 / 王京美

出　　版 / 社会科学文献出版社·当代世界出版分社（010）59367004
　　　　　 地址：北京市北三环中路甲29号院华龙大厦　邮编：100029
　　　　　 网址：www.ssap.com.cn
发　　行 / 社会科学文献出版社（010）59367028
印　　装 / 三河市龙林印务有限公司

规　　格 / 开　本：787mm×1092mm　1/16
　　　　　 印　张：29　字　数：476千字
版　　次 / 2022年3月第1版　2022年3月第1次印刷
书　　号 / ISBN 978-7-5201-9824-0
定　　价 / 168.00元

读者服务电话：4008918866

版权所有 翻印必究